大唐帝国的后半生 上

的

云淡心远——作品

中国出版集团　现代出版社

图书在版编目（CIP）数据

大唐帝国的后半生 / 云淡心远著. --北京:现代
出版社，2024.1
ISBN 978-7-5231-0582-5

Ⅰ.①大… Ⅱ.①云… Ⅲ.①中国历史－唐代－通俗
读物 Ⅳ.①K242.09

中国国家版本馆CIP数据核字（2023）第195419号

著　　者　　云淡心远
策划编辑　　张　霆
责任编辑　　张　瑾　袁子茵
———————————————————————————

出 版 人　　乔先彪
出版发行　　现代出版社
地　　址　　北京市安定门外安华里504号
邮政编码　　100011
电　　话　　(010) 64267325
传　　真　　(010) 64245264
网　　址　　www.1980xd.com
印　　刷　　北京飞帆印刷有限公司
开　　本　　710mm×1000mm 1/16
印　　张　　51.25
字　　数　　1004千字
版　　次　　2024年1月第1版　2024年1月第1次印刷
书　　号　　ISBN 978-7-5231-0582-5
定　　价　　118.00元（全二册）
———————————————————————————

前言 我为什么要写中晚唐

相比初唐和盛唐，中晚唐是一个被忽视的时代，但其实它和我之前写过的南北朝一样，也是一个承上启下的非常重要的时代。

陈寅恪先生曾说过：唐代之史可分为前后两期，前期结束南北朝相承之旧局面，后期开启赵宋以降之新局面。关于政治社会经济者如此，关于文化学术者亦莫不如此……

现代很多学者都认为，从唐到宋，中国社会发生了脱胎换骨的变化，并将其称为唐宋变革，而所谓唐宋变革，最关键的一环，就是中晚唐——经济重心的南移，门阀贵族的没落，普通民众上升通道的打开，民族政策从开放逐步趋向保守……都始于这一时期。

尤其是由于两税法等一批新政策的推行和改革，唐朝中后期的生产力稳步提高，里坊制逐渐打破，商品经济迅速发展，还形成了扬州（今江苏扬州）、成都（今四川成都）等一大批重要的商业城市，后来宋朝的繁荣并不是从天上掉下来的，而是中晚唐的延续和发展。

所以说，中晚唐不仅是盛唐的延续，而且是宋朝的先声。

在我看来，要理解唐朝，就必须了解中晚唐，因为安史之乱爆发后的中晚唐占了整个唐朝的一大半时间；要理解宋朝，更要了解中晚唐，因为宋朝的政治、经济、文化以及很多制度都是中晚唐打下的基础，可以毫不夸张地说，正是中晚唐那一百五十多年的历史，造就了后来的宋朝！

中晚唐还是一个极其精彩的时代，这里有热血也有热泪，有温情也有残酷，有名相也有名将，有忠义也有阴谋，有经验也有教训……

这个时代，名人辈出。

集英明和昏庸于一身、将大唐推向巅峰而又带入深渊的，是李隆基；

中国古代四大美女之一的，是杨贵妃；

被誉为千古完人的，是郭子仪；

战功推为中兴第一的，是李光弼；

名垂千古却充满争议的，是张巡；

渔阳鼙鼓动地来的，是安禄山、史思明；

精明强干而又阴险狠辣的，是李林甫；

只有小聪明没有大格局的，是杨国忠；

被列为中国古代六大政治家之一的，是李德裕；

被称为中国古代九大税收思想家之一的，是杨炎；

号为世外高人的，是李泌；

世称中兴名相的，是裴度；

公认理财名臣的，是刘晏；

以忠烈而彪炳青史的，是颜杲卿、颜真卿、段秀实；

雪夜入蔡州的，是李愬；

大器晚成又晚节不保的，是哥舒翰；

威震西域却结局悲惨的，是高仙芝，封常清；

名相有杨绾、崔祐甫、陆贽、杜黄裳、裴垍、李吉甫、李绛、郑畋……；

名将有王忠嗣、李嗣业、李晟、浑瑊、马燧、韦皋、李光颜、乌重胤、刘沔、石雄、高骈……；

文人有李白、杜甫、王维、高适、韩愈、白居易、元稹、柳宗元、刘禹锡、杜牧、李商隐……

这个时代，治乱交织。

治世，有开元盛世、元和中兴、会昌中兴、大中之治……；

变乱，有改变了整个中国历史的安史之乱，有"君王掩面救不得"的马嵬之变，还有甘露之变、二帝四王之乱和以河朔三镇为代表的藩镇相争、庞勋起义、王仙芝黄巢起义……

这个时代，多姿多彩。

有人君临天下，有人虎踞一方，有人流芳百世，有人遗臭万年，有人忠心耿耿，有人野心勃勃，有人智计百出，有人利令智昏，有人仗剑赋诗，有人纵酒高歌，有人忍辱负重，有人慷慨捐躯，有人淡泊名利，有人掀起滔天巨浪……

这是一个值得我们关注和铭记的时代。

这是一段不应该被忽略的历史。

一切的一切，都要从一个叫安禄山的人说起。

目 录

■ 第一章 **安禄山：偷羊改变命运** / 1

偷羊改变命运 / 1

死里逃生 / 4

文化不高情商高 / 7

■ 第二章 **从此君王不早朝** / 11

盛世危机 / 11

杨家有女初长成 / 14

"诗仙"李白 / 18

三千宠爱在一身 / 21

■ 第三章 **权谋界的珠穆朗玛峰** / 24

弄獐宰相 / 24

张九龄 vs 李林甫：才子和权谋大师的对决 / 25

独揽大权 / 29

口有蜜，腹有剑 / 31

■ 第四章 **贵妃认义子，皇帝喜当爹** / 34

有趣的灵魂三百多斤 / 34

比干妈大十六岁的干儿子 / 37

■ 第五章 **安李双剑合璧，长安大案迭起** / 40

不怕皇帝，只怕李林甫 / 40

太子李亨 / 42

陷害王忠嗣 / 47

哥舒夜带刀 / 52

■ 第六章 **杨国忠：从市井无赖到大唐首相** / 56

天上掉下个贵妃妹妹 / 56

我不要你觉得，我要我觉得 / 60

仇人相见，分外温馨 / 64

视制度如无物 / 65

■ 第七章 **山雨欲来风满楼** / 68

狗咬狗，一嘴毛 / 68

忽悠之王史思明 / 71

你不仁，我不义 / 73

■ 第八章 **渔阳鼙鼓动地来** / 84

华清池之约 / 84

安禄山范阳起兵 / 86

■ 第九章 **安西双璧：高仙芝和封常清** / 89

高仙芝奇袭小勃律 / 89

怛罗斯之战 / 95

封常清传奇 / 100

■ 第十章 **千里大溃败** / 105

乌合之众 / 105

节节败退 / 108

二将枉死 / 114

关中无大将，病人做主帅 / 119

■ 第十一章 **颜真卿和颜杲卿：双忠耀河北** / 122

大器晚成郭子仪 / 122

颜真卿首倡义举 / 124

颜杲卿：义举惊天地，壮烈泣鬼神 / 129

■ 第十二章 **河北风云** / 136

李光弼大战史思明 / 136

神奇的说客 / 141

气势如虹 / 144

■ 第十三章 **急转直下** / 148

张巡初露锋芒 / 148

败事圣手杨国忠 / 151

灵宝之战 / 158

哥舒翰英雄末路 / 161

■ 第十四章 **马嵬疑云** / 165

挥一挥衣袖，不带走一个多余的人 / 165

宛转蛾眉马前死 / 169

■ 第十五章 **李亨灵武自立** / 177

你莫走！ / 177

北上灵武 / 181

自立为帝 / 184

■ 第十六章 **长路漫漫** / 191

没有钱是万万不能的 / 191

白衣山人李泌 / 195

悲陈陶 / 199

剪不断，理还乱 / 203

李白和高适：友谊的小船说翻就翻 / 207

杜甫："三吏""三别" / 209

■ 第十七章 **峰回路转** / 211

安禄山之死 / 211

太原保卫战 / 214

3

■ 第十八章 **收复两京** / 221

世上无难事，只要肯付出 / 221

香积寺之战 / 225

势如破竹 / 228

功未成而身退 / 231

■ 第十九章 **父子合演一场戏** / 237

史思明降唐 / 237

是皇帝，也是影帝 / 239

■ 第二十章 **张巡：英名传千古，争议伴古今** / 245

雍丘之战，草人借箭 / 245

死守睢阳，智计百出 / 250

孤城陷落，壮烈殉国 / 256

■ 第二十一章 **九节度兵败邺城** / 263

骗神仙易，骗史思明难 / 263

太监当主帅 / 266

天助史思明 / 270

■ 第二十二章 **河阳大对决** / 277

计赚安庆绪 / 277

李光弼铁腕治军 / 280

单　挑 / 285

美马计 / 287

不讲武德 / 290

两军相逢勇者胜 / 293

■ 第二十三章 **柳暗花明又一村** / 295

邙山之战 / 295

史朝义挽救唐朝 / 298

■　第二十四章　**最是无情帝王家** / 304

李辅国专权 / 304

逼迁太上皇 / 306

忍无可忍，那就再忍 / 311

■　第二十五章　**风雨飘摇** / 315

明皇之死 / 315

第一个由宦官拥立的皇帝 / 316

无头谜案 / 319

■　第二十六章　**未画上句号的句号** / 323

回纥：看清了唐朝，也看轻了唐朝 / 323

奇耻大辱 / 326

奉旨打劫 / 328

换汤不换药 / 330

■　第二十七章　**三大名将的不同命运** / 338

仆固怀恩一错再错 / 338

郭子仪力挽狂澜 / 344

李光弼名将悲歌 / 350

仆固怀恩覆水难收 / 353

郭子仪单骑退回纥 / 364

■　第二十八章　**举步维艰** / 371

刘晏：从神童到名臣 / 371

打金枝 / 377

不作不死 / 380

山人李泌 / 387

任人唯财 / 389

■ 第二十九章 **他强任他强** / 395

河朔三镇：坏中更有坏中手 / 395

元载之死 / 403

以德服人 / 405

■ 第三十章 **出道即巅峰** / 409

失踪的皇后 / 409

崔祐甫吹牛释兵权 / 411

杨炎：改变历史的两税法 / 415

■ 第三十一章 **山雨欲来风满楼** / 421

名臣何苦难为名臣 / 421

卢杞：发达全靠猪队友 / 425

一报还一报 / 427

今古无两人 / 432

■ 第三十二章 **二帝四王之乱（上）** / 434

噩梦的开始 / 434

铁骨铮铮颜真卿 / 442

史上最早的房产税 / 446

泾原兵变 / 448

段秀实：或为击贼笏，逆竖头破裂 / 453

奉天之难 / 456

■ 第三十三章 **二帝四王之乱（下）** / 466

大器早成的陆贽 / 466

罪己诏：别说认错了，认爹都愿意 / 469

李怀光：卿本佳人，奈何做贼 / 471

李晟反攻长安 / 478

6

马燧攻心为上 / 483

■ 第三十四章　一箭三雕 / 495
小人物的坚持 / 495
平凉劫盟 / 497
反间计 / 508

■ 第三十五章　传奇宰相 / 511
良将常有，而李泌不常有 / 511
围堵吐蕃：把不可能变成可能 / 514
一场收入和风险不对等的赌博 / 520

■ 第三十六章　活成了自己最讨厌的样子 / 528
陆贽的遗憾 / 528
梦想被现实打败 / 534

■ 第三十七章　永贞革新 / 537
柳宗元和刘禹锡 / 537
以为是起点，没想到竟是顶点 / 539
二王八司马 / 546

■ 第三十八章　一波三折 / 548
征西川小试牛刀 / 548
宦官做主帅 / 554
本想创造佳话，不料竟成笑话 / 564
不战而屈人之兵 / 568

■ 第三十九章　元和中兴 / 576
讨伐淮西 / 576

史上罕见的惊天大案 / 579

裴度挂帅 / 582

李愬雪夜入蔡州 / 586

纸老虎李师道 / 596

最辉煌的一年 / 600

■ 第四十章　**真的好想再活五百年** / 602
韩愈和他的《论佛骨表》/ 602

宫变疑云 / 604

■ 第四十一章　**前功尽弃** / 609

鱼配鱼，虾配虾 / 609

幽州惊变 / 611

忠将之殇 / 616

生活不只眼前的苟且 / 619

■ 第四十二章　**明争暗斗** / 623

白居易和元稹：好友殊途 / 623

设局者 / 626

球场上的意外 / 630

牛李交锋 / 631

■ 第四十三章　**玩的就是心跳** / 637

史上最奇葩的谋反案 / 637

机关算尽太聪明 / 640

生于忧患，死于玩乐 / 646

黄雀在后 / 648

■ 第四十四章 **下一盘大棋** / 650
  长安天子，魏博牙兵 / 650
  只讲立场，不讲道理 / 654
  李德裕初次拜相 / 657
  奇才郑注 / 658
  无间道 / 667

■ 第四十五章 **史上最窝囊的皇帝** / 671
  甘露之变 / 671
  身坚志残 / 680
  党争再起 / 684
  问君能有几多愁 / 688

■ 第四十六章 **会昌中兴** / 692
  李德裕和仇士良的对决 / 692
  回鹘南迁 / 699
  大战杀胡山 / 703
  讨平昭义 / 705

■ 第四十七章 **最佳组合** / 715
  打击异己 / 715
  吴湘案 / 719
  灭　佛 / 722
  "智障"还是路障 / 726

■ 第四十八章 **大中之政** / 730
  八百孤寒齐下泪，一时南望李崖州 / 730
  开倒车 / 733
  事必躬亲 / 737

张义潮收复河湟 / 744

■ 第四十九章 **多事之秋** / 751
浙东烽火 / 751
大唐最后一位名将 / 756
庞勋：唐朝第一个掘墓人 / 760
裂枣配歪瓜 / 769

■ 第五十章 **冲天大将军** / 775
投资高手田令孜 / 775
王仙芝和黄巢 / 777
冲天香阵透长安 / 782
黄巢的覆灭 / 785

■ 第五十一章 **无可奈何花落去** / 787
上源驿之变 / 787
军阀遍地走，皇帝不如狗 / 788
理想与现实之间的差距 / 790
悲剧天子 / 795
王朝的背影 / 801

第一章　安禄山：偷羊改变命运

偷羊改变命运

安禄山是个杂种。

这并不是我在骂他，他确实是货真价实的杂种——《旧唐书》中明确记载：安禄山，营州柳城（今辽宁朝阳）杂种胡人也。

史载安禄山的母亲是突厥女巫阿史德氏；其父则是康姓胡人，据现代史学家考证，应该是来自西域的粟特人。

粟特人原本居于以撒马尔罕（今属乌兹别克斯坦）为中心的中亚地区，在那里他们建立了若干城邦小国，其中比较大的政权有康、安、曹、石、米、何、史、火寻、戊地九个，故中国史籍也将其称为昭武九姓。

由于这些国家处于丝绸之路要冲，具有得天独厚的贸易优势，因此粟特人大多以经商为职业，频繁往来于欧亚大陆各地做各种生意，唐朝北方各边境城市也不乏他们的踪影。

安禄山的生父——来自昭武九姓之一的康国的康先生，就是众多粟特人"唐漂"族中的一员。

在营州，他结识了突厥姑娘阿史德氏。

之后两个正常的成年男女之间发生了一些正常的事情，于是便有了安禄山。

当然，这只是我基于现代医学知识所设想的，在某些史书中还有另一种神奇的说法。

据《新唐书》以及唐人姚汝能所著的《安禄山事迹》记载，安禄山的父亲其实是喜当爹的，这孩子和他，就仿佛蚂蚁上树和蚂蚁一样没有任何相关性：（阿史德氏）祷轧荦（luò）山，神应而生焉——阿史德氏向轧荦山祈祷，受到神的感应而怀了孕。

注意，轧荦山不是一座山，而是传说中的突厥战神的名字。

除此以外，史载安禄山在诞生时也出现了很多异常现象。

相传阿史德氏生产的时候，红光满天，野兽齐鸣，还有一颗巨大的妖星落在了阿史德氏所住的帐篷上。

当地官府见到后，知道这个胡人小孩儿将来不同寻常，便立即派人前往当地追杀。

幸亏阿史德氏有了某种先知先觉，提前把婴儿藏了起来，才避免了安禄山婴年早逝的厄运。

这些东西可信吗？

当然不可信。

但我觉得这也是可以理解的。

毕竟，安禄山后来还当过一年所谓的大燕皇帝，不粉饰一下出身怎么行？

不过，史书的这种说法似乎也不是完全没有依据。

因为阿史德氏为孩子取的名字，就叫轧荦山。

然而名字起得好，并不见得命运就好。

轧荦山很小的时候，他的生父就去世了，阿史德氏改嫁给了另一个胡人安延偃，此后轧荦山便以"安"为姓，名字也按照"轧荦山"的谐音改成了"禄山"。

大概是由于从小就有寄人篱下拖油瓶的经历，因此，长大后的安禄山非常善于察言观色，情商极高，口才极佳，每次和别人在一起的时候，他或者拍马屁甜言蜜语，或者拍胸脯豪言壮语，总是无不恰当、无不妥帖，总能让人感觉如盛夏喝冰啤酒一般爽快。

除此以外，他还特别有语言天分，史载他"通六蕃语"——精通各种胡人的语言。

也许正是由于有了这样的语言优势，安禄山成年后干的第一份工作是诸蕃互市牙郎——胡人间互相贸易的中介。

不过，那时候的中介似乎远不如现在的房产中介好做，那些年安禄山并没有赚到什么钱。

直到公元 732 年，他快三十岁了，依然是一事无成，一贫如洗，一无所有，一顿肉都吃不起，一天到晚肚子饿得咕咕叫。

穷则思变。
于是安禄山干了一件事。
正是这件事改变了他的命运。

什么事呢？
参军？
你想多了——他那时应该没考虑过这个。
读陈安之的励志书？
你想多了——他大字都不识一个。

那到底是什么呢？
说起来，你可能做梦也想不到——偷羊！

接下来，我想请各位做个选择题：
（　　）的是，他偷羊被抓了！
更（　　）的是，他不仅被抓，还被判了死刑！
A. 不幸，不幸　　B. 幸运，幸运

在一般人看来，这道题的正确答案应该是 A。
但如果让安禄山来做，他肯定会不假思索地选择 B。
因为，这正是他本人的切身体会。
他如果不被抓，不被判死刑，他就不可能见到那个改变他一生命运的贵人——张守珪！

张守珪是当时大唐帝国在东北地区的最高军政长官——幽州节度使，统领幽州（今北京）、蓟州（今天津蓟州）、妫州（今河北怀来）、檀州（今北京密云）、易州（今河北易县）、定州（今河北定州）、恒州（今河北正定）、莫州（今河北任丘）、沧州（今河北沧州）九州。
他出身行伍，长期戍边，在与突厥、吐蕃（古代藏族在青藏高原建立的政权）等外敌的战事中屡建战功，历任游击将军、瓜州（今甘肃瓜州）刺史、鄯州（今青海乐都）都督、陇右节度使等职，深受皇帝李隆基的器重。

不久前，他刚被调到东北边防，出掌幽州，以对付不时入侵、极为难缠的奚人和契丹人。

这次，安禄山就被张守珪的部下抓住了。

按照那时的法律，偷羊是要被棒杀的。

眼看刽子手的大棒就要落下，安禄山急了，连忙大叫：你们不是要消灭奚人和契丹人吗？为何要杀壮士！

这声音响得让在场所有人都瞬间耳鸣了。

这声音也一下子引起了在场的张守珪的注意。

张守珪见此人长得高大魁梧、膀阔腰圆，虽然生命已到尽头，但此时此刻却依然高昂着头；虽然四肢都被捆住，但眼神中的悍勇之气却依然掩盖不住！

一个念头在他的心中油然而生。

如今正是用人之际，与其让这样一个当兵的好材料因为小事白白受死，不如让他到战场上为国家战死！

这是一个改变历史的念头。

正是张守珪的这个念头，打开了潘多拉的魔盒，给后来的大唐帝国带来了无尽的灾难！

但我们并不能因此苛责张守珪。

毕竟，任何人都不可能预知未来。

就这样，安禄山不仅捡回了一条命，还被张守珪任命为捉生将——负责侦察和活捉敌人的下级军官！

死里逃生

对安禄山来说，遇见张守珪，就好比陈子昂遇到幽州台——人生从此不同！

从此，他开始时来运转。

安禄山虽然做中介的水平不怎么样，但在战场上却是一把好手。

他精明果断、有勇有谋，加上自幼在东北边境长大，熟悉那里的一草一木、一山一水，几乎每次出马都有斩获。有一次他带着麾下三五个骑兵竟抓获了数十个契丹人！

张守珪不由得暗暗称奇——看来上次幸亏没杀此人，差点埋没了一个难得的人才！

他决定重用安禄山，便逐步增加其统兵数量。

安禄山也不负所托，此后的战绩越发突出，连战连捷。

这让张守珪对他更加赏识，又将其提拔为偏将。

而安禄山又特别会来事，特别善解人意。

张守珪刚想打瞌睡，安禄山马上就送来了枕头；张守珪刚听张单吊八筒，安禄山马上就打出了八筒；张守珪刚想读最好看的书，安禄山马上就送来了云淡心远的《彪悍南北朝》……

之后发生的一件小事，让张守珪对安禄山再次刮目相看。

当时张守珪无意中说了句：小安，你长得有点胖啊，要注意保持身材……

没想到安禄山当了真，从此厉行节食，居然三个月就减掉了整整八十斤！

这下子张守珪对安禄山更喜欢了：我随随便便一句话，他就这样认真执行，简直比儿子还忠心！

他当即将安禄山收为养子，视为自己的心腹，尽心培养。

很快，安禄山被任命为平卢讨击使、左骁卫将军，成为独当一面的大将。

这段时间，安禄山真是春风得意，短短几年就从社会底层爬上了军界高层！

然而天不可能日日晴朗，人也不可能时时顺心。

公元 736 年三月，一直顺风顺水的他栽了个大跟头！

当时安禄山奉张守珪之命率军讨伐奚人和契丹人的叛军，事先张守珪一再告诫他务必要谨慎小心，切勿轻敌冒进。

安禄山对此却不以为然，在他的印象中，之前每次打契丹人简直比打蚊子还容易——只要能找到对方，他们不是被轻松拍死就是吓得四处乱逃，根本就没有还手之力！

因此，他完全没把张守珪的话放在心上，一见到敌人就猛打猛冲，孤军深入，不料竟然中了对方的埋伏，最终被打得大败，损失惨重。

张守珪向来以治军严明而著称，这种违反军令招致惨败的行为，按理无疑应军法从事，否则无以服众。

但真要这么做，他心中却又有些不忍。

毕竟，安禄山是一名难得的骁将，之前又战功卓著，况且他还是自己的干儿子，性情又讨喜，纯属居家旅行必备之良药……

不杀不行，杀又不舍，怎么办？

思来想去，他总算想了个办法。

他命人将安禄山押解进京，听候朝廷发落，同时又给皇帝李隆基上了一封奏疏，在奏明安禄山此次失利的同时，也婉转地列了不少安禄山之前的功劳。

他多么希望，皇上能明白他的心意，看在安禄山这么多战功的份儿上，免掉他的死罪，让他戴罪立功！

安禄山心里当然也是这么想的。

然而，刚到京城，他就遭到了当头一棒。

审理他的，是当时的宰相张九龄。

张九龄是颇具传奇色彩的一代名相。

他有才学——是当时著名的才子，曾以"海上生明月，天涯共此时"这样的名句而蜚声文坛。

他有风度——举止优雅，气度不凡，相传后来张九龄罢相后，但凡有人举荐人才，皇帝李隆基总是要问一句：风度得如九龄否？

他更有操守——自从出仕以来，一直以忠于职守、直言敢谏而著称。

或许是张九龄确有识人之明先见之明，当然也可能是纯粹出于文人的清高看不起安禄山这样满脸横肉却毫无文化的武夫，总之张九龄一见到安禄山就有一种在吃饭时见到饭里有苍蝇的感觉——一下子就厌恶得皱起了眉头，很快就做出了这样的批示：

昔穰苴诛庄贾，孙武斩宫嫔。守珪军令若行，禄山不宜免死——当初司马穰苴（春秋末年齐国名将）杀国君的宠臣庄贾，孙武斩吴王的爱嫔，张守珪若要执行军令，安禄山就必须死！

但皇帝李隆基对此却有不同的看法。

从奏疏中，他清楚地看出了张守珪的意图。

如果一个女人说"这个包有点贵，可是我好喜欢，你看着办吧"，显然她是想让你帮她购买。

同理，张守珪说"安禄山犯错了，可是他有很大的功劳，皇上你看着办吧"，显然他是想让你帮他赦免。

为了不让张守珪失望，皇帝李隆基当即决定免掉安禄山的死罪，只是剥夺其一切职务，让他以士兵的身份继续在张守珪帐下效力。

这下张九龄急了，连忙进谏道：按照法令，安禄山不能不诛杀。且臣看他面有反相，不除必有后患。

而李隆基对此却根本不屑一顾。

安禄山不过是个普通的地方将领，相对于庞大的大唐帝国来说，比一元钱相对于一个亿万富翁还要微不足道，这样的小人物会有什么后患！太危言耸听了吧！

皇帝李隆基还是毫不犹豫地把安禄山放了。

文化不高情商高

回到幽州后，死里逃生的安禄山对张守珪更加感恩戴德。

之后，他不仅作战更加勇猛，处事也比以前谨慎了很多。

公元 737 年二月，他又跟随张守珪在捺禄山一带大破契丹人。

经此一役，契丹人元气大伤，从此不敢再轻易南下。

凭借自己的军功和张守珪的提携，安禄山很快就官复原职。

可惜世事无常，仅仅两年后，他又遇到了新的挑战。

公元 739 年六月，安禄山的恩人——张守珪因为部下谎报战功的事被人揭发，惹得李隆基勃然大怒，被贬到了括州（浙江丽水）当刺史，不久就郁郁而终。

不过，尽管养父倒了霉，但安禄山的仕途却并没有受到影响。

情商高，遇到谁都能吃香。

他和新来的节度使依然处得非常好。

公元 740 年，他被提拔为平卢军兵马使（相当于现在的军分区司令），从而正式迈入了高级将领的序列。

可安禄山对此并不满足。

他还有更大的野心。

他也有充足的信心。

因为，他自认为已经找到了升官的诀窍：在官场上，能力只能做参考，关系才是最重要！

要想再进一步，就必须找到新的更大的靠山！

机会很快就来了。

就在他当上兵马使后的第二年，御史中丞张利贞奉皇帝的命令担任河北道采访使（相当于现在的巡视组组长），带团前来幽州巡视考察。

安禄山对张利贞态度极其殷勤，接待极其周到，除了好听的话语、好笑的段子、好吃的酒菜、好看的女人，还送了好多的金银珠宝，无一处不妥帖；除了张利贞本人，随行人员无论是伙夫还是马夫个个都有份儿，无一人不满意。

这一切，让张利贞等人无比受用。

回到京城后，他和道采访使团的各个成员都争先恐后地在皇帝李隆基面前盛赞安禄山的才能和忠诚。

这个说他"力拔山兮气盖世"，那个说他"仿佛关云长转世"；这个说他"威名远扬让契丹小儿都不敢夜啼"，那个说他"新婚之夜抄皇帝语录不顾新娘哭哭啼啼"……

凭借着使臣们的一致好评，安禄山给李隆基留下了极佳的印象——一个将领，得到一个人的一次表扬不难，难的是得到各种人在各种场合下的各种表扬！

什么叫众望所归？

这就是！

这样的人，当然要重用。

很快，安禄山就被加封为营州都督、平卢军兵马使，兼两蕃、渤海、黑水四府经略使。

公元 742 年，李隆基对大唐帝国的边境防务进行了一番调整，在全国设立了十大方镇，分别为：安西（今新疆库车）、北庭（今新疆吉木萨尔）、河西（今甘肃武威）、朔方（今宁夏灵武）、河东（今山西太原）、范阳（在今北京）、平卢（今辽宁朝阳）、陇右（今青海乐都）、剑南（今四川成都）九大节度使以及岭南五府经略使（今广东广州）。

这里边，平卢是李隆基为了加强对东北地区的控制，而从原来的幽州分出来新设立的。

首任平卢节度使的人选，李隆基选择了安禄山。

之所以会作出这样的任命，他是经过深思熟虑的。

首先，安禄山骁勇善战，又忠心耿耿——这一点是得到很多使臣公认的；

其次，他是土生土长的营州杂胡，精通各种蕃语，熟悉当地形势，有利于安抚东北各少数民族；

再者，他出身卑微，没有强大的部落势力，只能依附于朝廷，无举族叛唐之虞；

除此以外，还有个更重要的原因是，李隆基认为，安禄山之前曾犯有死罪，是皇帝我亲自赦免了他，自己对他有再生之德！

就这样，从军刚满十年的安禄山一步登天，成了手握重兵、镇抚一方的封疆大吏！

这一年，他正好四十岁。

第二年年初，安禄山获得了进京觐见皇上的机会。

这是他第二次来到长安。

但此时的情形和七年前已经完全不一样了。

那一次，他的身份是死到临头的囚犯；而这一次，他是风头正劲的重臣！

他决心利用这次宝贵的机会好好表现自己。

在朝堂上，安禄山先是做了一番精心准备的汇报。

李隆基对他的发言非常满意，频频点头。

见前面的铺垫效果不错，安禄山决定乘胜追击，又拍出了一个浓度爆表的超级大马屁：去年秋天，我们平卢地区闹了虫灾，飞虫铺天盖地，大肆吞食禾苗，臣焚香祈祷，对上天说："如果认为臣心术不正，事君不忠，就让虫子吃掉我的心；如果认为臣行得正站得直，事主竭诚，就让虫子自行消失吧。"话刚说完，天上就飞来无数大鸟，不到一泡尿的工夫就把这些虫子全都吃光了！陛下，这可是千载难逢的祥瑞啊，请让史官将此载入史册！

这一席话，说得李隆基龙颜大悦：这真乃我大唐之福哇！

安禄山连忙磕头：陛下圣明，真乃鸟那什么……鱼汤……对了……鸟生鱼汤！

见他因差点说错话而表现出那种满脸通红、左脚搓右脚右脚搓左脚的尴尬样，李隆基被逗得连脚指头都忍不住想笑。

他当即命史官详细记录此事，同时又给安禄山加官晋爵——加封其为骠骑大将军。

按理说，安禄山编造的这个故事比现在某些骗子群发的中奖短信还要荒谬，为什么政治经验非常丰富的李隆基偏偏就相信了呢？

　　这当然是有原因的。

　　就像那种中奖短信正好迎合了现在某些人妄想不劳而获发大财的心理一样，安禄山的话也正好迎合了此时李隆基盲目狂妄自大以至失去理智的心理。

第二章　从此君王不早朝

盛世危机

这一年，李隆基已经当了整整三十年的皇帝了。

自继位以来，他先后任用姚崇、宋璟、张说、张九龄等多位贤相，在政治、经济、军事、文化等方面推行了一系列卓有成效的积极措施，经过这些年的励精图治，唐朝内部欣欣向荣，外战捷报频传，经济空前繁荣，国力空前强盛，人口大幅度增长，呈现出前所未有的盛世景象。

由于当时的年号是开元（713—741），故史称开元之治。

对于开元年间的盛况，诗圣杜甫在他的诗中做了详细的描述：

忆昔开元全盛日，小邑犹藏万家室。稻米流脂粟米白，公私仓廪俱丰实。九州道路无豺虎，远行不劳吉日出。齐纨鲁缟车班班，男耕女桑不相失。宫中圣人奏云门，天下朋友皆胶漆。百余年间未灾变，叔孙礼乐萧何律……

有人认为，开元盛世不仅是整个唐代的巅峰，更是中国整个封建社会的巅峰！

这样的成就，让李隆基无比骄傲，无比自满。

多年来在治国上孜孜以求的目标已经圆满实现了，接下来自己该追求点什么呢？

他不知道。

11

在他看来，辛苦了一辈子，也该好好歇歇了，也该好好享受享受自己创造的成果了。

这一点，从他的新年号中就可以看出来。

公元 742 年，有人宣称在函谷关旁发现了玄元皇帝（即老子，唐朝皇帝奉其为始祖，追封为玄元皇帝）留下的宝符，李隆基极为高兴，特意将年号改为了"天宝"。

当初是充满"积极进取"精神的"开元"——开拓新纪元，而现在则是充斥着"坐享其成"味道的"天宝"——是比"天上掉馅儿饼"程度更高也更不靠谱的"天上掉宝物"！

由此可见，晚年李隆基的心态发生了怎样的变化！

然而，李隆基错了。

其实此时并不是他可以坐享其成的时候。

看起来光鲜亮丽的开元盛世，内部也有着不少的隐患。

唐朝立国已有一百多年之久，社会的方方面面都发生了翻天覆地的变化，唐初曾经行之有效的一些制度已经不适应时代的发展，到了不得不变革的时候。

比如均田制。

均田制始于北魏孝文帝时期，当时由于中国北方经历了长期战乱，田地大量荒芜，人口大量流失，北魏政府将其所掌握的无主土地收归国有，随后按人口数分配给百姓耕作，百姓则向政府缴纳赋税（详情可参见笔者的另一本书《彪悍南北朝之枭雄的世纪》）。

均田制一经推出就大获成功，对经济的恢复和发展都起到了极为积极的作用，因此后来的隋唐两朝也一直沿用此政策。

但到了近三百年后的李隆基在位时期，情况已经大不一样了。

由于天下承平已久，人口不断增多，百姓能分到的田地越来越少，而由于田地越来越少，农民抗风险的能力也变得越来越差，一旦遇到天灾人祸，比如天降暴雨、一家之主暴死等情况，往往被迫出卖土地，导致土地被私人兼并，均田制实施的基础——土地国有化破坏严重，在很多地方均田制已经名存实亡。

而随着均田制的土崩瓦解，建立在均田制基础上的府兵制也变得难以为继了。

府兵制由西魏权臣宇文泰所创立（详情可参见笔者的另一本书《彪悍南北朝之

铁血双雄会》），经北周、隋、唐而日趋完备，其最大的特点是兵农合一，府兵平时耕种，农闲练武，战时打仗，不仅为国家节约了大量军费，保证了兵源，而且战斗力也相当不错，唐初取得的一系列对外战争的胜利就是明证。

然而唐高宗以后，由于土地兼并日益严重，很多府兵失去了土地，开始逃避兵役，有些兵府甚至出现了无兵可调的情况。

公元 722 年，时任朔方节度使的张说向李隆基建议招募壮士担任禁军。

自此，募兵逐渐成为军队的主流，府兵则日渐式微并逐步废止。

兵制的改变，也给李隆基和他的朝廷带来了新的挑战。

一方面由于招募来的兵士需要国家提供军饷和装备，给国家的财政带来了很大的压力；另一方面，之前府兵作战任务完成后就回到原先的军府，不归战时的将帅统辖，有利于避免将帅专权，而募兵作为职业军人长期在外驻扎，无论训练还是作战往往都由同一将帅长期指挥，往往容易演变成将帅的私人势力，不利于朝廷对他们的控制……

事实上，除了均田制的崩溃和府兵制的瓦解，李隆基那时面临的问题还有很多：贫富差距悬殊、腐败现象严重、奢靡风气蔓延……

总而言之，此时的大唐王朝正处于关键的社会转型时期，很多制度迫切需要大刀阔斧的改革，很多深层次的问题迫切需要用新的办法去解决。

比如，用什么新的土地制度来代替均田制？怎样防止土地兼并？怎样缩小日益悬殊的贫富差距？改为府兵制后，财政上的困难如何解决？在边境上设立集军政权力于一身的节度使，如何避免节度使拥兵自重的现象？……

对这一系列的问题，李隆基的应对策略不是去找问题的根源，然后进行深层次的改革，从制度上去解决问题，而是头痛医头、脚痛医脚，在原本的制度框架以外增设各种临时职务——使职来处理这些具体的麻烦，如转运使、营田使、劝农使……

这就相当于一个人因肺部出了问题导致发烧，你却不针对肺部疾病用药而只是一味退烧，显然是治标不治本的！

然而当时的李隆基似乎并没有想到这么多，也没有想到这么远。

他只是一味沉醉在自己的成就中、一心只想安度余生。

也许在那时的他看来，国家的形势一片大好，而且只会一年更比一年好；自己的时间却是越来越少，而且只会一年更比一年少……

于是，晚年的他，变得越来越追求个人享受，越来越沉迷于声色之中不能自拔。

画外音：最美不过夕阳红，温馨又从容。夕阳是晚开的花，夕阳是陈年的酒，夕阳是迟到的爱，夕阳是未了的情……
我想，如果李隆基听过这首歌的话，他一定会觉得这是为他量身定做的。
对他来说，杨玉环就是他迟到的爱，就是他未了的情。

杨家有女初长成

史载杨玉环的祖上出自关中名门弘农杨氏，其高祖父杨汪曾担任过隋朝的吏部尚书，不过到杨玉环的父亲杨玄琰这一代，杨家的家道已经中落，杨玄琰的职务只不过是一个小小的蜀州（今四川崇州）司户（掌管户籍、赋税等的小官）。
杨玉环就出生在蜀州。
由于父亲早逝，她幼年时就被在河南府任职的叔父杨玄璬接到了东都洛阳，由叔父抚养。

长大后，杨玉环不仅出落得亭亭玉立、楚楚动人，是远近闻名的美女，而且能歌善舞、多才多艺，是远近闻名的才女。
十七岁的时候，她被寿王李瑁（李隆基第十八子）看中，嫁入寿王府，被册封为寿王妃。
《全唐文》中记录了以李隆基名义颁布的册封诏书《册寿王杨妃文》：

> 尔河南府士曹参军杨玄璬长女（大概是考虑到皇室的面子，此处隐去了杨玉环的养女身份），公辅之门，清白流庆，诞钟粹美，含章秀出。固能徽范凤成，柔明自远，修明内湛，淑问外昭。是以选极名家，俪兹藩国，式光典册，俾叶龟谋……

就这样，杨玉环就像童话里的女主角一样，一步登天，嫁给了王子，成了王妃！

可惜生活不是童话。
童话的结尾，总是女主角和王子卿卿我我，恩恩爱爱，从此过上了幸福的生活。
而对杨玉环来说，嫁给王子却只是个开始。
因为就在她婚后仅仅过了两年，就有第三者插足了。

这个第三者，不是别人，竟然是杨玉环的公公李隆基！

公元737年，李隆基最宠爱的后妃武惠妃（李瑁的生母）去世了。
这让他感到无比悲痛。
更令他悲痛的是，他始终找不到武惠妃的替代者。
后宫中的各种美女在他的眼里，就像各种美酒在不喝酒的我眼里一样——尽管多得让人眼花缭乱，却没一个感兴趣的！

李隆基非常苦恼。
他无时无刻不在思考着一个问题：伊人已去，谁才能让我重燃爱火？

他的心思，当然瞒不过他身边的大臣和宦官们。
在这些人看来，皇帝遇到的难题就是他们遇到的机会。
没过多长时间，就有人向李隆基推荐了一个理想的人选——他的儿媳杨玉环！

这就很尴尬了。
当然，这是对一般人来说。
但李隆基可不是一般人。
他是皇帝，而且是唐朝的皇帝。
大概是因为祖上有部分鲜卑血统的缘故，唐朝皇室中胡风很盛，礼教约束、人伦禁忌比其他朝代似乎要松很多——在李隆基之前就有太宗李世民纳弟媳为妃、高宗李治立庶母为后等多起不伦事件，现在李隆基想纳儿媳，某种程度上说也算是继承了祖先的传统。
因此，李隆基丝毫没有顾忌杨玉环的身份，马上就开始了行动。

公元741年正月，他亲自颁下诏书，宣称寿王妃杨氏想为窦太后（李隆基的生母）祈福，主动请求放弃寿王妃的身份，申请出家成为女道士。
杨玉环就这样离开了寿王府，披上了道袍，进入一座李隆基为她特置的道观内，成为一名道士，法号太真。

在之后的数年中，杨玉环一直以道士太真的身份和李隆基在一起。
李隆基对杨玉环一见钟情，很快就拜倒在了她的石榴裙下。
因为他发现，杨玉环不仅天生丽质，更重要的是，她还善歌舞，通音律，弹得一手好琵琶，而李隆基本人也是个音乐发烧友，擅长各种乐器，并精通作曲——著名的《霓裳羽衣曲》相传就是他的作品，除此以外，他还酷爱戏曲，被后人称为梨园祖师。

两人虽然年龄相差悬殊——整整差了三十四岁，但却处处情投意合，琴瑟和鸣，感觉比同一规格的螺母和螺钉还要般配！

晚点的火车，因为总希望把失去的时间抢回来，所以总是跑得特别快；
迟来的爱情，因为总想着把错过的日子补上去，所以总是来得特别猛！
如果爱情像台风一样有级别，那么李隆基对杨玉环的爱至少应该是千载难逢的十二级以上超强台风！

公元 745 年七月，李隆基为寿王李瑁新娶了一个姓韦的王妃。
仅仅一个月后，他就迫不及待地册封杨玉环为贵妃。
至此，在等待了近五年后，杨玉环终于有了正式的名分。
那一年，李隆基六十一岁，杨玉环二十七岁。

随着杨贵妃地位的确立，她的家人也都跟着鸡犬升天。
杨玉环的三个姐姐也都是风华绝代的美女，也都得到了李隆基的宠幸，分别被封为韩国夫人、虢（guó）国夫人和秦国夫人。
姐妹四个经常一起出入宫廷，和李隆基一起玩耍嬉戏，一起通宵夜谈……
四人中，虢国夫人的性格最为豪放，有时甚至敢不化妆就去见皇帝。
这一点，有唐代诗人张祜的诗为证：

> 虢国夫人承主恩，平明骑马入宫门。
> 却嫌脂粉污颜色，淡扫蛾眉朝至尊。

此外，杨贵妃的父亲杨玄琰也被追封为太尉、齐国公，其母则被追封为齐国夫人，叔父杨玄珪为光禄卿，堂兄杨铦（xiān）为鸿胪卿，堂兄杨锜为侍御史，杨锜还迎娶了皇帝的女儿太华公主……
细心的人也许会发现，这个名单中似乎少了一个人——当初抚养她的那个叔父杨玄璬！

不是李隆基和杨贵妃健忘，而是杨玄璬必须被遗忘。
因为当初杨玉环嫁给寿王李瑁的时候，是以"杨玄璬长女"的身份被册封的，而如今作为李隆基的贵妃，之前她这段曾当过儿媳的历史就必须被淡化，必须让别人认识到，之前那个"杨玄璬长女"寿王妃和现在的"杨玄琰之女"杨贵妃并不是同一个人！

尽管这听上去有些自欺欺人，但就和皇帝的新装一样，只要大家都心照不宣不点穿就够了。

其实这件事大家都知道，李隆基也知道大家都知道，大家也都知道李隆基知道大家都知道，但大家却都装着不知道，李隆基也装着不知道大家都知道，大家也都装着不知道李隆基知道大家都知道……

时间长了，李隆基也就有了这样一种错觉：杨玉环似乎从来就没有当过他的儿媳，而是上天赐给他的真爱。

杨贵妃对他来说，就是不开心时候的酒一样的人，是渴了很久之后的水一样的人……

他和杨贵妃最喜欢的地方是华清宫。

华清宫位于今西安市临潼区，是修建在骊山上的一座行宫，以温泉而闻名。

李隆基对华清宫情有独钟，自从即位以来几乎每年都要到这里居住一段时间。

有了杨贵妃后，他更是把这里当成了自己和贵妃的度假别墅，两人在这里度过了大把大把的快乐时光。

有时，他们聊聊天；有时，他们扯扯淡；有时，他们喝喝酒；有时，他们弹弹琴；有时，他们打打牌；有时，他们跳跳舞；而更多的时候，他们会一起泡泡澡。

春寒赐浴华清池，温泉水滑洗凝脂。侍儿扶起娇无力，始是新承恩泽时。云鬓花颜金步摇，芙蓉帐暖度春宵……

这是何等的惬意！

冬天，两人最爱的是在华清宫泡温泉；而到了春天，两人最爱的是赏花，尤其是看牡丹。

这天，李隆基与杨贵妃带着一帮随从前往兴庆宫内的沉香亭欣赏牡丹。

眼前是国色天香的牡丹，怀里是倾国倾城的贵妃，李隆基几乎都要醉了。

花美，人美，他的心情更美。

见皇帝如此开心，他最喜欢的乐师李龟年主动提议，让他来唱歌助兴。

可他刚一开口，李隆基就忍不住提意见了：赏名花，对贵妃，怎么可以用旧的歌词？还不快让人找李白来填新词！

"诗仙"李白

如今李白这个名字对只要上过小学的人来说绝对是如雷贯耳的。

可以这么说，在中国古代所有的诗人中，要论成就和知名度，李白如果称第二，那就没人敢称第一！

然而李白的来历却有些不明不白。

无论是他的出生地还是家世，一直以来都是个谜。

《旧唐书》记载：李白，字太白，山东（泛指崤山以东地区）人。

但《新唐书》的说法却完全不一样：李白，字太白，兴圣皇帝（即十六国时期西凉创建者李暠，由于李唐皇室自称是李暠的后代，追尊其为兴圣皇帝）九世孙。其先隋末以罪徙西域，神龙（武则天的最后一个年号，也是唐中宗李显的第一个年号，即公元705—707年）初，遁还，客巴西（今四川绵阳一带）。

而最详细的记录则出自唐人范传正所著的《唐左拾遗翰林学士李公新墓碑并序》：公名白，字太白，其先陇西成纪（今甘肃秦安）人……凉武昭王（即李暠）九代孙也。隋末多难，一房被窜于碎叶（今吉尔吉斯斯坦托克马克附近），流离散落，隐易姓名。故自国朝已来，漏于属籍。神龙初，潜还广汉。因侨为郡人。

如果后两种记载可信的话，那么李白的祖上应该和唐朝皇室同宗，在隋朝末年因某种罪名而被迁到了西域的碎叶城，其父在武则天统治末期偷偷潜逃回了内地，居住在绵州昌隆县青莲乡（今四川江油）。

有人因此认为李白很可能是唐高祖李渊之子李建成或李元吉的后人，玄武门之变后为避朝廷追杀而逃到西域。

不过这一切都只是猜测而已。

事实的真相，就和你我的青春一样——曾经是有的，但随着时间的推移，现在已经找不到了。

至于李白的出生地，至今也没有定论——有人说是碎叶城，也有人说是江油。

但有一点可以确定。

他应该是在江油长大的。

据说李白出生时其母曾梦见太白金星，故为他取名"白"，字太白。

李白自幼聪颖过人，十岁就精通诗文。

然而他并不是个文弱书生，而是性情豪爽，善于击剑，轻财好施，颇有侠士之风。

公元724年，二十四岁的李白带着一大笔钱，离开家乡踏上了远游之路。

他先去了峨眉山，之后又顺江东下，出三峡，经江陵（今湖北江陵），游洞庭，登庐山，抵广陵（今江苏扬州），随后又南下苏州、杭州等地。

公元727年，李白来到了安陆（今湖北安陆），估计信奉"千金散尽还复来"的他那时钱也花得差不多了——他自称在扬州不到一年就花掉了三十多万。

可他似乎并不担心，因为他还有另一句人生格言"天生我材必有用"！

果然，在那里他凭借自己天生的才气和风度赢得了前宰相许圉（yǔ）师孙女的爱慕，两人结为了夫妻。

自此，李白寓居安陆三年。

然而，对于一心要"大鹏一日同风起，扶摇直上九万里"、志向大得当伞可挡住泰山当桶可舀光长江的李白来说，让他憋在家里，简直比憋尿还难受。

公元730年，他终于再也憋不住了，离家前往长安，拜谒了京城的许多名流政要，想寻求发达的机会，但却始终没能如愿。

两年后，他只好黯然离去。

接着他又花几年的时间先后游历了洛阳、太原等地，最后才兴尽而归，回到安陆。

再过了数年，许夫人病死，李白又移居东鲁（今山东一带），投靠自己在当地任官的亲戚，其间他曾与孔巢父等五人隐居于徂（cú）徕山（今山东泰安、新泰之间），日日酣歌纵酒，吟诗作赋，号称"竹溪六逸"。

公元742年，李白南游会稽（今浙江绍兴）。

在那里，他结识了著名的道士吴筠，二人相见恨晚，一起隐居在剡中（今浙江嵊州）。

正是因为吴筠，李白才有了入京做官的机会！

事情的经过是这样的：

李唐皇室把道教始祖李耳作为自己的祖先，皇室的子孙们大多笃信道教，晚年的李隆基对道教更是无比沉迷——他一心想修炼长生之术，为此还专门在华清宫修建了长生殿。

听说吴筠在道教界的名气后，他特意命人请其入京面谈。

一番交流下来，李隆基对吴筠极为欣赏，遂留他在京，盛情款待。

吴筠也抓住机会，在皇帝面前大力推荐自己的好友李白，说得李隆基龙心大悦，当即派使者前去宣召李白。

使者到来的时候，李白正在家中闲居。

得知皇帝召他，他顿时欣喜若狂。

这从他当时写下的这两句诗就可以看出来：仰天大笑出门去，我辈岂是蓬蒿人！

就这样，时年四十二岁的李白第二次来到了长安。

这一回，他受到了皇帝和朝臣们的热情接待。

时任秘书监的贺知章在看了他的诗作后更是惊为天人：子，谪仙人也！——你简直是天上被贬谪到人间的神仙啊！

之后，李白终于实现了自己多年来入仕的夙愿——被任命为翰林待诏。

但很快，李白就失望了。

因为当时的所谓翰林待诏，只不过是随时听候皇帝召唤的御用文人，虽然待遇不错，钱多事少离皇帝近，但实际上并无任何实权。

这对于极度渴望建功立业的李白来说，显然是无法让他满意的。

我想要的是房子，而你给我的却是橘子，就算给得再多，又有什么用！

无奈，他只好借酒浇愁，每天不是喝得烂醉，就是在喝醉的路上。

这次李龟年派人来找他的时候，他又醉了。

来人只好把摇摇晃晃的他硬是架到了沉香亭。

李白此时依然酣睡不已，脸上被泼了八十八盆冷水后才勉强睡眼惺忪地醒来。

不过，对李白这样的天才来说，写诗似乎比呼吸还要本能还要自然，根本不需要动脑子，只要一提起笔，那些美妙的诗句就会像打开了自来水龙头一样源源不断地喷涌而出……

于是，就有了流传千古的名篇《清平调》：

云想衣裳花想容，春风拂槛露华浓。若非群玉山头见，会向瑶台月下逢。

一枝红艳露凝香，云雨巫山枉断肠。借问汉宫谁得似？可怜飞燕倚新妆。

名花倾国两相欢，长得君王带笑看。解释春风无限恨，沉香亭北倚阑干。

这三首既写花又写人、既辞藻艳丽而又浑然天成、既独立成篇又无缝衔接的诗，让在场的所有人都叹为观止。

每一句、每一个字都是那么精准，那么贴切！

如果说这些字是子弹的话，那么它们肯定个个都是十环！

因此，李白的诗刚一写完，李隆基就迫不及待地命李龟年按李白所填的新词引吭高歌，还拿起玉笛亲自伴奏，而杨贵妃的笑容更是比身边的牡丹还要灿烂！

从此，李隆基对李白的文才更加佩服，对他也更加礼遇。

当然，李白就是再被礼遇，也不过是皇帝招之即来挥之即去的工具而已——需要的时候拿出来用，不需要的时候就丢在角落里落灰！

三千宠爱在一身

只有杨贵妃，才是李隆基晚年最不可或缺的那个人。

为让她开心，他是不惜一切代价的。

杨贵妃生于南方的蜀地，特别爱吃当地产的荔枝——那时蜀地似乎是盛产荔枝的。

可四川到长安有数千里之遥，那时又没有飞机和高铁，且荔枝又特别容易变质，怎么办呢？

这难不倒李隆基。

他下令让沿途各驿站配备专用的快马和骑手，一站一站接力，马停荔枝不停，人歇荔枝不歇，昼夜兼程地从岭南把荔枝运到长安。

晚唐诗人杜牧的《过华清宫》描述的就是此事：

长安回望绣成堆，山顶千门次第开。一骑红尘妃子笑，无人知是荔枝来。

然而正如再好的美玉也总会有瑕疵一样，再深的感情也难免会有波折。

李隆基毕竟是皇帝，后宫中美女太多，诱惑太多，常在河边走，哪能不湿鞋，常在美女旁，难免会动心，他也会有受不住诱惑的时候。

也许对某些男人来说，爱情往往只是他们生命的一部分；而对有些女人来说，爱情却往往是她们生命的全部。

21

杨贵妃就是这样的女人。

她想要的是唯一，而不是之一！

她无论如何也忍受不了自己唯一挚爱的男人和别的女人卿卿我我！

因此她也难免要吃醋，有时醋劲还挺大，搞得李隆基很生气，甚至还曾两次把贵妃撵出了宫。

第一次发生在公元 746 年七月。

那次，杨贵妃"妒悍不逊"——因妒忌而态度凶悍，出言不逊，李隆基一怒之下命人将她送到了她堂兄杨铦的家中。

你走吧，朕再也不想见你了！

可杨贵妃早上走，当天中午，李隆基就反悔了。

但碍于帝王的面子，他又不好明说，只好对身边的人吹毛求疵，大发脾气，不是鸡蛋里挑骨头，就是鱼香肉丝里挑鱼。

关键时刻，幸亏他最宠幸的太监高力士给他解了围。

高力士本姓冯，出身于岭南望族，是被后世尊为岭南圣母的冼夫人（冼夫人的事迹可见笔者的另一本书《彪悍南北朝之铁血后三国》）的六世孙，曾祖冯盎（àng）在唐初时被封为越国公，其父冯君衡曾任潘州（今广东高州）刺史，因遭人诬陷惨遭诛杀，年幼的高力士则被阉割入宫，成了一名小太监，后被宦官高延福收为养子，故而改姓高氏。

高力士性情谨慎，办事细致，很受武则天的宠爱，还被任命为宫闱丞，负责传达诏令。

武则天死后，高力士又慧眼识珠，把宝押在了当时还是临淄王的李隆基身上，成为李隆基在宫中的耳目，为李隆基的上位出了不少力。

李隆基登基后，高力士很自然地成了他最亲近的贴身太监，还被封为从三品的右监门卫大将军、知内侍省事。

这样的任命在唐朝是前所未有的——要知道，当初唐太宗为了防止阉人干政，曾经规定宦官的官阶最高不能超过四品，而李隆基却为高力士打破了这个界限！

这是李隆基的一小步，却是唐代宦官参政的一大步！

后来某些史学家甚至认为，正是李隆基的这个任命为唐朝后期的宦官专政开了个坏头！

好在高力士本人的人品还是不错的。

终其一生，他对国家和皇帝一直忠心耿耿，从不利用自己的职权胡作非为。

李隆基对他也特别信任，常对人说，力士当上，我寝乃安——只有高力士在旁边，我才能睡得安稳。

此次贵妃被逐，善解人意的高力士看出了李隆基的心思，伏地奏请迎回杨贵妃。

这正合李隆基的心意。

当天夜里，杨贵妃就被接回了宫中。

两人就此重归于好。

四年后，这样的事情又发生了一次——杨贵妃又一次因忤旨被赶回了娘家。

这回，劝谏的换成了户部郎中吉温。

吉温借着入宫奏事的机会故意激将说，妇人见识短浅，违背圣情，确实有错，可是贵妃毕竟久蒙恩宠，就算要治她的罪也得在宫中进行，怎么可以让她在外边受辱呢？

李隆基对此本就有些悔意，便马上借坡下驴，命使者给贵妃赐御膳。

杨贵妃对使者说，臣妾冒犯圣颜，罪该万死，陛下没有杀我而让我回家，看来我跟陛下以后是不可能再见面了。妾身上的衣服珠玉都是圣上所赐，只有发肤是自己的，陛下的大恩大德，妾无以为报，就用这个来感谢陛下对我的恩宠……

话还没说完，她就泪如雨下，泣不成声。

随后，她剪下自己的一缕秀发，交使者带回去。

使者回去复命，李隆基大惊，怜惜之情顿时再也无法抑制。

他当即派人将贵妃召回，从此愈加宠爱，再也舍不得与她分开。

就这样，晚年的李隆基整天沉迷于与杨贵妃的儿女情长，老夫聊发少年情，左牵手，右搂腰。春宵苦短日高起，从此君王不早朝。哪里还有多余的精力来处理繁杂的政务？

他把朝中的大小事务几乎全都交给了首席宰相李林甫处理。

第三章　权谋界的珠穆朗玛峰

弄獐宰相

说起来，李林甫也算是唐朝宗室，只不过和当朝皇帝的血缘关系已经像冲泡了六次的茶一样淡了——他的曾祖父李叔良是唐高祖李渊的堂弟。

由于和皇室的血缘关系不近，故而他虽然也勉强地靠着门荫入仕，却只能从基层干起。

他工作能力很强，尤其擅长搞关系，常常能以"随风潜入夜，润物细无声"的方式在不知不觉中博得别人的好感——无论对方是男是女，是老是少，是爱喝咖啡的还是爱吃大蒜的，很少有他搞不定的人。

也正是凭借着这样的本事，他得到了以善于理财而闻名的、李隆基早年的宠臣宇文融的赏识。

在宇文融的大力提携下，他得以进入中枢，出任御史中丞。

后来，他又攀上了当时在后宫中最得宠的武惠妃，从此更是平步青云。

公元735年，李林甫终于被任命为礼部尚书、同中书门下三品，成为宰相中的一员。

需要说明的是，唐朝的宰相一般不止一人，而是一个班子。

唐代沿袭隋制，实行的是三省六部制。

三省即负责起草政令的中书省、负责审核政令的门下省、负责执行政令的尚书省。

唐初，三省长官中书令、侍中、尚书左右仆射（唐朝自唐太宗李世民后一般不设尚书令）均为宰相，唐中宗后，尚书左右仆射地位下降，一般不再被视为宰相，而其他官员只要加有"同中书门下三品"或"同中书门下平章事"者则被列为宰相。

当时与李林甫同居于相位、排名在他之前的，还有中书令张九龄和侍中裴耀卿。

据说在李林甫入相之前，李隆基曾征求过张九龄的意见。张九龄明确表示反对：宰相关系到国家安危，陛下用李林甫为相，恐怕将来对社稷没好处。

为什么他要说这样的话呢？

我不知道。

我只知道，生性清高的大才子张九龄对文化水平不高的李林甫似乎一直都没有什么好感。

李林甫的学问浅薄是出了名的，为此甚至还闹过一个有名的笑话。

那次，他的表弟姜度喜得贵子，作为表哥，李林甫肯定也要写信道贺。

就和如今很多企业要把领导题字挂在显著位置一样，姜度当然也要把宰相的贺信挂在显著位置显摆显摆。

他得意扬扬地当着众多宾客的面拆开信封，命人将信贴在墙上。

没想到，在场的人见了全都掩口而笑。

姜度的脸色非常难看！

原来，信上写的是：闻有弄獐之庆……

古人常用"弄璋之喜"来祝贺别人生了儿子，而李林甫却写成了"獐"！

"璋"者，美玉也，而"獐"则是一种野兽，"獐头鼠目"不是一个好词，"弄獐之庆"当然也不是一句好话！

从此，李林甫便有了"弄獐宰相"的美名。

不过，他对此倒并不是很在意。

弄獐不要紧，弄权才是真。

他真正在意的只有权位。

他想要的，是早日扳倒张九龄，成为权倾天下的首席宰相！

张九龄 vs 李林甫：才子和权谋大师的对决

然而此时李隆基非常器重才华出众的张九龄，李林甫当然不可能轻举妄动。

在那段时间里，他虽然一直在等待着合适的出手时机，但表面上却对张九龄唯命是从，毕恭毕敬，公文帮着提交，走路帮着拎包，上厕所帮着扶腰……

机会很快就来了。

公元 736 年十月，李隆基和朝廷全体领导班子都在东都洛阳办公。

李隆基原本计划到来年春天再返回长安，但那段时间不知是他心中有鬼，还是真的有鬼，反正他感觉宫中似乎在闹鬼，住着很不安稳，便召集三名宰相商议，打算提前回去。

没想到张九龄、裴耀卿两人都表示反对，理由是此时正是秋收季节，皇帝车驾出行会影响沿途百姓的收割。

这让李隆基的心很是不爽。

他是一天都不想再待在这闹鬼的地方了，就是回去住长安的公厕也比住洛阳的宫殿强！

可考虑到张、裴二人说的话也不是没有道理，他一时也不好发作，无奈只好不了了之。

善于察言观色的李林甫当然不可能看不出皇帝的心思。

不过当时他却没有发表任何意见，而是在事后才偷偷找到李隆基，提出了他的解决方案：长安和洛阳，都是陛下的家，想来就来，想走就走，何必要挑什么日子？在臣看来，即使是真的妨碍秋收，那也不碍什么事，把沿途百姓的租税免掉不就可以了吗？臣请求陛下马上向百官宣布，即日启程西行。

他的这番话，如冷空气吹散雾霾一样一下子吹散了李隆基心头的疑云。

李隆基当即下令依计而行。一行人顺利返回了长安。

从此，李林甫给他留下了极为良好的印象——论文才，也许十个李林甫也不如一个张九龄，但要论头脑灵活、善于变通，恐怕一百个张九龄也不如一个李林甫！

而不久发生的另一件事，让李林甫和张九龄在他心中的地位发生了更大的变化。

那时原河西节度使牛仙客刚被调任朔方节度使，继任者见河西仓库丰盈，装备精良，便向上奏报牛仙客治军有功。

李隆基派使者前去核实，发现确有此事。

这让他龙颜大悦，便在朝会上提出想给牛仙客加个尚书的官衔，以资嘉奖。

张九龄马上站出来表示反对：不行。我朝立国以来，一直都是卸任的宰相或德才兼备、名扬中外的人才能担任尚书一职，牛仙客只是边疆小吏出身，把他提拔到这样重要的岗位，有损朝廷的声望。

见他言辞激烈，李隆基只好退了一步：要不，给他加个封爵总可以吧？

然而张九龄还是坚决不同意：封爵是用来奖赏有功之臣的，牛仙客作为一个边将，充实武库、修备军械本来就是他分内的事，陛下如果要犒赏他，可以赏赐他财物，裂土封爵，恐怕不合适。

李隆基知道张九龄向来以直臣自居，只要他认为不对的事就一定要争到底，无奈只好沉默不语。

不过看得出来，他很不开心。

但李林甫却很开心——皇帝和张九龄闹得越不开心，自己离间他们的机会就越多！

因此，散会后他没有走，而是单独留了下来，旗帜鲜明地表达了对皇帝的支持：牛仙客有宰相之才，做尚书有何不可？张九龄只是一介书生，不识大体。

李林甫的话，比激光制导导弹还要精确地击中了李隆基的心。

事实上，李隆基对张九龄的牛脾气早就有些受不了了，只是为了保持自己明君的形象，加上朝中需要张九龄这样以正直和博学著称的臣子来装点门面，才不得不勉为其难地强忍着。

但饭吃多了，总需要排泄；火忍久了，总需要发泄。

现在，在李林甫的煽风点火下，他决定不再继续忍下去了。

不在沉默中爆发，就会在沉默中憋出神经病！

于是，在第二天的朝会上，便有了下面的这一幕。

当时李隆基旧话重提，再次提出要给牛仙客加封爵。

张九龄当然还是坚决反对。

李隆基顿时勃然大怒：难道什么事都要由你做主吗？

张九龄之前从来没见过皇帝发这么大的火，连忙跪倒在地，一边磕头一边解释：陛下不嫌弃臣愚钝，让臣忝居相位，因此遇到有不合适的事，臣不敢不尽言。

李隆基冷笑道：你嫌弃牛仙客出身寒微，那你倒是说说，你自己又出自什么名门？

这正好戳中了张九龄的痛处。

他是韶州曲江（今广东韶关）人，来自偏远的岭南，凭借过人的才华高中进士，后因得到宰相张说的赏识，才一步步做到了宰相。

而当时由于科举制度尚在草创阶段，多数官员都是靠拼爹入仕的，朝堂上崔、卢、李、郑、王、裴、薛、柳、韦、杜、杨、萧等高门大族的子弟比比皆是，比如和张九龄同为宰相的裴耀卿就来自河东望族闻喜裴氏。

和他们相比，张九龄的出身可谓低到了尘埃里！

因此，李隆基这句话说得非常重，非常不友好，非常不符合他的身份，似乎根本不是皇帝在训话，而是泼妇在骂街：你张九龄有什么资格说别人，也不撒泡那什么自己照照！

这让张九龄极其难堪。

可倔强的他却依然不愿让步，还是坚持自己的观点：臣来自岭南蛮荒之地，不如牛仙客生于中原。但臣毕竟出入台阁、执掌诰命多年了，而牛仙客只是边隅小吏，目不识丁，如果让他在朝廷身居高位，恐怕难以胜任。

李隆基被他气得血压一下子飙到250，嘴唇发乌，根本说不出话来。

朝会只能再一次不欢而散。

李林甫心中暗喜——他要的，就是这样的效果。

当天他又给皇帝带去了这样一句话：只要真有才识，何必拘泥于词学！再说，天子想要用人，用谁不可！

这正是李隆基最想听到的，尤其是后半句。

天下是朕的天下，用谁当然要朕说了算！

其实这种想法是极其危险的。

因为这就意味着随心所欲地处理政事，意味着置各项制度于不顾，意味着要把国家的治理原则从之前的法治变成彻底的人治！

不过，此时的李隆基显然没有意识到这一点。

他只觉得李林甫处处维护自己，是那么的贴心；而张九龄却处处为难自己，是那么的闹心！

就这样，在李林甫的支持下，他不顾张九龄的再三反对，断然下旨封牛仙客为陇西县公，封邑三百户。

经过这一事件后，他对李林甫更加信任。

李林甫当然也更加注意皇帝身边的事情。

由于他善于从各种渠道捕捉皇帝的信息、揣摩皇帝的心意，因此几乎每次他提出的意见与李隆基的想法都像两个模数相同的齿轮一样完全契合。

这让李隆基感觉到无比的轻松，轻松得仿佛脱离了牛顿第一定律，神一般地悬浮在了空中……

他觉得李林甫简直就是为他量身定做的首席宰相人选！

如果他是番茄,那么李林甫就是鸡蛋;如果他是电脑,那么李林甫就是 Windows 系统;如果他是超跑,那么李林甫就是 4 涡轮增压 16 缸发动机……

与此同时,张九龄在李隆基心目中却从洗脸毛巾变成了抹布——地位一落千丈。

不久,李隆基干脆找了个理由,将张九龄和裴耀卿两人一起罢免,同时起用牛仙客为同中书门下三品,入阁拜相。

李林甫则出任中书令,成为继张九龄之后的新任首席宰相。

独揽大权

但以后发生的事,却证实了张九龄对牛仙客的看法。

牛仙客确实无法胜任宰相这一职位。

他虽然善于带兵,但由于没有文化,对朝中大事根本无法裁决,无论别人向他请示什么事,他的回复都是同一把万能钥匙:按照规定办。

甲:大人,这个罪犯怎么判?

牛仙客:按照规定办。

乙:大人,这个人任什么官?

牛仙客:按照规定办。

丙:大人,大事不好,尊夫人突然昏过去了,怎么办?

牛仙客:按照规定办……啊?……

这样一来,唐初建立的集体宰相制度几乎沦为了摆设。

朝政大权落到了李林甫一个人的手里。

为避免御史台的谏官说三道四,影响自己随心所欲地行使权力,李林甫在出任中书令不久就召集所有谏官开会:如今明主在上,我们这些做臣子的只要跟着走就可以了,根本无须多说!

谏官们全都面面相觑:谏官的职责不就是提建议吗?不让说话,那还要我们这些谏官干什么?

干什么?

装门面的。

当然,李林甫不可能这么直说,而是为他们找了个参照物——立仗马——宫门前做仪仗的骏马。

他用手指了指那些立仗马:诸位看到这些马了吗?如果它们好好地站在那里,

不乱动，不乱叫，就可以吃到上好的食料，享受上好的待遇，但要是有哪匹马敢乱叫一声，就会立即被赶出去！

之后，多数谏官都领会到了李林甫的谈话精神，自觉向立仗马靠拢，以装门面为己任，一团和气，一言不发。

只有一个叫杜琎的愣头青不信这个邪，居然上疏妄议朝政，结果第二天他就被逐出了京城，贬到外地去当了个小小的县令。

这下，再也没有一个人敢提意见了。

朝堂上一片和谐，李林甫一言九鼎，就算他说"鸡蛋比石头硬"，也没人敢提出任何异议。

可在几年后，李林甫却遇到了新的挑战。

他的最佳拍档牛仙客病逝了，新上任的宰相李适之不买他的账！

与李林甫一样，李适之也出身于皇族，而且与皇帝的关系更近，更根红苗正。

他是唐太宗李世民的曾孙，祖父为唐太宗的长子——废太子李承乾。

自出仕以来，李适之历任左卫郎将、秦州都督、河南尹、御史大夫、刑部尚书等要职，在当时颇有名望。

他认为自己无论是出身还是学问都比李林甫高，当然不甘心屈居于李林甫之下。

因此，他在入相以后便常常明里暗里与李林甫对着干。

李林甫对此心知肚明，但表面上却始终不动声色，始终对李适之客客气气。

在一次闲聊中，李林甫对李适之说了这么一句话：华山底下有金矿，只要开采，国库就不缺钱了，皇上好像还不知道……

言者装着无心，听者却真的有意。

得知这个消息后，李适之如获至宝——当时由于李隆基生活极其奢靡，出手极其大方，加上边疆又经常用兵，国家的财政一直非常紧张。

他觉得这是个千载难逢的邀功好机会，便马上将此事奏报给了皇帝。

李隆基听了也很兴奋，连忙召见李林甫，想与他商议开采事宜：林甫，华山有金矿，你知道吗？

没想到李林甫却是一脸凝重：其实这件事臣早就知道了，但考虑到华山是陛下的王气所在，臣觉得不宜开发，所以一直没有上奏。

李隆基听了不由得连连点头称是：看来还是爱卿想得周到！

与此同时，李适之在他的印象中却大打折扣——比起李林甫，这人做事显得很是粗疏哇。

他当即招来李适之，毫不客气地说：今后你再想要奏事的时候，一定要先与李林甫商议，不要再如此轻率了。

李适之知道自己被耍了，但一时却根本无从辩解，只能呆呆地站在那里，脸红得仿佛误闯女厕所被抓了现行一样。

这下，他终于见识到了李林甫的厉害。

此人实在太阴险太狡猾，指望自己能斗得赢他，不现实！

他认清了，也认命了。

他不想干了，也不敢干了。

不久，他就找了个理由，主动申请辞了职。

李适之下台后，门下侍郎陈希烈被任命为宰相，成了李林甫的新搭档。

陈希烈是以精通玄学、善谈老庄而得宠的，并没有什么政绩，更没有什么党羽，也没有什么威望。

他是个识相的人，知道自己肯定无法与李林甫相抗衡，只能老老实实地听李林甫的话。

毕竟，做李林甫的刀，总比做李林甫刀下的肉好吧。

因此，在李林甫面前，他从来都是恭恭敬敬，一切唯李林甫马首是瞻。

李林甫说对，他也说对；李林甫说行，他也说行；李林甫说你个笨蛋，他也说你个笨蛋……啊，不，应该是我是个笨蛋……

从此，李林甫更加一手遮天。

口有蜜，腹有剑

不过，尽管已经身处权力巅峰，但他并没有骄傲，仍然小心谨慎，如履薄冰，时刻提防各种潜在的对手。

无论是谁，只要对他的地位有任何可能的威胁，他都会果断出手，将其扼杀在萌芽状态中。

有一次，李隆基在兴庆宫的勤政楼上垂帘观看乐舞，兵部侍郎卢绚不知道皇帝在上面，策马扬鞭从楼下从容经过。

李隆基见卢绚英俊潇洒，风度翩翩，忍不住对左右连连赞叹。

由于他身边的随从早就被李林甫收买了，不到一个时辰，此事就传到了李林甫的耳中。

这引起了李林甫的高度重视。

他知道，李隆基是个极其注重外表和风度的人——这也是他当初之所以重用张九龄的重要原因之一，加上卢绚又出自著名高门范阳卢氏，本人的能力、资历、名望也都非常不错，这样的人，一旦受到皇帝的赏识，很可能会入朝拜相，成为自己的劲敌。

他当即决定防患于未然，提前解决掉这个威胁。

于是，在某次和卢绚的儿子的会面中，李林甫故作关心地给他透露了一个消息：令尊素有清望，现在广州（治所今广东广州）一带缺少得力的人才，圣上打算让他去，你看如何？

卢绚的儿子一下惊呆了，嘴张得大大的，仿佛一条在案板上挣扎的鲇鱼：啊……怎么……会这样？能……能不能不去？——那时候的岭南被视为鸟不拉屎的瘴疠之地，在中原人眼中的地位就相当于水泥地在鱼儿眼中的地位，根本没人愿意到那里去。

李林甫皱着眉头、捻着胡须做沉思状：这个嘛……办法倒是有一个，就看令尊愿不愿意做……

卢绚的儿子闻言慌忙回答：当然愿意。

李林甫这才说出了自己的主意：如果不去，那就有违抗圣命之嫌，势必会被降职。我看不如在皇上的任命发布之前，主动提出到东都洛阳去担任太子詹事（太子府属官，不过由于太子大多在长安，洛阳的太子詹事基本是个闲职），你觉得怎么样？

卢绚之子千恩万谢地回去了。

卢绚果然提交了调职申请，说自己的母亲已经八十八岁了，还身患八十八种慢性病，每天要吃八十八种药，他作为一个孝子必须照顾母亲，实在无法承担现在的工作，请求皇上让他去东都洛阳担任太子詹事这样的闲职。

就这样，李林甫略施小计，不仅轻松赶跑了这个可能的政敌，甚至还让对方对自己感恩戴德！

在李林甫的宰相生涯中，这样的例子还有很多很多。

他平常总是面带笑容，看起来非常和善，说话也总是动听得让人感觉如沐春风，却常常能在不知不觉中就把你卖了，还能让你心甘情愿地为他数钱。

因此，当时人称他为"口有蜜，腹有剑"。

这就是成语"口蜜腹剑"的由来。

我觉得，如果评选中国历史上最牛的阴谋大师，李林甫也许不会名列三甲，但他肯定会获得最高荣誉"终身成就奖！"

不过，李林甫虽然私心很重，但一般情况下，他并不乱来，处理政事大多遵从法度，办事井井有条，在他担任首席宰相的这段时间，朝政还是相当稳定的。

《旧唐书》记载说：（李林甫）自处台衡，动循格令，衣冠士子，非常调无仕进之门。所以秉钧二十年，朝野侧目，惮其威权——李林甫自从担任宰相以来，一举一动都遵循法令，无论是贵族还是士人，没有不按照规定晋升的。因此他执政近二十年，慑于他的威名和权力，朝野上下对他都很敬畏。

正是凭借这种无人能及的权谋水平和无比出众的行政能力，李林甫深得李隆基的信任，担任宰相长达十九年之久。

他不仅是唐朝任期最长的宰相，也是整个中国历史上任期最长的宰相之一。

晚年的李隆基和李林甫的关系已经达到了鱼儿离不开水，瓜儿离不开秧的程度，李隆基一度甚至还有过彻底放权给李林甫的想法。

史载他曾对高力士说过这样一番话：朕不出长安近十年，天下无事，如今朕打算将政事全部委托给李林甫处理，你认为怎么样？

高力士连忙劝谏：国家大权千万不能随便给别人，一旦对方威势已成，再想收回来可就麻烦了！

李隆基听了很不高兴，脸色马上就阴沉下来。

高力士见状连忙磕头谢罪：臣说错了，罪该万死！

总而言之，这一时期的李隆基沉迷于杨贵妃的温柔乡中不可自拔，对朝政的态度类似于一头闷头吃草的驴对《彪悍南北朝之枭雄的世纪》的态度——完全没有任何兴趣，具体的政务只能倚重宰相李林甫来处理。

此时的大唐中央政府可以用一句话来概括：

李隆基卿卿我我，李林甫忙忙碌碌，朝臣们唯唯诺诺，没人敢叽叽歪歪……

第四章　贵妃认义子，皇帝喜当爹

有趣的灵魂三百多斤

这就是安禄山崛起时的历史背景。

事实上，这几年安禄山的升迁速度比近几年我们这里的房价上升速度还快，是与李林甫提出的一项政策有很大的关系。

唐朝自立国以来，一直都有出将入相的传统，边将如果才兼文武又立有大功，往往就能进入政治中枢当宰相——初唐名将李靖、李勣、刘仁轨就是这样的典型。

而现在李林甫为了长期把持手中的权力，避免有人和他竞争，当然不希望这种事发生。

思来想去，他想了个办法——重用寒门番将。

唐朝宰相大多出自皇亲国戚或高门大族，寒门出身的人当上宰相的可谓凤毛麟角，胡人为相更是从未有过先例，如果对方既是胡人又是寒门，那就相当于在其通往宰相之路的大门上不仅装了 C 级防盗锁还加了把一百位数字的密码锁——万无一失，固若金汤，杜绝了对方成为宰相的可能性。

显然，那些寒门番将不管有多大的功劳，不管有多大的能耐，都绝对无法入朝为相，都无法对自己的地位造成威胁。

因此，他对李隆基提出了这样的建议：选用将领，臣认为最合适的莫过于贫寒的胡人，他们从小在马背上长大，骁勇善战，而且由于出身寒门，在政治上孤立无援，不会拉帮结派，陛下如果能诚心厚待他们，他们一定会为朝廷尽死效忠。

李隆基觉得他说得颇有道理，当场便同意了。

可以说，这一政策几乎是为安禄山量身定做的。

他就这样顺理成章地当上了平卢节度使。

此时的安禄山雄心勃勃，踌躇满志，一心想着再进一步。

很快，他就找到了一个表现的机会。

这次，他以狗拿耗子的精神向朝廷举报了一起选官舞弊案！

按照唐代的制度，凡经科举考试、捐纳，或原官起复等程序录用的候补官员，要想正式入仕，还需经过最后一道程序——铨选。

据说那次参加铨选的候补官员数以万计，入选的有六十四人，其中位居榜首的是御史中丞张倚之子张奭（shì）。

一时间舆论哗然。

因为大家都知道，张奭是个出名的纨绔子弟，钱包鼓鼓，智商全无，从来不读书，这样的人要是能被选为第一，那母猪都能得诺贝尔物理学奖了！

显然，这必定是主考官吏部侍郎宋遥和苗晋卿在讨好张倚——因为张倚那时是皇帝面前的红人。

有人将此事告诉了安禄山，安禄山立即向皇帝实名举报。

李隆基命人将入选的六十四人全部召来，让他们在自己面前重新考试并当场交卷。

张奭如便秘般憋得脸红脖子粗，然而憋了半天却连一个屁也没憋出来——最后他交的是白卷！

李隆基不由得雷霆大怒，当场下令将宋遥、苗晋卿和张倚等人全部贬官。

而安禄山则凭借这次检举，给皇帝留下了不畏权贵、仗义执言的良好印象。

不过，安禄山也知道，这种事毕竟只能偶一为之，作为一名边将，要想继续平步青云，最重要的还是军功。

为了钱财，骗子可以不要脸皮；为了军功，安禄山可以不择手段。

他经常派兵主动骚扰契丹人和奚人——今天去烧一堵围墙，明天去杀几头牛羊，后天去抢几个花姑娘……

契丹人和奚人果然被激怒了，先后杀掉唐朝送来的和亲的公主，宣布与唐朝决裂，对唐朝边境发动了一次又一次报复性的进攻。

这正中安禄山的下怀。

早有准备的他立即发兵还击，一次又一次地击败对手，随后一次又一次地给皇帝报捷，并一次又一次地献上俘虏、珍宝等各种战利品。

见捷报来得频繁，李隆基非常开心，觉得自己没看错人——看来安禄山确实是个难得的将才啊，东北边境有了他，从此朕可以放心了。

与此同时，宰相李林甫觉得安禄山既是胡人，又是寒门，只会作战，不会作文，完全符合自己心目中的寒门番将标准，当然也乐得将其作为典型，多次在皇帝面前为安禄山说好话。

于是，在当上平卢节度使仅仅两年后，安禄山又进了一步——被任命为范阳节度使，同时还继续兼任平卢节度使。

公元747年初，李隆基又任命安禄山兼任御史大夫，并频频召安禄山入朝觐见，以示恩宠。

随着接触的增多，李隆基对安禄山的好感也越来越深。

因为他觉得，和朝中那些正襟危坐、严肃刻板的大臣相比，这个人实在是太有意思了！

正如玛丽莲·梦露有一种天生的性感一样，安禄山这家伙有一种天生的幽默感。

不管什么时候，只要他在场，绝对不会冷场；无论什么情况，只要安禄山出声，绝对不缺笑声。

他是个三百三十斤重的大胖子，肚子大得能垂到膝盖，但在李隆基面前跳胡旋舞（当时极为盛行的来自西域的一种舞蹈）的时候，却迅疾如飞，无比灵巧。

有一次，李隆基指着安禄山的腹部问：你这肚子里都装了些什么呀？怎么会这么大！

安禄山恭恭敬敬地回答：这里面没有别的，只有一颗忠心！

李隆基被他这个既诙谐又机智的回答逗乐了。

哈哈，好看的皮囊千篇一律，有趣的灵魂三百多斤！

这样一个开心果，对正沉迷于享乐的晚年李隆基来说，显然是极其合胃口的。

因为他现在唯一缺的只有快乐。

而安禄山就是那个可以给他带来快乐的人。

天上掉下个安禄山，似一朵重云刚出岫。只道他腹内草莽人轻浮，却原来搞笑程度超一流……

36

李隆基甚至把安禄山当成了居家旅行必备，只要安禄山人在京城，无论他走到哪里，总是要带着安禄山这个搞笑担当——就跟我们现在出门总是带着手机一样。

这样一来，君臣之间的关系自然越来越亲近。

安禄山也抓住机会，大表忠心：臣只是个蕃戎贱臣，主上却对臣如此宠遇，臣没有什么可以报答，只能以死相报。

应该说，后来他的确做到了"以死相报"——只不过死的是无数百姓。

为了取悦皇帝，安禄山甚至装忠诚到了痴愚的程度。

一次安禄山入宫的时候，太子李亨也在。

但他只是拜了皇帝，对太子却没有行礼。

左右连忙提醒他，让他赶紧拜见太子。

然而安禄山却依然站在那里一动不动，表情一本正经得仿佛领导在作报告：臣是胡人，不懂朝中礼仪，太子是什么？臣真的不知道。

李亨很尴尬。

李隆基见状解释道：太子是朕的接班人，朕百年以后，他就是你的君主。

安禄山脸色变换的速度比红绿灯转换的速度还要快——他的脸一下子就红了，同时扑通一声跪下，一边不停磕头，一边连连谢罪：臣愚钝，一向只知道陛下一人，不知道还有太子，罪该万死……

李隆基忍不住哈哈大笑。

这胡人虽然闹了个大笑话，但一说一，没有不懂装懂，看来倒也是个实诚人！尤其是那句"一向只知道陛下一人"真的是太实诚了！

不过，安禄山的这番表现尽管大大地取悦了皇帝，但毫无疑问也大大地得罪了太子。

然而有一个人，安禄山是万万不敢得罪的。

杨贵妃。

比干妈大十六岁的干儿子

他知道此时的杨贵妃宠冠后宫，傲视群"雌"，虽然没有皇后之名，地位却等于是后宫之主。

为了巴结贵妃，他做出了一个令所有人都意想不到的举动——请求比他整整小了十六岁的杨贵妃认他为干儿子。

这样的行为，如果发生在别人身上，肯定是不可思议的，但发生在安禄山身上，却如鸡司晨猫叫春狗吃屎那样自然。

因为这完全符合他的人设——一个大大咧咧、不拘小节的胡人。

在人们的印象中，安禄山这个人似乎从来不知道任何规则，从来没有任何条条框框，什么都无所谓，什么都无所畏……

因此，李隆基笑着答应了他的要求：想不到，朕年过花甲，居然再次喜当爹了——杨贵妃是干娘，自己当然就是干爹了。

此后每次入宫觐见，安禄山都先拜杨贵妃，再拜皇帝。

李隆基很纳闷：你这次序是不是搞反了呀？

安禄山理直气壮地回答：我们胡人都是先母而后父。

这下李隆基释怀了：原来如此呀。

他非但没有觉得安禄山失礼，反而觉得这家伙做事处处都跟常人不一样，一会儿一个神转折，一会儿一个脑筋急转弯，真的是太好玩了！

到了安禄山生日那天，李隆基特意给他过生日，还赏了他大量礼物。

三天后，杨贵妃再次召他入宫，按照胡人的风俗给他做三日洗儿之礼，洗完后又用丝绸做了一个巨大的襁褓把他包起来，让五十八个宫女抬着他在宫中游乐（注：人数是我估计的，少了怕抬不动）。

李隆基开始不知道这件事，后来听到宫中的喧笑声，忍不住去看热闹，这才明白原来是贵妃和安禄山在闹着玩。

不过他并不觉得有什么不合适，还乐得腰都直不起来，又赐给安禄山一大笔洗儿钱。

举行了这种所谓仪式后，安禄山出入宫廷的次数自然就更多了，也更随便了，经常与杨贵妃等人一起进餐，一起游玩，一起打闹，有时甚至通宵不出。

这样一来，难免生出了各种流言蜚语。

然而，李隆基对此却并不在意。

宰相肚里都能撑船，他作为皇帝，肚里应该至少能开航母才行，什么东西容不下？

更何况，这事就算是真的，那也不影响什么，既不影响太阳的照常升起，也不影响贵妃的风情万种，更不影响他的身体健康——可能对他的身体还有好处……

他反而对安禄山越来越器重。

公元 748 年，他赐给安禄山免死铁券。

两年后，他又加封安禄山为东平郡王。

异姓将帅封王，这在之前的唐朝历史上是从来没有发生过的——要知道，战功远在安禄山之上的初唐名将李靖、李勣，封爵也只不过是国公而已！

有了好马要配好鞍，有了王爷的头衔当然要配气派的王府。

李隆基对这项工作高度重视，亲自给安禄山在宫城南面的亲仁坊选了一块风水宝地，命有关部门在那里给他修建新宅，还亲笔批示了营造原则八字方针：但穷壮丽，不限财力——只要求壮丽到极点，即使花掉再多的钱也没关系！

之所以要这么做，他的理由很简单：胡人的眼光高，别让他笑话我！

宅邸建成后，果然极其奢华，很多装饰用的器具甚至比皇宫用的还要高档！

安禄山搬家的那天，李隆基本来的计划是要去打马球，但在接到安禄山的上表后，他马上改变了行程，不仅亲自到安家捧场，同时还命宰相李林甫、陈希烈和在京的大臣们也都一齐前往！

君相齐临，高官满座，这是何等高的规格，这是何等大的荣耀！

之后李隆基又经常带着杨家兄妹一起莅临安禄山家中，与他一起饮宴玩乐。

见皇帝对自己如此宠幸，安禄山趁机请求由他兼任河东节度使。

对他有求必应的李隆基又毫不犹豫地答应了。

第五章 安李双剑合璧，长安大案迭起

不怕皇帝，只怕李林甫

此时的安禄山，俨然成了李隆基面前的第一红人！

然而，尽管他在皇帝那里可以予取予求，但有一个人却始终令他充满畏惧。此人就是宰相李林甫。

其实刚开始的时候，安禄山自恃有皇帝做靠山，目空一切，趾高气扬，对李林甫这个一天到晚笑眯眯、其貌不扬干巴巴的老头儿并没有放在眼里。

直到发生了一件事。

那一次，安禄山与李林甫在政事堂商谈有关事宜。

李林甫发现安禄山神色极其傲慢，言谈很不礼貌，牛皮乱吹，唾沫乱飞，便决心给他点颜色看看。

但他却并没有直接指责安禄山，而是依然面带微笑，依然语气温和，只是在中途假装有事，让人召御史大夫王𫓶过来。

见王𫓶在李林甫面前毕恭毕敬，走路时低着头碎步儿小跑诚惶诚恐一副小学生见老师的样子，奏事时趴在地上战战兢兢一副大气都不敢出的样子，安禄山简直不敢相信自己的眼睛。

因为他知道，王𫓶是当时著名的酷吏，身兼御史大夫、京兆尹等二十余个重要职务，经办过无数起大案要案，以手段狠辣、冷酷无情而著称。他杀人不眨眼，吃人不吐骨头，害人不计其数！

这样一个让朝臣们畏之如虎的狠人，居然对李林甫畏之如虎！

40

能让孙悟空不敢造次的，只有如来佛；能让王鉷如此服帖的，只有李林甫！

可想而知，李林甫有多么厉害！

安禄山就这样被镇住了。

从此，他在李林甫面前再也不敢如此无礼。

随着与李林甫交往的增多，安禄山越发感觉到此人的深不可测。

安禄山在范阳，自认为天高皇帝远，干了不少不法之事，本以为应该没人知道，但李林甫却往往在与其交谈时不经意间说出来，而且说得比现场直播还要形象，比刑事案卷还要细致：去年的二月三十一日晚上八点五十二分零九秒，你是不是抢了一个良家妇女，名叫×××？她二姨的儿子的婶娘的侄子的舅舅的外甥的叔叔的侄女的表姐是不是也叫这个名字？……

即使是在滴水成冰的寒冬，他这些话也能让安禄山惊出一身冷汗。

显然，他的一举一动都瞒不过李林甫！

而更令安禄山觉得可怕的是，很多时候他内心的想法从来没有向任何人透露过，李林甫却总是能一针见血地指出来。

显然，他的任何心思都瞒不过李林甫！

从李林甫那里出来的时候，他连脚都是软的，是扶着墙出来的。

他手里扶的是墙，心里服的是李林甫！

不过，李林甫也知道，一个人如果光吃泻药不吃补药身体是吃不消的，对别人如果光示之以威不施之以恩别人也是受不了的，因此他对安禄山经常也有温情的一面。

有一年冬天，安禄山前来汇报工作，李林甫见他衣衫有点单薄，嘴唇有点发紫，讲话有点哆嗦，显得有点冷，便马上脱下自己的外套，披在他的身上。

这让安禄山很是感动。

从此，安禄山无论什么场合无论什么时间无论什么人面前都从不直呼李林甫的名字，而是尊称他为"十郎"——李林甫在家中排行第十，而"郎"在唐朝通常是奴仆对主人的尊称。

由此可见，安禄山对李林甫有多么尊敬！

朝中有李林甫这样的人物在，安禄山当然不敢掉以轻心。

在回到范阳后，他便派自己的心腹部将刘骆谷常驻京城，以便了解朝廷的动态——更重要的是，了解李林甫的动态。

每次刘骆谷从京城回来，安禄山问的第一句话总是这样的：十郎说了什么？

如果李林甫称赞他，他就会眉开眼笑；如果李林甫说要他注意点，他就会眉头紧锁：哎呀，我死定了！

太子李亨

实际上，李林甫之所以能收服安禄山，除了以上的手段，还有利诱。

两人有不少共同的利益。

比如在太子的问题上，两人的立场就相当一致。

前面说过，安禄山为了向皇帝表忠心，曾故意对太子李亨无礼，得罪了太子，这让他常常担心以后李隆基死了，李亨上台后会对自己实施报复。

而李林甫也有同样的担心。

比起安禄山，他和太子之间的积怨更深。

此事还得从多年前说起。

李隆基最初所立的太子其实并不是第三子李亨，而是他的次子李瑛。

但后来随着其母赵丽妃的去世和武惠妃的得宠，李瑛的太子地位受到了极大的威胁——武惠妃经常利用自己的特殊地位，怂恿皇帝废掉李瑛，改立自己所生的寿王李瑁。

前面说过，李林甫是靠着武惠妃的暗中帮助才当上宰相的，他当然不会不站在武惠妃这一边。

然而由于当时的首席宰相张九龄的坚决反对，李隆基一时拿不定主意。

事情就这样拖了下来。

武惠妃心急如焚。

怎么办？

总不能啥也不做，等天上打雷把李瑛劈死吧？

病一急，就容易乱投医；人一急，就容易乱来。

武惠妃偷偷派自己的心腹宦官给张九龄传话：只要你这次肯帮我，我一定会让你长期担任宰相。

可这次她错了。

蒙脱石散对腹泻患者也许是有效的，但对便秘患者来说，却不仅无效，反而有极大的害处；她这种方式对李林甫这样的人也许是有用的，但对张九龄这样的人来说，不仅没用，反而有极大的反作用。

张九龄非但不领情，还勃然大怒：武惠妃，你真是狗眼看人低，别自己是个蛆，就以为全世界是个大粪坑！

随后他将武惠妃的这句话原原本本都告诉了李隆基。

一个后妃，居然明目张胆地和宰相串通，这对任何一个皇朝的任何一个皇帝来说，都是极其犯忌的。

李隆基当然也不例外。

此后，他虽然对武惠妃还是那么宠爱，但再也不提废立太子之事。

就这样，凭借武惠妃的乌龙助攻和张九龄的临门一脚，李瑛算是涉险过了这一关。

可惜好景不长，没过多久张九龄就罢相了，李林甫成了新的首席宰相。

失去保护伞的李瑛，顿时变得和失去顶梁柱的房子一样脆弱。

老谋深算的李林甫当然不可能放过这样的机会。

在他的策划下，武惠妃对李瑛发动了致命的一击。

她假称宫中发现了盗贼，命人召太子李瑛以及与太子关系亲密的鄂王李瑶（李隆基第五子）、光王李琚（李隆基第八子）立即入宫平叛，同时却又派人告知李隆基，说李瑛会同李瑶、李琚三人发动武装兵变。

李隆基赶紧派人前去查看，果然发现李瑛等人全副武装出现在了皇宫。

捉奸在床，人赃俱获，这还有什么好说的！

李隆基终于再也遏制不住他心中的怒火了。

盛怒之下，他下令将李瑛等人废为庶人，接着又将三人赐死。

不知是不是因为做了亏心事，武惠妃不久也去世了。

之后李林甫多次劝李隆基立寿王李瑁为太子，但李隆基却还是犹豫不决。

毕竟，李瑛死了，按规矩，应该继位的是他的第三子忠王李玙，而不是第十八子李瑁，且李玙的长子李俶（chù）是他的长孙，聪明可爱，颇受他的喜爱……

此外，还有个更重要的原因是，李瑁小时候一直由宁王李宪（李隆基的大哥）抚养，他们感情深厚，而李隆基对宁王这个本来可以当皇帝的人（李宪曾经被唐睿宗李旦立为太子）内心一直是十分猜忌的……

究竟该立李瑁还是李玙？

他思来想去，却始终无法做出决定。

最后还是高力士一锤定音：只要依年龄大的立，谁会有意见呢？

就这样，时年二十八岁的忠王李玙（六年后更名为李亨）被立为了新的太子。

这显然是李林甫所不希望看到的。

他一直是寿王李瑁最坚定的支持者，也一直是新太子最坚决的反对者，将来李亨继位后，他会有好果子吃吗？

答案当然是否定的。

这成了李林甫的一块心病。

从此，他一直处心积虑地想要废掉李亨。

不过，由于李亨为人极为低调，做事极为谨慎，从不多讲一句话，从不多喝一口酒，从不乱泡一个妞，李林甫在之后几年时间里竟然都没有找到合适的机会！

李林甫决定改变策略。

踢球，如果中路打不开局面，那就只能改从边路攻击；整人，如果本人找不到破绽，那就必须改从家人入手。

李林甫瞄准的突破口，是太子的小舅子韦坚。

韦坚出身于关中望族京兆韦氏，他精明能干，在江淮转运使任上政绩突出，为缓解当时的财政紧张问题出了不少力，很得李隆基的欢心，因而被加封为散骑常侍，同时又兼任了水陆转运使等多个重要官职，加上他又与当时和李林甫搭档的另一个宰相李适之打得火热，一时间在朝中炙手可热，大有入相之势。

李林甫对他非常猜忌，便用明升暗降之计，推荐他担任刑部尚书，同时免掉了他身兼的其他的所有职务。

韦坚因而对李林甫恨之入骨。

和韦坚有同样想法的，还有时任河西、陇右节度使的大将皇甫惟明。

皇甫惟明是太子多年的老友，与韦坚的关系更是好到了可以"剔牙不捂嘴，放屁不脸红"的程度。

他对李林甫的专权也极其不满，便借着入朝报捷的机会，委婉地劝李隆基罢免李林甫。

没想到他的这番谏言很快就传到了耳目众多的李林甫那里。

犯林甫者，虽远必诛！

李林甫当即下了决心，一定要设法把此人搞下去。

他命自己的心腹御史中丞杨慎矜密切监视皇甫惟明及其好友韦坚等人的一举一动。

很快，他就有了收获。

杨慎矜发现，这一年的正月十五晚上，韦坚先是与出游的太子李亨在大街上会面，接着又在一处道观里与皇甫惟明碰了头。

至于他们说了什么，由于当时没有窃听器，没有人知道。

李林甫也不知道。

不过，在他看来，他也不需要知道这么多——就像一个人要开车，并不需要知道汽车发动机里的曲轴是用什么材料、什么工艺、什么设备生产出来的一样。

他先是授意杨慎矜上表弹劾韦坚和皇甫惟明，理由是韦坚作为外戚，不应与边将交往。随后他又亲自出马，将此事定性为韦坚和皇甫惟明勾结，企图发动政变，密谋拥立太子提前上台。

果然，这触动了李隆基最敏感的神经。

老人最忌讳的就是别人说他老，做小三的最忌讳的就是别人说自己小三，当初通过政变上台的李隆基最忌讳的就是别人搞政变！

他当即勃然大怒，下令将韦坚和皇甫惟明两人逮捕下狱，严加审查。

李林甫命杨慎矜、王铁等人成立专案组，指示他们没有困难也要创造困难……不，没有证据也要创造证据，务必将此案办成铁案，务必把太子给拉下马！

然而他的如意算盘却落了空。

原来，李隆基在冷静下来后，觉得此事还是不宜搞大。

毕竟，他已经很老了，不想再折腾了，也禁不起折腾了——废立太子这件事不仅费神费脑费精力，还费儿子，他已经经历过了一次，实在没有精力再来一次了。

还是大事化小小事化无，把韦坚和皇甫惟明贬官赶出京城，让他们失去搞政变的本钱，借此警告一下太子就算了吧。

于是，他下诏以钻营跑官的罪名将韦坚贬为缙云（今浙江丽水）太守，同时又以离间君臣的罪名把皇甫惟明贬为播川（今贵州遵义）太守。

本来此事也就算过去了。

但树欲静而风不止，李隆基想大事化小而韦坚的家人却偏偏要无事生非。

半年后，韦坚的两个弟弟又上奏为自己的哥哥鸣冤——说韦坚没有跑官，还在奏章中把太子也牵扯了进去——说太子可以证明这一点。

他们哪知道，皇帝之所以要处理韦坚，就是冲着太子来的！

好在李亨没那么糊涂。

应该说，他对自己面临的处境还是认识得很到位的。

他知道，在这样的关键时刻，做对了，也许还有可能转危为安，做错了……人生有时候，是不允许做错的。

因此，他的反应非常迅速，甩掉自己的妻子比甩鼻涕还要快。

他不仅马上宣布和韦妃离婚，跟韦家划清了界限，还请求皇上千万不要因为这些人与自己的关系而破坏法规。

果然如他所料，韦氏兄弟的举动再次惹恼了李隆基。

给你们台阶下你们不要，偏要把自己放在火上烤，那好，我成全你们！

就这样，韦坚再次被贬为江夏（今湖北武汉）别驾，他那两个成事不足败事有余的兄弟则被流放岭南。

之后，李林甫趁着皇帝在气头上，又把曾与他作对的李适之（当时李适之已辞去了宰相职务）也拖下了水，进言说李适之也是韦坚一党。

于是，韦坚又被改判为流放临封（今广东封开县），李适之则被贬为宜春（今江西宜春）太守，数十个与他们有关系的朝臣也都纷纷被贬谪。

不过，李亨总算是逃过了一劫。

然而令他万万没有想到的是，没过多久，他竟然再次被卷入到了旋涡之中！

这次出事的，是李亨另一个姬妾杜良娣的家人。

杜良娣的姐夫柳勣（jì）和他的丈人也就是杜良娣的父亲杜有邻不知因为什么产生了矛盾，不知产生了什么仇什么怨，他竟然以"舍得一身剐，要把丈人拉下马"的大无畏精神在外面散布流言，说杜有邻"妄称图谶，交构东宫，指斥乘舆"——编造迷信言论，勾结东宫太子，诽谤当今皇帝。

流言的传播速度比流感还快，很快就传遍了整个京城。

一时间，躺着也中枪的李亨异常尴尬。

李林甫则如获至宝，决定抓住机会，再次大干一场。

世界上没有什么人是我李林甫陷害不了的，如果有，那就陷害两次！

他当即命自己的心腹吉温将杜有邻、柳勣等人抓捕归案，严刑讯问。

此案的结果是：杜有邻、柳勣等人都被杖杀，一大批之前与李林甫有过过节的官员都被借机株连，之前被贬的韦坚、皇甫惟明等人被赐死，李适之也畏而自杀。

而李亨却又一次涉险过关。

他故技重演，在第一时间就与杜良娣撇清了关系——将她废为庶人，赶出东宫，最终保住了太子之位。

当然，他之所以没有被废，除了因为他平时出淤泥而不染的小心谨慎、临危爱老婆而不保的冷酷无情，更重要的原因是，李隆基并不想换掉他。

在李隆基看来，一方面，他不希望早已成年的太子李亨羽翼过丰，威胁到自己的地位，因此要借李林甫的手，除掉太子的党羽；另一方面，他也不希望李林甫真的把李亨整垮，因为李林甫目前的权势已经很大了，如果再让他扳倒李亨，拥立新的太子，那他就不好控制了……

但李林甫却并不这么想。

他清楚地知道，自己和太子之间早已结下了深仇大恨，早已如浓硫酸和金属一般不能共存，要不想将来死无葬身之地，就只能将太子置于死地！

条条大路通罗马，但他能走的，却只有这唯一的一条路！

为了增加自己的胜算，他又找到了一个得力的盟友——安禄山。

一个是掌控朝政的宰相，一个是手握重兵的诸侯；一个是经验丰富的老臣，一个是红得发紫的新贵；一个阴谋水平炉火纯青，一个马屁功夫无人可比；一个镇得住文武百官，一个搞得定皇上贵妃……

强强联手，力量自然更大了。

李林甫的胆量也更大了。

安李团结如一人，试看天下谁能敌！

于是，便有了震惊朝野的王忠嗣案。

陷害王忠嗣

王忠嗣，本名王训，其父王海宾曾任太子右卫率、丰安军使，公元714年在一次与吐蕃的恶战中壮烈殉国，死后被追赠为左金吾大将军。

当时年仅九岁的王训就这样成了孤儿，李隆基感念其父的忠勇，将他接到了宫中，亲自抚养，并赐名忠嗣。

王忠嗣长大后英武刚毅，沉稳寡言，李隆基因他是名将之后，经常与他谈论兵法，王忠嗣每次都对答如流，颇有见地，李隆基不由得赞叹道，你将来一定是位出色的将军！

事实也证明了李隆基的眼光。

自二十多岁从军以来，王忠嗣先后效力于河西节度使萧嵩、朔方节度使李祎麾下，历任河西讨击副使、左威卫将军、河东节度副使等职，在西北战场上多次大破吐蕃，屡建战功。

公元 741 年，三十六岁的王忠嗣因功升任朔方节度使，四年后再兼河东节度使。

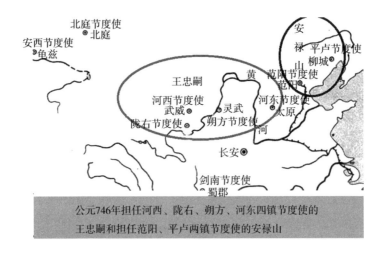

公元746年担任河西、陇右、朔方、河东四镇节度使的
王忠嗣和担任范阳、平卢两镇节度使的安禄山

公元 746 年，原河西、陇右节度使皇甫惟明因卷入韦坚案遭到贬谪，王忠嗣又兼任了河西、陇右节度使。

当时全国共有九大藩镇，王忠嗣一人就占了四个，由此可见他在皇帝心中的地位！

王忠嗣的确当得起这样的重任。

他年轻时以勇锐闻名，再大的危险都不怕，但在独当一面后却变得极其稳重，再小的风险也不冒。

每次作战前，他都要先派出大量间谍前去侦察，力求全面了解对手的各种信息：有多少人、有多少马、有多少粮草、有多强的战斗力、主将是谁、特长是勇还是智、威望是高还是低、治军是严还是宽……

在彻底掌握敌情后，他再做有针对性的周密计划，最后才发兵出击，因此他常常能以最小的伤亡而取得胜利。

不过，他虽然善战，却并不好战。

他常常对左右说，太平时代的将军，只要好好安抚部队就够了，绝不能为了成就自己的功名而滥开战端，白白消耗国家和百姓的财力。

他最擅长的，是不战而屈人之兵。

在朔方的时候，他故意引进温州炒马团，把当地的马价炒得很高，境外牧民见有利可图，全都争先恐后地把最好的马卖给他。这样一来，唐军战马充足，骑兵越来越强，而周边的突厥等胡人却因缺少良马而战斗力大为削弱，自然难以与唐军匹敌。

此外，他还特别善于发现人才，哥舒翰、李光弼、郭子仪等一大批后来的名将都是因他的慧眼识珠而崭露头角的。

可以这么说，在当时的唐朝军界，无论是战功还是威望，无论是实力还是影响力，王忠嗣都是当之无愧的第一人！

然而，木秀于林，风必摧之；人高于众，李林甫必毁之。

李林甫知道，在向来有出将入相传统的唐朝，依照这样的势头发展下去，王忠嗣未来很可能会入朝拜相，成为自己的劲敌。

更令他不安的是，王忠嗣从小生活在宫中，与他的死敌——太子李亨渊源匪浅！

他决定未雨绸缪，尽早将王忠嗣除掉。

而与此同时，势力逐步壮大的安禄山也把王忠嗣视为了他最主要的竞争对手。

在这一点上，李、安两人一拍即合。

公元747年，安禄山以防御契丹人为名修筑雄武城（即今天津蓟州区北的黄崖关），向朝廷请求王忠嗣派兵支援，企图借机吞并其军队，削弱其实力。

王忠嗣对安禄山的想法心知肚明，因此他留了一个心眼儿，没有直接派军前往，而是先亲自带着少数随从前往巡视。

这一看，就看出了问题！

他发现，安禄山在幽州大肆培植个人势力，军中充满了对安禄山的个人崇拜，墙上到处都是"没有安大帅，吃不起大蒜""山外青山楼外楼，没有安大帅我们算个球""即使忘了自己的生日，也绝不能忘了安大帅的指示"之类的肉麻标语；他发现，军械库中存放的大量装备不是用来野战的，而是用来攻城的，可契丹人大多生活在帐篷里，打契丹人根本不需要这些东西……

显然，安禄山有异心！

他大为震惊，没和安禄山会面就匆匆返回。

回去后，他立即给李隆基上疏：安禄山若是靠得住，癞蛤蟆都能上树，这个胡人将来必然会造反！

可此时的李隆基对安禄山极为宠爱，对此根本就不相信。

他觉得王忠嗣之所以这么说，是出自对安禄山的妒忌。

而安禄山由于被点破了心事，对王忠嗣更是必除之而后快，经常趁皇帝与自己见面时说王忠嗣的坏话。

王忠嗣大概也嗅到了危险，为避免树大招风，他主动辞去了河东、朔方两镇的节度使职务。

但李林甫和安禄山却依然不放过他。

不过，王忠嗣这个人既不贪财又不好色，既有能力又有背景，且深受皇帝器重，该从哪里找突破口呢？

这难不倒李林甫。

很快，他就想出了办法。

李林甫极力挑动李隆基，让他命王忠嗣攻打石堡城（今青海湟源西南）。

石堡城是唐朝与吐蕃边境上的一座重镇，地势险要，易守难攻，且位置极为重要，可以说，谁占有了石堡城，谁就掌握了河湟地区的主动权。

因此这里一直是双方的必争之地。

双方在此反复拉锯。

最近的二十年内，城池就几度易手：

公元 729 年，唐朝大将李祎率部奇袭石堡城，将其一举拿下；

公元 741 年，吐蕃出动重兵发动反扑，夺走了石堡城的控制权；

公元 745 年，唐朝河西、陇右节度使皇甫惟明率部强攻石堡城，最终却损兵折将，无功而返……

这几年来，李隆基一直无时无刻不惦记着重新收复石堡城。

李林甫的提议自然正中其下怀。

他当即下诏给王忠嗣，命他不惜代价，务必攻取石堡城。

然而王忠嗣对此却有不同意见。

他上奏说：石堡城异常险峻，且吐蕃在此屯有重兵，如要硬攻得手，至少要搭上数万条唐军将士的性命，得不偿失，臣认为不如先养精蓄锐，等待时机。

李隆基很不高兴。

我对你如此关心，你竟然一点不体谅我的心！

我对你寄予厚望，你竟然这样令我大失所望！

你不去，难道就没人愿意去了吗？

当然有。

在古代中国，也许会缺粮、会缺水、会缺钱，但从来不会缺迎合圣意的人。

有个叫董延光的将领揣摩到了皇帝的心思，主动请缨：臣愿往！

李隆基大喜，马上同意了他的请求。

同时，他还命王忠嗣拨给董延光数万兵马，并全力支持其行动。

可王忠嗣对董延光提出的要求却并不配合。

两人的交涉有点像现在酒桌上不太愉快的劝酒。

董延光：王将军，给点人吧。（喝点白酒吧。）

王忠嗣：不行，我真的给不了了。（不行，我真喝不了了。）

董延光：要不，给点粮草？（要不，整点啤的？）

王忠嗣：不行，我们这儿明年还有很多仗要打，会不够用的。（不行，我明天还有很多事要干，会起不了床的。）

董延光：你到底帮不帮我？（你到底喝不喝？）

王忠嗣：我真的已经尽力了。（我真的不能喝。）

…………

最后两人只能不欢而散。

部将李光弼劝王忠嗣不要这样对待董延光：打石堡城是天子的意思，如果董延光失利了，必然会归罪于您，把责任都推到您身上，您这是何苦呢？

但爱兵如子的王忠嗣却依然坚持己见：我就算丢掉官职，也不愿看到数万将士白白牺牲！我知道你是为我好，但我意已决，你不用再多说了！

李光弼只好悻悻而出。

不久，他最担心的事终于发生了。

董延光铩羽而归，随后为了推卸责任向皇帝诬告，说这次之所以会失利都是因为王忠嗣的阻挠，然后添油加醋地列举了王忠嗣的十八大罪状一百零八个失误。

本来就对王忠嗣有意见的李隆基忍不住勃然大怒。

之前他有多么喜欢王忠嗣，现在就有多么讨厌王忠嗣！

这样的结果，正是李林甫期盼的。

他马上指使一名官员向皇帝揭发，说王忠嗣之所以消极避战，是为了保存实力，以便起兵拥立太子。

显然，他的目的是想利用王忠嗣将太子拖下水，实现自己废掉太子的夙愿！

可惜，他再次失望了。

尽管李隆基下诏征王忠嗣入朝，等他一到京城就将其免职，交由御史台、刑部和大理寺三司会审，却同时又给此案明确定性，将其与太子撇清关系：吾儿久居深宫，怎么可能与外人通谋？这一定是不存在的，只要查王忠嗣阻挠军事行动这件事，其他的不要管。

李亨再次逃过了一劫。

但王忠嗣就没那么幸运了。

不久，三司就做出了判决：王忠嗣阻挠攻城属实，论罪当诛。

就在王忠嗣危在旦夕的时候，有一个人挺身而出，救了他的命。

哥舒夜带刀

此人是新任陇右节度使哥舒翰。

哥舒翰是突骑施（突厥别部）哥舒部落首领之后，世代居住在安西，其父哥舒道元曾任安西副都护，家境极为优越。

他年轻时是个典型的纨绔子弟，游手好闲，纵情声色，喝酒、赌博、打架，什么都干，就是不干正事。

四十岁那年其父去世，他本着"世界那么大，我想去看看"的心态离开家乡，前往京城长安，成了"长漂"一族。

在长安的日子里，他还是和以前一样游手好闲。

直到三年后的某一天，他不知因何事得罪了长安县尉，被对方狠狠地羞辱了一番。

如果说秦岭淮河是中国南北的分水岭，那么这一事件就是哥舒翰人生的分水岭。

因为此次受辱，竟然如闪电引燃枯枝般引燃了哥舒翰的雄心！

你让我撒泡尿照照自己，我偏要好好地发展自己！

已经人到中年的他发誓一定要干一番让人刮目相看的大事业！

随后，他仗剑来到河西从军。

太阳只要钻出云层，瞬间就光芒万丈；哥舒翰只要走出迷茫，马上就一举成名。

他既有勇又有谋，既有胆又有识，既有意志力又有执行力，刚一入伍就在攻克新城（今青海门源）一战中立下大功，从此崭露头角。

王忠嗣担任河西节度使后，对他更是极其欣赏。

在王忠嗣的大力提携下，他的职务晋升速度很快，短短数年时间内就从一名衙将被提拔为右武卫将军、陇右节度副使。

哥舒翰治军严明，同时又轻财好义，很得军心。

公元 747 年的积石山一战更是让他声名大噪。

积石山（位于今甘肃临夏境内）位于唐朝陇右地区和吐蕃交界处，由于土地肥沃，适于农耕，唐军常年在此驻军屯田。

然而每到麦子熟的时候，吐蕃人都要发兵前来抢割，当地守军抵抗不过，只能眼睁睁地看着自己的劳动果实被洗劫一空。吐蕃人甚至嚣张地将此地称为"吐蕃麦庄"，将当地的唐军称为"唐白劳"。

哥舒翰的到来，彻底扭转了这样的被动局面。

那一年的收获季节，他亲自领兵进驻积石山，同时派部将王难得等人埋伏在积石山外吐蕃人的必经之路上。

和往年一样，吐蕃人果然又大摇大摆地来了。

这一次，他们出动了五千骑兵。

但他们刚到，哥舒翰就率军突然冲出。

吐蕃人猝不及防，难以抵挡，只能节节败退。

哥舒翰带着部下紧追不舍。

他本人则一马当先，冲在最前面。

每追上一个吐蕃人，他就用自己的长枪拍拍对方的肩膀，等对方本能地回头时，他再用枪直刺咽喉，将其挑到空中再重重摔下。

他有一个家奴，当时才十五六岁，出战时一直跟在哥舒翰身边，每次只要哥舒翰挑人下马，他就马上提刀砍下其脑袋。

两人一个挑一个砍，流水作业，配合娴熟，效率基本稳定在每秒杀一人以上！

这地狱般恐怖的场景把吐蕃人吓得魂飞魄散，只能拼命逃窜。

逃得慢的，做了哥舒翰及其麾下将士的刀下之鬼，少数逃得快的，总算摆脱了追兵，没想到又被王难得等人截住了归路。

此时这些人已经累得呼吸基本靠喘、走路基本靠挪、对抗基本靠翻白眼——还得是五百分钟转 0.0001 圈的慢动作，怎么可能是王难得这支生力军的对手！

最终，五千吐蕃人全军覆没，连一匹马都没能逃回去！

此战之后，哥舒翰的威名传遍了整个西北大地！

李隆基也注意到了这颗冉冉升起的新星，有意对哥舒翰提拔重用，便派人召他来长安。

此时，他的老上级王忠嗣正在长安的狱中接受审查。

临行前，军中很多将领都让他多带些金银珠宝，以便在朝中打点，营救王忠嗣。

可哥舒翰却不愿这么做。

他慷慨激昂地说，如果天下还有正义，王公必不会冤枉而死；如果没有，要金银又有什么用！

就这样，除了一腔豪情和一匹马，他什么也没带就上路了。

到长安后，李隆基亲自在华清宫接见了他，一番交谈后对他非常满意，随即擢升他为陇右节度使。

得到节度使的任命后，按照惯例要入宫谢恩。

哥舒翰借此机会，在李隆基面前极力为王忠嗣喊冤，极力赞颂王忠嗣的能力，还表示愿意以自己的官职来换取赦免王忠嗣。

李隆基对王忠嗣违抗命令、不肯攻打石堡城这件事依然耿耿于怀。

在他看来，曾经装过大粪的碗，就算再好看也不能再放在碗柜；曾经有过这种严重污点的王忠嗣，就算再有本事也不能再留在人世！

因此对哥舒翰的请求，他根本不愿听，拂袖而去：别的朕都可以答应你，但王忠嗣的事免谈！

而哥舒翰却依然不肯放弃。

他一边跟在皇帝后面一步一叩首，一边一遍又一遍地声泪俱下地请愿：别的都可以免谈，但王忠嗣的事，请陛下一定要答应我！

在他的极力恳求下，李隆基最后不得不改变了主意——毕竟，西北正是用人之际，他如今离不开哥舒翰这样的将才，不能不顾及其面子！

他下诏免去了王忠嗣的死罪，将其贬为汉阳（今湖北武汉）太守。

王忠嗣这才保住了性命——可惜的是，仅仅是从死刑转为死缓而已。

三年后，一向身体强健的王忠嗣暴卒，死因不明，年仅四十五岁——有人推测说他有可能死于李林甫之手。

王忠嗣的倒台，最大的受益者无疑是安禄山。

他接收了原本王忠嗣掌控下的河东地区，从此手握范阳、平卢、河东三大藩镇，控地数千里，拥兵数十万，一跃成为整个唐朝最强的地方实力派！

不过，由于朝中有李林甫的存在，此时的安禄山还不敢太过放肆。

对李林甫，他一方面非常感激——没有李林甫，他恐怕很难整垮王忠嗣；另一方面也无比佩服——要论玩心眼，他相信全天下的人都不是李林甫的对手，当然也包括他自己在内。

给阿基米德一个支点，他能撬动地球；给李林甫一丝机会，他能搅乱乾坤！

对李林甫的谋略，安禄山不是相信，而是迷信！

他只能生活在李林甫的阴影下。

可以这么说，如果安禄山是风筝，那么李林甫就是放风筝的线，风筝就算飞得再高也摆脱不了线的控制！

第六章 杨国忠：从市井无赖到大唐首相

天上掉下个贵妃妹妹

然而有一个人的崛起却改变了这一切。

此人名叫杨国忠。

杨国忠，本名杨钊，是杨贵妃的远房族兄，其母是武则天男宠张易之的妹妹。

可张易之得宠的时候，杨钊还是个襁褓中的婴儿，没有沾到任何光；等杨钊稍大点的时候，张易之就倒霉了——不仅倒了霉而且臭名昭著，杨钊作为其外甥，也尝够了被人鄙视的滋味。他不仅没吃到鱼，还招来一身腥！

舅舅名气不佳，杨钊本人的名声也好不到哪儿去。

尽管祖上出自关中望族弘农杨氏，但杨钊家这一支却早就败落了。由于家境不好，他从小没受到过良好的教育，很早就走上了社会，染上了一身的坏毛病，尤其沉迷赌博，赌输了还四处借钱，借了钱还经常不还，到后来，族人只要远远地见到杨钊就会像抗战时期的百姓看到日本鬼子一样躲起来。

手头没钱，又借不到钱，在家乡他当然是混不下去了，无奈只好离乡背井，去蜀地（今四川）从军。

杨钊这个人不仅不学无术，而且也不学武术，自然不可能像哥舒翰那样一战成名——事实上，他不仅不能一战成名，甚至连一战都不能参加。

大概是上司见他身体不够强壮，他根本就没有被安排上前线，而是被安排去了后勤，负责屯田统计之类的工作。

没想到这正好用上了他的特长。

由于之前经常在赌钱时算各种乱七八糟的点数、借钱时计算各种杂七杂八的利息，他对数字异常敏感，计算能力特别强。

他算起账来总是又快又准，从来没有出过一次差错——我觉得，如果生活在现代，他绝对可以做一个一流的会计！

凭借着出色的业绩，杨钊被任命为新都（今成都市新都区）县尉，但在这个不需要计算的岗位上，他的表现似乎有些平庸——整整干了三年都没有得到提拔的机会。

当时的人事制度规定，官员任期满后如果没有升迁或调动，就必须回家等待补缺机会，因此杨钊在从县尉的岗位上退下来后，就只能赋闲了。

那时的他已经娶妻生子，妻子裴柔和出身于赌徒的他可谓门当户对——裴柔原本是蜀地的一个娼妓。

一下子没有了经济来源，他和家人的生活一下子陷入了困境。

好在天无绝人之路，有个叫鲜于仲通的当地富豪经常接济他，他才勉强得以维持生计。

在成都生活的这段时间，杨钊与同在那里任官的族叔杨玄琰一家来往很多。

杨玄琰去世后，小女儿杨玉环被其叔父杨玄璬接到了洛阳，另外三个女儿则留在了成都，由于家中缺少男人，杨钊免不了时常要过去帮忙，有时是通马桶，有时是通下水道，有时是通奸——女方是杨玄琰的次女也就是后来的虢国夫人。

数年后，虢国夫人出嫁了，杨钊又混得不好，两人也就逐渐断了联系。

既失去了工作，又失去了情人，杨钊的心情很不好。
也许在那个时候，他最大的期盼，只是能找个能养家糊口的工作。
但人生唯一能预料的，就是一切都难以预料。
有时你只想要一根黄瓜，命运却给你一吨黄金！
杨钊就是如此。

他的好运来自他的朋友鲜于仲通。
此时鲜于仲通正在剑南节度使章仇兼琼手下担任采访支使，颇受器重。
有一次，章仇兼琼在与鲜于仲通闲聊时说，我现在最大的隐患是在朝廷上层没有一个能说得上话的靠山。别看我在地方上可以呼风唤雨，一旦有事恐怕只能承受腥风血雨。听说皇上现在正宠幸杨贵妃，你要是能帮我搭上贵妃这条线，我就可以高枕无忧了。

鲜于仲通马上想到了杨钊：我从来没去过京城，恐怕不行。不过，我倒是可以推荐一个人……

随后，他把杨钊与杨贵妃家的渊源原原本本地讲了一遍。

章仇兼琼大喜，马上让鲜于仲通把杨钊叫来。

见杨钊长得眉清目秀，又能言善辩，章仇兼琼非常满意，不仅马上任命他为节度使推官，还有事没事经常请他吃美食、喝美酒、赏美景，搞得杨钊有些受宠若惊：章仇大人对我这么好，我真不知何以为报！

章仇兼琼却始终不肯明说，报可报，非常报；不是不报，时候未到……

公元745年秋天，章仇兼琼命杨钊去京城敬献贡品，临行前交代说，除了这些，我另外还有一点点东西放在郫县（今成都市郫都区），你经过时顺便带走吧。

到郫县后，杨钊见到了章仇兼琼给他的货物，一下子惊呆了！

那根本不是一点点的东西，而是一箱箱的宝物——好几个大箱子，里面装的全是各种蜀地产的奇珍异宝，价值至少在一万缗（一缗相当于一千文）钱以上！

杨钊终于明白了章仇兼琼的用意。

他之所以会对自己那么好，之所以会给自己安排这么多贵重礼物，是想要利用他杨钊与贵妃一家攀上关系！

这显然是个难得的美差。

因为，这趟差事办成了，不仅对章仇兼琼有好处，对他杨钊更有好处！

慷他人之慨，结自己的缘，借花献佛，无本万利，世界上还有比这更划算的事吗？

这本账，精于计算的"杨会计"当然不会算不明白。

他喜出望外，随即快马加鞭，昼夜兼程，直奔长安。

抵达长安后，杨钊立即带上礼物前去拜访韩国夫人、虢国夫人、秦国夫人三个堂妹：这是我们剑南节度使章仇兼琼给夫人的一点小意思，您看，珍珠两千颗、黄金一千公斤，翡翠五立方，五粮液五千箱……

杨家姐妹看到多年未见的杨钊非常开心，见到他带来的那些礼物更是如饿虎看到绵羊一般两眼放光，当即悉数笑纳：你看你，都是自家兄弟，你人来了就来了，怎么还带这么多贵重的礼品，搞得我都有点不好意思……不好意思不全部收下了……

三姐妹中得到最多的，是杨钊的老相好虢国夫人。

此时虢国夫人丧夫不久，见到杨钊后自然要人财两收，鸳梦重温。

杨钊也就顺理成章地住在了虢国夫人的家里，你侬我侬，夜夜笙歌……

之后，三姐妹和杨贵妃便经常在皇帝面前说章仇兼琼的好话，把章仇兼琼说得谋比诸葛、勇比张飞……

章仇兼琼也如愿以偿地被调入了朝廷，出任了户部尚书这一要职。

而作为牵线者和杨氏姐妹的自家人，杨钊当然也不会没有好处——他被任命为金吾兵曹参军，职位虽然不太高，却从此留在了京城。

当时李隆基特别爱玩樗蒲（一种类似掷骰子的赌博游戏，玩法多样，胜负常常需要经过复杂的计算），恰好杨钊也是樗蒲的高手——他自幼好赌，在这方面经验极为丰富，因此在贵妃姐妹的引见下，杨钊经常出入宫中，与皇帝等人一起玩樗蒲。

凭借高超的樗蒲技艺，杨钊总是能让老皇帝玩得很尽兴。

有时皇帝与其他人玩樗蒲，他就在旁边负责计算点数，判断输赢，每次都是张口就来，从不算错。

李隆基对他的数学水平非常佩服：真是个做度支郎（负责财政统计和支调的官员）的好材料！朕就缺这样的理财人才！

确实，那段时间李隆基最关注的就是理财问题。

唐朝实行的税赋是租庸调制。

所谓租庸调制，即每丁每年要向国家缴纳粟二石，称为租；绢二丈、绵三两或布二丈五尺、麻三斤，称为调；服徭役二十天，若不服徭役也可缴纳绢布代替，这称为庸。

租庸调制实施的基础是均田制，在李隆基的年代，随着均田制的瓦解、土地兼并的盛行，逃亡的百姓增多，正常的税赋很难足额收上来，又由于府兵制改为募兵制以及边境上战事频仍，军费的开支大幅增加，加上李隆基又向来出手阔绰，朝中奢靡风气盛行，因此多年来财政上一直捉襟见肘，有时甚至入不敷出。李隆基不得不任用了一批善于理财（搜刮）的大臣，才勉强得以实现财政平衡。

因此，见杨钊有财政方面的能力，李隆基便决定将他派到户部任职，不久又擢升其为度支郎中兼侍御史。

杨钊虽然学识欠佳，但在搞钱方面却很有手段——哪怕蚊子经过也要被刮掉一点肉……短时间内就为国库增加了不少收入。

除此以外，由于有杨氏姊妹暗中相助，他往往能提前知道皇帝的喜恶，每次奏对都很合李隆基的心意——无论是问他户部每月的总收入，还是问他某个县、某个乡、某个村、某户人家的男丁数量、女丁数量、年产粮食数量、月产农家肥数量，他都能对答如流且精确到小数点后五十八位……

这样一来，李隆基对他忍不住刮目相看：本以为只是一个普通的赌棍，没想到理财水平这么结棍！

杨钊就这样博得了李隆基的赏识，职务也不断升迁。

公元 748 年，他被任命为给事中兼御史中丞、专判度支事，成为主管朝廷财政的重要官员之一。

在这个岗位上，杨钊又大出了一把风头。

他下令各地把所收的税赋和仓库所存的粮食悉数兑换成布帛输送进京，并将其堆放在一块，然后上奏皇帝，宣称国库充盈，古今罕有。

李隆基带着文武百官前去视察，果然见国库中财物堆积如山，不由得大喜，当即加封杨钊为兼知太府卿事，同时又赐给他三品紫袍和金鱼袋（唐代证明官员身份的标志，内装鱼符），以示恩宠。

此后，李隆基对他更为信任，还亲自为他赐名国忠，以勉励他为国尽忠。

我不要你觉得，我要我觉得

随着地位的迅速蹿升，杨国忠的野心也开始迅速膨胀。

入仕之初，由于缺乏根基，他不得不依附于宰相李林甫，常常充当李林甫排除异己的帮凶，可后来由于日益得宠，他的野心也日益膨胀，逐渐有了和李林甫分庭抗礼的想法。

公元 752 年，与杨国忠一起分掌财政的御史大夫王𫓧因罪被赐死，杨国忠又兼任了原本属于王𫓧的京兆尹、御史大夫、京畿关中采访使等二十多个职位，掌握了全国的财政大权。

不过杨国忠对此并不满足。

他想要的，是取代李林甫，成为朝中的 No.1！

其实这一点并不难做到——李林甫已经年满七十岁，身体也大不如前。而他此刻作为皇帝最信任的宠臣，从那段时间的强劲发展势头来看，拜相几乎是迟早的事。

然而杨国忠不是个有耐心的人。

更何况，他对李林甫还有很大的怨言——当初御史大夫一职任命的时候，李林甫推荐的是王鉷，而不是他杨国忠！

尽管李林甫事后也为此解释过"不好意思，我觉得王鉷毕竟年龄更大、资历更深、跟我的时间更长，给我送的礼也更多……当然，这个不重要……"，但杨国忠却始终无法释怀：我不要你觉得，我要我觉得！

这样的过节，记忆力极佳的杨国忠当然不可能忘记！

他决定向李林甫发起挑战。

当然，他也知道，要扳倒李林甫这样树大根深的大人物，光凭自己单打独斗肯定是不够的，还需要得到其他人的支持。

这一点其实并不难做到。

李林甫独掌大权十几年，受过他恩惠的人很多，不过力的作用是相互的——他得罪的人也不少。

杨国忠很快就为自己找到了两个得力的盟友。

一个是宰相陈希烈。

陈希烈性情乖巧，从不和李林甫相争，李林甫也就乐得把他当成摆设，所有的政事几乎全部都拿到自己家中去处理，李府门庭若市，而陈希烈却整天都无所事事。

可是陈希烈毕竟不是摆设。

他也会有情绪，也会有怨恨——尽管他表面上唯唯诺诺，但内心对李林甫的恨意却早已如梅雨季节的水库一样涨到了警戒水位，只要有一点宣泄的空间就会奔腾而出！

另一个是陇右节度使哥舒翰。

由于老上级王忠嗣是被李林甫整倒的，因此哥舒翰对李林甫也极为不满。

有了陈希烈和哥舒翰的支持，杨国忠的底气更足了。

恰好此时又发生了一件对李林甫不利的事。

事情是安禄山惹出来的。

这些年，安禄山一直在不遗余力地扩充自己的势力，上回就曾以筑城为名企图吞并王忠嗣的部队，只是没有得逞。

尽管首次尝试未获成功，但这个想法在他心中从未消失过。

这次，他盯上的是朔方节度副使阿布思。

阿布思本是突厥首领，公元742年率众归降唐朝，被赐名李献忠，后因多次立功而晋升为朔方节度副使。

此人颇有才略，在唐朝番将中名望很高，安禄山视其为竞争对手，对他极为忌恨，便趁着自己发兵征讨契丹的机会，要求朝廷将阿布思划归自己指挥，打算借机吞并。

阿布思不傻，他当然知道安禄山葫芦里卖的是什么药，当然不愿意去，便向留后（代理节度使）张晔请求代为上奏皇上，让他免于出兵，可张晔却坚决不同意。

这下阿布思绝望了——再不抗命，就会没命！

无奈，他只好率部叛归漠北。

那时李林甫正兼任朔方节度使，名义上算是阿布思的直接领导，阿布思的叛逃，严格来说他也负有一定的领导责任。

杨国忠抓住这一点上纲上线，大做文章，逼迫之前王锈案的知情人指控李林甫与叛将阿布思、罪臣王锈都有很深的私交，随后以此为由弹劾李林甫。

陈希烈、哥舒翰等人也都站出来推波助澜，说李林甫确有问题。

虽然李隆基对此没有轻易采信，但他和李林甫还是日渐疏远。

李林甫开始感觉到了一丝丝凉意。

不过，作为纵横官场几十年、坑遍天下无敌手的唐朝第一老狐狸，他当然不可能就此认栽。

很快，他就找到了杨国忠的软肋——剑南。

杨国忠是个私心很重的人。

在他的字典里从来没有"用人唯贤"这个词，有的只是"用人唯私"。

他发迹后，便举荐自己当初的恩人鲜于仲通担任了剑南节度使。

然而尽管鲜于仲通对杨国忠个人有很大的恩情，对治理地方却没有丝毫的水平。

他心胸狭隘，性情急躁，做事很不得人心。

当时在剑南的南面有个南诏国（今云南一带，国都今云南大理），本来南诏一直向唐朝称臣，可后来由于不堪忍受唐朝边境官员的敲诈勒索，公元750年南诏王阁罗凤愤而起兵，两国在边境上发生了严重的军事冲突。

鲜于仲通领兵八万前去讨伐。

阁罗凤闻讯大惧，连忙遣使请降。

鲜于仲通自恃兵强，傲气十足地拒绝了阁罗凤的请求。

没想到在战前牛得不行的他上了战场却完全不行，被阁罗凤打得几乎全军覆没，仅以身免。

杨国忠掩盖了鲜于仲通的败状，反而还给他报功。

但这骗得了皇帝，却骗不了剑南的百姓。

此役之后，鲜于仲通名声扫地，再也无法在剑南立足了。

杨国忠不得不把鲜于仲通调回京城，自己兼任剑南节度使一职——当然，他没有去那里上任，只是遥领。

之后，剑南的局势每况愈下。

与唐朝撕破脸的南诏彻底倒向了吐蕃，随后凭借吐蕃的支持，屡屡犯边。

唐军连战连败，形势极为被动。

蜀地军民纷纷请求节度使杨国忠亲自前来镇守。

得知此消息后，李林甫心生一计，马上奏请皇帝，要求让杨国忠顺应百姓的呼声出镇剑南，以稳定局势。

这本来就是杨国忠的分内之事，李隆基当然不可能不同意。

这下杨国忠急了。

他知道自己根本不是打仗的料，把他赶到战场上就相当于把一只鸡赶到长江里——等着他的只能是灭顶之灾！

更让他担心的是，他觉得自己离开朝廷后，李林甫会在背后对他捅刀子！

这一点是毫无疑问的。

怎么办？

思来想去，搜肠刮肚，杨国忠也想不出什么好的办法，最后只好硬着头皮、厚着脸皮去找皇帝。

他一边哭一边向李隆基哀求不去剑南，说这是李林甫在陷害自己。

然而他流的眼泪几乎都可以冲十五次马桶了，李隆基也没有答应——毕竟，剑南如今遇到了这样大的麻烦，身为节度使的杨国忠不去实在是难以向百姓交代的。

不过，为了安慰他，李隆基还是给了他一个承诺：这样吧，你去那里露个面，把军事稍微部署一下，我掐着日子等你回来，一回来我就让你当宰相！

无奈，杨国忠只好一步八回头，磨磨蹭蹭地踏上了前往剑南的征途。

路上，他心中一直七上八下，担心李林甫会趁他不在朝中的时候搞鬼。

但这次他显然是多虑了。

刚进入蜀地，他就接到了皇帝召他回朝的紧急命令。

他如蒙大赦，连忙拨转马头，日夜兼程赶回长安。

回到京城后，他才明白皇帝之所以要召他回来的原因。

他的死对头李林甫病危了！

仇人相见，分外温馨

得知这个消息后，杨国忠心中不由得乐开了花。

带着胜利者的喜悦，他美滋滋地前去探望李林甫——我就喜欢你那副看不惯我又干不掉我的样子，就这个感觉，倍儿爽！

爽爽爽爽爽！

此时李林甫已病入膏肓，无法下床了。

他知道，自己已经活不了几天了，在与杨国忠的竞争中，他是注定会失败了。

可他的表情却依然很平静。

因为在他看来，他并不是输给了杨国忠，他只是输给了时间。

任何人都不可能是时间的对手。

现在,他唯一放心不下的,是他的后人——他死后,杨国忠会放过自己的子孙吗?

因此，见到杨国忠来访，他一边用尽他最后的力气挤出了几滴眼泪，一边诚恳地请求说：我就要死了，你一定会当宰相，以后的事就托付给你了！

这完全超出了杨国忠的意料。

本来他以为会是仇人相见分外眼红，没想到竟然是朋友托孤无比温馨！

此情此景，怎能不让他大惊失色？

他汗流满面，连话都说不利索了：不……敢当……不，不敢……当……

说完，他赶紧退出了，不，逃出了李林甫的府邸。

公元 752 年十一月，当了十九年宰相的李林甫在家中去世，享年七十一岁。

在传统认知中，李林甫是史上著名的奸臣（《新唐书》将他放在《奸臣传》就是明证）。

他阴险狡诈，口蜜腹剑，迫害忠良，是导致唐朝由盛转衰的罪魁祸首之一。

李林甫也不止一面。

在《剑桥中国史》主编崔瑞德看来，尽管有着道德水准不高、喜欢玩弄权术等这样那样的缺点，但李林甫还是不失为一个务实的政治家和制度专家。

可以这么说，在皇帝李隆基晚年沉迷享乐、荒废政务的情况下，唐朝依然能保持长期的稳定和繁荣，李林甫应该是功不可没的。

李林甫死后，杨国忠如愿以偿地被任命为新的首席宰相。

向来睚眦必报的他，当然不可能因为李林甫临终前的话而放过自己的宿敌。

没等李林甫下葬，他就迫不及待地动手了。

杨国忠派人前去联络安禄山，让他与自己一起陷害李林甫。

得知唯一的克星李林甫终于死了，安禄山如释重负，连多年的老便秘似乎都一下子畅通了，整个人舒爽无比，感觉比刚被从五指山重压下解救出来的孙悟空还要轻松。

再也没有人能镇得住我了！

我可以无所顾忌地大展拳脚了！

他毫不犹豫地答应了杨国忠，还设法找到了阿布思的旧部，让其出面指证，说李林甫曾和阿布思约为父子。

墙倒众人推，死老虎大家踩。

见反李联盟来势汹汹，李林甫的女婿也害怕了。

为了自保，他主动站出来昧着良心做伪证，言之凿凿地说李林甫确实有异心：去年二月三十一日的午夜时分，秋高气爽，艳阳高照，李林甫和阿布思等三个人坐在一棵高大的狗尾巴草下，一边喝着酒，一边窃窃私语，我只听见两个字："要反！"……

他说得如此具体，自然是由不得李隆基不信了。

盛怒之下，他马上下诏削去了李林甫的全部官爵，子孙当官者统统除名并流放边疆，所有财产一律充公……

做完了这一切后，他还觉得不解气，又丧心病狂地命人劈开李林甫的棺材，拎出李林甫的尸体，夺走其口中所含的明珠，剥掉其身上所穿的官服，再改用小棺以平民的规格草草埋葬。

视制度如无物

可惜李林甫活着的时候机关算尽，却无论如何也算不到自己的身后事会如此悲惨！

不过，从另一个角度来说，他也是幸运的。

因为，就在他死后仅仅三年，大唐帝国就经历了一场难以想象的浩劫！

而这一切，李林甫已经感觉不到了。

当然，此时的杨国忠也不会感觉到。

他现在的权势比当初的李林甫有过之而无不及。

李林甫虽然专权，可在首席宰相的职权以外也只是掌握了官吏的铨选即人事权，而杨国忠不仅继承了这些，还外加全部的财政大权以及剑南道（今四川一带）的军政！

他的骄横跋扈也远超李林甫。

不年轻的人往往喜欢表现自己的年轻，没威望的人往往喜欢表现自己的威风。

杨国忠就是如此。

可能是知道自己难以服众，他特别喜欢摆谱，总是摆出一副高高在上的"人是铁，范儿是钢，一日不装憋得慌"的装样子，对百官颐指气使，作威作福，眼睛总是瞪得跟死鱼眼似的，嘴巴总是臭得跟盛夏时节的粪坑似的，脸色总是难看得跟刚死了老婆似的……

除了对人的态度，他对制度的态度也和李林甫完全不同。

李林甫这个人虽然以奸诈闻名，但对朝廷的各项规章制度却还是非常尊重的，即使算计别人也都尽量遵循法度，尽量按照程序，尽量做到有法可依。

而杨国忠在处理政务的时候，却全凭个人的好恶，看待制度如同一头猪看待一张存有巨额资金的银行卡——根本不当回事。

比如选官。

本来唐朝选拔官员是极为审慎的，从开始提名到最后确定，都要经过严格的"三注三唱"程序。

具体来说是这样的：

每年春天，六品以下的官员报名赴选，先集中考试，再一一唱名并面试，随后由吏部官员根据其政绩评语和考试成绩综合评定，标注其适合担任的职务，这个过程称为"一注一唱"，这样的程序要进行三次即"三注三唱"后，才把择优录用的人选递交门下省，再经给事中、黄门侍郎、侍中层层审核后上奏皇帝，最终下诏宣布。

一般来说，整个铨选程序要持续几个月的时间。

然而杨国忠上台后却根本不这么做。

在铨选开始前，杨国忠就与几个心腹僚属私下圈定了入选名单——入选的依据是什么，史书上没有记载。

内定好人选后，他再把另一名宰相陈希烈、给事中以及各有关部门负责人全都叫到自己办公室：今天宰相、给事中都在，就不必再到门下省审查了。

随后他按照名单一个个唱名、一个个面试——平均每人面试的时间还不到嗑一粒瓜子的工夫，接着当场拍板敲定并标注，不到一天就搞定了原来要几个月才能完成的选官工作。

选官比买菜还要随便，选出来的人会没有问题吗？

当然有问题。

不过，尽管所有人都知道这里面肯定有问题，但没有一个人敢提一点意见，只有一片赞歌：这样的大手笔，只能出自杨相之手！

由此可见，此时的唐朝朝廷已经完全成了一言堂。

之所以会造成这样的结果，最主要的责任人无疑是皇帝李隆基。

从李隆基近二十年来所任用的首席宰相来看，先是忠正直率的张九龄，接着是有才无德但尚有底线的李林甫，再换成无才无德且毫无底线的杨国忠，道德水准一个比一个低，而权力集中度则一个比一个高；与之相对应的是，制度的重要性越来越小，个人的重要性则越来越大。

到了杨国忠当政的时代，很多制度完全沦为了摆设！

而这也许正是李隆基所需要的。

随着年龄的日益增长，国家的日益富强，他早已失去了当初励精图治的进取心，现在的他想的是享受，是快乐，是任性。

张九龄这样的士人喜欢进谏，让他无法为所欲为，只能戴着镣铐跳舞；而杨国忠这样的小人喜欢拍马，让他可以尽情享乐，不用受到任何约束！

张九龄这样的士人学问高，名气大，他必须对其礼遇有加；而杨国忠这样的小人，虽然名为宰相，但其实不过是个家奴，他完全可以将其呼来喝去！

第七章　山雨欲来风满楼

狗咬狗，一嘴毛

对家奴这个定位，杨国忠本人也心知肚明。

他深知自己的一切权力都是皇帝给的，他的所有竞争力都来自皇帝的宠爱，因此，要想巩固自己的权位，就必须用心揣摩皇帝的心思，取得皇帝的欢心。

还有，排挤同样得宠于皇帝的臣子。

比如安禄山。

安禄山是贵妃的养子，可以随意出入皇宫，可以随意与皇帝嬉戏，与皇帝的亲密程度不在自己之下！

更令他觉得不安的，是安禄山对他的态度——安禄山经常入朝，与杨国忠接触的机会不少。

虽然杨国忠刚上台的时候，安禄山曾与他合作过——一起指控死去的李林甫，但那纯粹是公事公办，实际上他对杨国忠是非常鄙视的。

在安禄山看来，杨国忠就是一个完全靠裙带关系上位的小人物，不管是资历还是能力、不管是工作水平还是阴谋水平和之前的李林甫比都完全不可同日而语。

可以这么说，天大的事到了李林甫手里都只是屁大的事，而屁大的事到了杨国忠那里都会被折腾成天大的事！

更何况，杨国忠还是官场小辈，自己前几年入朝时上下台阶这小子还要卑躬屈膝地过来搀扶，现在却总是鼻孔朝天，一副小人得志的猖狂样，他能看得惯吗？

当然看不惯。

别人怕你，我可不怕你！

因此，在杨国忠面前，安禄山很不客气。

杨国忠说东，他偏要说西；杨国忠说吸烟有害健康，他偏要说吸烟可预防肺痨；杨国忠说人不能吃大粪，他偏要说人中黄被编入了《本草纲目》……

这让杨国忠很不舒服。

他下定决心，无论如何都要把安禄山拉下马。

当然，要对付手握重兵的安禄山，没有军界的支持肯定是不行的。

不过在这方面，杨国忠并不担心。

因为他早就在军中物色了一个得力的盟友——陇右节度使哥舒翰。

作为王忠嗣大力提携的老部下，哥舒翰对陷害自己恩人的安禄山一直非常痛恨，两人的不和比司马昭之心还要"路人皆知"。

正如汽油和烟头不能在一起否则会引起爆燃一样，安禄山和哥舒翰也不能出现在同一场合，否则必然会发生冲突。

对这两位爱将之间的矛盾，皇帝李隆基也非常担心。

公元 752 年底——也就是杨国忠刚当上宰相不久，两人同时入朝，李隆基特意让高力士在宫中组织了一次饭局，想要借此调和两人的关系。

宴席上，考虑到皇帝的面子不能不给，安禄山主动抛出了橄榄枝：我的父亲是胡人（唐朝时把包括昭武九姓在内的西域诸民族称为胡人），母亲是突厥；而你的父亲是突厥，母亲是胡人（哥舒翰的母亲是西域于阗人），我们两人族类相近，怎么能不友好呢？

然而，他嘴上虽然说着友好，但脸上的神色却比参加追悼会还要阴沉。

从这种脸口不一的表现可以看出，安禄山的话是没有丝毫可信度的。

为什么这么说呢？

其实这也很好理解。

如果一个女人上身穿一本正经的西服正装，下面却只穿一条底裤，你难道会认为她一本正经吗？

于是，哥舒翰也摆出一副牙疼的表情，语带讥讽地回应道：古人说，狐狸向自己的洞窟嗥叫（意指同类相残）是不吉利的，因为它们忘了本。如果你真的有这份心，我怎么敢不友好呢？

没想到安禄山一听见"狐"这个字，竟然当场就跳了起来——他认为哥舒翰在讽刺自己是胡人。

他指着哥舒翰的鼻子破口大骂，你这个狗突厥，竟敢如此无礼！

这下哥舒翰也火了，一拍桌子，霍地站了起来。

眼看原本设想中的"喜剧片"就要变成"武打片"，高力士急了，连连对哥舒翰使眼色。

哥舒翰这才强压着怒火坐了下来。

随后他假装自己喝醉了，甩手离席而去。

此后，两人的矛盾更深了。

可这却是杨国忠所乐于见到的。

本着"敌人的敌人就是朋友"的原则，杨国忠对哥舒翰大加笼络。

公元753年五月，哥舒翰大败吐蕃，收复九曲（今青海贵德）。

此役让他威名大振，陇右一带因此而传诵起了著名的《哥舒歌》：北斗七星高，哥舒夜带刀。至今窥牧马，不敢过临洮！

得知哥舒翰立下奇功，李隆基大喜。

杨国忠趁机推荐由哥舒翰兼任河西节度使。

之后不久，他又奏请李隆基加封哥舒翰为西平郡王。

这样一来，安禄山和哥舒翰一个是范阳、平卢、河东三镇节度使，东平郡王；一个是河西、陇右两镇节度使，西平郡王；两人一个在东，一个在西；一个号称东邪，一个人称西狠。两人几乎是平起平坐、势均力敌，安禄山在军中一家独大的局面得到了有效的抑制。

接下来，杨国忠又利用自己和皇帝经常接触的机会，屡次在李隆基面前告发安禄山，说他居心叵测，必然会造反。

李隆基对此却根本不相信——他对安禄山如此厚待,安禄山怎么可能会造反呢？

可惜他错了。

事实上，安禄山早就有了反意。

常言道，距离产生美。其实权威在很大程度上也是要靠距离才能产生的。

安禄山经常往来宫中，与李隆基、杨贵妃等人接触多了，对皇帝也就失去了敬畏：所谓天子，原来也不过是个凡人。什么芫荽，不就是香菜嘛！

就像有的人在看了某些畅销历史作品后产生了"这些书我也可以写啊"的想法一样，一个念头在安禄山的脑海里油然而生：这个皇帝我也可以当啊。

但真正促使人做一件事，光有想法是远远不够的。

尤其是"造反当皇帝"这种风险极高的事。

事实上，安禄山之所以执意要反，也是因为他不得不这么干。

当初他为了拍皇帝的马屁曾得罪过太子，还曾和李林甫结盟企图谋划废立，如今皇帝的年纪越来越大，随时可能撒手人寰，而太子一旦继位，必然会拿他这个仇人开刀，到时他只能任人宰割！

与其坐以待毙，不如拼死一搏！

不过，他原本的打算，是想等李隆基驾崩后才造反。

只是后来发生的一切，让他不得不提前采取了行动。

这是后话，暂且不提。

忽悠之王史思明

先看一看安禄山这几年在范阳都做了哪些准备。

秉持着"人才是第一生产力"的原则，他有意识地网罗了一大批文臣武将——谋士有高尚、严庄、张通儒等，将领则有史思明、安守忠、李归仁、蔡希德、牛廷玠、向润容、李庭望、崔乾祐、尹子奇、何千年、武令珣、能元皓、田承嗣、田乾真、阿史那承庆等数十人。

其中最值得一提的是史思明。

史思明，本名窣（sū）于，族属不明——《新唐书》中说他是突厥人，现在也有人认为他和安禄山一样是粟特人后裔。

他是安禄山的同乡，比安禄山早一天出生，两人是从小一起长大的发小。

可他们俩的长相却完全不同。

安禄山很胖，史思明却极瘦；安禄山看起来憨态可掬，史思明看上去则面目可憎。

史载他的外貌是这样的：

头发是秃的，肩膀是耸的，背是佝偻的，眼窝是深陷的，就连鼻子都是歪的，一般人流鼻涕会流到嘴里，他流鼻涕会流到耳朵里……

如果史书记载可信的话，他长得似乎已经不能叫丑了，只能用恶心来形容——

白天见到他会让人吃不下饭，晚上见到他会让人睡不着觉，夏天见到他会让人浑身发冷，冬天见到他会让人浑身冒汗，坐轮椅的人见到他可以一下子蹿出去八里地，做手术的人见到他可以省掉一大笔麻醉费用……

除了人丑得出奇，史思明的出道经历也非常传奇。

据说他早年曾经欠了一大笔债，为了躲债，他逃出了唐朝边境，没想到被奚人的巡逻兵抓到了，要杀他。

他急中生智，眼睛一瞪，同时把脸布置得像会场般正式，用新闻发言人般的口气一本正经地对那些巡逻兵说，我代表大唐中央政府警告你们，你们切勿搬起石头砸自己的脚。我是大唐派的使者，如果杀了我你们会悔之莫及的，你们还是领着我去见你们大王吧。

巡逻兵被他的气势唬住了——这个人不是装腔作势，他是真的有腔调！

他们都信以为真：世界之大，无丑不有……不，世界之大，无奇不有！一个这么丑的人能当大国的使臣，绝对是个非同凡响的大牛人！

之后，史思明被护送到了奚王的牙帐。

见到奚王后，表演天才史思明略施小伎俩，就把奚王忽悠得深信不疑——即使他让奚王去直播裸奔，恐怕奚王也会毫不犹豫地照做。

奚王用最高的标准对他好吃好喝招待，临走还特意派了百余人随他一起去唐朝朝拜。

史思明摆摆手说不行：这些人不够格见天子，我听说你有名将琐高，何不派他入朝呢？

此时他在奚王心目中的地位比老师在小学生心目中的地位还要权威，他的话奚王怎么敢不听？

就这样，史思明带着琐高及其三百名部下一起踏上了返回唐朝的归途。

快到平卢的时候，史思明偷偷派人通知当地守将：奚人派琐高和一帮精锐前来，声称是入朝，其实是想偷袭，务必先下手为强。

守将闻讯大喜，当即率军出击，将毫无防范的奚人杀了个一干二净，只留下琐高一人送到当时的节度使张守珪那里。

见奚人中最能打仗、最令人头疼的琐高被抓了，张守珪自然喜出望外。

他当即将史思明纳入麾下，封为果毅，不久又让他和安禄山一起担任捉生将。

两个多年前的老友就这样成了同事。

不过，史思明和安禄山虽然起点差不多，能力也都不错，但后来史思明在仕途上的发展却比安禄山要差得多。

究其原因，我个人觉得，也许和两人的长相不无关系——安禄山虽然内心奸猾，但却貌似忠厚，人畜无害，让人感到无比放心；而史思明则不仅内心奸猾，而且外表一看就是个奸猾之辈，让人感到不得不防，很难得到别人的信任。

换句话说，从安禄山身上，你会看到交情；在史思明那里，你只会看到交易！

可能正因为如此，安禄山一飞冲天，不到十年就从一个底层的小军官成了大权在握的节度使，而史思明那段时间似乎一直在原地踏步，直到安禄山当上平卢节度使后，他才因其提携而出任了平卢军兵马使。

应该说，安禄山对这个老朋友还是很够意思的，据说还曾派他到京城奏事，面见天子，史思明这个名字就是皇帝特意赐给他的。

史思明后来成了安禄山麾下的头号大将。

当然，要想造反，光有史思明这样的悍将还不够，还需要精兵。

安禄山从同罗（铁勒人的一支）、奚、契丹等民族的降兵中选拔了八千名猛士，称为"曳落河"（胡语，意为壮士），又在里面优中选优，精选出百余人作为自己的贴身侍卫，这些人人人都可以一当百。

除了储备人才，他还暗中储存了大量造反用的物资。

他畜养了数万匹战马，囤积了很多武器弹药，又通过与境外的贸易积累了无数钱财，同时还命人偷偷制作了各种官袍和象征官员身份的鱼袋……

你不仁，我不义

尽管安禄山做事十分隐秘，但当时还是有不少人对他的行为产生了怀疑——比如当初的王忠嗣，可惜现在已经死了；比如时任平原（今山东德州）太守的颜真卿，可惜官位太低……

但至少有一个人在皇帝面前是能说得上话的。

谁呢？

杨国忠。

前面说过，杨国忠曾多次在皇帝面前揭发安禄山想造反，可李隆基始终不信。

公元 754 年初，杨国忠再次老调重弹。

这次，为了证明自己所言不虚，他甚至不惜和皇帝打赌：陛下你可以召安禄山进京，我敢保证他肯定不敢来！

没想到很快他就被打脸了。

安禄山接到诏书后，竟然一刻也没有耽搁，马上出发，马不停蹄地赶到了长安。

一见皇帝，他就一下扑倒在地，一边涕泪横流，一边哽咽着说，臣只是个胡人，幸得陛下宠信，才有了今天，可是现在臣为杨国忠所忌恨，臣的死期，就要到了。世上无难事，只怕有些人——杨国忠他……

见干儿子眼泪与鼻涕泡齐飞，肥头共大肚子齐抖——振幅之大接近里氏 6.8 级，仿佛受了天大的委屈，李隆基也忍不住动情了。

他不停地好言好语相劝：你放心，不管别人说什么，朕永远都是相信你的。

为了安抚安禄山受伤的心灵，他还赏赐了一大笔财物。

从此，李隆基对安禄山更加深信不疑。

为了更进一步笼络安禄山，李隆基甚至还想加封他为宰相，连诏书都拟好了。

杨国忠得知后连忙反对：安禄山虽然有军功，但他连大字都不识一个，怎么能当宰相？臣恐怕诏书一下，四夷之人都会看轻我大唐！

在他的强烈抗议下，李隆基不得不收回了成命，改封安禄山为尚书左仆射。

比起尚书左仆射这样的头衔，安禄山似乎更在乎实实在在的实惠。

趁李隆基现在对他极其信任，他主动开口要求兼领闲厩（饲养皇家马匹和其他动物的机构）、群牧总监（主管全国军马饲养）等职。

这两个职务乍一看似乎很不起眼。

不就是《西游记》中孙悟空看不上的弼马温吗？

从工作性质来看，确实差不多。

只不过，历史不是神话，人也不能像孙悟空那样腾云驾雾，现实中古代养马者的地位比《西游记》中写的高多了。

由于骑兵的机动性强，冲击力大，在野战中相对于步兵具有无可比拟的巨大优势，故而战马在那个时候是极其重要的军事资源。

毫不夸张地说，谁拥有的战马多，谁就掌握了战场的主动权！

一个本来就手握数十万重兵、专制一方的大将，还想进一步控制全国的战马，安禄山到底有何居心?

这个问题,正常人就是用脚指头想也能得出答案。

但李隆基却依然毫不犹豫地答应了安禄山。

此时的他,就像一个极度溺爱孩子的母亲,不管孩子提什么样不合理的要求,哪怕是要摘天上的月亮,都不会拒绝。

因为他想补偿安禄山之前所受的委屈。

他宁可负天下人,也不愿意负安禄山!

他宁可失去自己的智商,也不愿意看到安禄山的悲伤!

脑袋进水终不悔,为伊消得人愚昧!

安禄山奏请让他的心腹吉温担任兵部侍郎兼任闲厩副使,代他履行职务——吉温原本是李林甫的爪牙,李林甫死后倒向了安禄山,成为安禄山安插在朝中的代理人。

之后安禄山又利用职务之便,派亲信从各处牧场将健壮的战马全都挑选出来,转移到别处饲养,充作自己的战略储备。

这次试探的得逞,让安禄山彻底摸透了李隆基对自己的底线。

那就是毫无底线!

因此,接下来他又提出了一个更无理的要求:臣所统领的将士,在讨伐奚、契丹、九姓铁勒等的战事中战功累累,臣恳请朝廷对他们破格提拔,希望能提供一批空白委任状,以便臣带回军中,授予立功的将士。

李隆基竟然还是不假思索地同意了。

安禄山回去后,就利用这些空白委任状一下子就任命了五百多个将军、两千多个中郎将,彻底收买了人心,将麾下的军队彻底打造成了只听命于自己的私人武装。

就这样,安禄山充分利用在京城的这段时间,最大限度地拿到了自己想要的东西。

他觉得,从风险收益率的角度看,再在京城待下去,意义已经不大了。

公元754年三月,他向皇帝请辞,要求返回范阳。

李隆基虽然有些依依不舍,但他也知道安禄山毕竟是边镇的主帅,责任重大,不能长期不在任上,便答应了他的请求。

为表示自己对安禄山的无上恩宠,他还特意脱下自己的御服,将其披在安禄山身上。

然而此时的安禄山却根本顾不上感恩戴德——他嘴里说的是"感动"，心里想的却是"赶路"。

一离开皇宫，他连屁都来不及放就马上动身，以最快的速度策马东去。

过了函谷关后，他改走水路，坐上早已准备好的船只沿黄河顺流而下。

为了加快速度，他每隔十五里就换一班纤夫，昼夜兼程，一路不停，日行数百里，一口气跑回了范阳。

从这里，我们可以清楚地看出安禄山的心态。

在京城的那段日子里，他虽然貌似镇定，还到处伸手要官，可他的内心却是极其缺乏安全感的。

实际上，他一直战战兢兢，一直度秒如年，一直生怕杨国忠会对自己下手。

因为，他的军队远在范阳，京城是杨国忠的地盘，他在这里就相当于大白鲨在陆地——根本就没有任何还手之力！

毫无疑问，在长安多待一天，他就会多一分危险！

他无时无刻不在想着早点回家。

回去就是喝洗脚水，也比在这里喝李隆基的御酒强！

即使到了老巢范阳，安禄山依然还是有些心神不定。

他知道，尽管他现在算是安全了，但无疑只是暂时的。

对杨国忠的为人，他非常了解。

这家伙是属王八的——只要咬住了，就不会松口，是绝不会善罢甘休的！

果然，没过多久，杨国忠的报复就来了。

此事的导火线，是陈希烈的辞职。

之前陈希烈曾和杨国忠结盟一起排挤李林甫，他本以为杨国忠上来后他的日子能好过些，没想到却失算了——杨国忠竟然比李林甫更霸道，对他更无礼。

这让他心灰意懒，便主动请求辞去宰相职务。

李隆基对尸位素餐的陈希烈也早就看烦了，很快就答应了他的请求。

接下来，该起用谁来代替陈希烈呢？

本来李隆基看中的是兵部侍郎吉温。

但吉温是安禄山的人，杨国忠当然要坚决反对。

他推荐的是吏部侍郎韦见素。

最后还是李隆基做出了让步。

毕竟，已经年满七十的他对朝政早就失去了兴趣，他需要依靠杨国忠来处理繁杂的政务。

就这样，韦见素成了新的宰相。

而美梦成空的吉温则大受打击。

事实上，他的厄运还没有结束。

杨国忠对他的打击还在继续。

作为一个睚眦必报的人，杨国忠对自己的政敌从来都不会心慈手软。

不把吉温置于死地，他绝不会收手！

虽然治国水平不行，但搞阴谋他还是有两手的。

听说河东太守韦陟和吉温关系不错，他便决定从韦陟身上找突破口。

杨国忠先是让人举报韦陟贪污腐败，有严重的经济问题，接着又放出风声说御史台即将对他立案调查。

韦陟闻讯大惊，慌忙向好友吉温求助，给他送去了大量财物，想通过他攀上安禄山，让安禄山为自己说话。

这一切，当然逃不过早就三百六十度无死角盯着他们的杨国忠的眼睛。

证据确凿，无可抵赖，吉温只能低头认栽。

很快吉温从朝廷大员一下子被贬到了澧阳（今湖南澧县）长史，接着又进一步被贬为高要（今广东高要）县尉。

在唐代很多人的心目中，去岭南这样的蛮荒之地就相当于一只脚迈进了地狱。

吉温当然也是这么想的，他一路拖延，行进的速度比跛脚的蜗牛还慢，到了始安郡（今广西桂林）就再也不肯往前走了。

这正好又被杨国忠抓住了把柄。

他立即派大理寺官员前去查办，干脆将吉温整死在大牢里。

吉温是安禄山最亲信的死党。

连小弟都罩不住，让安禄山这个做大哥的面子往哪儿搁？——注意，不是路边"大哥你这咸鸭蛋多少钱一斤"的那种大哥哦。

他恼羞成怒，上表为吉温诉冤，说这是杨国忠故意陷害。

然而吉温受贿的事铁证如山，李隆基也不太好回护，只好扯点什么"公开公平公正"之类的套话应付安禄山。

这下安禄山更受不了了。

什么公开公平公正，根本就是公开公然公告地打他安禄山的脸！

更令安禄山无法接受的是，失去吉温这个自己安插在中枢的耳目后，他一下子成了失去导航信号的飞机——完全没有了方向。

因为他再也无法得知朝廷高层的任何内幕信息了！

他无法确定杨国忠会在何时对他动手，无法确定杨国忠会用什么样的方式对他动手，但有一点他是可以确定的，杨国忠肯定会对他动手。

怎么办？

想来想去，他觉得唯一的办法就是先发制人！

如果杨国忠再这样咄咄逼人，就只能提前反了！

暴风雨即将来临，而皇帝李隆基对此却一无所知。

事实上，他一无所知的东西还有很多。

这两年，他很少关注朝政，所得到的为数有限的信息也大都是经杨国忠过滤和美化过的。

比如，前段时间唐军在与南诏的战事中多次失利，前后战死以及感染疫病而死的士兵多达二十万，但身兼剑南节度使的杨国忠不仅隐瞒了战败的消息，反而还对皇帝谎称大捷。

总之，李隆基每天听到的不是亩产万斤就是日进万金，不是天降的祥瑞就是天大的喜事，不是形势一片大好就是一天更比一天好，这让他感到无比自豪，忍不住自己都佩服自己：好食材是不需要多少调料的，好领导是不需要多少努力的。只要有颗聪明的心，何必样样事必躬亲？看我日日玩乐夜夜笙歌，各条战线照样高奏凯歌！

在和高力士的一次闲聊中，他得意扬扬地说，朕已经老了，现在把朝中政事都交给宰相，把边防军事委托给诸将，还有什么可担忧的呢？

但高力士却忧心忡忡：臣听说云南屡屡战败丧师，边将又拥兵太盛，陛下该如何防范他们？一旦出问题的话，后果将不堪设想，怎么能说高枕无忧呢？

这话让李隆基感觉大煞风景，仿佛在观赏美景的时候突然看到了一堆洋溢着恶臭的垃圾：你不要再说了，让朕再想想吧！

因此没过多久，高力士忍不住再次旧话重提。

那一年夏秋之际，关中连续暴雨，发生了严重的洪涝灾害，很多田地都被水淹了。

李隆基有些担心水灾会影响农业收成，然而杨国忠却找来了一株颗粒饱满的谷穗，对皇帝说，陛下您看，雨水虽然多，可庄稼长势依然很好哇，这就像陛下您年龄虽然大，可您的身体依然很好，依然能征服世界、征服女人是一样的道理……

功夫不负马屁人，李隆基放心了。

杨国忠也放心了。

不料扶风（今陕西凤翔）太守房琯偏偏在这个时候跳了出来，报告说辖区内受灾严重。

杨国忠不由得大怒——解决不了问题，还解决不了提出问题的你！

他立即下令御史对房琯进行立案调查——罪名是什么没有记载。

这下，所有人都识相了，再也没人敢上报灾情了。

不过，雨毕竟不是人，不懂什么识相不识相，还是一直在下，而且越下越大。

李隆基不由得又担心起来。

有一次，看着窗外的瓢泼大雨，他对身旁的高力士说，大雨为什么老是下个不停呢？你帮我分析分析看。

之所以他会这么说，是因为古人通常认为灾害性天气是老天对天子犯错的惩罚。

高力士直言不讳地说，自从陛下把朝政委托给宰相以来，赏罚没有章程，法令不能贯彻，以致老天阴阳失调，臣又有什么好说的呢？

李隆基沉默了，很长时间都没有说话。

他在想什么呢？

也许是这样的：

我何尝不知道杨国忠有很多缺点，可是他的优点也不少哇，不仅会做事还会来事，不仅对我驯服还能让我舒服。

当然，这只是我的猜测而已。

李隆基心中真正的想法到底是什么，我们不知道。

但杨国忠是怎么想的，史书却有着明确的记载。

据说他曾经对人说过这么一句话：吾本寒家，一旦缘椒房至此，未知税驾之所，然念终不能致令名，不若且极乐耳——我本是寒门子弟，只是因贵妃的关系才有了今天，不知以后的归宿会怎样，估计不会留下什么好名声，不如及时行乐吧。

这样一个人执政，当然不会有长远的打算。

这样一个人掌权，毫无疑问是国家的不幸。

就和病毒在感染人的时候绝对不会考虑什么人的行政级别、地位高低一样，杨国忠在做事情的时候也绝对不会考虑什么治国安邦、强军富民。

事实上，他每天关注的只有两件事：

吃喝玩乐，穷奢极欲。

争权夺利，干掉政敌。

在他心目中，此时最大的政敌当然是安禄山。

他时时刻刻都用放大镜盯着安禄山的一举一动。

公元755年二月，安禄山又有了新的动作。

他派副将何千年入朝，奏请用三十二名番将代替汉人将领。

李隆基的态度还是和原来一样，对这个看起来明显不合理的要求，他依然没有片刻犹豫就答应了，马上命令有关部门发出委任状。

刚当上宰相不久的韦见素得知此事后深感不安，对杨国忠说，安禄山向有异志，现在又有这样的行为，可见反状已明。明日咱们一起去面见圣上，我一定会竭力进谏，如果圣上还是不允，请你务必继续劝阻。

杨国忠同意了。

第二天两人刚见到皇帝，还没等开口，李隆基就已经猜到了他们的来意：你们二人此次入宫，是因为怀疑安禄山吗？

韦见素直截了当地说安禄山反迹已露，劝皇帝收回成命。

听了他的话，李隆基显然很不开心，脸一下子拉得比扁担还长。

诸葛一生唯谨慎，杨国忠一心唯马屁。

在他看来，再重要的事也没有皇帝的脸色重要。

见皇帝生气了，他害怕惹得龙颜大怒祸及己身，马上就做了缩头乌龟，硬是把想说的话和想放的屁一起全都憋了回去，一时间憋得脸红脖子粗嘴巴里一股浓浓的氨水味——估计昨天晚上他吃的肉有点多。

李隆基问他：你有什么看法呀？

他却顾左右而言他：陛下，你笑起来真好看，像春天的花一样……

他一尿，韦见素势单力薄，反对自然就无效了。

三十二名番将的任命书最终还是发了出去。

然而顽强的韦见素还不愿放弃。

一计不成，他又生一计。

几天后，他再次联合杨国忠一起找到了李隆基，提出了一个新的建议：臣等认为不如召安禄山入朝为相，将他管辖的范阳、平卢、河东三镇分开，另外任命三人为三镇新的节度使。此可谓两全其美之策，若安禄山忠于国家，他也没有吃亏；若他真的图谋不轨，则可以将反叛的威胁提前消除……

李隆基当时觉得他们说得似乎挺有道理，便同意了。

但等诏书草拟好后，他又有些犹豫，便没有把诏书发下去，而是先派心腹宦官辅璆琳前往范阳，名义上是赐给安禄山南方产的名贵水果，实际上却是想去看看他到底有没有异心。

情商极高的安禄山当然不可能不知道皇帝派辅璆琳来的用意，因此表现得极为恭敬，在辅璆琳面前言必称"圣上"，每讲一段话都至少要引用十八句皇帝语录，同时出手也特别大方，给辅璆琳馈赠（贿赂）了大量金银财宝。

辅璆琳乐得合不拢嘴，在向李隆基汇报时对安禄山大加美言，还拍着胸脯保证说安禄山绝对忠心，绝无二心。

这下李隆基彻底放心了，便马上让人把杨国忠、韦见素二人召来：朕已经决定了，安禄山还是留在范阳为好，东北的奚、契丹二虏，都需要他去镇抚。朕一直推心置腹地对待安禄山，相信他肯定没有异心。这一点朕可以亲自为他担保。你们以后再也不要为此担忧了。

从这句话中可以看出，李隆基确实老了，糊涂了。如今除了杨贵妃以外，其他几乎什么都不知道。

他既不了解市场的菜价，也不了解长安的房价；既不了解安禄山的盘算，也不了解杨国忠的心思！

事实上，在杨国忠看来，他和安禄山早已结下不共戴天之仇，只要安禄山还活着一天，他就不会有安心的一天！

可现在，安禄山不仅安然无恙，而且依然深受信任，依然手握重兵，他怎能不感到恐慌？

狗急了会跳墙，兔子急了会咬人，杨国忠急了会……

他干了这样一件令人目瞪口呆的蠢事：

大概是为了早日拿到安禄山谋反的实锤、以便置安禄山于死地，杨国忠悍然决定将行动升级。

公元 755 年四月，他突然命人包围了安禄山在京城的宅邸，逮捕了安禄山的门客李超等人，交给御史台讯问。

令他失望的是，从这些人口中他没有得到任何有价值的东西。

随后，恼羞成怒的杨国忠下令将李超等人全部秘密处死。

安禄山的长子安庆宗与宗室女荣义郡主订了婚，此时他正住在京城，得知此事后他第一时间就密报给了父亲。

安禄山闻讯大为震惊。

这次抄他的家，究竟是道德的沦丧还是人性的扭曲……

不好意思串词了，应该是：这次抄他的家，究竟是皇帝的意思还是杨国忠的擅自行动？

他无法确定。

难道皇帝真的对自己产生了怀疑？

他还是无法确定。

难道皇帝马上要对自己动手啦？

他依然无法确定。

…………

总之，对这件事，他心里有着太多的疑问。

曾经给他提供过无数可靠信息的吉温已经不在了，现在京城发生的这一切，都只能靠他在遥远的边地凭借有限的信息自己琢磨。

然而他绞尽脑汁——把脑子几乎都绞成豆腐脑儿，却依然确定不了此事的性质。

世界上的事，越是不确定，往往越是危险——正如我们越是不确定一种新病毒的特性，它对我们就越是危险一样。

安禄山这次也是这样。

正是因为不确定，他最终决定孤注一掷，铤而走险。

算了，乱麻解不开，可以用快刀；问题想不明，干脆就造反！

你不仁，就别怪我不义！

从此，他态度大变。

之后再有朝廷的使者到来，他每次都称病不再出去迎接，会见使者时，他的表现也非常傲慢，不仅毫无人臣之礼，还常常把军队召集起来，全副武装，如临大敌，一副向朝廷示威的样子。

这年六月，是安庆宗与荣义郡主大婚的日子。

　　李隆基亲自下诏，召安禄山回长安参加婚礼，但安禄山却以身体不佳为由拒不奉诏。

　　儿子结婚都不肯出面，这显然太不合常理了。

　　就连一向对安禄山信任有加的李隆基也感觉到了有些不对头。

　　然而还没等他想明白，安禄山就又有了新的动作。

　　他上表说要给朝廷献三千匹马，每匹马配两名马夫，由二十二名番将护送入京。

第八章　渔阳鼙鼓动地来

华清池之约

消息传出，朝野上下一片哗然。

河南尹达奚珣认为这很可能是个阴谋。

他立即给皇帝上了一封奏疏：

安禄山此次名为献马，其实是陷阱；这六千人名为马夫，其实是武夫，也就是说他是想趁机偷袭长安！陛下千万千万不能答应，就算安禄山真的一定要献马，也必须要等到冬天再说，且无须派军队护送，到时只要沿途各地的官府供应差役就可以了。

被他这么一说，李隆基也对安禄山这一举动产生了严重的怀疑。

他在这个山雨欲来风满楼的敏感时刻兴师动众地献马，实在是有些居心叵测！

此时辅璆琳受贿的事也被人揭发了出来。

这下，李隆基终于彻底明白了。

原来自己一直以来都被安禄山忽悠了！

看来此人确实有异心！

他勃然大怒，随即找了个借口杀掉了辅璆琳。

可反迹已现的安禄山该怎么处理呢？

李隆基用他因很久不用而堆满了灰尘的大脑苦思冥想,总算想出了一个计策——设法把安禄山诱至长安除掉，提前解决掉这个威胁！

这年八月，他派宦官冯神威前往范阳，一面按照达奚珣所说的那样阻止安禄山送马，一面盛情邀请安禄山来长安：朕最近特意为你量身定制了一个全新的温泉池，十月在华清宫等你，一定要来哦。

但这种小儿科的伎俩，怎么可能骗得了以狡诈著称的安禄山呢？

冯神威宣旨的时候，安禄山表现得异常傲慢，甚至连跪拜接旨的表面文章都不愿做，而是一直跷着二郎腿大大咧咧地斜坐在胡床上，直到最后才仿佛有屁要放那样略微抬了抬屁股、欠了欠身子，漫不经心地问了句：圣上安稳否？——那语气，就像买菜的大妈问菜贩"青菜新鲜吗？"一样随意。

接着，他对李隆基的邀请做出了回复：马不献亦可，十月灼然诣京师！——马不送也行，十月我会昂首挺胸地到京城来的！

说完，他命左右将冯神威带下去，安置在宾馆——不，应该叫隔离在宾馆，因为在宾馆的那段时间里，除了房间里随处可见的蟑螂，冯神威没能再见到任何一个活物。

几天后，冯神威便被打发走了，临走连照例应该有的献恩表也没得到。

然而此时的冯神威已经根本顾不上这些礼节了。

他虽然名字很神威，但实际上却很没种——毕竟是个太监嘛，早已被安禄山表现出来的架势吓得屁滚尿流，一回到京城他就哭哭啼啼地向皇帝告状：臣差一点见不到陛下！呜呜呜呜呜呜……

随后他把自己在范阳的悲惨遭遇一五一十全都告诉了李隆基。

可李隆基对这些细节似乎并不十分在意。

他感兴趣的只有安禄山的这句话：十月灼然诣京师！

安禄山真的会来吗？

后来的历史告诉我们。

会。

只不过不是以李隆基想要的方式。

事实上，就在李隆基充满期待地等着安禄山入京的时候，安禄山也在为自己起兵做着紧锣密鼓的准备。

为了保密，他只和自己的心腹谋士严庄、高尚以及将军阿史那承庆三人一起密谋，其余将佐全都蒙在了鼓里。

将士们只是感觉到自从入秋以来，伙食标准似乎高了很多——从以前的一荤三素变成三荤一素，军事训练也频繁了很多——从以前的三天一次变成一天三次。

没人知道这是为什么。

不过，世界上没有无缘无故的爱，没有无缘无故的恨，当然也没有无缘无故的加餐。

很快，谜底就揭晓了。

这一天，有奏事官从长安返回了范阳。

随后安禄山马上召集诸将，召开紧急会议：奏事官刚刚给我带来了一份天子的密诏，命我火速领兵入朝讨伐杨国忠，诸君应全部随我一起出征！

众将闻言大惊，但由于之前他们早就被训得服服帖帖，没有一个人敢提出疑问。

安禄山范阳起兵

公元755年十一月九日，安禄山将麾下所有的军队十五万人集结到范阳，号称二十万人，正式宣布起兵。

次日清晨，他在蓟城（范阳节度使治所，今北京）城南举行了规模盛大的阅兵誓师大会，声称要进京清君侧、除奸佞——这个奸佞指的当然是杨国忠，并传令三军：凡有异议扰乱军心者，一律诛灭三族！

他命范阳节度副使贾循留守范阳、平卢节度副使吕知诲守平卢、别将高秀岩守大同（今山西大同），自己则登上特制的钢铁战车，指挥全部步骑精锐大举南下，兵锋直指东京洛阳。

一时间，燕赵大地上鼓声震天，烟尘蔽日。

站在战车上的安禄山意气风发，豪情万丈，对前景充满了信心。

他知道，此时的大唐帝国，虽然表面上看似繁荣，但其实早已金玉其外败絮其中，官场腐败盛行，社会危机四伏，更重要的是，为了开疆拓土和应对边患，整个唐朝的军队是按照"内轻外重"的格局来布置的——唐军主力大多集中在西北和东北边陲，而包括长安、洛阳两京在内的中原腹地则十分空虚。

安禄山相信，凭借自己手下这支百战雄师，一定能所向无前，直捣长安！

对一直对他恩重如山的李隆基，他并没有什么内疚之情。

自己强才是真的强，管他李隆基是什么感受呢！

应该说，他的开局确实十分顺利。

当时天下承平已久，百姓几代都没有经历过战事，猛然得知范阳兵起，河北各地从上到下全都如从来没下过水的旱鸭子突然掉入大江之中一般惊慌失措，官员们要么开门投降，要么弃城而逃，叛军一路上几乎没遇到任何像样的抵抗，比势如破竹还要势如破竹！

　　主力狂飙突进的同时，叛军在西线也首战告捷。

　　早在安禄山起兵之前，他就派部将何千年带着一支小分队西进，奇袭河东节度使治所太原（今山西太原）。

　　也许有人会问：安禄山本就兼任了河东节度使，太原在他管辖之下，为什么他还要去攻打呢？

　　这当然是有原因的。

　　事实上，安禄山虽然身兼范阳、平卢、河东三大节度使，但他一般都坐镇范阳，主管对东北的契丹、奚人作战，河东地区由副使实际管理，而此时的副使正是杨国忠的党羽杨光翙（huì）。

　　为了防止杨光翙从太原东进，在他后方捣乱，他未雨绸缪，提前策划了这次斩首行动。

　　他派何千年以进献神射手的名义前往太原，毫无防备的杨光翙按照以前的惯例出城迎接，当场就被何千年抓了起来，押送到安禄山所在的军营中斩首示众。

　　群龙无首的太原守军急忙向朝廷报告了叛军出现在河东的消息。

　　与此同时，东受降城（今内蒙古托克托县）的守将也派人奏报安禄山造反。

　　然而，面对这些来自前线的紧急情报，李隆基却不怎么相信——安禄山真要造反的话，最先告急的应是河北地区呀，怎么会是河东以及八竿子都打不着的东受降城呢？

　　他觉得这可能是嫉恨安禄山的人制造的假消息。

　　此时的他正在华清宫休养。

　　每年十月赴华清宫泡温泉，是李隆基多年以来养成的老习惯，今年更是早早地来到这里，等待安禄山如约而至。

　　虽然现在已是十一月了，安禄山依然连影子都没有，但李隆基依然没有丧失耐心，还在抻长了脖子盼望安禄山的到来。

　　毕竟，范阳到长安距离遥远，耽误几天甚至数月都是可能的。

　　再说了，就算是预产期，推迟不也很常见嘛！

直到十一月十五日，也就是安禄山起兵后的第七天，各地告急文书来的次数都比老皇帝的小便次数还要多了，李隆基才如梦初醒，不得不接受了残酷的现实：看来安禄山是真的反了！

他连忙召集群臣商议对策。

大臣们全都忧心忡忡，只有杨国忠一人得意扬扬——我之前说过多少遍了，你们不听，你看现在不是应验了嘛！看看，这就是先见之明！这就是神机妙算！古有西周姜太公，今有大唐杨国忠……

这样的想法让他自我感觉极其良好，信心也跟着极度膨胀。

他仿佛看见天空飘来十一个字：有我杨国忠在，那都不是事！

于是他拍着胸脯对皇帝说，陛下您放心好了，真正造反的只不过是安禄山一人，将士们一定不会跟着他的。臣可以保证，不超过十天，安禄山的首级就会被送到陛下面前！

这话让李隆基听了非常顺耳——是呀，我开创了历史上前所未有的盛世，在我的统治下，国家富强，百姓康乐，天下民众肯定人人都会抱着"纵做鬼，也幸福"的心态努力报效朝廷，拼死反抗叛军！无论是谁造反，都不过是蚍蜉撼大树、老鼠挡推土机——完全是不自量力！

因此，听了杨国忠的发言，他忍不住频频点头：杨爱卿所言甚是！

由于继位四十多年来一直顺风顺水，加上周围无数马屁精日复一日地赞美——甚至连他放个屁都会马上有人作诗夸奖"高耸龙臀，洪宣宝气。臣立下风，不胜馨香。日月星辰，若出其中。星汉灿烂，若出其里。幸甚至哉，歌以咏屁"，所以李隆基对自己取得的成就一直非常自负，对自己拥有的能力也一直非常自负。

在他的心目中，自己不是人，是神，而神是从来都不会犯错的，是从来都战无不胜的，有问题的只可能是别人！

也许正是因为他这种心态，让他在安禄山叛乱后连续冤杀了高仙芝、封常清两位盖世名将！

第九章　安西双璧：高仙芝和封常清

高仙芝奇袭小勃律

高仙芝出身将门，其父高舍鸡本是高句丽人，入唐后先后在河西、安西等地任将军。

高仙芝自幼在安西军中长大，深受边塞军人的熏陶，精于骑射，刚猛果决，但内心剽悍的他外形却非常俊美，是名副其实的花样美男。

二十多岁时，他就因父亲的功勋而被授为游击将军，先后在田仁琬、盖嘉运两任节度使麾下效力，却一直得不到赏识，郁郁不得志，直到后来夫蒙灵察主掌安西，他才时来运转，平步青云，不久就被提拔为安西副都护、四镇（唐朝在安西地区设立的龟兹、于阗、疏勒、碎叶四个军镇，史称安西四镇）都知兵马使，成为安西地区唐军的第二把手。

真正让高仙芝名扬天下的是著名的小勃律之战。

小勃律位于今克什米尔西北部，本是勃律国的一部分，7世纪初勃律国被吐蕃击破，分裂成了大、小勃律两个国家。

小勃律地处要冲，是吐蕃从青藏高原进入西域的唯一通道，因此无论对唐朝还是吐蕃，其地位都极为重要——唐朝要确保西域，就必须控制小勃律，而吐蕃若要觊觎西域，也必须先拿下小勃律。

小勃律原本亲附唐朝，故而屡屡受到吐蕃的攻击。公元736年，吐蕃终于得手，迫使小勃律国王向吐蕃称臣，并迎娶吐蕃公主，随后吐蕃通过小勃律大肆向西域扩张，西域二十多个国家被迫臣服于吐蕃。

李隆基向来心高气傲，对这样的局面当然无法容忍。

在他的催促下，连续三任安西节度使田仁琬、盖嘉运、夫蒙灵察都曾出兵征讨小勃律，却每次都无功而返。

公元747年四月初，高仙芝奉命再次向小勃律发起攻击。

他带领一万名骑兵从安西出发，在经过拨换城（今新疆阿克苏）、握瑟德（今新疆图木舒克）、疏勒（今新疆喀什）后，唐军遇到了此行的第一个难关——平均海拔5000米以上的葱岭（今帕米尔高原）。

葱岭一带地势复杂，气候恶劣，在这样的地方行军，不仅要克服严重的高原反应，还常常要面临暴风、雪崩等气象灾害，一般人即使什么也不拿要翻越也绝非易事，而唐军还随身带着各种武器装备以及干粮食品，可想而知会有多么艰难！

在这期间，高仙芝他们经历了什么，我们不得而知，我们只知道他们不仅顺利地走了出来，而且依然没有放慢行军的脚步。

之所以这么急，是因为高仙芝知道，从这里到小勃律，一路都属高寒山区，每年除六、七、八三个月外，均为大雪封山期。

也就是说，留给他和唐军的时间，其实是非常有限的！

七月十三日，也就是在他们出发三个多月后，吃尽千辛万苦，历经千难万险，走过千山万水，唐军终于到了吐蕃人控制的军事要塞连云堡（今阿富汗东北部的兰加尔）附近。

连云堡是通往小勃律的必经之地，吐蕃在堡中驻有守军一千余人，此外在城南十五里外还有一个依山而建的吐蕃军寨，驻军八九千人，合起来共有万余名兵力，与高仙芝所部大致相当，且以逸待劳，优势明显。

事实上，还没到连云堡城下，唐军就遇到了拦路虎——城外有一条河叫婆勒川，当时正好涨水，拦住了他们的去路。

看着湍急的河水，将士们都犯了愁。

高仙芝却不管这些，传令要求次日清晨渡河，且每人只能带三天的干粮。

这下，将士们更困惑了——渡河，说起来简单，可是这水那么急又那么深，怎么过法，您倒是说个办法呀？造桥？不要说明天，明年都不一定成；坐船？这鬼地方连根木头都找不到，到哪里去找船；游过去？可我们都是北方人，没人会游，除了梦游……这岂不是说，要想过河，只能靠做梦！

不过，困惑归困惑，由于高仙芝向来治军严明，他们也不敢多说什么。

第二天清晨，他们还是硬着头皮来到了河边。

没想到眼前的河水和昨天比浅若两河——昨天还深不见底，现在却浅得连一只鸡都淹不死，完全可以直接涉水走过去！

一时间，他们全都对高仙芝佩服得五体投地。

我们这位主帅太牛了！

除了敬佩，他们心中还有疑问。

高仙芝到底是怎么做到的？

难道他有魔法？

当然不是。

其实高仙芝没有魔法，有的只是渊博的知识。

他知道这里的河水主要来自那融化的雪山，由雪水汇合而成。晚上气温低，融水少，次日早上的流量自然会小很多。

就这样，最终唐军人不湿旗、马不湿鞍，全都顺利地过了河。

之前一直如临大敌的高仙芝这才如释重负。

他笑着对身边的监军宦官（唐朝中后期出兵作战常以宦官负责督查，称监军，这也是李隆基的首创）边令诚说，要是吐蕃人趁我们渡河时发动袭击，我军必败无疑。现在我们已经布好了阵势，连云堡就是上天赐给我们的礼物了！

随后，高仙芝立即命唐军发动强攻。

吐蕃守军虽然猝不及防，但依然凭借险要的地形顽强抵抗。

唐军一时奈何不得。

见正面攻击受阻，高仙芝召来了陌刀将李嗣业，给他下达了死命令：中午前务必给我解决战斗！解决不了战斗，我就解决你！

李嗣业是当时著名的勇将，身长七尺，膂力过人，尤其善使陌刀。

所谓陌刀，是唐代流行的一种长柄两刃刀，前端尖锐，无论是劈、砍还是刺都有极大威力，他麾下的这支陌刀军，是高仙芝麾下战斗力最强的兵种。

见城头滚木礌石密集如雨，李嗣业并没有强攻，而是领兵从连云堡侧面的悬崖峭壁攀缘而上，突然出现在了守军的侧后方。

要让正在全力防守正面唐军的吐蕃人一下子改变防守方向，相当于要让正在以200码速度全速前进的汽车一下子改变行进方向——绝对是不可能的。

可以这么说，在那一瞬间，吐蕃人对李嗣业几乎是不设防的。

面对李嗣业和他的陌刀军的猛砍猛杀，他们唯一来得及的反应只是出自本能的赞叹。

就这样，在李嗣业这支奇兵出其不意的冲击下，吐蕃人的防线乱成了一团。

其余唐军见状趁机猛攻，很快就占领了连云堡。

这一战唐军共斩杀敌军五千余人，俘虏一千，缴获战马一千多匹，军资器械不可胜数。

然而，尽管首战就大获全胜，可这次惨烈的战斗和西域险峻的地形却让监军边令诚吓破了胆，他说什么也不敢再往前走了：高将军，我最近痛风……痛得厉害，实在是走不动了，不如就让我在这里等你凯旋吧！

高仙芝也乐得少些掣肘，便分给他三千相对较弱的士兵留守连云堡，自己则带着其余人马继续向小勃律进军。

接下来的路越发难走。

三天后，唐军来到了坦驹岭。

坦驹岭海拔 4688 米，是兴都库什山（位于今阿富汗和巴基斯坦边境）最著名的险峻山口之一。

要想通过坦驹岭，必须沿冰川而上，别无其他捷径，而且冰川上冰丘起伏，冰塔林立，冰崖似墙，冰缝如网，稍不注意，就会滑坠深渊，或者掉进冰川的裂缝里，一命呜呼。

在这样危险的路上行军，每个士兵的精神都时刻高度紧张，体力消耗都很大。

他们的脚步越来越蹒跚，呼吸越来越粗重，眼神越来越涣散，心情也越来越低落。

除了身体的疲惫，更令他们担心的还有另一件事——前面有一座敌友不明的坚城：阿弩越城。

在又一次连续下了十几个几乎直上直下的陡坡后，将士们终于忍无可忍了——毕竟，人的承受能力就和憋尿能力一样是有上限的。

他们纷纷埋怨起来：高将军，你究竟要让我们去哪儿呢？

高仙芝没有直接回答，只是若有所思地说，如果阿弩越人肯投降我们就好办了。

话音未落，山的另一边就走过来了一支二十多人的队伍。

这些人全部胡人装扮，自称来自阿弩越，说他们的主公得知大唐军队到来，决定主动归降，特意派他们前来迎接。

除此以外，他们还提供了另一个宝贵的情报——吐蕃通向小勃律的娑夷河上的藤桥被砍断了，也就是说，如果唐军攻打小勃律，吐蕃军队根本不可能过来增援。

得知这个振奋人心的消息，唐军上下就如连续阴跌不止的股票遇到了一个大利好——一下子止住了颓势，重新焕发了生机。

但此时高仙芝的心中却有些忐忑不安。

因为他知道，其实这些所谓的阿弩越降人并不是真的，而是他为了提振士气找人假扮的。

万一阿弩越不肯投降，怎么办？

他心里完全没有底。

运气不好的人，往往怕什么就来什么；运气好的人，总是怕什么就不来什么。

现在的高仙芝显然属于后者。

最终他担心的事并没有发生——阿弩越城见唐朝大军到来，竟然真的不战而降了。

在城中休整一天、补足给养后，唐军继续开拔。

前面不远就是小勃律，高仙芝命部将席元庆率一千精锐担任先锋，自己则率大军随后开拔。

席元庆快马加鞭，很快就抵达小勃律城下。

不过他并没有直接攻城，而是按照预先的安排对城里喊话：我们到这里来，不是要攻打你们的城池，只是想借个道去大勃律。小勃律乖乖，把门儿开开，快点儿开开，我要进来……

小勃律人果然打开了城门——虽然他们并不十分相信席元庆的话，但他们更不相信自己能战胜唐军，因此两不信中相权取其轻，还是将信将疑地选择了相信席元庆。

没想到席元庆翻脸比翻书还快，竟然一进城就率部直扑王宫：缴枪不杀！不要让国王跑了！……

小勃律国王大惊：你们不是借道吗？怎么变成劫道了！

他慌忙带着王后（吐蕃公主）和一帮大臣出逃，躲入了城外的山谷中，准备在那里等待吐蕃援军。

然而他的这个举动早就在高仙芝的预判之中。

席元庆临行前，高仙芝曾对他面授机宜：小勃律听说大唐军至，其君臣百姓定会躲进山谷。你只要说皇帝有令，愿意出降者奖赏金银绸缎，他们必然会出来。到时候你把那些大臣绑起来，听候我处置。记住，世界上没有用钱解决不了的问题，如果有，那就用更多的钱去砸！

席元庆依计而行。

在金钱的诱惑下，小勃律的多数臣民都先后走了出来，只有国王和王后这对孤家寡人还躲在深山的石窟之中。

此时高仙芝领着大部队也到了。

他立即把几名亲附吐蕃的大臣斩首示众，同时命席元庆火速赶赴六十里外娑夷河上的藤桥，将其砍断，以绝吐蕃人来援。

果然不出他所料——桥刚被拆毁，吐蕃人的援军就到了。

但由于无法过河，他们只能望河兴叹——这条娑夷河，古称弱水，宽达百余米，波涛汹涌，且河水的密度极小，连一根头发都无法浮起来，在这样恶劣的地形上重新造桥，起码要一年的时间！

而见援军无望，小勃律国王也只能出来投降。

至此，此次万里奔袭画上了一个圆满的句号。

这一战，也让高仙芝成了一个传奇。

英国探险家斯坦因在实地考察了高仙芝的行军路线后，对他此次远征叹服不已：中国这一位勇敢的将军，行军所经，惊险困难，比起欧洲名将，从汉尼拔，到拿破仑，到苏沃洛夫，他们之翻越阿尔卑斯山，真不知超过若干倍⋯⋯

扯远了，还是把镜头转回到现场吧。

征服小勃律后，高仙芝带着俘获的小勃律国王、王后踏上了归途。

在连云堡，他与留守在那里的监军边令诚再次见了面，随后一起东返。

得知高仙芝胜利归来，边令诚也很开心，在他的极力鼓动下，高仙芝也按捺不住心中的兴奋，便派使节先行入朝，直接向皇帝李隆基告捷。

没想到这一举动给他带来了极大的麻烦。

回到安西后，节度使夫蒙灵察不但没有为他接风洗尘，反而对他大发雷霆：你这个吃狗屎的高丽奴（可能有些人会觉得这一句有些粗鲁，在这里我必须说明一下，这不是我写的，我只是史书的搬运工，史书原文就是"啖狗粪高丽奴"）！你的官是谁给你的，竟敢不等我处理，就擅自向皇上报捷！高丽奴，你的罪当斩，只是你新立战功，暂且饶你一次！

高仙芝也知道自己的做法确实不合规矩，后悔莫及。

无奈，他只好连连谢罪。

不过，高仙芝忍得下这口气，和他一起出征的监军边令诚却忍不了。

在他看来，这次胜利也有自己的一份功劳，打压高仙芝就是打压他。

他立刻给皇帝密奏，不无夸张地为高仙芝鸣冤叫屈，说高仙芝深入敌国万里，立下了奇功，却受到节度使夫蒙灵察的迫害，时刻有生命危险……

李隆基闻言大为震惊，当即将夫蒙灵察征召回朝，同时将高仙芝提拔为安西节度使，成为大唐帝国派驻西域的最高军政长官。

有了更大的空间，高仙芝的军事才能发挥得更加淋漓尽致。

公元750年二月，他再次远征，率军击破了依附吐蕃的揭师国（今巴基斯坦北部），俘虏其国王，另立亲唐朝的新君。

怛罗斯之战

凭借一系列成功的军事行动，高仙芝在中亚的威名越来越盛。

草一得势，便容易疯长；人一得志，便容易猖狂。

高仙芝也没能免俗。

随着声望和地位的日益提高，他也变得日益骄傲，甚至开始肆意妄为。

正是他的肆意妄为，引发了一场大战！

当时中亚有个粟特人建立的石国（昭武九姓之一，国都柘枝城，今乌兹别克斯坦塔什干），由于地处丝绸之路要冲，居民善于经商，富甲一方。

这引起了高仙芝的注意。

因为他有个缺点：贪财。

公元750年底，他上疏称石国无蕃臣礼，出兵讨伐石国。

这似乎并不是事实——按照史书的记载，其实石国对唐朝还是挺忠诚的，几年前其国王车鼻施还被李隆基册封为怀化王，并被赐以免死铁券。

但在强奸犯眼里，女人品德如何根本无关紧要，性感漂亮就是他侵犯的唯一原因；在高仙芝眼里，石国忠心与否也丝毫都不重要，有钱富裕就是他侵略的全部理由。

国小力弱且毫无防备的石国当然不可能是唐朝大军的对手，高仙芝一到，他们就投降了，态度非常谦卑，也非常困惑：我们愿与大唐永结友好，绝不与大唐为敌。你就算怀疑地心引力，也不能怀疑我们对大唐的一片赤心。这次你们讨伐我国，不知是我们犯了何罪？

高仙芝轻蔑地笑了：犯了何罪，你去问老天爷吧。我只负责送你上天！

他悍然下令将石国的老弱全部杀死，王公大臣悉数掳往安西，而国王车鼻施则和之前俘虏的竭师国王一起被送往长安处斩。

与此同时，石国的财富也被高仙芝洗劫一空，占为己有。

他这次运回家的东西，据说仅宝石就有十余斛（古代容量单位，1斛相当于10斗或100升），黄金多到需要五六头骆驼来拉，其余财物更是不计其数——不过，我到底不是会计，在这里就不一一列举了。

显然，这是一场高仙芝为了个人私利而发动的侵略战争，它极大地损害了大唐帝国在西域人心中的形象。

原本他们把唐朝当成公正无私的大哥，现在却发现竟然是蛮横无理的大盗！

石国有个王子在灭国时侥幸逃脱，身怀国仇家恨的他四处游说西域诸国出兵为他复仇。各国也都对高仙芝的残暴行径深感愤慨，都对石国的悲惨遭遇深感唇亡齿寒，很快就达成了共识，发表了反对唐朝霸权主义的共同宣言，结成了反唐同盟。

然而他们也知道，唐军实在是太强大了，就算他们联合起来，也不可能是其对手。

毕竟，一百个鸡蛋组队也不可能斗得过石头，一百个弹弓结盟也不可能打得过AK47！

他们能做的，只有引入外援。

他们相中的外援，是大食。

大食，即阿拉伯帝国，是由伊斯兰教先知穆罕默德所创建的政教合一的国家。

它几乎与唐朝同时兴起（公元632年建国），那些狂热的穆斯林以阿拉伯半岛为基地四处扩张，向西占领了北非和西班牙，向东则吞并了整个西亚和大半个中亚地区。

此时正是阿拉伯帝国的鼎盛期，其国土范围横跨欧亚非三大洲，是当时亚欧大陆上唯一能与唐朝相媲美的超级大国。

就在高仙芝灭掉石国的这一年，也就是公元750年，大食帝国风云突变，阿拔斯家族取代倭马亚家族成为新的帝国统治者，由于倭马亚王朝旗帜尚白，故中国史书称其为白衣大食，而取代它的阿拔斯王朝旗帜尚黑，故史称其为黑衣大食。

当时黑衣大食负责中亚事务的是时任呼罗珊（今伊朗东北部以及阿富汗、土库曼斯坦一带）总督的艾布·穆斯林。

艾布·穆斯林是阿拔斯王朝的开国第一功臣，也是此时大食最杰出的名将，战功卓著，经验丰富，在接到石国王子和西域诸国的求援信后，他马上意识到这是自己向东扩张的好机会，当即答应了他们的请求。

随后他坐镇于中亚重镇撒马尔罕，在那里设立指挥部，亲自调兵遣将，准备东进。

可是，还没等他来得及行动，就听到了一个令人震惊的消息——高仙芝竟然先动手了！

原来，高仙芝在得知大食军队即将对自己发起进攻后，没有选择加强防务，而是决定主动出击。

高仙芝脑海中也从来没有"收缩防守，被动挨打"这个选项。

不管面对怎样的对手，不管面临怎样的形势，他想到的，都只会是进攻！进攻！再进攻！

他要先发制人，趁大食还没动手就先给它一个下马威，将它打残，将它打服！

按照《资治通鉴》的记载，高仙芝这次所带的兵力有三万人（此处有争议，阿拉伯史料中称唐军有十万人，但我个人认为不大可能，在自然条件恶劣的中亚长途远征带这么多军队，后勤是吃不消的），除了他自己麾下的安西军精锐两万人，还有依附于唐朝的葛逻禄（铁勒诸部之一，当时主要活动于阿尔泰山以西）、拔汗那（中亚古国之一，位于今乌兹别克斯坦、吉尔吉斯斯坦、塔吉克斯坦交界处的费尔干纳盆地一带）等蕃人军队。

按照当时唐军的编制，安西四镇所辖兵力为两万四千，此次高仙芝一下子就调用了两万，几乎可以算得上是倾巢而出了。

需要说明的是，虽然安西唐军的主力部队大多为步兵，但每个士兵都配有战马，只有在打仗时才下马步战，因此机动性并不差。

公元751年七月，经过三个月的长途跋涉，高仙芝统率的这支蕃汉联军进抵了中亚名城怛罗斯（今哈萨克斯坦南部塔拉兹附近），随即对城池发动猛攻。

由于守城的大食军早有准备，又依托坚城，以逸待劳，唐军一时无法得手。

战局就此陷入了僵持。

而此时在艾布·穆斯林的调度下，大食的援军正在源源不断地赶来！

受命统领大食援军的是艾布·穆斯林手下的大将齐亚德。

大食军的数量史书没有记载，不过一般认为远多于唐军。

尽管众寡悬殊，高仙芝却依然毫不畏惧。

兵来将挡，水来土掩，豺狼来了有猎枪，色狼来了有警察……

有什么可怕的?

他当即下令，除了留一部分继续围攻怛罗斯城外，其余军队悉数列阵迎敌。

一场大战就此展开。

具体的作战过程，由于记载有限，我们不得而知。

我们只知道，在打了整整五天后，双方依然杀得难分难解，不分胜负。

随着战事的胶着，高仙芝的内心极为焦灼。

因为他知道，自己孤军深入，缺乏补给，所带的粮草、军械都十分有限，时间拖得越长，形势对他就越不利!

这个道理并不难懂。

高仙芝明白。

他的对手大食人明白。

他的盟友葛逻禄人也明白。

葛逻禄人的习惯跟我家楼下王大妈的炒股习惯差不多——喜欢追涨杀跌，谁走势强劲就追捧谁，谁前景黯淡就抛掉谁。

现在，见高仙芝形势不妙，葛逻禄人毫不犹豫地反水了，他们加入了大食人的阵营，对唐军反戈一击!

从原本平衡的天平一端拿掉一个砝码加到另一端，天平马上就会变失衡;在本来均势的战场一边跑掉一批人马加入另一边，胜负很快就会见分晓。

葛逻禄人叛逃后，之前一直在苦苦支撑的唐军终于再也顶不住了，不久就全军崩溃。

兵败如山倒，你逃我也逃。

然而杀红了眼的高仙芝却依然不愿认输。

李嗣业连忙劝阻:我军深入敌境，后方又没有援军，如今大食得胜，西域诸国一定会趁机攻击我们。倘若我们全军覆没，还有谁能向陛下汇报这个至关重要的消息? 不如早点撤吧。

可高仙芝还是固执己见:我打算召集余众，明天再战!

这下李嗣业更急了：现在形势如此危急，将军不可再意气用事了！

在他的再三劝说下，高仙芝总算恢复了理智，总算意识到败局已经和那些阵亡士兵的生命一样无法挽回了。

他就是再顽强，也不能再勉强了。

他就是再不甘心，也不能不死心了。

无奈，他只好长叹一声，同意退（逃）兵（跑）。

没想到退出去没多远，高仙芝一行就遇到了麻烦——前面是一处狭窄的山谷，已经被率先溃退的唐军盟友拔汗那士兵及其车马牲畜堵得水泄不通！

由于担心大食追兵杀到，高仙芝心急如焚。

危急时刻，他大喝一声，抢起大棒就打，那些挡路的拔汗那兵马应声而毙，其余的也都吓得闪到一边，让出了一条通道。

高仙芝等人这才得以冲了出去。

逃出后，高仙芝清点残兵，发现跟随自己出征的两万唐军，竟然只剩下了数千人！

这就是近年来在网上炒得火热的怛罗斯之战。

有人说，正是唐军在怛罗斯的失败使其退出了西域的角逐。

但这显然是不符合史实的。

其实，唐朝退出西域，主要是因为安史之乱的发生，跟这一战并无多大的关系。

虽然在怛罗斯损失了一万多精兵，然而凭借着强大的国力，安西四镇还是很快就恢复了元气，短短两年后他们又在远征大勃律等战事中再次扬威西域。

事实上，尽管怛罗斯之战打得颇为激烈，史学界却普遍认为这次战役对后来的历史影响相当有限。

这场仗打完后，双方就各自回家了，仿佛什么都没发生过。

大食没有再乘胜进军，趁机扩大战果——此役他们虽然获得了最后的胜利，但也付出了极为惨重的代价，已经无力再进攻了，且由于看到了唐军在战场上表现出的惊人战斗力，从此打消了向东扩张的念头。

而唐军也没有再卷土重来，报仇雪恨——通过此役，他们认识到了大食的实力不可小觑，从此不再轻易冒险。

总之，怛罗斯一战，就像往湖里扔了一块巨大的石头，尽管一时间动静很大，可很快湖面就恢复了平静。

什么都没有变化。

一切都如同往昔。

显然这一战没有改变历史，却改变了双方主帅的命运：

大食方面的主将艾布·穆斯林，在战后仅仅过了四年就因功高震主被阿拔斯王朝的第二任哈里发曼苏尔杀害，他麾下的得力大将也就是此战的直接指挥者齐亚德也在同时被处死。

而唐军主将高仙芝也在战后被调离安西，入京出任右羽林大将军。

接任安西节度使的，是一个叫王正见的人，由于史书无传，这个人干了什么我们不得而知，但这并不重要——因为他一年后就死了。

接替他的，是高仙芝曾经的得力助手封常清。

封常清传奇

封常清祖籍蒲州猗氏（今山西临猗），他从小就是个孤儿，只有外祖父一个亲人。

在他童年的时候，他的外祖父因犯罪被发配到安西看城门，他也因此跟着到了安西，在安西长大。

这样的家境，当然不可能受到良好的教育，好在他外祖父本身有些文化，便亲自教他。

如果你在那时来到安西，你一定能看到那一老一小——老的，在城门下看门；小的，在城楼上读书。

风声，雨声，读书声，声声入耳。

夏天，冬天，春秋天，天天如此。

如果你十年后再来，你会发现，老的不在了——因为他已经死了。

而那个叫封常清的孩子现在已经长大了，却依旧在那里苦读：故天将降大任于是人也，必先苦其心志，饿其体肤……

《旧唐书》记载：封常清是一个天生的丑八怪。如果说人是上天创造的，那么上天在造封常清的时候肯定是手滑了，一不小心造了这么一个"不合格品"。我的天，那个丑哇，真是惨绝人寰……

什么？你说这不是《旧唐书》的风格？

确实不是。

但意思就是这个意思。

实际上，封常清不仅长得不好看——瘦瘦小小，腿特别短，而且还是个残疾人——眼睛是斜的，脚是跛的……

不过，尽管家穷人丑，一米四九，可封常清并没有自暴自弃。

他虽然生如蝼蚁，却有鸿鹄之志。

他虽然命如纸薄，却有不屈之心。

然而他再怎么努力，命运却始终是一片坦荡———一直在低谷里，从来没起来过。

直到他三十多岁，依然是一事无成。

可是他依然没有失去斗志。

他下定决心，一定要改变自己的人生！

他把改变人生的希望寄托在了高仙芝身上。

当时高仙芝正在安西担任节度副使兼兵马使，对风度仪表颇为看重的他走到哪里都带着一帮鲜衣怒马的侍从，是安西街上一道颇为亮丽的风景。

封常清对高仙芝非常崇拜，便来到高仙芝府上，递上自己的名牒，请求担任高仙芝的侍从。

高仙芝见他长得实在是对不起观众，便以侍从名额已满为由婉拒了他。

不料第二天封常清又来了，高仙芝见又是他，脸色一下子就绿了——绿得像春天的青草，没好气地说：我不是告诉你没有名额了吗？你怎么还来！

没想到封常清的脾气竟然比他还大：我仰慕你，所以才愿意追随你鞍前马后，你何必这样拒人于千里之外？如果你只注重外表，恐怕会失去子羽这样的人才！

子羽，是孔子的弟子，孔门七十二贤之一，由于相貌丑陋，孔子差点没要他，但后来子羽却成了天下闻名的大学者，孔子得知后忍不住发出了这样的叹息：以貌取人，失之子羽！

应该说，封常清用子羽这个典故是经过深思熟虑的——一方面很契合当时的情境，另一方面又显示出了他的文化水平。

然而这依然没有用——高仙芝还是没有答应他。

但高仙芝不答应也没有用——在之后的数十天里，封常清每天都到高仙芝家门口求见，不管刮风下雨，雷打不动。

最后高仙芝实在受不了了，无奈只好让步。

算了，还是收下你吧。毕竟，我是一个有身份的人。再这样下去，人家还以为这个丑八怪是个讨债的，岂不坏了我的名声！

就这样，封常清如愿以偿地成了高仙芝的侍从。

当然，是最不起眼的那个。

但很快，他就凭借自己出众的才华让高仙芝和安西军中的广大将领都刮目相看。

不过，他不是一战成名，而是靠一篇战报成名。

那段时间安西附近发生了一次叛乱，高仙芝奉节度使夫蒙灵察之命率军征讨，大获全胜。

打了胜仗自然要上报。

可还没等高仙芝吩咐幕僚写战报，封常清就主动呈上了他私下拟好的文稿。

文中不仅把战前的准备、战场的地形、战事的经过、战后的总结、战胜的方略都写得清清楚楚，而且所有的内容几乎都是高仙芝所想要表达的，既无所不包又滴水不漏，既有条有理又有声有色，既一气呵成又一针见血……

高仙芝读了忍不住大为赞叹——太完美了！比完美还要完美！一个字都不用改，一个字都不能改！

更令他惊讶的是，封常清之前从未打过仗，而从此文看却分明是行家里手！

但高仙芝表面上依然不动声色，只是简单地勉励了封常清几句，随后就将其所拟的战报原原本本地送了上去。

接下来发生的事，再次出乎了高仙芝的预料。

回到安西后，节度使夫蒙灵察按照惯例设宴犒赏高仙芝。

高仙芝刚坐下，夫蒙灵察帐下的判官（相当于现在的助理）刘眺等人就迫不及待地问他：这次的战报是谁写的？将军的僚属中怎么会有这样的人才？

听高仙芝说出封常清的名字后，刘眺就马上命人将其找来。

一番交谈后，众人一致得出了三个结论：

一、原来世界上真的有这样丑的男人；

二、原来世界上真的有"人不可貌相"的道理；

三、原来世界上真的有这样的奇才！

从此，封常清在安西声名大噪，高仙芝也将他当成自己的左膀右臂。

高仙芝升任节度使后，对他更为倚重，几乎每次出征都让封常清担任留后，留守大本营，总管安西军政事务。

封常清最大的特点是治军严明，不徇私情。

高仙芝的乳母有个儿子叫郑德诠，他从小和高仙芝一起长大，亲如兄弟，此时在安西担任郎将。

仗着和领导的特殊关系，郑德诠在军中非常跋扈，除了高仙芝，谁都不服。

一次，他在出门的时候正好碰到封常清外出巡视返回。

看到众将都老老实实地跟在后面，封常清则一马当先，威风凛凛，郑德诠很不服气：神气什么呀？老子跟高仙芝称兄道弟的时候，你小子还是高仙芝的一个小跟班！老子是台柱子的时候，你小子不过是个抬柱子的！

一怒之下，他纵马从后面冲了上去，在众目睽睽之下狠狠地冲撞了封常清一记，随后大摇大摆，扬长而去。

封常清回府后，立即让人传召郑德诠。

郑德诠也毫不在乎，嬉皮笑脸地来了：有话快说，有屁快放。我等会儿还要去桑拿中心检查工作呢！

但封常清的话却让他再也笑不出来，而是吓得尿了出来！

封常清是这么说的：我封某出身寒微，这一点郎将你是知道的。但既然中丞（高仙芝此时在朝廷的官职是御史中丞）大人让我当了留后，郎将你怎么能当众侮辱我？郎将你今天必须死才能整肃军纪！

说完，他立即命人将郑德诠拖下去，重打六十军棍。

郑德诠的母亲闻讯大惊，慌忙请来高仙芝的妻子，一起前去救人。

然而到了节度使府，两人却发现大门紧闭，只好在门外边哭边喊，让封常清手下留情。

尽管她们的哭声凄厉，封常清却只当没听见，硬是把郑德诠活活打死了。

无奈，高仙芝的乳母和妻子只能写信向出征在外的高仙芝告状。

高仙芝也非常震惊：啊？已经死了吗？怎么会这样？

不过，他知道郑德诠毕竟有违反军纪的过错在先，因此在回安西见到封常清后，他对此只字没提，而封常清也泰然自若，似乎根本就没有发生过这件事一样。

之后，又有两名高级将领犯事，也被封常清在军前当众击杀。

就这样，在封常清的铁腕治理下，安西军的军纪越来越好，战斗力也越来越强。
而凭借着优异的业绩，他的职位也越来越高。
公元 752 年，他正式被任命为安西四镇节度使。

第二年，他率军征服了原本归附吐蕃的大勃律（今巴控克什米尔巴尔蒂斯坦
一带）。
这是继高仙芝远征小勃律后，唐军在中亚取得的又一次胜利。
此战在怛罗斯之败后重新确立了唐朝在中亚的领导地位，意义十分
重大。

第十章　千里大溃败

乌合之众

封常清也因建此大功，很受李隆基的赏识。

安禄山起兵的时候，他正好入朝述职，来到了李隆基所在的华清宫。

真是想睡觉有人送枕头，李隆基连忙向他询问平叛之策。

新受重用的封常清就如新婚之夜的新郎官一样心情澎湃，跃跃欲试，急于表现自己。

他慷慨激昂地说，如今天下太平已久，所以百姓一听说叛军就恐惧不安，但形势是会变化的，困难只是暂时的，臣请求立刻前往东京（洛阳），开府库，募勇士，然后挥师北渡黄河，相信用不了几天就能斩下逆胡安禄山的头颅，献给陛下！

李隆基闻言大喜，当即任命封常清为范阳、平卢节度使，让他去洛阳组织防御。

雷厉风行的封常清一刻也没有耽搁，当天就动身赶往洛阳，短短十余天时间就招募了六万人，随后他下令截断连接黄河北岸到洛阳的河阳桥，严阵以待，准备迎敌。

然而战事还没开始，封常清就有了不祥的预感。

他尽管久经沙场，可数十年来无论是生活还是工作都没有离开过西域，对中原的了解只是听说过，却从没有深入体验过。

现在真正到了洛阳，他才认识到自己之前的预判太乐观了——他那种"开府库，募勇士"的策略在民风剽悍、人人习战的安西是可行的，而在和平已久、几代人都没见过硝烟的中原，却显得水土不服。

因为他发现，他招募的人虽然不少，却大都是乌合之众——有过乞讨经历和诈骗经历的人很多，有过战斗经历的人却一个都没有，用过真刀真枪的人也一个都没有……

显然，要想在几天时间里把这些素人训练成令行禁止、有进无退的具有强大战斗力和严明纪律的正规军，就相当于要在几天时间内把黄豆做成酱油——根本是不可能的！

想到这里，封常清曾经的冲天豪情，一下子变成了现在的充满无奈。

是呀，他就是再有本事，也不过是一杯水落入撒哈拉沙漠——能发挥多大的作用呢？

不过，开弓没有回头箭，事已至此，他也只能硬着头皮上了。

与忧心忡忡的封常清相比，皇帝李隆基则要淡定得多。

封常清离开后，李隆基又在华清宫里优哉游哉地休养了四天，才依依不舍地回到了长安。

回京后，他做的第一件事，就是将当时正在京城担任太仆卿的安禄山之子安庆宗斩首，随安庆宗生活的母亲康氏（安禄山的原配夫人）以及他新婚不久的妻子荣义郡主也一起被赐死。

也许李隆基的心情是可以理解的，可他的这一做法却无疑是不太明智的。

毕竟，安庆宗是安禄山的嫡长子，留着他，对安禄山来说多少是一种牵制，关键时刻甚至可以充当谈判的筹码，而现在李隆基却为了泄愤，轻而易举地将这张牌毁了！

不久之后，他将为这个错误付出惨重的代价——当然，和很多时候一样，沦为代价的，是那些无辜的百姓。

除了安庆宗，因安禄山造反而受到牵连的，还有时任朔方节度使的安思顺。

由于史书无传，我们对安思顺所知甚少，只知道他是安禄山的继父安延偃之侄，成名比安禄山更早，资历也比安禄山更深——安思顺从军四十余年，一直在西北战场作战，早在公元 721 年就担任了洮州（今甘肃临潭）刺史，后来历任大斗军使、河西节度使、朔方节度使等多个要职。

尽管名义上是安禄山的堂兄，但安思顺和安禄山并无血缘关系，工作上也没有什么交集——一个在西，一个在东，相距数千里。

而两人的政治立场更是完全不同——安思顺对唐朝是非常忠诚的，甚至还曾一度向皇帝李隆基揭发过安禄山密谋造反，安禄山也知道他和自己不是一条心，因此在起兵时并未联络他一起行动。

不过，匹夫无罪，怀璧其罪；安思顺再没问题，姓安就是问题。

李隆基现在把"安"这个字当成了敏感词——就连杨贵妃之前常用的"安尔乐"这个牌子都被他禁用了。

安思顺也第一时间就被解除了兵权，召回朝中出任户部尚书。

朔方节度使一职则由原朔方右厢兵马使郭子仪接任。

在解除安思顺兵权的同时，李隆基还做出了另外几个事情的重要安排：

一、右羽林大将军王承业为太原尹，防守重镇太原；

二、新设河南节度使，领陈留（今河南开封）等十三郡，以卫尉卿张介然为节度使——这也是唐朝第一次在除了边境地区的内地设立节度使，给张介然的任务是阻挡安禄山攻击河南，拱卫东都洛阳；

三、右金吾卫大将军程千里为潞州（今山西长治）长史，以防叛军从那里进犯河东。

之后，李隆基又任命荣王李琬为元帅，右金吾大将军高仙芝为副帅，率军东征，作为继封常清之后的第二梯队，迎战叛军主力。

李琬是李隆基第六子，在当时还在世的皇子中年龄仅次于太子李亨，平时的口碑也非常不错，朝野上下都对他寄予了厚望。

令人大跌眼镜的是，这个任命刚发布没几天，李琬就莫名其妙地去世了。

这究竟是真的意外，还是有人故意制造的意外？

不知道。

因为我搜遍史书，结果没有找到。

但不管怎么说，反正李琬是死了，高仙芝成了这支部队的主帅。

然而李隆基似乎对有"因私欲擅自开战"前科的高仙芝并不完全信任，又给他配了个监军——几年前和他搭档过的宦官边令诚。

主帅有了，那么，兵呢？

那时唐军主力大都部署在边境，远水解不了近渴，唯一的办法只能是招募新兵。

在高仙芝的主持下，募兵工作进行得颇为顺利，不到十天就招募了十一万士卒，其中大多是长安的市井子弟。

这支从未上过战场的新军，却有着一个响亮的名号：天武军。

这当然是可以理解的，包装嘛——就好像，有些人明明是认怂了，可说出来却是：

跟这个世界和解了，是不是听起来瞬间感觉很高大上？

公元755年十二月一日，高仙芝带着部分禁军、在京城的边军以及新成立的天武军共五万人马，从长安出发了。

按照原先的安排，他本来应该先进驻陕郡（今河南三门峡），随后继续东进。与叛军展开决战。

可形势的发展却打破了他的计划。

因为，叛军的推进速度实在是太快了！

节节败退

由于天下太平已久，唐朝各地对这场突如其来的战事完全没有准备，很多州县的武库早已荒废多年，里面的铠甲不是烂的就是坏的，弓箭不是拉不开的就是一拉就断的，刀枪不是锈到一碰就跟苏式月饼似的掉渣就是钝到连豆腐都切不动的……

很多唐军士兵甚至只能徒手或拿着木棍去和叛军作战。

毫无疑问，这种近乎裸奔的军队想要打赢武装到牙齿的叛军，就如同自行车想要跑赢法拉利——根本是不可能的。

因此，叛军所到之处，无不摧枯拉朽，望风披靡。

事实上，就在高仙芝从长安出发的次日，安禄山已经在灵昌（今河南滑县）渡过了黄河。

时值腊月，天气寒冷，安禄山用绳索将破船及草木捆在一起，投入河中，仅一夜时间就冰冻成桥，大军得以顺利渡河，随后进抵河南重镇陈留。

驻守陈留的，是新被李隆基任命为河南节度使的张介然。

此时他刚到陈留还没几天，连东南西北都还没分清楚，连手下的军队有多少人都还没搞明白，叛军就杀到了。

张介然倒是很镇定，亲自带兵登城守卫。

可打仗不是你想打，想打就能打，要靠士兵去拼才行。

他麾下那些士兵都从未经历过战事，见到叛军绵延数十里，烟尘满天，鼓声震地，他们连手里的武器都拿不稳，哪里还有什么战斗力？

不到一天工夫，陈留就被叛军攻陷了，张介然也兵败被擒。

进城之后，安禄山的次子安庆绪从城中张贴的榜文中看到了哥哥安庆宗被杀的消息，急忙告诉了父亲。

安禄山忍不住捶胸大哭，仰天长叹：我有何罪，要杀我儿子！

我猜，他说的时候一定是闭着眼的。

因为，人是不能睁眼说瞎话的——"我有何罪"这样的话，亏他说得出口！

然而安禄山说得却是那样的理直气壮。

也许，对他这样一个"内心强大到浑蛋"的人来说，做任何坏事都是理直气壮的——再怎么伤天害理，他都觉得合情合理；再怎么惨无人道，他都认为是替天行道；再怎么毫无人性，他都当成是修身养性！

为了祭奠自己的儿子，他竟然下令将投降的近万名陈留守军全部杀光。

张介然也被他斩首于军门。

他要用无数人的生命，来给自己的儿子陪葬！

在屠城后，安禄山命部将李庭望留守陈留，自己亲率大军直扑下一个目的地——荥阳（今河南郑州）。

荥阳的唐军比陈留守军还要没有出息，看到叛军声势浩大，很多人都吓得两眼一黑，两腿一软，两股间一湿，直接栽倒了！

有的是"啪！啊啊啊啊……"，那是栽到地上摔伤的；

有的是"啊啊啊啊……啪"，那是栽到城下摔死的。

…………

不要以为这是我瞎编的，实际上，这是《资治通鉴》上明确记载的：士卒乘城者，闻鼓角声，自坠如雨……

当然，这种说法难免有些夸张，但那些士兵的不堪一击却是无疑的。

此战的结果也证明了这一点。

当天，叛军就轻松攻克了荥阳，荥阳太守崔无诐（bì）战死。

连战连捷的叛军气势更盛。

之后安禄山以大将田承嗣、安忠志（奚人，本名张忠志，因被安禄山收为养子，故改姓安，不过他后来更为人熟知的名字是李宝臣）、张孝忠（契丹人）为前锋，继续向洛阳进军。

没想到刚出荥阳不远，安禄山却差点出了意外。

攻击安禄山的，是唐朝将领荔非守瑜。

荔非守瑜是哪里人，年龄多大，长得怎么样，之前做过什么，隶属哪支部队，我们都不知道，我们只知道，他是个值得敬佩的好汉。

他埋伏在叛军必经的一处名叫罂子谷的峡谷中，等叛军走过的时候，他屏住呼吸，拈弓搭箭，对准战车上的安禄山就是一箭。

可惜箭稍稍偏了一点，只射中了战车。

安禄山一下子惊出了一身冷汗。

由于不知敌人的虚实，他一边命人带兵迎战，一边下令改道从谷南行军。

而荔非守瑜则继续利用地形的掩护，一面不断转移一面不断向叛军放箭，竟然连续射杀了数百名叛军！

然而叛军毕竟人多势众，最终荔非守瑜被逼上了悬崖。

在射出了自己的最后一支箭后，他纵身一跃，跳入了山下的滚滚黄河。

滚滚黄河东逝水，浪花淘尽英雄。

他就这样永远地消失在了浪花中。

但在后人的记忆中，他永远都不会消失。

不过，荔非守瑜虽然极为英勇，可凭他一个人的力量是绝不可能阻挡数十万叛军的兵锋的。

很快，叛军就兵临武牢（今河南荥阳汜水镇）。

武牢（即原来的虎牢，唐代为避唐太祖李虎的讳改称武牢）是著名的险关，也是洛阳以东的最后一道屏障。

驻守在这里的，正是封常清。

得知陈留失守后，封常清立即带着自己那支临时拼凑起来的新军进驻了武牢，打算在那里据险死守，等待高仙芝的东征大军来援。

在他原来的设想中，守一个月不行，守个十来天总没有问题吧。

封常清此时的感觉应该和我也差不多。

他手下的军队虽然人数不少，却大都是从未上过战场的新兵蛋子。

正如羊再多也不可能打得过狼群一样，他的军队也不可能是如狼似虎的叛军的对手。

在田承嗣等叛军悍将的轮番蹂躏下，武牢很快就失守了。

封常清只能收集残兵，边战边退。

他先是退到了葵园（今河南荥阳高山镇），在那里，他凭借高超的指挥艺术总算小有斩获——歼灭了近百名叛军前锋，但接下来却很快又反胜为败——被叛军如潮水般的进攻再次击溃，只能又退守上东门（洛阳城东北的一道城门），可是依旧无法挡住叛军的冲击。

叛军争先恐后地从上东门蜂拥入城。

顽强的封常清还是不肯认输，又在城内的都亭驿与叛军展开巷战，结果还是战败；接着他又退到宣仁门（洛阳皇城东门），依然还是无力回天。

他知道自己大势已去，无奈只好长叹一声，下令退入提象门（洛阳上阳宫的东门），并砍树阻塞通道，接着又拆毁了皇城的西墙，率残部撤出了洛阳。

洛阳就此陷落。

尽管封常清节节败退，但毕竟还是抵抗了整整六天，为接下来的防守争取到了一定的时间，更重要的是，通过这次实战，他亲身体会到了叛军强大的战斗力，总结出了正确的应对策略。

在退到陕郡的时候，他遇到了前来增援自己的老上司高仙芝。

封常清向高仙芝分析说：贼军兵锋甚锐，在下虽连日血战，却依然难以抵挡。陕郡人心离散，太守和多数官员百姓都已经逃跑，难以组织有效的防御，而潼关（今陕西潼关）是长安的东大门，地理位置极为重要，且易守难攻，目前那里没有大军驻守，一旦潼关被叛军突破，长安就危险了。依在下看来，不如放弃陕郡，火速退保潼关！

高仙芝也同意他的看法。

两人当机立断，马上传令全军迅速往潼关方向撤退，要求务必赶在叛军之前进入关内布防。

应该说，他们的行动是非常及时的。

因为他们前脚刚刚撤离陕郡，后脚叛军就杀到了！

安禄山深知兵贵神速的道理，在攻下洛阳后，尽管很多人都想在那里好好休（抢）整（掠）一番，但安禄山却坚决不许，严令他们立即乘胜西进，直扑潼关。

平心而论，此时的叛军挟连胜之势，持不败之威，士气如虹，锐不可当，倘若高仙芝带着他那支杂牌军按原计划继续东征，一旦遇上正处于巅峰期的叛军，肯定不是其对手，甚至有可能全军覆没。

那样的话，长安恐怕也很难保得住了！

然而，虽然高仙芝一再强调要求以最快的速度行进，可由于他手下的这支部队是临时抽调组成的，来源复杂，成分不一，互相之间也不熟悉，指挥起来难以得心应手，加上陕郡到潼关之间的道路大都为山路，崎岖难行，时间一长，他们还是逐渐慢了下来，队形也拉得越来越散。

最终，高仙芝担心的情况还是发生了。

一支叛军骑兵追上了他们！

那个时候，以新兵为主的唐军本来就惶恐不安——就算被蚊子踢一脚只怕都会吓尿，何况是得知敌军来袭？

一时间，他们乱成了一团，自相践踏而死的、挤下悬崖摔残的不在少数。

好在此次追来的叛军只是一小股先头部队，兵力有限，加上高仙芝、封常清毕竟是经验丰富的宿将，在他们的指挥下，唐军虽然样子颇为狼狈，但还是逐步稳住了阵脚，大部分部队均有惊无险地撤回了潼关。

入关后，高仙芝立即下令整修工事，加固城防，调集物资，严阵以待，做好了长期坚守的准备。

没过多久，叛军的大部队也到了。

高仙芝、封常清二人带领唐军凭借有利地形顽强抵抗，最终顶住了叛军一波接一波的攻势。

见一时难以得手，安禄山担心久攻不下会有被切断归路的危险，只好引兵退去。

之后他命大将崔乾祐驻守陕郡，同时又分兵四路抄掠。

附近的临汝（今河南汝州）、弘农（今河南灵宝）等郡都先后投降了叛军。

此时洛阳失守的消息也传到了长安。

李隆基大为震惊。

这是他之前从来都没有想到过的——这种希望破灭的感觉，相信很多父母是深有体会的：孩子小时候，总觉得孩子能上清华、北大，后来却发现连高中都考不上……

李隆基再也坐不住了，决定要御驾亲征。

可是现在京城已经没有多少部队了，怎么办？

他只能下诏征调河西、陇右、朔方三镇的军队，要求除保留少部分士兵驻防边境要地外，其余的主力部队悉数回京勤王。

十二月十六日，李隆基召集杨国忠、韦见素等一帮重臣，对他们说，朕在位已近五十年，早就厌倦了政事，本来去年就想传位给太子了，只是当时水旱灾害频繁，朕不想把厄运留给子孙，打算等收成稍好的时候再传位，没想到现在又发生了叛乱，朕打算亲征讨逆，让太子监国，留守京城，事平之后，朕就可以高枕无忧地退居二线，过自己的清静日子了——一根香烟一张报，一杯茶水一泡尿，一池温泉一手搂着贵妃一起泡……

尽管李隆基的语气似乎波澜不惊，杨国忠听了却有如五雷轰顶。

因为他知道，一旦太子李亨掌权，自己的好日子就到头了！

当初李林甫陷害太子屡兴大狱的时候，他还只是个小小的监察御史，为了能往上爬，他不遗余力地充当李林甫的帮凶，无论是韦坚案还是柳勣案，担任急先锋首先出面告发的都是他，他也由此和太子产生了不可调和的矛盾。

这么说吧，如果李亨心中有个"最恨的人"排行榜，名列三甲的肯定是他和李林甫、安禄山三人，而现在李林甫已不在人世，安禄山也不在朝中，李亨上台后必然会把全部的怒火发泄在他一个人身上！

这是一定的——就像明天一定会到来一样。

怎么办？

他觉得，要想阻止这种情况的发生，就一定要阻止皇帝亲征、太子监国这件事的发生——无论这样做对国家有怎样的好处！

这就是杨国忠。

在这个生死存亡的关键时刻，他没有考虑一点点国家的安危，眼里只有自己的利益！

退朝后，杨国忠马上找到了杨贵妃的三个姐姐韩国夫人、虢国夫人和秦国夫人，流着泪对她们说：我等死在旦夕了。太子一直都厌恶我们杨家，一旦他掌权，我与姐妹们就都没命了。呜呜……

被他这么一危言耸听，三个女人被吓得花容失色、心律失常、大小便几乎失禁，跟他一起抱头痛哭起来。

当然，他们也知道，哭是解决不了问题的。

能解决问题的，只有杨贵妃。

于是，三个夫人一起入宫，哀求自己的妹妹帮忙。

不愧是中国好妹妹，为了她的家人，杨贵妃是什么事情都做得出的。

她不顾自己的形象，嘴里衔着满口的泥巴——必须说明的是，这并不是表示她的嘴很脏（虽然我觉得的确有此效果），实际上这在古代叫衔土请命，是臣下请求死罪的表示，哭得梨花带雨，苦苦请求皇帝收回成命。

见心爱的女人如此可怜，老皇帝一下子就心软了：爱妃快别哭了。我哪里都不去，就在宫里陪你……

杨国忠就这样逃过了一劫。

而前线的高仙芝、封常清却没有这么好的运气。

尽管他们最终守住了潼关，遏止住了叛军的进攻，但李隆基对此却极为生气。

战前封常清曾信誓旦旦地说可以轻松地平定叛乱，可给他带来的，却是这样的结果！

本以为你是个人才，没想到却是个废柴！

本以为你能一往无前，没想到却是一退千里！

战前他对封常清抱有多大的期望，现在他就有多大的失望！

战前他有多想提拔封常清，现在他就有多想处罚封常清！

是呀，安禄山十一月九日在范阳起兵，仅用了短短一个多月的时间就占领了东都洛阳，占据了唐朝的半壁江山！

这样的结果，是战前任何人都没有预料到的。

李隆基认为，必须要有人为此次失败负责（背锅）。

也许在我们后人看来，最该对此负责的不是别人，就是李隆基自己——给安禄山如此大权力的是他，纵容杨国忠胡作非为导致安禄山造反的也是他，制定外重内轻政策导致中原空虚的还是他……

二将枉死

不过，李隆基本人是绝不会这么想的。

多年来的一帆风顺，多年来的显赫政绩，让他对自己的能力无比自信——不，不是自信，而是迷信。

他始终坚定不移地认为，自己是永远都不可能犯错的。

以前不会，现在不会，以后也不会！

因此，在他看来，造成现在这种被动局面的，只能是将帅的无能！

最该为此负责的，就是那个封常清——毕竟，洛阳就是在他手里丢失的！

而对政治一窍不通的封常清却丝毫没有想到这些。

他也没时间想这些。

他满脑子想的，都是如何将功赎罪，如何扭转战局。

洛阳失陷后，封常清曾先后三次派使者带着自己所拟的表文去长安，想向皇帝汇报自己和叛军作战的心得体会，提醒皇帝千万不要轻视叛军。

出乎他意料的是，李隆基竟然每次都拒绝接见。

封常清心急如焚——这么重要的大事，怎么可以耽误！

无奈，他只好亲自骑马回京，想要当面请示。

然而他这次甚至连长安的城门都没能进得去——刚到渭南（今陕西渭南），李隆基的敕令就来了：革去封常清一切职务，削职为民，立即以白衣的身份回到军中效力！

飞驰的马一下子停了下来。

沸腾的血一下子凉了下来。

令封常清心凉的，不是因为他被免职——对此他早就有了充分的心理准备，而是因为他和将士们用鲜血和生命换来的宝贵教训无法传递到皇帝那里，他担心以后还会再次重蹈覆辙！是因为他认为至关重要的东西，皇帝却将其当成了病毒——避之唯恐不及！

可事已至此，他又有什么办法呢？

他只能垂头丧气地回到了潼关。

好在他的老上级高仙芝并没有抛弃他——高仙芝让他以小吏的身份监巡左右厢诸军，继续辅佐自己。

在两人的通力合作下，潼关的防务越来越完备。

与此同时，安禄山也没有发动新的攻击。

因为他正忙着准备一件大事——称帝。

如此轻松就占领了东都洛阳，不仅大大出乎了李隆基的预料，也大大出乎了安禄山的预料。

这让他感到无比的兴奋。

就如穷人中大奖后首先想到的一般都是疯狂享受一样，安禄山取得洛阳后首先想到的就是过一把皇帝的瘾。

他觉得自己是天命所归，决定在洛阳登基称帝，从而名正言顺地号令四方。

但做皇帝毕竟不那么简单，安禄山需要考虑的事很多——定什么年号，让谁当宰相，国宴上喝什么酒，还有，要承受史上最重量级皇帝的体重，御座该用什么样的材料来加固……安禄山需要做的事也很多———一套一套烦琐复杂的程序，一遍一遍全体参加的演练，一次一次费尽心思的劝进，以及一个一个亲力亲为的选妃……

安禄山每天都忙得晨昏颠倒，对打仗自然也就没有那么上心了。

叛军的攻势就这样缓了下来。

开战以来一直节节败退、疲于应付的唐朝政府军，终于得到了些许喘息之机。

高仙芝、封常清之前一直绷得紧紧的神经总算松弛了下来，开始未雨绸缪，谋划未来。

可惜，他们已经没有未来了。

他们的生命已经进入了倒计时。

陷害他们的，是监军边令诚。

《新唐书》记载说：令诚数私于仙芝，仙芝不应——边令诚曾多次向高仙芝索要钱财，高仙芝不答应。

因此，边令诚对高仙芝怀恨在心，一心想要置高仙芝于死地。

但这恐怕并非实情。

高仙芝虽然贪财，却并不吝啬，相反非常慷慨，史载他"颇能散施，人有所求，言无不应"，对边令诚这个早年曾帮助过自己又深得皇帝宠幸的宦官，高仙芝怎么会因舍不得钱财而得罪他呢？

而《旧唐书》则是另一种说法：监军边令诚每事干之，仙芝多不从——（在这次东征行动中）边令诚经常提各种意见，高仙芝大多不听。

在高仙芝看来，边令诚在军事上是个外行，加上现在形势又这么紧急，当然不能让他掺和。

可边令诚却不这么想。

他觉得高仙芝这是忘恩负义，狂妄自大，没把自己这个监军放在眼里！

故而他对高仙芝极其不满，便借着回京汇报的机会，诬告高仙芝、封常清。

不过，我个人觉得，边令诚之所以这么做，也许还有更重要的原因。

作为李隆基的身边人，边令诚虽然不懂打仗，却很懂皇帝的心思。

他知道，就像平时成绩优秀的好学生往往难以接受自己高考落榜一样，向来顺风顺水的李隆基肯定也无法接受惨败的现实，对这次的结果必然是极其不满的。

一旦皇帝怪罪下来，不仅高仙芝、封常清会吃不了兜着走，他边令诚作为监军也可能难逃干系，所以为了自保，他必须抢先一步，把所有的脏水都泼到高、封二人身上！

因此，在高仙芝退入潼关后，边令诚第一时间就赶回了京城，咬牙切齿地向李隆基打小报告：这次战败，都是高仙芝和封常清的问题！封常清一味夸大敌人的兵威，畏敌如虎，动摇军心，高仙芝则不仅放弃陕郡数百里地不战而逃，还克扣军饷！在这样两个人领导下，我军怎么可能打得了胜仗！

这番话对此时的李隆基来说，不亚于久旱逢甘霖、久憋遇厕所——来得正是时候！

他现在心里本来就窝着一股火，本来就急需有人来为这次战败承担责任，而边令诚的说法正好给他提供了证据（口实），那还有什么好说的！

没有任何犹豫，没有多加考虑，他马上就下诏，命边令诚前往潼关，将高仙芝、封常清两人就地正法，以正军纪！

边令诚马不停蹄赶回军中，随即把封常清召来，向他宣读皇帝敕令。

令边令诚意外的是，封常清对此似乎毫不意外，似乎早就有了心理准备。

他淡定地对边令诚说，我之所以没有在战场上赴死，只是不想让敌人建功，玷污了大唐军队的威名。现在我讨逆失利，死是理所当然的。

随后，他从怀中拿出自己之前早已拟好的奏表，请边令诚转交给皇上。

这篇表文字字饱含深情，句句充满忠心，即使在隔了一千多年后的今天，读来依然令人感动不已：

……臣死之后，望陛下不轻此贼，无忘臣言，则冀社稷复安，逆胡败覆，臣之所愿毕矣。仰天饮鸩，向日封章，即为尸谏之臣，死作圣朝之鬼。若使殁而有知，必结草军前。回风阵上，引王师之旗鼓，平寇贼之戈铤。生死酬恩，不任感激，臣常清无任永辞圣代悲恋之至。

这是一个忠臣对皇帝发出的最后的忠告！

他希望能以自己的满腔热血和肺腑之言，唤醒朝廷，唤醒皇帝！

可惜，他的文字感动得了千年之后的我们，却感动不了两百里之外的李隆基。

在李隆基看来，打仗就和吵架一样，每个人事后都会觉得自己没发挥好，都会有很多心得，但其实你就这点本事而已。这种败军之将的话，有什么好听的！

当然，那时的封常清是不可能知道这些的。

他只知道，自己该说的话已经说了，该做的事已经做了，现在是该上路的时候了。

对国家，他问心无愧。

对于死，他无怨无悔。

对前途，他充满信心。

他无比坚定地相信，没有一个冬天不会过去，没有一个春天不会到来。

虽然，他已经注定看不到那一天了。

他的生命被永远地定格在了那个寒冷的冬天。

死后，他的尸首被草草地扔在了一张草席上。

接下来，自然要轮到高仙芝了。

边令诚对他似乎有些忌惮——他知道，高仙芝可不是封常清，封常清是深受儒家熏陶的书生，信奉的是：君要臣死臣不得不死；而高仙芝却是喜欢快意恩仇的番将，信奉的是：该出手时就出手！

因此，边令诚在对高仙芝宣旨的时候带了百余名陌刀手护卫，脸上还特意摆出了一副酒店门童般的职业笑容：陛下也有诏命给大夫（高仙芝当时兼任御史大夫）。

不过，他似乎是多虑了。

高仙芝并没有反抗，只是悲愤地说，我遇敌而退，以死谢罪是应该的。可苍天在上，后土在下，说我克扣军饷，那纯属污蔑！

此时士兵们闻讯也都赶了过来。

看着这些与自己休戚与共的将士，高仙芝的心情越发激动：我在京城招募了你们这些好儿郎，虽然朝廷发了一些财物，但实际上连装备都不够。本打算与诸位一起杀敌立功，博取高官重赏，不料敌人太过猖獗，只能带着你们固守潼关。如果我确实有克扣军饷的事，诸位就说"实"；如果没有，诸位就帮我喊"枉"！

话音刚落，周围便响起了雷鸣般的吼声：枉！枉！枉！枉！枉！枉！枉！枉！

响彻山谷，经久不落。

余音绕梁，三个时辰不绝。

风云为之变色，草木为之颤抖。

方圆十里内的鸟雀全都被惊得飞起。

周围山坡上的积雪全都被震得呼啸而下。

然而，他们就算吼得再响，声音也不可能传到京城；他们就是喊破喉咙，也不可能改变主帅的命运。

但高仙芝觉得，这就已经够了。

他不怕死，只是怕死得不明不白，只是怕死了还背负着不存在的罪名！

他如释重负地笑了——笑得那么坦然，那么轻松。

随后他微笑着走向刑场——仿佛不是去赴死的，而是去赴宴的。

临刑前，高仙芝又转过头来，对着倒在血泊中的老战友封常清长叹道：你从默默无闻的时候就跟了我，我提拔你当了判官，后来你又接替我当节度使，今天你又和我一起死在这里，这大概就是命吧！

高仙芝、封常清这两个威震天下的大唐名将，就这样惨死在了自己人的刀下。

可以想象，在他们死后，"作战不力，丧师失地"的帽子是少不了的。

总之，皇帝依然是无比英明的，只是高、封二人没有执行好皇帝的正确决策才招致了失败。

天子怎么可能犯错呢？

他又不是凡夫俗子，他是神仙一样的存在——哪怕是他吐出的口水，都比纯净水还要清澈；哪怕是他喷出的鼻涕泡，都比钻石还要闪亮……

关中无大将，病人做主帅

甩锅的问题得到了完美的解决，皇帝的形象得到了完美的维护，但接下来李隆基还面临着一个无法逃避的挑战——该由谁出任新的主帅呢？

早两年倒是有一个理想的人选——哥舒翰。

　　哥舒翰智勇双全，战功卓著，军事能力无可置疑，而且一直与安禄山不和，忠诚度也无可挑剔，用他来对付安禄山，就相当于用青蒿素对付疟疾——实在是太合适不过了。

　　遗憾的是，现在哥舒翰身体出了问题。

　　哥舒翰年轻时是个纨绔子弟，从军后依然旧习不改，吃喝嫖赌抽五毒俱全。

　　葡萄美酒夜光杯，喝了一杯又一杯……

　　也许正是这种不良的生活习惯毁了他的身体——就在前一年，也就是公元754年，哥舒翰在洗澡时突然中风，昏迷了好久才苏醒。

　　虽然侥幸捡了一条命，但他的身体却从此瘫痪了。

　　之后他一直在长安养病。

　　也正因为这样的原因，李隆基没有安排他去前线，而是用了高仙芝和封常清。

　　可现在高、封二人都不在了，李隆基就是想破了脑袋也找不到合适的替代者，最后还是决定起用卧病在床的哥舒翰。

　　毕竟，一块美玉就算有瑕疵，身价犹在，依然比普通的石头要值钱得多；哥舒翰就算有毛病，威名犹在，还是比寻常的将领要强得多！

　　他任命哥舒翰为兵马副元帅，前往潼关平叛。

　　哥舒翰以病重为由极力推辞。

　　李隆基当然不会答应。

　　无奈，哥舒翰只能拖着病体，躺在担架上、硬着头皮上了前线。

　　令他稍感欣慰的是，这次李隆基给他配备的军力还是比较强的——跟他一起出征的，不再是刚招募的新兵，而是那些从河西、陇右、朔方等地调回来的边军以及部分附属部落的番兵共八万人，其战斗力是毋庸置疑的。

　　加上之前高仙芝、封常清的旧部，此时唐军在潼关的总兵力达到了近二十万，声势复振。

　　然而此时的哥舒翰毕竟是重病未愈，连抬起自己手脚的力气都没有，怎么可能有力气去处理那些繁杂的军务？

　　他只能把军中的日常事务都委托给了行军司马田良丘。

　　田良丘不敢专断，又把权力一分为二——哥舒翰的爱将王思礼主管骑兵，之前统率过高仙芝余部的李承光则主掌步兵。

一般来说，层层转包的工程容易出问题，这次当然也是这样。

王思礼和李承光资历相近，地位相当，性格也相似——一个"往死里"，一个"里程光"，光听名字就知道两人都不是省油的灯。

他们谁也不服谁，谁也看不上谁，常常互相拆台，老是互相对着干——一个要加酸另一个必定会加碱，一个往前迈另一个必定往后拽，一个猛踩油门另一个必定猛踩刹车，一个吃蒙脱石散另一个必定吃果导、大黄、巴豆、番泻叶……

就这样，通过不遗余力地不断扯皮，王思礼和李承光完美地证明了一个数学上的新定理——1+1=0。

可惜那个时候没有数学比赛，如果有，二人不仅不可能得到奖项，还会搞得唐军上下无所适从，什么都干不了。

他们既没有斗志，也没有凝聚力，军心越来越涣散，士气越来越低落，几乎成了一盘散沙。

第十一章 颜真卿和颜杲卿：双忠耀河北

大器晚成郭子仪

这对叛军来说，显然是夺取潼关的绝佳机会。

可安禄山却没有采取行动。

因为这段时间，他也遇到了两个很大的麻烦。

一个来自北路。

当初安禄山从范阳南下的时候，曾派他的党羽大同军使高秀岩从驻地（今山西朔州）出兵西进，攻击振武军（今内蒙古和林格尔）。

他之所以要这么做，一方面是为了牵制朔方与河东方向的唐军，另一方面也企图从北面威胁关中。

然而高秀岩却让安禄山失望了。

不过，这似乎也怪不了他，要怪只能怪他遇到的敌人太强。

因为他的对手，是后来名震天下的郭子仪。

郭子仪出身于官宦家庭，其父郭敬之曾先后在绥、渭、桂、寿、泗五州担任过刺史。

作为官二代，明明可以靠家世吃饭，可郭子仪却偏偏要凭实力——年轻时他赴京城参加了武举考试，以高等的成绩一举登第，随后被任命为左卫长史（这是史书的说法，《郭氏家庙》则说是左卫长上），从此进入了军界。

史载郭子仪身高六尺余（唐代的一尺相当于现在的 30.7 厘米，也就是说他的身高在 1.84 米以上），相貌堂堂，同时又身手敏捷，膂力过人，天生是当武将的好材料。

从军后，郭子仪先是在禁军任职，接着又被派到地方，在各地辗转担任地方将领，一步一个脚印，几年一个台阶，历任河南府（今河南洛阳）别将、兴德府（今

122

陕西渭南华州区）果毅、桂州（今广西桂林）都督府长史、北庭副都护、安西副都护、朔方节度副使等职，积累了丰富的军事经验。

然而，这些年他到底有过哪些具体的事迹，由于史书的缺载，我们不得而知。

但这似乎并没有那么重要。

我们可能不记得自己小时候吃过哪些具体的食品，可有一点却是可以肯定的——正是这些食品养育了我们现在的身体。

我们也许不了解郭子仪参与过哪些具体的战事，但有一点我们是可以肯定的——正是这些历练造就了后来的郭子仪。

公元749年，郭子仪被任命为左卫大将军、横塞（今内蒙古巴彦淖尔）军使。

公元754年，横塞军改名为天德军，郭子仪仍任军使，同时又兼任九原（今内蒙古五原县）太守、朔方节度右厢兵马使。

公元755年，安禄山起兵后，郭子仪临危受命，接替老上级安思顺为新的节度使。

这一年，他已经五十九岁了。

对于现在的许多人来说，这个年龄差不多已经退居二线等待退休了；对于古代的不少人来说，这个年龄差不多已经躺在地下等待投胎了；而对大器晚成的郭子仪来说，他一生中的黄金岁月才刚刚开始。

不过，这似乎也很正常——大自然本身就是丰富多彩的，桃花三月就盛开，蜡梅却要到年底才流芳……

也许郭子仪天生就是蜡梅的命吧。

蜡梅，当别的花在温暖的春、夏季争奇斗艳的时候，它毫无动静，而在寒潮降临之际，它却傲霜斗雪，迎冷风而怒放！

郭子仪，当很多人在开元、天宝年间建功立业的时候，他默默无闻，而在危机来临之际，他却挺身而出，挽大厦之将倾！

安史之乱发生后，之前不显山不露水的郭子仪开始大放异彩。

得知叛军大将高秀岩前来袭击振武军，他立即率部东进，一举击败了高秀岩，接着又乘胜攻占了原本被叛军控制的代北要地静边军（今山西右玉）。

高秀岩不甘心失败，又派部将薛忠义率军反扑，企图夺回静边。

但以他的水平，在郭子仪面前无疑只能是业余拳手面对金腰带——光有被虐的份儿。

郭子仪命左兵马使李光弼、左武锋使仆固怀恩、右兵马使高浚、右武锋使浑释之等人领兵截击，大败薛忠义军，坑杀叛军骑兵七千人。

这一战，是安史之乱发生以来唐军获得的首次大捷，极大地鼓舞了唐军的士气。

郭子仪朔方军进军路线

随后，郭子仪又指挥朔方军继续进军，一路上势如破竹，先是包围云中（今山西大同），接着又克复马邑（今山西朔州），占领了东陉关（今山西代县）。

朔方军在代北的节节胜利，不仅彻底化解了来自北方的威胁，还打通了东进河北的战略通道，给叛军的后方施加了极大的压力。

颜真卿首倡义举

但在此时的安禄山看来，郭子仪虽然势头很猛，却主要活动在偏远的北地，他更担心的，是另一个心腹大患——直接在他的大本营河北起事的颜杲卿和颜真卿。

颜杲卿和颜真卿是同祖父的堂兄弟，出身于山东名门琅邪颜氏，是著有《颜氏家训》的北齐名臣颜之推的五世孙。

颜杲卿最初以门荫入仕，以性情刚直，才干过人而著称——他在担任魏州（今河北大名）录事参军时，参加政绩考评曾取得了第一名的佳绩。

安禄山起兵的时候，他的职务是常山（今河北正定）太守。

和堂兄相比，颜真卿的学问更加出众。

他是史上影响最大的书法大师之一，擅长行、楷书，其行书气势遒劲，楷书则丰腴端正，极具个人特色，被后人称为"颜体"，他也因而与初唐的欧阳询、晚唐的柳公权、元朝的赵孟頫被后世并称为"楷书四大家"。

除了书法，颜真卿的文章写得也非常好，第一次参加科举考试就以甲科的优异成绩进士及第。

当时的科举主要有明经和进士两科，其中明经科只需熟读经书就可考上，难度较低，进士科则需要就特定的题目创作文赋，对考生的文才和见识要求更高，考上的人数往往只有明经科的十分之一，因此当时流传一种说法：三十老明经，五十少进士。

而颜真卿考上进士时才二十六岁，由此可见他的才气！

之后，颜真卿正式进入了仕途。

凭借卓越的才能和踏实的作风，他从基层开始逐级升迁，一步步进入了中央，担任监察御史，并奉命出使河西、陇右、河东、朔方等地。

当时五原郡（今内蒙古包头）发生了一件大案，当地官员久拖不决，百姓对此意见很大。

颜真卿巡视到那里后，很快就顶住巨大的压力查明了真相，抓获了真凶。

更离奇的是，本来那里一直大旱，可颜真卿断案后却马上下起了大雨。

颜真卿不仅解决了案情，还解决了旱情！

这下百姓对他更崇拜了——官在做，天在看。原先之所以不下雨，是因为官员的不作为让老天都看不下去了，而现在颜真卿洗脱了冤情，老天也就开眼了！

他们认为这场雨是颜真卿带来的，将其称为"御史雨"。

不久，颜真卿又升任殿中侍御史。

不过，在这一职位上他并没有待多长时间。

这主要是因为他为人正直，不肯趋附杨国忠。

他办事一向只看事情对不对，从来不管杨国忠的脸色对不对；他提意见一向只看对国家有没有利，从来不管对杨国忠有没有利；他判案一向只看合不合法，从来不管合不合杨国忠的想法……

然而在杨国忠看来，对不对根本不重要，唯有站队才重要——是自己的人，放个屁都有道理；不是自己的人，再有道理都是放屁！

显然，颜真卿的不识相，让他非常不爽。

很快，他就随便找了个理由把颜真卿撵出了京城。

颜真卿先是被派到了洛阳，担任东都畿采访判官，后来又被远放为平原太守。

平原郡位于河北道南部，属于安禄山的辖区，到任不久，颜真卿就敏锐地感觉到安禄山必然会造反，开始为即将到来的战事做准备。

他借口城墙被雨淋坏，组织当地军民整修城池，疏浚护城河，并大量囤积粮草和兵器，统计能作战的人员，以便于将来扩充军力。

当然，他也知道，这一切不能做得太明目张胆，以免打草惊蛇。

为了麻痹安禄山，表面上他依然是一副名士的派头，每天不是游山玩水，就是饮酒赋诗；不是前呼后拥，就是左拥右抱……

果然，安禄山被蒙住了，他认为颜真卿不过是一个沉迷酒色的文人而已，完全不足为虑。

而比起颜真卿所在的平原，颜杲卿所在的常山郡的地理位置更为重要。

常山位于太行山东麓，地处南北交通的咽喉位置，是从范阳南下的必经之地。

叛军起兵仅仅几天后，安禄山就亲率大军进抵了常山郡所辖的藁（gǎo）城（今河北藁城）。

颜杲卿虽然忠于朝廷，但并不迂腐，他知道凭他的实力，要想与叛军主力对抗无异于以卵击石，便决定先暂时屈身事敌，以后再相机行事。

于是，在得知安禄山即将到达藁城的消息后，他第一时间就带着长史袁履谦前往迎接，态度也非常恭敬：大帅呀，正所谓慧眼识珠，我早就看出您不是凡人了，宰相肚里能撑船，而您的肚子里能撑航空母舰，您真是贵不可言哪……

安禄山对他的表现非常满意，赏给他三品官所穿的紫袍，命他仍旧镇守常山。

而安禄山对颜杲卿的信任也并不是无条件的——他带走了颜杲卿的几个子弟充作人质。

在离开藁城返回常山的路上，颜杲卿指着身上安禄山赐给他的紫袍对袁履谦说：这种东西，我们怎么能穿？

袁履谦心领神会。

从此两人便开始暗中谋划讨伐安禄山。

他们秘密联络了参军冯虔、前真定县令贾琛、藁城县尉崔安石等人，并派人告知太原尹王承业，一步步做好了起兵的准备。

不过，最早竖起义旗的并不是他，而是他的堂弟颜真卿。

安禄山南下的同时，也给颜真卿下了一道命令，让他带领七千兵马前往黄河沿岸渡口布防。

这正中颜真卿的下怀。

他立即以此为由在平原一带大张旗鼓地招兵买马，很快就募得了上万人。

接着他又派使者前往长安，向皇帝李隆基汇报自己打算在安禄山后方起兵。

李隆基那时正郁闷呢：河北二十四郡，怎么就没有一个忠臣！

颜真卿使者的到来，对他来说，就仿佛在漫漫长夜中独行了很久的人突然见到了唯一的一束光——即使光线再弱，看上去都是那么璀璨，那么夺目！

可想而知，此时的他会有多么开心——其中还夹杂着一丝惊讶：这个颜真卿，朕连他的面都没见过，想不到他竟然如此忠义！

然而我倒是觉得，他其实完全没必要惊讶。

田里杂草茂盛，庄稼就难以生长；朝中小人当道，忠臣就无法生存。在杨国忠等奸邪之辈一手遮天的大环境下，你李隆基就是拿着超高倍的望远镜，恐怕也看不见一个忠臣义士！

当然，像颜真卿这样的人是不会在乎这些的。

他在乎的，是早日平定叛乱。

他写了很多悬赏破敌的檄文，并秘密派人送往附近各州郡，接着又在平原城召开誓师大会，正式举起了反抗安禄山的大旗。

他慷慨陈词，涕泪直流。

悲时花溅泪，恨时鸟惊心。

在他的感染下，将士们也都群情激奋，气氛极为壮烈。

会刚开完，颜真卿还没来得及擦干眼泪，有人来报：安禄山的使者来了！

使者是来干什么的呢？

原来，安禄山在攻陷洛阳后，包括河南尹达奚珣在内的多数唐朝官员都投降了叛军，只有东京留守李憕(chéng)、御史中丞卢奕、采访判官蒋清等少数人宁死不降，被安禄山斩首。

随后，安禄山派部下段子光带着李憕、卢奕、蒋清三人的首级到河北各郡县巡回示众，以炫耀自己的武功，并借此恐吓河北各地官员。

若有人胆敢违抗，这三人的下场就是你们的榜样！

但对于颜真卿这样的义士，这样的恐吓自然是无效的。

当段子光来到平原，扬扬得意地拿着李憕等三人的首级示威的时候，颜真卿却表现出一副难以置信的神情，冷笑着对在场的人说：我和李憕等人都很熟，很明显，这些头颅并不是他们的！

诸将本来有些惶恐，现在听说安禄山竟然欺骗他们，一下子全都义愤填膺。

段子光慌忙辩解说：这都是冒充的，不是真的……不……这都是真的，不是冒充的……我敢保证，如果是假的，包换包退……不……如果是假的，你们可以杀了我……

颜真卿把桌子一拍：好，我满足你！

他马上下令将段子光腰斩。

第二天，他又将李憕等人的头颅请了出来，并用蒲草编成他们的肢体，一起收殓在棺材里，随后他一边亲自祭拜，恸哭哀悼，一边哽咽着向大家说明了事实的真相：其实这确实是李憕、卢奕、蒋清三人的脑袋，昨天我怕动摇人心，所以才……

众将被他流露出的真情所感动，也全都热泪盈眶：鲜血不能白流，为李憕等人报仇！

从此，他们更坚定了反抗叛军的决心。

颜真卿首倡义举后，周边各郡也都纷纷响应。

景城（今河北沧州）、饶阳（今河北饶阳）、河间（今河北河间）、济南（今山东济南）等地的原唐朝官吏先后揭竿而起，诛杀安禄山任命的官员，宣布重新归顺唐朝。

这几路人马少则数千，多则有上万，大家结成同盟，一致公推颜真卿为盟主，共同对付叛军。

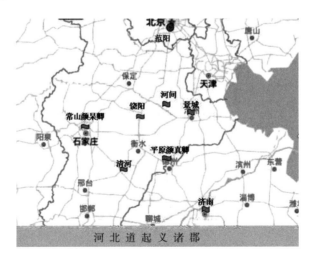

河北道起义诸郡

很快，洛阳的安禄山得知了这个消息。

不过，这时的他对此似乎并不十分在意——几只小鳑鲏，翻得起什么大浪！

他没有派出任何正规军，只是命博陵太守张献诚（安禄山当年的老上级张守珪之子）率博陵（今河北安平）、上谷（今河北易县）、赵郡（今河北赵县）、文安（今河北任丘）、常山等五郡的团练兵（即民兵）万余人，围攻饶阳，然后再各个击破，平定河北。

颜杲卿：义举惊天地，壮烈泣鬼神

然而安禄山错了。

河北地区掀起的，不仅是大浪，而且是滔天的巨浪！

其中动静最大的，是常山的颜杲卿。

颜真卿起兵后，第一时间就派人和堂兄取得了联系，要他早日起事，与自己形成掎角之势，一起切断叛军的归路。

颜杲卿答应了。

可是他并没有轻举妄动。

因为他觉得，要想做到这一点，光靠他手头那点兵力是远远不够的，必须想办法打开离常山不远的井陉口（太行八陉之一，又称土门关，位于今河北井陉县北，是从山西穿越太行山进入河北的著名要塞），放太行山以西的官军进入河北。

把守井陉口的，是安禄山的两员心腹大将李钦凑、高邈及其带领的五千精兵。

显然，要想夺取井陉口，不能硬来，只能智取。

但问题是高邈向来以狡诈多谋而著称（《新唐书》中记载：邈最有谋），要想骗过他绝非易事。

颜杲卿搜肠刮肚也想不出什么好办法。

就在颜杲卿愁眉不展之际，他突然得到消息，高邈竟然被安禄山派往范阳征兵去了。

颜杲卿不由得大喜——高邈不在，对付李钦凑这个头脑简单、四肢发达的家伙，完全是小菜一碟！

很快，他就有了主意。

他假传安禄山的军令，让李钦凑带着部将来常山接受犒赏。

听说接受犒赏，李钦凑就如同苍蝇闻到了臭味，马上就来了。

是呀，自己已经在这个鸟不拉屎的山沟沟里待了一个多月，嘴里都淡出鸟来了，而那些跟随安禄山南下的同人却收获多多，抢到的战利品不计其数，金钱美女应有尽有……

自己只能天天喝西北风，他们却可以天天喝辣的吃香的；自己在这里穷山恶水好无聊，他们却在洛阳穷奢极欲好快活……

真是人比人，气死人！

李钦凑的这点心思，颜杲卿自然不会不知道。

他让长史袁履谦、参军冯虔等人在常山郊外的大酒店里设下了丰盛的酒宴，盛情款待李钦凑一行，席间还特意安排了歌伎舞女来助兴。

喝着一杯接一杯的美酒，吃着一碟又一碟的美食，抱着一个又一个的美女，听着一段又一段的美言，没过多长时间，李钦凑就醉了，醉得即使把他的嘴拧成菊花都毫无反应了。

随他一起前来的他的部将，也都和他一样，一个个先后被灌趴下了。

见时机已到，袁履谦一声令下，糊里糊涂的李钦凑和他的随从们顷刻间全都身首异处，一命呜呼。

之后颜杲卿命人带着李钦凑及其部将们的首级前往井陉口示众。

事实证明，杀猴给鸡看的效果比杀鸡给猴看要好得多。

见主帅和所有的中层领导都被杀了，叛军士卒们吓尿了，一下子一哄而散。

颜杲卿就这样轻松地控制了井陉口。

次日，毫不知情的高邈从范阳返回，在经过藁城时也被早已在那里布控的冯虔等人抓获。

可怜高邈号称智将，竟然败得如此窝囊！

不过，他并不孤独。

就在同一天，叛军的另一名大将也来和他做伴儿了。

此人是安禄山的副将何千年。

130

他当时正好奉安禄山之命从洛阳前往赵郡办事，途中在常山附近的醴泉驿（今河北正定南）休息。

颜杲卿听说后当然要派人前去接风，接风的结果当然是何千年再也走不了了。

何千年是个识时务的人，转起立场来比一般人转个身还要快。

为了保命，他向颜杲卿献计说，太守您手下的军队都是刚招募的，难以临敌，应当深沟高垒，不可轻易出战。等郭子仪的朔方军到河北后，您再与其合力出击，传檄赵、魏之地，切断燕、蓟要害。就目前来说，您应该先放出风声，声称唐朝朔方军大将李光弼率步骑一万已经出了井陉口，接着再派人去游说正在围攻饶阳的张献诚，只要对他这么说："足下统领的大多是团练兵，怎么挡得住唐朝的山西劲卒呢？"他必定撤兵而去……

不愧是安禄山的左膀右臂，应该说何千年的水平还是有的。

颜杲卿采用他提出的策略后，张献诚果然如他所言的那样不战而逃，其手下的团练兵见主帅不在了，也纷纷作鸟兽散。

饶阳就此解围。

随后颜杲卿命人传檄河北各州郡，对他们宣称：朝廷的大军如今已攻克井陉，不日就将抵达此地。在此之前主动归顺朝廷的有赏，执迷不悟、负隅顽抗的必诛！

河北诸郡之前大多是迫于形势不得不投降叛军的，现在听说官军来了，哪有不反正的道理？

没过几天时间，便有十七个郡宣布重新归顺唐朝，整个河北地区依然尊奉安禄山的只有范阳、卢龙（今河北卢龙）、密云（今北京密云）、渔阳（今天津蓟州）、汲（今河南卫辉）、邺（今河南安阳）六个郡！

就这样，在以颜真卿、颜杲卿兄弟为首的义军的努力下，河北大部顺利光复了！

此时安禄山正亲率大军进攻潼关，已行军到了新安（今河南新安），得知这个消息后，他一下子惊出了一身冷汗，再也无心恋战，只好领兵撤回了洛阳。

刚回到洛阳，他又听到了另一个更加让他心惊肉跳的消息——他的老巢范阳也出了问题！

还是颜杲卿搞的鬼！

他得对颜杲卿恨之入骨：这个颜杲卿实在是太能搞事了，有朝一日我一定要将你碎尸万段！

颜杲卿确实是个狠角色。

打麻将，他要么不和，要么就是和大四喜十三幺；搞事情，他要么不搞，要搞就搞得山崩海啸惊天动地！

在常山起兵后，他又本着"射人先射马，擒贼先擒王，反安禄山先反他的根据地范阳"的原则，把矛头对准了范阳。

他派部下马燧秘密潜入范阳，前去策反安禄山任命的范阳留后贾循。

马燧的口才极佳，他对贾循说，安禄山忘恩负义，倒行逆施，虽然现在暂时得到了洛阳，但将来肯定难逃覆灭的厄运。贾公若能杀掉牛廷玠等安禄山的亲信，以范阳归顺朝廷，颠覆安禄山的根基，这是千载难逢的不世之功啊！……

在他滔滔不绝的劝说下，贾循动心了。

可这事毕竟非同小可，他还是有些犹豫。

正是这一迟疑，葬送了他的性命。

安禄山的一名部将得到了贾循即将反叛的消息，当即派人火速报告安禄山。

安禄山不敢怠慢，马上派自己的亲信韩朝阳赶赴范阳，以与贾循商议要事为名将其诱到隐蔽处，再由早已埋伏在那里的杀手将贾循缢杀。

而策反失败的马燧则逃入西山，被那里的一个隐士藏匿起来，最终躲过了叛军的追捕，幸免于难。

他的事迹在后来还有很多，咱们以后再说。

接下来，让我们把视线转回到安禄山身上。

在诛杀贾循、稳定范阳后，安禄山把主要的进攻方向放到了河北。

首当其冲的，当然是他最最痛恨的颜杲卿及其根据地常山。

他命自己最器重的两员大将史思明、蔡希德分别带领步骑万人，合兵攻打常山。

安排好这一切后，新的一年也到来了。

尽管局势瞬息万变，但安禄山想当皇帝的心不会变，已经定好的日程也不会变。

公元 756 年正月初一，安禄山在洛阳正式登基称帝，国号燕，以原唐朝降官达奚珣为侍中，亲信张通儒为中书令，两个心腹谋士高尚、严庄则出任中书侍郎。

与此同时，史思明、蔡希德等人也完成了对常山的合围。

颜杲卿起兵才刚刚八天时间，防御的工事还没来得及修建好，招募的士卒还没来得及训练完，然而他依然毫无惧色，一边亲自领兵登城，一次又一次地击退敌军；一边亲笔写下书信，一次又一次地派人突围而出，从井陉口赶赴太原，向唐朝在那里的最高军政长官——太原尹王承业求救。

可是他望穿了秋水，援军也始终没有出现！

颜杲卿很纳闷儿。

诸位想必也和他一样，也想问一下，王承业为什么还不来呢？

这当然是有原因的。

在常山起事成功后，颜杲卿曾派其子颜泉明等人带着李钦凑的首级，押解着高邈、何千年两名重要战俘，前往京城献捷。

临行前，张通儒（安禄山伪朝的中书令）的弟弟张通幽找到了颜杲卿，向他苦苦哀求：我哥哥效力叛贼，陷我全家于不义，我们一家老小几十口人的性命都危在旦夕，请允许我和泉明一起进京，以恳求皇帝，拯救我的宗族……嘤嘤嘤……

见他哭得上气不接下气，颜杲卿心软了。

他答应了张通幽的要求。

从河北进京，通常有两条路可走，一条是经洛阳走崤函古道过潼关，另一条是经太原从河东渡黄河到关中，但现在前面那条路已经走不通了，唯一的路线只能是后者。

途经太原时，张通幽见太原尹王承业位高权重，不论是其职位还是与皇帝的关系都比颜杲卿高出一大截，便又想改抱王承业的大腿。

可是张通幽毕竟和王承业素昧平生，怎样才能让王承业帮他呢？

这难不倒张通幽。

他悄悄找到王承业献计说，王公您不如扣下颜泉明等人，另派您的人给朝廷报捷，并重新写一封表文，把光复河北、擒获高邈、何千年等叛军大将的功劳全部据为己有，这是无本万利的好事呀！

王承业眼睛一瞪：这种做法实在是太卑鄙了！难道我是这样的人吗？

张通幽吓坏了，一股暖流在裤裆中油然而生。

但事实证明，这只是一场虚惊。

因为接下来王承业说的是：是的。

随后王承业依计而行——只不过高邈、何千年都由活人变成了尸体，毕竟，只有死人才能彻底地保守秘密！

得知王承业建下奇功，李隆基龙颜大悦，马上提升王承业为羽林大将军，麾下百余人也都有封赏。

可怜颜杲卿满腔忠义，到头来竟然被王承业、张通幽拿来做交易！

可怜颜杲卿为国家殚精竭虑，到头来竟然连被王承业、张通幽卖了都不知道！

而更恶劣的是，王承业为了让自己的谎言不被拆穿，巴不得颜杲卿马上死掉，因此无论颜杲卿派来的使者如何百般恳求，如何万分焦急，他却始终找各种理由拖延——不是说天气不好就是说自己身体不好；不是说没有粮草等东西就是说自己肚子在拉稀。

总之，他始终没有派出一兵一卒去救援常山。

内缺物资，外无救兵。

颜杲卿的命运就此注定。

公元 756 年正月初八，因弹尽粮绝，常山被叛军攻陷。

城破后，史思明纵兵屠城，杀了一万多人，颜杲卿和袁履谦等人则被押往洛阳。

安禄山亲自审问颜杲卿。

他气急败坏，用手指着颜杲卿数落道：你本来只是个小小的范阳户曹参军，是我把你破格提拔为太守。我哪里对不住你，你要造我的反！

颜杲卿毫不示弱地反唇相讥：你本来只是营州一个放羊的小儿，是天子把你提拔为三道节度使。天子哪里对不住你，你要造他的反！

安禄山被他驳得哑口无言。

颜杲卿见状骂得更起劲了：我得到过你的保荐，难道就要跟着你造反吗？你还得到过你妈的帮助，你怎么不跟着她去死？我颜家世世代代都是大唐的臣子，我的俸禄、官位都是大唐给我的。我为国讨贼，怎能叫造反？我恨不得亲手杀了你！

安禄山肺都气炸了。

他暴跳如雷，当即下令将包括颜杲卿的幼子颜诞、侄子颜诩在内的颜氏一门三十余口全部杀死。

颜杲卿和袁履谦两人则被绑在洛河中桥的柱子上，处以肢解的酷刑。

袁履谦死得非常壮烈——尽管他的手脚都被砍断，但临断气前依然用最后的一点力气，将口中的鲜血猛地吐在旁边的叛贼身上。

134

而颜杲卿在受刑的同时还依然骂不绝口。

刽子手残忍地用钩子将他的舌头钩断：看你还能骂吗？
当然能。
没有了舌头，他还有喉咙。
颜杲卿艰难地发出了一连串连续不停的喉音——显然，他还在继续骂。
生命不息，骂声不止。

虽然他的声音非常含糊，但他所表达出的精神却毫不含糊。
那就是孔子所说的"杀身以成仁"！
那就是孟子所说的"舍生而取义"！

这些东西，安禄山是不懂的。
就像厕所里的蛆不可能明白人为什么不喜欢吃大粪一样，他也不可能明白颜杲卿为什么要这么做。
实际上，他和颜杲卿完全是两路人。
在安禄山眼里，只有利益，没有正义。
然而在颜杲卿看来，正义才是最重要的，为了正义，他愿意舍弃一切，包括生命。

颜杲卿的行为赢得了后世的普遍尊敬。
也许一千个人眼中有一千个哈姆雷特，但所有人眼中的颜杲卿却都是同一个形象——一个坚贞不屈的爱国者。
唐肃宗李亨后来专门下诏褒奖他：故卫尉卿、兼御史中丞、恒州刺史颜杲卿，任彼专城，志枭狂虏，艰难之际，忠义在心。愤群凶而慷慨，临大节而奋发，遂擒元恶，成此茂勋。属胡虏凭陵，流毒方炽，孤城力屈，见陷寇仇，身殁名存，实彰忠烈……
南宋民族英雄文天祥对颜杲卿更是推崇有加，不仅在《正气歌》中将他与张良、苏武、嵇绍、张巡等人并列：……时穷节乃现，一一垂丹青。在齐太史简，在晋董狐笔。在秦张良椎，在汉苏武节。为严将军头，为嵇侍中血。为张睢阳齿，为颜常山舌……
而且还特意写了一首诗来纪念他，诗名就叫《颜杲卿》：常山义旗奋，范阳哽喉咽。胡雏一狼狈，六飞入西川。哥舒降且拜，公舌膏戈铤。人世谁不死，公死千万年。

不过，尽管在日后备极哀荣，但我想颜杲卿被杀的时候一定是死不瞑目的。
因为那时河北的形势正急转直下！

第十二章　河北风云

李光弼大战史思明

史思明、蔡希德等人在攻陷常山后，又继续乘胜进军，所过州县，凡有反抗的，一律都夷为平地。

在叛军的暴力威慑下，巨鹿（今河北邢台）、赵郡、上谷、博陵、信都（今河北衡水冀州区）等河北多数郡县又为叛军所控制，只有饶阳、景城、河间、平原等地还在坚持抵抗。

史思明率军将饶阳团团围住，河间、景城两地的义军赶来增援，都被史思明击败。

眼见河北情况万分危急，李隆基连忙下令给正在云中一带的朔方军主帅郭子仪，让他马上举荐一名良将，并分给其部分兵力，火速出井陉口，救援河北。

郭子仪选择的是时任朔方左兵马使的李光弼。

李光弼的祖上曾是契丹酋长，入唐后迁居京兆万年（今陕西西安东），其父李楷洛曾任左羽林大将军、朔方节度副使，封蓟国公，以骁勇闻名。

在父亲的影响下，李光弼年纪轻轻就从了军。

他不仅精于骑射，而且文化水平也很高，堪称文武全才，因此在军中他很快就凭借其出众的能力而崭露头角。

王忠嗣在担任河西节度使时，对李光弼极为赏识，非但擢升他为河西兵马使，还逢人便说，李光弼将来必定能坐上我的位子！

公元749年，四十二岁的李光弼升任河西节度副使，成了河西地区的第二把手。

公元754年，时任朔方节度使的安思顺又表奏他担任朔方节度副使、知留后事。

可能是安思顺太喜欢李光弼，故而在提拔他的同时还提了一个条件——让他娶自己的女儿为妻。

可李光弼却毫不犹豫地拒绝了。

他为什么要这么做？

究竟是出于对结发妻子的忠贞（他当时早就娶妻生子了，妻子是出身于太原王氏的名门闺秀），还是因看出安禄山有谋反之意所以想与作为安禄山堂兄的安思顺划清界限，抑或纯粹是因为安思顺的女儿长得太丑令人作呕？……

由于史书没有记载，我们不得而知。

我们只知道，他为了拒绝这门亲事，付出了巨大的代价——不惜称病辞了官。

好在他并没有赋闲太久。

他的东山再起，靠的是他曾经的同僚郭子仪。

当初在朔方的时候，李光弼和郭子仪都是安思顺的左膀右臂，但两人的性格、做派却完全不同。

李光弼治军严明，郭子仪却以宽松出名；李光弼对下属威风八面，郭子仪却毫无架子；李光弼总是一脸严肃，郭子仪却常常一团和气……

不过，两人也不是完全没有共同点，至少有一点是一样的——都看对方不顺眼。

他们彼此之间的关系非常差，几乎没有任何私下交流。

即使有时候两人一起参加宴会，他们也依然是海内存陌路，比邻若天涯——只当对方是空气，从来不讲一句话。

每次李光弼敬酒，轮到郭子仪时郭子仪不是装聋就是装傻，总之就是不喝；每次郭子仪敬酒，轮到李光弼时李光弼不是嗓子不舒服就是屁股不舒服，反正就不领情……

不过，郭子仪在继任朔方节度使后，却第一时间就想到了李光弼，将他招致麾下予以重用，这次又推荐他担任主帅，去河北独当一面。

就这样，李光弼被任命为河东节度使，率一万朔方军以及太原的三千弓弩手来到了河北。

从井陉口进入河北的第一站就是常山。

常山到底是颜杲卿经营多年的地方，百姓对大唐的忠心犹在。

得知李光弼率官军到来，当地义民立即发动起义，将叛军守将安思义绑了起来，迎接李光弼大军入城。

李光弼熟读兵书，深知"知己知彼方能百战不殆"的道理，对情报工作极为重视，便亲自提审安思义，打算从他嘴里探听叛军的虚实。

他故意把脸拉得很长，厉声质问道：你明白你的罪该死吗？

安思义知道自己凶多吉少，吓得说不出话来。

出乎他意料的是，一段时间后李光弼的脸色竟然又变得和蔼起来，语气也一下子从之前秋风扫落叶般的冷酷无情变成了春风般的温暖：你久经沙场，依你看，我手下这支部队是史思明的对手吗？如果你站在我的立场上考虑，我该怎么做？假如你的策略可取，我就不杀你。

见自己有了一线生机，安思义如正在溺水挣扎的人见到了救生圈——当然要使出浑身解数把握住这个机会。

他忙不迭地说，将军远道而来，人马疲惫，若仓促与强敌交手，恐怕是抵挡不住的。不如先进驻城内，做好防御准备，没有足够的把握不要出击。叛军骑兵虽然精锐，但缺乏攻城的重武器，一旦不能获胜，时间长了便会军心离散，那时就有机可乘了。史思明目前在饶阳，距离此地不过二百里，昨晚我已经给他发了求援信，估计他的先锋部队明天早晨就会到了，将军不可不防……

李光弼闻言大喜，立即给他松了绑：好，我知道自己该怎么做了。

果然如安思义所言，第二天天还没亮，叛军前锋就来了，史思明所率的主力则紧随其后，黑压压一片，合计有两万多骑兵！

对此李光弼早有准备——他派了五千步兵在城外严阵以待。

见对方人数只有自己的几分之一，又全是步兵，史思明不由得轻蔑地笑了——就这点兵力想挡住我两万铁骑，岂不是螳臂当车？

他一声令下，叛军立即如潮水般冲了上去。

马蹄铮铮，烟尘滚滚，来势汹汹……

李光弼站在城头，淡定地看着面前的一切。

他的眼神中没有一丝慌张，只有一丝不苟——是科学家对于实验数据的那种一丝不苟。

他关注的数据，是叛军与自己的距离。

两千米，他没有动。
一千米，他没有动。
五百米，他没有动。
四百五十米，他还是没有动。
四百四十米，他依然没有动。
叛军不到他预设的范围内，他是不会动的。
四百三十九米，四百三十八点五米……
差不多了！
李光弼这才挥了下手臂。
五百名早已上好弦的弩兵随即登上城墙。
五百支密集的箭瞬间向叛军射了出去！
仿佛稻子遇到了收割机，冲在最前面的叛军骑兵顿时倒下了一大片。

史思明见状大惊，但他毕竟久经沙场，仅仅几秒后，他就重新恢复了平静。

他没有做出任何改变，依然指挥后续部队继续往前冲。

因为他知道，虽然弩的威力很大——与一般弓箭相比，弩的射程更远，准确度更高，杀伤力更大，但它的装填时间却比弓要长很多。

故此史思明判断，从现在开始的一段时间里，应该是安全的。

然而他错了。
他的部队遇到的，竟然是一阵紧接着一阵的箭雨！
如滔滔江水连绵不绝！
又如黄河泛滥一发不可收拾！
原来，李光弼把弩手分成了四队，一排弩手发射的时候，另外三排弩手则退后装填箭矢，四个梯队轮流发射，从而保证了攻击的连续性！
这种战术，类似于近代欧洲火枪兵采用的排射战术，但却早了差不多一千年！
李光弼，不愧是不世出的战术天才！

当然，那时的史思明并不知道这些。
他想破脑袋也想不明白这是怎么回事，便干脆不想了。
渔夫出海前并不知道鱼在哪里，但还是会出发。管他呢，干就是了！

他发疯一样地让自己的部队一次次地往上冲，却只能眼睁睁地看着他们一次次地被击退。

丢下无数尸体后，史思明才清醒过来——再这样下去，自己就成光杆司令了！

他不得不下达了撤退令，指挥残部退到了城外一条大道的北面。

李光弼没有见好就收，而是命之前在城下列阵的五千步兵追了上去，在大道的南面布下长枪阵，与叛军夹滹（hū）沱河对峙——时值冬季枯水期，滹沱河中并没有水，只有裸露的河床。

见唐军出来了，而且还是骑兵最不怵的长枪兵，不甘心失败的史思明似乎又看到了复仇的机会，便指挥部队卷土重来，再次向唐军发起攻击。

但出人意料的是，唐军排在阵前的长枪兵只是幌子，阵中的主力竟然还是原来的"配方"——还是那些让人望而生畏的弩兵！

等叛军进入射程，长枪兵散开，又是如蝗的箭雨！

叛军人仰马翻，尸横遍野，再一次遭到了重创。

史思明不敢再战，只能无奈地撤出了战场。

李光弼这次没有追击。

他知道，刚才自己对付的，只是史思明的骑兵，接下来还有叛军的步兵。

他一边率部休整，一边让人四处打探。

果然没过多久，就有人来报信，说一支叛军步兵已经到了九门（今河北藁城西北）以南，正在一个叫逢壁的地方休息。

李光弼立即派步骑四千，人衔枚，马裹蹄，沿着滹沱河悄悄地摸到了逢壁。

这支叛军步兵一昼夜赶了一百七十里路，一路上连饭都顾不上吃，此时正在吃他们这一天来的第一顿饭。

他们做梦都没有想到，这也是他们人生的最后一顿饭！

因为就在他们吃到一半的时候，唐军杀到了！

叛军又困又饿，早已疲惫不堪，加上又是猝不及防——手里只有筷子，没有刀子，怎么可能打得过唐军？

可以说，这根本不是一场厮杀，只是一场屠杀！

最终，叛军全军覆没，一个活口都没逃出去！

得知这个消息后，史思明更加惊慌，只能仓皇率部撤到了九门。

李光弼和史思明的第一次对决，就这样以李光弼的完胜而告终。

此战之后，常山郡下辖的九个县，有七个县重新回到了唐军手中。

叛军所能控制的，只剩下九门、藁城两县！

本来因颜杲卿被擒杀而陷入低潮的河北局势一下子发生了逆转！

消息传到长安，李隆基也大为振奋，当即下诏加封李光弼为河北节度使。

神奇的说客

与他同时接到任命的，还有一直在河北南部坚持抵抗的颜真卿——他被晋升为河北采访使。这段时间，颜真卿过得很不容易。

常山陷落后，叛军到处攻城略地，咄咄逼人，他面临的局势也日益艰难。

颜真卿急得饭吃不下，觉睡不着，连平时最拿手的字都写不好，却始终无法找到破敌的良策。

就在苦恼万分的时候，他遇到了一个上门求见的年轻人。

此人名叫李萼，年仅二十多岁，来自清河（今河北清河）。

清河位于平原西南，两地相距不远，可谓唇齿相依，更重要的是，清河有一个朝廷设立的大型储备仓库，里面储存了大量从江淮、河南等地运来的钱粮布帛以及盔甲、兵器等军需物资，被称为"天下北库"。

虽然此时清河仍忠于唐朝，但由于附近的魏郡（今河北大名）、巨鹿等地都已被叛军所控制，清河已经危在旦夕！

也正因为如此，清河的父老乡亲才派李萼来平原求援。

李萼的口才不错，讲起话来滔滔不绝。

他先是恭维颜真卿：颜公首倡大义，河北诸郡都视颜公为长城。在书法家中您是最能打的，在军事家中您是最能写的。您文能提笔写大字，武能胸口碎大石……

颜真卿：说重点！

李萼又说：我算了一下，清河的财富是平原的三倍，武器装备是平原的两倍……

颜真卿：说重点！

李萼这才道明了自己的来意：颜公您如果能拨出部分兵力，支援我们守住清河，然后以清河、平原二郡为根据地，则周边各州郡肯定都会听从您的号令！

李萼的请求让颜真卿感到非常为难。

他不是不清楚清河的重要性，可问题是他心有余而力不足哇。

他只能把双手一摊，面有难色地说：平原的军队都是刚招募的，还未来得及训练，自保尚且不足，哪有余力帮助你们？

过了一会儿，见李萼的脸上写满了失望，颜真卿又感到有些过意不去，便有意转换了一个话题：不过，如果我答应了你的请求，你会怎么做呢？

没想到李萼这个人年纪不大，脾气倒是很大：清河的父老让我来找您，并非是实力不足，要靠您的军队去对付敌人，而是想看看您是不是深明大义。既然您连个准信都不给我，我怎么可能把我的计划向您和盘托出呢？

应该说，这话是很不中听的。

一般人肯定会感到很不舒服。

但颜真卿到底不是一般人，他的胸怀实在是太……

他非但没有生气，居然还被李萼言语中所表现出的气概所折服，打算答应李萼的要求。

然而他麾下的诸将却全都不同意——不能这么做！分兵给那个年少轻狂的小子，只会削弱自己，到头来一事无成！

众意难犯，颜真卿只好拒绝了李萼。

李萼失望地回到了"酒店"，但他还是没有放弃，又写了封信给颜真卿：清河愿意为您效力，还主动交出粮草布帛以及武器装备，您不仅不接纳还疑神疑鬼。您不帮我们，清河孤立无援，只能依附于别人。那样一来，清河就成了你们西面的劲敌，到时您会不会后悔？

这封信的内容已经不能用言辞激烈来形容了，甚至可以说有些大逆不道——依附于别人，不就是投靠叛军吗？

但如果不上纲上线，而是理智地分析，李萼这番话其实还是很有道理的：清河既可以成为平原的盟友，也可能成为平原的敌人。不帮清河，后果会非常严重！

不过，就李萼这个措辞，倘若遇到别人，李萼可以说是死定了！

被抓起来安一个"叛国投敌"的罪名斩首示众都有可能！

好在李萼遇到的是为人宽厚、思维理性的颜真卿。

他不仅没有被李萼的言语所激怒，反而一下子恍然大悟。

这个忙，他无论如何都得帮！

他立即赶到李萼的住处，当场答应借给李萼六千士兵，并一路送他到平原的边界。

临别时，颜真卿问道，兵我已经给你了，你现在可以告诉我你的计划了吧？

李萼这才侃侃而谈，我听说朝廷已派大将程千里率十万精兵自崞口（今山西壶关）东进，只是叛军据守险要，他们无法前进。我打算先攻击魏郡，然后再出兵拿下崞口，迎接程千里的官军进入河北，官军入关后，便可以讨伐汲郡（今河南卫辉）、邺郡（今河南安阳）以北那些尚未归顺朝廷的郡县。然后我们率河北各郡的盟军十万人一起南下孟津（今河南孟津）渡口，再沿河西进，分兵把守要害，切断叛军的归路。颜公可以上表朝廷，让潼关守军坚壁清野，不要出战，相信只要过一两个月的时间，叛军就会人心离散，从内部崩溃！

听了他的话，颜真卿不由得拍手叫绝：太棒了！

确实，尽管李萼掌握的信息并不十分可靠（奉命支援河北的是李光弼，而不是程千里；走的是井陉口，而不是崞口），但从后来局势的发展来看，他对战局的判断和预测却是惊人的准确。

假如朝廷真的能确保潼关不失，那么这场战事的结局肯定会和他预料的那样！

可惜，这一切只是假设。

而历史是不能假设的。

还是先把视线转回到颜真卿这里吧。

按照李萼的规划，颜真卿派部将李择交等人率部与清河的民军会合，两军合兵一处，一起南下，果然一举攻克了河北名城魏郡，声威大振。

受其影响，北海（今山东青州）太守贺兰进明也宣布归顺朝廷。

随后颜真卿又与贺兰进明联手，共同出兵收复了河北另一名城信都。

很快，河北南部的大部分地区又重新回到了唐朝的怀抱。

公元 756 年四月河北形势图

气势如虹

不过,局势这东西有点像天气——不同的地方在同一时间常常完全不一样。

就在颜真卿高歌猛进的时候,常山的李光弼却发现自己逐渐陷入了困境。

尽管在常山保卫战中多次击败叛军,但他深知自己的部队多为步兵,野战中难以与叛军的骑兵匹敌,因此他并没有主动出击,而是一直驻守在常山城里严阵以待。

与此同时,史思明因见识过李光弼的厉害,也不敢再贸然发动进攻。

转眼四十多天过去了。

双方谁都没有采取任何行动。

脑补一下,那场面大概是这样的:

李光弼:来打我呀!

史思明:不,我在你左边,按照《大唐交通法》第五十一条第七款的让右原则,应该你先过来!

李光弼:不,我是主人,你是客人!哪有主人比客人先动手的道理!还是你先过来吧!常山欢迎你!我家大门常打开,开放怀抱等你……

史思明:不,我是客人,你是主人!哪有客人鸠占鹊巢的道理!还是你先过来吧!城外欢迎你!天大地大都是朋友,请不要客气……

…………

144

最后还是史思明打破了这个僵局。

不愧是叛军的头号大将，他苦思冥想，终于想出了一个好办法。

他发挥骑兵机动性强的优势，派兵袭击唐军的后勤运输队，并屡屡得手。

日子一久，常山城内的粮草开始日渐匮乏，将士们根本吃不饱，每天肚子都在咕咕叫个不停，战马更惨，只能啃草垫、草席、草包……

无奈，李光弼只好遣使向老战友郭子仪求援。

郭子仪深知李光弼的为人，他知道，水不到沸点温度是不可能汽化的，李光弼不到山穷水尽是不可能求救的。

因此，他没有片刻耽搁，接报后马上率麾下步骑十万人出发了。

公元 756 年四月九日，郭子仪经井陉进抵常山，与李光弼会师。

两天后，唐军在郭子仪、李光弼的指挥下，凭借优势兵力与叛军史思明、蔡希德在九门城南展开了一场大战。

此役叛军大败，大将李立节被杀，史思明带着残部仓皇逃奔赵郡，蔡希德则逃往巨鹿。

赵郡和巨鹿都在九门以南，显然两人的逃亡目标应该是南面的叛军大本营洛阳。

但跑到半路，史思明却又改变了主意——不！我不能就这样认输！我还要再试一次！毕竟，梦想还是要有的，万一唐军大营里今天晚上发生十级地震加十万伏雷劈让他们全部丧生了呢！

于是，他又掉头北上，来到了博陵。

当时博陵已经反正，但由于守军不多，很快就被叛军攻陷了。

叛军入城后，史思明为了泄愤，竟然把全城的官员诛杀殆尽！

与史思明的暴虐相比，唐军主帅郭子仪和李光弼的做法则完全不同。

在九门击败叛军后，唐军又乘胜追击，收复了赵郡。

此役唐军俘虏叛军四千余人，郭子仪下令只斩杀安禄山任命的太守一人，其余全部当场释放。

如果说郭子仪是宽以待人的代表，那么李光弼则是严于律己的典范。

当时有士兵入城后抢劫百姓财物，李光弼亲自坐在城门口对士兵逐一脱裤检查，只要查到就将其财物全部没收，发还给百姓。

郭、李二人的行为让他们获得了百姓的普遍爱戴。

唐军所到之处，各地百姓无不争相迎接。

之后，郭子仪、李光弼又领兵北上，攻打博陵。

史思明顽强死守，唐军连攻十多天始终无法得手。

由于士卒疲累，加之粮草短缺，郭子仪决定撤军回常山休整。

不得不说，史思明确实是个军事天赋极高的人。

虽然没读过多少兵书，但他的用兵却颇合兵法；虽然没听说过"敌进我退，敌驻我扰，敌疲我打，敌退我追"这样的游击战十六字方针，但他的做法却与之极其神似。

见唐军退兵，他立即凭借"敌退我追"的直觉点起兵马出城追击。

然而他的对手郭子仪也不是平庸之辈。

郭子仪对此早有预料，他派出精锐骑兵轮番在队尾断后，叛军根本奈何不了。

一段时间后，史思明终于认清了现实——要想占郭子仪的便宜，简直比摘天上的星星还难！

他知道自己没戏了，只好领兵返回。

开始的时候，他还有些防备，走了一段路后，他认为离唐军已经很远了，便逐步放松了警惕。

没想到就在此时，郭子仪却突然率军出现在了他的身后！

叛军猝不及防，再次被打得大败，史思明狼狈逃回了博陵。

偷袭郭子仪不成，反而被郭子仪偷袭了，这就相当于骗子想要骗别人的钱，结果反而被别人骗了钱，可想而知，史思明的心里有多么难受！

他憋了一肚子气——小肠气都要憋出来了，时刻想着要报仇雪恨。

当然，他也不是"摆摊卖个西红柿，就企图去纽交所上市"的那种不知天高地厚的人，他深知自己如今兵马不多，不能轻举妄动，只能等待机会。

好在没过多久，他的援军来了。

来的，还是他的老搭档蔡希德。

原来，蔡希德在九门兵败后，一路南逃，又回到了洛阳。

听到河北的败况，安禄山极其震惊——河北是他的大后方，绝对不能有失！

146

他拨给蔡希德步骑两万，让他马上赶回河北，与史思明并肩作战，同时又给留守范阳的牛廷玠下令，让他调出万余兵马，火速前往驰援史思明。

南北两路援军到达后，史思明的麾下部队已超过五万人，其中还包含了不少最精锐的"曳落河"，实力大增。

接下来他要做的，当然是再次与郭子仪、李光弼一决雌雄，一雪前耻！

不打出你的屎来算你拉得干净！

他咬着牙在心里发誓。

得知郭子仪、李光弼正在博陵西北的恒阳（今河北曲阳），史思明立即全军出动，对恒阳发起突袭。

见叛军来势汹汹，郭子仪没有与他们正面硬扛，而是深沟高垒，严防死守。

几天后，见叛军因久攻不下而士气有所松懈，他便趁机派兵在夜里前去劫营，连续几次下来，搞得叛军晚上都不敢睡觉，白天哈欠连天，口气重得可以当蚊香使，精神也萎靡不振，走路都是东倒西歪的。

见时机差不多了，郭子仪、李光弼决定大举反攻。

公元 756 年五月二十九日，两军在嘉山（今河北曲阳东）展开了一场决战。

此时的叛军困得眼睛都得用牙签支着才能睁开，哪有多少战斗力？

最终叛军再次大败，被斩首四万余人。

史思明在混战中坠马，连头盔、鞋子都丢了，只能披头散发、光着脚丫、挂着一把折断的枪一瘸一拐地逃回了博陵。

之后唐军将博陵团团包围。

史思明只能龟缩在城中，依靠坚城苟延残喘。

随着唐军在河北的节节胜利，之前依附于叛军的很多郡县也纷纷宣布反正，重新投入唐朝的怀抱——我估计，那些地方官应该都是开烧烤店出身的，他们一会儿倒向唐朝，一会儿倒向叛军，翻起面来比翻烤串还要得心应手。

至此，除了安禄山的老巢范阳以及史思明的据点博陵外，河北大部基本光复。

第十三章　急转直下

张巡初露锋芒

败讯传到洛阳，叛军内部一下子人心惶惶。

他们的家属大多在范阳，如今河北失陷，洛阳和范阳之间的交通已完全被切断，他们再也无法知道家人的安危，这怎能不让他们寝食难安？

而安禄山的心情也好不到哪儿去。

这段时间，从各个方向传来的几乎全是坏消息。

西面，是难于逾越的潼关——不久前，他再次派次子安庆绪率大军进攻潼关，但哥舒翰率军据险坚守，最终安庆绪一无所获，只能灰头土脸地铩羽而归。

北面，他曾寄予厚望的大将高秀岩似乎就没打过胜仗。

南面，他遣大将田承嗣、武令珣攻打南阳（今河南邓州），但唐军守将鲁炅顽强抵抗，叛军只能无功而返。

东北面就更不用说了，他的爱将史思明、蔡希德在河北被郭子仪、李光弼打得满地找牙。

东南面，他的进展也很不顺利。

在拿下洛阳后不久，安禄山就派大将李庭望、张通晤等人率军往东南方向进军，企图夺取江淮这一唐朝的财税重地。

本来，安禄山认为，唐朝军力大多集中于西北、东北、西南等边境，江淮一带极为空虚，这一路应该是很轻松的——跟旅游差不多。

他万万没想到，这回居然又失算了。

在那里，叛军遇到了一个极为难缠的对手——张巡。

张巡是进士出身，无论是学问还是能力都非常不错，家里也不是没有背景——其兄张晓曾任监察御史，但他的仕途发展却很不顺利。

他出仕后先是担任太子通事舍人，后来被外放到清河担任县令，任上他举贤任能，政绩优异，且经常扶危济困，很得民心。

照理，有了这样出色的业绩，应该是完全可以升职的。

可惜世界上很多事情都是不照理的。

房子这么多，房价照理不该这么贵，可它就是这么贵；张巡这么能干，照理不该不被提拔，可他就是没有被提拔。

因为那时执掌朝政大权的是杨国忠。

杨国忠用人，向来只看此人与自己的关系好不好，从来不看此人的政绩好不好。

有人劝张巡去杨国忠那里走动走动，送点金子银子或者妙龄女子，以便为自己在朝中谋一个好的位子。

可张巡听了这话，却仿佛一个吃惯了山珍海味的人听到别人劝他吃臭烘烘的死鱼烂虾，极其鄙夷地说：这个官我当不了！

这样的人，在官场自然是吃不开的。

他理所当然地失去了留京或升官的机会，而是被调任为真源（今河南鹿邑）县令。

真源是河南有名的乱县，治安很差，不少土豪劣绅在那里凭借家族势力为所欲为欺压百姓，其中最猖狂的，是一个叫华南金的人。

张巡一到任就雷厉风行地开展扫黑除恶——将华南金绳之以法，判处死刑。

他的党羽和其他土豪受此震慑，此后全都不敢再为非作歹。

张巡也因此得到了当地百姓的拥护。

安禄山造反后，河南各地大多望风而降，张巡的顶头上司谯郡（今安徽亳州，当时真源归谯郡管辖）太守杨万石也不例外，要求张巡出城迎接叛军。

张巡愤而不从，率领本县义民千余人揭竿而起，反抗叛军。

从此，就像一个演员遇到了一个最适合他的剧本，张巡这个之前在官场上郁郁不得志的书生，开始在战场上大显身手，成为那段时间战争舞台上最亮眼的主角之一！

几乎就在张巡起兵的同时，单父（今山东单县）县尉贾贲也起兵攻下了叛军占领的宋州州城睢阳（今河南商丘），叛军大将张通晤兵败被杀。

随后张巡、贾贲结成联盟，决定共同进退。

此时之前投敌的雍丘（今河南杞县）县令令狐潮到驻在陈留的叛军东线总指挥李庭望那里述职，当地义民趁机反正，控制了城池，并邀请附近的张巡、贾贲两人领兵前来协助守城。

不久，贾贲战死，其余众由张巡统领。

公元756年三月，令狐潮会同叛军大将李怀仙等人带着四万多大军前来攻打雍丘。

其实那时张巡手下只有两千多人，且大都是没有经过正规训练的民兵，叛军出动这么多军力，相当于用散打世界冠军去对付一个连站都站不稳的两岁小孩——实在是太浪费了。

但令狐潮并不这么认为。

他之所以要如此不计成本地兴师动众，主要是为了给家人报仇雪恨——当初张巡进入雍丘后，令狐潮留在城内的一家老小都被张巡斩首示众，因此令狐潮对张巡恨之入骨。

他要以泰山压顶之势，将张巡及雍丘军民压成齑粉！

在他看来，只要能将张巡打到报废，就无所谓浪费不浪费！

见叛军来势凶猛，城内军民一片恐慌。

而张巡的眼中却没有丝毫慌张，只有那种初恋少年第一次与心上人约会一样的兴奋。

他激动地对众人说，贼军人多势众，又都是精锐，必然会小瞧我们，绝对不会想到我们会主动出击。如果我们出其不意，对他们发动突袭，他们没有防备，一定会溃败。只有挫敌锐气，城池才可能守得住！

随后他留下一千人守城，自己亲率其余的一千人，分成数队突然冲出城门，直扑叛军大营。

张巡身先士卒，冲在最前面。

在他的带动下，义军全都奋勇无比，呐喊声震耳欲聋。

叛军也许会想到他们可能遇到风雨，也许会想到他们可能遇到狗屎，甚至会想到他们可能遇到雍丘城里派出的举着白旗前来投降的欢迎团，但他们万万没想到会遇到张巡的袭击，更没有想到会遇到如此猛烈如此锐不可当的袭击！

猝不及防之下，他们一下子就被斩杀了一大片。

其余的部队也惊魂未定，只能仓皇后撤。

不过，叛军毕竟人多，第二天又卷土重来，将雍丘城团团围住。

他们先是想不战而屈人之兵：叫你们老板出来！

城内回答：滚……

这下自然是谈不下去了，只能兵戎相见。

叛军调来多架重型装备——投石机，把雍丘城的女墙（古代城池上的齿状矮墙，相当于现在的栏杆）都砸烂了，然而张巡却不慌不忙，马上命人竖起早已准备好的木栅，以代替女墙。

见投石机效果不佳，李怀仙和令狐潮又改成强攻。

叛军架上云梯，一个接一个攀缘而上，张巡马上让人搬出早已准备好的茅草，在上面浇上油脂，点燃后往下投掷，叛军被烧得外焦里嫩，死伤惨重……

在接下来的时间里，叛军尽管将雍丘城围得水泄不通，日夜攻打，然而除了丢下无数的尸体，他们什么都没得到。

而张巡还经常趁敌军不备，出城发动偷袭，每次都大有斩获。

李怀仙和令狐潮心急如焚，却毫无办法。

茶叶每泡一次，茶水的浓度就淡一分；日子每过一天，叛军的信心就少一些。

六十多天后，叛军终于彻底失去了信心——撼山易，撼雍丘城难！

要想战胜张巡，除非山无陵，江水为竭，冬雷震震，夏雨雪，天地合。

无奈，李怀仙、令狐潮只得下令退兵。

初出茅庐的书生张巡就这样创造了奇迹——以区区两千人打败了四万人的围攻！

败事圣手杨国忠

甲之蜜糖，乙之砒霜。

张巡的奇迹，就是安禄山的奇耻大辱。

这段时间，安禄山心里很不爽，极其不爽。

自从称帝以来，他几乎就没打过什么胜仗！

除了失败还是失败，除了损兵折将还是损兵折将！

一入帝门深似海，从此胜利是路人！

前途在哪里？

他就是拿着高倍望远镜也看不到！

出路在哪里？

他就是搜遍了各种导航都找不到！

再这样下去，他的末日恐怕来得比他的生日还要快！

他甚至开始后悔，后悔自己不该造反。

他召来高尚和严庄，劈头盖脸就是一顿痛骂：都是你们两个鼓动我起兵造反，还口口声声说万无一失。现在大军受阻于潼关，几个月都进不了一步；北归范阳的道路又被切断了，我们所能控制的只有汴（今河南开封）、郑（今河南郑州）数州而已！你们说的万无一失在哪里？万劫不复还差不多！你们以后不要来见我了！

高尚、严庄两人吓得面无人色，几天都不敢露面。

幸亏从前线回来的叛军大将田乾真为他们求情，安禄山才放过了他们。

不过，怒气虽然平息了，安禄山的担心却没有平息。

他依然忧心忡忡，甚至产生了放弃洛阳、逃回范阳的念头。

他担心，如果自己始终拿不下潼关，而郭子仪、李光弼在拿下河北后乘胜直捣范阳，他的部队就会军心瓦解，自己就全完了！

然而这一切并没有发生。

因为就在此时，时局又发生了有利于他的大逆转！

本来已经山重水复疑无路的安禄山，迎来了柳暗花明又一村！

不是因为他自己的努力，而是由于唐朝内部出了问题。

问题主要出在杨国忠和哥舒翰两人身上。

哥舒翰早年曾浪迹江湖多年，是个江湖气很重的人。

他讲究义气，快意恩仇，对自己的恩人或朋友他非常仗义——比如对王忠嗣，但对于他的仇人或者政敌，他下起手来也毫不留情——比如对安思顺。

他和安思顺当年曾一起在河西共过事，两人的关系一直不睦，势同水火。由于他们地位相当，又都立有战功，因此谁也奈何不了谁。

可现在就不一样了。

哥舒翰是唐军事实上的最高统帅——兵马副元帅（元帅空缺），不久前又被加封为尚书左仆射、同中书门下平章事，出将入相，手握重兵，是目前皇帝最倚重的将领——没有之一；是目前地位最重要的大臣——没有之一。

而安思顺呢，他已经被解除了全部兵权，虽然挂了个吏部尚书的虚衔，实际上却根本不管事，早已退居二线，赋闲在家。

总之，如今两人无论是地位还是实权都相差极为悬殊，不可同日而语。

一个管着二十万大军，一个最多只能管家中的二十个奴仆；一个可以决定国家的前途命运，一个最多只能决定明天早饭吃大饼还是吃油条……

照理，安思顺现在只是一个人畜无害的退休老人，对哥舒翰没有任何威胁，哥舒翰根本没必要对他怎么样。

但哥舒翰却不这么想。

他的头脑中从来没有"凡事留一线，日后好相见"这样的词语，有的只是"顺我者昌，逆我者亡"这样的信条！

在他看来，仅仅让安思顺这个他曾经的死对头失去权力是远远不够的，失去生命还差不多！

他要让这个昔日的死对头，变成真正的死对头——死去的对头！

为此，他专门让人伪造了一封安禄山写给安思顺的信，对外宣称这是在潼关门口从一个叛军使者那里缴获的，并将信送给皇帝李隆基，同时又上表罗列了安思顺的七条罪状，请求李隆基将勾结叛贼的安思顺诛杀。

李隆基也许并不清楚哥舒翰的指控是否属实，可有一点他是清楚的——自己目前不能不依靠哥舒翰。

安思顺的生命，对现在的他来说，轻于鸿毛。

哥舒翰的效忠，对现在的他来说，重于泰山。

孰轻孰重，他还是有数的。

安思顺的命运就此注定。

很快，他和其弟太仆卿安元贞都被处死，两人的家属则被流放到岭南。

毫无疑问，安思顺是被冤枉的——假如他真的勾结叛贼，真的有反意，为何当初在朔方节度使任上有兵有权的时候不反，反而要在现在没兵没权的时候反？

实在是太不合常理了。

这一点，朝中不少人都是明白的。

只不过，在当时的气氛下，没有一个人敢提出来。直到后来安史之乱平定后，安思顺的老部下郭子仪上《请雪安思顺表》，安思顺才得以平反昭雪。

应该说，哥舒翰这种公报私仇的做法，让很多朝臣改变了对他的看法，甚至由粉转黑。

杨国忠也是其中的一个。

他和哥舒翰的关系本来还不错，两人都与安禄山不和，还曾结成同盟一起对付安禄山，但现在他对哥舒翰却很有意见。

这自然是有原因的。

原来，之前安思顺在回京后可能预感到哥舒翰会对自己不利，便未雨绸缪地投靠了杨国忠，给杨国忠送了不少东西。

收人钱财，为人办事，哥舒翰陷害安思顺的事件发生后，杨国忠当然要出面相救，站出来为安思顺说话，没想到结果却是对着香炉打喷嚏——碰了一鼻子灰！

这让杨国忠大受打击。

之前皇帝对他是言听计从的，而现在却变成了对哥舒翰言听计从！

可见，如今在皇帝的心目中，哥舒翰的地位已经超过他杨国忠了！

更何况，哥舒翰的手还伸得那样长，不仅管军队，还要管朝中的大臣！

这让他怎么能忍受！

而接下来发生的一件事，又让杨国忠感到更加不安。

我们知道，杨国忠这个人是很不得人心的，当时朝野上下有不少人认为安禄山是被杨国忠逼反的，只要杀了杨国忠，安禄山就失去了造反的理由，自然就退兵了。

哥舒翰的心腹爱将王思礼就是这么想的。

他对哥舒翰说，安禄山这次起兵是以清君侧为名，要求朝廷诛杀杨国忠。如果您留三万兵马守潼关，自己亲率精锐回军攻灭杨国忠，则叛乱可以不战而定，这是不世之功啊。当初汉朝汉景帝时期平定七国之乱就是这么干的……

哥舒翰没有理他，只是给他使了个眼色——那意思是，幼稚！

不过，王思礼的情商太低了。

他完全没有领会到领导的心思，居然又提议让他带三十名骑兵前往长安，把杨国忠劫持到潼关再杀掉。

见王思礼越说越离谱，哥舒翰忍不住发火了：不行！真要这么做的话，那造反的就不是安禄山，而是我哥舒翰了！

这事不知怎么传到了耳目众多的杨国忠的耳朵里。

杨国忠大为震惊。

如果说之前他对哥舒翰还只是嫉妒，那么现在就是害怕了。

万一哥舒翰真的像王思礼说的那样反戈一击，那他岂不是死无葬身之地！

他不由得吓出了一身冷汗。

怎么办？

思来想去，他觉得自己不该坐以待毙，而应早做准备。

于是，他连忙入宫找到了皇帝：潼关大军虽然兵力强盛，却没有后继之兵。万一失利，长安就危险了。臣恳请从京师各部门中选拔三千人加以操练，以备不时之需。

李隆基同意了。

有了皇帝的许可，杨国忠马上就雷厉风行地干起来。

至于兵力，当然不可能是三千人。

那只是个幌子，算不得数。

事实上，杨国忠这次组建的新军总兵力达到了一万三千人，出任主帅的，是他的亲信杜乾运。

他命杜乾运带兵驻扎在灞上（今西安市东），名为御敌，实为防备哥舒翰。

哥舒翰不傻，当然明白杨国忠的意图。

长安到潼关之间又没有一个敌人，你安置这么多部队干什么？不就是要对付我吗？

对于杨国忠，他是非常了解的——这个人别的本事没有，整人的本事可不小，不可不防。

为了防患于未然，他给皇帝上表，请求将杜乾运的新军划归自己麾下，以便统一调度，一致对敌。

李隆基觉得哥舒翰讲的似乎也挺有道理——兵马大元帅当然要指挥所有可能参战的部队，因此他没有多加考虑就答应了。

杨国忠心里那个气呀——我好不容易拉起来的队伍，居然如此轻松地被哥舒翰吞并了！

没过多久，更令他震惊的事发生了。

哥舒翰竟以议事为名把杜乾运召到潼关，随便找了个理由杀了！

听到这个消息，杨国忠本来就忐忑不安的心更慌了。

这个哥舒翰，下手实在是太狠了，他这么干，摆明着是成心和自己作对！

他无比肯定地相信，哥舒翰的下一个目标就是他杨国忠！

他无比肯定地相信，如果不先下手为强，后果将不堪设想！

数日后，一份情报被送到了李隆基的案头。

情报上说，这段时间叛军驻扎在潼关关外到陕郡一带的兵力只有叛军将领崔乾祐统领的四千人，且大多是老弱残兵，极易攻取，这是唐军夺回失地的绝佳机会！

从后来发生的事来看，这是个假情报。

那么，这份情报到底是怎么来的？

是叛军故意布下的陷阱，还是杨国忠为了陷害哥舒翰逼迫其出战而蓄意捏造的，或者跟人投胎一样纯属偶然？

由于史书的缺载，我们不得而知。

我只知道，就如一直手气不顺的赌徒突然抓到了一把久违的好牌，这个情报的出现让李隆基顿时感觉眼前一亮。

本来没有胃口的他现在吃吗吗香，一口气能吃五个肉包子！

之所以如此兴奋，是因为他实在是太渴望能早日夺回东都洛阳、平定叛乱了！

在哪里跌倒就要在哪里爬起，在他手上丢失的国土就要用他的手拿回来，在他手上丢掉的面子就要用他的手找回来！

只要洛阳一天没收复，他受伤的心就一直不能恢复！

现在有了这样的良机，他会无动于衷吗？

当然不会。

他立即派使臣前往潼关，命哥舒翰马上率部东征，进攻陕郡、洛阳。

哥舒翰大惊，连忙上疏阻止。

他坚决反对在此时与叛军决战，并列举了四条理由。

首先，安禄山久经沙场，经验十分丰富，不可能不做防备，这次他估计是故意用老弱来引诱我军，假如我军出战，很可能正好落入他设下的圈套。

其次，叛军远道而来，利在速战，我军占据险关，利在坚守。

再次，叛军残暴，不得人心，目前他们的形势日益不利，不久他们内部必然发生变乱，到时我们再乘机进攻，便可轻松获胜。

最后，我军各路兵马尚有很多没有集结完成，等全部到来后再与敌人决战更有把握。

在表文的最后，他苦口婆心地劝谏皇帝说，心急吃不了热豆腐，小不忍则乱大谋，千万不能急于求成！

几乎就在同一时间，河北前线的郭子仪、李光弼也向李隆基上表，提出了他们的下一步行动计划：臣等请求出兵北上攻取范阳，端掉叛军的巢穴，将叛党的妻儿收为人质，然后以此招抚他们，这样一来，叛党必然丧失斗志，不战自乱。潼关大军只要固守以疲弊敌军就行了，绝不可轻易出战。

正所谓名将所见略同，郭、李两人和哥舒翰的意见可谓不谋而合。

他们都提出了类似的策略——坚守潼关，等待战机。

但李隆基对此却并不感冒。

不是他不想等，而是他等不及。

他已经七十多岁了，余生已经没有多少时间了，他不想把自己惹下的麻烦留给子孙后代，无论如何他都要在自己的有生之年解决安禄山的问题，否则他会死不瞑目的！

更何况，如今的形势又是如此有利！

而杨国忠更是抓住一切机会在皇帝耳边怂恿。

他的目的很明确——借刀杀人。

他想的，是借安禄山的刀除掉哥舒翰！

或者至少让他们拼个两败俱伤！

至于如果哥舒翰败了长安怎么守的问题，他是不会考虑的。他想不了那么长远，这已经超出了他大脑的思考范围。

杨国忠一遍又一遍地对李隆基说：陛下，时间不等人，战机不等人！咱们不能再等下去了！如果等待真有用的话，蜗牛早就统治地球了！

在杨国忠的极力鼓动下，李隆基不停地派出使者前往潼关，逼迫哥舒翰率军出击。

哥舒翰本来还想继续上表辩解，可李隆基根本不给他这个机会——使者一个接一个，常常是一个使者刚宣读完诏令，另一个使者又到了，比我现在每天接到的骚扰电话还要频繁。

骚扰电话我可以直接挂掉，但皇帝的圣旨哥舒翰却不可能置之不理。

他还能再说什么呢？

君命难违，他就是再不愿意，也不能再违抗皇帝的旨意了。

因为他知道，如果再抗命不出，等待他的肯定会是和高仙芝、封常清一样的命运！

灵宝之战

公元756年六月四日，躺在病床上的哥舒翰领着大军离开潼关，踏上了东征之路。

三天后，唐军来到了灵宝西原（今河南灵宝西北）。

这里南依高山，北临黄河，中间是一条长达七十里的曲折隘道，依山傍水，林幽谷深，悬崖如削，古木参天，太阳松间照，清泉石上流，风景十分秀丽，是一处不错的旅游景点。

不过，唐军可不是来旅游的，而是来打仗的。

从军事的角度来看，这里的地形对唐军就非常不利了——他们人数虽多，但在狭窄的隘道里却根本无法展开，根本无法发挥出人数的优势，如果崔乾祐在此设下埋伏，据险以待，居高临下，唐军躲都没有地方躲，逃都没有办法逃，只能成为活靶子！

哥舒翰对此忧心忡忡。

他没有贸然进军，而是先与司马田良丘等人坐船在黄河上观察敌情。

果然不出他所料，他在山间发现了叛军的踪影！

尽管看起来敌军的人数并不多，可哥舒翰还是感觉到了问题的严重性——如果再继续向前，等着他的，必然会是一场恶战！

然而他现在已经别无选择。

他只能进，不能退，前进尚有一线生机，后退定是死路一条！

他只能明知山有虎，偏向虎山行！

即使付出再大的代价，他也必须杀出一条血路，冲出西原这个险地！

他命大将王思礼率五万精锐为前锋，在前面开道，部将庞忠等领兵十万为后继，自己则带着其余的三万人渡过黄河，在北岸的一处高地上督战，并为南岸的主力擂鼓助威。

158

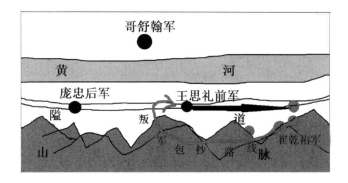

之所以如此安排，哥舒翰是费了一番脑筋的。

将部队一分为三，是为了相互呼应、相互支持，避免所有鸡蛋都放到一个篮子里；他自率三万人到北岸，一方面是为了在南岸战事胶着时可以充作预备队投入战斗；另一方面也是考虑到万一主力全军覆没，他可以带着这支部队迅速赶回潼关，继续固守。

可见，他对此战是做了最坏的打算的。

但形势的发展却比他设想的最坏的情况还要糟。

王思礼的前军在进入隘道后，发现面前的叛军非但数量比自己少得多——估计至多也只有万把人，而且摆出的阵形比一千多天没洗头的流浪汉的发型还要乱，三三两两、歪歪斜斜、松松垮垮、懒懒散散、东一坨西一坨的……

这样的军队，要是能有战斗力，那癞蛤蟆都能飞上天了！

唐军都忍不住笑了。

事实也证明了他们的判断——唐军刚一冲锋，叛军就一触即溃，纷纷抱头鼠窜。

见叛军如此不禁打，唐军自然要穷追不舍。

此时的他们，根本没有想到叛军主力早已埋伏在前面山上的各处险要，正居高临下，严阵以待，等着唐军的到来！

唐军进入伏击圈后，在山顶指挥作战的崔乾祐一声令下，一个又一个滚木、一块又一块巨石从峭壁上被推了下来。

刹那间，无边落木萧萧下，不尽巨石滚滚来……

众多唐军将士还没来得及反应，瞬间就被砸成了肉饼，其余人则在狭窄的隘道上挤成了一团，枪槊根本施展不开——一伸出来就戳到自己人……

王思礼见状大惊。

不过，他毕竟是一名久经沙场的宿将，头脑还是很清醒的。

他知道此时绝对不能停留，否则就是坐以待毙，必须不惜一切代价尽快冲出去！

于是他连忙按照哥舒翰之前的安排，命部下将毡车（所谓毡车，即顶上蒙有坚实牛皮的战车，有很强的抗击打能力，相当于古代的坦克）推到了前面，企图凭借毡车的掩护冲出一条血路，杀出重围。

然而这依然是徒劳。

他的对手崔乾祐似乎早就摸准了毡车的命门——防空、防刀、防水却不防火！

他让部下用数十辆装满干草的大车挡住了唐军的毡车，随后纵火焚烧。

当时正值中午，吹的又是东风，烈火带着浓烟一下子如水库泄洪一般猛烈地冲向西面的唐军。

唐军被烟熏得根本睁不开眼睛，完全看不到前面的情况。

狡猾的崔乾祐趁机命叛军大声鼓噪。

唐军以为叛军杀了过来，尽管什么都看不见，但为了自保，他们也只能拿起刀枪四处乱挥，弓弩手则凭直觉向四周乱射……

是呀，既然打字可以盲打，打仗当然也可以盲打！

直到太阳西斜、浓烟散尽，视线变得清晰，眼前变得明朗，唐军才发现他们的周围根本就没有一个敌军！

整整一个下午的时间，他们一直在自相残杀！

此时五万唐军前锋已经折损大半！

那些侥幸幸存的唐军残兵也无比沮丧：搞了半天，他们杀死的竟然是自己的兄弟，自己的朋友！

显然，这是最让人难受的。

一个人开车撞死路人，也许他还有可能保持住理智，可如果他开车撞死的是自己的家人，恐怕任何人都接受不了！

可以说，唐军此时的感觉和撞死家人的司机是一样一样的。

他们的头脑一片空白，眼前一片茫然，心中一片慌乱。

因为他们已经六神无主不知如何是好了。

惊魂未定之际，他们的身后又传来了一阵阵呐喊声。

原来，崔乾祐派一支同罗骑兵绕到了他们的西面，从后方对他们发起了攻击！

仿佛早已不堪重负的骆驼被压下了最后一根稻草，无论是体力还是意志力都已经濒临崩溃的唐军这下彻底失去了斗志，只能争相逃命。

但前路被堵，后有敌军，右边是险峻的大山，左边是汹涌的黄河，他们又没有翅膀，能逃得到哪儿去？

除少数人窜入山谷侥幸逃脱外，其他人不是被挤入黄河淹死，就是被叛军杀死，惨叫声不绝于耳，隘道上尸横遍野……

最终，王思礼的前军基本全军覆没。

不过，虽然前军惨败，可庞忠等人所率的后军所受的损失并不大，如果应对得当，还是有可能稳住阵脚甚至反败为胜的。

这也是哥舒翰在战前之所以要把部队分成前后两部的目的所在。

应该说，他这个设想是没有问题的。

可问题在于，很多时候设想和现实之间的差距是很大的。

由于王思礼的前军是唐军中最精锐的，战斗力是最强的，后军在得知他们惨败后，竟然不战而溃了！

这其实是可以理解的——就像一道题如果班里最厉害的学霸都做不出来，其他的学渣通常都会直接放弃一样。

基于同样的原因，就连哥舒翰亲自统领的北岸三万人也全都一哄而散了！

眼看自己几乎成了光杆司令，哥舒翰知道败局已不可挽回，无奈只好长叹一声，由百余名亲随护送着西逃，在首阳山（今山西永济南）以西渡过黄河，退往潼关。

与他差不多同时抵达潼关附近的，还有不少唐军残部。

哥舒翰英雄末路

然而，考试的最后一道题往往是最难做的，接近目的地的最后一段路往往是最难走的。

就在潼关城外，唐军又遭到了严重损失。

造成这一切的，竟然是他们自己挖的坑！

原来，之前哥舒翰为了阻挡叛军进攻，在潼关周围挖了三条宽两丈、深一丈的壕沟，现在由于跑得太急，加上当时又是晚上，看不大清楚，唐军连人带马纷纷掉了下去，竟然很快就将壕沟填平了，而后面的唐军则全都把他们当成人肉浮桥，一个接一个地从他们的身上踩了过去!

最后，撤回潼关的哥舒翰清点残兵，只剩下了八千余人!

显然，凭借这已成惊弓之鸟的八千败军是不可能守住潼关的。

六月九日，也就是哥舒翰跑回潼关的第二天，崔乾祐统率的叛军也追到了潼关关外，随即发起猛攻。

不到一天时间，潼关就陷落了。

哥舒翰只能继续向西撤退，一直退到了关西驿（今陕西华阴东）。

顽强的他还不肯服输，又在那里张贴告示，想要收集溃逃回来的散兵，整军再战，夺回潼关。

此时他的心情，就相当于一个患有某种隐疾的男人，明明知道自己那方面不行，但还是不肯放弃希望，依然无时无刻不在期盼着能再次雄起。

但旁观者清。

到了这个地步，除了他本人，几乎所有人都不相信他还能再翻盘了。

他的部将火拔归仁也是其中的一个。

这天，哥舒翰正在驿站内苦思冥想，正想到第八十八个方案的时候，火拔归仁突然推门进来了。

他心急火燎地对哥舒翰说，贼军马上就要到了，情况万分紧急，请大帅快走!

哥舒翰大惊，慌忙起身，随后艰难地上了马——看来这段时间他的身体似乎恢复了些，虽然动作还不是很协调，走路一瘸一拐的，可至少能勉强骑马了。

没想到刚出驿站，他就被以火拔归仁为首的百余名部下拦住了去路。

火拔归仁率众跪在他的马前，对他说，一战就损失了二十万大军，大帅您还有何面目去见天子?难道您没有看见高仙芝、封常清的下场吗?请您跟我们一起东行!

哥舒翰严词拒绝：我宁可像高仙芝一样死，也绝不会降贼!

可惜，掉毛的凤凰不如鸡，光杆的司令不如兵。

他现在说的话就是再硬气，在火拔归仁的眼里也不过是空气。

火拔归仁带着几个兵士一拥而上。

哥舒翰连忙大喊：啊!不要!不要!……

　　然而火拔归仁非但根本不听，反而像捆猪一样硬是把哥舒翰的双脚捆在了马肚子上，随后带着他直奔潼关，投降了叛军。

　　很快，哥舒翰被押送到了洛阳，带到了安禄山面前。
　　安禄山扬扬得意地问他，你以前一直看不起我？现在感觉怎么样啊？
　　哥舒翰怒目圆睁，不屑一顾地说，虽然你现在很得意。但别忘了，老天要玩残一个人，一般都会把他捧得高高的，因为这样摔下来死得更惨！
　　安禄山恼羞成怒，下令将哥舒翰处死。
　　随后哥舒翰壮烈牺牲。
　　…………

　　是不是很悲壮？
　　确实很悲壮——唯一的缺点是：它不是真的，而是我虚构的。

　　事实上，史书上记载的与之完全相反：
　　曾经叱咤风云的大英雄哥舒翰在被俘后的表现令人大跌眼镜，竟然一下子秒变大尿包。
　　他扑通一声跪在了安禄山面前，叩头如捣蒜：臣肉眼凡胎，不识圣人，罪该万死。不过如今天下尚未太平，常山的李光弼、东平（今山东东平）的李祗、南阳的鲁炅都曾是我的部下，陛下如能留臣一命，让臣写信招降他们，不日就可平定天下。
　　安禄山大喜，当即封哥舒翰为司空、同平章事。
　　同时他又把火拔归仁抓起来斩首：你不忠不义，我岂能容你！

　　但没过多久，安禄山就变了脸。
　　因为事实证明，哥舒翰对他毫无用处——哥舒翰给李光弼等人写的招降信，都无一例外地被退了回来！
　　不仅如此，李光弼等人还在回信中责骂哥舒翰贪生怕死，不能以死报国，辜负了朝廷的信任！
　　安禄山大失所望。
　　他并不是一个宽宏大量的人，在发现哥舒翰没有任何利用价值后，还会再厚待这个当年的死对头吗？
　　会，就不是安禄山了。
　　很快，哥舒翰就被囚禁了起来。

他失去的不只是自由，还有他的一世英名！

这当然不是哥舒翰一人的悲剧。

潼关失守后，河东、华阴（今陕西渭南华州区）、冯翊、上洛（今陕西商洛）等地的唐朝守将都纷纷弃城而逃，士兵们也都作鸟兽散。

大唐国都长安就此门户洞开！

第十四章　马嵬疑云

挥一挥衣袖，不带走一个多余的人

显然，长安的陷落已经只是时间问题了。

皇帝李隆基对此也心知肚明。

哥舒翰兵败灵宝后，曾第一时间派人回京报告。

李隆基没有召见。

因为他似乎已经猜到发生了什么。

不过，此时的他对保住潼关还抱有一丝希望，还特意派杨国忠的亲信、剑南将领李福德率三千人前往潼关驰援。

直到六月九日也就是潼关陷落那天的傍晚，他登上高台，没有看见从潼关方向传来的平安火（唐朝制度规定，每隔三十里设立一个烽火台，每天天一黑，各台相继点燃，以示平安，故称平安火），李隆基这才慌了神。

一夜无眠。

次日天刚亮,他就派人召杨国忠、韦见素两位宰相前来商议: 潼关已失,长安危急,如何是好？

杨国忠倒是胸有成竹，马上就提出了他的应对策略。

他的提议只有两个字：幸蜀——巡幸蜀地。

蜀地，也就是现在的四川，当时属剑南道，那里号称天府之国，自古以来就是富庶之地，粮食、矿产等各种资源都十分丰富，地形也易守难攻，更重要的是，多年来杨国忠一直遥领剑南节度使，他把蜀地当成自己的自留地，在那里安插了很多心腹。叛乱爆发后，他又让剑南节度副使崔圆在成都储备了大量物资，做好了往剑南跑路的充分准备。

杨国忠觉得，养蜀千日，用蜀一时，此时不用，更待何时？

而到了这个时候，李隆基也想不出更好的办法。

沉吟一会儿后，他表态道：就这样吧。

但真要放弃长安，李隆基心中还是有些难舍的。

毕竟，他在这里出生，在这里成长，在这里君临天下，又在这里步入辉煌，长安是他的都城，也是帝国的灵魂，他对这里，有着无可替代的感情！

见李隆基还在犹豫，杨国忠万分焦急。

他一边让韩国夫人、虢国夫人进宫劝说皇帝早点动身，一边又趁这个时间将文武百官全部召到了朝堂上。

他摆出一副手足无措的样子，流着眼泪问大臣们：各位，有何御敌之策？

没人回答。

大家全都眼观鼻，鼻观心，心中不停地质问杨国忠：都是你搞出来的事情！现在弄成这样，谁还帮得了你？

当然，这些话他们是不会说出口的。

现场一片沉默。

这正是杨国忠需要的效果。

见大家都不作声，他这才抹干眼泪，说出了他早已准备好的一番话：安禄山会造反，早在十年前就有人说过了，可圣上偏偏不信。今日之事，非宰相之过！

原来杨国忠今天召开这个会议，目的竟然是推卸责任！

大臣们都惊呆了。

对杨国忠的脸皮厚度，他们无比佩服。

对大唐帝国的未来前景，他们难免看衰。

这也是可以理解的。

如果一艘船在遇到危险时，船长第一时间想的不是抢险，而是声明险情和自己完全没有关系，你还会安心坐在这艘船上吗？

就在官员们人人自危的同时，李隆基也下定了离开长安的决心。

毫无疑问，皇帝要跑路这样的事，知道的人肯定是越少越好，否则人心一乱，想跑也不一定跑得了。

为此，李隆基特意策划了一出戏。

六月十二日，他照常召开朝会。

可能是前一天杨国忠的发言大大打击了大臣们的信心和忠诚度，这次上朝的官员很少。

尽管出席的大臣至多只有平时的五分之一，但李隆基的豪情却比平时至少要高出五十倍。

他先是慷慨激昂地发表了与叛军血战到底的战前演说，接着又宣布了一个重要决定：朕要御驾亲征！

自从安禄山起兵以来，这已经是他第三次宣称要亲征了，也许前两次多少还有人相信，但这次还信的更少了。

因为谁都知道，就算皇帝真有雄起的心，也没有打仗的兵！

他们全都用一种看笑话的眼神看着皇帝，仿佛在看一个浑身酒气的醉鬼说"我没有喝酒"……

不过，李隆基对此似乎也无所谓。

他其实并不在乎别人信不信，他要做的只是个姿态而已——表明自己决心与叛军战斗到底，是绝不会放弃长安的。

完成了出征的表态，接下来要做的当然是出逃的准备。

李隆基任命京兆尹魏方进为御史大夫兼置顿史（大约相当于流亡朝廷的后勤主管），京兆少尹崔光远为新任京兆尹兼西京留守，宦官边令诚掌管宫中事务，同时又命人快马前往成都，以颖王李璬（李隆基第十三子）即将赴任剑南节度使为名，要求剑南道的相关机构做好接待事宜。

当天晚上，他又让龙武大将军陈玄礼将禁卫六军集合起来，对他们大加赏赐，还从大内马厩中挑选了九百多匹良马，以备路上使用。

陈玄礼是李隆基最信任的禁军将领，曾参与诛杀韦后的唐隆政变，跟随他已有四十多年，向来以为人谨慎、忠诚可靠而著称。

这次，李隆基把路上的安保工作全权交给陈玄礼来负责：我和贵妃的安全就靠你了！

陈玄礼恭恭敬敬地回答：臣一定尽力确保陛下的安全！

六月十三日凌晨，天还没亮，李隆基带着杨贵妃姐妹、太子李亨、皇子、公主、嫔妃、皇孙以及宰相杨国忠、韦见素、御史大夫魏方进、龙武大将军陈玄礼等少数几个大臣，加上部分亲信宦官、宫女，在陈玄礼统领的禁军精锐的护卫下，偷偷出了延秋门（宫城西门），随后一路向西逃亡。

由于此行极为仓促，李隆基甚至没有通知那些住在宫外的诸王、公主、皇孙等皇家贵胄，更不用说是一般的大臣了！

悄悄地他走了，正如他悄悄地想；他挥一挥衣袖，不带走一个多余的人！

在经过绢帛堆积如山的左藏库（即国库）时，杨国忠请求将其焚毁，以免落到叛军手里。

李隆基没有同意：算了！还是别烧吧！贼人来了，要是搜不到东西，必定会对百姓大肆劫掠，不如把这些都留给他们吧，免得他们加害朕的子民……

出长安西门不远，前面就是西渭桥。

西渭桥又称便桥，是当时通往西域、巴蜀的交通要道。

队伍过桥后，杨国忠立即命令士兵放火烧桥，以阻止敌人的追兵。

走在前面的李隆基回头看到火光，连忙阻止：大家都要避乱逃生的，为何要断掉别人的生路呢？

他当即命高力士带人回去灭火，直到火被扑灭了才重新上路。

由此可见，与只为自己谋利益、从不考虑其他人的杨国忠不同，李隆基的心中还是有百姓的，只是因他不理朝政多年，又用人失察，才造成了这样的严重后果！

过了西渭桥后，李隆基一行继续往西进发。

此时天已经慢慢亮起来了。

新的一天到来了。

尽管长安城内已经人心惶惶，但太阳依然照常升起，上朝的钟声依然照常响起，一些官员依然还是照常来到宫门外，准备上朝。

宫城依然是那样巍峨，卫兵依然是那样严肃，树上的鸟儿依然叽叽喳喳……

看起来，一切和往日似乎并没有什么不同。

然而等到宫门开启后，人们却发现一切都变了。

之前庄严肃穆的皇宫变得比车祸现场还要嘈杂纷乱，那些宦官和宫女一边像无头苍蝇一样到处乱窜，一边失魂落魄地大声惊呼：陛下不见了！陛下不见了！……

很快，这一惊人的消息就传遍了长安城——大唐帝国倒闭了！王八蛋老板李隆基带着他的小舅子跑了！

代表政府最高权威的皇帝不在了，长安城自然顺理成章地进入了无政府状态。

不少王公大臣、士绅富豪都纷纷出城逃命，那些地痞流氓则乘机趁火打劫，冲进原先他们可望而不可即的豪宅大院，大肆烧杀抢掠，秋毫必犯，童叟必欺……

有些胆大的甚至闯入皇宫，争抢金银珠宝，争夺绝色宫女，抢完后为了避免追究，他们又放火焚烧了左藏和大盈（存放皇帝个人收藏的库房）两库！

一时间，宫内火光冲天，哭声震天，曾经的人间天堂几乎变成了人间炼狱！

好在李隆基新任命的京兆尹崔光远还是有一定能力的，面对乱局，他挺身而出，一面派人救火，一面又领兵格杀了十几个暴民，总算暂时制止了暴乱。

当然，他也清楚地知道，长安肯定是守不住的——凭自己手下那点人，打几个蟊贼还可以，可要和叛军主力对抗恐怕连塞对方的牙缝都不够。

既然已是必然，何不主动一点？

更何况，皇帝可以来一个说走就走的逃亡，我为什么不可以来一个说干就干的投降？

因此，在长安局势稳定后，崔光远第一时间就派儿子前往潼关，向叛军递上降书，表示愿意献出长安归降。

边令诚也不甘落后，也派人将其掌管的宫廷钥匙悉数交给了叛军。

不过，尽管长安已是唾手可得，但叛军并没有马上入驻，而是在潼关整整逗留了十天之久。

据说这是安禄山下达的指示。

也许他是想给李隆基留下逃亡的时间吧。

毕竟老皇帝对他曾经恩重如山，他不想让李隆基过于难堪。

宛转蛾眉马前死

正是安禄山的这个命令救了李隆基。

因为他逃亡的速度非常慢。

之所以会这样，一方面是因为队伍中有不少女眷和儿童，根本就跑不快；另一方面是由于当时正值盛夏，天气炎热，走路五分钟，出汗两小时，走一会儿就得歇一会儿。

除此以外，还有一个最重要的因素——这一路上，发生的事实在太多了。

出长安后，李隆基命宦官王洛卿先行，让他提前告谕沿途郡县准备接待。

这天中午，队伍抵达了距离长安四十里的咸阳望贤宫（李隆基开元中期修建的一处行宫，位于今陕西咸阳东）。

按照李隆基的设想，长安县令应该早已备下好酒好菜迎候在这里了。

赶了大半天的路，他早已饥肠辘辘，早就盼着能大碗喝酒大口吃肉大快朵颐了！

到了那里他才发现，望贤宫内外不仅空无一人，而且空无一物！

一打听，才知道咸阳县令和县衙的官员们都已经逃走了，就连他派出的王洛卿也跑路了。

李隆基还不死心，再次派宦官前去征召他们。

可他坐在望贤宫门口的树下等了很久，依然没有任何人来见他。

见老皇帝饿得实在受不了，杨国忠只好亲自到市场上买了几个胡饼（也就是现在的芝麻饼）来给他充饥。

但其他人依然只有流口水的份儿——无论是倾国倾城的妃子，还是身份高贵的皇子。

就在他们饥饿难耐的时候，总算有当地百姓送饭来了。

尽管都是糙米饭，中间还夹杂着麦粒和豆子，无论是品相还是味道都不敢恭维，但饥饿是最好的开胃菜，那些平时吃惯山珍海味的皇子皇孙此时根本顾不上形象，一见来了饭就一拥而上，根本等不及拿筷子，全都直接用手抓着吃，转眼就将所有食物扫荡一空，吃完了还感觉意犹未尽，又把碗舔了个遍，直到舔得光可照人……

百姓的雪中送炭，让李隆基也很感动——这是绿叶对根的情意，这是大唐子民对我的敬意！

他连忙命人拿钱酬谢百姓，还好言好语慰劳他们。

而百姓们看见平时像神一样神圣的天子现在这么狼狈——这哪像什么皇帝呀，身上脏兮兮的，头发乱糟糟的，手上黑乎乎的，表情苦哈哈的，如果身前放个盆，就是乞丐！

他们都情不自禁地哭了起来。

李隆基也忍不住老泪纵横。

有个叫郭从谨的老者直言不讳地对李隆基说，安禄山包藏祸心，已经很久了，之前也有人入宫揭发他的阴谋，可陛下不但不信，还常常诛杀举报者，这才导致安禄山奸贼得逞，陛下也不得不离开长安。当初先王之所以要延访天下忠良、广开言路，为的就是避免您这种情况啊。臣记得当年宋璟当宰相时，经常直言进谏，天下安稳太平。可是后来，朝中的大臣都不敢说真话了，只有阿谀奉承以取悦陛下，所有宫门之外的事，陛下都不得而知。即使我这种草野之民，都料到会有今天这种事发生。然而宫禁森严，区区之心根本无从上达……不过话又说回来，要不是这样，我怎么可能有机会与陛下当面交谈呢？

李隆基听了羞愧难当，久久都抬不起头来：这确实是朕的过错，如今悔无所及！

这时尚食（负责宫廷膳食的官员）总算求得食材，做好御膳送了上来。

李隆基将膳食分赐给随从官员，自己到最后才吃。

之后队伍继续上路，于半夜时分到达金城（今陕西兴平）。

想不到这里的情况比咸阳更糟，不仅县令和官员都逃了，连百姓也跑得差不多了。

所幸驿站中还留有不少食材，锅碗瓢盆也都不缺，士卒们自己动手，总算勉强填饱了肚子。

吃完晚餐，李隆基环顾左右，发现随从人员比从长安出发时少了很多——仅仅一天时间，竟然逃走了一大半人，其中甚至包括深受他信任的内侍监（宦官总管）袁思艺！

然而他现在已经顾不上伤感了。

他太累了，需要休息了。

驿站内没有灯，床位数也远远不够，平时养尊处优的众多官员和皇子皇孙只能和奴仆士卒一起席地而睡，一起随地大小便，场面混乱不堪。

第二天天刚亮，李隆基一行又出发了。

中午时分，队伍抵达马嵬驿（今陕西兴平西）。

这是当时极为普通的一个大唐驿站。

这也是现在知名度最高的一个大唐驿站。

当然，在这个驿站中将会发生什么，李隆基那时并不知道。

他只知道，赶了半天的路很累，便带着杨贵妃以及部分官员、皇子进驿站休息了。

由于驿站容量有限，禁军将士只能待在外面。

时值盛夏，又是正午，天气越来越热，将士们的心情也越来越烦躁。

是呀，本来他们在长安过得好好的，现在却被迫抛妻弃子、离乡背井，连饭都吃不饱，连觉都睡不好，大热天连个遮阴的地方都没有！

站岗日当午，汗滴脚下土。谁知龙武军，人人皆辛苦！

他们全都忍不住怨声载道。

每个人的脸上都写满了不满，每个人的眼中都充满了愤怒！

如果把他们的怨恨情绪比作一个水库，那么此时水库的水位早已大大地超过了警戒水位，洪水随时都可能破堤而出，冲垮一切！

对此，经验丰富的主帅陈玄礼非常担心。

他知道，就像水库水位过高时必须及时打开泄洪口泄洪一样，他也必须及时为将士们的情绪找到一个宣泄的对象，否则后果将不堪设想！

这个对象，最合适的无疑是早已人神共愤的杨国忠！

于是，他慷慨激昂地对部下说，如今天下崩离，无数人肝脑涂地，若非杨国忠胡作非为、祸国殃民，国家何至于此！我等何至于此！不杀杨国忠，无法平民愤！不杀杨国忠，不能救国家！

他的话让将士们一下子就沸腾了：我们早就盼望着这一天了！

随后他们一起去找杨国忠算账。

这时，随同李隆基等人逃出长安的二十多个吐蕃使节正围在杨国忠的马前诉苦，说他们肚子饿，让杨国忠帮忙解决。

杨国忠还没来得及回答，就被士兵们发现了。

见他和胡人在一起，他们更火了。

有人大叫：杨国忠勾结胡虏谋反！

没等杨国忠反应过来，一支箭已经射了过来，正中他的马鞍。

杨国忠知道不妙，撒腿就跑。

可平素养尊处优的他怎么可能跑得过那些士兵？

刚进驿站的西门，他就被士兵们追上，剁成了一堆馄饨馅儿。

士兵们还不解气，又把他的脑袋割下来，用枪挑着挂在驿站大门外示众。

紧接着杀红了眼的士兵又一口气杀了杨国忠的儿子——户部侍郎杨暄，以及韩国夫人、秦国夫人。

御史大夫魏方进看到这一切很激动：哇，你们居然杀了宰相（杨国忠这家伙，不是个东西，早就该杀了）！

可惜，括号里的话还没来得及说出来，他就被士兵们砍死了。

另一名宰相韦见素闻乱而出，没想到一出门就被士兵们打倒在地，顿时血流满面。

幸运的是，他之前为官清正，名望还算不错；更幸运的是，有人认出了他，大叫"不要伤害韦相公！他是个好人"；更幸运的是，这个人不仅动口，还动手相救！

韦见素这才侥幸逃过了一死。

此时正在驿站里休息的李隆基也听到了外面的喧哗声，忙问左右：什么事？

左右告诉他是杨国忠造反，已被将士们杀了。

李隆基简直不敢相信自己的耳朵：这怎么可能？

说杨国忠造谣，他信；说杨国忠造假，他信；说杨国忠造绯闻，他也信；但要说杨国忠造反，他是万万不信的！

他慌忙拄着拐杖颤颤巍巍地来到了驿站的门口。

看到群情激愤的禁军士兵，他一下子全都明白了——一定是发生了兵变！

不过，他并没有指责士兵。

他毕竟久经风浪，知道目前的当务之急是要平息士兵们的怨气，以免造成更严重的后果。

他只能强按下心中的怒火，只能硬摆出一副和蔼可亲的样子，好言好语地安抚将士们：虽然你们中间很多人我之前并不认识，但我现在感觉和大家都很熟……为什么呢？……因为天太热了……哈哈……为什么大家都不笑……是不是感觉这个笑话很冷……嗯，冷就对了，这么热的天，冷一点才舒服……好了，不多说了，大家都辛苦了，都回去吧！

在李隆基看来，这等于是默许了他们斩杀杨国忠的行为，应该可以满足他们的要求了。

没想到将士们依然全都一动不动地站在门口，表情依然严峻得像正在参加葬礼，手中的刀枪依然闪着刺眼的寒光。

李隆基很尴尬，也很不悦——居然把皇帝的指示当成放屁！不，屁都不如！闻到屁你们还会掩鼻呢，听了我的话你们竟然什么反应都没有！

可是他又不能发作，只好让高力士出面询问他们到底想干什么。

陈玄礼代表麾下将士高声回答：杨国忠谋反，贵妃是他的妹妹，不宜再侍奉在圣上身边，希望陛下忍痛割爱，将其正法！

李隆基闻言大惊。

要亲口下旨杀掉自己最心爱的女人，这是他之前做梦都没想过的！

然而他也知道在这种情况下如果他不答应士兵们的要求，后果肯定是灾难性的。

他只能喃喃地说，这件事朕自己来处理吧。

随后便转身回到了驿站内。

他倚着手杖，仰望苍天，呆呆地站了很久。

他到底在想什么，没人知道。

但很多人都知道，再这样拖下去是肯定不行的。

见李隆基迟迟下不了决心，韦见素之子——京兆司录韦谔急了。

他鼓起勇气冲到皇帝身边，一边不停地用力磕头，磕得额头出血；一边大声劝谏道，众怒难犯，安危就在瞬息之间，请陛下速做决断！

这个道理，李隆基怎么会不懂？

可是要他就这样放弃贵妃，他还是无比不舍，还是无比不甘。

这是可以理解的。

就像一个本来拥有傲人双峰的美女得了乳腺癌，医生提出要切除乳房，她肯定是不愿意的，肯定会恳求医生尽量保住她的双乳。

李隆基也是这样。

直到这时，他依然还是不愿放弃保住杨贵妃的最后一丝希望，喃喃地说，贵妃常居于深宫之中，怎么知道杨国忠谋反的事？

关键时刻，高力士站了出来。

他对皇帝说，贵妃确实无罪，不过将士们已经杀了杨国忠，他的妹妹却依然侍候在陛下左右，他们岂能安心？将士们安心，陛下您才能安全啊。请陛下三思！

高力士的话一下子点醒了李隆基。

是呀，贵妃不死，军心难安。

军心不安，他和他的大唐朝廷就可能毁于一旦！

贵妃就算有一万个不用死的理由，也不能不死！

就像大多数女人在保乳和保命之间最后还是会选择保命一样，李隆基最终还是下达了赐死杨贵妃的命令。

他命高力士把贵妃带到佛堂，用白绢将其缢杀。

一代佳人就此香消玉殒，时年三十八岁。

也许杨贵妃在九泉之下会觉得自己很冤——她只是一个向往美、向往爱情、向往享受的正常的女人而已，几乎从不插手朝廷政务，为什么却偏偏落得这样的下场？为什么那些男人犯的错要由她这样一个弱女子来承担？

然而我记得有句话是这么说的：天下兴亡，匹夫有责。

任何一个人如果只沉醉于自己的生活，却对天下事漠不关心，都是一种不负责任的表现——不管是古代，还是现代；不管是男人，还是女人。

因为很多时候，你不问世事，世事也会主动来追问你；你不关心政治，政治也会主动来关心你！

更何况，杨贵妃并不是一个普通的女人，而是皇帝身边"礼数实同皇后"的贵妃！

有着这样的身份，怎么可以只在意自己过得好不好，不在意百姓吃得饱不饱呢？

当然，责任更大的无疑是李隆基。

但那些禁军将士却没有怪罪皇上，而只是将杨国忠和杨贵妃作为替罪羊——谁让他们姓杨呢？

这可能就是时代的局限吧。

在那些士兵的眼里，皇帝是天命所归，是特殊材料做成的，本质上必然是好的——要不然怎么会当上皇帝呢。

在那些士兵的眼里，皇帝犯错，通常只有两种可能：一是受到奸臣（杨国忠）或狐狸精（杨贵妃）的蛊惑；二是你的眼瞎了……

扯远了，接下来让我们把视线拉回到现场。

杨贵妃死后，她的尸体被抬到了驿站的庭院中。

陈玄礼等人在验明死者确实是贵妃无误后，这才脱下盔甲，叩头请罪。

李隆基自然要竭力抚慰，并让他们出去告知军士。

得知皇帝顺应他们的要求处死了贵妃，将士们全都掌声雷动，高呼万岁。

这就是史上著名的"马嵬驿之变"。

那么，究竟谁才是此次事件的幕后主谋？

有人认为是太子李亨。

史书上明确记载，兵变之前，陈玄礼曾通过东宫宦官李辅国与太子联系过，虽然李亨当时没有表态，却也没有阻止。

可见，他是默许的。

不过，要说是他策划了这次事变，好像也并不太令人信服。

因为李亨尽管当了多年的太子，可长期以来一直都是被边缘化的，根本没有掌控禁军的能力，与陈玄礼似乎也没有任何私交——陈玄礼是李隆基的心腹，之后也一直跟着李隆基，并没有追随李亨，而李亨继位后，也没有对陈玄礼有任何特殊的封赏，反而还逼迫他提前退休。

真相到底如何，我们已经不知道了。

但毫无疑问，这次兵变对当时的政局是有着积极意义的。

正是因为诛杀了祸国殃民的杨国忠和作为皇帝替罪羊的杨贵妃，将士们腹中的怨气才得到了充分的消解，李隆基和他的大唐朝廷才能够得以保全！

唐代诗人杜甫在他的诗《北征》中甚至将陈玄礼视为保存大唐国脉的大功臣：

……桓桓陈将军，仗钺奋忠烈。微尔人尽非，于今国犹活……

第十五章　李亨灵武自立

你莫走!

六月十五日，也就是马嵬驿之变后的第二天清晨，李隆基一行离开马嵬驿，再次向西出发了。

没想到刚出发不久，又出现了新的麻烦——将士们对他们此行的目的地产生了异议。

他们不愿再按原来的计划去蜀地。

在他们看来，蜀地将吏都是杨国忠的死党，而如今杨国忠被他们杀了，去那里恐怕会有危险!

可如果不去蜀地，又该去哪里呢?

将士们议论纷纷，莫衷一是。

有人说去河西、陇右;有人说去灵武（今宁夏灵武，朔方节度使治所）;有人说去太原;还有人说干脆回长安……

李隆基心里其实还是想去安逸富庶的蜀地，然而考虑到前一天发生的那些事，他只能什么都不说。

最后还是刚被任命为御史中丞兼置顿史的韦谔为他解了围。

韦谔提出的是一个折中方案:要想回长安，必须要有足够抵抗叛军的兵力，如今我们人马太少，回长安无异于送死。而这里离长安太近，恐怕也不安全。我认为不如先到扶风，再慢慢商量去哪里。

扶风在当时的地位就相当于现在的郑州——是个重要的交通枢纽，道路四通八达，从那里既可以西进河陇，也能北上朔方或者南下巴蜀。

显然，这个提议充分考虑到了各方的需要，是所有人都能接受的。

李隆基就此征求大家的意见，大家也都表示赞成。

就这样，队伍继续开拔。

不料还没走多远，他们就又不得不停了下来。

前面的路被堵住了——当地众多百姓跪在路上，黑压压一片，拦住了李隆基一行的去路。

父老们声泪俱下，苦苦哀求皇帝不要离开关中：长安宫阙，是陛下的家；历代陵寝，是陛下的根。陛下如今舍弃关中，又能往哪里去呢？

李隆基沉默不语。

他坐在马上，握着缰绳想了很久，还是觉得留在关中太过危险，可是百姓的话又十分在理，一时根本想不出什么冠冕堂皇的理由去跟他们解释——你总不能说自己逃离关中去蜀地是为了南下抗击南诏吧？

怎么办？

天子性非异也，善假于物也。

既然这个问题自己解决不了，那就找个挡箭牌吧。

他让太子李亨留下安抚百姓，自己纵马先走了：情况是这个样子的……不过，我现在内急，必须到前面的公厕上个厕所，皇太子聪明贤惠，上知天文地理，下知鸡毛蒜皮，就由他在这里代表我，详细跟你们说明吧……

见皇帝尿遁了，百姓只能又围住了太子：皇上既然不肯留下，殿下您就留下来吧。我等愿带着子弟追随殿下破贼，收复长安。如果殿下和皇上都走了，谁来为中原百姓做主呢？

他们越说越悲切，越说越激动，围上来的人也越来越多，转眼之间就达到了数千人！

李亨被里八层外八层地包围着，根本无法脱身。

他很想找个地缝钻进去，可是没有，只好找理由推托说，皇上年事已高，这次又冒着危险远走避难，我作为儿子怎么能不在他身边尽孝？怎么能忍心离开他？

但百姓根本不听他的，还是不让他走，还是在不停地高呼，殿下别走！殿下别走！……

无奈，李亨只能讪讪地回应道，我不走……只是，只是……我还没向皇上当面辞行，请大家允许我先将此事告知皇上，再决定是去是留。

说完，他又挤出了几滴眼泪，企图以此博得百姓的同情——原谅我，我是不得已的。

随后他翻身上马，想要拍马走人。

然而这次他依然没有走成。

他的缰绳被建宁王李倓（tán，李亨第三子）和宦官李辅国死死拉住了。

两人对他分析说，逆胡作难，导致天下分崩离析，如果我们不顺应民心，怎么可能重振河山？殿下此次跟着皇上一起入蜀，如果贼军烧毁栈道，我们就被困在蜀地了，这无异于将中原拱手让给贼人。人心一旦离散，再要重新凝聚起来就难了，到时再想回到关中就不可能了！为今之计，只有召集西北的边防军，与河北的郭子仪、李光弼齐心协力，一起讨灭贼军，克复两京（长安、洛阳），平定四海，使社稷转危为安，再修复宫室迎回皇上，这才是大孝！何必执着于区区儿女之情，在意这短暂的分离？

广平王李俶（chù，李亨长子）也极力劝父亲留下。

李亨是个明白人。

他知道，他现在面临的这种情况其实有点像软件使用前的许可协议——你根本就不可能不同意。

而且，这些百姓说的话也确实没错。

既然皇帝已经决定出逃了，他作为帝国的第二号人物就必须留下来！否则，中原百姓群龙无首，各地抵抗力量失去精神领袖，要想保住中原、保住大唐的江山社稷，就只能是痴心妄想！

更何况，他的内心其实早就盼望着能离开父亲单飞了。

因为他这个太子当得实在太憋屈了。

当太子这些年来，他一直受到父亲的猜疑和压制，从来没真正掌握过任何实权。

当太子这些年来，在父亲的默许下，他一直受到李林甫、杨国忠等人的迫害和打压，除了受气还是受气，受了气还得给别人赔笑脸。

当太子这些年来，他别的本领没有学会，憋气的水平倒是练到了世界顶级——他虽然不会游泳，但只要腿上绑个沙袋，五百米宽的渭河他可以在水底徒步横渡五个来回，不需要换一次气！

正如穷人往往并不甘心做一辈子穷人，总是渴望着发家致富一样，他这个受气包也并不甘心当一辈子受气包，总是渴望着有朝一日能自由自在地尽情驰骋！

现在有这样一个独当一面的机会，他怎能不把它抓住？

因此，他决定答应百姓的请求，并慷慨激昂地表示：我不走了！愿意留下来跟你们一起平叛！

那一瞬间，他感觉自己的形象似乎一下子高大了不少。

接着，李亨让李俶前去向皇帝禀报此事。

李隆基其实并没有走远，一直在前面不远处等待太子归队。

他左等右等没等到太子的人影，却意外地等到了太子打算跟他分手的消息。

尽管毫无准备，但李隆基也只能无奈地接受这个现实：这真是天意呀！

是呀，现在的他虽然还是皇帝，但早已威信扫地，在人们心目中的地位和安禄山叛乱前已经不可同日而语了。

那时的他完全是说一不二，而现在的他却只能是说说而已；那时的他就算随便说句屁话别人都当是真理，而现在他就算说的是真理别人也只当是句屁话！

想到这里，他只能长叹一声，随后从护驾的禁军中分出两千人马，让他们前去护卫太子，临行前还叮嘱说，太子仁孝，足以继承大业，你们要好好辅佐他！

禁军走后，他还觉得不放心，又命人前去转告太子：你努力去做，千万不要挂念我。西北各族，我待他们不薄，相信他们必会为你所用。

同时他又把太子的眷属也都交给了李亨，还让人转达了传位之意。

李亨当然坚辞不受。

就这样，父子两人从此分道扬镳。

一个继续前往蜀地，一个则留在了关中。

对李亨来说，这是他命运的转折点。

有人认为，此次百姓挽留他的事件很可能是李亨自己策划的。

这也许并不是空穴来风。

因为《旧唐书·李辅国传》中明确记载：（马嵬驿之变后）辅国献计太子，请分玄宗麾下兵，北趋朔方，以图兴复……

可见，李亨与父亲分开行动是早有计划的。

但留下来的路并不好走。

与父亲分手后已是黄昏时分，李亨一行面临的首要问题是：该往何处去？

北上灵武

其实这个问题，李亨心中早就有了答案：去朔方。

对此，他是经过深思熟虑的。

前面说过，李隆基把国内的主要兵力都设置在了十大方镇，现在这十大方镇中的范阳、平卢两地已经为安禄山所控制；剑南、岭南（治所今广东广州）、安西、北庭又都太远，远水难解近渴；河东离安禄山的根据地洛阳和河北又太近，太危险；而河西、陇右的主力大部分跟着哥舒翰一起东征，潼关战败后余众很多都投降了叛军，剩下的军队已经不多了，且他们的兄弟朋友不少都身在叛军之中，难保不产生异心。

相比之下，朔方军的实力没有受到过任何损失，所处的地理位置也十分有利，进可攻，退可守。

因此，在李亨看来，朔方不仅是他最优的选择，也是唯一的选择！

不过，作为一个城府很深的人，他并没有直接表态，而是授意他的两个儿子唱双簧曲。

负责发问的，是广平王李俶：天色已晚，此地不可久留，各位觉得我们该去哪儿比较合适？

众人面面相觑，李亨也一言不发。

见没人吭声，建宁王李倓便代父亲说出了他想说的话：殿下多年前曾遥领过朔方节度使，将领们逢年过节总要来信问候殿下，对这些将领的名号，连我都略知一二，何况是殿下！更重要的是，朔方距离我们这里最近，且兵马强盛。眼下叛军刚进入长安，暂时无暇攻城略地，我们应利用这个机会火速前往朔方，再图谋大计，这是上策！

大家对此都没有异议。

方向已定，李亨下令连夜出发。

一路上他既紧张又兴奋——紧张是因为怕叛军追上来，兴奋是因为这是他有生以来第一次摆脱了父亲的控制，享受到如鸟儿出樊笼一般的自由！

他带着他的家人和部下彻夜狂奔，即使粒米未进，他也根本不觉得饿；即使分秒未眠，他也丝毫不觉得累；即使四周一片漆黑，他的心中也是一片光明……

他们一路疾驰，一夜跑了三百多里，于第二天清晨抵达新平（今陕西彬州），这才停下来喘了口气。

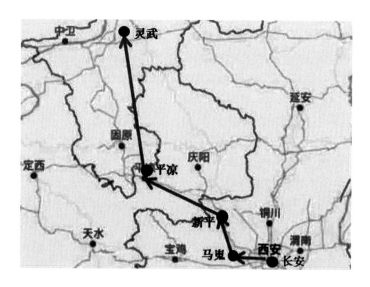

李亨清点部下，发现他身边竟然只剩下了几百人——其余的都在半路走散了或者逃亡了！

接下来他又马不停蹄继续上路。

一路上见到的都是一片混乱，各地的地方官大多望风而逃。

为了杀鸡儆猴，他甚至连着杀了两个逃命的太守。

这也让李亨本来高涨的情绪低落了下来：难道大唐的人心就这么散了吗？难道局势已经不可收拾了吗？

走到乌氏驿（今甘肃泾川北）的时候，他遇到了带着粮食、衣服前来迎接的彭原（今甘肃宁县）太守李遵。

终于见到了第一个迎接他的地方大员，李亨比第一次入洞房的新郎还要激动。

他跟着李遵来到彭原，在城里招募了几百人以补充兵员。

随后他又继续西行，来到平凉（今甘肃平凉）。

平凉地当关中通往西北的要冲，位置十分重要，当地还有一个大型的牧马场，里面有战马数万匹——战马在冷兵器时代是极为宝贵的战略资源。

李亨便在此停驻下来，继续招兵买马，又招到了五百人。

之后的几天，他一直没有出平凉一步。

平凉距离朔方军的驻地灵武已经很近了，为什么之前一直心急火燎赶路的他现在反而不着急了呢？

难道李亨改主意，不想去灵武啦？

当然不是。

李亨之所以在平凉逗留不进，其实是有他的考虑的。

当时的局势极为复杂，他并不清楚朔方军将的立场，万一将领们有异心，他这样过去不就等于自投罗网？

更何况，就算他们依然忠于大唐，他作为国家的储君，如果像丧家犬一样寻寻觅觅冷冷清清凄凄惨惨戚戚地前去投靠，岂不是非常没有面子？

因此，他只能留在平凉，忐忑不安地等着朔方将领前来接驾。

他们会来吗？

如果来了，是真心迎接他的，还是会将他出卖给叛军？

…………

对此，他并没有太大的把握。

他唯一能做的，就是等。

此时他的心情，就仿佛是初恋少女等情人——既怕对方不来，又怕对方乱来……

好在，他并没有等太久。

当时节度使郭子仪还在河北前线，主持朔方全面工作的是留后杜鸿渐。

听说太子已经到了平凉，杜鸿渐马上召集六城水陆运使魏少游、节度判官崔漪、盐池判官李涵等人商议。

杜鸿渐对他们说，平凉虽然位置颇为重要，但不是屯兵之所，而灵武却兵精粮足，如果我们把太子迎到这里，然后再北收各城兵马，西发河陇劲骑，南下剪除叛贼，收复中原，这是我们建功立业的大好时机！

几个人对此都表示赞同。

随后他们推选出身于李唐宗室的李涵担任使者，让他带着邀请函以及记载有朔方士兵、马匹、兵器、粮草、布帛等各种军需物资储备情况的账簿前往平凉，盛情邀请太子移驾灵武。

李涵的到来，让李亨喜出望外。

但矜持的他却并没有马上答应：容我再考虑考虑哈。

这是他一直以来的口头禅——在夹缝中当了多年太子，他早已习惯了不随便表态。

此时原河西司马裴冕被调任御史中丞，在赴任途中正好路过平凉。

见到李亨后，他也鼓动如簧之舌，极力劝太子到灵武去：灵武是个好地方，有兵有粮又有枪。将士都身经百战，堪比最硬的合金钢……

李亨这才勉强应承下来。

之后他打点行装，与李涵等人一起前往灵武。

得知李亨到来，杜鸿渐早已在平凉北境迎候。

见到李亨后，他又慷慨激昂地进言道，如今各郡县大多在坚守拒敌，等待复兴。朔方乃天下劲兵所在，殿下若从灵武起兵，挥师长驱，再传檄四方，收揽忠义，讨平逆贼指日可待！

李亨连连点头称是。

他心里由衷地觉得，看来这次选择来灵武是无比正确的！

自立为帝

七月九日，在杜鸿渐等人的扈从下，李亨一行抵达灵武。

负责后勤的魏少游恭恭敬敬地将他迎进了早已修葺一新的行宫。

见里面的装饰、器物、帷帐等全都仿造皇宫，极尽奢华，李亨面露不悦，马上命人将其一一撤除，只留下基本的生活用具。

因为他知道，现在国家正处于危难之际，自己的地位也还远没有稳固下来，这个时候他必须做出与将士同甘共苦的姿态，绝不能沉迷于享受，否则必然会失去人心！

本想拍马屁的杜鸿渐这一记拍在了马脚上，感觉有些尴尬——人家一心想减肥，你却偏偏给他送大鱼大肉，这不是搞反了嘛。

不过，虽然首拍不利，可杜鸿渐并没有灰心。

在他看来，拍马屁就和打仗一样，胜败乃兵家常事，无所谓的。

一记不成，那就再生一记。

很快，他又准备了一记更大的马屁——劝进。

他与裴冕等人联名上表，请求李亨登基称帝，理由是李隆基在马嵬和李亨分手时曾说要传位给李亨。

这正是李亨此时所需要的。

从个人角度看，他现在已经四十六岁了，在太子的位子上也已坐了整整十八年，这十八年中他过得极其压抑，时刻都战战兢兢，时刻都小心翼翼，不敢多说一句话，不敢多走一步路，每次想放屁的时候都只能硬憋回去，这样的罪他早受够了，做梦都想着有朝一日能登上皇位扬眉吐气！

而从当时的局势来看，他也必须这么做。

只有当了皇帝，他才能有足够的资格号令四方，才能领导各地将领打赢这场大唐立国以来从未有过的平叛战争！

然而，想是这么想，但按照中国历史上一直以来的惯例，他是不能一下子就同意的。

因此，他理所当然地拒绝了。

同样按照中国历史上一直以来的惯例，裴冕等人也理所当然地不会就此罢手。

他们再次当面进言说，现在皇上厌倦政治，去了蜀地避难，可是国家总得有人来领导，这是天意，不能违抗。如果殿下一味犹豫退让，恐怕会失去人心，大唐未来的前景就不好说了。这么明白的事，连我们都看得清清楚楚，何况是贤明的殿下！

李亨当然还是不答应：平定叛逆，然后奉迎皇上回京，我作为太子侍奉在皇上左右，这岂不是一件美事！你们说得太过了！

裴冕、杜鸿渐也继续进谏：殿下担任太子多年，早已是众望所归，如今国难当头，应该不计得失，挺身而出，站出来领导这个国家。更何况，将士们之所以冒着千辛万苦追随殿下，就是为了博取功名。殿下所处的地位越高，手中的权力越大，将士们才感觉越有奔头！这就好比，如果殿下您手里只有一百块，就算给我百分之百，我也只有一百块；可如果殿下您手里有一百亿，就算只给我万分之一，我也可以拿到一百万！一百万收入的人当然比一百块收入的人干劲更大！

李亨依然不置可否。

之后，裴冕等人又连续五次上表劝进——通常情况下三次就已经够了，可我们知道李亨这个人做事一向都不爽快，一向都喜欢扭扭捏捏的，所以要五次。

李亨这才勉为其难地点头表示同意。

公元756年七月十二日，也就是抵达灵武仅三天后，李亨在灵武城的南楼正式登上了帝位，改元"至德"，是为唐肃宗。

他任命裴冕为中书侍郎、同平章事，杜鸿渐、崔漪为中书舍人，其他将吏也各有任命。

尽管这个新成立的朝廷文武官员加起来只有不到三十人——看起来如同一个草台班子；尽管朝廷的制度还很不完善——官员们对他的态度还像澡堂里的拖鞋一样没大没小；尽管整个即位仪式非常寒酸简陋——普通中产阶级的婚礼仪式都比它隆重，但感情很少外露的李亨还是激动得热泪盈眶。

　　是呀，他怎么能不激动呢？

　　他终于第一次摆脱了父亲的阴影，他终于第一次拥有了自己的班子，他终于第一次可以不用再看别人的脸色，他终于第一次可以不用再说那些言不由衷的话，他终于第一次可以堂堂正正地发号施令！

　　对儿子李亨称帝、自己已被尊为太上皇的消息，李隆基一无所知。

　　他那时还在前往成都的旅途中。

　　他这一路走来也非常不容易。

　　与李亨分手后，李隆基继续西行，两天后抵达岐山（今陕西岐山），刚想停下来休息会儿，却又听到了叛军前锋已经逼近的传言，没办法只能拖着疲惫的身体再次动身，一口气跑到了扶风。

　　由于之前曾说过到扶风后再决定去往何处，因此到了这里，士兵们就再也不肯往前走了。

　　李隆基打算去剑南的意图也不得不公开了。

　　这让本来就牢骚满腹的士兵们更加怨气冲天。

　　他们不想去剑南这个杨国忠的老巢，也不想这样颠沛流离担惊受怕忍饥挨饿，他们只想回自己的家，只想老婆孩子热炕头，只想吃老妈做的窝窝头！

　　不少人偷偷地溜走了。

　　没走的，也大多三心二意，做好了跑路的准备。

　　与此同时，各种流言也以比流感还快的传播速度在军中迅速蔓延开来，有些传言甚至出言不逊，将矛头直接指向了皇帝。

　　一时间，军中一片混乱，就连主帅陈玄礼也控制不住了。

　　这一切，李隆基看在眼里，愁在心里。

　　再这样下去，很可能发生又一场兵变！

　　怎么办？

　　就在他焦急万分的时候，成都上贡朝廷的十多万匹蜀锦恰好运到了扶风。

李隆基一下子就有了主意。

他命人将这些蜀锦全部陈列在庭院里，然后召集所有将士，发表了一番情真意切的演讲。

他流着眼泪对将士们说，朕年纪大了，用了不该用的人，造成了这场叛乱，不得不远出避难。你们都是仓促跟朕离开长安的，连父母妻子都来不及告别，一路跋涉到这里，非常辛苦，朕心中对此深感愧疚。这里到蜀地还有很远，而且那里郡县狭小，恐怕也供养不了这么多的人马，朕现在允许你们各自回家，朕与儿孙们有这些宦官陪同入蜀也就够了。

接着他用手指了指院中摆放的蜀锦：今天就要和诸位分别了，这些锦帛就算是朕给你们的盘缠，你们回去后见到父母和家乡父老，请代朕转达朕对他们的问候，大家各自珍重吧！

说完这些，他已是泣不成声。

老皇帝充满真情的讲话让士兵们颇为感动，院子里色彩缤纷的蜀锦更让他们极为心动——锦是由彩色丝线织出的带有精美图案花纹的丝织品，蜀锦更是锦中的上品，价值极高，绝非寻常丝织品可比！

精神上得到了极大的抚慰、物质上又有了巨大的收获，物质和精神的双丰收如台风吹雾霾般把将士们的不满情绪一下子就都驱散得无影无踪，他们激动万分，异口同声地表态：臣等无论生死都愿意跟从陛下，绝无二心！

一起潜在的动乱就这样被李隆基扼杀在了萌芽之中。

之后李隆基一行继续上路，经陈仓（今陕西宝鸡陈仓区），过散关（即大散关，位于今陕西宝鸡南郊秦岭北麓，号称川陕咽喉），往成都进发。

六月二十四日，队伍抵达河池（今陕西凤县），在那里遇到了带兵前来迎驾的剑南节度副使崔圆。

李隆基大喜，当即加封崔圆为中书侍郎、同平章事。

崔圆是剑南实际上的最高长官，有了他的护送，接下来自然什么都不用再担心了。

在行至普安（今四川剑阁）的时候，李隆基又见到了一个意想不到的人——刑部侍郎房琯。

房琯是从长安追来的。

这让李隆基非常惊讶。

事实上，在刚离开长安不久，他就曾问过高力士：朕这次出走，群臣大多不知情。你说在得知朕的去向后，朝臣中有没有人会追过来？

高力士回答：张均、张垍（两人都是名相张说之子，张垍还是李隆基的女婿）兄弟！他们受陛下的恩最多，且张垍还是您的女婿，因此他们必来！很多人都说房琯有宰相之才，而陛下没用他，且传闻安禄山对他颇为赏识，因此他肯定不会来！

谁能想到，平时看人一向很准的高力士这回的预测居然全是错的！

最应该来的没来，最不应该来的却来了！

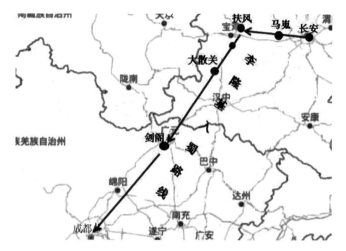

一般来说，期望值越低，惊喜指数越高。

房琯这样一个之前被冷落的人居然会如此忠诚，这是李隆基无论如何都没有想到的！

他非常感动。

他当即加封房琯为吏部尚书、同平章事。

跑了上千里路，得到了一个宰相的职位，应该说房琯这一趟跑得非常值！

有了崔圆、房琯两个新任宰相的辅佐，加之成都已经近在眼前，脱离危险的李隆基也重新恢复了信心，又开始重新谋划起平叛事宜来。

七月十五日，也就是李亨在灵武继位三天后，尚不知道自己已经"被退位"的李隆基又以皇帝的名义下了一道诏书，任命太子李亨为天下兵马元帅，兼朔方、河东、河北、平卢节度使；永王李璘（李隆基第十六子）为江陵大都督，兼山南东道（今湖北襄阳）、岭南、黔中（今重庆彭水）、江南西道（今江西南昌）节度使；盛王李琦（李隆基第二十一子）为广陵大都督，兼江南东路（今江苏苏州）、淮南（今江苏扬州）、河南（治所今河南开封）节度使；丰王李珙（李隆基第二十六子）为武威都督，兼河西、陇右、安西、北庭节度使……

显然，在经历了安禄山的叛乱后，李隆基的心态发生了很大的变化——他不再信任任何一个外人，只信任自己的儿子！

之前是亲王不得干政，现在是亲王必须干政！

侍御史高适站出来表示反对。

高适原本在哥舒翰麾下担任掌书记，潼关兵败后他一路西驰，追上了李隆基一行，向皇帝详细汇报了潼关的战况，被加封为侍御史。

高适直言不讳地说，陛下您这是任人唯亲！

李隆基反驳道，不任人唯亲，难道要我任人唯疏？

高适接着又说，这样做容易导致同室操戈——西晋八王之乱就是明证。

但李隆基还是不接受：同室操戈？你怎么知道不是同仇敌忾呢？

在李隆基的设想中，四个儿子将各据一方，再从四面齐头并进，共同平定叛乱。

可这一切并没有变成现实。

除了做事果决的永王李璘马上就赶赴江陵外，盛王李琦、丰王李珙都没有前去赴任。

不是他们不想去，而是他们不能去。

不是他们动作不快，而是这世界变化更快。

因为等他们想要出发的时候，对他们的任命已经不具有合法性了——发布这道诏书的李隆基已经主动退位了。

李隆基见到了李亨派来的使者，这一天，是八月十二日——也就是在他抵达成都十四天后。

得知太子已于一个月前在灵武称帝，李隆基一下子就呆住了。

这是他做梦也没想到的事！

不过，尽管这个消息来得比晴天霹雳还要突然，尽管李亨这种先上车后补票的做法让他感觉极其不爽极其窝火，但李隆基还是以大局为重，第一时间就接受了这个现实。

他知道，在这个大唐帝国面临生死存亡的关键时刻，需要的是一个坚强的、统一的领导核心，绝不能政出多门。

因此，虽然他当时嘴都气歪了，可对人说的却是：我嘴都要笑歪了！我儿应天顺人，我还有什么好担心的！

接着他马上发布诏书，宣布自己退位为太上皇，一切军国大事，都由皇帝李亨决定，事后再向他奏报就可以了，一旦收复长安，他就不再干预任何政事。

八月十八日，李隆基又命宰相韦见素、房琯等人带着传国玉玺和传位诏书前往灵武，正式传位给李亨。

在短短的几天之内，李隆基就把手中的权力全部交给了李亨。

第十六章　长路漫漫

没有钱是万万不能的

李亨就这样成了大唐帝国名正言顺的最高领导人。

不过，他身上的担子也是非常沉重的。

因为此时的大唐帝国早已今非昔比。

李亨的灵武朝廷就如黄昏时的落日般偏居西北一隅，而叛军却如日中天，占领了包括长安、洛阳两京在内的中原大部分地区！

叛军是在六月底进驻长安的。

负责接收长安的，是安禄山的心腹大将孙孝哲和中书令张通儒。

孙孝哲是因其母与安禄山私通而得到重用的，他生性残暴，视人命如草芥，视杀戮如游戏，那些跟随李隆基逃亡的官员家属，凡是留在长安的全都被他下令捕杀——就连婴儿也无法幸免。

而文武百官以及宫女、宦官则都被押送到了洛阳。

朝廷官员中，有不少人都投降了叛军。

其中最有名的，是前宰相陈希烈、驸马太常卿张垍以及张垍的哥哥大理卿张均。

自从杨国忠专权后，陈希烈就彻底失宠了，此后他一直对李隆基充满了怨恨——这当然是可以理解的——如果一个人多年来年薪一直都是两万，也许他的心态会很平和，但如果他之前年薪是两百万，现在一下子降到了年薪两万，他一定会极其失落！

而张垍则是另一种情况——他曾得到李隆基的口头承诺，说要让他当宰相，却始终没有兑现，故而他也对自己的丈人牢骚满腹。

因此在叛军进入长安后，陈希烈以及张垍兄弟马上就投降了叛军。

对这些人，安禄山当然是欢迎的——就像现在某些产品需要名气大的明星来做自己的代言人一样，安禄山也需要陈希烈、张垍这种曾经在大唐朝廷身居高位的明星人物来作为他新建的大燕朝的代言人。

他马上任命陈希烈、张垍为宰相，以表彰他们的"弃暗投明"。

其他一些有一定声望的朝臣，安禄山也分别给他们授予了相应的官职。

其中就包括著名诗人王维——王维原本在唐朝任给事中，安禄山素来知道他的才名，对他很是看重，继续让他担任给事中一职。

但对另外一些人，安禄山就没有那么客气了。

他指示孙孝哲，将包括霍国长公主（李隆基的妹妹）在内的众多没跟随皇帝逃走的皇族残忍杀害，并全都剖腹挖心，以祭奠他死在长安的长子安庆宗。

你杀我一个亲人，我就杀你几十个亲人！

此外，杨国忠、高力士等人的党羽亲友以及安禄山平素所憎恶的朝臣共计八十三人也都被孙孝哲下令当街用铁棒打死，鲜血横流，惨不忍睹。

普通百姓的日子当然也不会好过。

由于听说李隆基逃走后长安百姓趁乱哄抢了很多财物，安禄山命孙孝哲等人在占领长安后四处抢掠，掘地三尺，就连一条短裤都不放过，百姓的私有财产几乎全被搜刮殆尽——本来的杨百万变成了杨白劳；本来的中产阶级变成了无产阶级；本来小康的变成了吃糠的……

与之相反的是叛军。

他们纷纷从本来吃糠的变成了小康的；从本来的无产阶级变成了中产阶级；从本来的杨白劳变成了杨百万……

叛军中无论是将领还是士兵原本大多是素质不高的胡人，一夜暴富，当然把持不住。

他们热衷于吃喝玩乐，每天不是联欢会，就是夜总会……

这样的生活让他们无比沉迷，如果这是个梦，他们希望永远不会醒；如果这是场戏，他们希望永远不会完……

过着这种天堂般的日子，谁还愿意冒着生命危险去打仗呢？

过着这种神仙般的日子，谁还管他将来会发生什么呢？

活在当下就够了。

就这样，叛军在接下来一段时间内，一直都没有乘胜西进。这让李亨得以在灵武从容地站稳了脚跟。

由此可见，不管是安禄山本人还是他麾下的这些将领，大都只是"今朝有酒今朝醉"的货色，没有长远的战略眼光，缺乏成大事的基本素质。

明眼人都看得出，这样的政权是不可能长久的。

事实也的确是这样。

也许安禄山以为占领长安是他新的起点，但实际上，这却成了他走下坡路的转折点！

关中百姓恨透了安禄山的暴政，无比怀念曾经给他们带来安定和繁荣的大唐王朝。

自从听说太子李亨北上灵武后，他们就天天翘首以盼——盼着唐军能早日归来，还时不时地制造传言说太子带着十万大军回来了，搞得叛军人心惶惶，只要看见北方有烟尘，就吓得魂飞魄散。

有些胆大的百姓还自发拿起了武器，组成了一支支地下游击队，经常找机会偷袭小股叛军，有时甚至还暗杀安禄山任命的官员。

尽管孙孝哲也多次派兵"清剿"，但这些人却和野草一样"野火烧不尽，春风吹又生"——刚诛杀了一个又一下子冒出来十个，反而越"剿"越多，令孙孝哲头疼不已。

由于内部不稳——三天一小乱，五天一大乱，十天一骚乱，二十天一暴乱，叛军被搅得方寸大乱，不仅没有余力继续扩张，还不得不收缩防线，其控制范围只能局限于长安周边地区——南不出武关（今陕西丹凤），北不过云阳（今陕西泾阳），西不到武功（今陕西武功）。

也正因为叛军被牵制在了长安一带，来自江淮地区的财赋才得以通过关中西部的扶风辗转运达李亨所在的灵武，大大缓解了灵武朝廷的财政紧张局势。

开辟这条路线的是第五琦。

第五琦原本在北海太守贺兰进明手下担任录事参军，受贺兰进明委派入蜀奏事，自告奋勇地表示有办法解决平叛所需的资金问题。

李隆基当即破格提拔他为监察御史、江淮租庸使，并让他去灵武见李亨。

此时李亨每天都在为钱发愁。

他实在是太缺钱了。

大唐一百多年来存于两京（长安、洛阳）的积蓄，已经悉数落于敌手，如今他穷得叮当响，连发军饷的钱都凑不齐，而打仗其实打的就是钱，没有足够的经济实力，怎么可能剪灭叛乱？

怎么办？

他绞尽脑汁，却依然想不出任何可行的办法。

就在他胡思乱想的时候，第五琦来了。

一见第五琦，李亨就猴急地问：第五兄……你这姓氏可真怪，听上去像我五哥一样……算了，毕竟这也不是你的责任……爱卿有何良策？

第五琦侃侃而谈：如今天下最富庶的地方莫过于江淮，只要把江淮的财赋运过来，就不用担心没钱了……

没等他讲完，李亨就迫不及待地打断了他：怎么运呢？之前都是通过运河、黄河运抵洛阳、长安的，现在再这么做就是资敌了！

第五琦不慌不忙地说，东方不亮西方亮，办法总比困难多。我觉得可以把江淮征收的赋税先兑换成丝帛等轻货，随后经长江、汉水运到洋川（今陕西西乡），再改走陆路经扶风抵达灵武。

李亨闻言大喜：太好了！

随后他加封第五琦为山南、江南、淮南等五道度支使，让他全权负责江淮财赋。

第五琦也不负所望，不仅通过他新开辟的路线从江淮运来了大量财货，还制定了榷（què）盐法——也就是食盐专卖制度，通过政府对盐的垄断获取了高额的收入，为平定叛乱奠定了经济基础。

不过，平叛所需要的，不只是钱，还有人。

当时李亨麾下只有留守的部分朔方军，显然，就凭这点兵力要想去挑战安禄山的大军，类似于一只兔子去挑战一群狼——实在是有点太不自量力了！

好在此时郭子仪、李光弼带着五万朔方军的主力从河北回到了灵武。

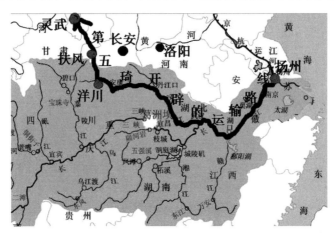

潼关失守的时候，郭子仪和李光弼正在博陵围攻叛军大将史思明。

眼看史思明已成瓮中之鳖、胜利已成囊中之物、河北即将全面光复，没想到突然从后方传来了哥舒翰兵败的噩耗，为了回援京师，他们不得不忍痛解除了对博陵的包围，从井陉口撤回河东，后得知李亨在灵武继位，两人又领兵来到了灵武。

他们的到来，让原本兵少将寡的灵武朝廷一下子实力大增。

李亨当即加封郭子仪为兵部尚书、灵武长史，李光弼为户部尚书、北都（太原）留守，两人都兼任同平章事，加入了宰相的行列。

之后李光弼带五千人马奔赴太原，以防史思明西出井陉，攻打太原。

不久，安西节度副使李嗣业也带着五千安西精锐赶到了灵武。

至此，李亨的灵武朝廷终于摆脱了建立初期几乎一无所有的窘境，有了钱，有了兵，也有了一套较为完整的领导班子——文有房琯、裴冕、崔涣、韦见素、第五琦……武有郭子仪、李光弼、李嗣业、王思礼（潼关失败后他逃了回来，几经辗转投奔了李亨）……

然而李亨最信任的，却不是这些文武大臣，而是一个没有任何职务的人。

此人名叫李泌。

白衣山人李泌

李泌出身名门，是南北朝末年西魏八柱国之一李弼的六世孙（李弼的事迹，可以参见我的旧作《彪悍南北朝之铁血双雄会》），他自幼聪颖过人，有神童之称。

七岁那年，李隆基就慕名召他入宫。

李泌进去的时候，李隆基正和宰相张说下棋，便示意张说考验他的才智。

张说是当时著名的才子，学富五车，出口成章。

他看了一下眼前的围棋，随口说道：方若棋局，圆若棋子，动若棋生，静若棋死。

没想到李泌不假思索就对上了：方若行义，圆若用智，动若骋材，静若得意。

此言一出，满座皆惊。

李泌的回答不仅对得极为工整，而且其寓意甚至比张说所言更加深刻！

太牛了！

李隆基也大感意外。

他原本以为，一个七岁小孩若能说出"方若鱼豆腐，圆若鱼丸，动若活鱼，静若死鱼"就已经是万里挑一的奇才了，万万没想到李泌竟然能说出这样一个"只能被模仿，无法被超越"的几乎完美的答案！

一时间，他惊得连话都说不利索了：这孩子的才华真是远远高于他的年龄！

此后，他隔三岔五便邀请李泌入宫，让那时还是忠王的李亨等皇子与他一起交游，还谆谆教诲他们说，近朱者赤，近墨者黑。住在茅房旁边，家里多少会沾上点茅房的臭气；待在李泌身边，你们多少会沾上点李泌的才气！

之后，李亨便经常和李泌一起上学，一起上街，一起上厕所，结下了很深的友情。

长大成人后，李泌更是博学多才。

照理说，他幼年成名，与皇室又有着很深的渊源，完全可以入仕当个大官，但李泌这个人却只仰慕神仙，根本无意功名，成天神龙见首不见尾，云游于华山、嵩山、终南山等名山之间，醉心于修道成仙。

不过，他毕竟生活在人间，也不可能完全脱离现实。

也许是看到的民间疾苦比较多，李泌觉得有必要向皇帝反映，便给李隆基上疏，对当时的朝政提出了不少中肯的意见。

这让李隆基再次想起了这个当年的神童，当即下诏召李泌入朝，并封他为待诏翰林，让他辅佐太子李亨。

李亨对李泌极为敬重，常称其为先生。

然而当时正是杨国忠专权，对太子的防范意识很多，自然不能容忍太子身边有这样一个能人。

于是他经常找机会在李隆基面前说李泌的坏话。

那个时候，杨国忠在李隆基心中的地位是不可动摇的，故而李泌很快就被逐出了京城。

从此，他远离政治，一直隐居在嵩山一带。

这次李亨在马嵬与父亲分手后，第一时间就想到了李泌。

既是老朋友，又是超高手。有他做自己的参谋，成功把握一定大大的有！

想到这里，他根本按捺不住激动的心情，根本等不及赶到灵武，马上就派人前往嵩山寻访，希望李泌能出山辅佐他。

而李泌这些年虽然隐居在深山之中，对时局却一直非常关注。

安禄山叛乱后，他更是时时刻刻都在心中谋划平叛方略，随时准备出山。

因为他的人生理念是：盛世独善其身，乱世兼济天下！

在这个国难当头之际，就算李亨不主动来找他，他也会主动去找李亨！

故而在接到邀请后，他没有丝毫的犹豫，马上就日夜兼程赶到了灵武。

从此，李泌就留在了李亨的身边，成为他最倚重的谋主。

两人几乎形影不离，休息时并床而睡，出巡时并马而行，朝中的大小事宜，无论是将相的任免，还是文书的处理，李亨都要认真听取他的建议。

对李泌的任何意见，李亨都不仅是听从，而且是盲从；对李泌的任何想法，李亨都不仅是同意，而且是满意……

据说李亨曾想任命李泌为自己的首席宰相。

可李泌听说李亨要让他当官，马上把头摇得像拨浪鼓似的。

他用不容置疑的口气说，不可以，绝对不可以。陛下待我像朋友一样，我感觉比宰相还要尊贵，何必一定要勉强我当官，违背我的志向呢？

见他说得极其坚决，李亨只好作罢。

但在他心中，却始终觉得有些过意不去。

后来，他终于找到了一个机会。

当时两人一起外出，士兵们看着他们的背影窃窃私语：穿黄衣服的那个是圣人（天子），穿白衣服的那个是山人（山里的村夫）……

李亨听了觉得很不舒服。

这自然是可以理解的——说皇帝和妃子在一起亲热，大家都会觉得很正常，但要说皇帝和村姑在一起亲热，大家一定会觉得这皇帝口味重吃得粗；说皇帝和官员在一起议事，大家都会觉得很正常，但要说皇帝和山人在一起议事，大家一定觉得这皇帝像是山寨的不正宗！

李亨下定决心，无论如何都要提升李泌的身份。

于是，他诚恳地对李泌说，我并不想强迫你当官，可是现在是非常时期，所以还是请先生穿上紫袍（三品以上官服）吧，免得别人说三道四。

盛情难却，李泌只好披上了紫袍。

没想到他刚穿好，李亨就笑了：官服都穿了，怎能没有名分呢？

随后他马上从怀中掏出早已准备好的诏令，宣布封李泌为侍谋军国、元帅府行军长史——"侍谋军国"这个职务之前从未存在过，似乎是李亨为李泌量身定做的，大概相当于现在的总参谋长吧。

然而李泌还是执意不肯：骑白马的不一定是王子，也可能是唐僧；开豪车的不一定是富人，也可能是负翁。为什么我穿了紫袍，陛下就非要让我当官呢？

李亨只好耐心解释说，朕只是为了暂时应对现在这种困难局面才不得不这样做的，等叛乱一平定，就让你远走高飞……

直到他说得口干舌燥，李泌这才勉强答应。

有了李泌的帮助，李亨的决策就科学多了。

刚到灵武不久，李泌就纠正了李亨差点犯下的一个大错。

建宁王李倓（李亨第三子）性情果断，精于骑射，李亨北上灵武的时候，正逢兵荒马乱、盗寇横行，李倓一直领兵扈从在李亨左右，多次击退盗贼的袭击，确保了父亲的安全。

李亨觉得李倓应该是个优秀的军事统帅，便打算任命他为天下兵马元帅。

李泌劝谏说，建宁王确实有元帅之才，但广平王毕竟是长兄，如果建宁王立下了大功，那将把广平王置于何地呢？

李亨还是不以为然：广平王是未来的储君，何必一定要当元帅呢？

见李亨心无灵犀点不通，李泌只好直接把话挑明：可是广平王尚未被册立为太子！如今局势艰难，元帅一职是最受人瞩目的。一旦建宁王大功已成，就算陛下不以他为储君，追随他立功的人恐怕也不会答应。太宗皇帝（李世民）和太上皇（李隆基）就是这样的例子！

李泌的话让李亨一下子想起了在大唐历史上曾经发生过的骨肉相残的血腥事件，这才恍然大悟。

他当即改封广平王李俶为兵马元帅，诸将都由他节制；同时又让李泌担任元帅府司马，辅佐李俶。

深明大义的建宁王李倓在听说此事后，也并没有怪罪李泌，反而非常感激。

而李俶在出任元帅后，对李泌也极为倚重。

当时军务繁忙，各地呈上的奏报没有间断的时候，李俶统统都让李泌先看并提出处理意见，军中的兵符、宫门的钥匙也都由两人共同保管。

如果把此时的灵武朝廷比作一台电脑，那么李亨似乎只是一个显示屏而已，李泌才是真正控制电脑运行的 CPU。

实际上，李亨做出的很多决策都源自李泌。

比如朝廷的南迁。

公元 756 年九月，李泌认为反攻叛军的时机已经成熟，劝李亨离开灵武南下，以便就近指挥军队作战，同时也可以在世人面前表现出积极进取的姿态，以进一步鼓舞人心。

李亨深以为然，遂带着文武百官从灵武出发，进驻彭原。

此时的他，可谓踌躇满志，豪情满怀。

在他看来，扫平叛乱，收回两京，重整大唐河山，恢复大唐荣耀，已是指日可待！

但事实证明，他想得还是太乐观了。

天不可能一直晴空万里，他也不可能一直事事顺遂。

没过多久，他就遭到了当头一棒——他登上帝位后对叛军的首战竟然就告负了！

此战的指挥者是宰相房琯。

悲陈陶

房琯本是李隆基任命的宰相，在被派到李亨那里后，也依然很受重用。

早在当太子的时候，李亨就曾听说过房琯的大名，看到房琯后，见他口若悬河，排比句一段接着一段，名言警句一串接着一串，书生意气，挥斥方遒，指点江山，激扬文字，粪土当年万户侯……

李亨一下子就被他的风度和口才折服了，对他很是赏识。

凭借李亨对他的信任，一时间，房琯红得发紫，俨然成了百官之首。

房琯上位后，提拔了一大批和他一样有风度、有长相、有口才、有门第的名士，将他们视为自己的左右手。

而那些只会实干不会吹嘘、只有才干不会务虚的大臣则都被他视为俗人，全都遭到他的排挤和打压。

原北海太守贺兰进明就是其中的一个。

那时他正好入朝觐见，鉴于其在河北抗战有功，李亨便让房琯起草诏令，打算加封他为御史大夫、岭南节度使。

没想到房琯根本看不起贺兰进明，直接在御史大夫的头衔上加了一个字——"摄"（意为代理）——贺兰进明拿到的委任状严重缩水，只有一个摄御史大夫。

贺兰进明不服，直接找到皇帝，狠狠地参了房琯一本。

他把房琯比作导致西晋灭亡的祸首之一王衍（王衍的事迹可参见笔者之前的作品《彪悍南北朝之十六国风云》），说他虽然看起来像个高富帅，其实只是个傻白甜，华而不实，只会说大话，口若莲花，心若呆瓜，吹起牛来无人能敌，做起事来无能为力，这样的人掌权，恐怕不是国家的福分啊……

对贺兰进明的谏言，李亨有没有接受，我不知道。

我只知道两件事：

1. 贺兰进明这次告状还是有收益的——他被皇帝重新任命为御史大夫，并出任河南节度使。

2. 贺兰进明对房琯的评价，在不久之后就得到了应验。

公元756年十月，房琯主动请缨，请求亲自领兵前去收复两京。

此时的李亨对他几乎言听计从，当然不可能不同意。

他当即任命房琯为总指挥，让他统率五万兵马，前去攻打长安。

房琯任命御史中丞邓景山为副总指挥，户部侍郎李揖为司马，给事中刘秩为参谋。

这三人和房琯一样，都是从未上过战场的书呆子，但房琯却将他们倚为长城，所有的军事决策都要和他们商量，所有的军事决策都只和他们商量。

他对刘秩尤为看重，经常对人说，贼军中就算有再多的"曳落河"（叛军中最精锐的勇士），也比不上我手下的一个刘秩！

应该承认，书呆子作战，确实和常人不同。

有人打仗靠的是武力，有人打仗靠的是智力，有人打仗靠的是体力，而房琯他们就不一样了——他们打仗靠的是想象力。

准确地说，是异想天开。

他们从古籍中看到一千多年前东周时期的车战，自认为找到了克敌制胜的秘诀，便从民间征用了两千头耕牛和大车——由于没有足够的战马，只能用耕牛来代替马拉车，组建了一支两千辆战车的队伍，企图用这种江湖上失传已久的古老打法来打垮叛军。

十月二十一日，唐军进抵陈涛斜（今陕西咸阳东），在那里遭遇了叛军大将安守忠所率的大批敌军。

房琯脸上不仅毫无惧色，反而有一种菜鸟作家看到自己新作首发的兴奋，他自负满满地下令：是骡子是马……不，是骡子是牛，拉出去遛遛！

随着他的一声令下，两千辆牛车慢慢吞吞歪歪扭扭晃晃悠悠吱吱嘎嘎地出动了，步兵和骑兵则夹杂在牛车中间……

看着眼前的这一幕，安守忠简直不敢相信自己的眼睛。

都什么年代了，还有人用这种过时了上千年的把戏？

这实在是太可笑了！

安守忠忍不住乐得前仰后合。

当然，玩归玩，笑归笑，他也不会拿打仗开玩笑。

他下令部队先不要出击，而是严阵以待，等距离差不多了，他才命全军擂起战鼓，吹起号角，大声鼓噪。

与此同时，见己方是顺风，他又让人在阵地前放了一把火。

时值深秋，地上全是枯黄的干草。

很快，大火就借着风势向唐军的牛车扑了过来。

见前面又是冲天的烈火，又是呛鼻的浓烟，又是震耳的噪声，那些耕牛全都吓坏了，全都不敢再往前迈步了——再往前就变成烤牛排了！还是外焦里熟的那种！为了自己的牛生安全，还是快逃吧！

刹那间，它们全都掉转牛头，鼓足了牛劲夺路狂奔。

它们的牛角乱顶，牛蹄乱踏，把后面的唐军冲得七零八落，东倒西歪，被踩死撞死的士兵不计其数。

安守忠趁机命叛军发起猛攻。

此时唐军早已乱成一团，哪里还有什么抵抗能力？

最终唐军大败，伤亡四万余人，只有数千残兵生还。

这一战在当时影响很大，诗人杜甫闻讯后感慨万分，挥笔写下了著名的《悲陈陶》：

> 孟冬十郡良家子，血作陈陶泽中水。
> 野旷天清无战声，四万义军同日死。
> 群胡归来血洗箭，仍唱胡歌饮都市。
> 都人回面向北啼，日夜更望官军至。

在得知被寄予厚望的房琯败得如此之惨后，李亨大为震怒，甚至想将其处死，后来因李泌说情，才勉强放过了他。

201

此战的失利，对李亨的打击无疑是十分沉重的。

而这还不是全部。

没过几天，他又听到了另一个坏消息——河北全线沦陷了！

郭子仪、李光弼带着唐军主力西撤后，史思明就像失去天敌压制的害虫一样再次肆虐起来，开始疯狂反扑。

一时间，河北各地到处人心惶惶。

关键时刻，一直在平原坚持抗战的颜真卿站了出来。

得知李亨在灵武继位，颜真卿马上写了一道奏表，将其封藏在蜡丸中派人送到了灵武。

李亨为颜真卿的忠贞所打动，不仅加封他为工部尚书兼御史大夫，还给他写了一封诏书，勉励他继续为国尽忠。

接到诏书后，颜真卿立即命人将其传谕附近的河北诸郡以及河南、江淮等地。

这些地区的人这才知道年富力强的太子李亨已经成了新皇帝，人心又重新振作起来。

但人心毕竟代替不了实力。

在史思明的猛烈进攻下，以地方武装为主的河北唐军在抵挡了一段时间后开始逐渐顶不住了——九门、藁城、赵郡、常山等河北中北部各郡县纷纷陷落。

随后史思明又领兵南下，与另一名叛军将领尹子奇合兵，进围河间。

唐河间守将李奂一面率部死守，一面向周围各州郡求援。

颜真卿派部将和琳带兵一万两千人前往救援，却在半路中了叛军的埋伏，全军覆没。

最终河间城在坚守了四十多天后被叛军攻陷，李奂也被俘杀。

之后叛军又乘胜攻克景城，进逼颜真卿所在的平原。

由于麾下主力已在援救河间时损失殆尽，颜真卿没有再做无谓的抵抗，而是含着眼泪撤出了他坚守了整整一年的平原。

他已经尽力了。

他也已经力尽了。

他先是渡过黄河南下，之后又经荆州、襄阳等地辗转北上，于次年四月抵达关中，见到了皇帝李亨，被任命为刑部尚书。

失去了颜真卿这个精神领袖，河北南部各郡县群龙无首，很快就被史思明各个击破。

整个河北，就这样全部落入了史思明的囊中！

剪不断，理还乱

一个接一个的噩耗让李亨的心情无比低落。

之前他有多乐观，现在就有多悲观！

之前他抱有的希望有多大，现在的失望就有多大！

之前他说起慷慨激昂的大话来一套又一套，现在却恨不能找根绳子往脖子上一套！

他忧心忡忡地问李泌，唉，敌军如此强大，不知何时才能平定？

没想到李泌的回答却非常乐观：不出两年，天下就太平了。

李亨很不解，先生为什么这么说？

李泌解释道，我听说叛贼将他们所劫掠的钱财全部运到了老巢范阳，这说明贼人根本就没有雄踞四海之志！立场决定下场，格局决定结局，像安禄山这种鼠目寸光的人，怎么可能长久！

接着他又进一步分析说，叛军中的骁将，只有史思明、安守忠、田乾真、张忠志、阿史那承庆等几个人。如果陛下命李光弼从太原进入河北，郭子仪从冯翊（今陕西大荔）进入河东，那么史思明、张忠志必然不敢离开范阳，安守忠、田乾真不敢离开长安，如此一来，安禄山身边能打的，就只剩下一个阿史那承庆。陛下亲自坐镇扶风，与郭子仪、李光弼轮流出击，叛军救头部我们就攻击其尾部，叛军救尾部我们就攻击其头部，让他们在千里长的战线上来回奔命，我军则以逸待劳，敌来就走，敌走就追，不攻城，不阻路，不到一年，敌军必然会疲惫不堪。然后陛下再命建宁王为范阳节度使，让他从塞北出击，与李光弼南北并进，直捣范阳。贼军被断掉了退路，必然军心大乱，到时我军再从四面合围洛阳，安禄山等贼首只能束手就擒！

听了李泌的这番话，李亨心头的阴影顿时消失得无影无踪。

他忍不住大声叫好：先生真乃神人也！

不过，尽管李亨对李泌极为看重，但有一个人对李泌却很是不爽。

此人是李亨的宠妃张氏。

说起来，张氏和李亨还是亲戚——她的祖母是李隆基生母窦氏的亲妹妹，她也因这层关系而被选入东宫，封为良娣——良娣是太子姬妾的封号，仅次于太子妃。

由于当时太子妃韦氏已被废黜，张良娣是太子众多姬妾中地位最高的一个，加上她性情乖巧，善解人意，因此深受李亨宠爱，无论到哪里，李亨都将她当成居家旅行必备，时刻带在身边。

从马嵬分兵北上灵武的时候，张良娣已经怀有七八个月的身孕，行动很不方便，但每晚睡觉的时候，她都要睡在外侧，让李亨睡在里面。

李亨很奇怪：你这是为什么呢？

张良娣回答，现在形势这么乱，殿下的卫兵又不多，万一发生不测，紧急情况下臣妾可以帮您抵挡一下——我这个大肚子能挡住的阴影部分面积还是很大的，这样您就可以争取到更多的时间从后面撤离。

李亨听了非常感动——这个女人为了我宁可献出自己的生命，我还有什么理由不对她好！

抵达灵武不久，张良娣就生产了。

产后仅仅三天，她就强撑着虚弱的身体，摇摇晃晃地为前线将士缝制衣服。

李亨劝她不要这么辛苦。

可她不仅坚决不肯，还说这是我应该做的……

李亨又一次被她的话深深地打动了。

她真的既贴身又贴心，既温暖又温柔，而且关键时刻还能保护我！

但后来发生的事却证明，张良娣的这些举动，很大程度上是在作秀。

这一点从下面这件事上就可以看出来。

当时太上皇李隆基派人送给张良娣一个镶满了名贵珠玉的马鞍，李泌对皇帝李亨说，如今正是国家危难之际，大家都在过紧日子，良娣还是不要用这样奢侈的东西为好。不如把上面的珠玉拆下来，将来赏赐给有战功的将士。

按照张良娣之前表现出来的那种深明大义、大公无私的行为，李亨本以为她对此应该会是极力赞成的。

不料这回张良娣的反应却令人大跌眼镜。

她阴阳怪气地对李泌说：大家乡里乡亲的，何必这样呢！——她和李泌都是京兆（今陕西西安）人，算得上是老乡。

这次李亨还是听从了李泌的劝告，耐心地做张良娣的工作：先生这是为了国家好……

最后张良娣只能无奈地同意。

从此，她和李泌就结下了解不开的梁子。

她在心中默默发誓：滴水之仇，必将涌泉相报！

不过，这点小事并没有影响皇帝李亨对她的感情。

李亨对她依然还是很不错的，甚至还曾一度打算把她立为皇后。

没想到这事竟然又被李泌搞黄了。

那次，李亨对李泌说，良娣的祖母是昭成太后（李隆基生母）的妹妹，太上皇非常怀念她。为了告慰太上皇之心，朕打算立良娣为皇后，你觉得怎么样？

李泌马上就表示反对：陛下在灵武是为了国家才不得不继位的。我觉得像册立皇后这样的家事，还是等太上皇回来后再决定吧。

李亨觉得有道理，便再次听从了李泌的意见。

平心而论，李泌这么做并不是针对张良娣，而完全是出于公心。

毕竟，李亨是非正常继位的，过早地册立皇后会给天下人留下不好的印象——当皇帝那是形势所迫为了挽救国家危亡而不得不从权，立皇后可没必要这么猴急！

可张良娣却不会这么想。

在她看来，李泌就是在成心跟她作对！

此后，她对李泌更是恨之入骨。

李泌是个聪明人，当然不会不知道张良娣的心思。

然而他对此似乎毫不在意，依然是该吃就吃，该喝就喝，该睡就睡，该剪指甲就剪指甲……

疾恶如仇的建宁王李倓却看不过去了。

他私下对李泌说，先生凡事都为我着想，我无以回报，想为先生除掉一害。

李泌很奇怪：四害有苍蝇、蚊子、老鼠、蟑螂？不知你要除的是哪一害？

李倓咬牙切齿地回答：张良娣！

李泌连忙阻止：建宁王千万不要冲动。这不是你该说的话，今后也不要再提了。

实际上，李倓之所以如此痛恨张良娣，除了李泌，还有一个更重要的原因——他早就看出张良娣这个人用心险恶居心叵测，有废掉皇嗣广平王李俶、立她所生儿子李侃为太子的企图！

为此，年轻气盛的他经常在父亲李亨面前直言不讳地揭发张良娣的狼子野心。

李亨当然不会相信。

在他眼里，张良娣只会撒娇，从不撒泼，有才有貌，德艺双馨，政治意识强。无论哪个方面都是完美的，都是绝对不能被质疑的——就和物理学中的牛顿三大定律绝对不能被质疑一样。

因此，李倓的话非但没起什么作用，还产生了严重的副作用——他的父亲李亨对他越来越反感，张良娣对他越来越恼火。

最终，张良娣下决心要除掉李倓这个惹是生非的家伙。

这对她来说，并不是一件难事。

因为她并不是一个人在战斗。

她有一个强大的盟友——李亨的心腹宦官李辅国。

李辅国这个人其实之前已经出过场了，他跟随李亨多年——早在李亨当太子时他就是李亨的贴身侍从，在马嵬驿之变和北上灵武自立等一系列改变李亨命运的事件中，李辅国都起了很大的作用。李亨继位后，李辅国更是深得信任，掌握了宫禁大权。

见张良娣极其得宠，随时有可能登上皇后宝座，李辅国便主动向她靠拢，两人结成了同盟。

双剑合璧，对付区区一个李倓，自然是不在话下。

一个在伺候李亨睡觉时吹枕边风，一个在伺候李亨如厕时吹厕边风，抓住一切机会在李亨面前攻击李倓，说李倓对自己没当上元帅怀恨在心，企图谋害哥哥广平王李俶，觊觎太子之位。

一边是自己的儿子，一边是自己的宠妃和心腹宦官，该站在哪一边呢？

对很多人来说，这是个问题。

但对李亨来说，这根本不是个问题。

他勃然大怒，根本没给李倓任何申诉的机会，马上下诏将李倓赐死。

我个人觉得，李亨之所以会这么做，除了张良娣的诬告，也许还因为他本人对李倓也抱有戒心——李倓这个人能力太强，锋芒又太外露，很不安分，他担心会在将来惹出麻烦，甚至造成动乱。

李白和高适：友谊的小船说翻就翻

在李亨心目中，不安分的人除了李俊，还有另一个宗室——他的弟弟永王李璘。

前面说过，李隆基在逃亡路上曾封李璘为江陵大都督、山南东道等四道节度使，受封后，李璘动作极快，马上就赶赴江陵上任。

当时江淮的财赋大多通过江陵中转，那里的府库存有大量钱粮，有钱好办事，李璘到任后立即拿出一大笔钱财，招募了数万兵马。

有钱，有兵，有武器，还有号召力（李璘是正宗皇子），在这样的乱世，有如此优越的条件却不干点大事，就好比一个长得国色天香又有满腹才华的名校海归美女博士每天在菜场里给顾客刮鱼鳞——实在是有些暴殄天物。

李璘手下的一些野心家趁机劝他割据江南，甚至逐鹿天下。

李璘有没有同意？

这个我不知道，我只知道在李亨下旨要求李璘返回蜀地的时候，李璘不仅拒不奉诏，还浩浩荡荡地率大军沿江东下，大有夺取江东之势。

李亨闻讯大惊，连忙封侍御史高适为淮南节度使、南阳太守来瑱为淮西（今河南汝南）节度使，命他们与江东（今江苏苏州）节度使韦陟一起联手对付李璘——淮南节度使、淮西节度使都是首次设立，可见安史之乱前只在边疆设立的节度使此时已在内地遍地开花。

李璘军虽然声势很大，可毕竟大多数人马都是新招募的乌合之众，而且在这时候搞分裂也很不得人心，因此在政府军强大的宣传攻势和军事攻势面前很快就土崩瓦解了，李璘本人也在逃亡的路上被擒杀。

李璘死后，他的党羽大多被抓捕问罪，其中就有一个大名鼎鼎的人物——著名诗人李白。

李白那段时间本来隐居在庐山，永王李璘盛情邀请他担任自己帐下的幕僚，为自己出谋划策。一直心怀建功立业梦想的李白当即欣然受命，随永王一起东下，途中还写下了十一首热情洋溢的组诗《永王东巡歌》，歌颂永王的功绩，抒发自己的抱负。

其中有一首是这么写的：

三川北虏乱如麻，四海南奔似永嘉。但用东山谢安石，为君谈笑静胡沙。

诗中他把自己比作在淝水之战中击败前秦的东晋名相谢安，谈笑间就可以让樯橹灰飞烟灭。

由此可见他的志向有多么远大！

不过，在这个世界上，志向远大的人很多，但没实现志向的人更多。

很不幸，李白就是其中的一个。

他不仅没能成就"谈笑静胡沙"的佳话，反而成了个笑话。

因为他上的是贼船——永王被定性成了反贼！

李璘兵败后，李白也被下狱。

在狱中，李白想到了自己多年前的好友高适。

公元 744 年，时年四十四岁的李白从翰林待诏的职位上被李隆基赐金放还，在洛阳结识了三十三岁的杜甫，之后李、杜结伴而行，途中又遇到了四十一岁的高适，三个当时都怀才不遇的大诗人同游梁宋（今河南开封、商丘一带），诗酒唱和，为中国文学史留下了一段传奇。

杜甫晚年在《遣怀》诗里深情回忆了三人同游的场面：……忆与高李辈，论交入酒垆。两公壮藻思，得我色敷腴……

可见那时三人的友谊是非常深的。

然而十几年后，他们的境遇却大不相同。

高适因曾劝阻李隆基不要分封诸王到各地而得到了当今皇帝李亨的赏识，现在已是坐镇淮南的平叛主帅，而李白却成了参与反叛的阶下囚。

为了保命，李白发挥自己的特长写了首诗《送张秀才谒高中丞》，托人送给高适。

诗中李白不仅对高适大加赞颂"高公镇淮海，谈笑却妖氛"（几个月前他还在诗中吹捧永王李璘是贤王，现在却把李璘称作妖氛，可见李白不仅诗写得快，脸变得也够快），还委婉地表达了求救之意：但洒一行泪，临歧竟何云——在这个时候我也不知道说什么好，也许一行眼泪就说明了一切！

这话看起来似乎什么也没说，但其实什么都说了。

他相信高适会懂的。

可惜他错了。

高适似乎根本没懂，或者假装根本没懂。

总之，他没有任何的反应。

友谊的小船说翻就翻，李白大受打击。

我把你看得如此重要，你却把我当成了长江里的一泡尿——有没有都无所谓！

太伤自尊了！

好在天无绝人之路，后来有个比高适更重量级的人物——郭子仪为他说情，李白最终免于一死——只是被流放到了夜郎（今贵州桐梓）。

而几乎就在李白倒霉的同时，与他和高适曾经一起同游的杜甫也遭遇到了厄运。

杜甫："三吏""三别"

杜甫出身名门，祖父是著名诗人杜审言，父亲也曾在各地担任地方官，作为官三代，他从小家境不错，受到了良好的教育。

和很多年轻人一样，杜甫也有着凌云的壮志，这从他那时的诗句可以看出来：会当凌绝顶，一览众山小！

可他虽然博学多才，运气却相当不好，连续数次参加科举都没有中第——其中公元 747 年的那一次尤为可惜，当时身为宰相的李林甫为了营造野无遗贤的假象，竟然一个都没录取！

那时他的父亲已经去世，杜甫客居长安，迫于生计不得不担任右卫率府兵曹参军（低阶官职，负责看守兵器甲仗和管理门禁锁钥）之类自己之前看不上的不入流的小官，然而凭借那点微薄的薪水，要养活一家人依然十分吃力，有一次他从长安回到奉先县（今陕西蒲城，杜甫把家安在那里）家中的时候，竟然发现他的小儿子被活活饿死了！

年少时的理想是要拯救世界，现在却连自己的儿子都拯救不了！

可以想象，此时的杜甫该有多么悲愤，多么无奈！

他奋笔疾书，一气呵成地写下了他人生中的第一首长诗《自京赴奉先县咏怀五百字》，深刻地反映了安史之乱前隐藏在盛世光环下的尖锐的社会矛盾，其中"朱门酒肉臭，路有冻死骨"这一千古名句更是形象地揭示了那时贫富极为悬殊的残酷现实！

安禄山叛乱后，杜甫陷于长安，后冒着生命危险逃出，投奔刚称帝不久的唐肃宗李亨。

李亨觉得他忠心可鉴，便封他为左拾遗（皇帝身边的谏官）。

左拾遗虽然级别不高——仅仅是从八品，但由于属皇帝近臣，如果做得好，前途还是很光明的！

估计那时的杜甫也以为这会是他走向巅峰的起点，万万没想到这竟然会是他一生仕途的顶点！

事实上，他在左拾遗这个职位上只做了一个多月的时间。

那时宰相房琯因兵败陈涛斜等原因而被李亨下诏免去宰相职务，其他人倒没说什么，杜甫却跳了出来为房琯鸣冤，惹得李亨大怒：你谁啊！真是浴缸里跳水——不知深浅！

李亨觉得，杜甫不适合左拾遗这个岗位，因为他实在太不合时宜了！——提醒一下，这里有个谐音梗。

就这样，杜甫被贬出了朝廷——被贬为华州（今陕西渭南华州区）司功参军。

在此期间，他曾离开华州赴洛阳等地探亲，途中因见到战乱带给百姓的灾难而写下了著名的"三吏"（《新安吏》《石壕吏》《潼关吏》）和"三别"（《新婚别》《垂老别》《无家别》）。

从杜甫这一时期的诗中，可以看出当时的百姓生活有多么苦难！

第十七章　峰回路转

安禄山之死

毫无疑问，造成这一切的罪魁祸首就是安禄山！

也许是做的坏事太多，安禄山也没得意多长时间。

范阳起兵后不久，安禄山的眼睛就逐渐看不清东西了，后来越来越严重，几乎成了盲人；更让他难受的是，他身上还长了很多毒疮，经常溃疡，搞得他苦不堪言——现代有专家根据史书上的这些记载判断，安禄山的症状似乎有点像糖尿病的并发症，他很可能是得了严重的糖尿病，不过那时候的人根本不知道什么糖尿病，故而安禄山请了很多医生都对他的病束手无策。

身体上的痛苦，让安禄山的性情变得十分暴躁，稍有不如意就大发雷霆，对部属动不动就大肆鞭打，甚至还随意杀人。

那些陪侍在他身边的人，上自宰相大臣，下至宦官侍从，全都遭到过他的毒打，每次见到安禄山都心惊胆战。

谁都不知道，安禄山什么时候会发脾气；谁都不知道，自己什么时候会人头落地。

那个时候，他们这些人甚至连买杧果都不敢买颜色青的，因为谁也无法保证，等到杧果成熟时自己是不是还活着！

宰相严庄不愿过这种朝不保夕的日子。

他决定做掉安禄山。

这样的大事，当然不是严庄一个人能干得了的。

为此，他找了一个强大的盟友——安禄山的次子安庆绪。

安庆绪精于骑射，作战骁勇，深得安禄山的喜爱，加上他的长兄安庆宗早在安禄山刚起兵的时候就被杀了，安庆绪一直认为自己肯定会是父亲顺理成章的继承人，没想到安禄山由于宠爱小妾段氏，竟然打算立段氏所生的幼子安庆恩为皇储！

安庆绪对此完全不能接受，心里很不平衡。

这当然是可以理解的——如果一个人好不容易抽到了五百万大奖，所有人也都认为他获得了大奖，然而就在他准备领奖的时候，却突然发现颁奖机构通过暗箱操作把大奖颁给了别人，你说他怎么可能不怨气冲天呢？怎么可能不想为自己讨个公道呢？

因此，当严庄找到他并许诺事成后立他为主的时候，他毫不犹豫就答应了。

接下来还缺一个具体执行的人。

这个人，严庄选择的是安禄山的贴身宦官李猪儿。

李猪儿是契丹人，从十几岁开始就跟随安禄山，安禄山的肚子太大，行动很不方便，每次穿、脱衣服都要好几个人协助，其中李猪儿的作用最为关键——他是专门负责用头把安禄山像小山一样的肚子顶起来的，不然安禄山根本无法穿衣裤、系腰带。

由于跟安禄山接触得最多，李猪儿挨的打也是最多的。他对安禄山早已怀恨在心，所以他也愿意配合严庄。

一切准备就绪，严庄开始行动了。

公元757年正月初五深夜，安禄山睡得正酣，鼾声如海浪般此起彼伏，一浪高过一浪。

三人悄悄摸进了安禄山的寝宫。

进去后，严庄和安庆绪拿着兵器守在寝帐外，李猪儿则手持大刀进入了帐内，随即掀开被子，挥刀向安禄山的肚子一阵猛砍。

安禄山发出一声声凄厉的惨叫，不过他并没有马上断气，还在挣扎——由于眼睛看不见，他只能伸手去摸自己常年放在枕头边的佩刀，然而仓促之间却没有摸到，只摸到了一根帐竿。

他只能一边徒劳地摇着帐竿，一边用尽最后的力气大喊大叫：这一定……是……家贼干的！

恭喜你，答对了。

可答对了又能怎样？

说完这句话，他就什么也说不出来了。

五十五岁的安禄山就这样死了，死得很惨——床上、地上到处都是散落的人体碎片……

李猪儿要是去剁饺子馅，肯定是一把好手！

习惯于背叛的安禄山最终死于家人的背叛。

也许，这就是报应吧。

可惜这报应来得还是太晚了。

很多人都说，历史人物是复杂的，要一分为二地看待他们，每个人都有正面的因素，也有负面的因素，然而要从安禄山身上找到正面的因素，其难度不亚于从豆腐里找到骨头。

因为安禄山为了一己之利掀起的这场叛乱，给人们带来的伤害实在是太大了！

按照唐人杜佑所著的《通典·卷七·历代盛衰户口》记载，安史之乱前的公元755年，唐朝的总人口有五千二百多万人，而到了公元760年，总人口却只剩下了不足一千七百万，也就是说在短短五年的时间里，唐朝的人口减少了三分之二还多！

虽然这个数据可能会因隐瞒户口等因素不完全准确，但毫无疑问，在这场劫难中丧生的百姓数量是极其巨大的！

如果把安史之乱前的大唐帝国比作一个精美的瓷器，那么安史之乱后就只剩下了一地碎片，而那个率先动手打破瓷器的人，就是安禄山！

他是毁了大唐帝国和无数百姓生活的最主要的责任者！

他不仅是史上最胖的破坏者，也可能是史上最大的破坏者！

这样的人，当然只能被钉在历史的耻辱柱上。

扯远了，还是回到现场吧。

安禄山被杀的时候，寝宫内虽然有几个宦官和宫女，可他们早就被吓得魂飞魄散，没人敢动——其实也没人想动——安禄山早已失去了人心，谁也不愿再为安禄山卖命。

严庄嘱咐他们这些人不得对外泄露任何消息，否则全部格杀，随即又命他们动手给他们之前的主子挖坑——在床下掘了个超大号的深坑，将安禄山的尸体用毛毡包裹就地掩埋。

次日清晨，严庄在朝堂上宣布安禄山病危，传位给次子安庆绪。

安庆绪随即继位，尊安禄山为太上皇。

数日后，安庆绪才对外公布了安禄山的死讯。

安禄山建立的大燕政权，就此进入了安庆绪时代。

而安庆绪这个人虽然四肢发达，头脑却极其简单，外表长得人五人六，说起话来却颠三倒四，即使让他念一段别人拟定好的诏书，他也念得吞吞吐吐，云里雾里，别说别人了，连他自己也不知道在说什么。

严庄觉得他这个样子难以服众，便干脆让他待在深宫，不要随便出来——老弟呀，我看你以后还是尽量少抛头露面了，你那不是露面，是露馅儿！

安庆绪也乐得如此，他干脆加封严庄为御史大夫、冯翊郡王，把军国大事全都交给严庄处理，自己则躲在深宫，日夜饮酒泡妞，过起了没羞没臊的幸福生活……

相比之下，他的对手唐肃宗李亨的责任心则要强得多。

安禄山的死，对正处于内忧外患中的李亨来说，无疑是天大的好消息。

他对平叛又重新充满了胜利的信心。

公元 757 年二月，他带领文武百官进驻凤翔（今陕西凤翔），将这里作为自己的前敌指挥部，开始部署对叛军的全面反击。

太原保卫战

首先出手的是李亨最倚重的大将郭子仪。

郭子仪率朔方军从洛交（今陕西富县）出发，悄悄渡过黄河，于深夜神不知鬼不觉地进抵河东城下。

由于郭子仪已在城内联系好了内应，城门已打开，唐军没费多大力气就占领了城池。

驻守河东的，是曾在灵宝一战中击败哥舒翰的叛军大将崔乾祐，因事发突然，崔乾祐根本来不及组织防守，只能狗急跳墙缒城而逃，接着马上组织驻扎在附近的叛军发起反扑。

然而胜利似乎总是偏爱有准备的人，仓促出击的崔乾祐不敌早已在城头严阵以待的郭子仪，被打得大败，只好带着残兵狼狈地逃往安邑（今山西运城）。

没想到当地军民已经反正，等叛军进去了一半他们突然关闭城门，随后关门打狗，将入城的叛军全部歼灭。

崔乾祐走在队伍后面，一看情况不对，慌忙掉头就跑，总算逃回了洛阳。

河东就此光复。

几乎就在郭子仪夺取河东的同时，他的老搭档李光弼也在太原取得了一场来之不易的胜利。

李光弼这次的对手，是老冤家史思明。

自从扫平河北后，史思明就把自己的下一个进攻目标放在了太原。

这一点他是经过深思熟虑的。

一方面，太原的地理位置极其关键，唐军只要占有太原，就随时都有可能东下威胁河北这个叛军的老巢，这令史思明始终感到如芒刺在背，连睡觉都睡不安稳；另一方面，他听说李光弼麾下只有不满万人，且大都是地方上的团练兵，其战斗力和史思明手中这支百战精兵相比，就如同"跳楼大甩卖，最后三天，样样十元"的乡下街头小店和巴黎香榭丽舍大道上的老佛爷百货相比——差了不晓得多少个档次！

这样一个捏软柿子的良机，他当然不会白白错过。

公元757年正月，史思明与另三名叛军大将蔡希德、高秀岩、牛廷玠分别从博陵、太行、大同、范阳四地同时出兵，合计约十万人，气势汹汹直扑太原。

得知十倍于己的叛军大举来攻，太原城内的唐军诸将全都大惊失色。

他们纷纷提议将城墙加高加厚，以便于防守。

但李光弼却力排众议：叛军马上就要到了，而太原城的周长足有四十里，现在修城根本就来不及，更何况，还没见到敌人就把自己搞得疲惫不堪，怎么能应战呢？

将领们虽然心中有些不解，也有些不服，可却没一个人敢提出异议。

因为李光弼的那股狠劲，他们是亲身领教过的。

之前李光弼赴太原上任前，皇帝李亨因对原太原尹王承业的表现不满意，先派侍御史崔众收了王承业的兵权，然后再命他转交给李光弼。

崔众性情骄横，不仅在李光弼到任时没有及时交出兵权，而且对李光弼的态度也很不礼貌。

李光弼勃然大怒，当场下令将崔众拿下拘押。

正好这时皇帝派使者带着诏书来到太原，让崔众接旨，说要晋升他为御史中丞。

李光弼对使者说：崔众有罪，已经被拘押了。

使者大惊，慌忙拿出诏书给李光弼看。

没想到李光弼不仅不依照诏书放人，还甩出了这样一句狠话：今只斩侍御史；若宣制命，即斩中丞；若拜宰相，亦斩宰相！

那意思是说，皇帝封崔众哪个官职，我就按照哪个官职杀他，哪怕封他为当朝宰相，也照杀不误！

李光弼说到做到，次日就将崔众枭首示众。

连皇帝的面子都不给，谁还敢再惹他！

从此，将领们都对李光弼无比敬畏。

按照史书的说法是"（李光弼）每申号令，诸将不敢仰视"。

就算李光弼让他们上刀山、下火海、被人使劲挠痒痒而不准笑，他们也没人敢不照做！

当然，李光弼在军中的威望靠的不仅仅是他说一不二的严厉，更是他无与伦比的战绩。

在战场上，他智计百出，各种出人意料的点子如当今商家的促销套路一样层出不穷。

这次也是这样。

在得知叛军即将到来的消息后，李光弼没有采取常规的方案修缮加固城墙，而是亲率士卒与百姓在城外掘了很多壕沟，并用挖出的泥土制作了数十万块土砖。

大家都莫名其妙，不知道主帅葫芦里究竟卖的是什么药。

等到叛军开始攻城的时候，唐军将士才发现了这些土砖的妙用——一旦城墙有任何破损之处，李光弼就第一时间让人用这些土砖把缺口补上，随坏随补。

如此一来，太原的城墙虽未经事先修缮，可用这种更省时更省力的方式，也达到了类似的效果。而且瞬间就可补好的城墙，还大大挫败了敌方的士气！

是呀，费了九牛二虎之力付出无数生命代价才好不容易打开的缺口，对手却不费吹灰之力就修好了，你说这气人不气人！

见战事远不如想象中的那样顺利，史思明也急了。

他下令从河北调来了一批攻城器械，由三千番兵护送，没想到李光弼事先探知了消息，在叛军必经之路广阳（今山西平定）设下埋伏，全歼了三千番兵，所有的攻城器械也都被付之一炬。

就这样，史思明带着十万大军在太原城下猛攻了一个多月，却始终一无所获。

大军兵于坚城之下乃兵家大忌，史思明当然也知道这个道理。

他决定改变策略，不再一味硬来。

他从军中挑选出了一批最精锐的士兵，组建了一支机动部队，叮嘱他们说：我如果从北面发起攻击，你们就悄悄迂回到南面；我如果打东面，你们就从西面包抄。只要发现哪里防守薄弱、哪里有破绽，你们就立即从那里攻进去！

然而他这次又错了。

要想从李光弼布置的防线中找到破绽，简直比从菜场上卖的河蚌中找到珍珠还难！

李光弼治军极严，即使没有发现敌军，守城士兵也都从不懈怠，从不开小差；即使是在深更半夜，巡逻队也到处巡逻，从不间断，叛军的机动部队根本找不到任何下手的机会，一段时间后只能作罢。

一计不成又生一计，史思明又派人天天到城下叫骂，骂得极其难听，企图以此激怒李光弼，逼他出城决战。

有一次，那个叛军士兵正仰着头骂得起劲，眨眼间竟然消失了。

就仿佛盐消失于开水中，彩虹消失于天空中，少年时的理想消失于一地鸡毛的生活中，他的人影消失在了茫茫的大地中。

这到底怎么回事？

难道李光弼会变法术？

当然不是。

事实是这样的：

李光弼特别注重选拔人才，不管什么人只要有一技之长，他都会量才录用，做到人尽其才。

唐军中有三个士兵曾在铸钱厂干过采矿工作，善于挖掘地道，李光弼便让他们挖了条地道，一直通到叛军叫骂的人所在的地方，一下子将其拽了下来，随后押到城头斩首。

这样的事之后又连续发生了好几次。

叛军全都吓坏了。

从此他们走路都不敢抬头，眼睛一直死死地盯着脚下，就怕有什么异样。

这个李光弼实在是太神出鬼没了。

尽管屡遭挫折，顽强的史思明依然不肯放弃。

因为他知道，除了变老，世界上没有一件事是随随便便就能成功的。

他命人制作了一批飞楼（攻城用的一种楼车）、云梯，同时还堆起了好几座土山，企图凭借这些工具让叛军士兵强行登城，没想到还是徒劳——他的飞楼、云梯、土山到哪里，李光弼就把地道挖到哪里，这些飞楼、云梯、土山往往瞬间垮塌，上面的叛军则不是被摔死就是被活埋……

此时的史思明已经打疯了。

他不顾伤亡，依然指挥部下不顾一切地拼命猛攻。

战斗异常惨烈，叛军前仆后继，潮水般一波接着一波往上冲。

李光弼却依然不慌不忙。

他对此早有预料，已经准备好了一种对付密集冲锋最有效的重型武器——巨型抛石机。

这种抛石机经过专门的设计，每次使用要两百人才能启动，威力极其巨大——一发石弹往往能砸死几十人！

见身边的战友一个个被砸成肉饼，叛军彻底崩溃了。尽管史思明还在不断地下命令"不往前就是死！"，可他们就是死也不往前——而是全都争先恐后地往后逃。

见战势不利且难以挽回，史思明也只能长叹一声，下令让部队退到抛石机的射程外安营扎寨。

但退并不代表认输。

至少史思明是这么想的。

见和李光弼直接交手难有胜算，他决定利用自己的兵多优势，改用常围久困之法。

他下令全军将太原城团团围住，却始终围而不攻——只等城内粮草耗尽，他自然就不战而胜了。

没过几天，这一方法就显现出了效果。

李光弼撑不住了，派人出城请降。

史思明大喜。

到了约定的日期，数千名唐军果然打开城门，低着头举着白旗前往叛军营地投降。

叛军上下都兴高采烈地出营围观这一难得的盛况。

一时间，叛军的营门前里三层外三层站满了人，黑压压的一片，密集得连一只苍蝇都穿不过去。

此时突然霹雳一声震天响，他们站的地面大面积塌陷，千余名叛军顿时被活埋！

原来，李光弼早就通过地道将叛军营门前地下一大块地方都挖空了，只暂时用木柱撑着，现在见时机已到，便命人将木柱引燃烧掉，地面自然瞬间垮塌！

遭此变故，叛军顿时乱作一团。

李光弼乘机率军出击。

此时叛军每个人的腿肚子都是软的——我站的这块地方，该不会也是空心的吧？

站都站不稳，怎么可能打得过如猛虎下山一般的唐军？

此役叛军一败涂地，被斩杀了万余人。

一次接一次的失败让史思明终于失去了信心。

他之前引以为豪的是自己意志坚强、头脑灵活、点子多，而现在和李光弼相比，显然李光弼意志更坚强，头脑更灵活，点子更多！

要想战胜李光弼，实在是太难了！

怎么办？

他苦思冥想，却始终感觉无法可想。

他千方百计，却始终感觉无计可施。

除了三十六计的最后一计。

可是，雄赳赳地来，灰溜溜地走，这不是太没有面子了吗？

他现在最需要的，是一个合适的借口。

借口就和屁一样——总是说来就来。

没过多久，刚登基的新皇帝安庆绪给他发来了一纸调令。

原来，因安禄山的死讯已经传开，安庆绪生怕老巢范阳有变，急忙加封史思明为妫川郡王，同时命他立即率军回防范阳。

史思明如蒙大赦，一刻也没有耽搁就马上带领所部撤回了范阳。

史思明走后，蔡希德等人当然更不可能是李光弼的对手了。

由于久攻不下，屡战屡败，加上得知安禄山死了，叛军军心动摇，士气低落。

见战机已到，李光弼亲自率敢死队出城突击，最终大获全胜，斩杀七万多人——必须说明的是，这个数字是史书的记载，实际上应该是有很大水分的。

不过，叛军损失惨重应该是毫无疑问的——因为此战过后蔡希德就狼狈退军了。

李光弼就这样取得了太原保卫战的胜利，又一次创造了奇迹！

捷报传到凤翔，李亨也大为振奋，当即加封李光弼为司空兼兵部尚书，并晋爵魏国公。

第十八章　收复两京

世上无难事，只要肯付出

人在顺利的时候，好事往往就和江南梅雨季节的雨一样———旦开始就停不下来。

李亨现在就是这样。

太原大捷后没过几天，陇右、河西、安西以及西域的大批援兵也相继抵达凤翔，与此同时，从江淮经长江、汉水又运来了无数的财货……

一时间，唐军实力大增，人马多得城内外都待不下，粮草多得仓库里都放不下……

财大了，气就粗。

李亨也越来越踌躇满志，越来越舍我其谁，越来越说一不二——当然，他也不是不听别人的意见，如果你说的东西和他的想法一样，他还是很乐于听取的。

李泌建议按照之前拟定的策略，派安西及西域的军队绕道塞北，从妫州、檀州南下，直取叛军老巢范阳。

没想到李亨却坚决不同意：现在大军已集，应该乘势直捣长安、洛阳，您却偏偏绕道东北数千里先取范阳，这不是舍近求远吗？这不是吃饱了撑的吗？

李泌很纳闷：咱们前段时间不是说得好好的嘛，堂堂一国之君，怎么变起心来比渣男还要快？

无奈，他只能耐着性子再次苦苦劝谏：范阳才是叛军的根本，先打两京等于是送敌归巢，叛军肯定还会再次强大起来，从长远来看这不是良策呀……

然而李亨还是不答应。

李泌又详细分析说，我们军队的主力，大多是来自西北各镇的守军以及西域各

221

国的胡兵，他们不怕冷，却怕热，若凭借他们新来的锐气，攻打叛军久战疲惫之师，取胜肯定是不在话下的，可是现在两京已是春暖花开，天气一天比一天热，若叛军纠集余众，退回老巢范阳，而我军将士则因耐不住中原的暑热，人心思归，难以久留，到时候叛军必然卷土重来，这样一来，这场战事的结束就变得遥遥无期了。因此，我认为我们应先集中兵力端掉叛军的老巢范阳，这样才能一举平息叛乱，一劳永逸！

李亨沉默了，半晌才说，你讲的也不是没有道理。但朕急于收复两京，迎接太上皇回来，不能照你说的做。

这也许才是他执意要先打两京的真正原因。

是呀，他毕竟不是正常继位的，帝位的合法性始终是他的一块心病，只有收复了长安，接太上皇回京，随后让太上皇亲手将帝位传给他，履行好所有该履行的手续。他这个皇帝才能当得安心！

在他看来，这才是压倒一切的大事，其他的，都只是小事。

在他看来，这才是他的生命线，其他的，都只是风景线。

要让他不去先收复两京，就相当于要让海水停止涌动——完全是不可能的！

这是他的执念。

这也是历史的悲哀。

因为，后来发生的事果然被李泌说中了。

长安、洛阳虽然顺利收复，但直到李亨去世，唐军都未能光复河北，本可以很快结束的战事整整拖了八年，本可以很快取得的完胜，最后的结果却大打折扣——在此后的一百多年里，河北诸镇都长期脱离中央，处于事实上的割据状态……

当然，此时的李亨并不知道这些。

他只知道不停地催促郭子仪等唐军将帅尽快采取行动，争取早日拿下长安。

公元757年二月底，郭子仪派其子郭旰（gàn）、兵马使李韶光、大将王祚等人率部从河东渡过黄河，一举攻克了潼关。可叛军随即调集大军发动反扑，很快又夺回了潼关，唐军伤亡惨重，李韶光、王祚阵亡。

首次行动的失利并没有改变李亨的决心。

当年四月，他又加封郭子仪为司空、天下兵马副元帅，命他领兵赶赴凤翔，随后与关内节度使王思礼在西渭桥（今陕西咸阳西南）会合，一起从西面进攻长安。

叛军大将安守忠、李归仁早已率军在长安西郊严阵以待。

　　两军在对峙了七天后，安守忠佯装后撤，唐军不疑有诈全线追击，没想到叛军以九千精锐骑兵组成了长蛇阵，等唐军一到，首尾立即变成两翼，夹击唐军，最终唐军大败，不得不退回了武功。

　　连续两次出击都以失败告终，郭子仪很烦恼。
　　怎么办？
　　他想到了大唐的友好邻邦——回纥人。
　　对于回纥人的战斗力，他之前是领教过的。

　　回纥本是铁勒诸部的一支，早期曾游牧于娑陵水（今蒙古色楞格河）一带，公元744年，回纥首领骨力裴罗趁后突厥发生内乱，联合周边各少数民族，在唐军的大力支持下攻灭了后突厥，随后自立为可汗，建立了回纥汗国。
　　此时回纥汗国控制的地域，东至室韦（今内蒙古东北额尔古纳河一带），西达金山（今阿尔泰山），南跨大漠，尽有原突厥故地，是继突厥之后新的草原霸主。

　　一直以来，回纥与唐朝的关系都是相当不错的，算得上是唐朝人民的老朋友。
　　李隆基曾册封骨力裴罗为怀仁可汗，承认其在漠北的统治地位；骨力裴罗也多次遣使朝觐，对唐朝朝廷很是恭敬。
　　骨力裴罗死后，其子磨延啜继任，号葛勒可汗。
　　葛勒可汗延续了其父的对唐友好政策，李亨在灵武继位后，葛勒可汗还主动派使节前往灵武，表示愿意出兵帮助唐军平叛。

　　对李亨来说，回纥的这个表态来得正是时候。
　　因为那时李亨正好遇到了严重的危机。
　　有个叫阿史那从礼的叛军将领带着五千同罗骑兵从长安逃到了河曲（今内蒙古鄂尔多斯）一带，煽动那里的胡人发动叛乱，居然一下子就纠集了四五万兵马，声势很大，严重威胁初生不久又距离不远的李亨政权。
　　李亨命郭子仪带朔方军前去平叛，虽然也取得了一些战果，然而由于阿史那从礼的叛军人多势众，又大都是骑兵，机动性极强，唐军始终无法彻底消灭他们。
　　思来想去，李亨决定寻求回纥人的帮助。
　　他命宗室燉煌王李承宷（cǎi）与朔方军大将仆固怀恩一起前往回纥求援。

　　对这两个出使的人选，李亨是经过仔细斟酌的。

李承寀是唐高宗李治和武则天所生的次子章怀太子李贤的孙子，与李亨所代表的皇室正统关系不算远，也不算近，或者说增之一分则太远，减之一分则太近——正是恰到好处，非常合适。

而仆固怀恩则是出自铁勒仆骨部，与同出于铁勒诸部的回纥人有着天然的亲近关系。

更重要的是，仆固怀恩这个人一向以忠勇著称。

也许有人会觉得奇怪，仆固怀恩在后来的《新唐书》中被列入了叛臣传，怎么能说他忠呢？

其实这并不奇怪。

仆固怀恩曾经也是一个非常忠心的将领。

尽管身为胡人，但自从其曾祖父归顺唐朝以来，他的家族已经在唐朝生活了一百多年，早已把唐朝当成了自己的祖国，他本人则先后在王忠嗣、安思顺、郭子仪三任朔方节度使麾下效力，建了不少战功。

阿史那从礼叛乱后，郭子仪奉命前去讨伐，时任朔方军左武锋使的仆固怀恩也在其中。

在一次战斗中，仆固怀恩的长子仆固玢被叛军俘获，不得已暂时投降了叛军，不久后他又找了个机会，历经千难万险冒着生命危险逃了回来。

没想到迎接他的却不是想象中的鲜花与掌声，而是他父亲口中的一顿怒斥和手中一把闪着寒光的大刀——仆固怀恩为了表示自己与这个降贼的儿子一刀两断，竟然一刀把儿子劈成了两段！

从现在的角度看，仆固怀恩的这种做法无疑是很不人道的，而在那时的人看来，他的大义灭亲却是忠义的典范。

李亨当然也是这么看的，所以这次才会对他委以重任——派他担任出使回纥的使臣。

仆固怀恩没有让李亨失望。

他和李承寀来到回纥后，很快就获得了葛勒可汗的信任。葛勒可汗不仅极其爽快地答应了李亨出兵的要求，还把自己的女儿嫁给了李承寀。

李亨也投桃报李，加封其女为毗伽公主。

之后回纥人与郭子仪并肩作战，很快就扫平了阿史那从礼的叛乱。

也正是在这一战中，那些回纥兵的勇悍给郭子仪留下了很深的印象——无论跟谁作战，只要回纥人一出现，每次都是无坚不摧，无往不克，如入无人之境！

因此，在这次进攻长安受挫后，他又想到了战力超群的回纥人，向皇帝提议去回纥借兵。

李亨也早有此意。

不过，回纥人已经帮过自己一次了，这次他们还会答应吗？

李亨心里并没有底。

好在他一直以来都信奉一句话：世上无难事，只要肯付出。

于是，他把心一横，在求援书中对葛勒可汗做出了这样的许诺：克城之日，土地、士庶归唐，金帛、子女皆归回纥——攻克京城之日，土地、男子归唐朝所有，财富和女人都统统给回纥！

可见，为了确保能取得回纥人的帮助，他是不惜代价的。

而沦为代价的，是两京的无数百姓！

代价是沉重的，可李亨却似乎并不十分在意。

失去家产和妻女的是普通百姓，他和他的大唐朝廷并没有失去什么。

是的，他和他的大唐朝廷并没有失去什么——除了最重要的人心。

然而现在李亨已经根本顾不上这些了。

他的眼里只有收复两京这个目标。

为了这个目标，他什么都愿意做——他可以拒绝李泌的正确建议，他可以出卖百姓的身家性命。

令李亨欣慰的是，他的疯狂付出得到了积极的回应。

面对如此诱人的条件，葛勒可汗当然不可能拒绝。

他当即派出太子叶护、将军帝德率领四千余回纥精兵前往凤翔。

李亨大喜过望，不仅亲自接见叶护并大加赏赐，还让广平王李俶与叶护结成了兄弟。

在李亨看来，回纥人的到来，等于是在已经九十度的热水基础上又加了大大的一把猛火——火候差不多了。

香积寺之战

公元 757 年九月十二日，唐军正式开始行动了。

225

包括朔方、安西、河西、陇右等各镇唐军以及西域、回纥等部兵马共计十五万人，号称二十万大军，在天下兵马元帅广平王李俶、副帅郭子仪等人的率领下，从凤翔出发，浩浩荡荡地向长安进军。

二十七日，唐军抵达长安西郊的香积寺，在那里遇到了安守忠、李归仁率领的十万叛军。

一场大战就此爆发。

唐军以李嗣业领前军、郭子仪统中军、王思礼领后军，叛军则由悍将李归仁率先出阵挑战，将唐军引至阵前，随后全军出动，向唐军猛打猛冲。

不得不说，安禄山当初精心选拔的"曳落河"的叛军骑兵的冲击力是极为惊人的，唐军一时抵挡不住，阵脚大乱。

危急时刻，猛将李嗣业站了出来：今天如果不拼死抵抗，我们就全都完蛋了！

他一把脱去身上的铠甲，赤膊站在阵前，一边大声呼喊一边挥舞陌刀左劈右砍，将冲上来的叛军连人带马砍得血肉横飞（史书的原话是：当其刀者，人马俱碎），瞬间就砍死了数十人！

李嗣业的神勇表现大大震慑了叛军，也大大鼓舞了他麾下的唐军。

之前被叛军冲乱的士兵们又重新找到了自己的位置，阵形也再次整齐起来了。

随后李嗣业率领他从安西带回来的两千陌刀军，各自手拿陌刀列队如墙而进，所到之处人挡杀人，佛挡杀佛，如坦克碾鸡蛋般势不可当。

他本人则始终一马当先，冲在最前。

除了李嗣业，大将王难得的表现也十分突出。

他在混战中被叛军一箭射中眉头，由于当时正杀得兴起，王难得不假思索就伸手把箭拔掉了，不料因用力太猛，伤口上面的一大块皮竟然被连带着扯得耷拉下来，挡住了眼睛，于是他干脆又一使劲把这块皮也拉掉了——命都不要了，还要什么脸皮！

鲜血一下子喷涌而出，他顿时血流满面，但他却不下火线，依然在拼杀不已。

榜样的力量是无穷的。

很多时候，人的表现怎么样要看他和谁待在一起。

绳子和白菜绑在一起只能卖白菜的价钱，而同样的绳子和大闸蟹绑在一起却能卖大闸蟹的价钱；这些士兵和懦夫待在一起只会同样怯懦，而同样的士兵和李嗣业、王难得这样的勇将待在一起就会同样勇猛。

这一战,像李嗣业、王难得一样把生死置之度外的唐军将士还有很多。

在他们不要命的拼杀下,叛军逐渐陷入了被动局面。

不过,面对这样的不利局面,叛军主帅安守忠并不十分惊慌,因为他还留有后手——在战场的东侧埋伏了一支精锐骑兵。

按照安守忠战前的安排,他们会在战斗最激烈的时候伺机绕到唐军阵后发起突袭,杀唐军一个措手不及!

可安守忠万万没有想到,还没来得及等他动手,唐军侦察兵就发现了叛军伏兵。

随后郭子仪命仆固怀恩带着回纥骑兵杀到此处,仅用了不到一支烟的工夫就将埋伏的叛军悉数歼灭。

这支伏兵是叛军精锐中的精锐,每个士兵都是百里挑一优中选优选拔出来的,可是在如神兵天降般的回纥人面前,他们却成了几乎不设防的豆腐渣工程!

本来他们人人都能以一打十,而现在面对回纥人却以十打一都不够;本来他们能轻而易举地打得别人毫无还手之力,现在他们却被别人轻而易举地打得毫无还手之力!

由此可见回纥骑兵的战斗力有多么锐不可当!

看到回纥打他们最精锐的骑兵像碾死一群蚂蚁一样容易,其余的叛军也都被吓破了胆,一下子失去了斗志。

李嗣业乘机带着陌刀队和回纥骑兵一起迂回到叛军后方,与郭子仪、王思礼等人统率的唐军大部队对叛军形成了前后夹击之势。

这下叛军再也支持不住了,很快就兵败如山倒。

最终叛军大败——被杀六万多人,尸体堆满了山野沟壑,安守忠等人带着少数残兵仓皇逃回了长安。

战斗结束后,仆固怀恩意犹未尽,又对主帅广平王李俶说,叛贼遭此大败,必定会弃城而走,我请求率骑兵追击,活捉安守忠、李归仁、田乾真、张通儒!

老成持重的李俶却不同意:将军已经很疲劳了,还是先休息,等天亮后再说吧。

仆固怀恩再三恳求:安守忠等人都是贼人中的骁将,现在是抓获他们的天赐良机,岂能放虎归山?如果让他们恢复元气,将来必然还会成为我们的心腹大患!更何况,兵贵神速,何必等到明天!

可李俶却始终不肯松口。

第二天一早,探马来报,说安守忠、李归仁、田乾真、张通儒已经放弃长安,逃之夭夭了。

仆固怀恩只能扼腕叹息。

不过，虽然略有遗憾，但收复长安的既定目标是圆满完成了。

然而李俶的心情却非常沉重。

因为他知道，按照之前父亲李亨与回纥人的约定，现在是该兑现承诺的时候了。

难道真的任由回纥人在长安肆意劫掠？

不。

他实在不忍心看到这一幕。

可是，怎样才能做到呢？

李俶不由得陷入了沉思。

功夫不负有心人，很快他就有了主意。

就在他和回纥太子叶护一起向长安城行进的时候，他突然翻身下马，跪在了叶护的马前，恳求说，现在我们刚刚收复了西京长安，如果放任士兵在这里抢劫，东京洛阳的百姓知道后肯定会彻底倒向叛军，死守到底，这样一来，我们要想拿下洛阳就难了。还是等攻下洛阳后再履行约定吧。

见大唐未来的继承人竟然对自己施以这样的大礼，叶护非常感动，加上他觉得李俶的话也有道理，便立即下马回拜，一边捧着李俶的臭脚（注意，这不是我脑补的，而是史书明确记载的），一边忙不迭地说：殿下放心，小弟一定尽快为您拿下东京！

为避免手下骚扰长安百姓，他和仆固怀恩一起带着回纥人从南面绕过了长安，在浐水（今浐河，位于今陕西西安东）以东扎营。

长安人就这样躲过了一场可怕的灾难。

九月二十八日，唐军在广平王李俶等人的带领下威风凛凛地开进长安城内。

受够了叛军之苦的百姓夹道欢迎官军入城，不少人都流下了激动的泪水：广平王真我们之主也！

势如破竹

在长安仅仅休整了三天，李俶就马不停蹄地带领大军继续乘胜东进，很快又攻克了潼关以及华阴（今陕西渭南华州区）、弘农等地，进逼陕郡。

228

陕郡是洛阳西面的门户，安庆绪在这里布下了重兵——自从长安失守后，他就调集了洛阳附近几乎全部兵力，由自己的心腹严庄率领前往陕郡，与败逃回来的张通儒等人合兵一处，共有步骑十五万人。

十月十五日，郭子仪率领的唐军在陕郡以西的新店与叛军相遇，两军随即展开激战。

由于叛军依山布阵，占据了有利地形，唐军的进攻很不顺利，只能且战且退。

见形势一片大好，叛军争先恐后地从山上冲了下来，准备对唐军发起致命的一击。

没想到就在这千钧一发之际，他们身后突然卷起了漫天黄尘，飞来了如蝗的箭雨，同时还伴随着一阵阵杠铃般的笑声！

叛军大惊，纷纷回头。

如果说回头之前他们人人都像打了兴奋剂一般亢奋，那么回头之后他们却人人都像霜打了的茄子一般萎靡！

如果说回头之前他们人人都觉得浑身充满了控制不住的斗志，那么回头之后他们却人人都感觉裤裆里充满了控制不住的尿意！

因为他们发现，在他们身后出现的，是可怕的回纥人！

原来，刚遇到叛军的时候，郭子仪就料定这必然是一场恶战，因此他一面指挥部队与叛军接战，一面派回纥人从山的南面绕到了叛军的侧后，从后方夹攻叛军。

由于之前在香积寺一战中叛军曾见识过回纥人令人生畏的攻击力，此刻见到这些杀神又来了，一下子激情全无，唯一的想法就是赶紧溜之大吉！

叛军纷纷四散奔逃。

郭子仪乘机率部反攻。

在唐军与回纥人的前后夹击下，叛军再次被打得落花流水，伤亡无数，严庄、张通儒等人侥幸逃脱，狼狈地跑回了洛阳。

见好不容易拼凑起来的十五万大军已经所剩无几，安庆绪知道自己大势已去，只好放弃洛阳往河北逃窜。

临行前，安庆绪下令将之前俘获的哥舒翰等三十余名唐朝将领全部杀死。

可惜哥舒翰一代名将，死得竟如此窝囊！

他屈身降贼，一世英名尽毁，得到的却只是多活了一年的时间！

不过，虽然死非其所，但唐朝朝廷并没有忘记他之前捍卫边疆的功劳，后来还追赠他为太尉，谥武愍。

本人觉得清代诗人吴镇在《题哥舒翰纪功碑》中对哥舒翰的描述颇为公允：

李唐重防秋，哥舒节陇右。浩气扶西倾，英名壮北斗。带刀夜夜行，牧马潜遁走。至今西陲人，歌咏遍童叟。渔阳烽火来，关门竟不守。惜哉百战雄，奸相坐掣肘。平生视禄山，下值一鸡狗。伏地呼圣人，兹颜一何厚。毋乃贼妄传，借以威其丑。不然效李陵，屈身为图后。英雄值老悖，天道遭阳九。终焉死偃师，曾作司空否？轰轰大道碑，湛湛边城酒。长剑倚崆峒，永与乾坤久！

在这首诗中，吴镇似乎对哥舒翰充满了惋惜，在他看来，哥舒翰投降安禄山的说法，可能是叛军故意编造以抹黑哥舒翰的，也可能是哥舒翰假意投降屈身事贼以找机会图谋叛军的……

真的有这种可能吗？

我不知道。

我只知道用这首诗的最后一句话来形容曾经的哥舒翰是十分贴切的：

长剑倚崆峒，永与乾坤久！

扯远了，还是把视线转到安庆绪身上吧。

在离开洛阳后，安庆绪带着高尚、张通儒、崔乾祐、安守忠等心腹以及部分残兵逃到了邺郡，一路上士兵纷纷逃亡，到邺郡时只剩下了步骑一千三百多人。

好在叛军大将蔡希德、田承嗣、武令珣分别从上党（今山西长治）、颍川（今河南禹州）、南阳带着本部兵马前来会合，他这才勉强稳住了阵脚。

细心的人也许会发现，随同安庆绪逃到邺郡的名单中少了一个人——他的狗头军师严庄。

严庄去哪儿了呢？

他投降了唐朝，不仅毫发无伤，还在一个月后被任命为司农卿，从叛军高层摇身一变成了唐朝的高级官员！

从严庄的选择也可以看出，与叛军相比，此时的唐朝已经占据了明显的上风！

公元757年十月十八日，唐军正式进驻东都洛阳。

上次回纥人因广平王李俶求情没有劫掠长安百姓，早就憋坏了，这次他们当然不会再客气，一进城就连抢了三天，搞得百姓苦不堪言，李俶根本制止不了。后来当地父老凑了一万匹罗锦（印花的丝织品）送到了回纥人手中，回纥人这才收手。

之后，郭子仪又分兵攻取了河阳（今河南孟州）、河内（今河南沁阳），陈留等地的百姓也纷纷杀死叛军守将重新归附唐朝……

功未成而身退

随着唐军的节节胜利、叛军的江河日下，当时几乎所有人都认为，叛军已经是秋后的蚂蚱——蹦跶不了多长时间了。

李亨自然也是这样想的。

当收复长安的捷报传到他所在的凤翔时，一向喜怒不形于色的他也忍不住百感交集，泪流满面。

他按捺不住心中的兴奋，当天就遣使入蜀，向太上皇李隆基报告这一喜讯，还附了一篇奏表，恭请李隆基回京重登帝位，并表示自己愿意回到东宫，继续当太子。

表文送出后，他将此事告诉了李泌。

没想到李泌听完脸色大变：奏表还追得回来吗？

李亨摇了摇头：来不及了。使者已经走远了。

李泌无奈地叹了口气：看来太上皇不会回来了。

李亨大惊，忙问原因。

李泌：不光屁股在大街上展示没人把你当太监，不假惺惺故作姿态也没人把你当山寨皇帝，何苦这样多此一举呢？

当然，这话他是在心里说的。

实际上他回答得很含糊：这都是情理中的事。

231

这其实很容易理解。

我们知道，李亨不是正常继位的，说得好听点叫自立为帝，说得不好听点也可以叫抢班夺权，李隆基心中对此肯定是有些芥蒂的。

现在李亨声称要把皇位还给父亲，但谁都看得出这话根本当不得真。

因为这完全是不可能的——李亨已经称帝一年多，早已坐稳了皇位，现在又刚刚收复了长安，声望如日中天，就算他真有这种想法，他手下的功臣们也绝不会同意！

李亨这么做，给人的感觉似乎是以退为进，以战功相要挟，逼李隆基再次确认他帝位的合法性！

如果再想多一点，甚至也可以表明李亨对父亲并不放心，担心他会复辟！

如此一来，李隆基当然会觉得不舒服，当然不愿自取其辱，当然不肯回来。

被李泌这么一点，李亨也意识到了自己的草率，连忙又问：那我现在该怎么办？

李泌对此早已成竹在胸：马上请群臣联名再写一封贺表，详细讲述马嵬请留、灵武劝进以及如今克复长安的种种情状，说陛下时刻都渴望能早晚在太上皇膝下问安，请太上皇早日返回京城，以成全陛下的一番孝心……

李亨大喜，连忙照办。

当天晚上，李亨留李泌一起喝酒，晚上则同榻而眠。

临睡前，李泌突然向皇帝提出了辞职请求：臣已经报答了陛下的恩德，应该重新归隐山林了。

李亨当然不答应：朕与先生共患难多年，现在好不容易到了一起享福的时候，你怎么又急着要走了呢？

然而李泌却依然执意要离开。

之前他和李亨曾经有过约定，一旦长安光复，他就要回归山野，现在他觉得是该走的时候了。

不，不是该走，而是必须要走。

这就和吃大闸蟹必须要蘸姜醋汁一样——是没有任何商量的余地的。

这一年多来，为了李唐的社稷，为了国家的利益，他身不由己地卷入了权力斗争的旋涡，已经把李亨最宠幸的张良娣和李辅国都深深地得罪了，再不及时抽身，很可能会凶多吉少！

因此，面对李亨的再三挽留，他丝毫都没有让步：臣有五条不能留的理由，请陛下一定要准许我离开，让臣免于一死。

李亨很好奇：哪五条？

李泌振振有词地回答：臣与陛下相遇太早，陛下任臣太重，宠臣太深，臣的功劳太高，事迹太奇，所以臣万万不可再留在朝中。

见李泌的态度如此坚决，李亨知道，要让李泌打消这个念头的难度堪比让胖子减掉肚子上的赘肉——绝不是短时间内所能实现的。

于是他不再跟李泌纠缠，而是采用缓兵之计：太晚了，还是先睡觉吧，这事改日再说。

可李泌却不肯——时间不能攒到明年再用，这事也不能等到以后再说。

他还是不依不饶：陛下今天跟臣同床而眠的时候都不肯答应臣，以后坐在御案前做报告的时候就更不可能了。陛下不让臣走，就是杀臣！

李亨不由得苦笑起来，摆出一副"别人不理解我，你还不理解我"的样子对李泌说：想不到你对朕竟然这么不放心！朕怎么可能杀你？难道你真把朕当勾践了？

李泌连忙解释：不是陛下要杀臣，要杀臣的是臣刚才说的五条理由。陛下之前对臣如此厚待，臣有时遇事还不敢尽言，何况现在天下已经安定了，臣哪里还敢多嘴！

李亨见他话里似有所指，忍不住陷入了沉思。

半晌之后，他才试探着说，是不是因为朕没有采纳你提出的北伐范阳的建议呢？

李泌摇了摇头：不是。臣不敢说的是建宁王（李倓）。

李亨连忙辩解：建宁王是朕的爱子，英勇果敢，艰难时立有大功，这些朕都是知道的。但他后来受小人挑拨，觊觎储君之位，企图谋害他的哥哥广平王，朕为了江山社稷，才不得不忍痛割爱，除掉了他……

李泌对此却并不认同：如果真是这样，广平王应该怨恨他呀。可事实上，广平王每次和我说到建宁王的冤情都会潸然泪下。要不是臣今天准备走了，臣是绝不敢讲这件事的。

但李亨还是执迷不悟，坚持自己的看法：听说建宁王曾经在夜里去过广平王府中，意图加害……

李泌反驳说，这些都是无中生有的诬陷！当初陛下想用建宁王当元帅，是臣建议改用广平王的。如果建宁王真有夺嫡之心，一定会恨透了我。可他却认为臣是出自忠心，与臣更加亲近。仅凭这件事，就能知道他是什么样的人……

经过李泌一番苦口婆心的解释，李亨终于意识到自己当初赐死李俶实在是太草率了，终于意识到李俶可能是冤死的，不由得动了感情，眼角有了泪痕：先生说得对，不过事情已经发生了，人死不能复生，过去的事就让它过去吧，朕不想再听这件事了……

可李泌却不愿让这件事就这样过去。

他担心李亨重蹈覆辙——受张良娣和李辅国两个小人的蛊惑而加害广平王李俶，因此不得不继续劝谏：臣之所以要说这些，并不是为了追究过去的责任，而是为了警戒将来……

接下来，李泌又讲了一个故事：当初天后武则天生有四个儿子，长子是太子李弘，武后想要临朝称制，担心李弘这个人太聪明，妨碍自己专权，就将他鸩杀，随后立次子雍王李贤为太子。李贤忧惧不安，时刻担心自己会步哥哥后尘，便写了首《黄台瓜辞》献给武后，希望武后能有所感悟，然而武后不为所动，最终李贤还是难逃一死。

随后他声情并茂地吟诵了一遍《黄台瓜辞》：种瓜黄台下，瓜熟子离离。一摘使瓜好，再摘使瓜稀，三摘尤为可，四摘抱蔓归。

念完后，他直截了当地对李亨说：陛下已经摘过一次了，千万不要再摘了！

李亨听了也很动容：怎么可能有这样的事！朕要将这首诗写在腰带上，以便随时提醒自己！

李泌摆摆手阻止了他：陛下只要将它记在心中就可以了，不必形之于外。

显然，李泌之所以要冒着惹恼皇帝的风险说出这样一番逆耳忠言，是为了保护未来的储君——广平王李俶。

他知道，李亨宠幸的张良娣是个野心勃勃且不择手段的女人，尽管此时她生的两个儿子李佋、李侗年纪尚小，但她却一心想把李佋推上太子之位，而要达此目的，就必须先扳倒广平王李俶！

这段时间，张良娣一直小动作不断，到处散布各种对李俶不利的流言。

可以想象，将来李泌离开后，李俶的命运肯定会更加凶险！

正因为如此，李泌这次才特意跟皇帝做了这么一次长谈，希望李亨能保持清醒的头脑，不要重蹈误杀李俶的覆辙。

当然，这番话对李亨究竟有没有效果，有怎样的效果，李泌心中也没有底。

可是他所能做到的，也只有这些了。

因为他早已下定决心，无论如何都要离开这个是非之地！

李亨还是极力想留住李泌，可是不管他开出什么样的条件，给出什么样的官职，都仿佛是用陈年的茅台去勾引一个滴酒不沾的人——完全起不到任何作用。

这下李亨终于彻底明白了李泌的心意，但他却依然磨磨叽叽，不肯立即答应，就跟现在某些人还信用卡一样——能拖一天是一天。

转眼二十多天过去了。

李亨派去成都的前后两批使者都回来了。

一切都不出李泌所料。

第一批使者汇报说，太上皇李隆基在接到皇帝请他回京复位的表文后，一直彷徨不安，心神不定，走路经常撞到树上，喝水经常洒到身上，小便经常尿到裤衩上……后来，他考虑再三后回复说：最近又是腰酸又是腿疼，哪儿都走不了了，我就不去长安了，就在剑南这个天府之国养老了……

而第二批使者则汇报说，太上皇在收到了第二封由李泌策划、群臣联名签署的奏表后，马上转忧为喜，腰也不酸了，腿也不疼了，不仅欣然答应愿意回长安，还归心似箭，迅速定下了动身的日期……

得知太上皇同意回京，李亨非常开心，马上召见李泌对他表示感谢：这都是先生你的功劳！

李泌趁机再次请求归隐。

李亨见实在拗不过他，这才恋恋不舍地同意让他归山。

此后的几年里，李泌一直隐居在衡山——李亨在位期间，他始终都没有再踏入朝廷半步。

不过，虽然失去了李泌的辅佐，但由于刚取得了收复两京的重大胜利，李亨的心情还是不错的。

十月二十二日，李亨带着文武百官回到了阔别一年多的旧都长安。

长安百姓自发出城二十里前往迎接，一路上人们络绎不绝，每个人的脸上都洋溢着幸福的笑容，每个人的嘴里都不停地在山呼万岁。

李亨也心潮澎湃，无比激动。

在他四十七年的人生旅程中，今天是最令人振奋的时刻！

天是那么蓝，云是那么白，空气是那么清新，晚秋的枫叶是那么鲜艳，就连不经意间看见的路边的那只癞蛤蟆似乎都是那么婀娜多姿，那么柔情似水！

十月二十五日，以前宰相陈希烈为首的三百多名接受过伪职的变节官员被从洛阳押回了长安，随即被关入狱中，等候处理。

十一月初，天下兵马元帅广平王李俶、副元帅郭子仪也返回了长安。

李亨对郭子仪大加赞赏：吾之家国，由卿再造！

对在收复两京的战役中立下奇功的回纥人，李亨当然也不会亏待。

他不仅封回纥太子叶护为司空、忠义王，还大笔一挥，承诺从今往后每年都向回纥赠（进）送（贡）两万匹绢。

第十九章　父子合演一场戏

史思明降唐

当然，李亨也知道，尽管两京已经光复，可平叛尚未取得最终的胜利，叛军依然占据着河北的广大地区，还有可能死灰复燃。

此时的叛军内部已经分化成了邺郡的安庆绪和范阳的史思明两大集团。

虽然安庆绪是所谓的大燕皇帝，但从实力上来说，史思明却是更胜一筹。

由于叛军之前在长安、洛阳等地大肆掳掠的财物大多运往了老巢范阳，因此史思明手中的钱粮极为充足，如果要评当时的全国首富，他肯定是最有力的竞争者之一。

更重要的是，他不光有钱，还有着极为雄厚的兵力。

史思明麾下有步骑八万，其中有不少是最精锐的"曳落河"——之前安庆绪东逃的时候，叛军大将李归仁带着以"曳落河"、六州胡人（唐朝灭突厥后安置在河曲一带六个州的胡人）等为主的数万精兵逃到了范阳，这些人大多被史思明吞并，从此史思明更是如虎添翼，气势更盛。

尽管从名义上来说，史思明是以安庆绪为皇帝的大燕政权的一名将领，应该算是安庆绪的下属，但实际上，他根本就没有把安庆绪放在眼里。

安禄山是他的大哥，这个他认。但安庆绪是什么东西，这个既没有资历也没有能力，既不会讲话也不会谋划的人，他凭什么做自己的领导？凭他鼻孔大吗？

而安庆绪对史思明也很不放心。

对他是否会听命于自己，安庆绪并没有把握。

怎么办？

237

他用自己含水量比西瓜还要高的小脑袋苦思冥想，终于想出了一个办法。

随后他召来心腹大将阿史那承庆和安守忠，配给他们五千精兵，命两人前往范阳征调史思明的军队。

临行前，安庆绪对他们面授机宜：史思明如果肯听命，那是最好；倘若不肯交出自己手下的人马，你们就设法干掉他！

阿史那承庆、安守忠不由得面面相觑。

史思明向来以狡黠著称，鬼点子像自来水一样想来就来，要想暗算他，实在是太难了！

应该说，他们的担心并不是多余的。

史思明此时确实已有了异心。

得知安庆绪丢失洛阳的消息后，他的部下们便纷纷劝他背叛安庆绪，归附唐朝：唐室复兴已成定局，安庆绪现在就如同树叶上的露水，根本不可能长久。将军何必为他陪葬呢？当今之计，唯有归顺朝廷，方能转祸为福……

史思明点头表示同意。

是呀，安庆绪看来是大势已去了，不如暂且归唐，再等待机会吧。

几天后，阿史那承庆和安守忠带着五千精骑来到了范阳城外。

史思明亲自带着数万大军出城迎接。

两军相距还有一里的时候，双方都不约而同地停下了脚步。

阿史那承庆警惕性很高，当即命部队箭上弦，刀出鞘，做好战斗的准备。

见对方剑拔弩张，一副如临大敌的样子，史思明笑了。

他让使者给阿史那承庆和安守忠传话：两位将军远道而来，范阳的将士们都十分高兴。咱们都是自己人，这么紧张干什么？请你们把武器收起来，放一百个心好了。

阿史那承庆陷入了沉思。

想来想去，他觉得史思明的话似乎也不无道理，加上现在他是在别人的地盘上，人数又处于劣势，真要对抗起来也未必占得了便宜，因此最后他决定还是按照史思明的要求暂时收起武器，先入城再说。

毕竟，梦想还是要有的，万一史思明真的没有异心呢？

可惜在这个世界上，万一的事是 99.99% 都不会发生的。

进入范阳城内后，史思明将阿史那承庆和安守忠两人引入内室，盛情款待，宾主双方言谈甚欢，阿史那承庆也就逐渐放下了戒心。

此时的他也许根本不会想到，自己已经成了光杆司令！

他带过来的五千士兵，竟然一入城就被史思明的部队缴了械，随后被告知了两个选择：愿意回家的可以去领路费；愿意留下为史思明效力的则重重有赏。

在高额奖金的诱惑下，这些士兵除了极少人选择回家外，大多数都开开心心地跳了槽，随后被化整为零地分配到史思明麾下各营。

没有了自己的部队，阿史那承庆和安守忠自然只能任人宰割了。

史思明下令将安守忠斩首，阿史那承庆则被关进了大牢。

之后，史思明又联络了自己的老搭档——驻守大同的叛军河东节度使高秀岩，两人一起派使者前往长安向唐朝皇帝李亨递上降表，表示愿以所辖十三个郡和八万士兵投降。

李亨喜出望外，当即封史思明为归义王、范阳节度使。

是皇帝，也是影帝

史思明归降的消息，仿佛春风融化冰雪一样将李亨心中本来还有的些许担忧一下子全都化为了乌有。

他只觉得心旷神怡心花怒放，浑身每个毛孔都是那么舒泰！

是呀，曾经蔓延了大半个帝国的叛乱至此基本被扑灭了，虽然安庆绪还占据着河北南部的邺郡一带，但已是苟延残喘、命悬一线、兔子尾巴长不了了……

由于自认为大局已定，李亨没有派兵直捣邺郡（从后来的结果来看，这是他犯下的又一大错误），而是把主要的精力放在了别的地方。

排在首位的，是他始终魂牵梦萦的"无计可消除，才下眉头，又上心头"的要事——奉迎太上皇李隆基还京。

公元757年十一月二十二日，得知李隆基一行抵达凤翔，他马上派三千精锐骑兵前往迎接（监督）。

老到的李隆基当然知道儿子是什么意思，立即识趣地命自己从成都带过来的扈从军队将所有兵器都存入凤翔郡的库房中——那意思就和看到警察拿枪指着自己就举手抱头差不多——我不会反抗，我也没有能力反抗。就算虐我千百遍，我也不会有意见！

十二月三日，李隆基抵达了长安以西四十里的一处行宫——咸阳望贤宫。

一年半前他逃离长安时曾经过这里。

旧地重游，但他的心却并不激动，只感到有些不安。

因为他知道，李亨会到这里来接驾。

已经当了皇帝的儿子会怎样对他呢？

他心中并没有底。

很快，李亨来了——他穿的不是天子专用的黄袍，而是臣子所穿的紫袍。

远远见到站在望贤宫南楼的父亲，他立即翻身下马，随后如大臣面见皇帝一样小步前行，跪拜于楼下。

李隆基见状连忙下楼，伸手想把李亨扶起来，激动的泪水忍不住夺眶而出。

李亨没有动，只是抱着父亲的大腿哭泣不止。

李隆基命人取来黄袍，将其披在儿子身上。

李亨还是跪在地上，一再推辞。

李隆基苦口婆心地劝他：天意、人心都已归属于你，你就不要推辞了。我现在能安度晚年，都是因为你的孝心啊！……

然而不管他说什么，不管他怎么说，李亨都不答应，只是不停地摇头。

过了很久，直到腿跪得麻得受不了、脖子晃得酸得受不了、尿也憋得胀得受不了了，李亨才不得不勉为其难地穿上了黄袍。

可他的表情却依然是那么不情愿，那么委屈，看上去似乎不像是要他当天下地位最高的皇帝，倒像是一个正当妙龄的城市少女让人拐卖到了偏远的农村，被逼着嫁给一个老弱病残矮矬穷丑秃的光棍！

由于离长安还有一段路，父子俩必须在望贤宫住一夜。

李亨坚持要父亲住在正殿，李隆基不同意：不行，这里是天子待的地方，只能由你来住。

李亨当然不同意父亲的不同意，李隆基也不同意儿子不同意自己的不同意，李亨则依然不同意父亲不同意自己不同意父亲的不同意……

两人争辩了很长时间，最后还是李亨凭借年龄和体力上的优势，强行扶着父亲登上正殿、坐上御榻，李隆基才没有继续谦让——不是不想谦让，是他已经累得站不起来了。

吃饭的时候，御厨每上一道菜，李亨都要先尝一筷，只有觉得味道可口，才让人进献给父亲。

240

不过，我觉得李亨这种做法也许并不能算是真的孝顺——毕竟每个人的口味都不一样——我小时候很喜欢吃的香菜我妈就避之唯恐不及，我那时要是给她吃香菜，她肯定会给我吃生活！

但李亨的情况似乎并不一样。

他要的，并不是真的孝顺，而是看起来显得很孝顺；他在乎的，不是父亲爱吃什么，而是看起来他很在乎父亲爱吃什么……

李隆基也很清楚自己现在的处境。

他现在的身份说好听点叫太上皇，说实在点就是一个没有任何实际权力的退休的老头儿，一切都得看皇帝儿子的脸色行事，坐在这个位子上，可以不识字，但一定不能不识相。

因此，对儿子送给他吃的东西，就算再不喜欢，他含着泪也要吃完，不仅要光盘，还要每吃一道菜就点一次赞！

次日，车驾启程前往长安。

李亨先是鞍前马后为父亲试马，李隆基上马后，他又亲自为父亲牵马。

后来李隆基再三劝阻，他才不得不坐上了自己的坐骑，走在前面带路。

一路上他始终都走在路边，把宽敞的驰道（皇帝专用的大道）都让给了李隆基。

见儿子演得这么卖力，李隆基自然也不能惜力。

他无比激动地对左右说，我当了五十年的天子，都没有感觉到尊贵；现在当了天子的父亲，才感觉到无比尊贵！

这话当然不仅是说给身边人听的。

它更是说给儿子听的！

抵达长安后，李隆基先是在大明宫含元殿抚慰百官，接着又去长乐殿拜谒祖宗牌位，随后回到兴庆宫住了下来。

之后，李亨又多次上表，不厌其烦地表示自己愿意回到东宫，请父亲重登大位。

李隆基当然一一予以驳回。

十二月二十一日，李隆基登临宣政殿，当着百官的面，将之前李亨在灵武没有接受的传国玉玺亲手交给李亨。

这回李亨没有再拒绝。

因为他知道，再长的雨季总有停止的一天，再长的程序也有结束的一刻。

现在应该是可以大功告成了。

于是，他做出一副接受烫手山芋不小心被烫到了疼得眼泪都掉下来了难受无比的样子，似乎不情不愿地接受了玉玺。

至此，李亨总算松了口气——权力的交接终于圆满完成了！

对自己的表现，他非常满意。

但谁都看得出，这不是表现，而是表演。

李亨不但是皇帝，也是影帝！

先是穿紫袍，接着又住偏殿，之后还避驰道，还请求回东宫……

他一次次不厌其烦地向外界表明自己不想当皇帝，李隆基则一遍遍地拒绝他的请求，这一切表面上看起来似乎是父慈子孝，一片欢乐祥和，但其实越是这样，越是让人感觉假——假得就像戴着橘红色安全帽站在路边卖工地里挖出的古董的骗子手里拿的画有一个骑自行车男子的明代青花瓷一样明显。

然而旁观者清，当局者迷。

李亨本人肯定是不会有这种感觉的。

他发自内心地觉得，只有通过这一套烦琐到啰唆的程序，让自己当初来路不怎么正的天子名分得到父亲的追认，而且是反反复复的追认，他的帝位才能得到彻底的巩固，他坐在这个位子上才能感到彻底的安心。

可惜的是，他与父亲李隆基之间表面上看起来似乎无比和谐的气氛并没有维持多长的时间。

父子俩很快就在处罚投敌的叛臣张均、张垍兄弟一事上产生了分歧。

叛军占据洛阳、长安两京后，不少原唐朝官员都或主动或被迫地加入了叛军，成为伪燕朝的属官，其中最有名的是前宰相陈希烈、前河南尹达奚珣以及前宰相张说的两个儿子张均、张垍等人。

两京收复后，如何惩治这些叛臣成为朝廷中万众瞩目的一件大事。

经过一番激烈的讨论，李亨决定采纳礼部尚书李岘的建议，综合考虑情节轻重、地位高低、影响大小等因素，将叛臣分为六等。

原河南尹达奚珣等十八人被定为一等重罪，在长安城闹市中斩首示众；

前宰相陈希烈等七人被判为二等重罪，赐死于大理寺；

其余的则被列为三到六等，分别处以杖刑、流放或贬谪……

张均、张垍兄弟在伪政权中都曾担任过宰相级别的高官，按理应当处死，但因二人的父亲张说曾对李亨有恩，李亨想要网开一面，从轻发落。

李隆基不同意：这两人深受皇恩，张垍还是驸马（他娶了李隆基之女宁亲公主），却叛国投敌，影响极坏，不杀不足以平民愤！

李亨苦苦请求：若非张说父子，儿臣不会有今天。如果儿臣不能保住张均、张垍的性命，将来有何脸面见张说于九泉之下！

然而李隆基却坚决不肯让步，用不容置疑的口气说：看在你的分上，张垍可以流放到岭南，但张均无论如何都要死，你就别再为他求情了！

见李隆基的态度如此强硬，李亨很是不悦：我不过是对你示弱，你却当我软弱；我不过是想让你受用，你却当我没用；我不过是对你尊重，你却丝毫不知轻重；我不过是场面上给你留点面子，你却把我当成了三岁小孩子！

当然，这些话他并没有说出口。

尽管没有和父亲当面争辩，可李亨还是把李隆基的话全都当成了耳旁风，下令免去了张均的死罪，流放到合浦郡（今广西合浦）。

通过这一举动，李亨向外界释放出了一个清晰的信号：如今一切都由朕说了算，太上皇只不过是朕用来装点门面的一个吉祥物！

除了张均兄弟，李亨赦免的担任过伪职的官员中还有一个著名的人物——诗人王维。

王维在伪燕朝时曾担任给事中，本来也要被定以重罪，但由于他弟弟刑部侍郎王缙（王缙曾任太原少尹，协助李光弼守太原，为平叛立下了大功，两京收复后回朝担任刑部侍郎）竭力相救，甚至不惜以放弃自己的官职来为哥哥赎罪，最终王维安然无恙——非但没受到任何处罚，还被任命为正五品的太子中允！

相传王维之所以能脱险，除了弟弟王缙的帮忙，还有一个重要因素——他陷于贼营时写过的一首诗。

当时安禄山在洛阳皇宫中的凝碧池宴请群臣，让掳获的梨园弟子（李隆基酷爱音乐，经常在大明宫内的梨园培训艺人，称他们为梨园弟子）为他奏乐助兴。

没想到有个叫雷海清的演奏者拒不从命，他不仅不演，还将乐器狠狠地摔在地上，并向西恸哭，惹得安禄山勃然大怒，当场下令将雷海清以肢解的酷刑处死。

王维听说此事后非常感慨，在朋友裴迪来看望他时偷偷给裴迪题了一首诗：万户伤心生野烟，百官何日再朝天？秋槐叶落空宫里，凝碧池头奏管弦。

后来这首诗不知怎么传到了李亨那里——估计是通过裴迪或王缙，李亨读了非常感动。

看来王维虽然身在贼营，但心还是向着唐朝的！

就这样，王维最终逃过了一劫。

有罚就有赏。

惩治叛臣的事做完了，接下来李亨要做的自然是奖励功臣。

收复两京的名义主帅广平王李俶晋封楚王（次年三月改封成王，五月被立为太子，并改名李豫），副帅郭子仪加封司徒，李光弼升任司空，张良娣则被封为淑妃（次年三月又被立为皇后），其余所有跟随李隆基、李亨父子从成都、灵武回来的扈从也都一一得到了封赏……

对于在这场战事中为国捐躯的烈士，李亨也没有忘记。

他开出了一个长长的表彰名单：李憕、卢奕、蒋清、张介然、颜杲卿、袁履谦、许远……

这些人都得到了他的追封，子孙也都恩荫授官。

第二十章　张巡：英名传千古，争议伴古今

雍丘之战，草人借箭

对名单中的绝大多数人，大家都没有任何意见，但其中有一个名字，却引起了极大的争议——无论是在当时，还是在现在。

此人就是不久前壮烈殉国的张巡。

前面说过，张巡在河南大多数地方陷入敌手的不利情况下，一直在雍丘坚持抵抗，多次击退了叛军的围攻，成为唐朝在河南地区的一面旗帜。

然而后来随着潼关、长安的相继陷落，他面临的局势也日益严峻。

从公元756年六月十三日唐玄宗李隆基逃离长安，到七月十二日唐肃宗李亨在灵武继位，在整整一个月的时间里，唐朝中央政府消失了，消失得无影无踪——仿佛清晨的露水消失在阳光下，仿佛你我的青春消失在岁月中……

没有人知道皇帝在哪里，朝廷在哪里，甚至也没有人知道皇帝还在不在，朝廷还在不在。

很多人因此陷入了迷茫。

是呀，皇帝是帝国的灵魂，是臣民的精神支柱，是暗夜海洋里灯塔一样的人，是漫漫旅途中导航一样的人，是大河长桥上桥墩一样的人……

皇帝不见了，人们心中的世界也塌了。

与其他很多地方一样，此时雍丘城内也是一片人心惶惶。

叛军大将令狐潮趁机卷土重来，再次进逼雍丘，随后又写信招降：你们的皇帝都失踪了，你们还向谁尽忠呢？正如一个未婚者不能忠于他根本不存在的婚姻，你

们也不能忠于一个根本不存在的皇帝呀！

有人动摇了。

城内六名将领一起找到了主帅张巡，劝他说，如今敌强我弱，雍丘城早晚都是保不住的，况且现在连皇帝是死是活都不知道，不如投降算了。我本将心照皇帝，奈何皇帝不见了……

张巡答应得很爽快：好！明天我就把大家都招来，一定给你们一个满意的答复！

他没有食言，第二天果然把全体将士都集结到了一起。

张巡在大堂中央挂上皇帝李隆基的画像，随后率领将士们一起向皇帝画像行礼。

这六名将领当然也在其中。

不过，当时他们似乎并未感觉到有什么异样。

搞二婚不都要先领离婚证书嘛，事二主当然也需要先走这样的程序，辞旧迎新嘛，正常。

但接下来他们就傻眼了。

张巡先是发表了一通热情洋溢的演说，大意是：此刻要做到眼中没皇帝，心中有皇帝；万里长城永不倒，忠君报国的心永不改……

接着他脸色一变，眼睛一瞪，桌子一拍，痛斥这六名将领丧失理想信念，贪生怕死，随后命人将他们当场逮捕并斩首示众。

这样一来，之前曾有过投降念头的人彻底死心了——再不死心，就要死人了。

谁也不敢再提半个降字。

而那些本来就打算抵抗到底的人则意志更加坚定。

将士们的思想再次得到了统一，斗志也再次旺盛起来。

可是，有时候，光有斗志是不够的。雍丘城不大，储备有限，很快城中就出现了物资匮乏的问题——粮草将尽，箭也快没了！

这难不倒张巡。

每次只要叛军的运粮船一到，他就让士兵们趁夜前去抢劫，收获颇丰，拿不走的就干脆付之一炬……

至于箭的问题，他的解决方法则更为巧妙。

那天深夜，雍丘城头突然出现了千余名黑衣人。

巡逻的叛军士兵发现后赶紧向令狐潮汇报。

令狐潮认为这肯定是守军趁着夜色想出城劫营，便马上命弓弩手严阵以待，做好战斗准备。

果然不出他所料，弓弩手刚把弓箭上弦，这些黑衣人就纷纷从城上下来了。

令狐潮一声令下，弓弩手万箭齐发，将这些黑衣人全都射成了刺猬……

见一切如此顺利，他忍不住笑了——再狡猾的狐狸也斗不过好猎手，再诡诈的张巡也比不过我令狐潮！你若是火，我就是灭火器；你若是雷，我就是避雷针。

但几分钟后，他就再也笑不出来了。

因为他发现，这些黑衣人中箭之后非但没有发出凄厉的惨叫，反而还纷纷向后转体 180 度……

不对头哇？

这又不是煎带鱼，怎么还要翻面呢？

他当即命人点亮无数火把，将夜空照得如同白昼，这才看出这些黑衣人竟然全都是稻草人！

他慌忙下令部队停止射击。

然而已经太晚了。

张巡把这些用绳子吊着的稻草人都收了回去，一下子就得到了数十万支箭！

《三国演义》中的诸葛亮草船借箭纯属虚构，而这次张巡的草人借箭却是历史上真实存在的！

这就是智计百出的张巡！

而这还不是全部。

第二天夜里，巡逻兵又来报告，城上又出现了一大批打扮跟昨天一模一样的黑衣人。

吃一堑，长一智。

这回令狐潮学乖了：肯定又是稻草人！大家各回各家，各找各妈，安安心心地睡觉好了。别上张巡的当！

没想到他竟然又上当了。

张巡这次出动的是真人——五百名敢死队！

这些敢死队员缒城而下，如下山猛虎一般直扑叛军大营。

很多叛军尚未从睡梦中醒来就已经身首异处。

其余的也都乱成一团，争先恐后地弃营而逃。

唐军乘胜追击，斩获极多，一直追出了十几里才收兵回城。

不过，虽然屡战屡败，但由于兵力占优，令狐潮依然屡败屡战。

几天后，他又卷土重来，继续率军围攻雍丘城。

可在接下来的一段时间里，他却依然毫无建树。

令狐潮不得不承认，这个张巡实在是太牛了——不仅用兵如神，而且治军极为严明，麾下几乎人人都是把生死置之度外的勇士！

比如给令狐潮留下极深印象的雷万春。

雷万春是张巡的部将。

那天，他正奉张巡之命站在城头与令狐潮对话，没想到叛军趁其不备突施冷箭，雷万春猝不及防，面部一下子就中了六箭。

接下来就是见证奇迹的时刻。

据《新唐书》《资治通鉴》等史书记载，雷万春中箭后并没有倒下，而是依然屹立不动，搞得令狐潮以为射到的是木头人，后来派人抵近侦察，才发现那确实是雷万春本人。

然而，尽管史书上言之凿凿，可我个人觉得这事实在是太匪夷所思了。

毕竟人再勇猛，也是血肉之躯，受伤了也会痛，伤重了也会死，即使勇如雷万春也不大可能例外——他中六箭依然站立不动这一记载的可信度应该跟抗日神剧中的子弹会拐弯差不多。

当然了，虽然记载有些夸张，但雷万春的忠义和勇猛应该是毫无疑问的。

令狐潮对雷万春的表现惊叹不已。

他对张巡喊话：刚才见到雷将军，才体会到足下治军之严。可惜的是，这并不能改变天道哇！

张巡义正词严地回答，你连人伦都不知，怎么懂得天道！

言语中充满了雄鹰对母鸡的那种不屑。

令狐潮一时无言以对，羞得脸红到耳根了。

不久，张巡又趁敌不备，突然率部出击，擒获叛军将领十四人，斩首百余级。

这下令狐潮彻底失去了信心，收兵退回了老巢陈留。

雍丘城总算是暂时得到了保全。

可张巡对此并不满足。

他是个进取心极强的人，比起防守，他更喜欢的，是主动出击。

得知有支叛军驻守在离雍丘不远的白沙涡（今河南宁陵西北），他便亲自率军出人意料地对其发动夜袭，大破叛军。

没想到在回程经过桃陵（今河南杞县东南）时，他们又遇到了叛军的救兵，尽管事发突然，但张巡依然毫不畏惧，带着部下奋勇拼杀，最终再次击败了对手，俘虏四百余人。

张巡对这些俘虏一一讯问，将其中的胡人和来自范阳的叛军老兵全部斩首，而那些在河南被胁迫加入叛军的汉人则通通释放。

他的这种做法很得当地的民心。

附近百姓以及叛军中的不少汉人纷纷前来投奔，因此张巡的部队虽然经过多次恶战，却不仅没有减员，反而越打越多。

之后的数月时间里，张巡的老对手令狐潮又硬着头皮多次前往雍丘攻打张巡。

不过，正如一只乌龟不管什么时候都不可能跑出二十迈以上的速度一样，他不管什么时候遇到张巡都不可能是张巡的对手——每次都是毫无例外的惨败。

无奈，叛军河南节度使李庭望只好亲自出马，却依然铩羽而归。

见在战场上和张巡对决实在难以取胜，李庭望不得不改变策略，改用常围久困之法。

他先是在雍丘北面筑了一座新城，以阻断张巡的粮道；接着又命大将杨朝宗率步骑两万先后攻陷了雍丘外围的鲁郡（今山东兖州）、东平、济阴（今山东曹县）等地，兵锋直指雍丘东面的宁陵（今河南宁陵）。

张巡知道，一旦宁陵失守，雍丘就会与外界彻底失去联系，沦为孤城，迟早会落入敌手，便干脆放弃雍丘，转战宁陵。

在宁陵，他遇到了唐朝睢阳太守许远率领的另一支唐军——睢阳与宁陵相距不远，唇齿相依，许远当然不愿眼睁睁看着宁陵落入叛军手中。

两军刚刚会师，杨朝宗就杀到了。

张巡、许远联手出击，经过一昼夜的激战，最终大败叛军，斩杀万余人，尸体塞满了流经宁陵城外的汴河。

这一战让张巡的威名传遍了整个中原大地。
皇帝李亨对张巡的表现也大加赞赏，加封他为河南节度副使。

得到了朝廷的褒奖，张巡也很兴奋，便借着这个机会向当时唐朝在河南地区的最高长官——坐镇徐州（今江苏徐州）的河南节度使虢王李巨为麾下将士们请功，要求给予他空白委任状并赏赐物品。
然而他失望了。
李巨竟然只给了他三十个折冲都尉、果毅都尉之类职位很低的头衔，至于赏赐物品则什么都没有。

刚烈的张巡一下子就火了，忍不住写信给李巨，将他说了一通——我的部下为了国家连命都不要了，你居然如此吝啬！太没道理了！必须给我一个交代！
李巨也火了——你一个下级居然敢对上级领导这么无礼！真想把你的嘴用胶带封起来！
一个考虑的是有没有理，一个考虑的是有没有礼；一个想要交代，一个想用胶带……
这样的两个人，当然尿不到一个壶里。
对张巡提出的要求，李巨更是置之不理。

转眼到了公元 757 年正月。
刚上台的伪燕朝皇帝安庆绪任命大将尹子奇接替李庭望担任汴州刺史、河南节度使，要求他克期攻下睢阳这个江淮要冲，打开通往唐朝财赋重地江淮的大门。
和李庭望一样，尹子奇也是安禄山起兵时的十五名大将之一（其他人包括史思明、安守忠、崔乾祐、田承嗣等），不久前刚协助史思明扫平了河北各地的抵抗势力，立了不少战功。
接到命令后，他立即调集了包括同罗、奚等胡人在内的十三万大军，浩浩荡荡直扑睢阳。
唐朝睢阳太守许远闻讯大惊，连忙向驻在宁陵的张巡求援。

死守睢阳，智计百出

没有片刻犹豫，张巡马上带着自己的全部兵马三千人赶往睢阳助守。

此时许远手下有三千八百多将士，两人合兵一处，加起来也只有六千八百人，只是叛军人数的二十分之一！

不过，唐军人数虽然不多，但凭借张巡无与伦比的指挥艺术，他们总是能在最佳的时候出现在最佳的地方，总是能在最佳的地方采用最佳的战术，总是能靠最佳的战术取得最佳的战果，打法神出鬼没，防守滴水不漏，一次又一次地粉碎了叛军的进攻。

最多的一天，他们甚至连续击退了叛军二十次疯狂的冲击！

对张巡高超的作战水平，许远看在眼里，服在心里——平心而论，即使是韩信重生，刘裕再世，拿破仑提前投胎，也不一定能超过他！

于是，他决定让贤，把全军的指挥权都交给张巡——当时许远的职务是睢阳太守，而张巡只是来助守的，因此从名义上来说，许远才是睢阳的最高长官。

他对张巡说，我许远向来不习兵事，将军您却智勇兼备，我请求由您来主持睢阳的战事，我愿意全心全意地辅佐您！

张巡没有谦让。

不是他缺乏高风亮节，而是他必须高瞻远瞩。

因为他知道，在这个时候，睢阳守军最需要的就是统一指挥！

此后，许远只管粮草、军械等后勤事宜，所有军事方面的决策部署、作战指挥都由张巡全盘负责。

两人密切配合，睢阳城始终固若金汤。

而叛军则伤亡惨重，史载仅十六天的时间就损失了两万多人！

见一时难以得手，尹子奇没有继续强攻，决定撤军。

在他看来，要战胜张巡这样的劲敌，相当于拔除大树，你不能一直不停地硬拔，而是要摇一摇，松一松，等根基松动后再使出全力，方能大功告成！

张巡也知道，这次的胜利只是暂时的。

秋天早晚会凉，尹子奇早晚会卷土重来。

果然，当年三月，尹子奇又率军南下，攻打睢阳。

张巡召集将士，召开战前的誓师大会。

在会上，他声泪俱下地说，我深受国恩，唯有以死报国，可惜大家拼死拼活，为国献身，我却无法给你们厚赏，这让我万分痛心！

这无比真诚的话让将士们非常感动，他们没有一个人怨恨张巡，没有一个人要求赏银，反而全都群情振奋，斗志昂扬。

张巡下令宰杀牛羊，慰劳士卒，随后打开城门，率全军出击，他本人则手持战旗，一马当先，冲在最前面。

叛军根本想不到兵力处于绝对劣势的张巡会主动出击，一时猝不及防，很快就被冲乱了阵脚，纷纷向后退却。

唐军猛打猛冲，大败叛军，击斩三千余人，并把叛军一直驱赶到了几十里外。

但叛军毕竟人多势众，第二天他们再次兵临城下，将睢阳团团围住，日夜猛攻。

张巡则继续指挥部队死守。

他的作战方式非常灵活——他常让部将按照自己的意图选择战法，各自为战。

有人认为这不合兵法，他却说，我军兵少，更应该随机应变，择机而动，如果事事都要请示主将，岂不是会失去战机！

就这样，凭借多变的战术和顽强的作风，在接下来的两个月时间里，张巡带领守军再次顶住了尹子奇一浪高过一浪的猛攻，力保城池不失。

然而张巡觉得，仅仅这样还是不够的。

因为他知道，随着时间的推移，他的士卒会越来越疲惫，城中的粮草会越来越紧张，形势对自己会越来越不利。

他必须尽快让叛军解除对睢阳的包围。

一番苦思冥想后，他有了主意。

这天夜里，张巡命人在城中擂响了战鼓。

尹子奇以为他要来劫营，连忙下令部队全体集合，全副武装，列阵准备迎战。

不料战鼓响了整整一夜，叛军在城外严阵以待了整整一夜，却始终没见到一个唐军。

天亮后，战鼓终于停息了，世界终于安静了，叛军悬了一夜的心也终于落地了。

可深知张巡厉害的尹子奇却依然不敢怠慢，他亲自登上飞楼（古代用于瞭望敌情的高塔），向城中眺望，发现里面没有任何动静，一切没有任何异样，这才放下心来，命部下各回各营，解甲休息。

他自己也打着连珠炮似的哈欠，疲惫不堪地回到了中军大帐。

刚一躺下，他就进入了梦乡。

在梦中，他似乎梦回吹角连营，八百里分麾下炙，五十弦翻塞外声，沙场秋点兵。马作的卢飞快——嗒嗒嗒嗒……弓如霹雳弦惊——嗖嗖嗖嗖……

这马蹄声和弓箭声似乎越来越大，越来越近，最后把尹子奇都给吵醒了！

他这才发现，这不是梦，是真的！

原来，就在叛军酣睡之际，张巡发动了突袭。

他和麾下南霁云、雷万春等十余名骁将各率五十名精锐骑兵出城，直冲尹子奇所在的中军帐。

显然，他们此次的目标非常明确——擒贼擒王，取尹子奇的性命！

由于叛军毫无防备，张巡等人一路如入无人之境，很快就杀到了尹子奇的营前。

此时尹子奇也已经带着一帮亲兵出了营。

不愧是名将，尽管事发突然，他却没有慌乱，而是第一时间就翻身上马，披挂上阵，准备部署兵力，组织反扑。

没想到正好和张巡、南霁云等人相遇。

两队人马相距只有数百米。

张巡想要射杀尹子奇，可那时既没有报纸也没有电视更没有网络，对尹子奇大家都是只闻其名却不知道长什么样，不知道他是胖还是瘦、是高还是矮、是黑还是白、是斗鸡眼还是不起眼……

怎样才能认出他呢？

这难不倒张巡。

他预先准备了一批一头削尖的小木棍，让部下把这些木棍用弓射向敌军。

被射中的叛军先是一场虚惊，紧接着一阵狂喜，纷纷跑去向尹子奇汇报：报告大帅，唐军的箭用完了！

通过这一精心设计的钓鱼执法，尹子奇的身份暴露了。

张巡向身边的部将南霁云使了个眼色——南霁云是著名的神箭手，百步以内箭无虚发。

南霁云心领神会，当即拈弓搭箭，一箭射去，正中尹子奇的左眼！

可惜由于距离有些远，这一箭没有穿颅而过，只是把尹子奇射成了独眼龙。

主帅受伤，仗自然是打不下去了。

叛军不得不解围撤走。

包围终于解除了。

可是张巡的心中却并不轻松。

由于长时间的苦战,睢阳城内的将士从最初的六千八百人减员到了一千六百人,更严重的是,城中的粮仓快要见底了!

其实本来睢阳并不缺粮,当初许远未雨绸缪,知道将来会有恶战,曾预先筹集了六万石粮食,足够一年之用,然而就在叛军攻打睢阳前不久,时任河南节度使的虢王李巨却勒令许远把其中的一半都拨给邻近的濮阳(今山东鄄城)、济阴二郡,许远据理力争,可根本没用,最后还是硬生生被调走了三万石,而济阴守将在得到粮食后却很快就投降了叛军!

现在这一错误决策的恶果显现出来了,经过近半年的消耗,睢阳城里的粮食已经很少了!

怎么办?

唯一的办法只能是依靠附近的州郡支援。

然而尽管当时周围尚有不少地方控制在唐朝手里,但那些守将为了自保,都吸取了之前许远调粮给济阴的教训,没人给他们任何实质性的援助。

时间在一天天地过去。

粮食在一天天地变少。

张巡的心情也在一天天地日益沉重。

如果叛军再来,这仗还怎么打?

没有信心,他可以鼓舞;没有斗志,他可以激励;可没有了粮食,他就是有三头六臂、会七十二变也没用!

仅过了一个多月,张巡的担心就变成了现实。

当年七月初,尹子奇的伤刚一恢复,就马上从后方调集了数万生力军,以补充之前伤亡的兵源,随后率十多万大军东进,再次将睢阳团团围住。

此时睢阳城内的粮食已经快没了,张巡不得不实行严格的配给制度,每个士兵每天只能分到一勺米——这点口粮给一只麻雀吃可能是够了,但给人吃肯定是远远不够的。

无奈,将士们只能把这一丁点米掺杂着大量树皮、茶叶、纸张(当时的纸多以麻等植物为原料制成,故也是勉强能吃的)一起充饥。

外无救兵，里无粮草；兵员又少，又吃不饱……

谁都看得出来，在这种极端不利情况下，张巡要想再续写之前的奇迹几乎是不可能的。

不过，虽然明知结局已经注定，可张巡和他的战友们并没有放弃。

因为他们知道，自己多坚持一天，就能多拖住尹子奇的十几万大军一天，江淮等别的地方就能多安全一天！

尽管他们已经不可能会有未来，但他们要尽力为其他的战友争取未来！

很快，叛军的攻击开始了。

这次尹子奇使用了一种新型云梯，这种梯子的高度几乎和城墙平齐，下面装有轮子，可以推动，上层可站两百名士兵，只要把云梯搭上城墙，士兵就可直接跳上城头，进入城内！

没想到张巡只用了三根木头，就解决了尹子奇处心积虑设计的云梯。

叛军的云梯刚靠近城墙，他就马上命士兵们先从城上伸出第一根末端绑有铁钩的木头，将云梯死死钩住，使之无法后退；接着又伸出第二根木头，将云梯死死顶住，使之无法前进；随后再伸出顶端悬挂有铁笼的第三根木头，铁笼里则装满正在熊熊燃烧的柴火，用它将云梯的中部引燃。

如此一来，叛军的云梯还没等靠到城墙，就从中间被烧断了，上面的叛军士兵则不是被烧成焦炭就是被摔成肉饼。

机关算尽，反而赔了云梯又折兵，尹子奇非常恼火。

但他当然不可能就此罢休。

接着他又改用钩车、木驴等各种器械攻城，也都被张巡一一化解。

之后尹子奇绞尽脑汁，又想了个新招。

他命部下把大量的木材、沙袋堆积在睢阳城的西北角，并不断压实、增高，修筑了一道由下往上逐步上升的斜坡形步道，企图以此登城。

张巡表面上不动声色，却在每天夜里偷偷让人出城把松明（含有大量油脂的松木，古代多用于照明）、干草等易燃物品塞入叛军的堆积物中，由于这事他们做得极为隐秘，每次塞完就匿——就跟马路上往汽车车窗缝里塞小广告的人一样，叛军对此竟然毫无察觉。

十几天后，叛军的步道终于竣工了。

255

可惜这个步道的寿命实在是太短了——尹子奇甚至没来得及投入使用，张巡就命将士们从城上往步道上扔出了大量的火把，松明、干草遇火即燃，大火很快就蔓延到了整条步道，一直烧了二十多天才熄灭！

眼睁睁看着付出无数心血的步道被烧成灰烬，尹子奇终于意识到了一个道理：在战场上，如果他是一只蚱蜢，那么张巡就是一个有盖的瓶子，他就算是蹦跶得再努力，蹦跶得再高，也不可能跳出这个瓶子的掌控！

他就是每天有一千个主意，张巡每天都会有一千零一个解决方案！

有张巡在，要想凭借强攻拿下睢阳就相当于要想凭借弹弓去击落飞机——完全是痴心妄想！

穷则思变。

在严酷的现实面前，他不得不做出改变——对睢阳围而不攻。

他命部队在睢阳城四周挖了三道壕沟，并设置了木栅，以防守军突围。

打不过你，那我就熬死你！

孤城陷落，壮烈殉国

也许尹子奇觉得他这一策略正中张巡的命门，可实际上，却正中张巡的下怀。

因为张巡和他的部下已经根本打不动了。

此时睢阳城内的守军总共只剩下了六百人，张巡把他们分成两部，由他和许远分别统领，他负责把守东门和北门，许远则防守西门和南门，两人和将士们同食共寝，吃住都不下城，而他们的食物，则已经没有一粒米了，只能靠茶叶和纸张勉强维持自己的生命。

尽管很多将士早已饿得有气无力——连一瓶五百毫升的水都要靠两个人涨红了脸才抬得起来，但他们却依然坚守着自己的岗位，还在做着最后的努力。

只要还有一口气，他们就不会放弃！

而张巡也依然坚持在城头不停地巡逻，不停地给将士们加油打气。

看着城外绵延数十里的一座座叛军大营，想到部队这几个月来的一场场血战恶战，他忍不住感慨万千，挥笔写下了一首诗——《守睢阳作》：

接战春来苦，孤城日渐危。合围侔月晕，分守若鱼丽。
屡厌黄尘起，时将白羽挥。裹疮犹出阵，饮血更登陴。
忠信应难敌，坚贞谅不移。无人报天子，心计欲何施。

这首诗道尽了睢阳保卫战的惨烈，也道尽了张巡此刻心中的悲凉。

是呀，虽然他坚信自己的忠信和坚贞永不会改，可现在睢阳城与外界已经音断路绝，没人把这里的危急上报给天子，他满身的计谋又能施展到哪里呢？

可从某种程度上来说，睢阳其实并不算是真正的孤城。

事实上，睢阳周围还有好几支唐军——南面有驻于谯郡的河南兵马使许叔冀，东面有驻在徐州的徐州刺史尚衡，东南方向则有驻扎在临淮（今江苏泗洪）的新任河南节度使贺兰进明……

然而在睢阳被围的八个月时间里，他们却全都抱着“牺牲你一个，幸福千万家”的态度作壁上观，没有一家派出一兵一卒来救。

现在睢阳已经陷入了绝境，张巡不得不主动派人出去求援。

他把这个艰巨的任务交给了勇将南霁云。

南霁云不愧是南霁云，他带着三十名精锐骑兵，猛冲猛打，锐不可当，硬是从数万敌军的围攻中杀出一条血路，突出了重围，清点部下，只折损了两人。

南霁云先去了最近的谯郡。

许叔冀一口回绝：对不起。老子的队伍才开张，总共才十几个人七八条枪……

南霁云怒不可遏，忍不住张口大骂，扬言要与其决斗。

许叔冀支支吾吾，不敢回应。

显然，要让这个㞞货去救援睢阳，比让小绵羊去挑战猛虎还要不现实。

因此南霁云没有再多费口舌，又星夜兼程赶往临淮。

没想到他这次还是被泼了一盆冷水——贺兰进明也婉言拒绝了他：你的心情我很理解，但是你出来的这几天，说不定睢阳已经陷落了，我再派兵又有什么用呢？

南霁云不甘心，还是苦苦哀求：睢阳城肯定还在我们手中，这一点我南霁云愿意以生命为保证。更何况，睢阳如果失守，临淮就是叛军的下一个目标。两地唇齿相依，您怎么能坐视不救！

可贺兰进明却丝毫不为所动：派兵是不可能派兵的，这辈子都不可能派兵！

史载他之所以坚决不肯救援睢阳，一个很大的原因是他和许叔冀关系不睦，担心自己出兵后老巢临淮会遭到许叔冀的袭击。

不过，尽管没有答应南霁云的请求，但贺兰进明对南霁云的忠勇却十分欣赏，一心想把他留在身边为自己效力，还盛情设宴款待，为其接风洗尘。

贺兰进明让南霁云坐在主宾位上，自己则带着一大帮将领作陪，美女、美酒、美食应有尽有：南将军，别管那么多了，还是先用餐吧。美女准备了一些唠叨，厨师张罗了一桌好饭，生活的烦恼跟女伴说说，工作的事情向将领们谈谈……

然而南霁云却连筷子都没动。

他流着眼泪，无比悲愤地说，我来的时候，睢阳的将士已经断粮一个多月了，我虽然很想享用面前的美食，却实在无法咽下去（"食不下咽"这个成语就是这么来的）。大夫（贺兰进明在朝廷的职务是御史大夫）您坐拥强兵，却眼睁睁看着睢阳陷落而不施以援手，这岂是忠臣义士所为！

说完，他猛然拔出佩刀，一刀砍下了自己的一节手指。

随后南霁云把鲜血淋漓的断指狠狠地摔在贺兰进明的面前：我南霁云既然不能完成主将交给我的任务，只能留下这根手指，以证明我已经来过了！

在场的众人见状无不动容。

但贺兰进明却依旧无动于衷——表情不冷不热，嘴里不言不语，一副开水烫了也毫无反应的死猪样。

真的无耻，敢于直面鄙视的目光，敢于正视淋漓的鲜血……

这下，南霁云知道指望这家伙出兵是彻底没有希望了——本以为你是苍鹰，没想到竟是只苍蝇！

他还能再说什么呢？

他只能狠狠地摔门而去。

在出城的路上，他依然心绪难平，忍不住拔出弓箭，对着城内一座高高耸立的砖砌的佛塔就是一箭，那箭竟然射入砖里一大半！

伴随着箭一起射出的，还有他的一句誓言：待我破敌之后，必灭贺兰！

离开临淮后，南霁云又赶到了张巡镇守过的宁陵。

宁陵守将廉坦之前曾是张巡的部下，听说老上级有难，二话不说就立即带着手下三千步骑与南霁云一同前往睢阳。

又是一番恶战。

南霁云、廉坦两人最终率兵突破了叛军军营，回到了睢阳城内——然而跟他们一起前来赴援的三千兵马却只剩下了一千！

得知救兵无望，城中将士全都失声痛哭。

接下来该怎么办？

有人提议弃城突围。

但张巡、许远两人却不同意。

他们的理由有三点：

睢阳不能放弃——睢阳是江淮的屏障，一旦落入敌手，叛军就可以长驱直入，直取江淮，因此绝不能轻易放弃，能多坚持一天是一天；

突围不会成功——此时将士们都已疲饿至极，身体非常虚弱，要想冲出叛军的重围几无可能；

援军仍有希望——尽管南霁云这次没有请到援兵，但并不代表以后没有；尽管许叔冀、贺兰进明不肯出兵，但并不代表其他人也不肯出兵！就算是战国时期，不同的诸侯之间还常常相互救援，更何况他们与周边众多州郡还都同属一个大唐，一定会有人来救援的！毕竟，天下的鸟并不都是黑的，世上的人并不都是坏的！

因此，最终他们还是做通了将士们的思想工作，决定继续坚守。

然而此时城中连茶叶、纸张都已经吃光了，没有了吃的，怎么守下去？

张巡给出的解决方案是吃马——城中还有一些战马，反正现在也不可能出击了，不如杀了吃掉吧！

很快，战马也吃完了。

接下来他们只能想方设法张网、掘洞，抓捕麻雀、老鼠，以其为食。

没过多久，麻雀、老鼠也吃光了。

城中除了人，已经再没有了任何活物。

接下来，他们面临的只有两个选择，要么饿死，要么吃人。

张巡选的是后者。

公元757年十月初九，睢阳城终于被叛军攻陷了。

当时城中只剩下了四百余人，且早已羸弱不堪，无法再战。

望着如潮水般登上城头的叛军，张巡知道大势已去，便向西朝着皇帝李亨所在的方向跪拜：臣已经竭尽全力，却还是未能保住睢阳，但就算臣活着没能报答陛下，死了也要变成厉鬼杀尽叛贼！

此时的他并不知道，仅仅三天后，以宰相身份兼任河南节度使的张镐就会带着救兵赶到睢阳！

只要他能再坚持三天，结果就会大不一样！

可惜历史是不能假设的。

睢阳最终还是落入了叛军的手中。

张巡、许远等人最终还是成了尹子奇的阶下囚。

尹子奇亲自审问张巡：听说你每次作战都要把牙齿咬碎，有这回事吗？

张巡咬牙切齿地回答：我立志要生吞你们这些逆贼，只恨力不从心！

尹子奇笑了：真的吗？给我看看！

他命人用刀撬开张巡的嘴，发现果然只剩下了三四颗牙齿。

这让尹子奇感到非常震撼。

他顿时产生了惺惺相惜之感，有心想留张巡一条命。

他的左右劝他：此人把气节看得比生命还重要，绝不可能为我所用。而且他深得军心，留着必有后患！

然而尹子奇还是不甘心，依然苦苦劝张巡投降。

可是他得到的，只是一顿痛骂。

尹子奇只能无奈地摇了摇头：可惜！可惜！

接着被押上来的，是曾亲手射瞎了尹子奇一只眼睛的南霁云。

不得不说，尹子奇这个人还是有些度量的。

对南霁云，他不仅不记恨，还颇为欣赏，一心想收为己用：将军勇冠三军，不如弃暗投明，归顺本帅，本帅必有重用！

南霁云没有回答。

旁边的张巡急了：南八（南霁云在家中排行第八），你一个堂堂男子汉，如今只有一死而已，千万不能向不义之人屈服！

南霁云忍不住笑了，笑得是那么云淡风轻：我本想要有所作为，不过你既然这样说了，我怎么可能怕死！

尹子奇这才彻底断了劝降的念想。

他知道，有些事再怎么忘都是忘不了的，有些人再怎么留都是留不住的。

他只能长叹一声，下令将张巡、南霁云、雷万春等三十六名唐将悉数斩首，而许远则被送往洛阳，不久也被杀害。

张巡死时四十九岁。

著名的睢阳保卫战就此落下了帷幕。

面对尹子奇十几万大军的围攻，张巡、许远以不足万人的兵力守卫孤城十个月，前后历经四百余战，斩杀叛军十二万，创造了中国战争史上的奇迹！

这一战对唐朝的平叛大局有着十分重大的影响。

张巡和他坚守的睢阳城，就如屹立于惊涛骇浪之中的一堵牢不可破的闸门，把叛军铁蹄所汇成的滚滚洪流死死地阻断于江淮以北，江淮这个当时朝廷最重要的财赋重地才最终得以保全——由于顾忌张巡和他的部下的强大战斗力，害怕被切断后路，尹子奇一直不敢绕过睢阳直下江淮，只能选择在睢阳城下与张巡死磕。

设想一下，若不是张巡守住睢阳，尹子奇必然会挥师南下，横扫江淮，而贺兰进明、许叔冀之流必然不是尹子奇的对手——他们要是靠得住，乌龟每秒都能跑百里路！

如此一来，江淮必然会落入敌手。那样的话，远在西北贫瘠之地的李亨朝廷就会失去最重要的财政支撑，非但没有能力收复两京，甚至连朝廷本身的生存恐怕都是个问题！

可以毫不夸张地说，没有张巡就没有睢阳，没有睢阳就没有江淮，没有江淮就没有唐军收复两京的重大战果！

对于张巡的功绩，韩愈在《张中丞传后叙》中给予了极高的评价：守一城，捍天下，以千百就尽之卒，战百万日滋之师，蔽遮江淮，沮遏其势，天下之不亡，其谁之功也！

让我们永远铭记这些勇士吧。

他们是：

张巡、许远、南霁云、雷万春、姚訚、石承平、李辞、陆元锽、朱珪、宋若虚、杨振威、耿庆礼、马日升、张惟清、廉坦、张重、孙景赵、赵连城、王森、乔绍俊、张恭默、祝忠、李嘉隐、翟良辅、孙廷皎、冯颜以及其他几千名没有留下姓名的英雄！

毫无疑问，对李唐王朝而言，张巡是不折不扣的忠义之士。

然而在朝廷追认功臣的时候，很多人却对他是否该入选持有异议。

理由很简单，他不该吃人。

在他们看来，这是最根本的原则性问题，任何情况下，都不能违反。

在他们看来，吃荤还是吃素可以争论，这属于人与人正常讨论的范畴；但吃饭还是吃屎则不可以争论，这是人与蛆虫的分野。

在他们看来，张巡选择坚守睢阳还是不守睢阳可以争论，这属于人与人正常讨

261

论的范畴；但张巡选择不吃人还是吃人则不可以争论，这是人与野兽的区别！

一票否决！

没有任何借口！

"不该吃人"这四个字就相当于数学上的数字 1，张巡的功勋、战绩、事迹……只不过是 1 后面的 0，前面的 1 没了，后面的 0 再多又有什么用！

关键时刻，张巡的好友李翰站了出来，他写了一篇《进张巡中丞传表》给皇帝李亨，竭力为张巡辩解，说他有大功于国，且吃人之事并非其本意，实在是不得已而为之。

最后李亨认同了他的意见，追封张巡为扬州大都督、邓国公，近百年后的唐宣宗李忱还将他和许远、南霁云三人的像绘于凌烟阁。

可这依然没能平息后世的争议。

一方面，包括柳宗元、韩愈、司马光、文天祥、李东阳、王世贞、李贽等无数名人对张巡的忠义褒赞不已；

另一方面，也有人对他的行为提出非议，比如明末清初的大儒王夫之就曾说过：其（张巡）食人也，不谓之不仁也不可……若张巡者，唐室之所可褒，而君子之所不忍言也……

当然，这一切张巡本人是听不到了。

但我觉得，即使他知道，他应该也不会在乎。

如果有机会让他重来一遍，他估计还是会做出同样的选择！

第二十一章　九节度兵败邺城

骗神仙易，骗史思明难

扯远了，还是把时间重新拨回到那个时代吧。

应该说，在收复两京又迎回太上皇隆基后，李亨的心情是非常不错的。

这一点从他的新年号就可以看出来。

公元758年二月，李亨把年号改为乾元——这两个字出自《易经》中的"大哉乾元，万物资始"，由此可见此时的他对前景是很有信心的。

在他看来，天下即将太平，一切都将重回正确的轨道，太平盛世即将重新到来。

不过也有人对此有不同的看法。

比如宰相张镐。

张镐最担心的是刚投降的叛军大将史思明。

他秘密上表，说史思明人面兽心，毫无底线，做事从不在乎理，更从不在乎礼，只在乎利，要让他改邪归正就相当于要让老虎改吃草——完全是不可能的，现在他投降是因为形势所迫，以后迟早会再叛，绝不能让他掌握实权。

李亨当时正极力笼络史思明，听了张镐的话心里很不舒服，非但没有听他的，还说他不切实际，将他赶出了朝廷，贬为荆州防御使。

可另一个人的话，李亨却不能不重视。

此人就是时任河东节度使的李光弼。

作为史思明的老对手，李光弼对史思明非常了解，史思明的一举一动，一言一行，一颦一笑，他都懂其内心深处的真正意图。

因为懂得，所以不慈悲。

263

他料定史思明肯定是假投降，一心想要除掉他。

然而由于名义上他和史思明两人此时都是唐朝大臣，他不方便与其直接对抗，甚至有时场面上还不得不说些违心的话。

因此，他想搞史思明，不能明着来，只能设法在其内部发展内线，找机会暗算史思明。

很快，他就物色到了一个合适的人选——乌承恩。

乌承恩的父亲曾担任过平卢军使，是史思明的老上级，对史思明有提携之恩。史思明对其非常感激，对恩人的儿子乌承恩也非常信任，视为亲信。

安庆绪兵败后，乌承恩曾力劝史思明归顺唐朝，史思明反正后，他又作为史思明的联络官多次往来朝廷。从河北到长安，太原是必经之地，李光弼也因此和乌承恩有了接触。

了解到乌承恩心向朝廷后，他很快就策反了乌承恩，让其担任自己的内应。

为便于乌承恩在范阳活动，李光弼还做通了李亨的工作，让李亨任命乌承恩为范阳节度副使。

回到范阳后，乌承恩经常在军中四处走动，伺机游说史思明的部将们。

但史思明治军很有一套，颇得部下爱戴，故而很快就有人将此事汇报给了史思明。

史思明没有打草惊蛇，只当没有这回事。

公元758年六月，他故意派乌承恩入朝——他相信如果乌承恩对他真的有异心，一定会在经过太原时与李光弼见面，一定会有新的动向。

乌承恩回来传达完皇帝的圣意后，史思明又盛情邀请他一起喝酒。见天色已晚，他又贴心地安排乌承恩住在自己府上的馆舍中。

当时乌承恩的小儿子在史思明帐下做事，因此史思明还特意吩咐他前往馆舍探望久未见面的父亲。

当夜，父子两人就住在了一起。

等到夜深人静的时候，乌承恩偷偷对儿子说，我奉朝廷密旨，诛杀史思明这个逆贼，事成之后，朝廷让我当节度使！

话音未落，他就听到了一阵冷笑：想当节度使，等下辈子吧。

这声音其实并不高，但却足以令乌承恩血压急剧升高！

因为说话的，是从他床底下突然蹿出的两个人！

原来是史思明事先安排的密探!

两人吹了个口哨。

史思明立即带着一帮人从外面冲了进来。

乌承恩的密谋就此败露。

随后史思明从他随身携带的行李中搜出了不少东西。

其中有李光弼给他的牒文——文中要求他设法策反阿史那承庆、有事成之后准备赏赐给阿史那承庆的免死铁券、有史思明部队的将领名录……

在证据面前,乌承恩无可辩驳,只能无奈地低下了头。

史思明怒气冲冲地质问他:脸那么大,翻起脸来倒挺快!说,我究竟哪里对不起你,你要这样对我!

乌承恩早已吓得面若死灰,叩头如捣蒜:属下该死,属下该死……这都是李光弼干的……不,这都是李光弼叫我这么做的!

次日,史思明将范阳的主要将领和官员全都召集起来,对他们展示这些证据,接着又面向长安所在的西方大哭,仿佛自己比窦娥还冤:臣率十三万将士归降朝廷,有什么不对!陛下为什么要杀我!为什么?我本将心向皇帝,奈何皇帝冤枉我!呜呜呜呜呜呜……

哭了整整半个时辰,等部下的情绪都被带动起来了,他又化悲痛为愤怒,命人将乌承恩父子带上来,当场乱棍打死。

接着他大开杀戒,将与乌承恩沾亲带故的所有人员共两百余人全部斩首,并向皇帝李亨上表,控诉李光弼对他的迫害,强烈要求皇帝为他主持公道。

李亨大惊,慌忙遣使安抚史思明:这事既不是朝廷的意思,也跟李光弼没有一毛钱的关系,都是乌承恩一个人干的,此人罪该万死,你杀得对。你对朝廷无比忠贞,这点我是很清楚的……

显然,对于这样的敷衍,史思明是不会满意的。

更何况,夸他史思明忠贞,就好比夸武大郎长得好看,或者夸林志玲有男子汉气概,谁都不可能相信。

于是他又召集部属,噙着眼泪对他们动情地说:陈希烈等人都是朝廷的大臣,是太上皇自己逃到蜀地,抛弃了他们,他们不得已才投靠了大燕,现在他们尚且不免于一死,何况我们这些一开始就跟着安禄山造反的人!

在他的煽动下,部下群情激奋。

见人心可用，史思明趁机把矛头指向他最记恨也最忌惮的李光弼。

诸将纷纷请求诛杀李光弼。

史思明见状马上命幕僚耿仁智为他起草表文，扬言：如果陛下不肯为臣处死李光弼，臣就自己领兵到太原去杀他！

没想到耿仁智和他并不是一条心，在表文装函之前偷偷将这句大逆不道的话给删了。

然而这并没有瞒过细心的史思明，很快就被他发现了。

不过，由于耿仁智曾跟随他多年，史思明还是想留他一条命，便强压着怒火问耿仁智：我待你不薄，你为什么要这么做？

耿仁智掷地有声地回答：人总有一死，死于忠义，是死得其所，跟你再次造反，也只是多活几个月而已，还不如现在就死！

此话一出，史思明终于再也忍不住了，当即暴跳如雷：想死，我成全你！

他马上操起大棒，对着耿仁智的脑袋就是狠狠的一棒。

耿仁智当场死亡，脑浆流了一地，场面惨不忍睹。

之后史思明又命人重写表文，将其送到了长安。

可皇帝李亨收到后，却没有任何反应。

这其实也是可以理解的。

在他看来，李光弼当然是不可能杀的，而史思明虽然桀骜不驯，言语狂妄，却还没明确举起反旗，似乎也不太好过分激怒他。

他只能当作不知道。

但现在他心里肯定明白，史思明这个人是绝对靠不住的。

只不过，这个问题只能先放一放，等先解决了安庆绪再说。

太监当主帅

安庆绪现在怎么样了呢？

接下来让我们把镜头聚焦到邺郡。

在逃到邺郡后，尽管地盘比以前少了很多，可安庆绪手中仍有七郡六十余城，粮草军资也还算丰富，因此安庆绪很快就故态复萌，每天都纵情声色，醉生梦死，把所有的精力都放在了寻欢作乐上，把所有的政务都交给了心腹谋士高尚和张通儒。

高、张两人为了争权，成天明争暗斗，搞得内部一片混乱。

当时安庆绪手下尚有蔡希德、崔乾祐、田承嗣、武令珣等一帮悍将，其中威望和战功最高的是蔡希德，不过他性情刚直，说话不留情面，因此得罪了张通儒。张通儒便偷偷地在安庆绪面前造谣中伤，说他的坏话。

据说世界上有三样东西最容易爆。

一种是鞭炮，一种是双十一淘宝店里的商品——每样东西都号称是爆款，还有一种就是安庆绪的脾气。

被张通儒一挑唆，他立马就炸了。

一怒之下，他竟然将蔡希德处死了。

这下算是捅了马蜂窝。

蔡希德平时善于治军，很受士兵爱戴，他无辜被杀，让其部下无不感到心寒，纷纷离开邺郡自谋出路，逃走的士兵今天二十，明天十八，很快就流失了数千人。

而那些留下来没走的人也全都怨声载道。

为稳住军心，安庆绪将曾在灵宝击败过哥舒翰的大将崔乾祐提拔为兵马使，让他总揽兵权。

不过，崔乾祐虽然和敌人打仗的水平还可以，但和部下打成一片的水平却很低——他刚愎自用，残忍好杀，士卒都与他貌合神离。

很快，叛军内部不和、离心离德的消息就传到了长安。

李亨大喜，当即决定趁此机会，一举荡平安庆绪。

这年九月，他正式出手了。

为达成毕其功于一役的目标，他这次可谓是下了血本——他同时征调了朔方节度使郭子仪、河东节度使李光弼、泽潞（今山西长治）节度使王思礼、北庭节度使李嗣业、淮西节度使鲁炅、兴平（治所今陕西凤翔）节度使李奂、河南（今河南开封）节度使崔光远、滑濮（今河南滑县）节度使许叔冀、郑蔡（今河南郑州）节度使季广琛九大节度使以及平卢兵马使董秦，共计二十万大军，前往讨伐安庆绪。

看到这里，也许细心的人会发现一个疑问，平卢的治所不是在营州（今辽宁朝阳）吗？那里是安禄山起家的地方，现在怎么又归属唐朝了呢？

这事还得从安禄山发动叛乱、领兵南下的时候说起。

当时安禄山命他的亲信——平卢节度副使吕知诲留守平卢，但没过多长时间，吕知诲就被几个心向唐朝的部下刘客奴、王玄志、董秦等人合谋干掉了。

平卢就此反正。

刘客奴随即被唐朝朝廷任命为新的平卢节度使，并赐名刘正臣。

不久刘正臣入关攻打史思明失利，返回后被王玄志鸩杀，当时唐肃宗李亨刚继位不久，根本顾不上关外的这些破事，便马上承认了既成事实，又封王玄志为新任的平卢节度使。

公元757年正月，王玄志派兵马使董秦、大将田神功等人率军渡过渤海，在今山东半岛登陆，攻占了平原、乐安（今山东广饶）等地。

董秦（后来他还有个更为人们熟知的名字：李忠臣）就这样从平卢来到了关内，参与了这次讨伐安庆绪的战事。

不过，此时的董秦比起和他一起出战的其他将领，不管是名望还是战功，都还是稍逊一筹的。

这次出征，唐军不仅兵力极为雄厚，而且将领的配置也堪称超豪华——尤其是郭子仪、李光弼、李嗣业、王思礼四人在当时军队中的地位堪称大唐军界的四大天王。

可以这么说，无论是总体的兵力，还是将领的能力，抑或是后方的财力，唐军都远超安庆绪的叛军！

从实力上对比来看，唐军获胜似乎是完全不在话下的。

可惜，战场不是拍卖场——谁出的价高，谁就一定能赢。

打仗，其实跟打牌一样，有时胜负并不完全取决于牌面——一手烂牌如果打得好照样可能赢，一手好牌如果没打好照样可能输。

唐军最大的问题，可能出在李亨的部署上。

他居然没有为这二十万大军任命一个主帅，而是设置了一个所谓的观军容宣慰处置使。

这个又长又不知所云的头衔，是李亨的首创，估计大致相当于他老爸当初设立过的监军——只不过现在这个监军管辖的军队更多，权力更大，是这九支大军实际上的最高领导。

担任这个重要职务的，是一个之前从没上过战场的人——鱼朝恩。

为啥选他？

主要是因为他有一项任何将领都没有的特殊的才艺。

他是个太监。

之所以会这么做，李亨的解释是：

郭子仪、李光弼两人都是功臣元勋，无论谁当主帅对另一个都不公平，因此他不设主帅，只用一个太监来当观军容使，作为九支大军的领导协调小组组长，负责居中协调，监督诸军。

这个理由听起来似乎挺冠冕堂皇的，可只要稍稍一想就觉得根本说不通。

这就相当于：

一个人的高考成绩够得上北大、清华任何一所大学的分数线，但他觉得这两所大学的水平差不多高，无论上哪所学校都对另外一所不公平，所以他干脆一所都不选择，而是选择了江阴职业技术学院！

荒唐不荒唐？

可笑不可笑？

郭子仪、李光弼不傻，对李亨真正的用意当然都心知肚明。

他们知道，皇帝对他们这些将领颇为猜忌。

事实上也的确如此。

李亨这个人天性谨慎多疑，在近二十年的太子生涯中，他就是凭借这一点安然渡过了无数次难关，近二十年太子生涯中经历的无数次阴谋和背叛，更是大大地加深了他的这一特性。

他无比坚定地相信一个道理：所有的大臣和将军都不可信任——不管那个人看起来有多么忠诚——安禄山就是个最典型的例子！

也正因为这样，尽管表面上看起来他对郭子仪、李光弼等人极其优待，频频封赏，甚至还曾对郭子仪说出"吾之家国，由卿再造"这种肉麻的话，可实际上他对他们一直非常提防，时刻都担心他们有朝一日步安禄山的后尘。

他唯一真正信任的，是与自己朝夕相处的后妃和宦官。

尤其是那些宦官。

在他看来，正如世界上唯一能不劳而获的只有年龄一样，世界上唯一能保证不造反的只有宦官。

因为这些人根本不可能有后代，就算造反当了皇帝又能传给谁！

本着这一理念，他一上台，就开始重用宦官。

经天纬地之才，倾国倾城之貌，胸口碎大石之力，精通八国语言，唱跳全能ACE……

这些东西，那些宦官统统都没有。

然而他们却始终是李亨心目中的宇宙无敌超级大明星。

在他的大力扶持下，很快，这帮去势群体就成了朝中最强的强势群体。

而这个鱼朝恩，就是他此时最宠幸的宦官之一——仅次于李辅国。

不过，鱼朝恩拍马屁、哄皇帝开心的水平也许能获高分，但打仗的经验却只能得零分，这样的人来当二十万大军的最高统帅，当然不可能服众。

还没开战，唐军阵中就议论纷纷——外行领导内行，没种的领导有种的，这个仗能打得赢吗？

好在郭子仪对此似乎没有多大意见。

这也符合他一贯以来的工作作风——对上面的任何决策，都无条件地执行——理解的要执行，不理解的也要执行。

当年十月，他率军北渡黄河，在获嘉（今河南获嘉）击败了叛军大将安太清。

安太清退保卫州（今河南卫辉），郭子仪乘胜追击，将其包围。

之后李嗣业、鲁炅、季广琛、崔光远等人也先后领兵与郭子仪会合。

唐军声势大振。

卫州离邺郡不到二百里，位置极其重要。

安庆绪闻讯急忙倾全力来救。

他亲自出马，带着崔乾祐、田承嗣、薛嵩等将领和麾下全部主力七万大军气势汹汹向唐军扑来。

郭子仪将三千精锐弓弩手埋伏在营垒内，自己亲自率部迎战安庆绪。

战不多久，他佯装败退，将叛军引至营垒附近。

此时弓弩手突然出现，万箭齐发。

叛军猝不及防，顿时一片混乱。

郭子仪趁机带领全军回师反击，大破叛军，擒杀安庆绪的弟弟安庆和，接着又一举攻克卫州，随即马不停蹄继续追击狼狈逃回邺郡的安庆绪。

见唐军紧追不舍，安庆绪不得不收拾残兵，硬着头皮在邺郡西南的愁思冈与唐军再次交战，没想到这次的结果还是一样——再次被打得落花流水。

连战连败的安庆绪只好仓皇退入邺郡城内。

郭子仪等人随即带着二十万大军将邺郡团团围住。

天助史思明

安庆绪坐困愁城，坐立不安。

到这个时候，他就算再糊涂也知道，如果没有人救援的话，他这回是死定了！

270

谁能救他呢？

毫无疑问，只有一个人——史思明。

尽管之前他和史思明之间关系很差，甚至曾视若仇敌，但现在为了生存，他只能抛弃脸面，低声下气地向曾经的仇人求救了。

安庆绪派勇将薛嵩（初唐名将薛仁贵的孙子）杀出重围，前往范阳向史思明求援，并许诺解围之后愿意将皇位相让。

史思明笑了：什么？让我去救他？怎么可能……不救呢？

尽管他对安庆绪这个人非常鄙视，但对邺郡重要的地理位置却不敢忽视——因为他知道，邺郡是河北南部的门户，一旦落入唐军的手中，自己就会失去屏障，顺理成章地成为唐军的下一个打击目标！

唇亡齿寒，他当然要救！

公元758年十一月十七日，史思明亲率十三万大军南下。

他命大将李归仁领步骑一万进驻滏阳（今河北磁县），自己则带着全部主力进攻刚刚被唐军夺取的要地魏州。

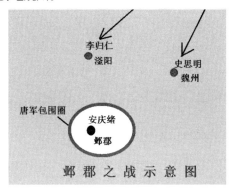

邺郡之战示意图

驻守魏州的，是唐军河南节度使崔光远。

对崔光远，史思明很熟悉——此人之前曾投降过叛军，后来又离开叛军投奔唐肃宗李亨，见风使舵的本领一流，可带兵打仗的本领却不入流。

这样的人，自然不难对付。

事实果然证实了他的判断。

史思明大军到来后，崔光远派部将李处崟（yín）出城迎敌。

李处崟作战颇为勇猛，然而由于众寡悬殊，不得不且战且退，退入城内。

史思明故意命部下在城外高喊：李处崟召我们前来，为什么现在不打开城门迎接我们！

这个离间计其实并不高明，但崔光远大概是属兔子的——兔子急了乱咬人，竟然以为李处崟真的叛变投敌了，马上就将其处死。

李处崟是崔光远所部最能打仗的将领，威望很高，他这一死，部下全都失去了斗志。

见前景不妙，擅长见风使舵的崔光远立即弃城而逃，只身逃回了自己的老巢汴州（今河南开封）。

主将都跑了，其他人当然更没心思守城了。

很快，魏州就被史思明攻破，三万人惨遭屠杀。

按理说，救人如救火，魏州距离邺郡已经很近了，史思明应该火速进军才对。

可史思明却偏偏不按常理出牌，在接下来的一个多月时间里，他没有前进一步，而是一直驻军于魏州休整。

转眼到了公元759年。

这年的正月初一，史思明又做出了另一个出人意料的举动——在魏州城北筑坛祭天，自称大燕圣王。

显然，他并不相信安庆绪真的会传位给他，他要以此向叛军上下表明，他才是叛军真正的老大！

不过此时的安庆绪哪里还顾得上这些——他只顾得上一次又一次地派使节催促史思明出兵。

然而史思明却总是一次又一次地以各种理由推托：

今天是天气太冷，不宜进军；

明天是皇历上说诸事不宜，不宜进军；

后天是……不宜进军……

这当然只是借口。

事实上，他现在根本不想出兵，只想坐山观虎斗——就让安庆绪凭借坚城去和唐军拼命吧，等唐军久攻不下损兵折将消耗得差不多的时候，他再出手摘取胜利果实！

但史思明葫芦里卖的什么药，是瞒不过他的老对手李光弼的。

李光弼对史思明，比对他家里养的狗还要熟悉得多。

他对观军容使鱼朝恩说，史思明在攻下魏州后一直按兵不动，目的是要麻痹我军，等我军懈怠后再攻我不备。请让我带领本部兵马和郭子仪的朔方军一起进逼魏州，向史思明挑战。他之前在河北曾多次吃过我们的亏，必然不敢轻易出战。只要他不出来搅和，攻克邺郡就是迟早的事！

可鱼朝恩却坚决不同意。

李光弼只能仰天长叹。

他其实根本就不怵史思明，问题是现在根本轮不到他做主哇！

他就是再着急，也只能干着急；他就是再费心机，也只是白费心机！

就这样，在鱼朝恩的阻挠下，唐军没有分兵去对付史思明，而是一直围住邺郡，日夜猛攻。

可由于邺郡城防坚固，且城中尚有崔乾祐、安太清、田承嗣、薛嵩等一批叛军悍将，加上唐军缺少统一指挥，进攻杂乱无章，无法形成合力，因此他们的攻势虽猛，却总是得势不得分——不仅收效甚微，还造成了不小的伤亡——之前在收复两京时曾屡建奇功的猛将李嗣业就在攻城时为流矢所中，不幸牺牲！

幸亏郭子仪还是有一手的。

见强攻连连受挫，他决定改用水攻。

当年二月，他命部队在邺郡以北的漳河上一下子筑起两道堤坝，又挖了三道壕沟，将汹涌的漳河水灌进了邺郡城内。

城内一下子变成了一片汪洋，叛军只能在高处搭棚居住，苦不堪言，更严重的是，他们的粮草也濒临断绝，只能靠吃老鼠等乱七八糟的食物勉强维持生命。

显然，安庆绪已经坚持不了多长时间了。

眼见胜利在望，然而他们万万没有想到，史思明此时却突然起兵，彻底打乱了他们的节奏！

二月底，史思明亲率大军从魏州出发，进至距邺郡五十里处扎营，随后马上传令各部队竖起三百面战鼓，不停击打，以壮声势，同时又命每营挑选五百精锐骑兵，轮流出动，不停地对邺郡城外的唐军进行骚扰。唐军一旦发起反击，他们就马上退回本营；唐军若是没有防备，他们就趁机偷袭……

有的唐军去砍柴，半路被人戳了刀子；有的唐军去打水，半路被人抹了脖子；有的唐军去野外方便，半路被人割了命根子……

唐军士兵被这些神出鬼没的叛军突击队搞得人心惶惶，每天晚上都要做两百多个噩梦。

除此以外，史思明还把毒手伸向了唐军的粮道。

唐军由于人数众多，粮草需求非常大，当时这些粮食大都是由江淮或山西一带长途运送过来的，每天车船不断。

史思明让自己的部下伪装成唐军的督粮官，四处拦截唐军运粮的车船，严厉斥责他们速度迟缓，还动辄将负责押运的唐军官兵和民夫随意砍杀，搞得那些民夫人人自危，纷纷逃散。

可唐军对此却毫无办法——这些叛军士兵都穿着唐军的服装，而唐军是由九个节度使的部队组成的，番号混杂，军服不一，互相之间完全不熟悉，又没有人统一调度，谁能分辨得出来呢？

如此一来，唐军的粮食供应很快就出了问题。

将士们开始吃不饱饭，士气日益低落，怨气日渐增大，有人甚至产生了逃回本镇的念头。

也许有这种想法的一开始只是个别人，但正如"一张本来什么都没有的桌子上只要有人开始放了一两件东西，那么很快就会摆满东西"一样，很快就有越来越多的人产生了同样的想法。

这一切，史思明都看在了眼里。

他觉得决战的时机差不多了。

三月初六，他率军进抵邺郡城下。

唐军二十万步骑（《通鉴》上说是六十万，但个人感觉似乎不太可信）悉数出动，在洹河（今安阳河）北岸列阵迎敌。

而史思明却仅带着五万精锐骑兵出战。

见对方人数不多，唐军以为只是叛军的侧翼游军，没有太在意，还在眼巴巴地寻找叛军的主力，没想到就在此时，史思明却出人意料地率部发起了冲锋。

唐军只好仓促应战。

最先投入战斗的是李光弼、王思礼、许叔冀、鲁炅四个节度使的部队。

战事异常激烈，双方旗鼓相当，难分胜负。

正在胶着之际，鲁炅突然中箭受伤，他和他的部队不得不退出了战斗序列。

于是他的位置改由郭子仪的朔方军接替。

从战术安排上来看，这完全是顺理成章的，没有任何问题。

但偏偏此时出了问题。

274

不过，问题不是出在老郭身上，而是出在老天身上。

设想一下，如果有一部电影这么拍：两个侠客在决斗，其中一人的实力明显在对方之上，没想到那个强者突然被闪电击中电死了，弱者获得了最后的胜利……

我敢说，这部电影的编剧就算穿十件救生衣也一定会被观众的口水淹死：编得太假了！太侮辱智商了！

然而老天却敢这么任性。

按照史书的记载，当时发生的事是这样的：

郭子仪和他的朔方军刚上场，还没来得及布阵，突然天色大变，狂风大作，连几十年的大树都被连根拔了起来，到处飞沙走石，天地间一片昏黄，能见度一下子降到了几乎为零——三厘米内雌雄难辨，五厘米内人畜不分！

人都看不到，仗当然是打不下去了。

在这可怕得如同世界末日一样的天气面前，所有人都吓坏了，全都不约而同地向后跑——唐军向南，叛军则往北。

相比之下，唐军逃得似乎更远。

之前很多人就因战事不顺、粮食不足而产生过逃回老家的念头，现在有了机会，自然要把它变成现实！

就连作为主力的郭子仪朔方军也不例外。

朔方军一路向西南方向逃跑，竟然一口气直接逃到了近六百里外的洛阳！

由此可见，此时的朔方军已经成了一支骄兵，军纪已经荡然无存！

朔方军如此，其余各支部队当然也好不到哪里去。

他们全都望风而逃，争先恐后地跑回了本镇。

除了李光弼和王思礼所部秩序尚好、全军返回以外，其余许叔冀、鲁炅、季广琛、董秦、李奂等人的部队全都溃不成军。

这些溃兵打仗虽不行，打劫第一名，敌人面前无能为力，百姓面前却无比神勇，一路上他们四处劫掠，秋毫必犯，童叟必欺，金子、银子、票子、车子、年轻女子……什么都抢，沿途百姓不胜其扰，痛苦不堪。

而这数十万大军的溃败对唐朝上下的心理也造成了极大的打击。

原本大家以为此次出征以多打少，肯定会是一切顺风顺水，没想到结果却是败得落花流水！

就算是数十万头猪，要一下子抓走也不是那么容易的，数十万大军居然跟数十万个屁一样瞬息之间就从战场上消失不见了！

这显然出乎了所有人的预料。

恐慌情绪如野火般在中原大地上迅速蔓延。

东都洛阳更是一片风声鹤唳。

百姓担心史思明会趁机进攻洛阳，纷纷逃进了附近的山中，就连东京留守崔圆、河南尹苏震等高级官员也都自乱阵脚，叛军还没影呢，他们就已经早早地弃城而逃了。

关键时刻，还是郭子仪站了出来。

他在洛阳收集朔方军的溃兵，总算又有了数万人，可原本有的一万匹战马却只剩下了三千，盔甲兵器更是丢弃殆尽。

就凭这点实力，能挡得住叛军铁蹄的冲击吗？

不少人都对此持否定态度，提出放弃洛阳，退保蒲州（今山西永济）或陕州（今河南三门峡）。

但郭子仪却力排众议，坚持认为应留守洛阳。

他本人坐镇在洛阳城内全盘调度指挥，同时又命部将张用济等人率五千步卒驻守洛阳以北的要地河阳，还在河阳城附近修筑了南北两城，以防备史思明可能发动的袭击。

第二十二章　河阳大对决

计赚安庆绪

好在，这只是一场虚惊。

除了叛军的一支小部队曾对河阳有过一次试探性进攻外，史思明并没有大规模地进犯洛阳。

这段时间，他在干什么呢？

他当然没有闲着。

得知唐朝大军全军溃散的消息后，本来已向北撤退的史思明欣喜若狂，马上停止后撤，率部重新回到了邺郡城外，随即扎下营寨。

显然，他是在等安庆绪与他接洽，兑现让位的诺言。

可安庆绪却始终紧闭城门，完全没有任何反应。

他现在似乎有点想反悔了。

毕竟，当皇帝的感觉实在是太好了。

更何况，唐军退走后，他还在郭子仪的军营中一下子搜罗到了六七万石粮食，邺郡城内已经不缺粮了。

他偷偷地与自己的死党孙孝哲、崔乾祐密谋，想要把史思明拒之城外。

然而他麾下的大多数将领却纷纷表示反对：史王救了我们，我们怎么能背信弃义呢？

这样一来，安庆绪更没主意了。

让位吧，自己心里那一关过不去；不让位吧，又怕史思明那一关过不去。

怎么办呢？

他左右为难，六神无主，一时不知如何是好。

与愁容满面的安庆绪相比，史思明倒是很淡定——至少看起来显得很淡定——他每天在营中小酒喝喝，小菜吃吃，小日子过得惬意得很。

但邺郡城内的不少文武官员却非常着急。

他们知道，就凭安庆绪现在的实力，要想和史思明对抗，等于是用三轮车与坦克车对抗——完全是自取灭亡！如果再这样拖下去，一旦惹恼了史思明，不仅安庆绪本人会倒霉，还会殃及他们这些池鱼！

高尚、张通儒对安庆绪说，史王远道而来，解了我们的围，我们不应该这么冷落他，得出城去当面致谢才行啊。

安庆绪也想试探一下史思明的态度，便同意了他们的要求：你们想去就去吧。

高尚、张通儒就这样来到了史思明的军营。

史思明对他们盛情款待，席间说了很多掏心窝的话，讲到动情处甚至还情不自禁地流下了眼泪，把高、张两人感动得不要不要的。

两人走的时候，史思明又给他们每人送了一份厚礼。

回去后，他们自然要为史思明说好话。

可安庆绪却依然在犹豫。

三天后，见安庆绪还没有动静，史思明又秘密约见了安庆绪的心腹安太清——脑子活络的安太清此时已经暗中投靠了史思明。

安太清自告奋勇，表态愿意去做安庆绪的工作。

应该说，安太清的任务完成得还是不错的。

安庆绪考虑来考虑去，最后终于硬着头皮给史思明写了一篇表文，表文中他的态度颇为谦卑，不仅向史思明称臣，还再三邀请史思明解甲入城，说他愿意亲手奉上皇帝的大印。

收到表文后，史思明很开心，但嘴上说的却是：何必如此！

之后，他将表文向全军将士展示，所有人都山呼万岁。

当然，安庆绪耍的那点小伎俩是不可能骗得了史思明这样的老狐狸的——就像小学一年级的数学题不可能难住博士生一样。

史思明是绝不可能进城的。

因为他知道，如果真的像安庆绪提出的那样"解甲入城"——解除武装后进城，肯定是自投罗网！

他怎么可能自投罗网？

他只会让别人自投罗网！

于是他给安庆绪回了一封信，写得非常诚恳。

信中他先是深情回顾了他和安庆绪之父安禄山之间的深厚情谊，接着盛赞安庆绪从小就是多么优秀，最后又明确表达了他对安庆绪继续担任大燕皇帝的支持：我愿与你约为兄弟之国，一起鼎足而立，一旦有情况就互相支援，你若身陷危机，我必以命相抵。如果你要向我称臣，我是绝不敢接受的……

看了这封信，安庆绪又是高兴——有了史思明的表态，再也不用担心自己的皇位了；又是感动——没想到史思明的气量这么大！看来自己之前是有些多心了！

人一感动，就容易冲动。

为了表示自己的诚意，安庆绪主动提出，愿意与史思明歃血为盟。

史思明同意了，挑了个好日子，邀请安庆绪一起定盟。

几天后，安庆绪带着文武大臣和三百名亲兵，高高兴兴地来到了史思明的大营。

史思明为他举行了隆重的欢迎仪式，随后让那三百名亲兵在帐外等候，自己亲切地牵着安庆绪的手，一起进了大帐。

安庆绪知道，今后自己能发展到怎样的程度,基本上取决于他取悦史思明的程度，所以，在这个时候，自己高不高兴不重要，史思明高不高兴才重要。

为此，他先是酝酿了一下情绪，硬是挤出了两滴眼泪，接着又满怀深情地说出了自己早已准备好的台词：小弟我才智不足，不仅丢失了东西两都，还陷入了敌军的包围，幸亏大王你不忘太上皇的旧情，不远千里赶来救援，小弟我才得以死里逃生。这样的大恩大德，小弟终生都难以报答。

史思明重重地点了点头：你说得很对，我确实没有忘记你父皇对我的恩情……所以我今天要为你父皇报仇！你身为人子，却杀父篡位，丧尽天良，为天地所不容，还有什么资格活在这世上！

安庆绪大惊。

再看史思明，却见那一秒钟前还如春风般温暖的面孔竟然一下子变得如秋风扫落叶般的冷酷无情，令人不寒而栗！

安庆绪还没反应过来，就被史思明的左右按倒在地。接着与他的四个兄弟一起被砍掉了脑袋。

与此同时，跟安庆绪一起前来的文武大臣也都被史思明的军队控制住了。

对这些人，史思明没有一棍子打死，而是有打有拉，区别对待。

高尚、孙孝哲、崔乾祐等人平时骄横跋扈，民愤极大，被斩首示众；而张通儒、李庭望、安太清、田承嗣、薛嵩等人则被他纳入麾下，授以官职。

做完这一切后，史思明才率军入城，打开府库赏赐将士，接着又派人分赴各地，接收了原本安庆绪所辖的全部州县。

由于安庆绪原本就不得人心，这一切并没有引起任何波澜。

局势很快就稳定了下来。

之后史思明命儿子史朝义留守邺城，自己则率军返回了老巢范阳。

李光弼铁腕治军

公元759年四月，史思明在范阳正式称帝，国号仍为"燕"，同时改范阳为燕京，将其定为自己的都城。

之后的一段时间，他一直坐镇于燕京，一边巩固新生的政权，一边等待合适的机会。

他并没有等待多长时间。

不久，他就听到了一个他希望听到的消息——他最忌惮的对手之一郭子仪被免职了！

这当然不是没有原因的。

邺郡一战以多打少，最后的结果却是一败涂地，朝野上下一片震动，李亨更是大为震怒。

原本以为平叛已经胜利在望，没想到却是这样令人失望！

毫无疑问，如此重大的失利，一定要有人为此承担责任。

这个人，当然不可能是鱼朝恩——毕竟，李亨将其视为耳目，谁也不可能自己挖去自己的耳目。

而且，既然是耳目，该处理谁自然要听耳目的意见。

甩货也许有点难度，甩锅这玩意儿谁不会呢？

鱼朝恩毫不犹豫地把所有责任一股脑儿全都推到了郭子仪的头上。

李亨本来对郭子仪就非常猜忌，现在自然就坡下驴，马上下诏免去了郭子仪的军职，遣使将其召回长安。

郭子仪担任朔方军主帅多年，很受将士爱戴，因此听说他要被调走，将士们全都不约而同地走出了营门，挡住了道路，流着眼泪请求郭子仪留下来。

郭子仪骗他们说，我现在是去为朝廷的使者饯行，不是要走。

将士们这才让出了一条通道。

郭子仪立即策马挥鞭，头也不回地疾驰而去。

之后李光弼被任命为新的朔方节度使。

本来李亨还想封李光弼为天下兵马元帅，但李光弼很识趣地表示，兵马元帅一职最好由亲王担任，自己当副手就够了。

这正中李亨的下怀。

他当即改封越王李系（李亨次子）为元帅，李光弼为副帅。

不过，李光弼接掌朔方军的过程并不顺利，甚至还差点闹出兵变。

之所以会这样，主要是因为他和前任郭子仪在治军方式上有很大的差异。

郭子仪为人仁厚，治军相对比较宽松，除了打仗出不出力会管，其他几乎什么都不管；而李光弼性情严肃，作风极为严谨，除了晚上做不做梦不管，其他几乎什么都要管。

他一上任，就连续发布了多条军令，大力整顿军纪。

这让之前一向自由惯了的朔方军将士感到极不适应，很多人都产生了很大的抵触情绪。

朔方左厢兵马使张用济就是其中的一个。

当时张用济正率部驻在河阳，他是个直性子加暴脾气，从不掩饰对李光弼的不满，逢人就要大发李光弼的牢骚：一天到晚这个要求，那个要求，我看李光弼这小子就是个浑球！

这天，李光弼召他到洛阳议事。

张用济知道李光弼对自己印象不好，生怕他会借机对自己下手，便干脆一不做，二不休，一面集结麾下部队，一面又联络了一批与他交好的朔方军将领，跟他们商议说他打算带兵去洛阳，驱逐李光弼，迎回老上司郭子仪。

时任朔方都知兵马使的仆固怀恩连忙阻止他：邺郡兵败，郭公确实负有一定责任，所以朝廷才罢免了他。如果你赶走李将军，强行迎回郭公，那就是谋反！反而会害了郭公！

其他将领也纷纷表态，对他这种危险的想法表示反对。

张用济这才意识到了事情的严重性，停止了行动。

也许是为了抗议李光弼，他并没有马上应召去洛阳，而是数日后，才大摇大摆地来到了李光弼的营中。

没想到李光弼竟然以他来得太晚、违反军令为由将他斩首示众。

显然，李光弼可能已经听说他曾密谋兵变，所以才故意小题大做，对桀骜不驯的张用济痛下杀手，以此来震慑三军。

张用济死后没过多久，仆固怀恩也来了。

李光弼请他入座。

两人刚讲了几句话，屁股还没坐热，就听有人来报外面来了五百名胡人骑兵。

李光弼尚未来得及反应，仆固怀恩已经来到门口，用手指着这些骑兵厉声斥责：我不是叫你们不要来的吗？你们为什么不听呢？……

谁都看得出来，这一幕是仆固怀恩故意安排的，他这是在向李光弼示威！

一向眼里容不得沙子的李光弼怎么可能忍得了这个？

当然忍得了。

他虽然眼里容不得沙子，可他的脑子里又没有进水。

因为李光弼知道，仆固怀恩不是张用济，此人在朔方军中的地位仅次于郭子仪，且又因出使回纥之功而深受皇帝宠幸，是绝对不能得罪的。

因此他非但没有发怒，反而还笑着说道，部下跟随主将，也没什么不对啊。

接着他又命人拿出酒肉款待这些将士。

就这样，李光弼恩威并用，软硬兼施，总算镇服了朔方将士的心，从此再没人敢随便违抗他的军令了。

但他的心中却依然不轻松。

他一直在担心一个人——史思明。

在他看来，目前的平静只是暂时的，史思明一定是会卷土重来的。

果然不出他所料。

没过多久，史思明真的来了！

公元759年九月，得知郭子仪被免职、朔方军人心不稳的消息后，史思明大喜，随即命小儿子史朝清留守范阳，自己与长子史朝义、大将令狐彰、周挚等人一起领兵南下，直扑汴州、洛阳。

此时李光弼正在黄河沿线巡视防务，闻讯立即赶赴汴州。

驻守汴州的，是时任滑汴节度使的许叔冀——就是那个当初对张巡见死不救的家伙。

李光弼问许叔冀：你能否替我坚守十五天？十五天一到，我一定率大军来救！

许叔冀人尿嘴不尿，胆小口气大，马上拍着胸脯保证：没问题！

得到肯定的回复后，李光弼立即赶回洛阳组织防御。

然而这次史思明的推进速度实在是太快了——他前脚刚走，史思明的大军就到了。

许叔冀能顶得住十五天吗？

当然不可能——不要说十五天了，一天都不可能——否则他就不叫许叔冀了。

事实上，与叛军刚一交手，他就本着"世上无难事，只要肯放弃"的人生信条，迅速带着部下投降了。

史思明就这样不费吹灰之力拿下了汴州，随后马不停蹄继续西进，兵锋直指洛阳。

汴州的过早陷落，彻底打乱了李光弼的战略部署。

他知道，在这种情况下，洛阳是很难守得住了。

他随即召集东京留守韦陟等洛阳主要官员，一起商议下一步的行动计划。

李光弼先问韦陟：贼军乘胜而来，气焰正盛，我军不宜速战，坚守才是上策，但洛阳无险可依，无法久守，不知韦公有何良策？

韦陟提议退守潼关。

李光弼摇了摇头，否决了他的提议：我觉得不妥，现在暂时撤退肯定是要的，可也不能退得太深，倘若无故弃守五百里，敌人的气焰势必更加嚣张（政治因素也不能不考虑呀，这是有前车之鉴的，当初高仙芝、封常清之所以掉脑袋，就是因为一下子退到了潼关）。

当然，括号里的话他没有说出来。

接下来他又继续侃侃而谈，我认为不如转移到河阳，与北面的泽（泽州，今山西晋城）、潞（潞州，今山西长治）战区相呼应，形势有利就主动出击，不利则依城固守，这样一来，史思明必然不敢西侵。韦公啊，若论朝廷礼节，我不如你，可军旅之事，你不如我。

韦陟听了很不舒服——你都有主意了还要问我，这不是明知故问吗？还有，你这最后一句是什么意思？秀优越感？你不就是一介武夫吗？在老夫面前摆谱，实在是太离谱了！

不过，他到底是老江湖，虽然心中非常不满，嘴上却什么都没说，脸色也一点都没变。

但兵马判官韦损此时却跳了出来，质问李光弼：洛阳是帝京，怎么能轻易放弃？

李光弼忍不住笑了——是看见傻子的那种笑：若要守洛阳，那么汜水关（即虎牢关，今河南荥阳汜水镇）、崿岭（今河南登封东南）、龙门（今河南洛阳南）等要地都要重兵把守，你身为兵马判官，你倒是说说咱们有这么多兵力层层布防吗？

韦损无言以对。

随后李光弼开始有条不紊地分派任务。

他让韦陟带着洛阳的全部官员及其家属向西往关中方向撤退；河南尹李若幽负责疏散百姓，让他们全都出城避难；同时命部队迅速集结，带上洛阳城内的全部重要物资往河阳转移。

显然，他准备留给史思明的，只是一座空城！

很快，洛阳军民按照李光弼的安排开始有序撤离。

李光弼亲自领五百名骑兵殿后。

那天日暮时分，其他人都已经撤得差不多了，李光弼正准备出发，探马突然来报，叛军前锋已经逼近了洛阳东门外的石桥！

将士们慌忙向李光弼请示：咱们怎么走？是改走北门还是跟以前一样从石桥走？

李光弼斩钉截铁地回答：走石桥！

他命令部队点起火把，大摇大摆地从东门通过石桥，向北进发。

叛军见唐军队伍齐整，戒备森严，领兵的又是大名鼎鼎的李光弼，顿时如同鬣狗见了狮子一样——根本就不敢逼近，只敢远远地尾随在后，眼睁睁看着李光弼从容进入河阳。

唐军离开后，叛军兵不血刃地占领了东都洛阳。

由于担心李光弼会出兵从后面发起攻击，身为大燕皇帝的史思明并没有入住洛阳皇宫，而是一直驻军于洛阳东郊的白马寺一带严阵以待，同时还在河阳南面修筑了一座月城（半圆形的城池），以防备李光弼。

接下来他当然也不会继续西进。

有李光弼在他的背后，就相当于有一把枪顶在他的脑后——让他时刻都无法安心！

他无论如何都要先把李光弼解决掉，否则他根本不可能睡得了好觉！

因此，在洛阳略做休整后，史思明马上带领大军扑向李光弼所在的河阳。

单　挑

河阳城跟一般的城不一样——它不是一座城，而是包括了南城、中潬城、北城三座城池，故也称为河阳三城。其中南北二城分别位于黄河的南北两岸，中潬城则修筑于黄河中的沙洲上。

三城之间有浮桥相连，称河桥或河阳桥（南北朝末年东西魏曾在此地大战，史称河桥之战，本人作品《彪悍南北朝之铁血双雄会》对这一战有详细描述，有兴趣可以看看）。

很快，一场大战在河阳城打响了。

不过，由于曾经在太原见识过李光弼守城的厉害，这次史思明并没有急于攻城，而是先派骁将刘龙仙带着五十名精锐骑兵到河阳城下骂阵，企图激怒李光弼，诱使他出城野战。

刘龙仙自恃骁勇，态度非常嚣张。

他歪着脖子，斜着眼睛，还在马上跷起了二郎腿——一只腿几乎架到了马脖子上，一副吊儿郎当的样子，而他骂李光弼的话更是极其不堪入耳——不要说正常人了，即使是瘫痪了二十年的人也会被他气得暴跳如雷！

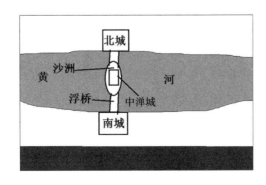

但李光弼却对此始终置若罔闻，脸上始终带着一丝蒙娜丽莎般的微笑。

直到身边的将士们全都义愤填膺，全都把拳头捏得咯咯作响，他才轻描淡写地开了口：谁能干掉此人？

仆固怀恩马上请战：我去！

李光弼没有同意：此非大将所为。

左右随即推荐了偏将白孝德。

李光弼问白孝德：你需要多少兵马？

白孝德回答，我一个人就够了！

李光弼对他的勇气大加赞赏，却还是坚持要他带兵出战。

白孝德只好说，那就带五十个骑兵作为我的后援团吧，另外，到时请大军一起帮我擂鼓助威。

随后白孝德左右手各持一支长矛，策马出城，缓缓而进——那样子，不像是去单挑的，倒像是去单位的。

城楼上的仆固怀恩见状对李光弼说，这事肯定成了！

李光弼笑着问道："还没交手呢，你怎么知道？"

仆固怀恩也笑了，看他那副气定神闲的样子，就知道他肯定是万无一失。

之后，两人和城上所有人一样，又继续把目光聚焦到了白孝德身上。

随着白孝德和刘龙仙的距离越来越近，他们的心情也越来越紧张。

随着白孝德和刘龙仙的距离越来越近，刘龙仙也注意到了白孝德。

刘龙仙是叛军中著名的勇将，见来的只有一个人，根本没放在眼里，连架在马脖子上的脚都没放下来。

等白孝德走近了，他才定了定神，打算把脚放下来，准备迎战。

没想到白孝德却笑着朝他招手示意。

刘龙仙很迷惑：这人到底是谁啊？我好像不认识呀？……

他满腹狐疑，只好停在那里，看白孝德到底想干什么。

只见白孝德一直到离他十步左右才停了下来，然后用小品《主角与配角》中陈佩斯的口气对他说，侍中（李光弼当时在朝廷的官位是侍中）让我给你带句话……

刘龙仙一听是李光弼派来的，便又继续跷着腿大声辱骂。

白孝德站在那里一动不动，静静地听着。

过了好一会儿，他突然问道，你认识我吗？

刘龙仙莫名其妙，你是何人？

白孝德大声回答，我乃白孝德也！

刘龙仙报以一声冷笑，白孝德，是哪里来的猪狗！

话音未落，画风突变。

之前一直静如蜡像的白孝德突然挺着长矛如离弦的箭一样冲了过来。

与此同时，河阳城上战鼓齐鸣，呐喊声震耳欲聋，早已在城门口等候多时的五十名精锐骑兵也从城中飞驰而出。

刘龙仙大惊，慌忙想要提枪迎战。

但哪里还来得及？

没等他把腿从马脖子上放下来，白孝德已经冲到了他的面前！

无奈，他只好本能地掉转马头，往黄河堤岸上狼狈逃窜。

没逃几步，他就被白孝德追上，手起矛落，刺于马下。

随后白孝德割下刘龙仙的首级，像拎超市购物袋一样一把拎在手里，接着又像超市购物归来一样优哉游哉地返回了河阳城。

而刘龙仙的那些手下，不知是被眼前的这一幕惊呆了还是吓尿了，居然没有一个敢动。

美马计

尽管首战就失去了一员悍将，但史思明并没有气馁，很快他又想出了一个新招。

他从军中挑选出一千多匹膘肥体壮的良马，让士兵每天牵着去黄河南岸的浅水处洗澡，洗完了牵回来转一圈再去洗，循环往复，以显示自己的战马之多，打击唐军的信心。

然而他万万没有想到，有一天那些战马竟然全都叛变了——它们一下水就争先恐后地游向河阳城，一匹都没剩下！

史思明闻讯气得直跺脚。

他无论如何也想不通这到底是怎么回事。

好在史书为我们揭晓了谜底。

原来，李光弼不仅是个军事专家，还是个动物学家；不仅懂人性，还懂兽性；不仅精通母猪的产后护理，还深谙公马的群体性心理……

他知道叛军那些被牵到河中沐浴的战马大都是公马——史思明为展现战马的壮

硕，挑出来的肯定是公马，他知道这些马一看到母马就会不受控制。

因此，他特意从自己的部队中挑选出了数百匹刚下完崽的母马，将小马驹留在城内，同时命人把这些母马都牵出了城，来到了城外的黄河边。

母马思念自己幼小的孩子，一出城就不停地叫唤。

叛军那些公马听到母马深情的声音，以为那些母马是在呼唤自己，它们一下子全都跳下黄河，不顾一切地朝着母马所在的河阳城边猛冲过去。

就这样，史思明损失了一大批最好的战马。

他当然不可能咽得下这口气。

他对天发誓，一定要拿下河阳城，活捉李光弼！

考虑到河阳城的特殊结构，这次他把进攻的矛头对准了连接河阳三城的浮桥。

他出动了数百艘战船，组成了一支舰队，排在舰队最前面的，是数十艘装满易燃物品、燃烧着熊熊大火的小船。

显然，他是想用这些火船烧毁浮桥，切断河阳三城的联系，随后再用战船围攻中潬城！

李光弼似乎早就预料到了史思明这一招。

他事先准备了数百根几十米长的木杆，现在立即命士兵们拿出来，在其前端装上铁叉，后面则用巨大的木头撑好固定在浮桥上。

叛军的火船还没靠近浮桥，就被唐军长杆上的铁叉死死叉住，动弹不得，随之被自身的大火烧成了灰烬，很好地诠释了"玩火者必自焚"这个成语的意义。

虽然打头阵的火船都被烧毁了，但不得不承认，史思明的军队战斗力还是颇为强悍的——那些紧随其后的叛军战船依然还在不要命地继续往前冲。

可正如鱼再怎么挣扎也突破不了渔民布下的渔网一样，这些叛军战船再怎么冲撞也突破不了唐军的铁叉——不少船都被铁叉固定住了，其余的也乱成了一团。

李光弼命部队用设置在浮桥上的投石机发射巨石，将这些已成活靶子的船只一一击沉。

最终叛军大败，除了落在后面的少部分战船逃回去以外，其余的全被消灭殆尽。

见正面难以得手，史思明又派兵迂回，企图切断唐军的粮道。

李光弼亲自率军前往救援，驻于野水渡（位于今河南孟津的一个黄河渡口），与叛军对峙。

　　然而出人意料的是，当天傍晚他又悄悄返回了河阳，把防守任务交给了部将雍希颢。

　　临行前，他叮嘱雍希颢说，史思明麾下的高庭晖、李日越、喻文景三人都有万夫不当之勇，今天夜里他一定会派三人中的一个前来偷袭，他们来了，你不要与之交战，等他们投降后，你再与他们一起来见我。

　　雍希颢听了莫名其妙，不用交手，敌人就会自动投降？怎么可能？是他们吃错药了还是大帅你吃错药啦？

　　不过，尽管并不理解，可雍希颢对李光弼的信赖已经充分到了过分的程度，对李光弼的水平已经相信到了迷信的程度，对李光弼的命令已经服从到了盲从的程度，因此他执行得还是非常坚决。

　　当晚，他和他的部下一宿没睡，一直怀着忐忑不安的心情等待着叛军的到来。

　　好在，他没有失望。

　　次日凌晨，叛军大将李日越果然率五百精锐骑兵来了。

　　按照李光弼之前的吩咐，雍希颢没有率军抵抗，而是隔着战壕问候对手：来的是李日越，还是高庭晖啊？

　　李日越很奇怪——现在不是该跟我打仗吗，跟我打招呼干什么。

　　但考虑到来而不往非礼也，他只好耐着性子答道：我李日越啊，你怎么知道我会来？

　　雍希颢说：司空（李光弼当时在朝廷的职务是司空）讲的。

　　李日越问：司空在吗？

　　雍希颢如实回答：昨晚已经走了。

　　李日越闻言大惊：啊？

　　如同被当头打了一棒，他一下子就呆在了那里。

　　因为在他出发前，史思明曾给他下了这样一个死命令：李光弼擅长守城，野战非其所长，这次他出现在野外，带的部队又不多，正是对付他的绝佳机会。你带精骑前往，一定要生擒他，抓不到就别回来见我！

　　李日越知道，史思明这个人做事狠辣，向来说话算话，要是自己抓不到李光弼，回去肯定只有死路一条！

　　怎么办？

　　用屁股想也知道怎么办！

没有任何犹豫，李日越马上决定投降唐军。

之后，雍希颢带着李日越回到了河阳。

李光弼对李日越异常器重，不仅给他很高的礼遇，而且还将其视为心腹，大小事宜都听取他的意见。

没过不久，叛军另一名勇将高庭晖也找了个机会前来投诚。

不费一兵一卒就轻松收服了敌方两员大将，李光弼的部下都对主帅的谋略深感佩服，但与此同时，他们的心中也都有同一个疑问：这到底是怎么回事呢？

李光弼笑着解释说：其实这事没什么复杂的呀，就跟下雨了要打伞、天黑了要开灯一样，都是人之常情。史思明一直认为野战是我的劣势，听说我行军在外，绝不可能放弃这样的机会，一定会派勇将来袭击我，他自以为这事十拿九稳，必然会下死命令。李日越抓不到我，害怕回去后会受到责罚，只能选择投降。而高庭晖的才干和勇力都在李日越之上，听说李日越受到我的重用，自然不愿落在他后面，因此也会归降。

诸将这才茅塞顿开。

那种感觉，就仿佛看了个奇妙的魔术，百思不得其解，但等魔术师讲解完所用的机关后，才一下子发现，原来这么简单！

面对如魔术师般神奇的李光弼，史思明终于无奈地认识到，自己要想与李光弼比计谋，就相当于一个人要想与喜马拉雅山比高度——完全是自不量力。

既然斗智不行，那就斗力吧！

在他的亲自指挥下，叛军对河阳发动了一波又一波持续不断的猛攻。

不讲武德

首当其冲的是河阳南城。

驻守南城的，是李光弼的爱将李抱玉。

李抱玉是初唐名将安兴贵之后，本名安重璋，在李光弼手下担任偏将，屡立战功，后来他耻于与安禄山同姓，向皇帝李亨申请改姓，被赐姓李氏，从此改名叫李抱玉。

李光弼给他的任务，是坚守南城两天。

听起来似乎挺容易，但李抱玉并没有马上答应，而是问了一个问题：两天后怎么办？

他这么一问，李光弼心中反而有底了。

因为他知道，爱提问题的人一般责任心不会太差。

于是李光弼爽快地回答，两天后如救兵不来，你可以放弃守城。

李抱玉这才慨然允诺，行！

然而等战斗开始后，他才发现自己还是大大地低估了叛军的攻击力。

叛军的人实在是太多了，攻势实在是太强了，尽管李抱玉一直在率众死战，可还是有些招架不住——到当天傍晚，南城的城墙已经被叛军打开了多个缺口，形势岌岌可危！

眼看城池即将失守，李抱玉灵机一动，派人向史思明请降：我军粮草已尽，请允许我们明天早晨投降！

史思明闻言大喜。

次日清晨，他早早地整军列阵，准备受降，但等了半天，城上却始终没有任何动静。

他忍不住派人质问。

可他得到的，却不是任何回应的言语，而是一阵如蝗的箭雨。

史思明这才知道上当了，不由得勃然大怒：年轻人不讲武德，劝你们好自为之！

他当即命令部队重新发起攻击。

但这一次，战场的形势已经和前一天完全不一样了。

李抱玉充分利用一夜的休战时间，修补好了城上的所有缺口，城池的防御能力大为加强，唐军上下也由于知道只要再坚守一天援军就会到来而信心倍增，斗志异常旺盛。

而叛军则因为希望落空大受打击——这就好比，本来你是打算去当新郎，期待着能和美女一起快活；没想到现实却是让你当战狼，要和敌人你死我活，这样大的反差，谁能接受得了呢？谁能不垂头丧气呢？

因此，他们士气低迷，攻击力也大不如前。

见形势有利，李抱玉又果断派出一支骑兵悄悄出城，绕到了叛军身后，随后与城中的部队内外夹击，大破叛军。

见南城不好打，史思明又命大将周挚等人率叛军主力转攻中潬城。

中潬城是建立在沙洲上的，土地比较松，考虑到承重的问题，城墙建得比较低矮，故而为了加强防御，城外还布设了一道木栅栏，栅栏外有一条宽达两丈的壕沟。

不过，就算有壕沟和栅栏加持，中潬城的城防在河阳三城中也依然是最薄弱的，因此李光弼对此城极为重视，亲自在这里驻守。

见叛军大举来袭，李光弼命部将荔非元礼领兵迎敌，自己则坐镇于中潬城东北角的一个瞭望塔上，在那里一面观看战场形势，一面用红旗全盘指挥。

他看到，叛军仗着人多势众，如排山倒海般向中潬城扑来，荔非元礼按兵不动；

他看到，叛军逐渐逼近了壕沟，用铁锹一锹一锹地填土，荔非元礼还是没有动；

他看到，叛军用土将壕沟填平，一个一个顺利地通过了壕沟，荔非元礼依然没有任何反应；

他看到，叛军逐渐逼近了栅栏，开始用刀对着栅栏一刀一刀猛砍，荔非元礼竟然还是跟木头桩子似的一动不动……

这下李光弼再也忍不住了，派人将荔非元礼招来质问：你眼睁睁地看着叛军又是填沟，又是开栅，为什么不打？

荔非元礼反问道，司空大人，你是想固守还是要出战？

李光弼没好气地说，当然是出战。

因为他知道，中潬城的城防远不如南北二城坚固，仅靠消极防守是很难守住的。

荔非元礼笑了：这不对了嘛。既然要战，那么敌人如此费力地替我们填沟开路，何必要阻止他们呢？

李光弼这才明白了他的意图，不由得连连点头：有道理，你好好干吧。

直到叛军好不容易气喘吁吁地砍开了栅栏，荔非元礼这才猛然率军出击，将叛军一下子逼退了数百米。

然而，由于叛军人数众多，一阵骚乱之后他们还是逐渐稳住了阵脚。

见一时无法冲垮叛军，荔非元礼也不恋战，又率部退了回去。

正在观战的李光弼见荔非元礼没冲多远就缩了回来，忍不住再一次怒火中烧，马上派人去召荔非元礼，扬言要将他军法从事。

没想到荔非元礼对此根本就不予理睬：老子现在正忙着打仗，召我干什么？不去！

他命部队在栅栏内严阵以待，自己则如捕食前的狮子观察猎物一般目不转睛地观察着叛军的一举一动。

叛军大概是被荔非元礼刚才那一番突如其来的冲击打蒙了，没敢再继续进攻，而是一直在栅栏外与唐军对峙。

一段时间后，见叛军有些松懈，荔非元礼瞅准时机，马上率部再次发起冲锋，将叛军打得溃不成军。

两军相逢勇者胜

在南城和中潬城相继失利后，叛军主帅周挚又根据"手气不顺就换个方向试试"的棋牌室大妈信奉的麻将原理，把主攻方向转到了北城。

李光弼也迅速赶往北城驰援。

一进城，他就立即登上城头观察敌情。

看了一会儿，他对周围的将领们说：敌军虽然人多，但阵容不整，没什么可怕的。我向各位保证，最多到中午，就一定能打败他们！

不过，说是这么说，但李光弼的心中还是没有底。

事实上，他这句话就和父母对孩子说的"打针一点都不疼"一样——纯粹是鼓励性质的。

随后他命众将率军出城迎敌。

激烈的战斗一直持续到这天中午，依然没能分出胜负。

李光弼召回众将，与他们一起讨论对策。

他问，半天打下来，你们觉得敌军阵营哪一面最强？

将领们的意见十分一致——最难打的是西北方向，其次是东南面。

李光弼当即命麾下爱将郝廷玉、论惟贞分别迎战西北、东南之敌。

郝廷玉、论惟贞两人分别要求拨给他们骑兵五百和三百。

可仗打到这个份上，哪还有那么多骑兵？

李光弼给他们打了个六折——只给了他们一个三百，一个两百。

接着李光弼正色道，诸位出战时要服从我的令旗指挥，如果旗帜慢摇，你们就自行选择敌军薄弱处攻击；如果旗帜急摇并三次指向地面，你们就一起冲锋，拼死前进，有后退一步者，斩！

说完，他拿起一把短刀插入自己的战靴中：要打仗就不能怕死。我身为朝廷三公（司空），绝不能死在贼人手里。万一战事不利，诸君战死沙场，我也必定在这里自刎，陪你们一起上路！

众将随即按照他的部署全线出击，李光弼本人则站在高处指挥。

不多时，他突然发现郝廷玉退了下来，顿时心头一紧，血压骤升：廷玉一退，形势就危险了！

他马上派左右去将郝廷玉正法。

郝廷玉见状连忙大喊：我不是后退，是我的马中箭了！

李光弼这才长舒了一口气，当即命人给郝廷玉换了匹马，让他重新上阵。

稍后，仆固怀恩与其子仆固玚也略有后退，李光弼又命左右去取其首级。

仆固怀恩父子见到使者提着刀直奔他们而来，连忙又咬着牙再次杀入敌阵。

就这样，在全体唐军不要命的冲击下，叛军逐渐开始显露出了一丝轻微的疲态。

这逃不过李光弼犀利的眼睛。

他立即急挥令旗，唐军的攻势顿时更加猛烈，呐喊声震耳欲聋，人人都一往无前。

太阳当空一个劲地红，唐军上下一个劲地冲！

这些唐军将士中，有高的，也有矮的；有白的，也有黑的；有胖的，也有瘦的；有老的，也有少的；有帅的，也有丑的；有骑兵，也有步兵，可就是没有一个怂的，更没有一个后退的！

叛军终于再也顶不住了，很快就全军崩溃，兵败如山倒，你逃我也逃。

主帅周挚也不例外，他仅带着数骑仓皇逃回了洛阳大营，而另一名叛军大将安太清则领着残部退到了怀州（今河南沁阳）。

此时史思明尚不知周挚等人已经战败，还在指挥攻打南城，直到李光弼把叛军俘虏拉到南城旁的黄河边众，史思明才知道大势已去，只好长叹一声，引兵退去。

这就是史上著名的河阳保卫战。

这一战，尽管打得极其艰难，但李光弼最终还是以少胜多，力挫强敌，成功守住了河阳，赢得了最终的胜利。

对当时的唐朝来说，这一战的意义极为重大。

因为这是唐军从九节度兵败邺郡以来取得的第一场大胜，它不仅狠狠地打击了史思明叛军的嚣张气焰，扭转了唐军之前连战连败的颓势，使唐军稳住了阵脚，还大大鼓舞了唐朝上下本来萎靡不振的人心。

这一战，犹如漫漫长夜后出现的第一缕曙光，让人们重新看到了久违的光明。

皇帝李亨闻讯，自然也大喜过望，当即加封李光弼为太尉、中书令。

第二十三章　柳暗花明又一村

邙山之战

不过，在久经沙场的史思明看来，胜败乃兵家常事，一次失利算不了什么，这一战他虽然损兵折将，但并没有损伤太多元气，更没有损伤他夺取天下的雄心，他依然信心满满，意气风发。

公元 759 年年底，也就是在河阳战败后不久，他就派大将李归仁率五千精锐骑兵西进，攻打陕州。

驻守陕州的，是一支在后来对中晚唐历史有极大影响的部队——神策军。

神策军原本驻于陇西的磨环川（今甘肃卓尼），公元 754 年由时任陇右节度使的哥舒翰为防备吐蕃所建，安禄山叛乱后，神策军和其他很多西北边防部队一样，奉命东进中原勤王，不久包括神策军故地磨环川在内的陇右大片地区被乘虚而入的吐蕃占领，此后神策军便留在了中原。

应该说，此时神策军的战斗力还是颇为强悍的，在军使卫伯玉的带领下，他们对李归仁迎头痛击，一举将其击败，粉碎了叛军西进的战略意图。

一连串的受挫让史思明不得不停下了继续前进的步伐。

而李光弼却开始反守为攻。

公元 760 年二月，他亲自领兵去打怀州。

史思明急忙从洛阳率军驰援，没想到却在沁水（黄河北岸的支流）附近遭到了唐军的伏击，大败而回。

之后李光弼一面派兵继续阻援，一面将怀州团团围住，日夜攻打。

经过连续一百多天的苦战，最终李光弼采用挖地道的方法，攻克了怀州，俘虏叛军大将安太清。

接着他又回师河阳，继续与洛阳的史思明对峙。

两人都知道对方的厉害，谁都不敢轻举妄动。

战局从此进入了僵持阶段。

日子一天天地过去。

转眼到了公元 761 年。

随着时间的推移，史思明的心情也越来越焦灼。

因为他知道，自己起兵毕竟名不正言不顺，靠的就是一股锐气，如果再这样旷日持久地拖下去，部队的士气肯定就会和中年男人的腰一样一天不如一天，一旦军心垮了，后果将不堪设想！

思来想去，他想到了一个办法。

几天后，唐军后方的陕州等地出现了这样一种流言：叛军大都来自东北，尽管在中原已经待了一年多，还是水土不服，吃喝不惯。习惯了酸菜炖粉条的胃吃不惯河南的胡辣汤，看惯了二人转的眼睛欣赏不了河南的梆子戏，都不愿再这样提心吊胆地待在外头，想着要回家老婆孩子热炕头，现在人人思乡心切，个个没有战意，他们现在的战斗力比蛋壳的承受力还要差，如果唐军此时出击，肯定会比铁锤砸蛋还要轻松……

很快，这个流言就如流行性感冒般迅速传遍了整个陕州及其周边地区。

此时正在陕州担任监军的宦官鱼朝恩也听说了。

他信以为真，如获至宝，立即鼓动如簧之舌，向皇帝李亨进言，让他催促李光弼抓住战机，主动出击：桃花谢了还会再开，燕子飞了还会再来，但这样的大好机会一旦丢了可就再也没有了！

对鱼朝恩，李亨向来是言听计从，这次当然也不例外。

他当即下诏命李光弼出兵进攻洛阳。

然而李光弼却坚决不同意，马上就上表表示反对。

他认为叛军在兵力上仍占有极大优势，内部也没有什么破绽，此时出击，胜算很小，应该保持耐心，继续坚守待变。

这让李亨心中非常不爽。

不过，李光弼毕竟是天下兵马副元帅，唐军事实上的一把手，又刚刚立下了大功，李亨也不好过分勉强他，可他又不死心，便又派人征求他的老熟人，也是目前李光弼麾下头号大将的仆固怀恩的看法。

这正中仆固怀恩的下怀。

他对李光弼早就有了一肚子意见。

仆固怀恩为人桀骜不驯，高调跋扈，他麾下的胡汉将士也和主将一样，大都带有点匪气，不太受约束，经常会有一些骄纵不法的行为。之前郭子仪生性宽厚，待人宽容，对这些事大多是睁一只眼闭一只眼，而现在李光弼却是眼里容不得沙子，治军极严，有过必罚，再小的错误也不放过，再大的官职也不包庇，仆固怀恩和他手下那帮骄兵悍将也只好收敛心性，夹着尾巴做人，但这对于以前横行惯了的他们来说，就相当于让平时正常走路的人只能踮着脚尖行走——肯定是十分不舒服的。

现在，他觉得报复的机会来了。

若是赞成皇帝出兵，不仅能与以皇帝为核心的朝廷以及以鱼朝恩为代表的宦官群体保持高度一致，而且还可以大大地打击李光弼的气焰，何乐而不为！

更何况，他觉得这些传言讲的也并不是没有道理，说不定现在出兵真的能一举收复洛阳，立下大功一件！

因此，他坚定地站在了皇帝这一边，拍着胸脯表态说洛阳完全可以攻取。

有了仆固怀恩这样的军方代表人物的支持，李亨也就不再迟疑了。

他一个接一个不断地派出使者，一次又一次不断地催促李光弼出战。

那情形，和五年前李隆基催促哥舒翰出战几乎如出一辙。

这也充分印证了两句名言。

一句是：有其父必有其子；

另一句是：人类从历史中获得的唯一教训，就是人类从不吸取任何教训。

历史再一次重演了。

迫于皇帝的压力，李光弼和当年的哥舒翰一样，最终不得不违背自己的意愿出战。

他留大将李抱玉守河阳，自己则带着仆固怀恩等将领和全部主力出城，前往攻打洛阳。

鱼朝恩也和神策军使卫伯玉一起率军从陕州过来会合。

公元 761 年二月二十三日，唐军进抵洛阳城北的邙山。在那里遇到了史思明统率的叛军主力。

李光弼命众将依托邙山列阵，而仆固怀恩却自恃骁勇，大大咧咧地把自己的部队摆在了一马平川的平原上。

李光弼见状，急忙派人通知他移兵于险要。

但仆固怀恩根本不听：我手下多是骑兵，在平原上才能发挥出最大的效果！

李光弼只好再次遣使告诫他：依险布阵，进可攻退可守，而在平地布阵，一旦交战不利就全完了。切不可轻视史思明！

可仆固怀恩依然置若罔闻。

他回复的，只有两个字：呵呵。

就这样，他和他的部队远远地脱离了邙山脚下的唐军主力，形单影只地出现在了早春的旷野上——看起来就仿佛一个性感女郎站在一群母鸡中那样显眼。

这当然逃不过史思明手术刀般锐利的眼睛。

趁唐军立足未稳之际，他立即集中全部精锐骑兵，以迅雷不及掩耳之势对位于平原上的仆固怀恩所部发动了猛攻。

仆固怀恩的部队虽然以悍勇著称，却毕竟寡不敌众，加上又孤立无援，很快就被叛军的铁骑冲得七零八落，溃不成军。

随后这些疯狂逃窜的溃兵又将后面的唐军刚布好的阵形全部冲乱了。

李光弼厉声呵斥，试图止住败势。

不过这根本就是徒劳。

他就是吼得发疯，别人也只当是耳旁风；他就是使出了浑身气力，也依旧无能为力……

这一战唐军一败涂地，一泻千里——李光弼和仆固怀恩一路退过了黄河，一直退到了闻喜（今山西闻喜）；鱼朝恩和卫伯玉则逃回了陕州；驻守河阳的李抱玉见主力败了，也只好放弃了河阳……

史朝义挽救唐朝

经此一败，李光弼一年多来呕心沥血所取得的战略优势，全都化为了乌有。

而史思明则欣喜若狂。

这是他自邺郡之战后，取得的又一场决定性的胜利！

一举打败了李光弼这个令他最头疼的对手，接下来他要做的，当然是沿着当年安禄山进军的路线，取陕州，入潼关，直捣唐朝首都长安！

他命长子史朝义为先锋，自己率大军为后继，浩浩荡荡向西进发。

然而史朝义这次却出师不利，在礓子岭（今河南三门峡市南）遭到了神策军使卫伯玉的顽强阻击，无法前进。

史朝义不甘失败，之后又接连组织了多次攻击，也都被唐军一一击退。

这让史思明心急如焚。

因为他知道，兵贵神速，如果不能趁现在唐军新败、士气低落时速战速决，等以后唐军的援军大举赶到时再打就不那么容易了！

他气急败坏地将史朝义招来，劈头盖脸就是一顿痛骂：你小子太没用了，根本就不是干大事的料！

当然，骂归骂，错归错，该做的事还是要做。

接下来，史思明又交给史朝义一个任务——命他修筑一座贮存军粮的城堡，限一天以内完工。

史朝义不敢怠慢，马上督率部下拼命赶工，总算在天黑前把城堡建了起来，只差最后一道工序——涂泥。

没想到就在这时，史思明来了。

见尚未最后完工，史思明勃然大怒，又将史朝义狠狠地骂了一通，随后亲自督工，很快就逼着士兵们将泥全部涂好了。

他一出马，工程便在短时间内完工了，这不更凸显出了史朝义的无能吗？

因此，史思明越看这个儿子越恼火，越看越觉得不顺眼，临走前甚至还撂下了一句狠话：等老子攻下陕州后，一定要斩了你这个废物！

在一般人看来，父亲扬言要杀自己的儿子，纯粹只是说说而已，不可能当真的。

但史朝义却不这么认为。

这当然是有原因的。

他是史思明的庶长子，可他的为人却和父亲截然不同，甚至互为反义词——史思明性情暴躁，残忍好杀，部下没有一个是不怕他的；而史朝义却谨慎谦恭，关爱士卒，部下没有一个是怕他的。

可能是觉得这个儿子太过软弱，完全不像自己，加上又不是嫡出，史思明很不喜欢史朝义。

他更欣赏的，是他的皇后辛氏所生的小儿子史朝清。

尽管史朝义多年来跟着父亲南征北战，立下过不少功劳，而史朝清从没有过任何战功，但史思明依然从不掩饰对小儿子的偏爱和对大儿子的讨厌。

其实这也是可以理解的。

父母对子女的爱，也许就和男女之间的爱一样，是根本不需要任何理由的——

要不然也不会有那么多美女会拒绝愿意为她们赴汤蹈火的追求者而投入那些一无是处一肚子坏水一件事都不肯为她们做的渣男的怀抱了。

总之，史思明对史朝义总是吹毛求疵，豆腐里挑骨头；对史朝清则始终百依百顺，任何要求从不摇头。

他心目中的太子之位，当然也是留给史朝清的。

这次发兵南下，他就让史朝清留守老巢范阳——按照中国古代的传统，太子通常都是留守后方的。

史朝义不傻，对父亲的想法心知肚明，对自己的处境一直十分担忧。

如果父亲要立史朝清，他这块绊脚石恐怕迟早是会被除掉的！

因此，这次听到史思明放话要斩他，史朝义怎么可能不大惊失色！

他知道，杀掉自己的亲生儿子，这种事别人也许干不出来，但史思明却是肯定、一定、必定干得出来的！

怎么办？

史朝义慌忙找来自己的两个亲信部将骆悦和蔡文景，与他们一起商议对策。

两人对史朝义说，看来大王您和我们都已经命在旦夕了，必须采取果断行动才行。废立君主的事自古就有，请您立即召见曹将军，共谋大事。

这个曹将军，史书上并未留下姓名，我们只知道他是史思明手下的卫队长，负责史思明的安全保卫工作。

史朝义当然清楚骆悦等人说的大事是什么，不过他一时还是下不了决心，始终埋着头一言不发。

这下骆悦急了：您如果不同意，我们就去投降李唐朝廷！到时只怕您也会被牵连，别想活命！

史朝义这才慢慢地抬起了头。

他的眼眶里，充满了不停地溢出来的泪水。

由此可见，他的内心有多么不舍！

然而就算再不舍，现在也不能不干了。

因为他已经没有了任何退路。

要想活下去，就得豁出去！

最终，他咬着牙一字一顿地说出了这么一句话：你—们—好—好—干—吧，不—要—惊—动—了—圣—人（史思明）！

随后骆悦立即把曹将军找来，要求他充当内应。

曹将军是个识时务的俊杰（屌包），他知道在这种情况下，要是不从肯定只有死路一条，便没有任何犹豫就答应了。

有了卫队队长的参与，接下来的事就简单了。

骆悦等人带着三百亲兵与曹将军一起直奔史思明的寝帐。

有曹将军领头，骆悦一行就仿佛现在警车开道的车队一样畅通无阻——史思明营中的卫兵根本不敢阻拦。

可进入史思明的卧室之后，骆悦却大吃一惊。

里面竟然一个人也没有！

他急忙向寝帐外值勤的卫兵询问史思明的去向。

那个卫兵可能反射弧较长，回答得稍慢了一点，他手起刀落，将其劈为两段。

其余的卫兵吓坏了，慌忙用手指着厕所的方向告诉他：皇上到那边上厕所去了！

此时厕所里的史思明也听到了动静。

他反应很快，知道有情况，连屁股都没顾得上擦就提起裤子，翻墙跳入隔壁的马厩，跨上一匹马就往外冲。

可他的动作就算再快，也不可能快得过命运。

也许是命中注定难逃此劫，他刚出马厩就迎面撞上了骆悦等人带领的乱兵。

史思明急忙又掉转马头，往反方向逃。

但哪里还来得及？

只听骆悦一声令下，身边的兵士纷纷放箭，其中一箭正中史思明的手臂。

史思明栽下马来，随即被擒。

他毕竟是见过大场面的人，此时倒也不惊慌，只是淡淡地问，谁指使的？

骆悦回答，奉怀王（史朝义）之命。

史思明一下子全都明白了，仰天长叹道，我白天说错了话，遭到这样的下场也不冤枉。只是你们动手太早了，为什么不等我拿下长安后再动手呢？看来我的大业是办不成了！

接着他又大声对骆悦等人吼道："别杀我！"

可就算喊破了嗓子，骆悦也只是把史思明当成一头瞎叫唤的驴子。

他对此根本不予理睬，依然按照既定安排将史思明押送到了数十里外的柳泉驿（今河南宜阳柳泉镇）囚禁起来，随后回营向史朝义汇报：事成了！

不过，直到这个时候，史朝义还没有想好如何处置自己的父亲。

然而骆悦很快就帮他做出了决定。

当时史思明最倚重的得力干将周挚正率部驻扎在附近，得知史思明被抓，他竟然惊得连站都站不住，一下子晕倒在地！

从这件事中，骆悦知道了史思明在这些高级将领心中的地位。

为杜绝后患，他立即派人将史思明勒死。

史思明就这样结束了他五十九年的人生。

和他的老朋友安禄山一样，他也死在了儿子的手里。

但与安禄山不一样的是，他似乎更有军事才能，对唐朝的危害也更大，明代史学家王世贞就认为他"才力远出禄山上"。

《剑桥中国隋唐史》更是直截了当地说，史思明任叛军领袖后，被证明是一位杰出的将领，如果不是他的儿子史朝义与他人合谋将他杀害，他很可能推翻唐朝。

假若这种说法成立的话，也许史朝义才是安史之乱得以平定的最大功臣——史朝义就如同一个在关键比赛的关键时刻中踢进关键乌龙球的敌方球员，硬是凭一己之力力挽狂澜，把已经命悬一线的唐朝从死亡线上一把拉了回来！

当然，那时的史朝义肯定不会这么认为。

事实上，他也根本没时间考虑这些。

他脑海中只有一件事——怎样在父亲死后稳定住局势。

为此，他先是设计将史思明的死党周挚拿下杀掉，接着又火速返回洛阳，迫不及待地登上了帝位，成为伪燕朝的第四任皇帝。

当上皇帝后，史朝义干的第一件事就是派人传令给驻守范阳的大将张通儒，让他杀死弟弟史朝清、其母辛氏以及党羽数十人。

张通儒奉命大开杀戒，不料却遭到了史朝清党羽的强力反弹，两派势力在范阳互相残杀，史朝清、张通儒先后死于非命，动乱持续了数月之久。直到后来史朝义派他的心腹部将李怀仙出任范阳尹，才算勉强控制住了局势。

但史朝义的日子依然不好过。

尽管他当上了皇帝，可驻守在各地的叛军将领却似乎不买他的账。

这其实也是可以理解的。

那些将领中很多都是曾和史思明平起平坐的安禄山部将，之前之所以愿意追随史思明是因为史思明确实能力超强，能给他们带来一次又一次的胜利，而现在坐在皇帝位子上的是年纪轻轻、能力平平的史朝义，他们还追随他图什么？

可以这么说，此时的叛军内部早已矛盾重重，貌合神离，尽管表面上似乎还属于一个集团，实际上却已经是一盘散沙……

第二十四章　最是无情帝王家

李辅国专权

按理说，这是唐军发动大规模反攻的大好时机。

然而唐朝却一直毫无动静。

这当然是有原因的。

因为这段时间唐朝的内部也不安定。

江南、河东、绛州（今山西新绛）、翼城（今山西翼城）等地先后发生了多次叛乱或兵变，虽然先后被平定，但也付出了不小的代价。

而更令李亨头疼的，还是朝廷内部。

可能是从小到大见过了太多的背叛，李亨对朝中的文武百官都不大信任，只想把权力全部集中到自己的手中来，但他此时已经年近半百——对古人来说这个年龄已经不小了，而且他的身体状况似乎也一直不太好，大病不少，小病不断，很难独自承担繁重的政务，不得不找人来帮助自己。

用谁呢？

李亨的用人原则跟之前唐朝的所有皇帝都不一样。

有些皇帝用人主要看有没有才能，有些皇帝用人主要看有没有德行，有些皇帝用人主要看有没有背景，而李亨的标准就非常独特了——他主要看的是有没有男人那东西。

也就是说，他最信任的是身边的宦官。

这也导致了朝廷中宦官势力的急剧膨胀。

李亨最倚重的，是曾在自己上位过程中立下大功的李辅国。

李辅国当时的官衔非常多，比如郕国公，开府仪同三司，太子詹事，殿中监，少府监，闲厩、五坊、宫苑、营田、栽接总监使，陇右群牧，京畿铸钱，长春宫使……

总之，如果开会时听到开始念他的头衔，你完全可以安安心心地去一趟厕所再抽完三根烟，回来保证他的头衔还没念完。

尽管身兼几十大要职于一身，李辅国本人最看重的，却是一个看起来似乎并不显眼的职务——元帅府行军司马。

这个官衔是李亨的首创。

他继位后，鉴于国家正处于平叛的非常时期，为方便军政事务的施行，便设立了天下兵马元帅一职，置元帅府于禁中，任命李辅国为元帅府行军司马，掌握四方奏事，军号符印，也就是说李亨所颁的诏命，全都要经过他签名后才施行；文武百官以及全国各地所上的奏疏也都要通过他的中转挑选后才汇报给皇帝。

李辅国也由此权倾天下。

他每天都坐在位于银台门（大明宫的宫门之一）内的官署中发号施令，堂而皇之地裁决天下大事。朝中的大小事务大多由他处理，处理完才告知皇帝李亨。

除了政务，禁军也处在李辅国的掌控之中。

可以这么说，李辅国虽然不是皇帝，但皇帝的权力大多通过他来行使；李辅国虽然不是宰相，可所有宰相对朝政的影响力加起来也没有他大！

面对权势熏天的李辅国，朝野上下都争相拍马。

就连出身于名门陇西李氏的宰相李揆见了李辅国也十分恭敬，甚至还不要脸地称李辅国为五父——李辅国在家中排行第五。

不过，凡事总有例外。

正如不是所有的河都流入大海一样，也不是所有的人都谄媚李辅国。

太上皇李隆基身边的高力士就是一个。

唐玄宗李隆基在位时期，高力士是宦官总管，当时李辅国还是一个小太监，由于他出身低，长得丑，地位卑，品德差，因此很不受高力士的待见，现在李辅国时来运转飞黄腾达了，然而高力士对他却依然还是一副冷冰冰的样子。

这让李辅国心中非常不舒服，一心想着要报复。

可高力士是李隆基的亲信，而李隆基又是太上皇——当今皇帝的父亲，要打击高力士谈何容易？

容易。

因为李辅国知道，尽管李隆基早已退位，但多疑的皇帝对父亲依然是十分猜忌，所以只要利用好这一点，这事就肯定能成！

也正是出于这样的打算，他一直在暗中监视着李隆基及其左右的一切动向。

逼迁太上皇

李隆基现在怎么样了呢？

应该说，自从公元757年年底回到长安后，在刚开始的两年多时间里，他的日子过得还算平静。

尽管失去了至高无上的权力，失去了心中至爱的贵妃，可他毕竟天性豁达，加上又有内侍监高力士、龙武大将军陈玄礼、妹妹玉真公主（唐睿宗李旦第九女，李隆基同母妹，后出家修道）、内侍王承恩等众多老朋友的日夜相伴，李隆基逐渐也就接受了现实，心态也慢慢地调整了过来。

算了，人生不如意事常八九，还是活在当下，过好余生的每一天吧！

他是个兴趣广泛、多才多艺的人，现在有了大把的空闲时间，倒也并不觉得空虚。

每天他都把日程排得满满的——不是与各位旧友谈天说地，就是与梨园弟子切磋曲艺；不是与宦官宫女一起嬉戏，就是与麻将搭子同场竞技……

座上客常满，杯中酒不空，有丝竹之悦耳，无案牍之劳形……

而爱热闹的他最喜欢的，还是去长庆楼坐坐看看，有时一坐就是半天——他当时所居住的兴庆宫由他做藩王时的府邸扩建而成，地处皇城之外，最南面的长庆楼更是紧邻热闹的长安市坊，可以直接俯瞰街市上汹涌的人潮——这也是他爱住在兴庆宫的重要原因。

楼下路过的百姓看见太上皇出现，自然要停下脚步山呼万岁。

李隆基也毫无架子，笑着回礼，有时甚至还让宫人到楼下赐予百姓精美的宫廷美食，与民同乐。

有一次，剑南道奏事官入京奏事，在经过长庆楼时被李隆基发现了，便特意邀请其上楼，设宴款待，嘘寒问暖——他之前在成都待了两年，对蜀地还是很有感情的。

除了剑南奏事官，史载曾受到李隆基宴请的，还有羽林大将军郭英乂（yì）等一些其他的官员。

这似乎就有些敏感了——因为郭英乂是禁军将领，而唐朝历史上发生过的多次政变都与禁军有关。

相信当时已经风烛残年、只想颐养天年的李隆基应该不会存有夺位之念，可能他本人觉得这一切并没有什么不对，曾经掌握大权多年的他似乎缺了点平民所具备的意识——很多时候，自己觉得怎么样往往并不重要，掌权的人觉得怎么样才最重要！

显然，他这一不够检点的举动，触犯了李亨的忌讳，更给了李辅国挑拨他们父子关系的口实！

因为李辅国想听的，可不仅是一曲《凉凉》，他还要听《铁窗泪》！

其实前一段时间，李亨和李隆基的父子关系看起来似乎还是挺融洽的——李亨时常通过夹城（联结兴庆宫和大明宫的两边筑有高墙的通道）前往兴庆宫探视父亲，李隆基有时也会到大明宫去看看儿子。

可惜，这只是表面上的。

实际上，疑心颇重的李亨从来就没有放松过对父亲的警惕，尤其是在邺郡兵败后国势不稳的时候，对此更是极为在意。

李辅国瞅准时机，向李亨进言：太上皇住在兴庆宫，每天都和外人交往，大将郭英乂多次被宴请，剑南来的官员也在兴庆宫逗留很长时间，他身边的陈玄礼、高力士等人更是经常在一起密谋，想要加害陛下。如今六军（禁军）将士都是从灵武就跟随陛下的功臣，他们对此都十分不安，非常担心（太上皇复辟）。臣一再安抚他们，却没有什么用。可见事态已非常严重，臣不敢不向陛下据实禀报。

李亨最不放心的就是这个，心中顿时咯噔一下。

然而他这个人向来喜怒不形于色——要他敞开心胸除非是上手术台，因此他并没有表现出丝毫的不满，而是摆出一副难以置信的神情，流着眼泪哽咽着说：父皇仁慈，怎么可能做这种事？这应该是假消息吧……呜呜呜呜……

对李亨的回答，李辅国早有预料。

跟李亨相处这么多年，他对李亨的性情早已比中学化学老师对盐酸的性质还要熟悉——就像中学化学老师对盐酸遇到碳酸钠会产生什么反应了然于心一样，他对李亨在得知这件事时会有什么反应也早已成竹在胸。

于是他马上按照事先准备的预案，振振有词地说：太上皇固然没有此意，但他身边的那些小人就难说了。陛下身为一国之主，应该为江山社稷着想，把祸乱消灭于萌芽状态，岂可如寻常百姓般愚孝？况且兴庆宫与市井坊间杂处，宫墙又不高，

307

不是太上皇宜居的地方，我认为不如奉迎太上皇到太极宫（隋朝和初唐时的皇帝居所，又称西内或大内，与东面的大明宫、南面的兴庆宫合称三大内）居住，那里不仅设施齐全，而且宫禁森严，可以杜绝小人的蛊惑。这样一来，太上皇能享万岁之福，陛下每天去问安也方便，不是更好吗？

李亨低着头沉默不语——既没说好，也没说不好。

这下李辅国心里有底了。

皇帝没有说话，其实就表示没有反对！

不过，老谋深算的李辅国并没有马上行动，而是接下来又做了一次试探。

他知道，李隆基酷爱骑马，年轻时还是马球高手，对马很有感情，故而尽管现在很少出门，却还是在兴庆宫里养了三百匹好马。

既然你那么爱马，那我就夺你所爱！

李辅国假传诏令，一下子调走了其中两百九十匹马，只给李隆基留下了十匹。

政治经验丰富的李隆基当然明白这意味着什么。

他忍不住对高力士感叹道，我儿被李辅国所迷惑，恐怕不会再尽孝了！

事实也证实了他的判断。

李亨对李辅国这种明目张胆的放肆行为始终没有任何反应——明明他知道这回事，却装出一副不知道这回事的样子；明明他知道别人都知道他知道这回事，却依然装出一副不知道别人都知道他知道这回事的样子。

这下李辅国胆子更大了。

很快，他又做了更进一步的试探。

在他的安排和策划下，众多禁军将士在皇帝面前一起痛哭磕头，强烈要求将太上皇迎请到太极宫。

李亨的反应还是跟之前一样——眼泪一滴一滴地往下掉，嘴里却一个字都不往外蹦。

他还是什么都没说。

他虽然看起来什么都没说，但在李辅国看来，却是什么都说了。

一切尽在不言中。

他确信自己已经彻底掌握了皇帝的态度！

万无一失！

　　几天后，李辅国又一次假传诏令，宣称皇帝李亨邀请太上皇李隆基到太极宫游玩。

　　皇帝有请，李隆基当然不能不去。

　　没想到他和高力士、陈玄礼等随从刚出睿武门（兴庆宫的一处宫门，位于东南角），就被李辅国和五百名手持刀枪、杀气腾腾的骑兵拦住了去路。

　　只见李辅国策马来到李隆基面前，大大咧咧地说道，陛下认为兴庆宫地势低洼，面积狭小，让我来迎接太上皇迁居大内（太极宫）！

　　李隆基猝不及防，一时大惊——眼前似乎又出现了四年前马嵬驿之变的那一幕，几乎跌下马来。

　　好在高力士还算临危不乱。

　　关键时刻，他挺身而出，对李辅国怒目而视，厉声喝道，李辅国，你怎么敢如此无礼！还不赶紧下马！

　　他的目光无比锐利——如果目光能杀人的话，李辅国恐怕早已碎尸万段了！

　　李辅国不由得不寒而栗，无奈只好悻悻地翻身下了马。

　　接着高力士又大声对士兵们说，太上皇让我向诸位将士问好！

　　士兵们也都收起了刀枪，下马叩拜并高呼万岁。

　　随后高力士又斥令李辅国和他一起为李隆基牵马。

　　然而尽管高力士凭借他的忠心和勇气为他的主子保住了最后的一点面子，可面子易得，根子难改——李隆基的命运，实际上已经不可能再改变了。

　　最终，在李辅国的安排下，李隆基被安置在了太极宫内的甘露殿（初唐时皇帝的寝宫），除了配备十多个老弱充做侍卫外，包括高力士、陈玄礼在内的所有宫中旧人都被留在了外面，不得入内。

　　事已至此，李隆基也只好拿出阿Q的精神胜利法，苦笑着为自己找台阶：其实我早就想把兴庆宫让给皇帝了，可皇帝之前一直不接受。现在迁出来，也算是满足了我的心愿……

　　可现在他说什么都已经没人在意了。

　　他如今的地位就相当于他此时身处的太极宫（唐高宗以后唐朝皇帝大多居于大明宫，李隆基本人当皇帝时则多居于兴庆宫，太极宫已经闲置很久了）——早已过气了。

　　正如在抽水马桶早已普及的今天，我们不会在意墙脚里早已废弃的红漆马桶是好还是坏一样，谁也不会在意他的感受是好还是坏。

李辅国对他更是不屑一顾，直接拂袖而去。

接下来，李辅国又与禁卫六军的所有高级将领一起换上素服，前去向皇帝李亨请罪。

李亨当然不会怪罪他们。

尽管他心里可能也有点内疚——这次将父亲强行迁出兴庆宫，对父亲的刺激一定非常大，但更多的无疑是欣慰——他之前一直担心父亲会复辟，现在终于可以完完全全彻彻底底地放心了。

他笑着安抚李辅国和将领们说，南内（兴庆宫）和西内（太极宫），又有什么区别呢？你们是担心太上皇受小人蛊惑，是防微杜渐以安社稷，有什么错呢！

显然，在李亨的眼里，李辅国干的，是他一直想干而不好意思干甚至连说都不好意思说的事，非但没错，反而有功。

虽然李辅国又是假传诏令，又是武力威吓，采用的手段让他感觉有些不舒服，可目的总算是圆满地达到了。

毕竟，就像不管用什么方式赚到的钱都具有同样的购买力一样，不管用什么方式达成的目的都具有同样的效力。

因此，他不仅没有处理李辅国等人的肆意妄为，反而严厉地责罚了高力士等一帮李隆基的亲随——高力士被流放到巫州（今湖南洪江），陈玄礼被勒令退休回家，就连玉真公主也被逼迫出宫，返回其出家的玉真观……

总之，所有与李隆基关系密切的人都被赶出了长安，一个都没剩下。

这对李隆基来说，无疑是一次更大的打击。

离开了众多老朋友的他，就如同离开了水的鱼，一下子就失去了生机。

尽管之后李亨又重新安排了百余名宫人到太极宫，负责照顾李隆基的起居；尽管四方进献的珍馐佳肴李亨都先送到太极宫去孝敬父亲，但李隆基却始终郁郁寡欢。

是呀，他现在名为太上皇，实为阶下囚，身边连一个可以说话的人都没有，怎么可能开心得起来呢？

他只能念天地之悠悠，独怆然而涕下！

李隆基的遭遇，也得到了朝中一些正义人士的同情。

刑部尚书颜真卿就是其中的代表。

他看不惯李辅国的所作所为，联合百官上疏，向太上皇请安。

这自然引起了李辅国的忌恨。

他马上奏请李亨，将不识时务的颜真卿逐出朝廷，贬为蓬州（今四川仪陇）长史。

李隆基闻讯，更加心灰意冷。

从此，他开始不吃荤菜，想通过修炼道家的辟谷术来求得解脱，没想到之前一直颇为健康的身体却一下子就垮了。

他很快就病倒了。

起初李亨还常常过去探望，但没过多长时间他就借口自己也有病，去的次数越来越少，后来即使路过也不踏进半步——只是偶尔派宦官去问安而已。

忍无可忍，那就再忍

与日薄西山的李隆基形成鲜明对比的，是李辅国的春风得意。

凭借逼迁李隆基立下的大功，他不断地被皇帝加官晋爵。

不久，他又被加封为兵部尚书。

李辅国去兵部上任的时候，排场极大，规格极高，包括宰相在内的文武百官全都到场祝贺，负责列队欢迎的是全副武装的禁卫军，负责奏乐助兴的是代表朝廷的太常寺，负责供应宴席的是皇家专用的御膳房……

然而排场再大，也没有李辅国的胃口大；规格再高，也没有李辅国的心气高。

就像 1 平方毫米粗的铜线远远满足不了五千瓦电器对线路的要求一样，一个三品的尚书也远远满足不了李辅国对官职的期望。

没过多长时间，他又向李亨提出自己要当宰相。

李亨很为难。

因为他知道，自汉朝以来，还从没有过宦官出任宰相的先例——之前也只有一个秦朝的赵高——但赵高是臭名昭著的祸国奸臣，这样的榜样，当然是不能效仿的。

可他又不敢直截了当地拒绝李辅国，便委婉地把皮球踢给大臣：以爱卿你的功劳，有什么官不能当呢？只是我担心朝中那些有声望的大臣不一定答应啊。

其实他话里的意思已经表达得很清楚了，那就是希望李辅国能知难而退。

李辅国却并没有产生退意——不是他不知道皇帝的意思是什么，而是他根本就不知道这有什么难。

世上无难事，只要他出面！

他第一时间就找到了左仆射裴冕，授意其推荐自己——裴冕出身于唐代第一豪门河东裴氏，本人在当时的名望也非常高。

李亨闻讯急忙召见另一个望族出身的宰相萧华：李辅国想当宰相，听说他要让裴冕等人举荐，如果你们也上表举荐的话，那朕就不得不让他当了。

311

萧华心领神会，出宫后立即找到裴冕，将皇帝的话告知了他。

裴冕马上表态：根本没这回事！断我一臂可以，要我推举他是绝无可能的！

就这样，因萧华、裴冕等人不肯写推荐信，最终李辅国没能当上宰相。

从此，他对萧华等人恨之入骨。

很快，他就找到了报复的机会。

那时京兆尹（首都最高行政长官）一职空缺，李辅国便打算让自己的党羽户部侍郎元载出任这一要职——据说元载与李辅国的妻子元氏（当时宦官娶妻似乎挺普遍）同宗，由此攀上了关系，成为李辅国的心腹。

没想到就在任命下达之前，元载突然找到了李辅国，强烈要求不当这个京兆尹，态度非常坚决。

李辅国盯着他看了半天，最后总算搞明白了，这小子不是不想升官，是嫌这个官太小！

京兆尹还不满足，那他想当什么？

当然是宰相！

李辅国一下子有了主意。

是呀，我是宦官，你们说宦官做宰相没有这个先例，那就让我的党羽元载入相吧，看你们还有什么话说！

于是，他向皇帝李亨提出，宰相萧华专权，应该予以罢免，改任元载为相。

李亨起初不同意。

但李辅国不同意李亨的不同意，又一次接一次地提出同样的要求。

尽管李亨气得在心中用全国三十六种方言把李辅国骂了一遍又一遍，可最后还是不得不答应了李辅国的提议。

数日后，萧华被免去了宰相一职，改任礼部尚书，而元载则被任命为同平章事，成为新的宰相。

由此可见，在李辅国面前，李亨只有乖乖听话的份儿！

他如果算是老虎的话，那李辅国就是武松；他如果算是太阳的话，那李辅国就是后羿！

总之，李亨这个皇帝当得实在是太窝囊了。

可是他又能怎样呢？

李辅国握有禁军大权，在禁军中根基深厚，要想与他翻脸，很可能会激起一场兵变！

这是当时已经疾病缠身的李亨绝对承受不了的。

他只能妥协，只能姑息。

事实上，姑息已经成了李亨在皇帝生涯中后期处理政事的主要态度。

比如，平卢节度使王玄志死后，裨将李怀玉杀死了王玄志的儿子，自作主张地拥戴其表兄侯希逸为平卢军使。李亨那时正在关内忙于与史思明等人作战，根本就顾不上遥远的东北，便本着息事宁人的态度承认了这个既定事实，很快就正式任命侯希逸为新任平卢节度使——数年后，孤立无援的侯希逸因受到范阳的叛军李怀仙部和北方奚人的南北夹击，无法在辽西立足，不得不率军渡过渤海，来到青州（今山东青州），随即被李亨封为平卢淄青节度使。

侯希逸因受到部下拥立而被朝廷任命为节度使，这件事在唐朝的历史上意义颇为重大——因为此举开了中晚唐藩镇节度使由下属自行废立的先河。

之后，这样的事情还会不断发生，并最终导致了藩镇割据的形成。

可以这么说，在被史学界称为中晚唐三大顽疾的"宦官专权""藩镇割据""朋党之争"中，至少有两个肇始于李亨统治时期！

当然，之所以会产生这样的局面，有很多客观因素，可无论如何，李亨都脱不了关系。

他实在是太多疑了，也太软弱了——尤其是在他的晚年。

晚年的李亨，早已没有了灵武即位时的踌躇满志，早已没有了收复两京时的意气风发，有的只是得过且过，逆来顺受，做一天和尚撞一天钟而已。

曾经，他也想干翻整个世界；而现在，他已经被这个世界干得服服帖帖。

内有恶奴欺主，那就欺吧；外有反叛未平，那就叛吧。

忍无可忍，那就再忍忍；想无可想，那就不要想。

反正他已经无能为力了。

反正他也没几年活头了。

也正是基于这样的消极心态，对本已日暮途穷的史朝义叛军，他没有心思发动大规模反攻，而是主动采取了守势。

公元 761 年五月，他任命李光弼为河南副元帅，都统河南、淮南东、淮南西等八道行营节度，出镇临淮，以防止叛军南下江淮。

几个月后，与李光弼齐名的郭子仪也得到了新的任命。

自从被李亨免去军职后，郭子仪已经在长安闲居了近三年。

其实在此期间，李亨也曾有过重新起用郭子仪的想法。

史载当李光弼率军与史思明在洛阳一带对峙的时候，李亨曾打算让郭子仪统率部分禁军以及河西、河东等镇的军队从朔方、大同直捣史思明的老巢范阳，然而诏书都已经发出去了，却受到宦官鱼朝恩的阻挠，最终李亨竟然又收回了成命。

直到公元762年初，河东多地发生兵变，李亨这才想起了已经六十六岁的郭子仪，想靠他的威望来稳定局势。

他加封郭子仪为汾阳郡王，朔方、河中（今山西永济）、泽潞节度行营兼兴平、定国（治所今陕西大荔）等军副元帅，命他率军进驻绛州平定河东的叛乱。

临行前，按照惯例郭子仪要向皇帝辞行。

但这时李亨已经卧病在床，不愿见任何大臣。

郭子仪再三恳求：老臣这次受命，很可能会死在外面，不见陛下，死不瞑目。

李亨这才不得不在卧室中接见了郭子仪，颤颤巍巍地对他说，河东的事，都委托给爱卿你了……

第二十五章　风雨飘摇

明皇之死

郭子仪果然不负李亨所望。

他到绛州后，河东的形势很快就安定下来了。

可当捷报传回的时候，京城长安正沉浸在一片悲哀之中。

因为这段时间，长安城内相继死了两个重量级人物——太上皇李隆基和皇帝李亨。

先是李隆基。

公元 762 年四月初五，在太极宫中度过了一年多孤寂凄清的日子后，七十八岁的李隆基终于油尽灯枯，撒手人寰。死后他被追谥为至道大圣大明孝皇帝，庙号玄宗。清朝后为避康熙帝玄烨之讳，也称其为唐明皇。

李隆基在位达四十四年之久，是唐朝历史上在位时间最长的皇帝。

他也是所有唐朝皇帝中最长寿的一个——对一般人来说，长寿当然是好事，但对他来说，却让人难免感到有些遗憾——如果他早死十年的话，对他的历史评价一定会大不一样！

他一手把唐王朝推上了从未有过的巅峰，造就了辉煌无比的开元盛世；但也是他一手把唐王朝带入了断崖式下跌的深渊，导致了让唐朝再也没有恢复元气的安史之乱。

他亲眼看着自己起高楼，亲眼看着自己宴宾客，亲眼看着自己楼塌了……

他这一生，有过成功的荣耀，也有过失败的耻辱；有过灿烂的业绩，也有过舒适的生活；有过铁马金戈的豪情，也有过千古流传的爱情……

315

这样的人生旅途，也算是不虚此行了。

李隆基去世的时候，他当年最贴心的大内总管高力士正因遇到大赦而重获自由。

恢复自由身后的高力士做的第一件事就是立即打点行装，从流放地巫州赶回长安。

一路上，他不顾年老体衰，日夜兼程，一刻不停地快马加鞭——如果那时有动物保护协会的话，一定会指责他虐待动物。

他只想早一点回到长安，早一点见到那个他日思夜想的亦主亦友的太上皇李隆基！

然而在到达朗州（今湖南常德）的时候，高力士的希望破灭了。

从路上的行人口中，他得知了李隆基的死讯。

他顿时如五雷轰顶，恸哭不已，最终竟呕血而死。

也许他是怕自己多年来的主人在黄泉路上太过孤独，而特意上路去陪他的。

我想，假如李隆基和高力士不是主仆关系而是情人关系的话，这一定会是一段不亚于梁祝的爱情佳话！

因李隆基的死而深受刺激的，除了高力士外，还有他的儿子李亨。

李亨那时也已病入膏肓，已经脆弱到了碰到棉花都要晕厥的程度，哪里还承受得起这样的打击？

得知父亲去世的消息后，他的病情急转直下。

他自知不久于人世，便下诏命太子李豫（就是之前的广平王李俶，被册立为太子后改名李豫）监国。

第一个由宦官拥立的皇帝

李亨的病重，也引起了一个人的恐慌。

此人就是张皇后——也就是之前的张良娣。

是呀，本来她唯一的靠山就是李亨，如今李亨不行了，她怎能不感到忧虑？

最让她担心的，是她之前的盟友李辅国。

虽然她和李辅国曾经是配合默契的政治搭档，联袂铲除过建宁王李倓等不少政敌，但这显然只是暂时的——两人都是权力欲很强的人，都企图独霸朝纲——而一山是难容二虎的。

316

为了争夺最高权力和对皇帝的影响力，这两年他们不可避免地产生了不可调和的矛盾。

她生怕李亨死后李辅国会对她下毒手，便决定先下手为强。

不过，她虽然贵为后宫之主，身边却没有一兵一卒，要想对付手握禁军兵权的李辅国，谈何容易？

关键时刻，她想起了一个人——太子李豫。

其实之前她曾经有过废掉李豫、改立自己所生的长子兴王李佋为太子的想法，只是后来李佋不幸早死，她的另一个儿子年龄又太小，加上李豫又对她非常恭敬，她这才取消了把太子拉下马的想法。

可能也正是由于李豫对她的恭敬，让她将李豫视为了自己人。

她这个人向来爽快，从来不喜欢过多的前戏——无论是在房事上还是其他任何事上。

因此，她说干就干，马上就召来了太子李豫，直截了当地对他说，李辅国长期掌控禁军，皇上的诏令都通过他发布，他还擅自逼迁太上皇，堪称罪大恶极！他现在唯一顾忌的就是你我二人，如今皇上已陷入弥留状态，李辅国和程元振（李辅国的党羽）这两个宦官企图作乱，非诛杀不可！

李豫没有答应。

在他看来，他本来就是储君，这件事干成了对他一点好处都没有，干砸了却很可能脑袋都没有，这种高风险没收益毫不利己专门利张皇后的事，傻子才会干！

更何况，他对曾经害死自己兄弟李俶的张皇后本来就没什么好感！

因此，他摆出一副孝子贤孙的样子，流着眼泪泣不成声地拒绝了：陛下……已经……病危了……呜呜……这两人……都是陛下的功臣故旧……呜呜……如果我们……不告诉陛下就突然杀掉他们……陛下……一定会非常震惊……恐怕……他的身体会受不了……呜呜呜呜……

见李豫哭得梨花带雨，鼻涕与眼泪齐飞，眼睛共嘴唇一色，鼻子一抽一抽的，理由一套一套的，张皇后知道自己说服不了他，只好挥挥手让他先回去。

但她当然不会就此罢休。

因为她知道，政变这种事一旦想开始就不可能掉头。

李豫走后，她立即又召来了越王李系（李亨的次子）：李辅国图谋不轨，可太子太没用了，不能诛杀这个贼臣。你能替我办件事吗？事成之后，我一定让你继承大位！

得知有皇位做回报，李系的眼睛一下子就亮了——脑袋落地终不悔，为伊消得人拼命！

他当即拍着胸脯满口答应：我愿意干！

张皇后安排手下的宦官段恒俊与李系一起行动。

两人挑选了两百多个年轻力壮的宦官，发给他们武器，让他们埋伏在长生殿（李亨的寝宫）后面。

随后，张皇后又以皇帝李亨的名义召见太子和李辅国，让他们到长生殿觐见。

显然，她的设想是要借此机会一举杀掉太子李豫和李辅国，再扶持李系继任储君！

可设想虽然不错，现实却不太妙——他们的密谋被耳目众多的程元振获悉了。

程元振立即报告了李辅国。

李辅国命程元振带领禁军埋伏在宫门外，要求他务必截住太子。

没过多久，太子李豫果然出现了——他以为父亲快不行了，要召他进宫交代后事，未及多想就匆匆赶来。

程元振连忙上前，向他告知了张皇后的阴谋。

但李豫却依然执意要入宫：圣上病危要召见我，我岂能因怕死而不去！

程元振张开手臂挡住了他：社稷事大，太子千万不可进去！

李豫还在犹豫。

进去，还是不进去？这是个问题。

进宫，可能会有危险；不进宫，也不一定安全。

是进亦忧，退亦忧，然则咋办才保险耶？

…………

程元振却等不及了。

他不由分说就命手下的士兵把太子架了起来，将其带到了飞龙厩（唐代饲养宫中所用良马的地方），并派重兵看管。

控制住太子后，李辅国、程元振立即率全副武装的禁军入宫，将越王李系以及宦官段恒俊等百余人全部抓捕关押，接着他们又派人大摇大摆进入皇帝所在的长生殿，宣称奉太子之命把张皇后迁居别处，当着病床上的李亨的面，把正在陪护的张皇后以及左右数十人强行拖走幽禁。

正在长生殿伺候皇帝的宦官、宫女哪里见过这样的场面？

一时间，他们全都惊恐万状，纷纷作鸟兽散。

偌大的殿堂，只剩下了奄奄一息的李亨一人。

此时的他会想些什么？

有没有后悔自己之前的所作所为？

没人知道，也并不重要。

因为，他虽然还没有死，但在别人的心目中，他早已经跟死人无异了。

数日后，李亨在生理上也被宣告了死亡，享年五十二岁。

此时距离他父亲李隆基的去世只隔了十三天。

不得不说，李亨的一生其实挺不容易的。

当太子时，他总是战战兢兢，如履薄冰，不敢多说一句话，不敢多走一步路，生怕一不小心就有性命之虞；当了皇帝，他也几乎没有过一天安心的日子，外有安史叛乱，内忧大权旁落……

他目睹着大唐以蹦极般的速度从鼎盛滑向深渊，他也有心要把大唐从深渊中拉出来，可惜的是，这似乎超出了他的能力——一个资质一般、成绩中等的普通中学生，偏要他去证明黎曼猜想，他怎么可能做得出来？

他只能头痛医头，脚痛医脚。

比如说，由于担心外面的文臣武将会造反当皇帝，他就重用他认为绝不可能造反当皇帝的宦官。

应该说，他的判断是对的。

宦官的确是当不了皇帝。

但宦官却可以废立皇帝！

事实上，唐朝在李亨以后的十二个皇帝中，有八个都是宦官所立的！

而李亨的儿子李豫，就是唐朝历史上第一个由宦官拥立的皇帝。

无头谜案

李亨死后，李辅国便马上诛杀了张皇后以及越王李系等人，随即拥立太子李豫登上了帝位，是为唐代宗。

李豫的登基，创造了两个纪录。

除了上面所说的他是被宦官拥立为帝的第一人外，他还是唐朝历史上第一个以皇长子身份继位的皇帝。

初登帝位的李豫，过得非常郁闷。

最令他头疼的，是那个骄横跋扈的李辅国。

由于自恃有拥戴之功，之前就权势熏天的李辅国更加不可一世，李豫继位后，他甚至公然对皇帝说：大家但居禁中，外事听老奴处分——陛下只要住在宫里就可以了，外面的事听凭老奴我处理！

这哪里像奴才对主子说的话？

根本就是爷爷对孙子的态度：孙子哎，你什么都不懂，乖乖地坐在家里什么都别干，什么事情都让爷爷来做主哇！

李豫当然不是孙子。

他只是装孙子。

虽然恨得牙痒痒，但考虑到李辅国手握禁军兵权，他只能隐忍不发。

不仅如此，表面上他对李辅国似乎还恭敬到了肉麻的程度——尽管他心里想的是"盼你死了"，可嘴上说的却是"盼死你了"；尽管他心里恨不得拿刀刺李辅国的上腹，可嘴上却叫李辅国为"尚父"！

他不仅事无大小都要先征询李辅国的意见，而且规定群臣出入都要先觐见李辅国，然后才觐见天子。

他还加封李辅国为司空兼中书令——非但满足了李辅国当初想当宰相的夙愿，还让他高居相首！

李辅国自然愈加无所顾忌。

可是他错了。

李豫可不是他的父亲李亨。

实际上，他早就暗中与李辅国的副手——时任左监门卫大将军、直接统领禁军的程元振取得了联系。

对皇帝的笼络，程元振受宠若惊。

比起被李辅国呼来喝去，当然是直接跟着皇帝干更有前途。

他当即毫不犹豫地选择了效忠皇帝。

这下，李豫心中有底了。

公元762年六月，也就是他登基仅仅两个月后，他突然下诏免去了李辅国元帅府行军司马、兵部尚书的头衔，并勒令他搬出皇宫居住。

李辅国这才如梦初醒。

然而由于程元振和禁军都已经站在了皇帝一边，他就是再不服，又有什么用呢？
他只能无奈地接受了这个现实。

也许是意识到自己大势已去，不久他又主动请求辞去了中书令一职。

李豫对此求之不得，第一时间就批准了他的辞呈，同时又给了他一个博陆王的虚衔，以示安慰。

李辅国按照惯例入朝谢恩，但他心中终究是意难平，从言语中也难免流露出来：老奴侍奉不了郎君，请让我到地下去侍候先帝吧！

竟然称现任的皇帝是郎君（郎君是唐代宫中内臣对太子的称谓），可见李辅国虽然失去了权力，却依然没有失去那份早已刻在了他骨头里的狂妄和自大！

可能正是这样的气话，让李辅国后来送了命。

本来就对他恨之入骨的李豫心中肯定会这么想：既然你那么想去地下陪先帝，那我就遂了你的心愿吧！

不过，作为一个心机男，他此时当然不会表现出来——无论李辅国有多么疾言厉色，他始终都是和颜悦色；无论李辅国的言语有多么不给面，他的回应始终都是如春风拂面。

他左一声尚父，右一声尚父，嘴比蜜还甜，讲的话比桑拿房还暖，硬是把李辅国充溢在内心的愤愤不平给逐渐抚平了。

当年十月，一件离奇的案件发生了。

那天清晨，李辅国宅邸的下人过来叫床——叫李辅国起床，没想到却被眼前的一幕吓得魂飞魄散！

只见他们的主人躺在血泊之中，脑袋和一只手臂已经不翼而飞了！

曾经的朝中第一人竟然在家中被残忍杀害！

很快，这个爆炸性新闻就传遍了长安的大街小巷。

皇帝李豫也表示大为震惊。

他一面派人前往李辅国府中慰问，追赠李辅国为太傅，并贴心地送去了一个木刻的头颅以便安葬；一面又亲自批示，要求有关部门彻查此案，不管涉及谁，不管付出多少代价，都务必查清真相！

可不知为什么，此案最终没有查到凶手，只能不了了之。

好在后来《新唐书》为我们揭晓了谜底：（帝）不欲显戮，遣侠者夜刺杀之——皇帝李豫不想公开杀掉李辅国，派侠客在夜间刺杀了他。

这就是李豫的手段!

欲擒故纵、笑里藏刀、瞒天过海、借刀杀人、暗度陈仓……

他使用起三十六计来,比孙悟空使用七十二变还要熟练!

除掉了李辅国,李豫总算是狠狠地出了一口恶气。

但斩草不除根,春风吹又生。杀了李辅国,还有后来人。

李辅国的接班人,是程元振。

李豫似乎并没有吸取父亲李亨的教训,依然十分信任宦官。

在他看来,自己这次之所以能在与李辅国的对决中取得完胜,最大的功臣无疑是程元振,因此事后他论功行赏,不仅让程元振取代李辅国出任了元帅府行军司马这一要职,还加封他为骠骑大将军、邠(bīn)国公。

可以这么说,此时的程元振一点也不比李豫父亲在位时的李辅国的权力小!

322

第二十六章　未画上句号的句号

回纥：看清了唐朝，也看轻了唐朝

当然，程元振毕竟才刚刚上位，相对来说对皇帝还是比较尊敬的。

没有了李辅国的掣肘，李豫终于可以得心应手地发号施令了。

接下来他要做的，当然是征讨内部早已离心离德的史朝义叛军。

可能是曾亲眼见识过回纥人强大的战斗力，李豫也想到了寻求回纥人的帮助，特意派遣宦官刘清潭出使回纥。

与唐朝一样，回纥的可汗现在也已换了人——葛勒可汗已于三年前去世，之前曾领兵协助唐朝收复两京的太子叶护又因得罪父亲而被处死了，故而葛勒可汗的次子移地健继承了可汗的位置，号牟羽可汗——因他后来被唐朝册封为登里可汗，史书上通常称其为登里可汗。

然而当刘清潭千里迢迢赶到回纥王庭（今蒙古哈尔和林）的时候，却并没有发现登里可汗的身影。

登里可汗去哪里了呢？

经过一番打探，刘清潭总算是搞清楚了登里可汗的去向。

原来，这次史朝义竟然先李豫一步想到了和回纥人结盟！

前段时间，他派使节来到回纥，诱惑登里可汗说，唐朝近日连续死了两个皇帝，如今国内无主，乱成一团，可汗应当迅速发兵，与我一起去收取其府库中不计其数的财物。

听说有财物可抢，登里可汗顿时如饿狗闻到了肉包子的香味——哪里还按捺得住？

他当即亲率大军南下。

这个消息让刘清潭一下子惊出了一身冷汗——要是让回纥人和史朝义真的联起手来，那唐朝面临的麻烦可就大了！

他赶紧掉转马头，日夜兼程，不吃不喝不睡拼命追赶，终于在三受降城（三城分别位于今内蒙古杭锦后旗、包头以及托克托）一带追上了登里可汗的大军，并献上了唐代宗李豫的诏书。

登里可汗把诏书往桌子上一丢，一副不屑一顾的样子——仿佛他面对的不是大唐派出来的使者，而是精神病院逃出来的患者：不是说唐朝已经灭亡了吗？哪来的什么狗屁使者？

刘清潭连忙解释：先帝确实是驾崩了，现在的皇帝是曾经与叶护一起收复两京的广平王，陛下他英明神武，文能提笔安天下，武能上马定乾坤，上得了厅堂，下得了厨房，翻得了围墙，补得了衣裳，滚得了大床，睡得了走廊……

可无论他说得有多么天花乱坠，登里可汗却依然丝毫不为所动。

因为这一路上，他见所经过的唐朝州县因战乱而残破不堪，对唐朝早已没了任何敬意。

他看清了唐朝，也看轻了唐朝。

所以，他非但没有停下进军的脚步，反而还将刘清潭当作囚犯软禁了起来。

好在刘清潭还算机警，他想方设法摆脱了回纥人的监视，派快马赶回长安报信。

接到这则十万火急的情报，唐朝朝廷大为震骇。

李豫一面连忙派殿中监（总管宫中供奉、礼仪的官员）药子昂作为特使，带着大批金银珠宝前去慰劳回纥大军，一面又紧急命令时任朔方行营节度的仆固怀恩火速赶赴回纥军营，与登里可汗会面。

之所以要让仆固怀恩出马，是因为仆固怀恩有一个特殊的身份。

他是登里可汗的岳父！

当初回纥葛勒可汗在与唐朝结盟后，曾为他的次子移地健请求联姻，当时的皇帝李亨便把仆固怀恩的女儿嫁了过去，移地健继任可汗后，仆固怀恩之女自然就成了可敦（回纥人将王后称为可敦）。

显然，要想说服登里可汗，仆固怀恩无疑是最佳的人选。

仆固怀恩此时正率部驻扎在汾州（今山西汾阳），得到皇帝的命令后他立即动身。

此时回纥人已经到了忻州（今山西忻州）以南，距离唐朝的战略要地太原已经只有不到两百里了！

见到登里可汗后，仆固怀恩先是动之以情：一个女婿半个儿，你这个女婿不一样，能顶一万个；接着他又晓之以理：唐朝是我们唯一的合法政府，史朝义是反贼，代表着分裂势力，帮唐朝打史朝义是助人为乐，帮史朝义打唐朝则是助纣为虐；最后他又许之以利，允许回纥人在中原合法抢劫……

这下登里可汗动心了——是呀，帮谁不是帮呢，同样都有那么多的好处，帮自己的岳父总比帮那个素不相识的史朝义好吧。

就这样，登里可汗的态度来了个一百八十度的大转弯，决定不再与史朝义结盟，而是帮助唐朝征讨史朝义。

然而，在走哪条路的问题上，双方却又产生了新的分歧。

登里可汗本打算从蒲关（今山西永济）渡过黄河，进入关中，再出潼关东进，唐朝特使药子昂一听急了——关中是唐朝国都长安所在地，回纥人要是在那里大肆劫掠，那造成的社会影响可实在是太坏了，对自己仕途造成的影响也实在是太坏了。

因此他急忙阻止：不行啊，关中屡遭战乱，州县萧条，恐怕供养不了可汗的大军，不如从井陉口东出太行，从邢州（今河北邢台）、洺州（今河北永年）、卫州、怀州一路向南，收取叛军资财，挺进洛阳。

但登里可汗不傻，他知道走这条路线途经的河北、河南一带大都是叛军的地盘，肯定要打很多硬仗，他是来发财的，不是来发神经的，怎么能为唐朝当炮灰呢？

因此，他毫不犹豫地拒绝了药子昂的这个提议。

药子昂接着又提了另一个方案，也被登里可汗否决了。

无奈，药子昂只好又说，那这样吧，可汗从大阳津（今山西平陆）南渡黄河，由太原仓（唐朝设置于今河南三门峡西的一处仓库）供应军需，再与大唐诸道军队一起东进。可以吗？

听到这句话，登里可汗眼前不由得一亮，急不可耐地问：太原仓？那里面的宝贝多不多？……我不是要查账啊，纯粹只是出于好奇，好奇是人的天性嘛……快告诉我，那里面的宝贝多不多？

看到药子昂把头点得跟小鸡啄米似的，他这才爽快地答应了：好！就这么定了！

与回纥人谈妥后，李豫任命自己的长子——二十一岁的雍王李适为天下兵马元帅，让他前往陕州，与各地唐军以及回纥军会合，再一起进攻洛阳。

当然，按照之前的惯例，李适只是挂个名而已，真正统领大军的是兵马副元帅。

那么，该由谁来出任这个副帅呢？

按照道理，郭子仪无疑是最合适的人选。

李豫本来也是这么想的。

但他最信任的两个宦官程元振、鱼朝恩两人却先后表示强烈反对。

鱼朝恩之前曾陷害过郭子仪，现在也依然不忘旧事，依然不希望郭子仪再掌兵权。

而程元振也嫉妒郭子仪功高望重，便在皇帝面前说他的坏话：郭子仪战功赫赫，如今很多将领都出自其门下，陛下一定要提防啊。

李豫笑了：我都不在意，你在意什么？真是皇帝不急太监急！

不过，话是这么说，可最终他还是秉承着自己一贯从宦如流的工作作风，听从了程元振的意见——非但没任命郭子仪为天下兵马副元帅，还下诏把他召回了京城。

然而李豫却没有给郭子仪安排什么新任务，而是把他当成了夏天时的棉袄——挂在了一边，不管不顾。

郭子仪是个政治嗅觉非常敏锐的人，意识到皇帝对他有所疑忌后，他马上主动上表辞去了先前所任的朔方、河中节度等所有军职，留在了长安，安心享受乱世中难得的一份清闲——既然不能老有所为，那就老有所乐吧！

郭子仪赋闲了，那和他齐名的李光弼呢？

他可以当这个副帅吗？

更不可能。

史书记载程元振"素恶李光弼，数媒蘖以疑之"，而且李光弼此刻身在徐州，肩负保卫东南的重任，加上恰好那时江南一带又发生了袁晁领导的规模浩大的农民起义，李光弼根本脱不开身。

郭、李两大名将都被排除了，接下来自然就轮到当时在大唐军界地位仅次于他俩的仆固怀恩了。

于是，李豫加封仆固怀恩为同平章事、领诸军节度行营，担任李适的副手。

奇耻大辱

公元 762 年十月二十一日，雍王李适抵达陕州。

当时回纥军队正驻于对岸的河北县（今山西平陆），出于礼节，李适特意带着僚属北渡黄河，主动前去拜会登里可汗。

可他万万没有想到，这次本为增进感情的善意之举却惹出了一场极其严重的风波！

事情的经过是这样的：

进入回纥军的大帐后，李适用对等的礼节向登里可汗行礼。

登里可汗见状大发雷霆，又是吹胡子又是瞪眼珠子又是拍桌子，声色俱厉地斥责李适为何不行拜舞之礼——所谓拜舞，即下跪叩头后舞蹈而退，是当时在正式场合下臣子拜见君主应行的一种隆重礼节——李适作为唐朝未来的储君，当然不可能向回纥可汗行这种礼。

从小养尊处优的李适什么时候受过这样的气，脸一下子就绿了。

他的随从药子昂连忙站出来为他解围，说这不合礼数。

回纥将军车鼻反驳道，唐朝天子与可汗约为兄弟，可汗就相当于雍王的叔父，晚辈拜见长辈，怎么能不拜舞！

药子昂当然也不会屈服，继续据理力争：雍王乃天子的长子，又是天下兵马元帅，哪有中国储君向外国可汗拜舞的道理！况且两宫（指玄宗李隆基和肃宗李亨）尚未出殡，按照礼节也绝对不可舞蹈！

…………

双方就这样你来我往，唇枪舌剑，谁都不肯让步。

登里可汗不耐烦了——他的耐心就和慢阻肺病人的肺活量一样——是极其有限的。

他这个人，从来都不喜欢讲理，只喜欢讲力。

既然不能在口头上说服你们，那就用拳头来打服你们！

他恼羞成怒，当着李适的面，悍然下令将李适的四名属官药子昂、魏琚、韦少华、李进全都狠狠地抽了一百鞭子——这四人都是皇帝为李适安排的元帅府主要僚属，其中药子昂、魏琚分别为左、右厢兵马使，韦少华为判官，李进为行军司马。

药子昂等四人都被打得皮开肉绽，奄奄一息。

随后登里可汗以李适年少不懂事为由，将他及其随从逐出了大营。

回到陕州后仅过了一夜，魏琚、韦少华两人就因伤重而一命呜呼了。

堂堂国家高级官员竟然在自己的国土上被外人无缘无故鞭打致死，这对一向自诩为天朝上国的李唐政权来说，显然是从未有过的奇耻大辱！

但由于有求于人，雍王李适和他背后的大唐朝廷却只能忍气吞声，连一声抗议都没有发出。

不过，此事后来还是在李适的心中留下了巨大的心理阴影，终其一生都难以释怀。

可在当时，考虑到平叛的大局，他就算是憋成肺气肿，也只能硬生生地把这口气吞下去！

毕竟，对亟须食品充饥的人来说，面子远远没有面包重要！

奉旨打劫

就这样，在付出了尊严扫地的耻辱代价后，唐军总算与回纥人组成了联军，随即开始了他们的军事行动。

大军自陕州出发，主帅仆固怀恩亲率麾下主力会同回纥军队担任前锋，陕西节度使郭英义、神策军观军容使鱼朝恩则领兵殿后，浩浩荡荡，经渑池（今河南渑池）直扑洛阳。

史朝义闻讯大惊，急忙与诸将商议对策。

老将阿史那承庆说：若唐军单独前来，我们就集中兵力与其决一死战，如果唐军是与回纥一起来，那就势不可当了，我军应退守河阳，以避其锋芒。

正所谓名将所见略同——阿史那承庆的这个提议，与当初李光弼面对史思明大军时所采取的策略几乎是如出一辙。

然而史朝义也许是太需要一场大胜来提升自己的威望了，他并没有采纳阿史那承庆的意见，而是决定与唐军锣对锣鼓对鼓地打。

十月二十七日，唐军前锋到达洛阳附近，随即分兵北上攻克黄河以北的战略要地怀州，接着又进抵位于洛阳西北的横水（今河南孟津横水镇）。

数万叛军早已在那里严阵以待。

仆固怀恩带领主力从正面进攻，同时又派一支精锐骑兵与回纥军一起悄悄迂回到了叛军的侧翼，随后发起突袭。

叛军猝不及防，加之腹背受敌，很快就一败涂地。

得知前方失利，史朝义调集手下所有军队十万人前来增援，于横水以南的昭觉寺一带列阵。

仆固怀恩趁其立足未稳，下令立即攻击。

可这次由于有史朝义亲自督战，叛军斗志大增，尽管在唐军的猛攻下承受了一定的伤亡，阵形却始终不乱，顶住了唐军一次又一次猛烈的冲击。

眼看时间在不断流逝，战事却毫无进展，唐朝镇西节度使马璘急了。

因为他知道，唐军这样猛打猛冲，身体上的消耗是非常大的，如果一直无法突破，无论是体力还是意志力都会逐渐衰竭，到时万一对方猛然发动反扑，后果将不堪设想！

怎么办？

很快，他就有了主意。

正如足球场上在遭到对方密集防守时可以凭借个人的突破来撕开防线，战场上在碰到敌方铁桶阵时也可以凭借个人的冲击来搅乱敌阵！

想到这里，他大呼一声，随后单枪匹马杀进敌阵，一路左冲右突，锐不可当，挡在他面前的敌军不是被爆头就是被爆肚，几乎就没有一个不爆的，他硬是凭借一己之力将叛军本来严丝合缝的阵形冲开了一道明显的缺口。

其余唐军将士见状，也纷纷跟在他身后从缺口中杀入，合力奋击，终于把叛军击溃了。

史朝义还不甘心，之后他又指挥残部在石榴园、老君庙（均在洛阳西北）等地再次与唐军激战，然而此时叛军士气已丧，要想逆风翻盘，哪有那么容易？

结果是叛军连战连败，一败更比一败惨，最终在战场上丢下了六万多具尸体，还有两万多人被唐军俘虏。

仗打到了这个份儿上，史朝义就算再不愿认输，也只能认命了。

他知道自己大势已去，只好放弃洛阳，带着数百名轻骑兵狼狈东逃。

唐军随即收复东都、洛阳以及河阳三城。

接着仆固怀恩又令其子仆固玚率军对史朝义继续穷追不舍。

史朝义刚跑到郑州（今河南郑州），屁股还没坐热，仆固玚已经杀到了。

他只好又放弃郑州，一口气逃到了汴州。

可这回更惨——叛军汴州守将张献诚紧闭城门，根本不让他进城。

无奈，史朝义只好又逃向濮州（今山东鄄城）。

之后，张献诚献出汴州，向唐军投降。

河南全境就此光复。

这对于朝廷来说，当然是巨大的胜利。

可对于河南百姓来说，却是噩梦的开始。

登里可汗之所以出兵助唐，为的就是抢劫财物，对他们来说，之前的打仗只不过是赛前的热身，现在的抢劫才是正式的比赛——比的是谁抢到的东西多！

在他们看来，打仗狠不狠根本无关紧要，打劫狠不狠才至关重要！

如果说在战场上他们使出的最多不过是 50% 的力气，那么现在他们在抢劫上使出的力气则至少是 200%！

他们在洛阳大肆掳掠，每个人都使出了浑身解数，身手无比矫健，作风无比凶悍，方式无比残忍——百姓稍有反抗就当场诛杀，房子则一把火烧掉……

抢劫潮流，浩浩荡荡，顺我者被抢光，逆我者被我亡！

而唐军主帅仆固怀恩对回纥人明目张胆的暴行却视而不见。

因为他知道，回纥人的行为，本身就是朝廷所默许的——这是奉旨抢劫，有尚方宝剑的，怎么可以指责！

不仅如此，由于仆固怀恩对部下向来约束不严，他统领的朔方军以及鱼朝恩所率的神策军见回纥人发了财，也都不愿吃亏，争先恐后地加入了抢劫的行列。

按照史书的记载，在这场劫难中，洛阳百姓中死者数以万计，大火几十天都没有熄灭，无数房屋沦为废墟，很多百姓连身上的衣服都被扒光了，后来只能用纸裁成衣服遮羞！

将洛阳城翻了个底朝天后，回纥人将他们所抢到的财物都运到了河阳，并留下部分兵马看守，其余部队则与仆固怀恩的大军一起东进，一边继续追击叛军，一边继续追寻战利品。

在沿途所经的郑州、汴州等地，他们又秉承着"走过路过不要错过，抢到就是赚到"的宗旨继续烧杀劫掠，见到钱财就抢，见到房屋就烧，见到美女就睡，见到美酒就醉……

回纥出征，寸草不生。

中原大地，为之一空。

换汤不换药

再看史朝义。

此时他刚渡过黄河来到河北，本想稍微休整一下，但他还没来得及吃上一口热乎的饭，仆固玚已经带着追兵赶到了。

连吃口热饭的工夫都不肯给，这个仆固玚也太不人道了！

史朝义只好一边抱怨，一边又饿着肚子继续仓皇逃窜。

十一月初，史朝义逃到卫州，与叛军大将田承嗣会合。

见田承嗣手下尚有四万余人，史朝义又来劲了。

此时的他就如一个输红了眼的赌徒——刚有了点本钱，就又想着翻本。

要么梭哈，要么输光！

孤注一掷的他又摆开架势，与唐军追兵再次大战，没想到又被仆固玚打了个落花流水，只好再次落荒而逃，一路逃到了昌乐（今河南南乐）。

在那里，他又得到了魏州援军的帮助，回头再战，又毫无悬念地大败。

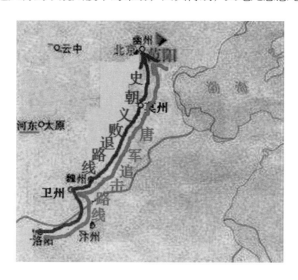

正所谓树倒猢狲散——眼见史朝义节节败退，毫无还手之力，本来就对史朝义不太"感冒"的叛军各地将领也纷纷起了异心。

先是叛军邺郡节度使薛嵩献出其所辖的相（今河南安阳）、卫（今河南卫辉）、洺（今河北永年）、邢（今河北邢台）四州向附近的唐朝泽潞节度使李抱玉投降；接着叛军恒阳节度使张忠志也以其所统的赵（今河北赵县）、恒（今河北正定）、深（今河北饶阳）、定（今河北定州）、易（今河北易县）五州向附近的唐朝河东节度使辛云京投降……

李抱玉、辛云京随即领兵进入薛嵩、张忠志的驻地，打算解除他们的职务，同时将他们的军队化整为零，分别归入唐军各营。

薛嵩等人对此也没有任何异议。

不料就在此时，唐军主帅仆固怀恩却下令对薛嵩、张忠志等人既往不咎，不仅让他们官复原职，还让他们继续统领原来的部属。

李抱玉、辛云京对此非常想不通——薛嵩、张忠志这样的反贼双手沾满了人民的鲜血，不杀已经是宽大了，还让他们担任原来的职务继续统兵，仆固怀恩这么做，不是脑子有病，就是心里有鬼！不是是非不分，就是图谋不轨！

他到底意欲何为？

就像他们无论如何都不可能用舌头舔到自己的屁股一样，他们无论如何都不可能原谅仆固怀恩的行为。

两人先后上奏皇帝，严厉指责仆固怀恩的这种明显不正确的做法。

不过他们万万没有想到，皇帝李豫竟然旗帜鲜明地站在了仆固怀恩这一边！

李豫不仅派遣使节对仆固怀恩大加慰劳，还特意颁布了一份诏书，充分肯定了仆固怀恩的所作所为：凡在东京（洛阳）以及河南、河北担任过伪职的，不论任过多大的职务，不论有过多大的问题，不论犯过多大的错误，一律赦免，概不追究！

之后，他又正式册封张忠志为成德军节度使，让他依旧统领其原所辖的定州等五州，并赐名李宝臣——意思非常清楚：你现在根本不是什么叛臣，而是我们李家的宝贵臣子！

毫无疑问，李豫这是在妥协——不仅是在向仆固怀恩妥协，更是在向所有的安史降将妥协！

是的，他太希望能早日结束这场战事了。

因为这段时间他的压力太大了。

困扰他的，不光是安史叛军，还有其他很多很多的麻烦！

李豫此时的忧愁，如果用一个数字来形容，那就是"π"——滔滔不绝，永无止境，恰似一江春水向东流。

李豫此时的处境，如果用一个成语来形容，那就是"内外交困"——无论是国内，还是国外都很不太平。

先看内部。

自从安禄山发动叛乱以来，战争已经持续了七年之久，由于河北、河南等地相继落入叛军之手，唐朝平叛所需的钱粮和物资只能依赖江淮，这样一来，江南百姓承担的赋税压力就如同中年男人的腰围般屡创新高——更令人头疼的是，只要涨上去，似乎就再也下不来了。

然而一个地区的生产力毕竟是有限的，人们的承受力也是有限的，当无数的富翁变成了负翁，无数的平民变成了贫民，这些被逼上绝路的江南百姓只能选择揭竿而起。

公元762年八月——也就是李豫下令出兵讨伐史朝义前不久，在台州（今浙江临海）人袁晁的领导下，一次声势浩大的起义发生了。

起义军在短短数月的时间里就先后攻陷了台州、信州（今江西上饶）、温州（今浙江温州）、明州（今浙江宁波）等多个州府，并建立政权，改元宝胜。

此后江南百姓纷纷响应，袁晁的部众很快就扩充到了近二十万。

消息传到长安，李豫大为震惊。

江南是财赋重地，一旦江南乱象再持续个一两年，朝廷别说是平叛了，就连吃饭恐怕都成问题！

不管付出多大的代价，他都必须尽快扑灭袁晁的起义！

这是压倒一切的大事！

为此，他急命驻于徐州的李光弼立即率精锐部队讨伐袁晁。李光弼火速派部将张伯义领兵开赴浙东平叛，直到半年多后才把这次起义镇压了下去。

如果说江南是内忧，那么西北就是外患。

由于当时河西、陇右的唐军主力大都被调回中原参与平叛，唐朝在西北的边防军实力大减。

吐蕃当然不会放过这样的天赐良机。

公元 756 年，也就是长安陷落、玄宗李隆基西逃成都的那一年，吐蕃人就乘虚而入，一下子攻占了威戎（今新疆阿克苏）、神威（今青海海晏）、定戎（今青海湟源）、宣威（今青海西宁北）、制胜（今青海西宁西）、金天（今青海贵南）、天成（今甘肃积石山）、振威（今青海同仁）等军镇，就连李隆基耗费了极大代价才攻下的石堡城也又一次落入了吐蕃之手。

之后的三年中，吐蕃又相继攻陷了西平（今青海乐都，为唐朝陇右节度治所）、河源（今青海西宁东）、廓州（今青海化隆）等多处西北要地。

…………

总而言之，吐蕃乘着唐朝内地忙于平叛无暇他顾的机会，大肆趁火打劫，夺取了唐朝西北边境的大片土地。

而令唐朝朝廷头疼的，还不只是吐蕃人——之前内附的党项人也骚扰不断。

党项本是西羌的一支，居于川藏地区，唐太宗李世民统治时期唐朝强盛，党项诸部纷纷降唐，后来他们原先的居住地为吐蕃所侵，无处可去，只好向唐朝请求内迁，之后便被安置在庆州（今甘肃东部、宁夏南部）一带。

没想到安史之乱爆发后，党项人却忘恩负义，如寓言"农夫与蛇"中的蛇一样反噬之前曾庇护他们的唐朝。

唐朝对他们的恩情比山还高，他们却在唐朝危难时不停"补刀"！

公元 760 年正月，党项人趁唐朝在西北地区兵力薄弱，一路南下，逼近长安。肃宗李亨紧急起用当时闲居在京城的郭子仪为邠宁（治所今陕西彬州）节度使，党项人迫于其威名，这才悻悻退走。

之后的数年间，党项人又多次侵扰唐朝的宝鸡（今陕西宝鸡）、凤州（今陕西凤县）、奉天（今陕西乾县）等地。

…………

尽管党项人的实力远不如吐蕃人，但由于他们距离关中较近，也对位于长安的唐朝朝廷造成了很大的威胁。

可以这么说，此时的吐蕃和党项就是随时都可能暴发的山洪，随时都可能给位于长安的唐朝朝廷带来灭顶之灾！

这一点，很多朝臣都意识到了。

郭子仪就曾多次进言：吐蕃、党项千万不可忽视，应加强西北边防，早做防备。

这个道理，李豫当然不会不明白。

他知道，如今长安西面的防务就如深秋枝头上摇摇欲坠的黄叶般脆弱——根本经不起风雨，万一吐蕃人在此时乘虚而入，直捣长安，后果肯定不堪设想！

这让他感到寝食难安。

何以解忧？

唯有迅速消灭史朝义，结束这场旷日持久的平叛战事！

只要能尽快平定叛乱，就算付出再大的代价，他都在所不惜！

因为他实在是拖不起了。

再拖下去，财政会越来越难以负担，百姓会越来越难承受，类似袁晁这样的起义会越来越频繁；

再拖下去，西面的吐蕃和党项会越来越猖狂，长安面临的形势也会越来越危险……

正是基于这样的考虑，为了迅速瓦解叛军的抵抗意志，以便早日取得最后的胜利，李豫决定不仅不追究叛军投诚人员的任何责任，还让他们依旧官居原职。

就这样，那些原先叛军的大将摇身一变，一下子又成了大唐的封疆大吏！

部队还是原来那支部队，地盘还是原来那块地盘，端夜壶的勤务兵也还是原来那个端夜壶的勤务兵，除了城头上的旗帜从"燕"变成了"唐"外，其他什么都没有变！

应该说，这一政策也确实达到了李豫预想中的效果。

而在那些本来就对史朝义缺乏忠诚度的叛军将领看来，既然自己的既得利益完全能得到保障，做史家的臣子和做李家的臣子又有什么不一样呢？

此时正陪伴在史朝义身边的叛军大将田承嗣也动心了。

与大多数叛军将领不同，田承嗣是汉人，其祖父、父亲皆以豪侠闻名乡里，他也继承了祖上的好斗基因，在安禄山麾下素以骁勇善战而著称。

安禄山起兵时，他曾出任先锋攻克洛阳，后来史思明再陷洛阳，他依旧还是先锋，由此可见他在叛军中的地位！

这段时间，史朝义一路从卫州败退到莫州，惶惶如丧家之犬，田承嗣一直跟随在他的左右。

在莫州，杀红了眼的史朝义本打算再次与唐军追兵决一死战。

田承嗣劝谏说，陛下不如先返回范阳，征调李怀仙那里的五万人，再回来与唐军决战。臣愿意留在莫州冒死抵挡，以确保陛下的安全。

史朝义感激涕零，当即采纳了他的建议，率五千人北走范阳，把家小都留在了莫州。

临行前，他紧紧地握住田承嗣的手说，我阖家百口，都托付给你了。

田承嗣流着眼泪向他保证：臣就算肝脑涂地，也一定不辱使命！

史朝义也很感动：疾风知劲草，患难见真情！

确实是患难见真情——史朝义半夜刚离开，第二天一早田承嗣就献出莫州，投降了唐军。

史朝义的母亲、妻儿，统统都成了他献给朝廷的见面礼。

之后仆固场等人又顺着田承嗣的指引，率唐军轻骑继续追击史朝义。

在费了九牛二虎之力、付出了部下折损大半的惨重代价后，史朝义最后总算是摆脱了唐军的围追堵截，于傍晚时分来到了范阳城外。

留守范阳的，是史朝义亲自提拔的叛军新锐将领李怀仙。

史朝义本来以为，自己对李怀仙恩重如山，李怀仙的忠心肯定是没有问题的。

可这次他又错了。

你对他好，并不代表他就一定会对你好——这就好比我们花了很多钱在脸上护肤，可往往身上任何一处皮肤都要比脸上的皮肤好一样。

事实上，李怀仙也有了异心，早在数日前他就派人向唐军递交了降表。

当疲惫不堪的史朝义来到城下的时候，迎接他的，是紧闭的城门和城上全副武装的士兵。

可能是为了避免尴尬，李怀仙本人并没有出面，而是派出了兵马使李抱忠，让他登上城楼，与史朝义对话。

史朝义大声呼叫李抱忠开门。

可李抱忠却始终置若罔闻。

想到后面还有追兵，史朝义心急如焚，忍不住用君臣大义等大道理来责骂李抱忠。

李抱忠直言不讳地回答：燕朝气数已尽，唐室复兴已成定局。我等既然已经归顺了大唐，怎么可以再反复？我不用诡计图谋你，已经算是仁至义尽了。你还是好自为之，早点离开这里，为自己找个出路吧。另外，田承嗣肯定也背叛你了，要不然，官军怎么会这么快就追来了呢？

他的这一番话，如一根针刺破气球般彻底刺破了史朝义心中本来还残存的幻想。

但史朝义毕竟是个有追求的人。

尽管李抱忠已经明明白白地下了逐客令，可他却依然没有任何离开的意思，依然一动不动地站在那里。

只要还有一丝希望，他就不会放弃！

只要还有一点可能，他就要全力争取！

有志者，事竟成，破釜沉舟，百二秦关终属楚；苦心人，天不负，卧薪尝胆，三千越甲可吞吴！

…………

在背诵了一百句励志名言后，他终于下定决心，无论如何都要把深埋在他心中的这句话说出来！

是的，只要他说出来，就算没有成功，至少证明他也是努力过了！

否则他一定会抱憾终生的！

他会对李抱忠说什么？

他说的是：我……我……已经整整一天都没吃东西了，难道你就连一顿饭都不愿意给我吗？

正可谓有志者，事竟成——最终，他如愿以偿了。

李抱忠满足了他的要求，命人把饭菜送到了城外，让史朝义和他的随从们饱餐了一顿。

336

这些部下知道史朝义大势已去，因此大多把这顿饭当成了散伙饭，吃完后就纷纷作鸟兽散。

史朝义无力挽留，也无话可说，只是流泪不止。

随后他长叹一声，翻身上马，带着身边仅剩的数百名胡人骑兵继续逃亡。

他先是来到广阳（今北京房山），广阳守将依然将他拒之门外。

他只好又掉转马头，想要向北投奔契丹。

然而当他走到温泉栅（今河北滦县西北）附近的一片树林时，他就再也走不了了。

因为前面有一支军队堵住了他的去路！

来的，是李怀仙的手下。

原来，在史朝义走后不久，李怀仙又后悔了——史朝义都已经送上门来了，自己竟然还放掉了他，万一唐朝朝廷怪罪下来，他怎么担待得起？

想到这里，他一下子改变了主意，立即派兵前去追赶，最终在温泉栅追上了史朝义。

史朝义走投无路，无奈只好找了棵歪脖子树，自挂东南枝。

他死后，李怀仙命人割下他的首级，送到了长安。

李怀仙的这一举动，很快就得到了丰厚的回报。

没过多长时间，他就被唐朝朝廷正式册封为幽州节度使（也称卢龙节度使，幽州在今北京），统幽（今北京）、营（今辽宁朝阳）、平（今河北卢龙）、蓟（今天津蓟州区）、妫（今河北怀来）、檀（今北京密云）、莫（今河北任丘）七州。

与此同时，薛嵩也被封为相卫（治所今河南安阳）节度使，领相、卫、邢、洺、贝（今河北清河）、磁（今河北磁县）六州；田承嗣为魏博（今河北大名）都防御使——不久也升为节度使，辖魏（今河北大名）、博（今山东聊城）、德（今山东德州）、沧（今河北沧州）、瀛（今河北河间）五州。

李怀仙、薛嵩、田承嗣三人，加上早些时候受封的成德节度使李宝臣，这四个之前的叛军将领瓜分了整个河北地区！

也就是说，安史叛军当初的老根据地河北，现在尽管在名义上改换了门庭，实权却依然掌握在那些曾经的叛军将领手里！

第二十七章　三大名将的不同命运

仆固怀恩一错再错

人的预期和现实，往往有很大差距——就像我当初进入股市本以为可以赚到大量的财富，没想到现实却是带走了我大量的财富一样。

公元 763 年的唐朝皇帝李豫就有这样的感受。

他本以为在安史之乱平定后自己可以过一段时间的安生日子，没想到现实却是几乎一天都得不到安生。

史朝义的首级刚送到长安，他甚至都还没来得及发表胜利感言，烦心事就来了。

平叛的主帅之一、朔方节度使仆固怀恩和另两位封疆大吏——泽潞节度使李抱玉、河东节度使辛云京发生了严重的冲突！

事情的起因，与回纥归国有关。

由于战火已经平息，被唐朝朝廷请来协助唐军作战的回纥军自然也要班师返回漠北。

这让李抱玉和辛云京两人犯了难。

泽潞、河东两地都是回纥人归途中的必经之地，而回纥人军纪极差，所到之处往往烧杀抢掠，无恶不作，现在这些人要从自己的辖区过境，如果处理不当，对辖区内的百姓来说，恐怕比十八级以上的超强台风过境造成的损失还要大得多！

怎么办？

帮助李抱玉解决这个问题的，是赵城（今山西洪洞）县尉马燧。

得知回纥人要来，马燧向节度使李抱玉主动请缨：这事交给我来办吧。

李抱玉正为此发愁呢，当然不会不同意。

本着"擒贼先擒王，贿人贿领导"的原则，马燧在回纥人刚到泽潞境内时给回纥统帅送去了一大笔钱财，但也提出了一个条件：不要抢掠。

只要钱财足够多，让鬼推磨都好说，何况回纥统帅只是个俗人？

他不仅满口答应，还给马燧一面令旗：有违反军令的，你可以自行处置！

马燧要的，就是他这句话。

他从监狱里提了一批死囚，让他们穿上自己随从的衣服，随后拿出回纥统帅给的令旗，当着回纥人的面将他们一一处死，而这些人犯的似乎都不是什么大错——比如偷拿了群众一针一线，偷看了女厕所一眼两眼之类的……

这下，所有回纥人都被震住了——这个姓马的，手段太辣手了，惹不起！

因此他们在泽潞境内，没有一个人敢放肆。

泽潞就这样得到了保全。

李抱玉终于松了口气。

但马燧的心里却并不轻松。

通过这次与回纥人以及护送回纥人的仆固怀恩的接触，他对仆固怀恩产生了极大的反感。

在他看来，回纥人的所作所为给中原百姓带来了无尽的痛苦，而仆固怀恩对他们却不仅没有任何约束，反而处处迎合，实在是太过分了！

如果说回纥人是狼，那么仆固怀恩就是狈，狼狈为奸的那个狈！

马燧提醒李抱玉：经过这段时间的观察，我发现仆固怀恩居功自傲，作风蛮横，与回纥人又走得那么近，将来此人恐怕会给国家惹出大祸，不可不防。

李抱玉也深有同感，便给皇帝李豫上疏，要求提防仆固怀恩。

除了李抱玉，对仆固怀恩有看法的还有河东节度使辛云京。

辛云京出身于将门世家，一向以性情强悍、作战勇猛著称，在战场上屡建奇功，很得军心，后来河东发生兵变，节度使邓景山为乱军所杀，他受到将士拥戴，被朝廷任命为新的节度使。

辛云京的话比李抱玉更加直接。

他甚至言之凿凿地说仆固怀恩勾结回纥谋反！

这么说倒并不是因为他有什么确凿的证据，而是因为他与仆固怀恩之间的关系已经闹到了水火不容、你死我活的地步。

两人之间的矛盾由来已久。

上一年年底，回纥人大举南下，驻扎在太原以北的忻州，仆固怀恩临危受命，前去与回纥登里可汗会面，回程时路过太原，没想到辛云京却由于担心他与回纥人联手攻击太原而紧闭城门，让他吃了个闭门羹，搞得仆固怀恩很没有面子。

这次仆固怀恩护送回纥人出境，再次经过太原，本以为凯旋，辛云京应该会热情款待他们，万万没想到辛云京竟然还是跟上次一样如临大敌，既不让他进城，也不出城接待！

这让心高气傲的仆固怀恩怎么接受得了！

他一面上疏向皇帝李豫告状，一面传令部下，咱们不走了（按理他手下的朔方军在完成任务后是要回朔方的），就留在河东，给辛云京点颜色看看！

滴水之仇，当涌泉相报！

他亲率万余人驻于汾州，同时命其子仆固场领兵一万进驻榆次（今山西晋中榆次），部将李光逸进驻祁县（今山西祁县），李怀光进驻晋州（今山西临汾），张维岳进驻沁州（今山西沁源），对太原的辛云京形成了包围态势。

辛云京当然也不会坐以待毙。

当时正好宦官骆奉仙来太原办事，辛云京立即给他送去多到让人无法拒绝的厚礼，让他回京后向皇帝报告仆固怀恩与回纥人合谋，反状已露。

只要钱财足够多，鬼都肯给你背锅，何况骆奉仙只是个俗人！

他毫不犹豫就答应了。

其实骆奉仙之前和仆固怀恩的交情还算不错，甚至还曾结为兄弟，但在兄弟和金钱之间，他还是选择了后者。

从太原回长安要经过仆固怀恩所在的汾州，心里有鬼的骆奉仙本来不想与仆固怀恩会面，可人生就是这么奇怪——想要忘的事往往很难忘，而想要记住的事却总是容易忘，想要找的人往往很难碰到，而想要躲的人却总是那么容易遇到……

骆奉仙在途中还是被仆固怀恩截住了。

和辛云京一样，仆固怀恩也希望骆奉仙在皇帝面前为自己说话，设宴盛情款待骆奉仙。

酒过三巡，仆固怀恩的母亲突然板起面孔，对骆奉仙说：你和我儿子曾结为兄弟，现在又和辛云京如此亲近，你还真是和尚打赤脚——两头都光啊！不过，以前的事情也就算了，希望你以后还是我儿子的好兄弟！

被当场拆穿心事的骆奉仙无比窘迫。

他不好意思再看老太太，只好低下头，眼观鼻，鼻观心，心中只想马上离开这个鬼地方。

可能是为了缓解这种尴尬的气氛，仆固怀恩亲自为骆奉仙跳了一支舞。

骆奉仙只好也按照当时的惯例，给怀恩赠送了缠头彩（唐代民俗，演出结束后客人须赠送锦帛，称为缠头彩）。

仆固怀恩一面笑着接过缠头彩，一面热情地对骆奉仙说：明天就是端午了，你就别走了，咱们兄弟俩再畅饮一天！

骆奉仙哪里肯留——他觉得在这里多待 0.0001 秒都比 10000 天还要漫长！

因此他坚决推辞。

仆固怀恩执意要留他再住一晚，便要了个手段，偷偷将骆奉仙的马藏了起来。

没想到却惹出了更大的麻烦！

骆奉仙回到驿站后，发现自己的马竟然不见了。

他躺在床上，越想越觉得事情不对头。

先是责怪我，现在又偷走我的马，不让我走，难不成是要害我？

想到这里，他一下子就慌了。

窗帘被风吹动他觉得里面藏着人，床底下一只老鼠跑过发出窸窸窣窣的声音他觉得床底下藏着人，到后来甚至连空中掉下一粒灰尘都足以使他魂飞魄散冷汗直流……

他哪里还睡得着，慌忙趁着夜色翻墙逃走。

仆固怀恩闻讯也只好苦笑着摇了摇头，唉，自己的一番好意，竟然被当成了驴肝肺！

他连忙命人追上了骆奉仙，将马又还给了他。

然而这已经不可能消除骆奉仙心中的怨气了。

一回到京城，他就向皇帝李豫哭诉：仆固怀恩要反，这一点辛云京和臣都看出来了——臣要不是半夜翻墙逃跑，肯定就没命了！

李豫没有表态。

在他看来，仆固怀恩这个人桀骜不驯，如今又立下了大功，有些骄横是可能的，但要说他造反，他还是不大相信的。

不久，仆固怀恩也听说了骆奉仙诬告他谋反的消息，一时激愤不已，上疏说自己被辛云京和骆奉仙恶意陷害，要求皇帝明辨是非，将两人诛杀。

李豫当然不可能这么做。

经历了多年的动乱，他现在必须把稳定当成压倒一切的政治任务，便本着"大事化小，小事化了"的原则分别下诏给仆固怀恩和辛云京，好言好语地劝慰他们，劝他们和解：你们都是朕的好臣子，有点小误会不要往心里去……

这下仆固怀恩更受不了了——他觉得自己是被冤枉的，而辛云京却是污蔑他的小人，皇帝把他和辛云京相提并论，就跟把一瓶二十年陈酿好酒和一盆二十年的洗脚水卖同样价钱一样可笑！

这完全就是是非不分！

他越想越气，越想心中越不平衡。

是啊，这些年为了平定叛乱，他和他的家人为国家作出了那么大的贡献和那么多的牺牲——女儿远嫁异域（他的女儿是回纥登里可汗的正妻），整个家族战死的有四十六人，在国家面临生死存亡的危急时刻，又是他两次出面向回纥求援，领着回纥人和自己麾下的朔方军一起浴血奋战，这才得以收复两京、平定河南河北！这样的功劳，举国上下，有谁能与他相比！

没想到现在叛乱平定了，自己却被人诬告谋反，而皇帝不仅不帮他说话，还要他与陷害自己的人和解！

一气之下，一气呵成，他又写了一封奏疏给皇帝李豫。

在这封奏疏中，他先是一一列举了自己的六大功劳，接着又写了这么一番话：陛下信其矫诬，何殊指鹿为马！倘不纳愚恳，且贵因循，臣实不敢保家，陛下岂能安国！——陛下听信（辛云京、骆奉仙的）诬陷之词，与指鹿为马有什么区别！倘若陛下不接纳我诚恳的意见，只是一味因循苟且，那么臣不敢说一定能保住自己的家，可陛下又岂能让国家安定！

这样的措辞实在是太过于意气用事了。

仆固怀恩也许是个不错的将领，但显然不是个合格的政客。

这样的个性，也许中午不会有问题，因为早晚会出事！

毫无疑问，李豫看了这封奏疏后心里是极不舒服的。

什么指鹿为马，岂不是把他这个皇帝当成了秦朝的奸臣赵高！

更令人无法接受的是那句"臣实不敢保家，陛下岂能安国！"，这是一个臣子该说的话吗？根本就是赤裸裸的恐吓！赤裸裸的威胁！

如果说之前他对仆固怀恩和辛云京两人的看法还是五五开，那么现在他的态度已经完全站在辛云京一边了！

仆固怀恩目无君长，狂悖无礼，就算不反，至少也是不可信任的！

这种人要是靠得住，癞蛤蟆都能吟诗作赋！

不过李豫毕竟是个有城府的人。

尽管他心中恨不能把仆固怀恩大卸八块，但表面上依然没有表现出任何不快。

他重新写了一封诏书，再次对仆固怀恩好言好语大加抚慰：爱卿啊，你的功劳我都记得，你的心情我都懂得，你受的委屈我都晓得，你对国家的贡献确实非常了不得……

接着他又派宰相裴遵庆以宣旨的名义前往汾州，并授意其观察仆固怀恩的动向。

一见到裴遵庆，仆固怀恩就如在婆家受尽了虐待的小媳妇见到娘家人一般激动。

他一边抱着裴遵庆失声痛哭，一边哽咽着诉说自己的委屈。

裴遵庆顺势劝他入朝，当面向皇帝解释。

仆固怀恩同意了。

没想到裴遵庆刚走，副将范志诚就竭力劝谏仆固怀恩不要去长安：明公如果听信裴遵庆的话入朝，保不准会变成第二个来瑱，再也回不来了！

范志诚口中的来瑱，也是当时的一员名将。

安史之乱发生后，来瑱历任颍川太守、淮西（今河南汝南）节度使、山南东道节度使等要职，长期坐镇于河南南部，多次击败叛军的进攻，确保了江汉的安全，在军中威望很高，被时人称为"来嚼铁"——连铁都能嚼碎，由此可见来瑱的作风有多么硬气！

然而凡事都是有两面性的。

家乡对有些人来说是净土，对另一些人来说却净是土；硬气对打仗来说是优点，但对官场来说却是极大的缺点。

这样的个性，实在是太容易得罪人了。

来瑱就得罪了一个不该得罪的人——宦官程元振。

据说早年程元振曾托来瑱办过事，来瑱很硬气，坚决拒绝。

程元振怀恨在心，一直想找机会报复。

公元762年九月，来瑱应召入朝来到长安，被皇帝李豫封为兵部尚书、同平章事。

这下程元振终于找到了报复的机会——以前你在地方上，我对你无可奈何，现在到了我的地盘，你恐怕只能徒呼奈何！

他立即鼓动如簧之舌，抓住一切机会在李豫面前说来瑱的坏话，还联合之前曾被叛军俘获的原淮西节度使王仲升一起污蔑来瑱通敌，说当初就是因来瑱与叛军合谋，出卖了王仲升，才导致王仲升当了俘虏……

其实，任何一个有脑子的人都知道，程元振和王仲升的说法根本不值一驳——来瑱如果真的通敌，叛军恐怕早就南下饮马长江了！

但李豫却信了。

难道他没脑子吗？

当然不是——认为他没脑子的人才是真的没脑子。

事实上，李豫之所以会这么做，是因为他本来就想找理由对来瑱下手。

史载当初他父亲肃宗李亨在位的时候，曾数次打算将来瑱调离多年镇守的襄州（今湖北襄阳），可来瑱却总是找各种理由推托，有一次甚至还动用武力抗命，李亨对他的表现非常不满，却始终无可奈何。

这些事情，李豫自然不会不知道。

对来瑱这个人，李豫自然不会太放心。

在李豫看来，他手下的大臣可以分为四种类型：威望低且听话的、威望高且听话的、威望低且不听话的、威望高且不听话的。

在李豫看来，这四种人中，威望低且听话的人可以放心用；威望高且听话的要限制着用；威望低且不听话的不能用；威望高且不听话的，非但不能用，还要早日除掉。

而来瑱就不幸属于这最后一种。

如此一来，他的悲剧命运也就在所难免了。

公元 763 年初，李豫下诏免去了来瑱所有职务，流放播州（今贵州遵义），接着又将他赐死。

来瑱的枉死，在当时引起了极大的震动。

各地节度使对皇帝的处理都非常不满，对程元振则更是恨得咬牙切齿。

包括李光弼在内的不少将领都吸取了来瑱的教训，从此不敢轻易入朝。

是啊，在外面他们手握重兵，足以呼风唤雨，而一旦到了长安，宦官一句谗言、皇帝一纸诏书，就能要了他们的命！

这个道理，仆固怀恩当然也明白。

因此，范志诚一提到来瑱这个名字仆固怀恩就立即打消了去长安的念头——就好像只要一提到还有巨额房贷要还就会立即打消辞职的念头一样。

于是第二天在和裴遵庆再次会面的时候，仆固怀恩改了口，说自己去不了，只能派一个儿子代他入朝。

裴遵庆再三劝说也没有用，无奈只好退而求其次答应了。

不料事后仆固怀恩和范志诚一说，范志诚又表示强烈反对。

仆固怀恩便再次变了卦。

最终裴遵庆只能无功而返。

得知仆固怀恩不肯来京城，李豫极为失望。

接下来该怎样对付这个桀骜不驯的仆固怀恩呢？

他苦思冥想，却始终苦无良策。

就在他为此而寝食不安的时候，却突然听到了一个更令他寝食不安的消息：吐蕃军来了！已经逼近了长安！

郭子仪力挽狂澜

这几年，吐蕃趁着唐朝部署在河西、陇右的边防军主力被调往中原平叛的机会，几乎每年都要入寇，夺取了唐朝西北的大片土地。

今年当然也不例外。

自从入夏以来，吐蕃军再次大举入侵，连克兰州（今甘肃兰州）、河州（今甘肃临夏）、洮州、岷州（今甘肃岷县）、秦州（今甘肃天水）、成州（今甘肃成县）、渭州（今甘肃陇西）等州郡……

一时间，各地的告急文书雪片般飞来，可当时把持朝政的宦官首领程元振对此却毫不在意——他把这些告急文书全都扣下了，根本就不告知皇帝李豫，当然更不会发兵抵抗。

在他看来，吐蕃入侵不是很正常的事嘛，几乎年年都有，实在没什么值得大惊小怪的。

344

因此，他收到那些紧急战报时的反应，就和月薪三千的我收到那种总价八千万以上的豪宅在搞降价促销的海报时的反应是一模一样的——根本就是心如止水，毫无波澜，连看一眼的心思都没有。

然而，程元振错了。

今年的情况和往年大不一样。

因为这次吐蕃人有了一个带路党——原唐朝泾州（今甘肃泾川）刺史高晖。

公元763年秋，吐蕃军进抵泾州，刺史高晖不仅不战而降，还主动向吐蕃统帅达扎路恭献计：如今唐军主力都在关东（函谷关以东），关中空虚，不如直捣长安，干一票大的！

就这样，在唐奸高晖的指引下，吐蕃人一路长驱直入，势如破竹。

由于程元振卓有成效的瞒报工作，大唐皇帝李豫对这一切居然毫不知情——直到吐蕃军已经越过邠州（今陕西彬州），李豫才得知吐蕃入侵的消息，一时大为震惊。

十月二日，吐蕃军抵达武功，距长安仅不到二百里！

一时间，长安城内人心惶惶。

李豫连忙任命雍王李适（李豫长子）为关内元帅，同时紧急起用当时正在长安闲居的已经67岁的老将郭子仪为副元帅，让他立即奔赴咸阳（今陕西咸阳）御敌。

由于事态紧急，郭子仪等不及朝廷征调兵马，只带了二十人就匆匆赶往咸阳。

到了那里，经过一番打探，他这才发现了问题的严重性。

此次来犯的，除了作为主力的吐蕃人，参与的还有吐谷浑、党项、氐人、羌人，总兵力足有二十余万！

郭子仪急命部将王延昌火速赶回长安，让朝廷马上派大军前来。

然而他失望了——他左等右等，心急如焚，却始终没有等到一兵一卒！

因为此时朝中把持朝政的，是在让人失望这一点上从不让人有一点失望的败事圣手程元振！

在这样的节骨眼儿上，他竟然没有第一时间召见王延昌，当然更不可能派兵！

但这似乎也不能全怪他。

吐蕃人的推进速度实在是太快了。

十月初四，吐蕃进抵盩厔（今陕西周至），在那里他们遇到了出兵以来第一次也是唯一的一次顽强抵抗。

驻扎于此的唐朝将领吕月将极为英勇，打退了敌军的第一次进攻，可由于众寡太过悬殊——吕月将手下只有两千人，最终还是全军覆灭。

之后，吐蕃人继续狂飙突进，于十月七日顺利通过便桥——便桥跨越渭河，又称西渭桥、咸阳桥，位于今陕西咸阳西南，是长安西面的门户。

到了这个地步，谁都知道长安是很难保住了。

正所谓有其祖必有其孙，在这个生死存亡的关键时刻，李豫作出了和他祖父李隆基七年前一样的选择——脚底抹油，一走了之。

只不过李隆基当初是往西跑，而这次李豫则是向东跑。

在部分禁军和宦官的簇拥下，李豫带着自己的家人和皇族宗室匆匆离开了长安，逃往陕州。

皇帝一走，本来就恐慌气氛弥漫的长安城自然更乱了。

有钱有权的，纷纷收拾细软跑路；胆大妄为的，趁机到处大肆抢劫；没钱没胆的，只能叫天天不应、叫地地不灵、叫狗狗不理……

就在这一片混乱中，郭子仪从咸阳赶回了长安。

刚进城，他就迎面遇上了一群熟人。

领头的，是禁军将领王献忠。

王献忠本是李豫的扈从人员，可刚出长安东门不久，信奉"富贵险中求"的他就动起了歪脑筋——吐蕃人进长安后，肯定会拥立李唐宗室建立新政权，自己要是带个亲王去投降吐蕃，岂不是就能捞个开国元勋当当？

说干就干，他立即带着麾下四百人裹胁了丰王李珙（唐玄宗李隆基第二十六子）等十位亲王，掉转马头，一路向西疾驰，没想到却在长安城内与郭子仪撞了个正着。

郭子仪很意外：老王啊，你方向是不是搞反了？

王献忠更意外。

在去投奔吐蕃人的时候遇见郭子仪，他就像小学生在去网吧打游戏的时候遇见自己的班主任——立马就慌了。

他吞吞吐吐地说：我……我……没走错，我……本来就想去找吐蕃人……如今皇上东迁……社稷无主……令公（郭子仪曾任中书令，故时人常称其为令公）身为元帅……废立天子对您来说轻而易举……您何不顺势而为呢？……我看……丰王就很合适……论辈分，他比皇上长；论肚子，他比皇上大……

郭子仪万万没想到王献忠居然会说出这样无耻的言语，气得一时说不出话来。

见郭子仪没有回答，丰王李珙也急不可耐地问：令公为什么不表态？……我不是说我想当皇帝啊……皇帝，那是可以随便当的吗？……光即位仪式就那么复杂……

听了李珙的话，郭子仪忍不住勃然大怒，把他和王献忠狠狠地骂了一顿，随后命人押送他们重新返回皇帝身边。

王献忠等人虽不愿意，但慑于郭子仪的威望，也只好乖乖从命。

等待他们的，当然不会有什么好结果——不久，李珙被赐死，王献忠的下场史书没有记载，不过估计也好不到哪儿去。

公元 763 年十月初九，吐蕃大军兵不血刃地占领了长安。

如王献忠所料，他们进城后的第一件事就是建立伪政权。

由于当时唐朝宗室大多已逃之夭夭，他们好不容易才找到了一个与皇帝关系不是很近的人选——广武王李承宏（唐高宗李治的曾孙，章怀太子李贤的孙子）。

不过，此时的吐蕃人也顾不上那么多了。

龙井茶再怎么淡，毕竟也是龙井茶；李承宏的皇室血统再怎么远，毕竟也是皇族。

当天，李承宏就被拥立为傀儡皇帝。

之后，吐蕃人在城中大肆烧杀抢掠，无恶不作，无法无天，长安百姓不堪其扰，纷纷逃入山中避难。

再看唐朝皇帝李豫。

离开长安后，李豫一行的第一站抵达了华州。

可当地官员都已经跑光了，驿站空空荡荡，四周冷冷清清，根本没人接待他们。

就在李豫等人又累、又饿、又冷、又慌的时候，前面突然出现了一支队伍。

来的是驻守陕州的观军容使鱼朝恩和他麾下的神策军！

一般来说，人在饿得不行的时候，往往会觉得吃到的东西特别好吃；在穷途末路的时候，往往会觉得得到的帮助特别可贵。

李豫此时的感觉就是这样。

看着从天而降的鱼朝恩，他的眼睛一下子就湿润了：疾风知劲草，危难见真情。关键时刻，还是宦官靠得住啊！

之后，在鱼朝恩的护卫下，李豫顺利抵达了陕州。

得知皇帝在陕州，四散逃亡的文武百官也陆陆续续前来会合。

而郭子仪的选择却和这些官员不同。

听说皇帝已经脱离危险，当时正在赶赴陕州途中的郭子仪立即决定改变路线——不去陕州了，先去收复长安。

部下听了全都惊讶得嘴巴张得比足球还大。

要知道，此时包括郭子仪本人在内，他们全部加起来只有三十个人！

就这点实力，想从二十多万吐蕃人的手中夺回长安，就好比一只老鼠伸出脚想把大象绊个跟头——实在是太不自量力了！

然而郭子仪却胸有成竹：如今溃散的禁军将士大多在商州（今陕西商洛）一带，只要我把他们召集起来，再征调武关的卫戍部队，北出蓝田（今陕西蓝田），反攻长安，必能击退吐蕃！

随后他沿蓝田、商州、武关一路南下，一边走一边收集散兵。

听到名震天下的郭令公来了，溃兵们顿时如"粉丝"听到偶像来了一般兴奋。

因为在他们心目中，郭子仪和胜利之间的关系，就相当于大米和粮食之间的关系！

他们争先恐后地从四面八方赶来投奔，很快郭子仪麾下就集结了一支四千余人的队伍。

接着郭子仪带着他们掉头北上，在商州召开了隆重的誓师大会。

会上他老泪纵横，号召大家一起努力，共雪国耻，克复长安。

将士们深受感染，全都群情激奋。

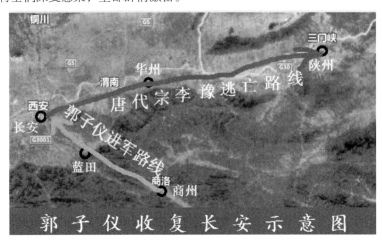

郭子仪收复长安示意图

不料刚出商州不久，郭子仪就接到了皇帝的诏书——原来，李豫担心吐蕃会东出潼关，让郭子仪火速率军前往陕州护驾。

但一向对皇帝唯命是从的郭子仪这次却没有听皇帝的话。

他上表说：陛下放心，只要臣出兵蓝田，敌军必不敢向东出击。臣不收京城，无以见陛下！

李豫觉得他说得似乎也有道理，便同意了他的计划。

不过，郭子仪手下只有区区四千人，想从二十万吐蕃人手中收复长安，怎么可能？

对一般人来说，当然不可能。

可郭子仪不是一般人。

他知道，吐蕃军这次远离本土，孤军深入，其实并没有做好长期占领长安的准备，只要略有风吹草动，就必然会萌生退意。

既然如此，那我就制造点声势给你看看！

郭子仪命部将长孙全绪率军进驻蓝田以北的韩公堆一带，一边竖起无数面旗帜，一边又命人一刻不停地击鼓，晚上还点起了无数堆篝火。

火光熊熊，鼓声阵阵，远远望去，似乎有无数的兵马。

吐蕃人见状，心中不免有些发毛。

而长安百姓见状则大受鼓舞，纷纷传言：盼望着，盼望着，官军来了，胜利的脚步近了……郭令公从商州带着不计其数的军队来了，而且这些人全都是参加过平叛战争的精锐，人人能胸口碎大石、徒手开酒瓶、隔山吹死牛，指东从不打西，指狗从不打鸡……

吐蕃人听说后更慌了。

而更令他们胆寒的是，这天半夜竟然连长安城中也响起了一阵接一阵的鼓声——其实这也是长孙全绪的杰作，他派部下偷偷潜入城内，结交了数百名长安社会青年，让他们趁夜在长安城的主干道朱雀大街上四处击鼓。

这下吐蕃人再也坐不住了。

这些个唐军，怎么无处不在？

难道唐朝的勤王大军真的已经来了？

事实当然不是这样。

尽管皇帝李豫在退出长安前就向各地节度使派出使者，要求他们立即赶赴长安勤王，可真正响应号召的却寥寥无几，崤山以东更是一个都没有，其中甚至包括和郭子仪齐名的大唐军界的标志性人物——时任河南、淮南、山南东道诸行营副元帅的临淮王李光弼。

李光弼不是不想去，而是不敢去。

他怕像来瑱一样遭到程元振的暗算。

与来瑱相比，他和程元振之间的关系似乎更差——史载程元振素来厌恶李光弼，曾多次在皇帝面前说他的坏话；

与来瑱相比，他的战功更大，名头更响，能力更强，更有功高震主之危，更容易引起皇帝的猜忌……

如果以来瑱的条件和命运作为已知项来建立数学模型的话，可以毫无疑问地推算出，一旦李光弼和来瑱一样受到程元振的陷害，他的命运就会比来瑱更惨！

在这样的情况下，李光弼怎么敢轻易跑到皇帝身边去呢？

那不是自投罗网吗？

犹豫再三，李光弼最终还是没有离开他的大本营徐州一步。

不是我对陛下的命令不愿服从，只怪陛下你对程元振言听计从！

连之前对朝廷一向忠心耿耿的李光弼都不愿驰援，其他人当然难免也会有类似的想法。

因此，尽管各地的节度使几乎个个接到了勤王的诏书，但除了鄜延（今陕西富县）节度使白孝德等少数几人外，其他人全都把皇帝的圣旨当成了手纸，全都按兵不动。

当然，这些事情吐蕃人是不知道的。

他们被长孙全绪所制造的假象吓坏了，只觉得四面八方的唐军正如潮水般往长安集中，便很自然地萌生了退意——还是赶紧跑路吧，晚一点说不定就来不及了！

他们当即匆匆撤出了长安。

吐蕃人走了，高晖这个唐奸当然也要仓皇出逃。

不知为什么，高晖明明想跟吐蕃人一样向西逃，可实际上却是一路向东跑到了潼关，被唐朝守将李日越抓获处死。

李光弼名将悲歌

就这样，在被吐蕃人占领了整整 12 天后，长安总算回到了唐朝人的手中。

然而，长安虽然收复了，人们心中的创伤却远没有平复——吐蕃人进出大唐的国都，居然比进出菜市场还要随意，世界上难道还有比这更丢脸的事吗？

究竟是什么导致了这样的奇耻大辱？

这笔账当然不能不算。

太常博士柳伉上表，直接把矛头指向了皇帝李豫，说他自登基以来一直疏远功臣、宠信宦官，才酿成了这样的大祸，强烈要求他下罪己诏，改过自新，并剥夺宦官的权力，诛杀程元振。

李豫看了心里很不爽。

居然敢这样指责皇帝，简直是澡堂里的拖鞋——没大没小！

不过，生气归生气，李豫并没有把柳伉怎么样。

因为他知道，出了这么大的事，朝臣有意见是正常的，要平息大家的怨气，当务之急是找一个为此担责的背锅侠。

最适合的人选，无疑是民愤最大的程元振。

如果不是他隐瞒战报，吐蕃人怎么可能如此轻松地长驱直入！

因此，尽管李豫之前对程元振一直信任有加，这次也不得不忍痛割爱了。

很快，程元振就被免去所有官爵，遣回原籍，他原先的元帅府行军司马这一要职则由宰相元载接任。

之所以没有处死程元振，一方面是因为李豫念及当初程元振对他有拥立之功，另一方面也是因为他不想把事做得太绝，伤了其他宦官的心。

事实上，之后他依然十分信任宦官这个群体。

回到长安后不久，他就加封此次在陕州护驾有功的鱼朝恩为天下观军容宣慰处置使，让他总领禁军。

鱼朝恩带着他在陕州时的老部队神策军进驻禁宫，自此取代程元振，成为新一代的权宦。

350

而程元振居然还不甘心，竟在不久后又穿着女人的衣服偷偷潜回了长安，企图东山再起。

见这家伙毫无自知之明，李豫对他也忍不住厌恶起来——现在你已经成了人人喊打的过街老鼠，我怎么可能在这样敏感的时刻用你？

李豫当即下诏，将程元振流放到溱州（今重庆綦江区），之后又改于江陵安置。

从此程元振彻底退出了历史舞台。

彻底退出历史舞台的，还有名将李光弼。

在当时的唐朝军界，无论是从战功、威望还是影响力来说，李光弼都不亚于郭子仪，但在经历了此次吐蕃入侵事件以后，两人在皇帝李豫心目中的地位，却有着天壤之别。

郭子仪赋闲多年，手中没有一兵一卒，但临危受命，收散卒，克长安，建下了奇功，真正做到了"我是唐朝一块砖，啥时需啥时搬"，李豫对他极为感激——回京的时候，他曾握着郭子仪的手激动地说：朕没有早点起用爱卿，才会落到这样的地步！

而与郭子仪形成鲜明对比的是，手握重兵于徐州的李光弼却对李豫的勤王令置若罔闻，不要说出兵响应了，连一点反应都没有！

这让李豫怎么会对他没有想法？

之前在程元振等人的多次挑唆下，他本来就对李光弼有些猜疑，现在见李光弼表现得如此不听话，他当然更不放心了。

不错，你确实功劳大，能力大，但正因为这样，我对你的担心也更多！

回到长安后不久，李豫就下诏改任李光弼为东都留守。

东都留守是东都洛阳的最高行政长官，级别不低，却不仅是个文职，还是个没多少实权的虚职！

显而易见，李豫发布这个任命的意图是要解除李光弼的兵权。

李光弼会接受吗？

当然不会。

在他看来，皇帝这么做，摆明了是对他不放心。

力的作用是相互的，人的信任也是相互的。

李豫如此不信任他，他当然也无法信任李豫。

如果自己放弃兵权，老老实实地到洛阳上任，会不会迎来和来瑱同样的命运？

对此，他完全没有把握。

经过一番激烈的思想斗争，最后他还是决定再次抗命。

他以自己要保护江淮粮食转运为由，留在了徐州——徐州是江淮粮食运往关中的重要交通枢纽，坚决拒绝出任东都留守这一新职。

这下李豫更觉得李光弼不可靠了，更觉得无论如何都必须尽早把李光弼调离军队了。

怎样才能迫使李光弼就范呢？

思来想去，他决定利用亲情。

当时李光弼的母亲住在河中，李豫便频频派宦官前去慰问，想通过其母做李光弼的工作。

但李光弼依然不为所动。

后来李豫干脆把李光弼的母亲接到了长安，安排她住进了一幢超豪华的大别墅里，每天好吃好喝地供着，还专门配备了一大批侍女和一个中队的保安，对李母的服务更是贴心到了过分的程度——下雨有人帮着打伞，走路有人帮着扶腿，打哈欠有人帮着张嘴……

除此之外，李豫还将李光弼的异母弟李光进调到禁军任职，不仅给了他很高的职位，而且啥事都不用管，啥钱都不少发——工资补贴公积金，样样都翻倍；月奖季奖年终奖，回回大手笔……

李豫的这种做法，表面上看起来似乎是对李光弼的家人非常优待，可明眼人都知道，他这是把李光弼的母亲和弟弟当成了要挟李光弼的人质！

李光弼对此当然心知肚明。

这让他感到非常难受。

他为国家立了那么大的功劳，到头来皇帝却对他如此猜忌！

更令他不舒服的是，之前他在军中威信极高，令行禁止，说一不二，他说西没人敢说东，他说守没人敢说冲，每个将领都对他毕恭毕敬，他发布命令的时候诸将都不敢仰视，而这段时间由于他几次三番抗旨不遵，田神功等部将都对他不复往日的尊敬，常常阳奉阴违，有些事甚至不经过他便自行决定。

若是以往，他一定会依照军法，对田神功等人严厉处置，而现在他却只能苦笑着摇摇头，上行下效，他又有什么资格说他们呢？

这样一来，他的心情自然更郁闷了。

人一郁闷，就容易生病。

很快，他就一病不起。

弥留之际，左右问他有何遗言。

他只是轻轻地叹了口气：我长期在军中，没能奉养母亲。作为一个不孝子，哪里还有什么好说的……

显然，让他至死都无法释怀的，就是自己一辈子征战沙场，到最后却反而连累母亲成了朝廷的人质！

公元764年七月，李光弼在徐州病逝，享年57岁。

他和郭子仪两人是唐朝平定安史之乱的大功臣，并称"李郭"，但郭子仪后来的名声却比他大得多。

其实论战绩和军事能力，李光弼可能还在郭子仪之上，《新唐书》中就称李光弼"战功推为中兴第一"。

他和郭子仪之间的差距，主要还是在胸怀上。

郭子仪遭受的猜忌并不比李光弼少，可他总是不计个人得失，把国家利益放在个人利益之上，而在同样的情况下，李光弼却有些患得患失。

这一点，从前一年那次吐蕃入侵时两人的不同表现就可以看出来。

在国家面临生死存亡的危急时刻，郭子仪不顾自身安危，毅然挺身而出，最终立下了大功，而此时李光弼却拥兵自保，毫无行动——尽管他也有自己的苦衷，可后世很多人却依然将此看作他人生中的一个不可忽视的污点——明朝史学家王世贞就因此而评论他"称名将可也，称贤臣不可也"。

但也有人为李光弼抱不平。

清代史学家朱轼就说：使时无朝恩、元振，（李光弼）不以忧防惧祸来，晚节全竟之矣，则汾阳何以过焉！

是啊，倘若唐代宗李豫不是那么信任程元振、鱼朝恩这样的宦官，不是那么猜忌功臣，李光弼完全可能善始善终，在历史上的名声完全可能不亚于郭子仪！

我敬李光弼之才，我悲李光弼之遇！

当然，无论如何，李光弼的死也算是让他自己得到了解脱。

他终于可以不用再纠结了。

李光弼的死，也让唐代宗李豫得到了解脱。

他终于可以不用再担心了。

李光弼的身后事，自然是极尽哀荣。

李豫追赠他为太保，谥武穆，并为之辍朝三日，命京兆尹第五琦负责办理丧事，葬礼举行的那天，李豫还专门下诏让宰相率文武百官将李光弼的灵柩一直护送到了延平门（长安城的西南门）外。

文武百官送光弼，无数大臣在哭泣……

可是，死后就算再荣耀，又怎么可能弥补得了李光弼生前所受的委屈！

不过，比起另一位平叛功臣仆固怀恩，我觉得李光弼还算是幸运的。

至少，他保住了自己一代名将的声名。

而仆固怀恩则要惨得多——他竟然被《新唐书》列入了叛臣传！

仆固怀恩覆水难收

这一切，与仆固怀恩的性格是分不开的。

他这个人实在是太意气用事太胆大妄为了。

任何事情，只要他自己认为是对的，啥都不管；任何事情，只要他自己认为是不对的，啥都不管——即使那是皇帝的命令！

眼见河东节度使辛云京对他进行恶意构陷，而皇帝李豫又没有站在他这一边，一向桀骜不驯的他当然接受不了。

除非他已经断了气，否则他无论如何也咽不下这口气！

一怒之下，他竟然决定出兵攻打辛云京。

既然朝廷不能为我主持公道，那我就自己动手替天行道！

我要让大家看看，不管后台多硬，不管地位多高，敢犯我仆固怀恩者，虽远必诛！

如此一来，一切就无法挽回了。

其实在这之前，李豫尚没有完全放弃和平解决的努力。

在吐蕃人退出长安后不久，他曾打算让刑部尚书颜真卿前往汾州，再次劝说仆固怀恩入朝。

颜真卿不肯去：时机已经失去了，来不及了！

李豫很纳闷儿：为什么这么说呢？

颜真卿回答说：当初陛下在陕州的时候，臣曾提出愿意出使汾州，召仆固怀恩来勤王，但陛下没有答应。如果那时臣以君臣大义为由召唤他，他还有可能来，而现在陛下已经回到长安，再召他来已经没有合适的理由了，他怎么会来呢？况且，如今咬定仆固怀恩谋反的只有辛云京、骆奉仙、李抱玉、鱼朝恩四人而已，其余大臣都认为他是冤枉的。陛下真要是担心仆固怀恩的话，臣倒是有一个办法。仆固怀恩麾下的将士，都是郭子仪的旧部，只要以郭子仪取代仆固怀恩，一定能不费一刀一枪就把麻烦消弭于无形之中！

除了颜真卿，另一名大臣李抱真也提出了类似的建议。

李抱真是泽潞节度使李抱玉的堂弟，当时正在仆固怀恩的驻地汾州担任别驾（州刺史的佐官），由于李抱玉和仆固怀恩之间已经彻底闹翻了，他担心自己的安全，便不敢再待在汾州，找机会偷偷跑回了长安。

得知汾州来人，李豫立即召见，询问应对仆固怀恩之策。

李抱真胸有成竹地回答：此事不足为忧。朔方将士对郭子仪的感情不亚于子弟对于父兄。仆固怀恩骗他们说郭子仪已被鱼朝恩杀害了，他们才愿意跟随仆固怀恩的。若能以郭子仪为朔方节度使，他们肯定会归附郭子仪。一旦没有了朔方军的支持，仆固怀恩也就成了没有水的水车——再也翻不起什么浪花了……

听了李抱真的话，李豫也就不再迟疑，决定依计而行。

可惜还是晚了一步。

没等他付诸行动，仆固怀恩就已经先动手了！

仆固怀恩先是收买了辛云京的部将李竭诚，企图让他暗算辛云京。

不料警惕性极高的辛云京提前察觉到了李竭诚的阴谋，将李竭诚处死。

暗的不行，那就只能来明的了。

仆固怀恩干脆不再遮遮掩掩，明目张胆地命其子仆固场率领大军前去攻打太原。

可辛云京也不是吃素的，加上又早有准备，哪儿那么容易被欺负？

这一战，仆固场不仅没占到任何便宜，还被打得落花流水，无奈只好本着"赌桌上手气不顺就换个方向再来"的原则放弃太原，转攻榆次。

消息传到长安，李豫大为震怒。

仆固怀恩身为国家重臣，居然在没有朝廷命令的情况下悍然挑起内战，武装攻击同为朝臣的辛云京，眼里还有王法吗？眼里还有他这个皇帝吗？

这不是乱臣贼子是什么？

他当即任命郭子仪为关内、河东副元帅、河中、朔方二镇节度使，让他迅速赶往河中，对付仆固怀恩。

他对郭子仪说：怀恩父子实在是太辜负朕了，朕听说朔方将士一直在思念着你，你就为朕镇抚河东吧，相信只要你出马，汾州的朔方将士一定不会参与叛乱。

事实也证明了他的判断是对的。

郭子仪要来河东的风声刚散布出去，郭子仪还没有出发呢，仆固怀恩的部下已经军心动摇了：我们跟随仆固怀恩做不义之事，有何面目再见汾阳王（郭子仪的爵位是汾阳郡王）！

一个人心律不齐，这个人的健康就不妙了；一支军队军心不稳，这支军队的前景也就堪忧了。

很快，仆固怀恩父子的厄运就来了。

最先遭殃的是仆固场。

当时由于在榆次的军事行动不太顺利，他命人去附近的祁县调兵——祁县的驻军是仆固怀恩的部将李光逸。

李光逸不敢怠慢，连忙命手下将领焦晖、白玉两人带兵前去增援仆固场。

由于催得太急，士兵们没来得及吃饭就出发了。

由于饿着肚子，士兵们一个个有气无力，怨声载道，他们走走停停，拖拖拉拉，懒懒散散，三三两两，稀稀拉拉。

那速度到底有多慢呢？

这么说吧，如果让他们去两万五千里长征的话，到重孙辈出生都不一定走得到……

焦晖、白玉等人本就不愿跟着仆固怀恩父子造反，一直憋着一肚子火，现在又看到部队行军那么慢，担心迟到了会被仆固玚问罪，一时心急如焚，情绪失控，竟然拈弓搭箭，瞄准了队伍最后面的士兵。

士兵们不由得抱怨道：将军你干吗要射自己人？

白玉没好气地回答：如今我们跟着别人造反，终究免不了一死。无论走多少路，最后都是绝路；无论转多少圈，最后都是花圈。既然早晚都要死，射死有什么关系！

抵达榆次后，仆固玚责怪他们来得太晚。

队伍里的胡人士兵辩解说他们骑马，速度很快，是那些汉人步兵消极怠工，走得太慢了。

仆固玚本来就因战事不顺而心情极为不爽，现在听了这句话，胸中的怒气顿时如打喷嚏时的飞沫一样控制不住地喷涌而出。

他暴跳如雷，当即拿出鞭子，将走在最后面的几个汉人士兵狠狠地暴打了一顿——打得有多狠我不知道，只知道鞭子报废了好几十根……

打完后，他感觉气似乎消了不少，便回帐休息去了。

然而他的气是消了，那些汉人士兵却气炸了：仆固玚眼里只有胡人，根本就不把我们汉人当人！

焦晖、白玉趁机号召他们发动兵变，重新归顺朝廷：干掉仆固玚，迎接汾阳王！

士兵们群情激奋，纷纷响应。

当天夜里他们突然起事，杀死了毫无防备的仆固玚，宣布反正。

仆固玚的死，对仆固怀恩触动很大。

他终于无奈地意识到，朔方军的将士，尤其是其中的大多数汉人与自己并不是一条心，想要用这些人来对抗朝廷，无异于用雪人来对抗热水——完全是不可行的！

怎么办？

难道就此认输？

不可能。

这不是他的风格。

虽然认输不一定会死，但他死也不会认输！

思来想去，仆固怀恩决定离开汾州，返回朔方军之前的大本营灵武。

他之所以会作出这样的选择，主要是因为灵武地处西北边陲，便于联络回纥、吐蕃、党项等周边异族政权。

在他看来，只有得到这些异族政权的支持，他才有可能扭转现在的被动局面，为自己洗刷耻辱，为儿子报仇雪恨！

临走前，他将仆固玚的死讯和自己的计划告知母亲。

没想到他得到的，却是母亲的破口大骂：我早就三番五次地告诫过你，国家待你不薄，千万不要造反，可你就是不听！现在军心已变，非但你即将大祸临头，还会牵连到我，你说接下来怎么搞！……啊……说啊！怎么没声音了？……

仆固怀恩无言以对，便象征性地拜了两拜算是辞行，随后扭头就走。

这下他母亲更火了，随手拿了一把刀就追了上去，一边追一边还大喊：我要为国家杀了你这个叛贼，用你的心来告慰三军！

仆固怀恩大惊，慌忙撒开两腿，拼命逃窜——估计他小时候和我一样，没少挨母亲的揍。

其母虽然彪悍，但毕竟上了年纪，在连续追了数里路后终于慢了下来……

最终仆固怀恩凭借年龄优势摆脱了母亲的纠缠，带着麾下三百亲信渡过黄河，直奔灵武。

当时留守灵武的，是朔方军将领浑释之。

浑释之是铁勒浑部人，曾任朔方右武锋使——后来的中唐名将浑瑊就是他的儿子。

仆固怀恩事先给浑释之发了一道公函，声称自己奉朝廷命令返回灵武，要他开门迎接。

那时虽然尚没有报纸广播电视，更没有微博微信抖音快手，但浑释之对仆固怀恩反叛的消息似乎也已经有所耳闻，因此他对仆固怀恩的话有些不太相信，便召集几个亲信商议：仆固怀恩不会是打了败仗溃逃至此的吧？我觉得应该关闭城门，不让他入城。

然而另一名朔方将领张韶却是仆固怀恩的死党，马上表示反对：不能这么做。现在我们并没有接到任何朝廷的任免通知，这就说明仆固怀恩的职务依然是朔方节度使，他率部归镇，我们怎能闭门不纳？

这下浑释之犹豫了。

接纳吧？

不放心。

拒绝吧？

不安心。

抛硬币吧？

不科学……

就在他感到这也不行、那也不行，左也不是、右也不是，纠结万分始终拿不定主意的时候，仆固怀恩已经到了。

浑释之来不及再思考，只好硬着头皮迎接其入城。

一入城，仆固怀恩就翻了脸——因为张韶已经偷偷将浑释之的言行向仆固怀恩告了密。

很快，浑释之被杀，其部众都被仆固怀恩吞并。

接着仆固怀恩又竖起大旗，收罗了一批忠于他的老部下，军势重新振作起来。

与此同时，仆固怀恩之前的驻地汾州也迎来了新的主人。

仆固怀恩离开后，原本驻于沁州的朔方军将领张维岳第一时间领兵赶赴汾州，接管了仆固怀恩留下的部队，控制住了汾州的局势。

随后他又除掉焦晖、白玉等兵变将领，将诛杀仆固玚的功劳据为己有，并遣使向郭子仪告捷。

不过，行事稳重的郭子仪对此并没有贸然相信，而是先派下属卢谅前往汾州核实情况。

张维岳用重金贿赂卢谅，卢谅见钱眼开，便向郭子仪汇报一切属实。

郭子仪这才上奏朝廷，为张维岳请功，并将仆固玚的首级传送京师。

几天后，郭子仪抵达了汾州。

朔方军将士见到了多年未见的老长官，就像孩子见到了多年未见的父母一般兴奋，他们里三层外三层地把郭子仪围在中间，喜极而泣：令公，您终于来了，可惜来得太晚了！

是啊，如果郭子仪能够早点到来，也许很多人的命运都大不一样！

郭子仪对此也很感慨。

可是，他又有什么办法呢？

毕竟，这世上很多事都是很无奈的。

鱼喜欢吃蚯蚓，可是它却上不了岸；猫喜欢吃鱼，可是它却下不了水；朔方军将士喜欢郭子仪，可前几年皇帝却一直不让他带兵！

从这里也可以看出，郭子仪在军中有多么受人爱戴！

他性情宽厚，爱兵如子，处事公正，待人真诚，这样的领导，谁会不发自内心地敬重呢？

当然，郭子仪虽然以宽厚著称，但他的宽容并不是没有原则的。

卢谅和张维岳搞的小动作没有瞒过眼神犀利的郭子仪，很快他就洞悉了其中的猫腻，将卢谅杖杀，可令人诧异的是，根据《唐故开府仪同三司兼左羽林军大将军知军事文安郡王赠工部尚书清河张公神道碑铭》的记载，张维岳的前途似乎并没有受到此事的影响，之后他依然官运亨通，不仅出任了左羽林大将军这样的禁军要职，而且还晋封文安郡王，画像于凌烟阁……

至于为什么，我不知道，也许因为张维岳是郭子仪的老部下，也许因为张维岳有后台而卢谅只有后背，也许是张维岳有不错的人缘而卢谅仅仅是个普通的人员……

与此同时，仆固玚被杀、仆固怀恩逃亡的消息传到了京城。

群臣纷纷向皇帝李豫道贺。

李豫的脸上却没有任何喜色：朕未能取信于人，导致国家的功臣走到了这样的地步，心中愧疚还来不及呢，有什么可庆贺的？

他下令将仆固怀恩的母亲接到长安供养起来，待遇非常丰厚，服务非常周到。

可尽管在长安的生活条件极好，老太太的心情却很不好——给她吃的食物再可口，她也没有胃口；给她睡的床褥再写意，她也没有睡意；给她住的房子再豪气，她也只当是空气……

她成天无精打采，郁郁寡欢，忧心忡忡，茶饭不思……

很快，她就病倒了。

几天前还可以一口气飞奔数里的她，几天后却连一步都走不动了。

没过多长时间，她就郁郁而终。

李豫唏嘘不已，下令以礼厚葬。

除了仆固怀恩的母亲，李豫对怀恩留在河东的家属也非常优待。

之所以这么做，其实并不是李豫对他们有多深的感情，他有自己的目的。

这一切，都是做给仆固怀恩看的！

因为他知道，仆固怀恩虽然受挫，但并未彻底失败，随时有可能卷土重来！

尽管可能性并不太大，可他还是想尽力争取，尽力避免战乱的发生。

为此，他还专门下诏招抚仆固怀恩。

在诏书中，他先是称颂仆固怀恩"勋劳著于帝室，及于天下"，接着又说：爱卿你和朝廷之间之所以会发生一些不愉快的事，都是由于一些小人的挑唆，朕知道你本无异心，对你依然是无比信任的，君臣之间的情义依然和当初一样。只是如今河北已经平定，朔方也已有了新的任命，所以暂时解除了你副元帅和朔方节度使的职务，其余的太保、中书令、大宁郡王等官爵依然保留，希望你尽快入朝，不要再迟疑。

仆固怀恩对此嗤之以鼻。

给我一顶虚无缥缈的大高帽，就想让我当自投罗网的大傻帽儿？

怎么可能？

更何况，他现在已经家破人亡，几句花言巧语怎么可能平息得了他心中的愤怒！

他无论如何都要为自己讨个说法！

当然，仆固怀恩也知道，要与强大的唐朝为敌，靠他自己那点人手肯定是远远不够的。

一回到灵武，他就开始紧锣密鼓地与回纥以及吐蕃联系，提出的条件非常优厚：只要你们肯发兵助我攻打唐朝，所有的城市都任你们抢劫，抢到的所有东西都归你们，我只争一口气，其他什么都不和你们争！

回纥和吐蕃对唐朝早有觊觎之心，而回纥登里可汗更是与他有翁婿之亲，因此与他一拍即合，三方很快就结成了同盟。

公元764年八月，仆固怀恩纠集了回纥、吐蕃联军共十万人，浩浩荡荡地杀向唐朝边境。

一时间京师震动。

李豫急忙召见郭子仪，询问破敌方略。

郭子仪却胸有成竹：仆固怀恩绝不会有什么作为——那口气，就和初中数学老师说"两条平行线绝不会相交"一样肯定。

李豫很意外：何以见得？

郭子仪回答：仆固怀恩虽然勇悍，为人却刻薄寡恩，并不太得军心。况且，他本是臣的部将，麾下都是臣的旧部，一定不忍与臣刀兵相见，因此臣料定他肯定不是臣的对手。

郭子仪向来以老成持重著称——有九成八的把握他绝不会说九成九。

听他这么一讲，李豫也放心不少，当即命郭子仪再次挂帅，率领诸将赶赴奉天御敌。

九月下旬，得知仆固怀恩已经引回吐联军逼近邠州，郭子仪命其子郭晞领兵数万前往驰援。

郭晞刚进邠州，仆固怀恩的大军也到了，随即将邠州城团团围住，发动猛攻。

邠宁节度使白孝德与郭晞一起据城死守，仆固怀恩连攻数日无法得手，便干脆率部绕过邠州，直扑郭子仪所在的奉天。

得知敌军即将到来，唐军诸将纷纷请战。

郭子仪坚决不许：敌人远道而来，利于速战，我军应坚壁清野，严防死守。如此一来，敌军以为我们胆怯，时间长了必然戒备松懈，接下来我军才有破敌的机会。如果现在马上出击，一旦失利，军心势必涣散，后果不堪设想。有胆敢再言出战者，斩！

随后，他在乾陵（唐高宗李治和武则天的合葬墓）以南选择险要地形，挖战壕，装栅栏，构筑了一道固若金汤的防线。

数日后，仆固怀恩的大军来了。

见唐军早已严阵以待，他麾下的回纥人和吐蕃人一下子就没有了战意。

他们之所以愿意与仆固怀恩联手攻击唐朝，是因为仆固怀恩说唐军没有防备，他们可以乘虚而入，以最小的代价捞取最大的好处，要让他们与唐军死磕，这种风险大、代价高的生意，他们当然是不肯做的。

于是回纥、吐蕃先后不战而退。

仆固怀恩心里那个气啊：我是请你们来打仗的，不是来打酱油的！

可生气又有什么用呢？

盟友都退了，独木难支的他也只好跟着回撤。

郭子仪命部将李怀光率五千精骑穷追不舍，一直追到麻亭（今陕西永寿）才返回。

仆固怀恩一路退到邠州，越想心中越不甘心。

原本想一鼓作气一往无前一举攻下长安，没想到却是白跑一趟一无所获一个城池都没攻下！

一怒之下，他忍不住再次对邠州发起攻击。

然而有句名言是这么说的：哀莫大于心不死——几天过去了，仆固怀恩尝到的，依然是毫无建树的味道，无奈只好灰溜溜地北渡泾水，退回了老巢灵武。

仆固怀恩对唐朝发动的第一次军事行动就这样彻底失败了。

郭子仪又一次凯旋。

皇帝李豫在无比兴奋的同时，心中也飘过了一丝小小的担忧。

原本就有太尉、中书令、汾阳郡王等一大堆显赫头衔的郭子仪再次立下大功，他该用什么样的官爵来封赏他呢？

太尉是最高级别的荣誉官衔，中书令是最高等级的行政职务，郡王是臣子所能获得的最高爵位，还有什么头衔比太尉、中书令、郡王还要尊贵呢？

李豫用堪比爱迪生试验电灯灯丝材料的钻研精神刻苦钻研了好长时间，最后总算找到了一个官衔：尚书令。

所谓物以稀为贵，尚书令的尊贵就在于它的稀缺性。

自从唐朝开国以来，担任过尚书令的只有两人：一个是登基前的唐太宗李世民，一个是现在的太子李适——李适是在平定史朝义后以元帅之功被李豫授予这一职务的。

也就是说，到目前为止，还没有一个异姓臣子能得到这样的官职！

现在，李豫准备开这个先例。

他决定把这个象征着无上荣誉的头衔赐给郭子仪。

郭子仪连忙上表请辞，理由很简单，这个头衔太尊贵了，不是他这样的"微臣"所能承受的。

李豫不准。

郭子仪再次上表辞让。

后来李豫见实在拗不过他，无奈只好同意。

郭子仪的高风亮节，让朝野上下对他更加钦佩。

可这段时间他儿子郭晞在邠州的表现，却似乎有点有辱老父的英名。

仆固怀恩退兵后，郭晞带着他手下的兵马留在了邠州。

他的部队军纪很差，在邠州城内胡作非为，不是抢劫钱财就是强奸民女，横行霸道，无法无天。

邠宁节度使白孝德对此深感头痛——如果换作别人的手下，他绝对不会坐视不管，可郭晞是名震天下的郭子仪的儿子，他怎么能轻易得罪呢？

该怎么处理郭晞手下这些乱兵？

他绞尽脑汁，却苦无良策。

帮他解决这个难题的，是时任泾州刺史的段秀实。

段秀实资格很老，早年曾追随高仙芝、封常清、李嗣业等人征战西域，参加过著名的怛罗斯战役，安史之乱爆发后他跟着李嗣业回到了中原，很受李嗣业器重，以忠勇著称。

李嗣业死后，他又先后归属荔非元礼和白孝德。

这次见白孝德为郭晞部下的军纪犯难，段秀实挺身而出，自告奋勇请求担任负责执行军法的都虞候。

上任不久，他就摊上了事。

当时郭晞手下的十七个士兵在集市上饮酒作乐，要了很多高档酒，卖酒的老翁向他们讨要酒钱，他们非但不给，还持刀刺死老翁，并砸坏酿酒器具。

这些士兵之所以如此猖狂，是因为他们认为有郭晞做他们的靠山，没人敢对他们怎么样。

可惜这次他们错了。

因为现在的都虞候，是刚正不阿的段秀实。

在段秀实看来，只要你犯法了，什么样的靠山都不靠谱！

得知此事后，他立即带着大队执法队赶来，将这十七个尚未离开现场的乱兵全部逮捕。

此时乱兵们依然十分嚣张：敢抓我？知不知道我是谁的人！

段秀实冷冷地说：别跟我说这些，要讲你们去跟老天爷讲吧，我只负责送你们上西天！

随后他将这些乱兵全部就地正法，并把这十七颗人头挂在市场门口示众。

很快，这个爆炸性的新闻就传遍了整个邠州。

郭晞的军营里一下子就炸锅了。

士兵们纷纷穿上铠甲，拿起武器，叫嚣着要为死去的兄弟报仇。

眼看一场兵变即将发生，一向以骁勇著称的白孝德也有些慌了——在战场上冲锋陷阵他是内行，可在官场上处理这种牵一发而动全身的麻烦事，他实在是不太在行。

他连忙问段秀实：怎么办？

段秀实却依旧很淡定：没什么大不了的，我去走一趟吧。

白孝德本打算派数十名将士与段秀实同去，段秀实摆摆手拒绝了：用不着。

最终他只带了一个瘸腿的老兵跟他一起去。

两人刚到郭晞的军营门口，全副武装的士兵们就杀气腾腾地冲了出来。

面对山呼海啸般喊打喊杀的士兵，段秀实却如定海神针般泰然自若。

他笑着对他们说：杀一个老兵，何必这样兴师动众呢？我把自己的头送上门来了，省得你们辛苦，这服务态度可以吧。

士兵们万万没想到他会说出这样的话，一时间都愣住了——只听说有上门送礼的，没听说有上门送死的，而且还这么开心！不像是死到临头，倒像是双喜临门！这人到底是有毛病呢，还是有什么诡计？

就在他们愣神的时候，段秀实突然把脸一沉，声音也变得严厉起来：常侍（郭晞在朝中的职务是散骑常侍）哪里对不起你们！副元帅（郭子仪）哪里对不起你们！为什么你们要作乱毁掉郭氏一门！

此时郭晞听到动静也出来了。

段秀实丝毫不给他面子，质问他说：副元帅功盖天地，应该考虑善始善终。如今常侍纵容士兵恣意妄为，一旦发生变乱便会殃及副元帅。到那时你们郭家的功名还能留下多少呢？

没等他说完，郭晞的脸已经红到了耳根：多亏段公您的教诲，郭某不敢不从！

他恭恭敬敬地对段秀实拜了两拜，随后回头对士兵们怒斥道：都给我脱掉铠甲回到军营里去，谁敢再闹，一律斩首！

随后郭晞设宴招待段秀实，并留他在自己的帐中过夜。

为了确保他的安全，郭晞整宿都没敢脱衣服，同时还让警卫严加警戒。

而段秀实却全不在意，一秒就进入梦乡，一睡就睡到天亮。

第二天一早，郭晞随段秀实一起到节度使白孝德那里请罪。

之后他对部下严加约束。

从此，他的士兵再也没有骚扰过驻地的百姓。

对郭晞军营中发生的这一切，郭子仪估计并不知情。

回到长安后不久，他又被任命为都统河南道节度行营，出镇河中。

在那里，已经六十九岁的他每天练练兵，打打拳，喝喝茶，散散步，看看书，下下棋，打打牌，泡泡脚，日子过得紧凑而不紧张，简约而不简单。

可好景不长，到了公元 765 年九月，他平静的生活再次被打破了。

仆固怀恩卷土重来了!

这一次,仆固怀恩的出兵规模比上次更大。

他纠集了回纥、吐蕃、吐谷浑、党项、奴剌(羌人的一支)等部数十万大军,兵分三路大举入侵——吐蕃军从北路攻击奉天,回纥军和仆固怀恩本人统领的部队紧随其后;党项军从东路杀向同州(今陕西大荔);吐谷浑、奴剌则从西路直扑盩厔。

事态紧急,郭子仪向皇帝李豫上疏,让他立即下诏征诸道节度使率军赴援。

然而诏书下达后,除了淮西节度使李忠臣立即出兵外,其他各道军队迟迟没有到位。

李豫心急如焚,却毫无办法,只能一遍又一遍地祈祷奇迹发生。

奇迹真的发生了。

叛军主帅仆固怀恩在进军途中暴病,暴死于鸣沙(今宁夏中宁)!

消息传到长安,群臣纷纷向皇帝李豫道贺。

李豫的脸上却没有一丝喜色,而是发出了这样的一声长叹:怀恩不反,为左右所误耳!

然而,李豫的言语虽然显得非常诚恳,但其实并不十分中肯。

该为此负责的,除了仆固怀恩的左右,也许更应该包括他李豫的左右——如骆奉仙、程元振、鱼朝恩之流!

一个人做错事不可怕,不知道自己做错事才可怕!

郭子仪单骑退回纥

不过,虽然仆固怀恩死了,但他发起的这次针对唐朝的军事行动却并没有结束。

吐蕃人、回纥人既然出兵了,就绝不可能空手而归——出动这么多人,走了这么多路,如果就这样灰溜溜地回去,差旅费谁来报销?

九月十五日,吐蕃大军进抵奉天城下。

奉天守将是郭子仪手下的朔方兵马使浑瑊——他是奉郭子仪之命提前进驻奉天的。

面对数量远多于己的敌军,浑瑊出人意料地选择了主动出击。

趁吐蕃军立足未稳之际,他打开城门,率两百精骑对吐蕃人发动突然袭击。

浑瑊一马当先,率先冲入敌阵。

吐蕃人猝不及防,阵脚大乱。

其中数百个倒霉蛋还没来得及反应,眼睛一睁一闭,发现这一生就过去了。

更多的人也没来得及反应,眼睛一闭一睁,发现这一仗就过去了。

因为浑瑊并没有恋战——他清楚地知道,自己现在对吐蕃人的攻击就相当于打架时弱者对强者的偷袭，打一拳就得马上跑，否则等对方回过神来，他就只有满地找牙的份儿了。

故而在他和部下斩杀数百人并抓获一名吐蕃将领后，便立即策马返回，麾下的两百骑兵无一人伤亡。

整个过程，不超过一个喷嚏的时间。

吐蕃人刚到就遭了一个下马威——虽然伤害性不大，但侮辱性极强，不免有些丧气。

而城头上的唐军将士见状则士气大振。

好长一段时间后，吐蕃人才缓过劲来，开始攻城。

浑瑊早就做好了充分的准备，率军严防死守。

转眼几天过去了，吐蕃军不仅没有取得任何进展，还损失了五千多人，无奈只得拔营而去。

浑瑊的顽强抵抗，为其余各路唐军的布防争取到了足够的时间。

就在他与吐蕃军周旋的时候，郭子仪已经率军进驻泾阳（今陕西泾阳），淮西节度使李忠臣进驻东渭桥（今陕西西安高陵），滑濮节度使李光进驻守云阳，镇西节度使马璘、河南节度使郝廷玉驻守便桥（今陕西咸阳西南），宦官骆奉仙和大将李日越驻守盩厔……

但形势依然十分危急。

为了鼓舞士气，李豫下诏御驾亲征——当然，这只是说说而已。

和皇帝相比，观军容使鱼朝恩就不光是嘴炮了。

他的表现异常积极——先是下令征用所有城中百姓家里的马匹；接着又要求全体男子都穿上黑衣，作为团练兵协助正规军防守，同时还把各个城门的三个门洞关闭两个，仅保留一个用作出入……

这一套组合拳下来，效果那是相当明显。

长安城内本来还算稳定，被他这么一搞，气氛一下子就变得无比紧张了。

一时间谣言满天飞，恐慌情绪如溃堤的洪水四处漫延。

百姓们纷纷逃跑，城门口有人把守，他们就另想办法，有翻墙的，有挖洞的，有跳楼的……

鱼朝恩本人也吓坏了。

几天前，他还满口的豪言壮语，现在却前言不搭后语；几天前，他还满腔的壮志雄心，现在却是不跑就觉得不安心……

他打算让皇帝李豫前往河中避难，可又担心大臣们反对，便决定动用武力迫使百官就范。

这天早朝，文武百官都在皇宫外列队等候入宫，宫门却迟迟未开。

正在他们纳闷儿之际，鱼朝恩突然带着数十个手持刀枪的禁军走了出来，以不容置疑的口吻宣布：吐蕃进犯京畿，皇上车驾准备巡幸河中，诸位有何意见？

望着禁军手里闪着寒光的刀枪，官员们都沉默了。

只有一个人站了出来。

此人姓刘，名叫……非常遗憾，史书没有记载他的名字，只知道他当时在朝中担任给事中。

他厉声质问鱼朝恩说：敕使（当时对宦官的统称）是要造反吗？现在京城周围大军云集，您不想着抵御敌寇，却要裹胁天子放弃宗庙社稷，这不是造反是什么！

鱼朝恩又惊又怒，可是对方讲的话句句在理，他根本找不出理由来反驳，只好用鼻子哼了一声，拂袖而去。

出逃的事，就这样不了了之。

再看吐蕃人。

吐蕃军在离开奉天后，本打算往长安进军，可没想到这段时间关中地区大雨不停，道路泥泞不堪，这给吐蕃人的行军带来了极大的困难，加上此时他们又得知各路唐军已经在长安周围严密布防，无奈只得放弃了攻打长安的计划，转攻醴泉（今陕西礼泉），打算最后捞一把就走。

与他们有类似想法的，还有党项人。

党项人在白水（今陕西白水）、蒲津关（今陕西大荔东）一带大肆烧杀抢掠，随后立即带着大批战利品跑回了老家。

九月底，吐蕃人在劫掠了大量财物后也开始向北撤退。

行至邠州，他们遇到了迟到的回纥军团。

两军合兵一处，气势复振，便又重新掉头南下，再次向长安进犯。

几天后，吐回联军来到了距离长安不到百里的战略要地泾阳，随即对泾阳发动猛攻。

驻守泾阳的，是唐军主帅郭子仪。

在他的指挥下，唐军众志成城，防守固若金汤。

联军一时无法得手，便在城外扎营，准备打持久战。

由于仆固怀恩已死，吐蕃和回纥之间缺少了居中协调的人，双方都想做老大，谁都不服谁，加上战事不顺，难免互相埋怨，吐蕃人说回纥人出工不出力，回纥人说吐蕃人只有出恭才出力；吐蕃人说看见回纥人的尿样就来气，回纥人说看见吐蕃人的熊样就气得上不来气……

双方你怪我，我怪你，你拍桌子我拔刀子，吵得不可开交，最后彻底翻了脸。

两军遂分开扎营，相互间隔了很远，布局非常散。

到底有多散？

366

这么说吧，打麻将如果抓到这么一副牌，就是再高的高手也和不了牌！

这一切，瞒不过郭子仪手术刀般犀利的眼睛。

他敏锐地意识到，自己的机会来了。

之前他曾和回纥人在平定安史叛军时并肩作战过，并凭借其天生的个人魅力和宽厚的长者风范赢得了回纥将士的广泛爱戴，回纥人中甚至还流传有"平生不识郭子仪，再狠也是吹牛皮"的说法。

现在，他决心利用回纥与吐蕃的不和，重新把回纥争取过来。

他当即派使者代表自己前往回纥大营，表示希望与回纥重归于好，共同对付吐蕃。

然而回纥人却根本不相信：郭公真的在这里？你这是在骗我们吧！若真在此地，何不让他与我们见一面！

无奈，使者只能悻悻而归，回报郭子仪。

郭子仪毫不犹豫地说：我去！如今敌众我寡，与他们硬拼是不行的。当年我和回纥结过盟，有过很深的交情，只要我亲自前往，相信一定能说动他们！

说完，他马上就准备出发。

众将都知道郭子仪的脾气——他这个人轻易不做决定，一旦决定了，就是一百驾马车也拉不回来，只能由着他去。

但为了安全起见，他们还是纷纷要求郭子仪带五百铁骑作为护卫。

郭子仪拒绝了：这样反而可能坏事！

随后立即翻身上马。

众将全都目瞪口呆，没人敢再说什么。

只有其子郭晞还不肯放弃。

他拦在郭子仪的马前，苦苦进谏说：回纥人如狼似虎，大人是元帅，身系一国的安危，怎能拿自己的命去冒险？

郭子仪掷地有声地说：今战，则父子俱死而国家危；往以至诚与之言，或幸而见从，则四海之福也！不然，则身没而家全——今天要是真打起来，咱们父子都会战死沙场，国家也会陷于险地。我前去诚心诚意地与他们对话，也许他们真的能听从于我，那就是天下之福！倘若他们不肯听，那么我虽然死了，但咱们郭家却可以保全！

其实他讲的最后那一句"不然，则身没而家全"，我一开始是不大理解的，但细想一下，却感觉不无悲凉——在郭子仪看来，自己已功高震主，随时都可能给全家带来灭顶之灾。只有他死了，郭家才会彻底安全！

显然，此时的郭子仪早已把生死置之度外！

不成功，则成仁；不能保卫国家，那就保护郭家！

不管前路有多么艰难，他的意志都无比坚定！

无论局势有多么风雨飘摇，他的信念都绝不动摇！

正如没有任何东西能改变太阳的温度一样，没有任何人能改变郭子仪的态度。

郭晞当然也不能。

郭子仪猛然扬起马鞭，狠狠地向郭晞抽去：走开！

郭晞下意识地一躲。

郭子仪趁机冲了出去，随后仅带着数十名亲兵，策马直奔回纥大营。

到了回纥营门外，他让随从前去通报：郭令公来了！

这大出回纥人的意料——他们万万没想到郭子仪真的会来。

怎么可能？

唐军不会是要什么花招吧？

回纥主帅药葛罗（登里可汗之弟）更是如临大敌，命部队立即紧急集合，刀出鞘，箭上弦，严阵以待。

他自己则拈弓搭箭，骑马立于阵前。

郭子仪却毫不在意，他让随从们远远地等在外面，自己单骑向前。

他气定神闲，仿佛根本不是身在敌营，而是在休闲露营。

他一面揽辔徐行，一面淡定地脱下头盔，解去铠甲，扔掉手中的长矛……

除了老迈的身躯，他已经一无所有。

除了非凡的勇气，他已经一无所凭。

回纥人都看呆了。

慢慢地，他们也看清了：真是郭令公！

他们不由自主而又不约而同地纷纷下马，毕恭毕敬地向郭子仪行礼。

郭子仪也下了马。

他大步流星地走到药葛罗面前，却并没有寒暄，而是直截了当地说：你们回纥对大唐是有过大功的，大唐待你们也不薄，你们为何要背弃盟约，大举来侵！放弃前功而结下冤仇，违背恩德而帮助叛臣，这种做法何其愚蠢！仆固怀恩背弃君主，抛弃母亲，这样的人对你们国家有什么好处！我今天孤身一人前来，要说的就是这么多，接下来要杀要剐，悉听尊便！

游牧民族向来崇拜强者，药葛罗也不例外。

他本来就对郭子仪非常尊敬，现在更是佩服得五体投地——敢于手无寸铁、孑然一身独闯敌营的，这世上除了郭子仪还有谁！

刹那间，一个念头在他脑海中油然而生：

有郭子仪这样的人在，大唐怎么可能被轻易征服！

因此，尽管耳边依然还回荡着激扬的战鼓，但他的心中却情不自禁地打起了退堂鼓。

368

他不假思索地对郭子仪说：仆固怀恩欺骗我们，说大唐天子已经驾崩，令公也已经去世了，中原无主，所以我们才敢来的。现在我们既已知道天子在长安，令公又在此统领大军，怀恩也遭了天谴，我等岂敢与令公您开战！

郭子仪闻言大喜，但表面上依然不动声色。

因为他想要的，不仅是让回纥退兵，还要借回纥的军力来对付吐蕃。

他知道，要做到这一点，光靠晓之以理是不够的，还必须诱之以利。

于是郭子仪把话锋一转，接着又说道：吐蕃人凶残无道，趁我国内乱之际，不顾舅甥之亲（唐中宗李显曾将养女金城公主嫁给吐蕃现任赞普赤松德赞的父亲赤德祖赞和亲，唐玄宗李隆基与金城公主算是堂兄妹，因此也是赞普的舅舅），侵犯我国领土，扫荡京畿郡县，他们这次所掠之财不计其数，马、牛以及其他各种牲畜漫山遍野，到处都是，绵延数百里，这是上天赐给你们的礼物，如果你们能和我们一起击败他们，这些财富就全部归你们所有。世上还有比这更好的事吗？

听说吐蕃人手里有这么多财富，药葛罗如同色狼看见了绝色美女，眼睛一下子就直了。

他一边强忍着没让口水滴下来，一边忙不迭地说：我为怀恩所误，实在对不起令公。此次我一定尽力击败吐蕃，将他们的钱财抢过来据为己有……不，将功赎罪。另外，怀恩之子是我们可敦（可汗正妻，相当于王后）的弟弟，希望大唐能赦免他们，不要诛杀。

对这样一个无关大局的小要求，郭子仪当然不可能不答应：没问题！

此时周围的回纥人听到“有财物可抢”，也都来了精神，纷纷围拢过来。

而郭子仪的随从们远远看见，误以为形势对郭子仪不利，也急忙催马上前。

郭子仪摆手让他们退下，又让药葛罗拿酒来共饮。

他高高地端起酒杯，把酒洒在地上，并慷慨激昂地宣读誓言：大唐天子万岁！回纥可汗万岁！两国友谊万岁！如有负约，死在阵前，家族灭绝！

药葛罗也随之起誓：我的誓言是……呃……我的誓言是……呃……与令公一样！

就这样，双方握手言和，重新结成了同盟。

在得知唐回结盟的消息后，吐蕃人不由得大惊失色——队友变成了对手，强援变成了强敌，这仗还怎么打得赢！

当晚，他们就拔营撤退。

他们的反应不可谓不快。

可再快，也快不过回纥人。

药葛罗是绝不可能眼睁睁看着吐蕃人从自己眼皮底下逃走的——他一直惦记着他们手中的财物。

听说吐蕃人跑了，正在吃饭的他连饭都没吃完，就把碗一摔，立即带着麾下骑兵紧追不舍。郭子仪也派部将白元光率精骑协同作战。

唐回联军合力追击，在灵台（今甘肃灵台）追上了吐蕃人。

药葛罗把手一挥：要发财，先发疯，头脑简单向前冲！将来你们是娶漂亮老婆，还是干搬砖苦活，就看你们今天的表现了！

在钱财的激励下，回纥军人人都不要命地猛打猛冲，最终大破吐蕃军，斩杀万余人，救回被掳掠的百姓四千人，并夺取了大量财物。

这些财物，理所当然地成了回纥人的战利品。

吐蕃退军后，仆固怀恩的旧部也彻底失去了信心，纷纷归降唐朝，原先由仆固怀恩占据的朔方军治所灵武也重新回到了唐朝的怀抱。

郭子仪又一次挽救了朝廷，挽救了国家！

他一个人，就是一支军队！

他一个人，远超一支军队！

他勇闯虎穴、单骑退回纥的那一幕，从此成为历史上不朽的传奇。

第二十八章　举步维艰

刘晏：从神童到名臣

不过，尽管仆固怀恩所引发的叛乱结束了，但代宗李豫的心中却依然不轻松。

因为他知道，天下太平的时代远未到来。

现在的唐朝，与安史之乱之前的唐朝相比，虽然只隔了短短的十年，却已经恍如隔世，完全不可同日而语了。

他这个皇帝的权威，与安史之乱前的皇帝相比，也完全不可同日而语了。

那时候朝廷对各地的控制可谓如臂使指，而现在他却感觉如徒手抓泥鳅，根本就抓不住！

国内的不少州郡，虽然名义上依然归属唐朝，可实际上他这个皇帝在那些地方的影响力却相当于 $1/\infty$——无限趋近于零！

一个安禄山不在了，无数个安禄山却站了起来！

前不久，平卢（又称淄青，今山东青州）兵马使李怀玉以下犯上，驱逐了节度使侯希逸，李豫那个时候正忙于对付仆固怀恩，根本没有余力去讨伐李怀玉，不得不无奈地承认了这个现实。

他下旨册封李怀玉为新的平卢节度使，还赐其名为李正己——估计是委婉地提示他要端正自己的态度。

李正己对皇帝的态度非常明确——不屑一顾。

皇帝的诏书在他眼中的地位，就跟我写的书在我老婆眼中的地位差不多——一个字都不会关注。

李正己上位后，立即与成德节度使李宝臣、魏博节度使田承嗣、卢龙节度使李怀仙、相卫节度使薛嵩以及山南东道节度使梁崇义等人结成同盟——这几位除了梁崇义外，都是原先的安史叛将。

他们各自拥兵数万甚至数十万，互相勾结，彼此呼应，自行任命下属官员，既不听朝廷号令，也不向朝廷上缴赋税，俨然是一个个独立的王国。

这六个人中，最猖狂的是魏博节度使田承嗣。

他把辖区内的所有青壮年男子都征召入伍，只让老弱和妇女耕种庄稼，很快就拥有了十万大军，随后他又仿效安禄山当初组建曳落河，在这十万人中挑选最精锐的一万人作为自己的卫队，称为牙兵。

更令人瞠目结舌的是，他竟悍然为安禄山、安庆绪、史思明、史朝义四个反贼建造了祠堂，还称之为四圣，同时还派使者入京，向皇帝请求兼任宰相。

对这种节操比北方腊月的温度还低、脸皮比长安的城墙还厚的无赖，李豫怎么办？

还能怎么办？

他只能一面派使者出使魏博，婉言劝说田承嗣拆毁祠堂，一面赶紧加封田承嗣为同平章事，雁门郡王。

他之所以对田承嗣等人的胆大妄为如此忍让，倒并不是因为他软弱，而是他不得不这么做。

就像一个人如果是在幼儿园的时候可以随意拍胸脯表态说将来要当科学家，但当他高三的时候再这么说就必须掂量一下自己的学习成绩一样，一个人如果是个普通百姓，随便怎么慷慨激昂都可以，可在李豫这个位子上，却必须先掂量一下事情的可行性。

他不是在向田承嗣低头，而是在向现实低头！

他不是不想冲冠一怒，可他更不想毁于一旦！

他清楚，此时他的国家早已千疮百孔，再也经不起任何折腾了。

按照当时户部的统计，安史之乱前的公元 754 年，唐朝全国共有九百余万户，人口多达五千二百八十八万，而到了叛乱平定后的公元 764 年，却仅剩下了二百九十余万户，一千六百九十余万人！

也就是说，在短短十年间，户籍人口就损失了将近三千六百万人，占战前总人口的三分之二！

当然，真正死于战乱的人肯定是没有这么多的。

除了魏博、成德、幽州、相卫等河北藩镇的百姓现在的户部统计不到以外，还有很多百姓因战乱而沦为了流民或者富户的依附人口，这部分人也不可能在统计的范围内。

户籍人口的大量流失，让唐朝朝廷的财政收入锐减。

由于没了河北等地的赋税，河南、关中等北方大部又因连年战乱而经济凋敝，中央越来越依赖江淮乃至江南的财力。

当时都城长安所需的粮食、物资大都需要从南方转运而来，漕运能否通畅，关系到朝廷的生死存亡。

为李豫解决这个问题的，是唐代著名的理财家刘晏。

相信只要是看过《三字经》的人，对刘晏这个名字都不会陌生。

"唐刘晏，方七岁。举神童，作正字"这句话，说的就是他。

公元725年，唐玄宗李隆基到泰山封禅，在行经曹州（今属山东菏泽）时，当地官员向皇帝奏报：此地有个七岁神童，名叫刘晏，听说陛下封禅泰山，特地写了一篇《东封书》，想献给陛下。

李隆基闻言大喜，当即命人宣刘晏觐见。

刘晏虽然年幼，却毫不怯场，大大方方地向皇帝献上了自己的作品。

这是一篇歌颂李隆基治国功德的文章，文采飞扬，用词精当，增之一分则肉麻，减之一分则空乏，华丽中带着优雅，温和中透着俏皮……

李隆基看了赞不绝口。

但他心中却不免有点怀疑：这么小的孩子竟能写出这么老练的文字，这不合常理啊！会不会是有人代笔？

于是他又让当时的宰相张说出题，现场对刘晏进行测验。

刘晏依然对答如流。

张说惊叹不已，连连向皇帝道贺说：我朝出了这么个神童，真是国家兴旺的好兆头啊！

李隆基大喜，当即下旨封刘晏秘书省正字，负责秘书省图书的文字校对工作。

七岁的刘晏就这样步入了仕途。

三年后，十岁的刘晏又一次技惊四座。

当时皇帝李隆基带着后妃在勤政楼观看艺人演出，可能是为了助兴，他这次特意带上了神童刘晏。

后妃们都很喜欢小刘晏，贵妃（不是杨玉环，有人考证是董贵妃）更是将他抱在了膝上。

那次演出中最令人叫绝的，是女艺人王大娘——娘是唐朝对年轻女子的称呼——王大娘估计就是王家大女儿的意思。

王大娘年龄不大，本领倒是不小。

只见她头上顶了根高高的竹竿，竹竿上面是一个木制的瀛洲仙岛的模型，一个小孩儿在模型上杂耍，一会儿燕式平衡一会儿团身后空翻两周半接转体三百六十五度……

众人都看呆了。

兴之所至，贵妃让坐在她膝上的刘晏即兴作诗。

刘晏不假思索张口就来：

醉卧美人膝，醒掌天下权……

不好意思，搞错了，其实是这样的：

楼前百戏竞争新，唯有长竿妙入神。

谁谓绮罗翻有力，犹自嫌轻更著人。

这就是后来被列入《全唐诗》的《咏王大娘戴竿》。

十岁就写出如此优秀的诗作，照这个样子发展下去，刘晏后来应该以诗文见长——就算成不了诗仙、诗圣，至少也应该有几首被选入中小学语文课本的作品吧。

然而并没有。

成年后的刘晏似乎很少吟诗作赋，而是把主要的精力用在了经世致用上。

他从县令做起，凭借优异的政绩步步高升。

公元 760 年，他被肃宗李亨任命为户部侍郎，但仅一年多后他就因谗言而被贬，代宗李豫登基后看中了他的才能，再次重用他，让他担任京兆尹、户部侍郎，可他却先是把户部侍郎一职让给以忠义闻名的颜真卿，后来又把京兆尹让给了平叛有功的严武，自己宁愿出任实权相对较小的国子祭酒（最高学府校长）。

这让李豫对他更加欣赏。

几个月后，他又擢升刘晏为吏部尚书、同平章事。

昔日的神童自此迈入了宰相的行列。

不过，刘晏在宰相的位子上只坐了一年，就被改任为太子宾客，不久又被授予河南、江淮等道转运使，主管江淮漕运。

正是在这个职位上，刘晏展现了非凡的才能。

那时由于刚遭受战乱，京城长安粮食紧缺，米价高达每斗千元，就连宫廷里也没有足够的存粮。

皇帝李豫忍不住仰天长叹：努力了这么多年，终于混到了连饭都吃不上的境地！

缺粮，一下子成了朝廷压倒一切的难题。

显然，要解决这个问题，唯一的办法，只有通过漕运从南方调粮。

可当时汴水（通济渠，隋唐大运河的一部分，沟通黄河与淮河）因战乱荒废已久，南方的物资都只能先从长江、汉水运到梁州（今陕西汉中），再穿越秦岭走陆路辗转抵达长安，既费时又费力还费鞋，很不方便。

刘晏决定重新开通汴水航道。

为此他不辞辛劳，亲自坐船从淮河、泗水、汴水、黄河一路考察，沿途他访民情，问船工，探水深，测流速，查《水经注》等各种专业书籍，经详细考察，掌握了每一段河流的每一个数据。

走过这一趟后，刘晏心里有底了。

他写信给当时最受皇帝信任的首席宰相元载，请求授命他掌管全国漕运，并传令各地予以配合。

元载热衷于朝廷的权力斗争，对漕运这样的苦差没有丝毫染指的兴趣，有人主动争取，他自然乐得轻松，便当即批复表示同意。

得到元载的授权后，刘晏立即组织人手，疏浚汴水，在最短的时间内完成了这一工程，保证了运河的畅通。

接下来，他又对漕运制度进行了大刀阔斧的改革。

原本漕运实行的是产地运输制，比如杭州的货就由杭州的船负责运到长安，江陵的货就由江陵的船负责运到长安。

但这其实有很大的弊端。

从江南到长安的水运线路，要经过江南运河、长江、山阳渎（邗沟）、淮河、汴水、黄河、渭河等不同的河道，尽管同样都是行船，情况却完全不同。

这也是可以理解的。

毕竟，同样都是"微辣"，湖南人口中的"微辣"和江苏人口中的"微辣"，能是一回事吗？

事实上，整条线路上各地的地形、水情、气候的差别极大，江南的船工到了陌生的黄河、渭河，由于不熟悉当地环境，常常发生各种事故，甚至船沉货毁，损失很大。

刘晏对此提出的改革方案是分段运输。

他把整个漕运线路分为几段，每一段都用不同的船只和不同的船工运输，同时还在扬州、河阴（今河南荥阳）、渭口（今陕西潼关渭河与黄河交汇处）设立了多个转运仓库，江南的船负责运到扬州，汴河的船负责运到河阴，黄河的船只运到渭口——即所谓的"江船不入汴、汴船不入河、河船不入渭"。

这样一来，每个船工和他的船只都只在他们熟悉的河道内航行，安全性大大提升，沉船事故几乎绝迹，损失基本降到了零，按照《新唐书》的说法是"无升斗溺者"——没有一升一斗的损失。

在刘晏看来，要确保漕运效率，除了船工以外，另一个关键因素是要有优良的船只。

为此，刘晏在给造船工坊下订单时主动提高报价，保证工坊的盈利，提出的要求只有一个——必须保证漕运船的质量，材料必须是最好的，工艺必须是最优的，吨位必须是最大的，操控必须是最佳的。

因此，他订购的新船虽然价格昂贵，但船只的运载量和可靠性都大幅提高，分摊下来的运输成本反而比以前降低了很多。

刘晏推行的这些改革措施，效果几乎是立竿见影。

很快，一批又一批来自江淮的货物源源不断地运抵关中。

长安及其周边地区终于摆脱了缺粮的窘境。

凭借刘晏打下的坚实基础，之后即使关中遭遇水旱灾害，百姓也不用再担忧粮食不足了。

皇帝李豫对刘晏的表现赞不绝口：卿，朕鄷侯也——爱卿，你真是我的萧何！

对这样的人才，他当然要予以重用。

不久，李豫又擢升刘晏为户部尚书，兼都畿、河南、淮南、江南、湖南、荆南、山南东道转运使、常平使、铸钱使、盐铁使，另一名以理财闻名的大臣户部侍郎第五琦则兼任京畿道、关内道、河东道、剑南道、山南西道转运使等职。

两人分掌帝国财政大权。

相比之下，刘晏的管辖范围更广，权力也更大。

他没有辜负皇帝的厚望。

由于刚经历了多年战乱，唐朝国内的社会生产力遭到了极大的破坏，加之不少藩镇又不听中央的话，收不到这些地方的税，因此，要想仅靠正常的那点赋税养活朝廷，就相当于仅靠当小区保安的工资去深圳买别墅——根本就是绝无可能！

在这种情况下，通过榷（què）盐法（也就是食盐专卖制度）收上来的盐税便成了朝廷的重要收入来源。

榷盐法最早是肃宗李亨在位时期由第五琦开始推行的，实施几年下来，虽然多少也有一点成效，但体现出来的弊端也不少。

当时食盐在生产、收购、运输、销售等各个环节全部都由官方垄断经营，管理混乱，效率很低，浪费严重，贪污盛行，结果搞得市场上盐价高昂，时不时地还要缺货，不少地方还推出了限购政策，百姓民怨沸腾，可实际上食盐方面的大部分收益都被各级官员中饱私囊了，朝廷真正得到的并不多。

盐价比黄金还贵，收益比白菜还低，搞钱根本就不行，扰民倒是第一名！

但在刘晏上任后，情况就大不一样了。

原本可有可无的榷盐法，一下子竟然成了大唐朝廷不可或缺的摇钱树！

他是怎么做到的呢？

其实并不复杂——他只是将原先的官方全面垄断，改成了官商分离。

他规定官府只是在食盐产地设置盐官，负责食盐的收购，其他生产、运输、销售等环节则全部退出，改由私人资本也就是商人经营。

为了防止盐商哄抬盐价，他还专门设立了常平盐仓，以备盐价过高时平抑价格。

新政实施后，朝廷裁撤了一大批盐务官员，光工资就省了一大笔，而食盐市场上由于有了商人之间的竞争，食盐非但不再缺货，而且价格也大幅降低，百姓欢欣鼓舞，纷纷传唱：要吃盐，找刘晏！哪里价低买哪里，妈妈再也不用担心买不起盐了！

与此同时，国家得到的收入却比以前增加了很多——《新唐书·食货志》记载：刘晏初上任时，每年盐税仅四十万缗（一缗相当于一千文钱），而等到他十多年后卸任的时候，每年的盐税竟有六百余万缗，占到了朝廷总收入的一半还多！

更重要的是，国家的收入增加了，百姓的负担却并没有加重。

按照史书的说法就是：国用充足而民不困弊。

这就是市场的力量！

这就是刘晏的水平！

事实上，刘晏在财政上的改革远不止漕运和榷盐，还有改进常平法、建立经济信息网等一系列重大举措，限于篇幅，这里就不细讲了，感兴趣的同学可以去查看相关论文。

总而言之，凭借刘晏等人的不懈努力，唐朝的财政紧张问题总算得到了部分缓解。

打金枝

然而李豫的心中却依然不敢有丝毫的放松。

不当家不知柴米有多贵，不自拍不知面孔有多肥，不做皇帝不知治国有多难。尤其是在这个大乱初定的时候。

朝中发生的各种突发状况，时刻都在考验着他的智商和情商，时刻都在考验着他的细心和耐心，时刻都在考验着他的神色和神经。

公元767年二月，他和郭子仪之间就发生了一件事。

按说这只是件小到不能再小的家庭琐事，可是通常只记载各种国家大事的史书却用不亚于描述一场战事的篇幅对其大书特书——很突兀——就如同一粒大蒜突然出现在一杯咖啡中那么突兀。

具体来说，这件事的经过是这样的。

郭子仪的儿子郭暧（ài）娶了李豫的女儿升平公主。

一次小两口不知为什么产生了矛盾，吵得不可开交。

可能是在争吵中像我经常遇到的那样在老婆面前落了下风，郭暧也犯了我在老婆面前常犯的毛病——口不择言。

他指着升平公主的鼻子恨恨地说：你不就仗着你爸是天子吗？有什么了不起的，我爸还不稀罕那玩意儿呢！

升平公主气得说不出话来：你……你……你等着！……

随后她狠狠地摔门而出，使出了包括我老婆在内的很多女人都使用过的绝招——回娘家。

一见到代宗李豫，她就一把鼻涕一把泪地向父亲告状：父皇！……嘤嘤嘤嘤嘤嘤……郭暖欺负我！……他竟然还说他爸爸不稀罕做天子……嘤嘤嘤嘤嘤嘤……父皇……您一定要为我做主啊……嘤嘤嘤嘤嘤嘤……

她一边说，一边仰着脸，睁着盈满泪水的大眼睛，满怀期盼地望着父亲。

在她的想象中，接下来发生的一幕应该是这样的：

李豫拍案而起，勃然大怒：郭暖这个人真是太不像话了！竟说出这种大逆不道的话！我一定要把他抓起来就地正法，千刀万剐！

然后她再尽情地展现自己的宽宏大量：算了，不要杀他，只要让他给我道歉就可以了。

然后是郭暖跪在搓衣板上痛哭流涕地向她苦苦哀求：娘子，我错了，以后再也不敢了，我以后一定做一个新好男人，牢记"三从四得"——娘子出门要跟从，娘子命令要听从，娘子说错要盲从，娘子花钱要舍得，娘子发火要忍得，娘子生日要记得，娘子的礼物马虎不得……

…………

可惜，这只是她的想象。

现实中根本就不是这回事儿。

李豫非但没有帮她痛责郭暖这个渣男，反而完全认同郭暖的说法。

他对升平公主说：你现在还小（升平公主当时才十八岁，郭暖十六岁），有些事还不明白。其实郭暖说得没什么毛病，如果他父亲真的想要当天子，这天下怎么会是咱们李家的呢？

之后他又好言好语地劝公主回郭家。

升平公主刚走，郭子仪来了。

原来，郭子仪在听说此事后，便立即把郭暖捆了起来，并马上带着他一起进宫，向皇帝请罪。

李豫当然不会治他的罪。

他笑着对郭子仪说：俗话说得好，不痴不聋，当不了家长。儿女闺房中的戏言，怎么能当真呢！

郭子仪这才如释重负，连连谢恩。

但回到家后，他还是将口无遮拦的郭暖痛打了几十大板——打得非常狠，至少看起来非常狠。

应该说，在这一事件中，李豫和郭子仪两人的处理都非常到位。

此事在当时传为佳话，后来更是被改编成了多种经典剧目，题目无一例外都叫"打金枝"。

那个时候的郭暖一定不会想到，自己一不小心说出的一句话，竟然为古代中国的文化事业作出了那么大的贡献！

378

无心插柳柳成荫的事常有，可无心骂人骂成名剧的事却绝无仅有！

当然，《打金枝》之所以能流传这么久，主要还是因为郭子仪的名气够大。

在中国历史上，像郭子仪这样功勋卓著、功高震主，却依然能善始善终、长葆恩宠的人实在是太少了！

有果必有因。

他能有这样近乎完美的结局，与他的大度谦恭、小心谨慎是分不开的。

事实上，他这一生遇到的风波并不少。

如果说不幸的经历是一种财富，那么他早就可以富可敌国了！

公元 767 年底，郭子仪家的祖坟竟然被盗了。

在那个时代，这可不是件小事。

皇帝李豫对此极为重视，亲自下令成立专案组，对此事进行调查，可查来查去，却并未发现任何有价值的线索。

地里没有庄稼，野草就有了壮大的空间；案件缺乏线索，谣言就有了蔓延的机会。

一时间长安城内谣言四起。

很多传言都把矛头指向了皇帝的宠臣——观军容使鱼朝恩。

也不能说传言完全没有根据。

毕竟，大家都知道，鱼朝恩和郭子仪之间素来关系不佳——几年前，鱼朝恩还曾利用邺城之败陷害过郭子仪，导致郭子仪丢了官，赋闲在家多年！

这些传言传得绘声绘色，有鼻子有眼，说鱼朝恩对郭子仪非常嫉恨，一直想整倒郭子仪，可当今天子对郭子仪非常欣赏，郭子仪又手握重兵，鱼朝恩找不到机会，无奈只好暗中扒了郭子仪的祖坟，以泄私愤……

这些议论，李豫也有耳闻。

他对此忧心忡忡。

郭子仪是他此时最倚重的将领，鱼朝恩是他此时最信任的宦官，如果郭子仪相信了这些传言，要他严惩鱼朝恩，他怎么办？

不久，郭子仪入朝述职。

在两人会面时，李豫装作不经意地提起此事，想试探一下他的态度。

作为一个风风雨雨都经历过的老臣，郭子仪当然知道皇帝的想法，更知道自己该怎么回答。

他先是潸然泪下，随后又长长地叹了一口气：唉！……这一切都怪臣自己。臣长期领兵，未能严格约束下属，士兵盗墓的事并不少见。今天发生这样的事，只能说是天谴，跟任何人都没有关系。

听了这句话，李豫就如同本以为患了癌症的患者从权威专家那里得知自己被误诊一样，一下子感觉浑身都轻松了。

他长长地舒了一口气。

郭子仪真不愧是人臣中的典范！

可惜，世间只有一个郭子仪。

并不是每个大臣都有郭子仪这样的格局。

比如宰相元载。

元载是个能力很强的人，《新唐书》说他是"智略开果"——有智慧有韬略，通达果断，《旧唐书》则认为他"智性敏悟"——天性聪明，思维敏捷，悟性极高。

也正因如此，尽管他曾经是宦官李辅国的亲信，靠李辅国的帮助才当上了宰相，但他在李辅国倒台后却并没有受到任何牵连，不仅依然留任，而且极受皇帝李豫的信任，是当时朝中的首席宰相，权倾一时。

李豫之所以如此看重元载，除了他确实精明干练、足堪大用外，其实还有一个原因——元载用重金买通了宫中的宦官董秀，因此往往能提前了解皇帝的心思，说话常常能说到皇帝心里去，让李豫十分舒服。

比如说，李豫打算提拔他生母家的某个远房亲戚张三，可张三这个人一无所长、一塌糊涂、一两白酒都喝不了，根本找不到升职的由头。

就在他犯愁之际，元载的推荐表已经恰到好处地送来了，其中详细列举了张三应该予以提拔重用的一百零八条理由——明明不学无术说成是朴实无华，明明性情乖张说成是个性鲜明，明明爱贪小便宜说成是理财能力强……

其点石成金的话术，类似于把一辆破自行车说成是一辆全景天窗、自动脚力感应无级变速、空间大到两米高、人坐直都不顶头的豪华车……

你说，这样善解人意的臣子，李豫怎么会不喜欢？

不作不死

不过，要说此时皇帝面前的第一红人，可能还轮不到元载，而是时任观军容使的宦官鱼朝恩。

关于这一时期鱼朝恩的地位，《资治通鉴》上是这么说的：鱼朝恩专典禁兵，宠任无比，上（皇帝）常与议军国事，势倾朝野。

由此可见，鱼朝恩有多么得宠！

可鱼朝恩对此却还不满足。

虽然仅仅是粗通文墨，他却自诩为文武全才，喜欢附庸风雅，为了满足他的要求，李豫干脆大笔一挥，让他出任判国子监事——相当于现在的重点大学校长。

自古以来，国子监的领导都是当世大儒，由宦官担任这一职位，这在历史上还是首次！

鱼朝恩对此颇为自得，经常在国子监的讲堂上演讲——在他看来，自己是大放异彩，然而在别人看来，他完全是在大放厥词。

有一次，国子监举行祭奠古代圣贤的仪式，礼毕照例要开设讲座，为在场的文武百官和学生讲解儒家经典。

鱼朝恩当仁不让，大摇大摆登上了讲坛。

这次，他讲的是《易经》中的第五十卦鼎卦，翻来覆去地说什么"鼎足折，覆公𫗧（sù）"——鼎足折断，鼎中的美食就会倾覆……

从字面上看，这句话似乎并没什么问题——除了鱼朝恩因讲得太激动而口水喷得比较多。

但我们中国人讲话向来是不能只看字面意思的，正如我老婆说我"三棍子都打不出一个屁"并不是说我真的打不出——事实上这一点我反而很擅长，这句话真正的意思是说我这个人是个闷葫芦，话很少。

鱼朝恩这次说的"鼎足折，覆公𫗧"也是如此。

在中国古代，鼎有着非同一般的含义，它通常被视为立国重器，代表着国家和权力，比如"问鼎"意为图谋政权，"定鼎"意为新王朝定都建国，而"鼎足"也因此有了它的象征意义——代表宰相，寓意宰相如鼎足一样承担国家大任，如汉朝的张衡所作的《南都赋》中写道：周召之傅，据鼎足焉，以庇（pì）王职——西周的周公和召公，身居执政之位，以辅佐帝王。

显然，鱼朝恩一而再再而三地说"鼎足折"，其实是在讥讽宰相水平不行！

这一点，任何一个智商不是负数的人都听得出来。

当时在场的宰相有两人，一个是元载，另一个是王缙——著名诗人王维的弟弟。

听到鱼朝恩公然侮辱自己，王缙怒不可遏，血压飙到二百五，脸都气得变了形；而元载却依然面不改色，谈笑自若，仿佛根本没有听到鱼朝恩的话，抑或根本没有听懂鱼朝恩的话。

事后，鱼朝恩对左右说：在这种情况下，愤怒是人之常情，元载竟然还笑得出来，此人真是深不可测啊！

应该说，他的判断没错。

元载确实是个非同一般的厉害角色。

实际上，对于盛气凌人的鱼朝恩，他早就看不顺眼了。

鱼朝恩仗着皇帝的宠信目空一切，肆意凌辱包括他这个宰相在内的文武百官，一向自视甚高的他怎么可能受得了！

在鱼朝恩面前，元载始终唯唯诺诺，从不与其发生冲突——鱼朝恩再怎么蹬鼻子上脸，他都依然保持笑脸；鱼朝恩再怎么没事找事，他都依然若无其事。

但在内心，元载却早就暗自下了决心，无论如何都要把鱼朝恩拉下马！

不过，老到的他并没有直接出手，而是打算借力打力。

他把一个本来并不相关的人牵扯了进来。

这个人就是郭子仪。

公元 769 年正月，郭子仪照例回京过年。

初七这一天，他收到了一份意外的请柬。

请柬是鱼朝恩送来的，邀请他去章敬寺游玩。

章敬寺是鱼朝恩所建的一座寺庙。

当时皇帝李豫笃信佛教——其实李豫本来并不信佛，只是他手下的三个宰相元载、王缙、杜鸿渐三人都是虔诚的佛教徒，后来在元载等人的影响下，尤其是仆固怀恩在关键时刻离奇病死的事发生后，他开始相信因果报应，潜心向佛，还在宫中供养了一百多个僧侣。

鱼朝恩投其所好，向皇帝提出愿意献出自己在通化门（长安城东北门）外的一个庄园，将其改建为佛寺，为章敬太后（李豫生母吴氏）祈福。

很快，一座规模宏大的寺庙建了起来——由于工程太大，整个长安的所有木料都不够用，鱼朝恩便奏请将曲江池的部分楼阁以及华清宫观楼等多个著名建筑拆毁，以供应章敬寺修建所需。

章敬寺建成后，李豫曾数次在那里设斋行香，祭祀先祖。

不过一般的时候，寺院并不对外开放，只是鱼朝恩的私人住所。

现在鱼朝恩邀请郭子仪造访章敬寺，到底有何居心？

郭子仪很迷惑。

众所周知，他和鱼朝恩之前曾有过矛盾，且从来没有任何私交！

就在郭子仪百思不得其解的时候，元载敏锐地意识到，挑事的机会来了。

他通过郭子仪的一个亲兵向郭子仪传话：外面有传言说，鱼朝恩在章敬寺内设有伏兵，图谋要暗算郭公！

这下郭子仪心中的疑问更多了。

传言到底是真是假？如果是真的，鱼朝恩为什么要这么干？是奉了皇帝的命令还是自作主张？如果是奉皇帝的命令，为什么要采用这样的方式？如果是鱼朝恩自作主张？他的动机是什么？如果这个传言是假的，是什么人制造出来的？他的动机是什么？为什么要挑起这样的事端？挑起事端对他有什么好处？如果无法确定传言的真假，自己这次到底该不该去？去有什么风险？不去有什么弊端？去的话该注意些什么？穿什么衣服？说什么话？进门先迈左腿还是右腿？不去的话该怎么推辞？找什么理由？是称病还是说有事？称病的话是说自己肚子疼还是脑袋疼？……

在综合运用了 SWOT 分析法、波士顿矩阵、辩证唯物主义、抽签、看手相、测字、抛硬币看正反等几百种分析手段后，他还是作出了决定。

去！

众将请求他带三百名全副武装的士兵一起去，以防不测。

郭子仪拒绝了：我是国家大臣，他鱼朝恩若没有天子之命，怎么敢害我！假如他真的奉了天子的命令，即使带这么多人又能怎样！

最终他只带了数名家童随行。

鱼朝恩亲自在章敬寺外迎接。

见郭子仪身边的随从很少，他随口问道：令公出行，为何如此简约？

郭子仪笑着说道：带的人多了，恐怕你动起手来麻烦。

鱼朝恩闻言大惊：令公何出此言？

郭子仪便把自己听到的传言原原本本告诉了他。

鱼朝恩为郭子仪的坦诚所感动，不由得流着眼泪，拉着郭子仪的手说：如果令公不是忠厚长者，怎么可能不怀疑我！

接着他将郭子仪迎入内堂，宾主双方一边参观一边进行了亲切友好的交谈，之后又共同进餐，气氛十分融洽。

别说不可调和的矛盾了，两人之间连牙齿误咬舌头的事都没有发生。

元载很失望。

他只能继续耐心等待机会。

他并没有等待太久。

公元 770 年初，他发现皇帝和鱼朝恩之间原本亲密无间的关系出现了明显的裂痕！

之所以会这样，主要还是鱼朝恩这个人实在是太骄横了。

一般来说，大臣向皇帝奏事，所提出的都只是建议，是否可行要看皇帝的批复；而鱼朝恩奏事则纯粹是走个流程而已，任何事宜，只要是他提出的，皇帝没有一项不批准的。

正是这种无人可比的特权，让鱼朝恩变得越来越狂妄，越来越忘乎所以。

对成功的理解，他跟阿 Q 是一样的：我要什么就是什么，我欢喜谁就是谁。

只要朝廷的某项决策没有预先与鱼朝恩商议，他就动辄大发雷霆：天下居然还有不经过我的事情！太岂有此理了！

这话传到了代宗李豫的耳朵里后，李豫不免有些不悦，一句滴滴司机的常用语在他的心中油然而生：你，有没有搞清楚自己的定位？

然而鱼朝恩却依然毫无顾忌。

没过多长时间，他再次惹恼了皇帝。

鱼朝恩是个宦官，没有生育能力，可世界上的事常常是缺什么补什么，正如一个人越是胖往往就越是精通各种减肥方法一样，鱼朝恩越是无法生育越是喜欢养儿

383

子——他认了很多养子，其中最小的一个叫鱼令徽，在宫中担任内给使，穿的是绿袍（六七品官员的官服）。

一次鱼令徽与同事发生了争执，他没占到便宜，回去后便向养父告状。

第二天一早，鱼朝恩就带着鱼令徽一起入朝，在朝会上当着文武百官的面，大大咧咧地对皇帝说：臣的儿子职位太低，被同僚欺负，请皇上赐给他紫袍（三品以上官员的官服）！

也许是觉得鱼令徽的年龄实在是太小，也许是对鱼朝恩已经有些不满，这回李豫并没有马上答应。

可没等他开口，有关官员已经恭恭敬敬地捧着紫袍站到了鱼朝恩父子面前。

这当然不能怪他们。

多年来的经验早已告诉他们，皇帝是绝对不可能驳回鱼朝恩的请求的，因此在他们眼里，鱼朝恩的话与皇帝的圣旨这两者的关系就如同就寝与睡觉、解手与上厕所——根本是一回事！

正是他们这种条件反射似的行为，把鱼朝恩送上了不归路！

因为这让李豫的内心极其不爽——我还没作出决定呢，你们竟然已经照他鱼朝恩的话做了？难道当我是摆设？到底我是皇帝还是他鱼朝恩是皇帝？

试看今日之域中，竟是谁家之天下！

也正是从那一刻起，他对鱼朝恩的看法有了一百八十度的改变。

你鱼朝恩贪财，揽权，跋扈，态度差，有脚气，睡觉磨牙……这些我都可以忍，可要是敢凌驾于皇权之上，我无论如何都不能忍！

谈过恋爱的都知道，爱上一个人或者讨厌一个人往往是一瞬间的事。

李豫对鱼朝恩也是这样。

之前他有多欣赏鱼朝恩，现在就有多厌恶！

之前他欣赏鱼朝恩的时候是自带滤镜的——把鱼朝恩的粗鲁当成了直率，把鱼朝恩的嚣张当成是有魄力，把鱼朝恩的四面树敌当成是勇于任事，而现在去掉了滤镜，他一下子觉得鱼朝恩完全是一无是处、一身的臭毛病、一副无可救药的样子！

此时在他的心目中，鱼朝恩已经从珍品变成了废品，从可靠变成了可恨，从令人愉快变成了必欲除之而后快！

不过，鱼朝恩没有透视眼，不可能知道李豫的想法。

在官员呈上紫袍后，他顺理成章地接过来，当场命鱼令徽换上紫袍，向皇帝谢恩。

事已至此，李豫也只能强颜欢笑，言不由衷地说：小孩子穿上紫袍，看起来还是挺不错的嘛！

可在他的眼中，却分明流露出了一丝不满。

这一点，沉浸在喜悦中的鱼朝恩父子丝毫没有注意到。

而细心的元载却注意到了。

几天后，他向李豫密奏鱼朝恩独断专行，图谋不轨，请求除掉他。

从元载的口中，李豫又得知了鱼朝恩的另一恶行。

原来，在亲信神策军都虞候刘希暹、都知兵马使王驾鹤的撺掇下，鱼朝恩在禁军中设置了一个地牢，并让手下人网罗了一批地痞流氓，由他们出面诬告长安城中的富豪，接着鱼朝恩再派禁军将这些富豪抓捕关入地牢，大肆用刑，迫使其屈打成招，随后鱼朝恩便用虚构的罪名抄没他们的家产——表面上这些财产是入了禁军的府库，可实际上却大多落入了鱼朝恩的私人腰包，通过这种方式，鱼朝恩积攒了大量的财物。

听说此事后，本来就对鱼朝恩极度不满的李豫更火了。

这个鱼朝恩，实在是太无法无天了！

绝不能任由他这样胡搞下去！

他当即批准了元载的请求，让他设法铲除鱼朝恩。

他之所以没有直接下令将鱼朝恩明正典刑而要元载想办法，是因为鱼朝恩掌控禁军多年，树大根深，党羽众多，在禁军尤其是神策军中的势力不可小视，如果简单地下诏处死鱼朝恩，极有可能会引发严重的动乱，不利于朝廷的稳定。

这自然难不倒足智多谋的元载。

很快，他就找到了鱼朝恩的两个命门。

一个是射生将周皓，此人是鱼朝恩的贴身警卫，武功高强，鱼朝恩走到哪里都带着百名禁军士兵随行，以保护鱼朝恩的安全；另一个是时任陕州节度使的皇甫温，他是鱼朝恩一手提拔的老部下，手握重兵，是此时鱼朝恩最倚重的外援。

在元载看来，只要把这两人搞定，收拾鱼朝恩就不在话下了！

他派人带上重金厚礼，与皇甫温和周皓秘密接洽。

既有大把的钱好拿，又能抱上皇帝的大腿，这样的好事，傻子才不干呢。

皇甫温、周皓两人毫不犹豫地以比甩鼻涕还快的速度甩掉了鱼朝恩，转而投到了元载的麾下。

有了周皓，元载就相当于在鱼朝恩身边安装了一个三百六十度无死角、二十四小时不断电、遇重要事件自动报警的人工智能高清摄像头。

从此，鱼朝恩的一举一动——见了什么人、说了什么话、干了什么事、晚餐吃的是鱼还是肉、早上起得早还是晚、出门先迈的左腿还是右腿……元载都了解得清清楚楚。

而鱼朝恩对此却毫无察觉。

不久，元载又向皇帝献计，让他把皇甫温从陕州调到凤翔，改任凤翔节度使。

比起陕州，凤翔与长安的距离更近，位置也更重要，鱼朝恩对此非常满意。

他觉得这是皇帝对他的爱，却万万没想到这是皇帝设的局！

他以为皇甫温是自己的死党，却万万没想到皇甫温已经变成了自己的死敌！

仅仅数日后，在元载的建议下，李豫又将兴平、武功、天兴（今陕西凤翔南）、扶风等地划归鱼朝恩所统的神策军管辖。

这下鱼朝恩更开心了，连饭量都增加了不少。

然而他的心腹刘希暹却感觉到了异样。

刘希暹提醒鱼朝恩：天上不会白白掉馅饼，馅饼下面往往有陷阱。近期神策军并未立功，天子怎么会无缘无故地赏给我们这样一大块地盘？无功受禄，这里边必有蹊跷！

听了他的话，鱼朝恩心中也不免生出了一丝疑惧。

可过了一段时间，他发现皇帝对他的态度依然跟以前一样亲切，脸上的表情依然跟以前一样和蔼，给他的赏赐依然跟以前一样优厚，慢慢地，他也就释然了。

还是原来的配方，还是原来的味道，一切都没有变！

看来，自己是有些多心了！

就这样，鱼朝恩逐渐放松了警惕。

与此同时，针对他的行动却在紧锣密鼓地策划着。

公元770年二月底，皇甫温入朝奏事。

元载悄悄将皇甫温与周皓召到了自己府上。

经过一番密议，三人制定了诛杀鱼朝恩的方案，并由元载密奏皇帝。

李豫叮嘱道：尽量考虑得周到点，准备要充分到过分的程度，计划要完备到完美的程度，千万不要反受其祸。

动手的日子定在了三月初十。

这天恰好是寒食节，李豫按惯例在宫中大摆宴席，宴请亲近大臣。

鱼朝恩当然也在其中。

宴席结束的时候已经很晚了，包括元载在内的大臣们纷纷离去——不过元载并未回家，而是来到了位于宫中宣政殿西侧的中书省坐镇，在那里调兵遣将，统筹指挥这次行动。

显然，鱼朝恩的生命已经进入了倒计时。

但他本人对此却一无所知。

看到多数人都走了，他也起身告辞。

李豫将他留了下来，说有要事商议。

这样的事以前曾发生过无数次，鱼朝恩当然不会有任何怀疑。

没想到这回李豫竟然一反常态，对他严加斥责，说他怀有异心，毫无忠心，无比贪心，人面兽心，狼子野心，蛇蝎之心，犯下的罪行令人触目惊心……

鱼朝恩这才感觉到了不对头。

可出于本能，他还是竭力为自己辩解；出于本性，他的言语依然十分狂妄——他这个人的性情向来是宁可沉没，也不沉默！

李豫没有理他，只是轻轻地拍了下手掌。

掌声未落，周皓带着几个手下冲了进来，用一条绳索死死地勒住了鱼朝恩的脖子。

鱼朝恩鼓着双眼，张大嘴巴，如同一条离开了水的金鱼，他一边痛苦地挣扎，一边用尽最后的力气，艰难地说出了人生中的最后一句话：怎么是你？

鱼朝恩就这样死了。

可能是为了避免引起动荡，李豫并没有对外公布他的罪状，只是说他是自杀的……

随后李豫命人用最豪华的灵车将鱼朝恩的尸体隆重送回其府第，另赐安葬费六百万。

对鱼朝恩原先在神策军中的两个主要党羽都虞候刘希暹、兵马使王驾鹤，李豫不仅没有追究他们的责任，还加封他们为御史中丞。

对其他的禁军将士，李豫也专门下诏安抚：禁军将士都是朕的子弟兵，鱼朝恩将军虽然不在了，但你们的一切待遇都跟之前一样，今后由朕亲自统领你们，大家切勿担心……

经过一番耐心细致的工作，禁军的军心很快就稳定下来了。

半年后，李豫又赐死了鱼朝恩之前的头号心腹——心怀怨愤的刘希暹。

从此，包括神策军在内的禁军兵权被牢牢地掌控在了皇帝手里。

可惜这并没有持续太久的时间。

仅仅十几年后，禁军再次落入了宦官手里，并且愈演愈烈，直到唐朝灭亡……

这是后话，暂且不提。

还是先把视线对准鱼朝恩死后的大唐政坛吧。

少了鱼朝恩这样一个劲敌，元载的权势自然更大了。

不过他并没有收手，很快又把目标对准了另一个对手——皇帝李豫当年的旧人兼恩人李泌。

山人李泌

李泌是在李豫继位不久后应召从隐居的衡山来到长安的。

李豫本打算任命李泌为宰相，可李泌对此完全没有兴趣，坚决不肯从命。

无奈，李豫只好让步，改任他为翰林学士，让他充当自己的顾问。

当然，皇帝的妥协也不是没有条件的。

作为交换，李泌被迫还了俗，原本一直吃素的他在皇帝的压力下不得不开始吃荤，原本一直单身的他在皇帝的安排下不得不娶妻成家……

为便于李泌更好地为自己服务，李豫除了赐给李泌一座位于长安城中光福坊的府第，还在宫中的蓬莱殿旁边给李泌安排了一处住所，要求他每隔一段时间就到宫中住几天。

之后的几年中，李豫几乎把李泌当成了家人，李泌住在宫中的时候，他经常不顾自己的形象，穿着拖鞋、汗衫就去拜访，很多军政大事都要听取李泌的意见。

可惜由于史书缺载，李泌在这一期间究竟提过哪些重要的建议，我们不得而知。

只知道李豫在李泌房中往往一坐就是大半天，两人可以一直说话，也可以一直不说话，无论时间过了多久，也不会觉得彼此厌烦；哪怕空气无比安静，也不会感到任何尴尬……

李泌与皇帝如此亲近，这当然是一心想独霸朝纲的元载所不愿看到的。

公元 770 年，也就是诛杀鱼朝恩那一年的年底，元载给皇帝上了一道奏疏，说李泌和禁军中的不少将领都有往来，与鱼朝恩的关系也不错，应该知道鱼朝恩的阴谋……

这让李豫感到极其不爽——毕竟，李泌对自己是有过大功的——当初要不是李泌为他出谋划策，他能不能当上皇帝还不一定呢！

更何况，李泌这人清心寡欲，视金钱如无物，视权力如粪土，连这样一个与世无争、人畜无害的人都容不下，元载也未免太过分了。

于是他回复元载说：禁军的将领很多都是李泌当年的属下，是朕让他去见这些故旧的，他只是奉命行事而已，没有任何问题。另外，诛杀鱼朝恩这件事，李泌也参加过谋划，请爱卿切勿怀疑他。

然而，用这样温和的话来阻止向来为达目的不择手段的元载，就仿佛是用茅台去勾引一个从来都滴酒不沾的人——完全是不可能有效果的。

之后的一段时间，虽然元载本人不再直接出面，但依旧指使其党羽不停地用各种理由弹劾李泌。

看着如潮水般不断涌来的没完没了的弹劾信，李豫陷入了沉思。

显然，只要李泌还留在自己身边，元载是绝不可能善罢甘休的。

怎么办？

在经历了无数次思想斗争后，他最终作出了一个艰难的决定——向元载妥协，让李泌离开。

这当然不是他的本意。

可他又有什么办法呢？

尽管身为皇帝，他也没有超能力，只有无能为力！

正好此时江西（今江西南昌）观察使魏少游请求朝廷给他安排一个助手，李豫便把李泌派了过去，让他到江西担任判官（唐朝地方长官的僚属，辅理政事）。

临行前，李豫对李泌说：元载容不下你，朕只能暂且把你寄放到魏少游那里。等将来这个问题解决了，朕会第一时间写信告知你，届时你一定要马上回来！

在李泌和元载之间作出这样的选择，李豫当然有他的考虑。

在他看来，李泌这个人虽然智谋出众，可毕竟无意仕进，不愿承担具体事务，成天一副"朝廷套路深，我要回山村"的样子，只是偶尔帮着出出主意而已，少了他并无太大的影响；而元载尽管道德上有些欠缺，但敢挑重担，政务娴熟，是他这个皇帝目前处理朝政最得力的干将，就如菜里的盐、房上的梁一样不可或缺。

任人唯财

从这也可以看出，至少在那个时候，李豫觉得自己是离不开元载的。

应该说，元载的个人能力确实非常强，工作也颇为称职。

只是古代史书向来喜欢道德挂帅，其评价标准往往不够客观。

在有些史书里，品德好的人往往啥都是好的，犯的错误大多被后人习惯性忽视，品德不佳的人往往啥都不行，做的好事大多被后人习惯性忽视。

不幸的是，元载恰恰就属于后者。

由于元载后来被归为奸臣，因此史书上大书特书的大多是他的各种劣迹——钩心斗角、贪赃枉法、大肆揽权、拉帮结派、排斥异己、喜欢收藏胡椒……而史书上关于他这些年宰相生涯中的业绩，则少得可怜。

但窥一斑而知全豹，从史书中零星出现的寥寥数笔记载，我们仍然能看出元载的水平。

当时吐蕃连年进犯唐朝边境，代宗李豫非常忧虑。

元载为此也费了不少脑筋。

他曾在西北地区生活工作过，对那里的情况非常了解，可他觉得还不够，又专门派人西出陇山（六盘山）勘察地形，并绘制了一份详细的地图。

做完这一切后，他心里有了底，便向皇帝建议：如今国家的西部边界只到潘原（今甘肃平凉崆峒区），吐蕃军则戍守摧沙堡（今宁夏固原西北），而原先的原州城（今宁夏固原）正好处于两者之间，正对陇山山口，其西面是朝廷以前牧马的地方，水草肥美，东面的平凉又适合农耕，只要耕种一个县，驻军的粮食就够了，如今原州城虽已废弃，但地基、墙垒还在，吐蕃人对此弃而不用。每年夏天他们都要去青海放牧，如果我们趁机在此时重修原州城，二十天就能完成，吐蕃人根本来不及赶回来，然后我们再让泾原节度使马璘率军从泾州移驻原州，郭子仪的朔方军则驻防泾州，接下去我们就能以此为根据地，逐渐打通陇右，进军安西，如此一来，朝廷就不用再担心边患了！

应该说，元载的这个方案不仅颇具建设性，而且条分缕析，考虑得非常周到。

李豫听了也有些动心。

但他这个人生性谨慎，从不贸然行事，因此当时并未表态，而是打算先听听其他人的看法再做定夺。

正好那时汴宋（今河南开封）节度使田神功入朝，李豫便就此事征求他的意见。

田神功是个武夫，平素一直不大看得起文人。

一听这是元载提出来的，他马上就摇头反对：让一个从来没下过水的旱鸭子指导别人游泳怎么可能靠谱！领兵作战，连久经沙场的宿将都觉得棘手，何况他只是一个书生！

田神功从军多年，战功赫赫，对他的话李豫当然不可能不重视，便搁置了元载的提议。

但我个人觉得，其实田神功的话也未必完全正确——古往今来不少名将如韩信、诸葛亮、虞允文等人都是书生出身，都曾在没有任何作战经验的情况下取得过首战的胜利，更何况，元载的谋划其实主要是在战略上，更需要的是敏锐的眼光而不是真刀真枪的战场经验！

不过，尽管此次元载的方案最终胎死腹中，可从这里也可以看出，元载的见识、分析能力和实干能力都是一流的。

除此之外，元载在识人用人上也很有一手——后来的名相杨炎就是他一手提拔的。

这也是李豫多年来一直器重他的主要原因。

然而后来，李豫对元载却逐渐产生了不满。

在搞死鱼朝恩、逼走李泌后，元载就是拿着放大镜也找不到任何对手，他的势力也如失去天敌的野生动物群体一样迅速膨胀起来。

随之一起膨胀起来的，还有他的狂妄和欲望。

他不仅才气纵横，还牛气冲天，经常大言不惭地宣称自己是文武全才，古今莫及——古往今来，他要是认了第二，没人敢称第一！

他权力欲极强，朝中大事小事全都一个人决断，任免文官武将全都一个人把关，把朝堂几乎变成了他的一言堂。

绝对的权力产生绝对的腐败，他自然也不例外，到后来甚至在选用官员时只遵循一个原则——任人唯财——谁送的钱多，就提拔谁。

吏部侍郎杨绾（wǎn）为人正直，处事公正，从不给元载送礼，元载对他很看不惯，一心想把他从这个重要岗位上撸下来，恰好那时岭南节度使徐浩给元载送了大量南方的珍宝，请求为他在朝中安排一个职位，元载便大笔一挥，将杨绾调到了清水衙门担任国子祭酒（最高学府校长），其原先的吏部侍郎一职则给了出手大方的徐浩。

由此可见，元载的势力有多大，处理政事有多么随心所欲！

实际上，元载在当时的影响力还不止局限于朝廷。

这一点，从史书记载的这件小事就能看出来。

据说元载有个亲戚听说元载发达了，便专程来长安找到元载，想要谋个一官半职。

见面后，元载发现这个亲戚脾气挺大，本事不大，血压挺高，智商不高，吹牛还行，水平不行，便给了他一封书信，让他带着这封信去幽州找节度使。

被草草打发上路后，亲戚心中很不悦，干脆拆开了元载给他的那封信，没想到上面居然啥都没有，只有一个元载的签名。

这下他更火了，可事到如今，也只能去幽州碰碰运气了。

出乎他意料的是，到了幽州，节度使看到有元载的签名，不仅对他盛情款待——美酒美味美色应有尽有，还给他送了整整一千匹绢——在唐朝，绢是可以当货币使用的，按照《新唐书·食货志》的记载，公元788年时一匹绢相当于钱三千二百，如果这样算的话，一千匹绢相当于钱三百二十万！

仅一个签名，就让元载这个亲戚轻松发家致富，成了百万富翁。

古有一字千金，元载是一个字值三百二十万！

来钱这么容易，元载本人的财富当然不会少。

可惜那时候不存在官员财产申报的规矩，因此具体他有多少资产，我们不得而知，只知道按照史书的记载，他不仅在长安城的南、北两处都修建了奢靡程度冠绝京城、精致水平堪比皇宫、占地面积大于足球场的豪华府邸，还在近郊置有多个度假用的别墅，其在城南的别墅更是规模宏大，里面仅婢女就有百余人！

对元载的所作所为，李豫也有所耳闻，但考虑到元载毕竟辅佐自己多年，立过不少功劳，想让他善始善终，便找了个机会单独召见他，对他作了一番耐心细致的思想工作，希望他能改变过去的一些不好的做法。

然而元载自恃功高，把皇帝的话当成了耳边风，依旧贪赃枉法，依旧独断专行，依旧没有一丝丝改变……

时间一长，李豫终于失去了耐心。

既然你不肯换作风，那我只能换人了！

当然，李豫也知道，元载执掌朝政多年，包括宰相王缙、京兆尹杜济、吏部侍郎徐浩、吏部侍郎薛邕、中书舍人杨炎等不少重臣都是他的死党，牵一发而动全身，绝不可轻举妄动。

正好当时有个叫李少良的官员秘密上疏告发元载，李豫便打算以此为突破口对元载的诸多不法行为进行秘密调查，不料李少良做事不周，竟然将此事透露给了朋友，一来二去，就被党羽众多的元载知道了。

他立即向皇帝喊冤。

李豫毫不犹豫地将李少良下狱处死——管不住自己的口，我只能将你灭口！

但这件事的发生，也让元载惊出了一身冷汗。

可能为了试探皇帝的态度，他上了一道奏疏，要求在朝廷任命六品以下的文武官员时，吏部、兵部不得再检查勘验——按照之前的制度，朝廷委任文武官员，吏部或兵部有权进行审验，不符合条件的可以驳回。

没有任何迟疑，李豫马上就批准了他的提议。

这下元载终于放心了。

看来皇帝还是信任我的！

然而他错了。

事实上，他的这种做法反而让李豫对他更加厌恶。

当然，一向深谙"欲取先予"之道的李豫表面上并没有表现出来，只是暗中开始物色能为自己对付元载的人才。

经过一番考察，他找到了一个合适的人选——时任浙西（今江苏镇江）观察使的李栖筠。

对李栖筠这个名字，可能大家有些陌生，但他的儿子和孙子都非常有名——后来的大唐名相李吉甫和李德裕。

公元 771 年八月，李豫突然下诏，调李栖筠入京，担任御史大夫。

这让元载感到了一丝寒意。

因为这个任命，他事先竟然完全不知情！

更重要的是，李栖筠这个人为官清廉，性情刚直，疾恶如仇——据说只要他在家，家里连一只苍蝇都不会有！

他从不依附权贵，与元载几乎没有任何交集。

两人只有一点是相似的：都看对方不顺眼！

应该说，元载的担心不是多余的。

李栖筠就任御史大夫后，就一直在寻找元载一党的毛病。

功夫不负有心人。

公元 773 年二月，他终于找到了一个重要的线索。

元载的亲信吏部侍郎徐浩有个小舅子叫侯莫陈怤，原本在外地担任县尉，徐浩想把他调到京城长安来，便让自己的同党京兆尹杜济、吏部侍郎薛邕出面，声称侯莫陈怤才干优秀，政绩优异，是京城急需的人才，推荐其担任长安县尉。

　　按照惯例，长安县尉赴任前应先去御史台报到，李栖筠与侯莫陈怼一交谈，觉得此人水平极为低劣——每一百个字的话里面就有一百零一个错误，与推荐信上的高度评价相差极为悬殊，便追问他是如何得到这样的任命的。

　　侯莫陈怼倒也老实——以他的智商，编瞎话他也编不像啊。

　　他马上竹筒倒豆子般将前因后果和盘托出。

　　该说的说了，不该说的也说了——连某年某月某日他和薛邕等人到哪家青楼消费了多少，发票开了多少都说了。

　　证据确凿，李栖筠如获至宝，立即将此事上奏皇帝李豫，弹劾薛邕、杜济、徐浩三人伪造政绩，结党营私。

　　李豫命礼部侍郎于邵审理此案。

　　于邵是个聪明人，他觉得薛邕等人是元载的左右手，而元载又是皇帝的左右手，皇帝要他查薛邕等人估计只是迫于李栖筠的压力做做样子而已。

　　毕竟，谁会向自己的左手或者右手开刀呢？

　　那不是自残吗？

　　因此，他作出的审理结果是：薛邕等人的造假虽然存在（有侯莫陈怼的供词在，这点是没法否认的），但那是在大赦以前，不应追究责任。

　　李豫不由大怒。

　　如此牵强的理由，亏你想得出来！

　　既然你于邵主动为他们站台，那就连你也一起下台！

　　他当即下诏将徐浩贬为明州（今浙江宁波）别驾，薛邕为歙州（今安徽歙县）刺史，杜济为杭州（今浙江杭州）刺史，于邵为桂州长史。

　　就这样，元载的几个核心亲信一下子全被赶出了京城！

　　当然，在李豫的心目中，这只是第一步而已。

　　他真正的目标，是元载本人！

　　然而他还没来得及正式动手，又有更紧急更棘手的事发生了。

　　无奈，他只好暂时先搁置了元载的问题。

　　这次的麻烦，出现在地方上。

大唐帝国_的后半生 下

云淡心远——作品

中国出版集团　现代出版社

第二十九章　他强任他强

河朔三镇：坏中更有坏中手

事实上，这些年唐朝各地的整体形势一直不太安定。

公元 765 年底，剑南将领崔旰（gàn）发动兵变，占领成都，节度使郭英乂被杀，代宗李豫任命宰相杜鸿渐与山南西道（今陕西汉中）节度使张献诚等人前往蜀中平乱，却被崔旰打得落花流水，无奈只好封崔旰为新的节度使，并赐名崔宁——估计是息事宁人的意思。

公元 766 年末，因同华（今陕西渭南）节度使周智光残暴狂悖，不仅擅杀监军宦官张志斌以及多名官员，还公然叫嚣要"挟天子以令诸侯"，李豫密诏让郭子仪率朔方军前往讨伐，周智光不堪一击，很快就为部下所杀，用他的亲身经历证明了一句俗语：会叫的狗不凶。

公元 768 年六月，幽州兵马使朱希彩杀死节度使李怀仙，自称留后，朝廷派兵征讨，被朱希彩击败，只好再次使出用过无数次的祖传秘方——姑息，承认了这个既定事实，任命朱希彩为节度使。

公元 772 年七月，幽州再次发生动乱，士兵们杀了节度使朱希彩，拥立经略副使朱泚（cī）为留后，这回李豫没有再多事，直接下诏以朱泚为新的节度使。

公元 773 年正月，昭义（今属山西长治）节度使薛嵩去世，其弟薛崿自立，李豫再次本着多一事不如少一事的原则任命薛崿为昭义留后。

公元 774 年七月，幽州节度使朱泚的弟弟朱滔怂恿朱泚入朝，朱泚进京后，朱滔奉命留守幽州，却在短短数月内就撤换了大批将领——原本朱泚的班底全都失去权力，新当权的都是朱滔的亲信，朱泚自知上了兄弟的当，无奈只好自请留在京城，不久朱滔被任命为幽州留后。

总之，这一时期李豫对各藩镇的处理原则是这样的：只要不触碰他的底线，他什么都可以忍，万一触碰到了他的底线呢，他还可以把底线再往下挪一挪……

不过，底线再怎么往下挪，毕竟还是有极限的。

魏博节度使田承嗣在公元 775 年初的所作所为，就挑战到了他的极限。

当时昭义兵马使裴志清驱逐留后薛嵩，一时间昭义大乱。

邻近的田承嗣趁机以救援为名，出兵夺取了昭义的治所相州（今河南安阳），接着又派大将卢子期攻打原属昭义的洺州，大将杨光朝袭击卫州。

李豫闻讯大惊——藩镇互相吞并，这是他一直以来最担心的事！

他急忙派宦官孙知古前往魏州告谕田承嗣，要他立即撤兵。

然而田承嗣却把皇帝的圣旨当成了废纸——根本就不屑一顾，他不仅没有收手，反而还变本加厉，又相继攻陷了洺州、卫州以及磁州（今河北磁县）。

至此，田承嗣一下子吞并了相、洺、卫、磁四州，占领了原昭义的大部分地区——昭义原本领有相、洺、卫、磁、贝、邢六州之地。

为迫使朝廷承认这个既定事实，田承嗣还自导自演了一出好戏。

他先是让自己麾下的亲信士兵进入新占领的相州、磁州冒充当地驻军，接着又故意邀请孙知古与他一起巡视两地。

一见到他和孙知古，那些事先安排好的士兵就纷纷割耳劙（lí）面，强烈要求朝廷任命田承嗣当他们的领头人——所谓割耳劙面，即用刀子割耳朵、划面孔，这是当时盛行于突厥、回纥、契丹等少数民族的一种表示强烈心愿的习俗，田承嗣虽是汉人，但他多年来一直在安禄山等人的帐下与胡人将士并肩作战，就如豆腐跟肉在一起炖久了会沾上肉味一样，他也早已沾染了浓厚的胡风，对这样的行为早就习惯成自然。

只见士兵们一边挥着满是血的长刀，一边高昂着满是血的面孔齐声高呼：谁与田大帅作对，谁就是与我们作对！谁不让田大帅当我们的节度使，我们就让谁去吃屎！……

孙知古一下子被这血腥而又狂热的场面震住了，一时竟吓得说不出话来。

田承嗣则哈哈大笑：你看，军心难违啊，我这么做也是不得已呀……

不过，李豫也不是傻子，当然不会被田承嗣这套把戏蒙骗过去。

田承嗣公然抗旨，悍然吞并昭义，这已经突破了他心目中已经低得不能再低的底线，他已经忍无可忍，退无可退了——再退就退到他娘的肚子里去了！

如果对这样的行为不加以惩戒，那他这个皇帝岂不是成了战国时的周天子？日后还有谁肯听朝廷的话？

如果对这样的行为不加以惩戒，那其他节度使以后岂不也会纷纷效仿？日后国家哪还会有太平之日？

很快，他就作出了决定：出兵讨伐田承嗣！

李豫这个人生性谨慎，从不轻易冒险，这次他之所以反应如此迅速，态度如此坚决，除了田承嗣的行为确实太过分以外，还有一个重要原因——他得到了与魏博邻近的两个藩镇的支持：成德节度使李宝臣和平卢节度使李正己。

其实李宝臣与田承嗣原本关系不错，当初两人都是安禄山的部将，曾共事多年，还结成了姻亲关系——李宝臣的弟弟李宝正娶了田承嗣的女儿，可后来有一次李宝正到魏州做客，田承嗣的儿子田维与他一起打马球，李宝正的马因惊意外将田维撞死，田承嗣勃然大怒，将李宝正当场杖杀，自此李宝臣便与田承嗣反目成仇。

至于李正己与田承嗣之间有什么过节，史书上并未记载，只说他向来"为田承嗣所轻"——田承嗣一直看不起他，因此这次李正己也主动请缨，自愿加入了讨伐军的序列。

之前你对我爱搭不理，现在我要让你倒地不起！

公元775年四月，李豫下诏贬田承嗣为永州（今湖南永州）刺史，同时命河东、成德、幽州、平卢、淮西、永平（今河南滑县）、汴宋、河阳、泽潞等九道节度使一起出兵，攻打魏博。

具体的安排是这样的：成德李宝臣、卢龙朱滔以及河东节度使薛兼训等人从北路发起攻击，平卢李正己与淮西李忠臣等人则从南面进攻。

在李豫看来，以九个藩镇的兵力打魏博一镇，应该是手到擒来的。

战事的初期也证实了他的判断。

讨伐军势如破竹，田承嗣连战连败，无奈只好上表请求归顺朝廷。

当然，这只是他的缓兵之计。

没过多久，他再次发动反扑，不料再次被讨伐军打得落花流水。

尽管几乎已经到了山穷水尽的地步，但顽强的田承嗣却依然不愿放弃。

他绞尽脑汁，苦苦思考着应对之策。

正如羚羊在被狮子追逐时速度往往特别快一样，人在被逼入绝境时思路往往也特别广。

很快，他就有了主意。

攻坚不行，那就攻心！

在他看来，讨伐军由九镇联合组成，缺乏统一指挥，只要能分化瓦解对手，他就依然有逆风翻盘的机会！

那么，在讨伐军九个节度使中，该以谁为突破口呢？

田承嗣选择的，是南路的平卢李正己和北路的成德李宝臣。

之所以作出这样的决策，一方面是因为他们离魏博最近，在此次军事行动中也最为卖力，对他的威胁最大；另一方面也是由于他对李正己和李宝臣非常了解——这两人其实与朝廷并不是一条心，完全有可乘之机。

对于李正己，他送上的是一顶大高帽。

你李正己打我，不就是因为当初我看不起你吗？

如今我只要命，不要脸，跪在地上叫你爹，不，叫你爷爷都行，这下你总该消气了吧。

这就是田承嗣的风格！

他这个人向来能屈能伸，该任性任性，该认怂认怂，变脸比一般人扮鬼脸还快！

战前田承嗣曾扣押过李正己派来的一个使者，现在他不仅把使者放了出来，还恭恭敬敬地请到了自己府上，又是好酒又是好菜又是好话又是好看的侍女作陪，好好地将使者招待了一番。

接着田承嗣又领着使者来到家中大堂，在大堂正中挂了一张李正己的画像，对着画像恭恭敬敬地焚香而拜——看起来比信徒祭拜神灵还要虔诚，随后他又让使者面南背北站立，恭恭敬敬地向他送上了大礼—— 一份记载有魏博全境的居民户口、军队名册、钱粮布帛等机密资料的档案文书！

显然，他这是在向李正己俯首称臣！

可想而知，李正己收到这样的礼物后，有多么心花怒放！

更令他舒服的，是田承嗣让使者带过来的一封亲笔信。

信中田承嗣的措辞非常谦恭：承嗣已经八十六岁了（其实是七十一岁，他这么说无非是要麻痹李正己），活不了多长时间了，儿子们又都不成器，我现在所拥有的这些，只不过是暂时替李公您看守而已，哪里值得您兴师动众？您这样拼死拼活地替朝廷攻打我，对您又有什么好处呢？……

李正己被打动了。

在他看来，他之所以要帮着皇帝打田承嗣，本来就是为了出一口气，现在田承嗣对自己都称臣了，当然没必要再打下去了，更何况，田承嗣的话说得是那么在理——若是真灭掉了田承嗣，获益最大的也是朝廷，而不是他李正己！

他当即命麾下军队停止进攻，就地待命。

而见原本冲在最前、打得最凶的李正己按兵不动，讨伐军南路的其他各镇军队也都跟着停了下来。

首计告捷，接下来田承嗣又把注意力放到了北面。

令他喜出望外的是，他还没开始动手，北路的李宝臣居然也停火了。

帮田承嗣这个大忙的，不是别人，正是皇帝李豫！

事情的经过是这样的：

在这次讨伐魏博的军事行动中，李宝臣为了报杀弟之仇，干劲很足，战绩很大，因此为了表彰他，李豫特意派宦官马承倩前去宣旨慰问。

在马承倩回朝复命前，李宝臣按照当时的惯例给马承倩送去了一份心意——

一百匹绢帛。

马承倩没有收。

不仅没收，还把这一百匹绢都扔到了大街上！

不仅把绢扔到了大街上，还在大庭广众之下对李宝臣一顿痛骂：李宝臣，你小子实在是太过分了！居然给我送了一百匹绢，你这是把我当什么人了！

李宝臣连忙赔礼：公公清正廉洁，一身正气，一毛不拔，不，一毛不收，是宝臣，不，小臣有眼无珠……

没想到马承倩更火了：我看你不光是有眼无珠，你还是头猪！给我这么点东西，打发叫花子吗？

李宝臣这才明白，原来马承倩不是廉洁，而是嫌他送得太少！

之后，马承倩又指着鼻子狠狠骂了李宝臣足有半个时辰，之后拍拍屁股，扬长而去。

这些年来，李宝臣何曾受过这样的羞辱——上一次被别人指着鼻子骂还是他小时候尿床呢，一时间竟然气得说不出话来。

兵马使王武俊趁机进言说：如今您刚为朝廷立下大功，宫中小人就这样对待您，平定叛乱之后对您的态度就可想而知了！倘若那时用一纸诏书解除您的兵权召您进京，您怎么办？我看不如放过田承嗣。

李宝臣虽然读书不多，但养寇自重的道理是懂的，更何况他也知道，自己现在已经得罪了皇帝最信任的宦官，以后就是立下了再大的功劳恐怕也不会有好果子吃。

于是，他也开始消极怠工，任凭上面怎么催他进军，他都找各种理由推托，今天是水土不服，明天是食欲不振，后天是天气不好，总之是纹丝不动。

至于他什么时候才会进军，这个问题就相当于问阎王爷什么时候才会下班——鬼才知道！

得知李宝臣始终逗留不进的消息后，田承嗣大喜。

不过，他依然不敢掉以轻心，因为尽管李宝臣停火了，可北路还有个幽州的朱滔——这家伙刚当上留后不久，一心盼着朝廷给他转正，所以在此次军事行动中蹦得也非常欢。

怎样才能解决这个难缠的朱滔呢？

经过一番思考，他有了主意。

他知道李宝臣是范阳人，一直以来都有吞并范阳的念头，便决定利用这一点，让李宝臣与朱滔火并。

为此，他先是找了块石头，在上面刻了这么一句话"二帝同功势万全，将田为侣入幽燕"，随后命人偷偷将石头埋在了成德境内，接着又在成德到处散布传言，说那个地方有王气，李宝臣按照传言中的方位寻找，果然从地下挖出了这块刻有谶语的石头。

谶语是什么意思呢?

就在李宝臣百思不得其解的时候,田承嗣的使者来了。

使者对李宝臣说:您若与朱滔一起攻打魏博的沧州,就算打下来了也是归朝廷所有。可若是您放田承嗣一马,他不仅会主动把沧州献给您,还愿意跟随您一起去打范阳,您率成德的精锐骑兵为先锋,他带领魏博的步兵跟进,肯定能一举成功!

听了使者的话,李宝臣一下子明白了谶语的含义——原来,"将田为侣入幽燕"指的是要我和田承嗣合力去打幽州啊。

家乡观念极重的他早就盼着能衣锦还乡了——身为一方大员却无法在家乡人面前显摆,这在他看来,有如锦衣夜行,有如手中有的是钱却没有东西可买……

而现在上天都这么说了,那还有什么可迟疑的!

李宝臣喜出望外,立即遣使与田承嗣订立密约,约定一起出兵,合力攻打范阳。

盟约签订后,田承嗣便马上亲自率军北上,驻于魏博和成德交界处,摆出一副随时听候李宝臣命令的样子。

见田承嗣果然守信,李宝臣信心更足了。

可朱滔也是名悍将,幽州的军队更是以善战闻名,自东汉以来就有"幽州突骑,天下精兵"的说法,要想从朱滔手中夺取范阳,即使有田承嗣的助战,也绝非易事。

但这难不倒李宝臣。

他毕竟是百战老将,有的是办法。

他采取的策略是擒贼先擒王。

当时朱滔正驻军于瓦桥关(今河北雄县),李宝臣打算先奇袭瓦桥,干掉朱滔,再趁着幽州军群龙无首的机会,与田承嗣一起直捣范阳!

恰好那时朱滔派使者到李宝臣那里洽谈有关事务,李宝臣便摆出一副迷弟的样子对使者说:听说朱公身形魁伟,如天神下凡一般,我对他仰慕已久,想讨要一幅朱公的画像,不知可否满足?

对这样的要求,朱滔当然不会拒绝。

他立即命人画了一幅自己的画像,送到了李宝臣那里。

李宝臣将朱滔的画像挂在了军中的讲武堂,随后召集将士一起认真观看,一边看他还一边仔细点评:此人络腮胡,鹰钩鼻,三角眼——三个角分别是四十四度、九十三度、四十三度,脸形是上窄下宽的等腰梯形,其中上下边长分别是……

等所有将士都看过了这幅画像,李宝臣开始动手了。

他精心挑选了两千名精锐骑兵,命他们偷袭瓦桥,实施斩首行动:杀掉讲武堂画像上的那个人!

突击队急行军三百里,很快就赶到了瓦桥。

此时成德与幽州是联手作战的盟友，朱滔就是做梦也想不到李宝臣会袭击他——就如同武大郎做梦也想不到老婆潘金莲会暗害他一样，因此毫无防备，一下子就被打得溃不成军。

更令朱滔心惊的是，这一战成德军的目标非常明确——始终都追着朱滔所在的位置打，比影子跟得还紧！

还好朱滔反应快，马上把胡子割了，又把衣服换成了士兵的服装，这才侥幸逃回了范阳。

首战告捷后，李宝臣立即率大部队乘胜追击，企图一举吞并幽州，不料却遭到了幽州大将刘怦（朱滔表兄）的顽强阻击，无奈只好停下了前进的脚步，想等待田承嗣率魏博军到来后再一起进军。

没想到他左等右等，等到的却是田承嗣给他的一封信：河内有警，不暇从公，石上谶文，吾戏为之耳——我的辖区内有紧急情况，不能到你那里去了，至于石头上的谶语，那纯粹是我逗你玩的！

李宝臣这才发现自己被田承嗣耍了。

他顿时恼羞成怒，恨不能立即挥军南下，直扑魏州，将田承嗣这个老狐狸千刀万剐，拆下他的老骨头炖汤喝！

可惜，这就和瘫痪在床的病人想登珠穆朗玛峰一样——纯粹只能想想而已。

真要这么做是绝对不可能的。

因为李宝臣的成德处于魏博和卢龙之间，他刚刚已经与卢龙的朱滔彻底翻脸，闹得不共戴天有你没我了，如果现在再带领大军去攻打魏博，朱滔必然会乘虚而入，后果不堪设想！

因此，他就是再生气，也只能硬生生把这口气咽下去！

而在得知所谓的天意竟然是田承嗣的编造后，李宝臣也失去了战意，无奈只好返回了成德治所恒州，同时命部将张孝忠率精锐主力留守易州，以防朱滔出兵报复。

至此，田承嗣的计策大获成功。

螳螂捕蝉，黄雀在后，坏中更有坏中手，狡猾的李宝臣算计了朱滔，更狡猾的田承嗣又算计了李宝臣，最终笑到最后的，是田承嗣——李宝臣和朱滔反目成仇，双方都将重兵屯于彼此边境，再也没有余力发动对田承嗣的攻击。

田承嗣就这样绝处逢生，保住了魏博！

不过他也知道，尽管战事基本已经停息了，但朝廷对他的讨伐令却并没有失效。

接下来他要做的，是让皇帝承认这个既定事实。

公元775年底，他向代宗李豫上表请求入朝。

与此同时，平卢的李正己也上疏为他说情，恳求皇帝给田承嗣一个改过自新的机会。

李豫会答应吗？

当然会。

不是他不想打，而是他已经无力再打了。

李正己、李宝臣、朱滔等讨伐军的几大主力都已经与魏博停战了，李正己还成了田承嗣的盟友，这个仗还怎么可能打得下去？

公元776年2月，李豫正式下诏赦免田承嗣，恢复其官爵，并允许他入朝。

但李豫的心中无疑是十分郁闷的。

自己在位期间唯一一次发动的对藩镇的讨伐，用了大半年的时间，用了数不清的钱粮，结果却是一无所获，不，也不是完全没有收获，只不过是负的——他原本想通过这次对田承嗣的征讨来树立朝廷在地方上的威信，没想到却反而大大折损了朝廷原本就不太富余的声望。

本想长脸却变成了丢脸，这是怎样的一种悲哀？

连田承嗣这样嚣张的乱臣贼子都可以赦免，朝廷还有什么权威可言？国家还有什么秩序可言？

可是，他又有什么办法呢？

他不是没有雄心，只是实在力不从心。

他不是不想努力，只是实在无能为力。

除了郁闷，更令李豫不安的是田承嗣开了藩镇互相吞并的先例，接下来天下还会安定吗？

答案当然是否定的。

很快，他的担心就变成了现实。

仅仅三个月后，汴宋留后田神玉去世，都虞候李灵曜发动兵变自立，李豫本来已经任命了新的留后，但李灵曜却拒不受诏，无奈李豫只好再次让步，下诏封李灵曜为汴宋留后。

不料李灵曜得逞后更加骄横，竟效仿河朔三镇（幽州、成德、魏博），自行任命辖区内八州的刺史，致使朝廷所任的官员一夜之间全部下岗。

这下李豫终于无法再忍了。

因为，汴宋地处中原，之前一向是忠于朝廷的，且地处江淮漕运要冲，如果让汴宋变成李灵曜的独立王国，那么关中和财赋重地江淮之间的联系就可能被切断，唐朝朝廷的生存就成了问题！

这是他无论如何也不能接受的。

他当即下诏，命淮西节度使李忠臣、永平节度使李勉、河阳节度使马燧、淮南节度使陈少游、平卢节度使李正己等五道一起出兵，讨伐李灵曜。

李灵曜大惊，慌忙向魏博的田承嗣求救——事实上，李灵曜之所以敢对抗朝廷，就是因为有田承嗣做他的后援。

田承嗣毫不犹豫地答应了李灵曜的请求，派其侄田悦出兵援助李灵曜。

可惜这次田承嗣押错了宝。

李灵曜毕竟是新上位的，根基太浅，很快就众叛亲离，一败涂地，自己也被擒获送到长安斩首。

于是田承嗣再次上表谢罪——就如骗子对撒谎没有任何心理负担一样，他对做检讨也完全没有任何心理负担。

而相比田承嗣做检讨，李豫对作妥协更是轻车熟路——这些年，他做过的妥协估计比他穿过的衣服还要多。

顺理成章地，他再一次赦免了田承嗣。

不过，尽管这次针对李灵曜的军事行动取得了胜利，但最大的受益者却并不是李豫和他的大唐朝廷，而是平卢的李正己。

在此次战事中，他一下子攻占了原属汴宋的曹（今山东曹县）、濮（今山东鄄城）、徐（今江苏徐州）、兖（今山东济宁兖州区）、郓（今山东东平）五州，全部据为己有，还把治所从原来的青州迁到了郓州。

经此一役，李正己一飞冲天，一跃成为淮河以北地盘最大、实力最强的藩镇！

对李正己的吞并行为，皇帝李豫始终无动于衷。

他不是不想管，而是无法管。

换句话说，他是有心无力。

在经过了一连串的挫折后，他终于无奈地认识到，藩镇的问题不是他现在所能解决的，只能留给子孙后代了。

可有一个问题，他却不想再拖下去了。

元载。

元载之死

这几年，李豫被河北藩镇的叛乱搞得焦头烂额，根本没有余力来对付元载，只能对其放任不管。

元载却把皇帝的放任当成了信任，把皇帝的容忍当成了荣耀，把皇帝的示弱当成了软弱，非但不知收敛，反而变本加厉，越发猖狂，在作死的道路上越走越远。

这几年，元载与他的死党——另一名宰相王缙组成了一个庞大的贪污集团，两人不仅贪赃枉法，他们的家人、幕僚，甚至出入其家中的尼姑也都大肆招权纳贿、买官卖官——官员的升迁不是看水平好不好，而是看与元载、王缙一党的关系好不好；朝政的处理不是看对国家有没有好处，而是看对元载、王缙一党有没有好处。

李豫对此早就忍无可忍了。

因此，在藩镇战事告一段落后，他第一时间就把处理元载的事提上了日程。

既然你胡作非为没完没了，那我就让你一命呜呼一了百了！

考虑到元载执政多年，耳目众多，为避免走漏风声，一贯谨慎的李豫没有向任何人透露自己的计划，除了自己的亲舅舅——时任左金吾大将军的吴凑。

公元777年三月，有人控告元载、王缙在夜里设坛作法，图谋不轨。

其实这事似乎不太经得起推敲。

元载和王缙都是虔诚的佛教徒，在家中设坛做法事很正常，以前肯定也有过，而且两人都是文臣，在军中没有根基，图谋钱财的事是有的，可说他们图谋不轨却是不可能的。

毕竟，现实不是神话，想要靠作法来造反，跟靠做梦来造反差不多！

然而李豫却信了——说不定，告发元载、王缙的那个人就是李豫安排的。

他立即命吴凑领兵进入政事堂，将正在那里办公的元载、王缙两人抓捕下狱，随后又逮捕了元载的儿子元仲武、幕僚卓英倩等人，命吏部尚书刘晏、御史大夫李涵负责审理。

不过，尽管这个案子名义上的主审官是刘晏和李涵，但实际上却是"问端皆出禁中"——调查的方向和原则都由宫中决定。

也就是说，真正的主审官，其实是代宗李豫！

皇帝亲自出马，力度自然是空前的。

当天，左卫将军、知内侍省事（宦官总管）董秀被查出与元载有牵连，随即被杖杀，刑部尚书王昂、吏部侍郎杨炎、谏议大夫韩洄、起居舍人韩会等数十名元党成员也悉数被捕。

几乎所有的党羽都被一网打尽，从这里可以看出，李豫对元载有多么不满！

元载的下场就此注定。

很快，他就被赐死在了狱中。

在生命的最后时刻，元载向行刑的狱卒请求：常言说，士可杀不可辱。麻烦让我死得痛快点！

狱卒却对此嗤之以鼻：可常言还说过，善有善报，恶有恶报。麻烦你受点委屈！

说完，他一把脱下了自己生了二十五年脚气的脚上的穿了一个月没洗的油光发亮味道浓烈的臭袜子。

一时间，牢房中本来在到处飞舞的苍蝇蚊子纷纷中毒身亡，如雨点一般往下落。

随后狱卒将袜子强行塞到了元载的口中。

一向养尊处优的元载哪里受得了这个，一下子被熏得胃液和尿液齐涌，鼻涕和眼泪狂泻……

直到元载被熏得半死不活神志不清，狱卒这才将元载缢杀。

404

当了整整十五年宰相的元载，就这样屈辱地离开了人世。

之后他的妻子王蕴秀（玄宗朝名将王忠嗣之女）、儿子元伯和、元仲武、元季能也都被诛杀，家产则全部被籍没充公。

元载究竟有多少家产，我们不得而知。

不过，要想知道一盘菜到底好不好吃，并不需要把这盘菜全部吃掉，只要尝一口味道就够了；要想知道元载到底有多贪，也并不需要搞清楚他的全部家产，只要看一点细节就够了。

史载查抄元载家的时候发现，他家中仅胡椒就有八百石（一石相当于一百升）——要知道，那时的胡椒都是从印度等地进口的，其价格之昂贵堪比黄金，一般的老百姓根本就用不起！

由此可见，元载搜刮了多少民脂民膏！

这样看来，他落得如此下场，实在是罪有应得！

元载死后，接下来自然轮到王缙了。

王缙本来也要被赐死，但主审的吏部尚书刘晏为他向皇帝求情，说王缙只是从犯，可以网开一面。

看在刘晏的面子上，王缙最后总算保住了性命，被贬为括州刺史。

与王缙命运相似的，还有王昂、杨炎等人。

按照李豫的意见，这些人也都是要被诛杀的，幸亏吴凑极力劝谏，这才改成了贬官。

以德服人

元载、王缙都不在了，该用谁来担任新的宰相呢？

李豫对此早有安排。

在诛杀元载数日后，他一下子任命了两个宰相——之前曾遭元载打压的太常卿杨绾为中书侍郎，礼部侍郎常衮（gǔn）为门下侍郎，两人都加同平章事。

看到这里，可能有人会有疑问：以前的唐朝宰相通常由中书省的最高长官中书令、门下省的最高长官侍中担任，怎么现在变成了中书侍郎和门下侍郎了呢？

这其实与安史之乱有关。

安禄山叛乱后，李唐朝廷为了表彰平叛功臣，往往把中书令、侍中这样的顶级头衔授予某些立下大功的将领，比如肃宗李亨就曾加授郭子仪为中书令、李光弼为侍中，但郭、李二人长期领兵在外作战，不可能参与朝政，因此中书令、侍中也就逐渐变成了有名无实的荣誉职务，而中书侍郎、门下侍郎则顺理成章地以副代正，成为两省事实上的最高长官。

之后，唐朝的宰相通常就由中书侍郎、门下侍郎加同平章事（全称为同中书门下平章事，意为与中书、门下协商处理政事）来担任，再到后来，不管是什么职务，只要加"同平章事"衔，都会被视为宰相班子成员。

接下来，让我们把目光聚焦于新宰相杨绾。

杨绾出身于关中名门弘农杨氏，公元754年，他在玄宗皇帝亲自主持的制举考试（唐代科举分常科和制举，制举是皇帝为选拔非常之人而不定期举行的特科）中一举夺魁，一时名震天下。

之后的二十多年中，他历任右拾遗、知制诰、中书舍人、礼部侍郎、吏部侍郎等职，在每一个岗位都干得有声有色，每一段职业生涯都表现得可圈可点，因此很受朝臣推崇。

杨绾为人正直，又向来以清廉著称，如今皇帝用他来取代贪财纳贿、腐败无度的元载，其意义自然是十分明显的。

这一点，官场中人都看得出来。

任命颁布后，不少官员纷纷作出了反应。

中书令郭子仪晚年很注重享受，杨绾拜相的时候，他正在大宴宾客，听到消息后便马上撤除了五分之四的乐队和歌伎；

御史中丞崔宽是西川（今四川成都）节度使崔宁的弟弟，生活十分奢靡，在城南建有一座极为豪华的别墅，杨绾上位后，他立即忍痛将别墅拆除；

京兆尹黎干喜欢摆谱，每次出门都要带一支百余人的仪仗队，现在也赶紧缩减规模——减到了十人；

…………

总之，杨绾当上宰相后没几天，还什么事都没干呢，朝中的风气就改变了不少。

这样的情况，在整个中国历史上恐怕都是绝无仅有的。

《新唐书》中对此大加褒奖：绾以德服人，而人自化，可谓贤矣……

这就是杨绾的魅力！

这就是杨绾的影响力！

刚上任就取得了如此好的效果，朝野上下自然都对杨绾寄予了厚望。

而杨绾也没有让大家失望。

在用人上，他一改之前元载结党营私的陋习，提拔重用了一批跟他类似的德才兼备的君子。

比如老臣颜真卿。

颜真卿是在十一年前被元载排挤，贬出京城的。

当时元载为了独揽大权，要求群臣向皇帝上奏前必须先通过宰相，不准越级上疏言事，时任刑部尚书的颜真卿对此坚决反对，结果被元载贬为峡州（今湖北宜昌）别驾，之后又辗转在抚州（今江西抚州）、湖州（今浙江湖州）等地担任地方官。

是金子，到哪儿都能发光；是人才，到哪儿都有作为。

在地方任职的这些年中，颜真卿关心民间疾苦，注重社会风气，为百姓办了很多实事。

尤其是在抚州期间，颜真卿看到抚河正道淤塞、支港漫溢，频频引发严重洪涝灾害，便着手组织民众建起了一条石砌长坝——后经增修，建成了著名的千金陂，既减轻了水患，又便利了灌溉，对当地发展起到了很大的促进作用。

杨绾上台后，第一时间就向皇帝李豫举荐了颜真卿。

颜真卿就这样回到了京城长安，再次出任刑部尚书。

这一年，他已经六十九岁了。

颜真卿历仕玄宗、肃宗、代宗三朝，以忠义刚正闻名于世，在当时声望很高。

毫无疑问，杨绾的这一做法是很得人心的。

不过，在杨绾心目中，人事的调整只是他宏伟蓝图的第一步而已，接下来他还打算对朝政方方面面的弊端进行一系列大刀阔斧的改革。

可惜，人生总是充满了意外。

他本以为一切才刚刚开始，没想到却已结束！

他本以为即将迎接人生的辉煌，没想到迎接的竟然是死亡！

公元777年七月，正摩拳擦掌准备大干一场的杨绾突然中风，数日后就去世了。

对杨绾期望甚高的代宗李豫悲恸欲绝，忍不住哽咽着对群臣说：看来上天是不想让朕缔造太平盛世啊，不然为什么这么快就从朕的手中夺走了杨绾！

杨绾死后，宰相就只剩下了常衮一人。

常衮尽管个人操守还算不错，但他性情急躁，为政苛细，既缺乏杨绾的才识和胸怀，又缺乏杨绾的魅力和威信，自然也难以有什么成就。

而经历了一系列打击的代宗李豫也早就没有了早年的锐气，对此也只是听之任之。

这段时间他的执政风格可以用现在的一个流行词来概括，那就是"躺平"——你们就爱咋咋地吧，反正我是无所谓了，也无所为了。

他强任他强，清风拂山岗；他横任他横，我充耳不闻！

公元779年二月，曾经闹得河北大乱、让李豫无比头疼的魏博节度使田承嗣终于去世了，其侄田悦自立为留后，李豫尽管心中对田氏叔侄恨得咬牙切齿，却并没有再兴师问罪，而是本着"反正我治不了他，只能等天上打雷了"的佛系理念，第一时间就下诏承认了田悦的地位。

当年三月，淮西节度使李忠臣被都虞候李希烈（李忠臣的族侄）所驱逐，单骑逃回京师，李豫依然本着多一事不如少一事的姑息原则任命李希烈为淮西留后，而李忠臣则被授予检校司空的荣誉头衔，留在了京城。

…………

现在的李豫已经没有任何追求了。

他的身体还活着，可他的心已经死了。

一个人的心都死了，活着又有什么意义呢？

正所谓求仁得仁，这年五月，李豫终于病倒了。

公元779年五月二十一日，李豫在宫中病逝，享年五十四岁，死后被追谥为睿文孝武皇帝，庙号代宗。

《旧唐书》对李豫颇为推崇，认为"古之贤君，未能及此"，说他之所以没能完成中兴大唐的使命，只是因为运气不佳。

而《新唐书》给李豫打的分则低得多，称他为"中材之主"。

我个人更认可的是"中材之主"这个评价。

毫无疑问，李豫是个聪明人，但他有的似乎只是小聪明，缺乏大格局——他没有大人物的胸怀，有的只是猜忌和怀疑——甚至就连李光弼这个平定安史之乱的首功之臣也无法幸免。

他先后诛杀或贬谪了李辅国、程元振、鱼朝恩、元载等多个权宦或权臣，可除了李辅国外，其他三个都是他培养起来的！

他精通权谋，尤其擅长欲取先予、欲擒故纵——无论是对李辅国、鱼朝恩还是元载，可他忘了还有一句话叫养虎遗患，他对这些人越是放纵，对国家的损害就越大！

他做事沉稳，很少冒险，可沉稳过了头就成了谨小慎微，谨小慎微久了就成了得过且过，得过且过久了就成了姑息养奸！

总之，如果生在太平年代，也许李豫是个合格的守成之君，可时代给他出的题目太难了，作为一个中等生，这样的难题，他怎么做得出来？

他不是没有理想，可面对如此危局，他实在是没有办法！

他并非无能之辈，可解决这种难题，他真的是无能为力！

他只能把这个烂摊子留给继任者。

第三十章　出道即巅峰

失踪的皇后

李豫的继任者，当然是太子李适。

五月二十三日，三十八岁的李适在太极殿正式继位，是为唐德宗。

李适是代宗李豫的长子，其生母是后来被遥尊为皇太后的沈氏。

注意，这里既不是尊——给活人上尊号，也不是追尊——给已死的人上尊号，而是遥尊——因为没人知道沈氏究竟是死是活。

她已经失踪二十年了。

这样的情况，在整个中国历史上都是绝无仅有的。

民间相传沈氏名为珍珠，但实际史书上并没有这方面的任何记载，我们只知道她出身于江南大族吴兴沈氏，其父沈易直曾担任过秘书监（国家图书馆馆长）——能在文化极为昌盛的唐朝担任这样的职务，可见沈易直的学问应该是相当不错的。

开元末年（公元 741 年），沈氏被选入东宫，当时的东宫之主太子李亨见沈氏与自己的长子广平王李豫（当时还叫李俶）看上去很般配，便把沈氏赐给了李豫。

公元 742 年，沈氏为年仅十六岁的李豫生下了他的第一个儿子李适。

之后的十多年，沈氏一直待在宫中。

由于史籍缺载，我们并不知道沈氏和李豫的感情到底如何，只知道李豫这些年又添了不少子女，却没有一个出自沈氏。

也许沈氏这段时间的生活并不是非常如意，也许她的日子过得非常平淡，也许她心中经常会泛起"这辈子也就这样了"的念头。

可后来的她发现自己还是太幼稚了——这世上哪有"这辈子也就这样了"这么好的事啊。

安史之乱的发生，把她原本平静的生活彻底变成了灰烬。

从此，她就如一片树叶卷入了波涛汹涌的大海——只能随浪浮沉，再也无法掌控自己的命运。

公元 756 年，潼关失守，唐玄宗李隆基带着家人仓皇出逃，在逃亡的队伍中，有沈氏的公公李亨，有沈氏的丈夫李豫，有沈氏的儿子李适，却没有沈氏——她被留在了长安。

不久，长安陷落，沈氏和其他没来得及逃走的皇族一起被叛军掳掠到了洛阳囚禁起来。

公元 757 年，身为天下兵马元帅的李豫领兵收复了洛阳，在洛阳叛军皇宫的掖庭内见到了分别一年多的沈氏。

不过，李豫并没有将沈氏接回长安——可能是当时他军务繁忙，也可能是由于沈氏身陷贼军在她身上发生了一些李豫不愿看到的事，或者也可能是别的什么原因，总之，在短暂的重逢后，李豫又率军离开了。

这次分别，竟然是永别！

公元 759 年，史思明带领叛军再次攻陷洛阳。

从此，沈氏消失了——如一滴水消失于大海，一粒沙消失于沙漠，她消失在了茫茫的人海之中。

公元 762 年，李豫继位，开始在全国范围内寻找太子李适的生母沈氏，可直到他去世都没有如愿。

李适登基后，更是发动一切力量、不惜一切代价、穷尽一切可能寻找沈氏。

毕竟，对李豫而言，沈氏只是他为数众多的女人中的一个；而对李适来说，沈氏却是他唯一的母亲。

他立下宏愿，就算是把全天下每一寸土地都用筛子筛一遍，他也要找到自己的母亲！

然而李适得到的，却依然是一次又一次如海浪般无穷无尽的失望。

尽管每隔一段时间就会有人声称找到了太后，可验证下来却没有一个是靠谱的。

不过，由于生怕以后有人不敢提供线索，李适对这些冒名顶替的人从不治罪，他甚至还指着苍天郑重地发誓：只要能找到母亲，我宁可受无数次骗！

可惜，这句誓言他最终只实现了一半。

后半句。

他受了无数次骗，却依然没能找到自己的母亲！

没人知道沈氏的去向。

没人知道沈氏是死是活。

没人知道沈氏的结局怎样。

我们只知道，这世上曾经来过这么一个美丽而又不幸的女人；

我们只知道，千百年来，有关沈氏的各种猜测和传说始终在民间流传，层出不穷——电视剧《珍珠传奇》《大唐荣耀》等都是根据她的故事改编的……

崔祐甫吹牛释兵权

接下来，让我们把目光重新聚焦到沈氏的儿子李适身上。

当上皇帝那年，李适三十八岁，正是年富力强的时候。

他心比天高，一心想要重振大唐的雄风。

刚一登基，他的表现就让群臣眼前一亮。

继位后的次月，李适宣布不再接收各地上贡的各种礼品，同时还遣散了宫廷中的三百多名乐工，充分表明了他从自己做起，带头勤俭节约的决心。

不久，有个善于阿谀的地方刺史给皇帝献上了一幅《庆云图》——庆云即五色云，古人多以此为吉祥之气，代表祥瑞，没想到他处心积虑拍马屁的效果，却等同于给低血压患者送降压药——只有坏处，没有任何好处。

李适不仅没有因此而赏识他，还当场龙颜大怒：朕认为只有时局稳定、年年丰收才是真正的祥瑞，像庆云、珍禽、异兽、怪草、异木这样的东西，对人有什么好处？朕现在昭告天下，从今以后，一律不得再进献这类所谓的祥瑞！

数日后，李适又命人将宫内豢养的大象、豹子、斗鸡、猎犬等动物全部放归山野，同时还裁减了数百名宫女，让她们出宫与家人团聚。

对于司法，李适也非常重视。

他下诏说：天下百姓凡是有冤屈而当地官员拒绝受理的，都可以直接到三法司（唐代将刑部、御史台、大理寺三个中央司法机关合称三法司）告状，如果对结果还不满意，也可以直接敲登闻鼓（古代悬于朝堂外的大鼓）上诉。

此诏一出，大受百姓欢迎，前往京师击鼓鸣冤者如滔滔江水连绵不绝。

李适经常亲自过问案情，并就案件的细节与三法司一起认真推敲。

他对参与审案的官员最常说的一句话是：判决书上的一个字，落在百姓头上就是一座山，你们怎能不慎重考虑！

后来有人劝谏，说这些案子很多都是鸡毛蒜皮的小事，天子不必一一过问，他这才将审案的事移交给了有关部门。

此外，与父亲不同，李适对宦官的要求也很严。

代宗李豫在位时极为宠信宦官，宦官们奉命出使的时候，每到一地往往大肆收取财物，从来没有任何顾忌。

而李适的态度却大不一样。

史载他登基后曾派宦官邵光超出使淮西，邵光超收受了淮西节度使李希烈的一大批礼物——绢帛七百匹、茶叶两百斤以及若干奴仆、马匹，这种事搁在以往就和下雨打伞一样天经地义，然而在李适看来，这不仅是离经叛道而且大逆不道，他对此大发雷霆，不仅下令将邵光超痛打了六十大板，还把他流放到了边疆。

其余宦官得知后都大惊失色，有些出使未归的宦官即使收了礼物也不敢带回来，只得在半路上将其扔掉，空手返回。

此后一段时间内，出使地方的宦官再也没人敢收礼了。

这样的事还有很多，限于篇幅，这里就不一一列举了。

总之，李适在登基后的短短数月内，用其非凡的魄力扫除了之前的诸多弊端，给曾经乌烟瘴气的大唐朝廷带来了一股久违的清风！

当然，要想收拾前几任皇帝留下的烂摊子，光靠魄力是不够的，还得有谋略和手腕。

在这方面，初出茅庐的李适也显示出了一定的水平。

众所周知，代宗李豫一朝，朝廷最倚重的将领是郭子仪。

郭子仪不仅德高望重，而且位高权重，他身兼司徒、中书令、关内及河东副元帅、灵州大都督、镇北大都护、朔方节度使等数十个要职，多年来一直统领实力强大的朔方军，外抗吐蕃，内平叛乱，为安史之乱后政局的稳定、国家的安全作出了无人可比的巨大贡献。

不过，尽管郭子仪对朝廷的忠心是久经考验的，但他毕竟已经八十三岁高龄了，已经时日无多了，必须为他的身后事作出安排了。

一旦郭子仪不在了，该由谁来代替他？

要知道，郭子仪向来治军宽松，麾下有一帮骄兵悍将，这事万一处理得不好，很可能会再次酿成仆固怀恩一样的兵变！

这个问题，其实代宗李豫在位的时候就已经在考虑了，可却一直没有下最后的决心。

现在，李适觉得无论如何都不能再拖下去了。

他上台后，便下诏尊郭子仪为尚父，加授太尉，保留中书令，其余兼职则全部罢免，同时把朔方军一分为三，由郭子仪原先的三个部将李怀光、浑瑊、常谦光分别统领。

通过这样的方式，李适顺利实现了朔方军指挥权的平稳过渡。

这一系列紧锣密鼓又卓有成效的措施，让即位不久的李适迅速赢得了朝野上下的信任。

所有的百姓，无论智商是零点二五的还是智商是二百五十的，无论是杀猪的还是写诗的，几乎人人都对他交口称赞，认为太平盛世即将到来。

河北地区的一些藩镇士兵甚至发出了这样的感叹：明主出现了，我们以后还造反吗？

当然，此时的李适并不是一个人在战斗。

在他取得的这些成就中，其实至少有一半功劳应该归于他的得力助手——新任宰相崔祐甫。

崔祐甫出身于唐朝名门博陵崔氏，他生性刚直，处事果断，任何事情只要认为是对的，他就要坚持到底。

代宗李豫在位的末期，时任中书舍人的他经常和宰相常衮唱反调，常衮对他极为忌恨，屡加打压，没想到这反而帮了崔祐甫的忙——德宗李适登基后，对常衮十分厌恶，将常衮赶出朝廷，贬为潮州（今广东潮州）刺史；而作为常衮的对头，崔祐甫则被大力重用，提拔为门下侍郎、同平章事。

事实证明，崔祐甫的能力比常衮要强得多。

他不仅敢作敢为，而且见识深远，老谋深算，帮李适解决了不少棘手的问题。

当时统领禁军的，是鱼朝恩曾经的亲信之一——神策都知兵马使王驾鹤。

鱼朝恩覆灭后，王驾鹤变起脸来比江南的梅雨季变天来得还快，第一时间就投靠了皇帝，并反戈一击，凭借告发同僚刘希暹等人而获得了代宗李豫的信任。

之后的十多年里，他一直担任禁军主帅，权力很大，态度也日益骄横。

李适担心他会成为第二个鱼朝恩，打算罢免他的兵权。

对于继任的人选，李适早就有了自己的安排。

他中意的，是时任司农卿的白琇珪。

白琇珪是文人出身，虽然早年曾在名将李光弼的手下做过幕僚，却从未带过兵打过仗，而李适看中的也正是这一点。

既然无论是鱼朝恩这样的宦官还是王驾鹤这样的武将都不可信任，那就试试文臣吧。

这当然也是可以理解的——我小时候玩石头剪刀布时，如果前两次出石头和剪刀都输了，第三次肯定会出布。

可有一点却令李适非常为难。

王驾鹤执掌禁军多年，他会乖乖地接受这样的任命吗？

他苦思冥想，却苦无良策。

但这难不倒足智多谋的崔祐甫。

那天上午，他派人通知王驾鹤，说自己有事与其相商。

王驾鹤不疑有他，马上赶往政事堂。

然而令他意外的是，崔祐甫似乎并没有什么要事，只是跟他东拉西扯，从天下大势讲到天下名菜，从天子的执政理念讲到天子的生活习惯……

他口才极佳，段子如黄河泛滥一发不可收拾，各种笑点，全无尿点，让王驾鹤听得如痴如醉，时时爆发出杠铃般的笑声，根本感觉不到时间的流逝……

不知不觉，两人竟然谈了整整一天。

413

王驾鹤这才意犹未尽地起身告辞：天已经快黑了，我晚上还要给神策军的广大将士传达陛下在昨天御前会议上的旨意，必须先走了。

崔祐甫微微一笑：将军真是精神病可嘉……不，精神可嘉啊，只不过，我觉得没这必要了。现在神策军跟你已经没有任何关系了。

原来，就在两人谈话的这段时间，白琇珪已经拿着皇帝的诏令，以神策军使的身份接管了禁军，而王驾鹤则在毫不知情的情况下，被改任为了东都园苑使（东都洛阳的皇家园林主管）这一闲职。

可想而知，王驾鹤心中该有多么憋屈，多么后悔！

可是，再后悔又有什么用呢？

已经煮好的熟饭还能变成生米吗？

他只能无奈地接受了这个现实。

从此，白琇珪成了禁军的最高领导。

为了表达对他的期望，李适还特意给他赐了一个新名字：白志贞。

显然，这次白志贞之所以能顺利上任，崔祐甫作出了很大的贡献。

很多人都知道宋朝赵匡胤杯酒释兵权，却很少有人知道唐代崔祐甫的这次吹牛释兵权！

当然，崔祐甫的能耐绝不只是吹牛。

事实上，李适在此期间所作出的不少正确决策，里面都有崔祐甫的点子。

这年六月，淄青节度使李正己主动上表，声称愿意给朝廷进献三十万缗（一缗相当于一千文）钱。

一般人给你送钱，肯定是好事。

但一个不怀好意的人给你送钱，就未必了。

而在李适的心目中，李正己就是一个不怀好意的人。

因此，李正己的要求一时把李适难住了。

同意吧，他觉得诡计多端的李正己肯定没安好心，弄不好会上他的当，贻笑大方；不同意吧，似乎又找不到合适的理由。

这回又是崔祐甫帮他解决了这个麻烦。

他建议说：不如将计就计，派使者去淄青，拿这笔李正己表态要上贡的钱去赏赐将士！

李适依计而行。

果然，淄青的将士们无不对朝廷的恩德感激涕零。

而李正己则是有苦说不出：本来他以为朝廷一定不会要他的钱，他也就是说说而已——就跟有些人挂在嘴上的那句"下次请你吃饭"一样，可现在却不得不拿出真金白银去赏赐将士，而且，明明用的是他的钱，受益的却是朝廷，羊毛出在狗身上，实在是太亏了！

能够让各藩镇中最为狡猾的李正己输得毫无脾气，崔祐甫的能力可见一斑。

他也凭借自己的表现赢得了朝野上下的普遍爱戴。

按照史书的原话就是：祐甫谋猷启沃，多所弘益，天下以为可复贞观、开元之太平也——崔祐甫谋略深远，通晓治国之道，做了很多有益的事，天下人都以为贞观（唐太宗年号）、开元（唐玄宗年号）年间的太平盛世要再现了。

可惜的是，这一切并没有发生。

不是崔祐甫的水平不够，而是他的时间不够。

在当上宰相仅几个月后，他就得了重病，不久就去世了。

病中，他向皇帝李适推荐了自己的继承人——两年多前因受元载牵连而被贬任道州（今湖南道县）司马的杨炎。

杨炎：改变历史的两税法

杨炎是凤翔人，年轻时就以才貌双全而闻名。

《旧唐书》称其：美须眉，风骨峻峙，文藻雄丽，汧、陇之间（汧水、陇山一带，即今陕西甘肃交界处）号为小杨山人。

也就是说，他长得眉清目秀，风度翩翩，而且写得一手好文章，看上去仙风道骨，超凡脱俗，在他的家乡被人称为小杨山人，名气很大。

杨炎早年曾受河西节度使征召，出任掌书记（节度使属官，大致相当于现在的秘书），但不久就惹出了事。

当地有个县令酒后辱骂杨炎，杨炎大怒，带着左右将这个县令打得奄奄一息，几乎丧命，在当地引起了强烈的民愤，幸亏节度使偏爱杨炎之才，对他网开一面，他这才逃过了一劫。

由此可见，杨炎这个人虽然有翩翩风度，却缺乏足够的气度，心气比天空还高，心眼却比针眼还小。

这样的性格，在仕途上当然不可能很顺利。

人到中年，他才勉强混了个从六品的司勋员外郎，直到后来因缘际会结识了宰相元载，他才终于时来运转，迈入了升官的快车道。

元载与他是凤翔老乡，对他的才华也非常欣赏。

在元载的提携下，杨炎很快就升任为知制诰，接着又迁中书舍人，负责为皇帝撰写诏书，这正好发挥了他无与伦比的写作才能，让他如鱼得水，成绩斐然。

在此期间，他还为名将李光弼的父亲李楷洛作了一篇著名的《李楷洛碑》，文采飞扬，一时间广为传诵。

公元774年，杨炎更进一步，被擢升为吏部侍郎。

毫无疑问，他之所以能在官场上如火箭般迅速蹿升，很大程度上靠的是元载。

然而，能把火箭推上天的强大能源，一旦爆炸，杀伤力也不是一般的大。

三年后元载出事爆雷，杨炎作为元载死党，自然也不可避免地受到牵连，被一撸到底，从京城被贬到了偏远的道州（今湖南道县）。

那一年，杨炎已经五十一岁了。

靠山倒了，自己老了，也许那个时候的他对自己的未来已经不抱希望了。

孤舟蓑笠翁，独钓寒江雪；深山老林处，寂寞了残生。

也许，这就是那个时候的他眼中的归宿吧。

可命运似乎总是特别爱搞恶作剧。

此时的杨炎本已经彻底躺平，没想到竟实现了躺赢！

崔祐甫病中的一纸推荐，让他从人生的谷底一飞冲天，一下子登上了人生的巅峰！

公元779年八月，杨炎被越级提拔为门下侍郎、同平章事，正式成为宰相。

与他一起被任命为宰相的，还有原怀州刺史乔琳。

数月后，乔琳因表现不佳被免职，而杨炎却深得皇帝李适的信任。

李适之所以如此看重杨炎，除了杨炎确实有过人的能力外，据说还有一个原因——他想回报元载。

代宗李豫晚年宠幸独孤贵妃，一度曾有过废掉李适、改立贵妃之子韩王李迥（jiǒng）为太子的想法，幸亏元载极力劝谏，李适才保住了太子之位。

喝水不忘挖井人，当了皇帝的李适当然不可能忘记自己的恩人元载。

可惜的是，树欲静而风不止，恩欲报而元载不待，无奈，李适只能把对已经去世的元载的感激之情全部寄托在了杨炎这个元载当年的亲信身上。

有了当今皇帝的大力支持，有了梦寐以求的宰相之位，杨炎摩拳擦掌，决心大干一场。

和刘晏一样，他也把主要的着力点放在了财政方面。

只不过，刘晏的改革主要是事务层面的，比如改进漕运、完善榷盐法等，而杨炎的解决办法则更倾向于制度层面。

这其实也很正常。

因为杨炎现在是炙手可热的宰相，手中的权力比当初的刘晏要大得多！

杨炎觉得，要管理好财政，首先要做的，是摸清国家的家底。

这原本并不是问题。

唐朝建国以来，朝廷征收的赋税本来一直存放于左藏库（相当于现在的国库）。

左藏库有极为严格的管理制度——太府寺（掌管宫廷库藏及贸易的机构）每季度上报一次，比部（掌管稽核的机构，类似于现在的审计署）则负责核查，确保账物相符。

但在安史之乱发生后，情况却发生了变化。

肃宗李亨在位时期，由于平叛的需要，军费开支极大，有些将领趁机把左藏库当成了提款机，用起钱来跟我老婆一样大手大脚毫无节制，甚至借机中饱私囊。

当时主管财政的度支使第五琦对此非常头疼，却又得罪不起这些手握重兵的军头，万般无奈之下，他想了个办法——把左藏库里的所有钱帛，全都搬进了宫中的大盈库（皇帝的私人仓库，由宦官掌管，主要用于宫廷和皇室的一些额外花销）。

以后你们用钱，就直接向皇帝要吧！

这样一来，将领们自然是鞭长莫及了，第五琦的耳根也终于清静了，但却造成了一个新的问题——天下的赋税全都进了皇帝的私人仓库，皇帝用钱倒是方便了，管事的宦官倒是发财了，可有关部门对此却是两眼一抹黑，啥都不知道！

国家究竟有多少家底，在此后将近二十年的时间里，完全成了一笔糊涂账。

这当然是不行的。

毕竟，任何一个人办事之前，都得看看自己钱包里有多少钱——否则现在的开发商也不会在客户看房之前要求先验资了。

这个简单的道理，大臣们当然都知道。

可谁都没有提出过异议。

不是他们不想，而是他们不敢。

因为他们知道，要把国库的管理权从宦官手中夺回来，肯定会得罪掌权的宦官，甚至还可能得罪皇帝本人！

而杨炎却敢。

他从来就不是个怕事的人。

他上任以后的第一件事，便是向皇帝进谏：财赋是国家的根本，百姓的命脉。因此以往都由国家重臣掌管，即便如此，有时还难免有损耗及管理混乱的情况发生，如今让宦官管理国库，大臣们对此一无所知，政治上的弊端，没有比这更严重的了！请陛下下令将财赋搬出大盈库，交由有关部门管理。至于宫中所需的用度，可以每年列出预算，由国库如数划拨，绝不会少一丁点。只有这样，朝廷接下来的政令才能得以推行！

此时的李适一心想要励精图治，马上下令照此执行。

二十年的积弊，就这样被杨炎轻而易举地解决了。

朝野上下都对他刮目相看。

不过杨炎对此却很不以为意。

在他看来，这点小小的成就跟他接下来要干的大事相比，完全不值一提！

这次，杨炎瞄准的目标，是自唐初开始已经执行了一百六十多年的赋税体系——租庸调制。

这一制度是建立在均田制基础上的，也就是说国家按照规定给百姓授田，百姓则按照规定向国家缴纳赋税：每丁每年向国家缴纳粟二石，是为租；为政府免费服劳役二十日，或者用物品折抵役期，是为庸；同时还得缴纳绢二丈、绵三两，是为调。

所谓有田则有租，有身则有庸，有户则有调，三者合起来即租庸调。

开始的一段时间，租庸调制实行得还算顺利，然而到了玄宗在位时期，由于均田制逐渐瓦解、土地兼并越来越严重、人口逃亡越来越多，朝廷掌握的户籍、田亩档案与实际情况已经有了不小的出入，租庸调制在执行时便不那么顺畅了。

而在安史之乱发生后，为了筹集平叛所需的庞大军费，各地纷纷巧立名目，征收各种稀奇古怪的新税种，其随意性堪比婴儿尿床——完全没有任何约束。

这样沉重的负担，百姓当然难以承受。

富人还可以通过出仕当官或者出家为僧等各种合法的手段来逃避征税，而穷人则只有两个办法——要么一死了之，要么一走了之，一时间，全国各地逃亡成风，有些地方留下来的百姓甚至不足原来的百分之五，如此一来，根据户籍人口来征收赋税的租庸调制自然就难以为继了。

在这种情况下，改革税制就成了朝廷的当务之急。

杨炎决定，把自己当上宰相后的首要重点就放在这上面。

可这项工作不仅涉及面极广、影响面极大，而且绝不允许出错——此时的唐朝就如同得了重病的病人，已经经不起任何折腾了，一旦如此重大的改革出现错误，就如同病人吃错了药——后果不堪设想。

要推动这样重大而复杂的改革，哪有那么容易？

容易。

对别人来说，也许非常难，但对杨炎来说，却很容易。

有的难题很多人要花很长时间很多精力修改很多次才做得出，但某些学霸却可以分分钟解决问题。

而杨炎就是这样的学霸。

杨炎大笔一挥，很快就拟订好了他的改革方案。

一、征税原则

以量出制入为征税原则。即先估计国家需要的财政支出，再以此为依据制定出征收总额，将税收限制在事先规定的范围内，而不是收得越多越好。

这一点在当时是开创性的，类似于现代社会的预算先行。

显然，量出制入比之前实行的量入为出要更为科学，对百姓也更有利。

二、征税对象

之前的老税法只对户籍在本地的人征税，而现在杨炎规定：户无主、客，以见居为簿——不论户籍是哪里，一律在现居住地纳税。

而对于流动性更强的商人，杨炎则要求按照其利润的三十分之一缴纳税收。

三、简化税制

之前的租庸调制以及各种五花八门的杂税全部不再征收，只收取户税和地税。

四、征税基础

以家庭财产为征税基础，而不再像以前那样以人丁为基础。

在杨炎拟定的新税法中，户税是按照每户的资产征收，资产多的交税多，资产少的交税少，地税则是按亩征粮，土地多的缴得多，土地少的缴得少。

总之，不管你家里有多少人丁，朝廷只按照你家的贫富情况来定税——按照史书的原文就是：人无丁、中，以贫富为差。

五、征收物品

新税法以户税为主，而户税只收钱，不再像以前一样收取绢帛等实物。

六、征收时间

每年征收两次，夏税不超过六月，秋税不超过十一月。

公元780年正月，德宗李适下诏，宣布正式实施杨炎拟订的税收改革方案，由于新税法每年分两次征税，故得名"两税法"。

毫无疑问，两税法比原先的租庸调制要合理得多。

尤其是它把"以人丁为准"的征收原则改变为"以贫富为准"，这相对于之前是一个里程碑式的巨大进步，只要严格按此执行，绝对可以在很大程度上减轻贫困阶层的负担，缓解社会矛盾。

关于两税法实施以后的效果，《旧唐书》中是这样描述的：天下便之。人不土断而地著，赋不加敛而增入，版籍不造而得其虚实，贪吏不诚而奸无所取……

这里边虽然难免有溢美之词，但有一点是可以肯定的——新税法取得了圆满的成功。

两税法不仅是中国税收制度的一次重大变革，也是中国社会的一次重大变革。

由于它按照财产收税，不再像以前那样限制商业发展，因此，两税法实施后，唐朝的商品经济日益发达，社会分工也日益细化，并涌现了扬州、成都等一批举世闻名的商业城市。

可以毫不夸张地说，正是杨炎所创造的两税法，为晚唐甚至宋朝的经济繁荣奠定了坚实的基础！

当然，正如再好的药也难免有副作用一样，两税法也不是尽善尽美的。

在两税法实施后，土地兼并由非法变成了合法，不再受到限制和打击，土地自然日益集中，贫富差距也不可避免地日益扩大。

另外，作为两税法主体的户税是以货币形式征收的，而中唐以后货币流通量严重不足，百姓不得不贱卖绢帛、粮食等产品以换取货币，这也在无形中增加了百姓的负担。

更令人叹息的是，在后来的执行过程中，两税法逐渐又走了样——比如长期没有调整贫富等级，使得"以贫富为准"的征收原则得不到贯彻；在两税法规定的范围外，朝廷又违背承诺，随意加征名目繁多的新税种……

就这样，尽管一开始成效颇为显著，可随着时间的推移，很多方面似乎又回到了从前——百姓负担依然十分沉重，社会矛盾依然十分尖锐。

两税法的实施，就像一块巨石被扔到了水里——尽管在短时间内的动静很大，可是时间一长就又恢复了原样。

但这主要还是执行的问题，和杨炎并没有什么关系——就像天是否下雨，跟我早饭是否吃饱没有关系一样。

无论如何，两税法在初创时期取得的良好效果，是没有人可以否定的。

无论如何，杨炎对中国古代财税制度作出的巨大贡献，是没有人可以否定的。

第三十一章　山雨欲来风满楼

名臣何苦难为名臣

不过，现在也有部分学者认为，杨炎之所以要制定两税法，除了想解决当时朝廷面临的财政紧张问题，可能还藏有一个不可告人的动机——削弱其政敌刘晏在财政方面的影响力。

杨炎和刘晏的矛盾由来已久。

当初杨炎担任吏部侍郎的时候，刘晏的职务是吏部尚书，是他的顶头上司。

那时杨炎依仗着有宰相元载做后台，对刘晏很不服气，刘晏的资历、官位都比杨炎高，当然也不会让步，两人因此产生了不少冲突。

而后来对杨炎有知遇之恩的元载被杀，刘晏又是主审官员，尽管他只是奉代宗李豫之命行事，但杨炎却把这笔账全部记在了刘晏身上，对刘晏恨之入骨，时刻想要报复刘晏，为他的恩人元载报仇雪恨。

滴水之恩，涌泉相报；星火之仇，燎原回应！

这就是杨炎的人生准则！

现在，凭借两税法为自己赢得的巨大声望，凭借皇帝对自己无与伦比的信任，杨炎觉得对刘晏动手的时机已经成熟了。

可是，刘晏这个人人品好，人缘佳，人望高，几乎挑不出任何问题，该从哪里找到突破口呢？

这难不倒足智多谋的杨炎。

在他看来，刘晏有没有问题并不重要，重要的是要让皇帝相信他有问题，而且，是致命的问题！

那么，什么样的问题才足以置刘晏于死地呢？

杨炎想到了一件事。

李适登基后不久，曾以京兆尹黎干和宦官刘忠翼参与独孤贵妃企图改立太子一事为由，将黎干和刘忠翼诛杀。

他一下子就有了主意。

看来，皇帝对此一直耿耿于怀！

那就把刘晏往这上面靠！

在一次入宫面圣的时候，杨炎突然泪流满面。

皇帝李适感到很奇怪，便问：爱卿，你怎么了？

杨炎动情地说：呜呜呜呜……因为我想到了一个人……刘晏……

这下李适更奇怪了：刘晏？他怎么了？

杨炎连忙哽咽着解释：当初刘晏曾参与过黎干等人的密谋。幸亏祖宗保佑，陛下才没有被贼臣陷害。如今黎干已经伏法，可刘晏却依然逍遥法外。臣身为宰相，却不能治他的罪，真是罪该万死……呜呜呜呜……

杨炎的这番话，其实并不能算是空穴来风。

之前京城就有传言，说刘晏曾向代宗李豫密奏要求改立独孤贵妃为皇后——我个人觉得，这十有八九是杨炎故意散播出去的。

李适可能之前也听说过这些流言，因此他若有所思，沉默不语。

好在刘晏平时的人缘还不错，好在当时在座的还有另外几个大臣。

他们都极力为刘晏辩护：这事真假难辨，不可随便采信。况且陛下刚实行过大赦（李适于当年正月初一改元，并大赦天下），更不应该再追究这种毫无根据的东西。

见此情景，杨炎知道，要想毕其功于一役是不大可能了，只能退而求其次了。

于是他没有继续胡搅蛮缠，而是把话锋一转：尚书省是国家处理政事的中枢所在，以往设立了盐铁、转运等各种使职（这些职务当时都是刘晏兼任的），分散了尚书省的权力，臣以为应该恢复旧制，把这些权力重新收归尚书省。

此时的李适与杨炎正处于蜜月期，由于两税法等一系列政策的成功，他对杨炎极为倚重。

就像在安装手机 App 时我们对于 App 提出的那些权限都必须无条件开放一样，他现在对于杨炎所提的一切要求也都愿意无条件满足。

所以李适毫不犹豫地批准了杨炎的提议，随即下诏裁撤了转运、盐铁、租庸等使职，将其职权划归尚书省的金部（负责全国钱帛的机构）和仓部（负责粮食储运的机构）。

就这样，曾掌管唐朝财权十几年的刘晏失去了所有财政方面的职务，只剩下了一个尚书左仆射的虚职，成了一个彻彻底底的闲人。

按说现在刘晏已经是人畜无害了，可杨炎却依然不肯放过他。

一个月后，杨炎又参了刘晏一本，说刘晏在奏章中有不实之词，并将其上纲上线到了有欺君之嫌的地步。

李适年轻气盛，自认为英明神武，最恨的就是大臣们对他的欺瞒，故而杨炎这些话对他的效果就如布洛芬对发烧一样立竿见影。

李适顿时勃然大怒，当即下令将刘晏贬为忠州（今重庆忠县）刺史。

不久，刘晏曾兼任的转运、盐铁等使职又重新恢复了。

这也是不得已的——尚书省之前没有管理过这方面的业务，根本搞不起来，无奈，李适只好自食其言，重新下诏推翻了之前的决定。

但新任的转运使，却不是在这方面经验最为丰富的刘晏，而是原金部郎中杜佑。

现在，谁都看得出来，刘晏要想翻身，就相当于有人想在石头上种出灵芝——绝对是不可能的。

事实也正是如此。

在刘晏被贬后不久，杨炎就安排自己的党羽庾准出任荆南（今湖北江陵）节度使，成为刘晏的顶头上司——刘晏所在的忠州是荆南所辖的州郡之一。

杨炎给庾准布置的唯一任务，就是找刘晏的碴儿。

按照《新唐书》的记载，庾准这个人"无学术，以柔媚自进"——没学问，在官场的进步全靠自己的圆滑和谄媚。

找碴儿这种事对于工于心计的庾准，就相当于挨揍对于小时候的我——完全是家常便饭。

公元780年七月，庾准上奏说，刘晏被贬后一直愤愤不平，不仅经常埋怨天子，还与某些藩镇暗通款曲，并大肆扩充当地驻军的数量，显然是心怀不轨。

作为刘晏此时的直接领导，庾准的话在李适心中还是非常有分量的。

杨炎则趁机鼓动如簧之舌，拼命在旁边煽风点火。

在他的极力挑唆下，李适的怒气如开锅的蒸汽喷涌而出，当即派使臣前往忠州，将刘晏缢杀。

从这一点可以看出，李适这个人尽管心比天高，但他的情绪管理能力却很低，一点就着，非常容易冲动。

这是他最致命的弱点之一。

也正因为这样，直到刘晏死了，李适才想起自己忘记做一件事——没有对外公布刘晏的罪名。

他这才慌忙下诏，宣称刘晏图谋作乱，故而将其赐死，并将其家属全部流放到岭南。

不过，程序可以弥补，诛杀刘晏让他失去的人心却永远无法弥补。

刘晏是一个以理财闻名的文臣，算账无人能比，打仗一窍不通，带货经验丰富，带兵根本不懂，说他造反，等于说一个太监是强奸犯，谁信？

刘晏这么多年来勤勤恳恳、兢兢业业，为国家的财政事业作出了这么大的贡献，到头来却得了这么一个下场，谁不觉得冤？

一时间，天下汹汹，舆论一片哗然。

就连远在东方的平卢节度使李正己也上表为刘晏鸣冤：诛晏太暴，不加验实，先诛后诏，天下骇愕——杀刘晏太过分了，罪名都没有加以核验，而且是先诛杀再下诏书，天下人都感到震惊和惋惜！

这显然出乎了李适和杨炎的预料。

他们大大低估了刘晏在国内的名气，更大大低估了枉杀刘晏所造成的巨大影响！

但作为至高无上的皇帝和此时唯一的宰相，他们当然不可能认错。

为了把此案办成铁案，将刘晏的罪名坐实，杨炎特意派人前往刘晏家中抄家，然而结果却令他大失所望——在刘晏家中找到的，只有杂书两车，粮食数斛！

这就是刘晏的全部家当！

杨炎傻眼了。

他本想找到证据让天下人闭嘴，没想到事实却是他自己只能闭嘴！

在铁的证据面前，刘晏的形象反而更加高大，天下人对刘晏的冤死反而更加愤慨！

一时间，杨炎成了千夫所指、万众唾骂的罪人。

这下他慌了。

人一慌，就容易出错。

为了平息舆论，杨炎派遣亲信前往各地，向当地官员解释：刘晏获罪是因为他当年依附奸臣，图谋拥立独孤贵妃为皇后，皇上对他非常厌恶，这才把他除掉，完全不关我的事。我这个人就如刚出生的婴儿一样纯洁，啥都不知道……

这话很快传到了皇帝李适的耳朵里。

李适不免勃然大怒。

古往今来，从来只有臣子给皇帝背锅的，哪有像你这样给皇帝甩锅的！

金子往自己脸上贴，屎盆子往天子头上扣。

杨炎，你太过分了！

从此，李适对杨炎的好感荡然无存。

以前他看着杨炎挺养眼，现在却觉得杨炎忒讨厌！

他决定任命一个新宰相，以制约杨炎的权力。

卢杞：发达全靠猪队友

李适看中的人选，叫卢杞。

卢杞出身于北方名门范阳卢氏，祖父卢怀慎曾于玄宗开元初年担任宰相，以清正廉洁著称，父亲卢奕官至御史中丞，在洛阳任职，安禄山叛军攻打洛阳时，唐朝官员大多望风而逃，卢奕却一直坚持抵抗，最终为叛军所获，不屈被杀，成为安史之乱中殉国的著名烈士之一，后来还被列入了《新唐书·忠义传》。

除了出身不同凡响，卢杞的长相也不同凡响——奇丑无比。

尤其不同凡响的，是他的脸。

他的脸居然是蓝色的！

蓝色是一种很多人都喜欢的颜色，但用在脸上却有一种极其恐怖的效果——正如成语"青面獠牙"所形容的那样，看起来不像个人，反而像个鬼！

因此，《旧唐书》对卢杞的外表作了如下的概括：人皆鬼视之——人们都把他看作鬼。

总之，卢杞的丑不是一般的丑，而是吓人的那种丑——走在路上，白天会吓到小朋友，晚上会吓到所有朋友。

当然，长相是天生的，卢杞决定不了，他所能决定的，是才学。

可惜这方面他的表现也不怎么样，按照史书的记载就是：无文学——没有文采和学问。

这样的文化水平，靠科举入仕肯定是不可能的了，好在唐朝当官除了拼科举还可以拼爹，卢杞就靠着父祖的余荫进入了官场，但早年他的官运似乎并不亨通，直到德宗李适继位后，他才开始飞黄腾达。

有人发达靠的是贵人提携，有人发达靠的是自身努力，而卢杞的发达，靠的是一群猪。

当时他在虢州（今河南灵宝）担任刺史，当地养有三千头专门供应皇家的特供猪，这些猪跟不少纨绔子弟一样喜欢胡作非为，经常到百姓的庄稼地里乱拱乱吃，不少好白菜都被猪拱了，百姓苦不堪言，可是碍于这些猪的特殊身份，又不好随便打杀，只能不断地向卢杞反映。

卢杞对此也很为难。

好在不久后他得到了一次入京面圣的机会。

在皇帝接见他时，卢杞向李适反映了这些特供猪的问题，并请示处理方案。

那时李适刚继位不久，千头万绪的事非常多——人事都考虑不过来，哪有什么心思考虑猪事，便随口说道：既然你们虢州管起来有困难，那就把这些猪都迁到同州吧。

卢杞闻言暗喜——皇帝的回答早在他的预判之中。

他马上说出了他之前精心准备的谏言：同州也是陛下的子民，臣以为不如把这些猪都分给百姓吃了吧。

听了这话，李适一下子对卢杞有了极大的好感：作为虢州的地方官，却不忘为其他地方的百姓着想，老吾老以及人之老，厚吾百姓以及人之百姓，真是一个宅心仁厚的好官啊。

这么一想，卢杞那丑到可怕的外表，在李适的眼里，竟有了那么一丝可爱。

这件事也让李适将卢杞的名字深深地记在了心里，后来他又特意去查了卢杞的档案，发现他不仅出自官宦世家，而且还是根正苗红的烈士子弟，自然对他更加喜欢。

不久，他就将卢杞提升为御史中丞。

卢杞这个人虽然学问不怎么样，可他的情商却极高，口才极好，揣摩人心的本事极强，每次和他对话都能让李适感到很舒服——心情不好，跟他聊一下就好多了；精神不振，跟他聊一下就振作了；排便不畅，跟他聊一下就畅通了……

总之，随着接触的增多，李适越来越欣赏卢杞这个自己一手发掘出来的人才，很快又将卢杞擢升为御史大夫。

青云直上的卢杞成了当时朝中最炙手可热的大臣之一。

不过，史书并未记载他在这段时间做出过什么政绩，却记述了他和郭子仪之间的一个小故事。

当时郭子仪已年逾八旬，退休在家，安享晚年。

他的生活作风颇为奢靡，每次会见客人的时候，白发苍苍的他身边总是有一大群年轻貌美的姬妾陪同。

但有一次听说来访的是卢杞，他却一反常态，严令随侍的姬妾全部退下，只留自己一个人接待卢杞。

卢杞走后，家人问他为什么要这么做。

郭子仪解释说：卢杞面目丑陋，心地险恶，我怕妇道人家见到卢杞那副尊容后会忍不住流露出嘲笑的表情，这样一来，将来卢杞得势，郭家全族就大祸临头了！

从这件事可以看出，在阅人无数的郭子仪眼里，卢杞不仅人丑，而且是个阴险狡诈、睚眦必报的小人。

但皇帝李适却不这么认为。

郭子仪把卢杞当成贼来防，他却偏偏把卢杞当成宝来用！

公元781年二月，他又任命卢杞为门下侍郎、同平章事。

就这样，仅用了不到两年的时间，卢杞就从一个普通的刺史一步登天，成了群臣之首的宰相！

426

这也标志着，曾独揽大权的杨炎已经逐渐失去了皇帝李适的信任。

一报还一报

事实上，对杨炎有意见的，还不只是皇帝。

这一年多来，杨炎自恃有大功于国，目空一切，独断专行，听不得半点反对意见，得罪了不少人。

前面说过，原先元载当宰相的时候，曾提出过重新修筑原州（今宁夏固原）城的计划，现在杨炎掌权，作为元载的头号"粉丝"，便打算继承元载的遗志，将其当初的设想变成现实。

然而这事真正操作起来却阻力重重。

首先表示反对的，是时任泾原（今甘肃泾川）节度使的段秀实。

段秀实此前长期在镇西军中任职——这支部队原本驻于西域，安史之乱发生后随主将李嗣业入关平叛，叛乱平定后先是驻扎在邠宁，之后又移驻泾原。

作为镇西军的一员宿将，段秀实曾先后辅佐过李嗣业、荔非元礼、白孝德、马璘等四任节度使，立下了赫赫战功，在军中威望很高，后来马璘病重，他担任代理节度使，全权掌管军中事务，马璘去世后，他被朝廷正式任命为泾原节度使。

现在杨炎想要重修原州城，负责执行的自然是离得最近的泾原军。

但身为泾原军的主将，段秀实却有不同的看法。

其实他并不是反对杨炎的构想，只是认为时间不对：如今正是春天，将士们要屯田，农活儿比较多，还是等农闲的时候再说吧。

然而杨炎却大发雷霆——什么时间不对，究竟是你对还是我对？朝廷的决策，怎么能打半点折扣？理解要执行，不理解也要执行！

他毫不犹豫地下令解除了段秀实的兵权，将其召回朝中，担任司农卿这一闲职。

让段秀实这样一个在军中有极大威望的将领去搞农业，有点类似于让孙悟空去当弼马温，《西游记》告诉我们，这样做是要惹出乱子来的。

这次也是如此。

由于段秀实在泾原军中深得人心，士兵们都对杨炎的命令十分不满，泾原将领刘文喜趁机起兵发动叛乱，后来朝廷任命太子太师朱泚为新任泾原节度使，让他与朔方节度使李怀光一起出兵，用了很长的时间才平定了刘文喜。

这么一折腾，原州城自然是修不成了，而朝野上下也因此对杨炎怨声载道——几乎每个人都认为泾原叛乱，杨炎是无可推卸的第一责任人。

实际上，杨炎惹出的麻烦还远不止这一桩。

总之，随着时间的推移，杨炎的缺点暴露得越来越多，凭借两税法成功实施所带来的威望也一落千丈。

在人们的印象中，杨炎这个人，能干事，可也爱惹事；有作为，可也爱肆意妄为；有经世之才，可也缺乏容人之量！

而在皇帝的心目中，杨炎的地位也大不如前。

显然，相比作风强势、凡事听不得不同意见的杨炎，皇帝更喜欢乖巧顺从、开心时能陪他笑、不开心时能逗他笑的卢杞。

但杨炎却看不起卢杞。

在他看来，自己是个帅哥，卢杞是个丑男；自己博学多才，卢杞不学无术；自己对国家立有大功，卢杞碌碌无为；自己有享誉天下的名气，卢杞只有臭烘烘的脚气……

在他看来，自己跟卢杞相比，完全是珠玉比瓦砾，高了不知多少个档次！

这样的人，就算给自己提鞋都得排到五十里之后，有什么资格和自己平起平坐！

因此，他虽然与卢杞一起共事，但言语间对卢杞却总是充满了轻蔑，甚至还借口身体不适，不愿与卢杞一起进餐——按照当时的惯例，宰相是要在政事堂一起午餐的。

如此明目张胆的鄙视，卢杞自然不会感受不到。

他表面上虽然不动声色，心中却对杨炎恨之入骨。

既然你在我面前如此傲气，那就别怪我对你不客气！

我不仅要让你往后的日子过成悲剧，还要给你免费续悲！

朝堂上，两位宰相之间矛盾重重，阴云密布。

朝堂外，这段时间大唐帝国的形势也很不太平。

公元781年初，成德节度使李宝臣去世，临死前为了让其年轻的儿子李惟岳顺利接自己的班，他痛下杀手，杀死了多名宿将，搞得成德军中离心离德。

李宝臣死后，李惟岳上疏皇帝李适，请求由自己继任成德节度使。

由于之前代宗李豫在位时对河北藩镇一直都采取姑息政策，所以很多人都以为这纯粹只是走个流程而已，结果应该是没有悬念的——如同在大热天不管你想不想出汗都一定会出一身汗一样，在这种情况下，不管皇帝想不想答应李惟岳，他都一定会答应李惟岳。

然而这一次，他们都看走了眼。

因为现在坐在皇帝宝座上的，已经不是只求多一事不如少一事的李豫，而是雄心勃勃一心只想干大事的李适！

李适断然否决了李惟岳的请求。

李惟岳当然不会轻言放弃，他自称留后，又授意麾下的将领们联名上奏。

但李适依然不为所动。

由于之前成德与魏博、平卢、山南东道等藩镇早已结成同盟，共同进退，因此魏博节度使田悦联络了平卢节度使李正己、山南东道节度使梁崇义，一起上表要求让李惟岳继任。

可李适还是那句话：不行！

得知皇帝的态度后，田悦、李正己、梁崇义等人决定和李惟岳联合起来，一起对抗朝廷。

而年轻气盛的李适早已下定决心，也不可能让步。

既然你们不识好歹主动挑事，那我就将你们一块收拾！

由于在叛乱的四个藩镇中，山南东道的梁崇义势力最弱，且孤悬华中，与其余三镇相距遥远，难以呼应，本着先弱后强的原则，李适决定把梁崇义选为第一个进攻目标。

考虑到临近山南东道的淮西节度使李希烈之前曾多次主动要求讨伐梁崇义，李适打算任命他担任攻打梁崇义的主帅。

然而宰相杨炎却极力反对：李希烈是李忠臣的养子，当年李忠臣对他的宠爱无人可比，李希烈却恩将仇报，驱逐李忠臣，自己取而代之。此人凶狠暴戾，六亲不认，身无寸功时尚且如此嚣张，一旦平定梁崇义建下大功，朝廷怎么可能再控制得了他？

后来发生的事证明，杨炎的判断是对的。

可此时的李适却并不相信。

而杨炎性情偏强，依然不停地劝谏：陛下，千万不能用李希烈啊……

李适心中本来就对杨炎有很大成见，现在见他如此固执，自然更加不满：杨炎你到底怎么回事？怎么老跟我唱对台戏？你是来砸场子的吗？

最终杨炎的话没非但没起到任何作用，反而更强化了李适起用李希烈的决心。

李希烈的任命书还是发了下去。

不过，由于当时正值夏季，江淮一带阴雨连绵，不便行军，李希烈在接到命令后并没有马上出发。

见李希烈迟迟不行动，李适忍不住忧心忡忡：这个李希烈，究竟是怎么想的？

何以解忧，唯有卢杞。

卢杞给他提供的答案是这样的：臣以为，李希烈之所以逗留不进，是由于杨炎的缘故——之前杨炎阻止他出任主帅，他当然会对杨炎有意见了。臣以为，不如暂且将杨炎罢相，以满足李希烈的心愿，等将来战事结束后，再重新恢复杨炎的职务。

尽管他这段话听起来无比牵强，但李适却想都没想就答应了。

这其实也是可以理解的。

对饿到极点的人来说，再不好吃的食物他都会往嘴里塞——只要能填饱肚子，对此时心急如焚的李适来说，再不靠谱的理由他都愿意相信——只要能促使李希烈快点进军。

更何况，此时的杨炎早已失去了皇帝对他的信任。

很快，杨炎就被免去了宰相职务，出任当初刘晏曾经担任过的闲职——尚书左仆射。

这当然不是他最终的归宿。

因为，要论心胸狭窄、睚眦必报，杨炎如果算是教授的话，那么卢杞至少是院士级别的。

杨炎没有放过刘晏，卢杞又怎么可能就这样放过杨炎？

卢杞任命之前与杨炎曾有过宿怨的京兆尹严郢为御史大夫，命其调查杨炎的问题，还提出了跟我小时候我妈让我去买馒头时一样的要求——越大越好。

这项工作并不难干。

因为杨炎从来就不是什么道德标兵。

要从他身上找出问题，比从朱自清的散文中找出美文美句还要容易。

很快，严郢就从杨炎的家庙入手，查出了他的一个大问题。

所谓家庙，就是宗族祠堂。

古人对家庙都非常重视，杨炎也不例外。

他当上宰相后，便决定找一块风水宝地重建杨氏家庙。

他看中的这块地，位于长安东南角的曲江池畔，由于那里依城傍水，风景优美，地价非常昂贵，为了筹措资金，杨炎决定将自己在东都洛阳的一处闲置旧宅卖掉，委托自己的心腹——时任河南尹的赵惠伯代为处理。

为了巴结杨炎，赵惠伯挪用公款，以比市场价高得多的价格买下了这处宅子，作为官署的办公用房。

这里头的猫腻，杨炎知不知道？

当然知道，只不过他并没有当一回事。

但严郢却对此非常重视，马上就向卢杞做了汇报。

卢杞随即找来大理寺（相当于最高法院）官员田晋，问这种情况该如何处置。

田晋回答：根据大唐律令，官员在自己主管的范围内通过交易获利，应该撤职。

卢杞对此很不满意，可并没有发作，依然态度和蔼，言语和气。

然而第二天他却将田晋逐出了朝廷，贬为衡州（今湖南衡阳）司马。

随后他又找来了另一位大理寺官员。

这位官员吸取了田晋的教训，马上表态说：执法人员犯法，必须从重从严处理，臣以为应当处以绞刑。

不过卢杞并没有这么做。

他觉得，以这样的罪名将杨炎这样一个朝廷重臣置于死地，似乎还是难以服众。

他没有就此罢休，而是指示严郢等人继续深挖。

功夫不负有心人，很快严郢又找到了新的线索。

严郢发现，玄宗李隆基在位的开元年间，宰相萧嵩曾在曲江池畔盖过家庙，但玄宗认为那里是风景胜地，不适合建造家庙，便命萧嵩将家庙迁到了别处，而原先萧嵩建造家庙的地方正是如今杨炎家庙的所在地。

按说，这也不是什么大问题——最多也就是不利于生态环境保护而已。

但卢杞只是将这些内容略微改动了一下，性质就大不一样了。

他是这么对李适说的：曲江池畔的那块地方有王气，当年玄宗让萧嵩将家庙迁走，就是这个原因。杨炎偏偏选择这块地建造家庙，分明是图谋不轨！

又是图谋不轨！

一年多前，杨炎给刘晏安的罪名就是这个，现在卢杞又把这顶大帽子扣在了他的头上！

杨炎的命运就此改变。

公元781年十月，李适下诏将左仆射杨炎贬为崖州（今海南琼山）司马。

崖州是整个唐朝最偏远的蛮荒之地，当时那里还没有开发，到处是原始森林，蛇虫遍地，野兽出没，瘴气肆虐，疫病横行，是野生动物和细菌病毒的乐园，却是人类的地狱。

几乎所有的中原人，都将崖州视若畏途。

杨炎也是如此。

一路上，他的心情一直都无比沉重。

途经鬼门关（今广西北流天门关）时，他触景生情，写下了人生中的最后一首诗《流崖州至鬼门关作》：

一去一万里，千知千不还。

崖州何处在？生度鬼门关。

从"千知千不还"一句可以看出，在杨炎看来，凡是被贬到崖州的官员基本上都不能活着回到中原。

显然，他在心中已经做好了最坏的打算。

然而现实往往比想象中更加残酷。

他不仅不能再活着回到中原，甚至不能活着到达崖州！

就在杨炎走到离崖州还有一百里的地方时，朝廷派来的使者追上了他，传达了皇帝的最新诏令：赐死！

今古无两人

在杨炎被杀的同一年，八十五岁的郭子仪也走到了生命的尽头。

在平定安史之乱、再造李唐社稷的那批功臣中，郭子仪是寿命最长的一个，也是在日后声名最盛的一个。

他最突出的特点，用史书上的话来讲就是：事上诚荩，临下宽厚——对皇帝忠诚，对下属宽厚。

对皇帝，他无比忠诚。

任何时候只要皇帝一纸诏书，他无不马上应召，即使遭受谗言被贬，他也毫无怨言。他恪守自己职业军人的本分，对军事以外的其他事务几乎从不参与。风声雨声刀枪声，声声入耳；国事政事宫廷事，事事不管。

对下属，他极为宽厚。

他也由此深得军心，不仅他的部下对他非常爱戴，就连那些对朝廷怀有二心的藩镇，对他也充满了崇敬。据说藩镇中最为骄横跋扈的魏博节度使田承嗣有一次见到郭子仪的使者，竟然当场跪下：兹膝不屈于人若干岁矣，今为公拜——我这膝盖已经很久没有对别人弯曲过了，现在愿意为郭公跪拜！

郭子仪的人生几乎是完美的。

他不仅建立了不世出的功业，而且能善始善终；不仅飞得极高极远，而且能平安着陆。

无论是权力、地位，还是富贵、长寿，这些常人梦寐以求的，他全部都拥有。

这样的人，不仅在唐朝，就是在整个中国历史上都是极为罕见的。

他也因此获得了后世的高度评价。

宋朝名臣范仲淹赋诗赞美他：令公名望冠萧何，菖亳储勋汝更多。心服蛮夷都将相，身扶国祚宰山河。钧衡屡秉分轻重，鼎鼐端居召致和。国像凌烟为第一，名镌金石永难磨。

明末清初的思想家王夫之称他：今古无两人。

清代的康熙皇帝更是将他拔高到了令人瞠目结舌的程度：汉唐以来之勋臣，功名最盛而福祚克全者以郭子仪为首称。

··········

但我个人认为，最中肯的还是后来另一个唐朝名臣裴垍对郭子仪的评价：天下以其身为安危者殆二十年，权倾天下而朝不忌，功盖一代而主不疑，侈穷人欲而君子不之罪。富贵寿考，繁衍安泰，哀荣终始，人道之盛，此无缺焉。

432

人道之盛，此无缺焉。

这句话，郭子仪确实当得起。

就连他去世的时间也选得恰到好处。

因为就在他死后不久，大唐帝国再次陷入了极度的混乱！

第三十二章 二帝四王之乱（上）

噩梦的开始

混乱是由削藩引起的。

前面说过，由于皇帝李适拒绝让原成德节度使李宝臣之子李惟岳继承节度使之位，李惟岳联合魏博节度使田悦、平卢节度使李正己、山南东道节度使梁崇义一起发动叛乱。

一场遍及整个北中国的大战就此爆发。

应该说，政府军的开局还是颇为顺利的。

首传捷报的，是淮西节度使李希烈。

李希烈奉命讨伐山南东道节度使梁崇义。

梁崇义虽然叫嚣得挺狂，可他的实力却远远配不上他的野心——"兜里仅两块，心怀五千万"，说的就是他这种人。

李希烈一路几乎就没遇到什么像样的抵抗，比势如破竹还要势如破竹——如果把这场战事当成足球比赛的话，基本就是李希烈这一方的进球集锦。

仅用了几天时间，李希烈就攻到了襄阳城下。

梁崇义本来还想负隅顽抗，然而他的部下却不愿为他殉葬，全都争先恐后地出城投降。

眼看身边连凑齐一桌麻将的人都没有了，梁崇义知道自己大势已去，只得长叹一声，带着自己的老婆，夫妻双双把井投，自杀身亡。

李希烈就这样不费吹灰之力平定了山南东道。

与此同时，政府军在其他几个方向也取得了不错的战果。

其中河东节度使马燧、昭义节度使李抱真、神策先锋都知兵马使李晟组成的联军，奉命进攻魏博的田悦。

几次大战下来，田悦连战连败，几乎全军覆灭，只带着数千残兵逃回老巢魏州。

负责讨伐成德李惟岳的，是幽州留后朱滔。

在这次征讨行动中，朱滔的表现非常积极，不仅主动请缨，行动也极为迅速。

其实，他这么做倒并不是说对朝廷有多么忠心，主要是为了报仇——六年前，李惟岳之父李宝臣受田承嗣蛊惑曾偷袭过他，差点将他置于死地，这样的深仇大恨他怎么能忘！

相比马燧那一路，朱滔打得更为轻松。

出兵不久，他就成功策反了成德大将张孝忠，兵不血刃就拿下了易州。

而在平卢，形势也出现了有利于政府军的变化。

就在叛军连连受挫的节骨眼儿上，叛乱诸镇中资格最老也最狡猾的平卢节度使李正己竟然病死了！

之后，其子李纳接管了平卢的军政事务，向皇帝上表要求继任节度使一职。

李适毫不犹豫地拒绝了。

做梦去吧！

我不但不给你节度使的任命，我还要你的命！

他下令宣武（今河南开封）节度使刘洽、淮南节度使陈少游等人分别从西、南两路讨伐李纳。

很快，徐州、海州（今江苏连云港）、密州（今山东诸城）等原属平卢的州郡纷纷向朝廷军投诚。

李纳无力反击，只能采取守势。

公元782年正月，政府军又在成德取得了突破性进展。

这段时间，先是成德将领康日知献出赵州（今河北赵县），接着另一名成德将领王武俊又在成德的治所恒州发动兵变，诛杀李惟岳，向朝廷投降。

至此，叛乱的四个藩镇中，成德和山南东道已经平定，魏博的田悦困守孤城魏州苟延残喘，平卢的李纳龟缩在濮州，看起来也是大势已去。

尽管战事还没有完全结束，但上至朝堂上议政的老臣，下至菜场上卖菜的老陈，几乎所有人都认为，叛军已经无力回天了，朝廷已经胜券在握了。

是啊，刮奖的时候，如果已经刮到了"特等奖"三个字中的前两个字，大奖还可能跑得了吗？

而皇帝李适更是踌躇满志。

眼看近二十年一直拥兵割据的那几个藩镇即将被彻底铲除，眼看大唐帝国即将重新回到大一统的局面，他得意万分，就连自己都忍不住佩服自己了！

父祖梦寐以求的功业，我仅用了两三年就达成了，这样惊人的成就，就算高祖、太宗再生，恐怕也要自愧不如！

可惜的是，李适高兴得太早了。

他显然忘了世界上有句话是这么说的：天将降大难于是人也，必先给点甜头，惹其开心，让其大意……

他以为这是他辉煌的开始，没想到竟是噩梦的开始！

他以为这是叛乱的终点，没想到竟是更大规模叛乱的起点！

叛乱不仅没有结束，反而愈演愈烈！

这一切，跟李适发布的一道命令有关。

李惟岳覆灭后，李适把原本辖有七州的成德一分为三，分别封给了三位降将：张孝忠为易、定、沧三州节度使；王武俊为恒、冀（今河北衡水）二州都团练使；康日知为深、赵二州都团练使——团练使是唐朝负责地方军事的官职，地位低于节度使。

在李适看来，将成德分而治之，既赏赐了这三位有功之臣，又能让他们互相牵制，实在是两全其美之策。

他对自己的安排非常满意。

然而王武俊却很不满意。

在他看来，李惟岳是他冒着生命危险诛杀的，他的功劳毫无疑问应该在张孝忠和康日知之上，可到头来张孝忠却可以当统领三州的节度使，自己却只有两州，而且还是不入流的团练使！

不满意的，还有幽州的朱滔。

李适把朱滔当成李唐王朝的忠臣，但实际上，在安史之乱后的幽州成长起来的朱滔从来没有任何忠诚的观念。

忠诚在他心中的地位，就仿佛美酒在一个不喝酒的人心中的地位——不管别人怎么看重，在他眼里反正是一文不值！

朱滔认为自己才是平定成德的首功之臣，而现在朝廷论功行赏，却不仅没有他的份儿，就连已经被他占领的深州也要吐出来交给康日知！

这让他怎么能接受？

一去二三百里，打仗四五十回，耗粮六七万石，阵亡八九百人……付出了这么多，最后却什么好处都没捞到，皇帝你是把我当成傻子了吗？

我虽然姓朱，可并不是猪！

心怀怨愤的他干脆赖在了深州，坚决不与康日知办移交。

这一切，正沉浸在成功喜悦中的李适并没有注意到。

但有一个人却注意到了。

此人就是本来已濒临绝境的魏博节度使田悦。

田悦虽然打仗的水平不怎么样，但危机公关的水平却似乎颇得其叔父田承嗣的真传。

得知朱滔不听诏令擅自占领深州的消息后，他顿时如溺水者看到了浮在水上的木头——一下子眼前一亮。

看来自己有救了！

他马上派人前往深州游说朱滔：讨平成德事实上都是您的功劳，可是您得到了什么？况且天子明明承诺过，在李惟岳的地盘中，只要是您打下的，都归您所有，可是现在朝廷却自食其言！当今天子志在扫清河朔，不让藩镇世袭，这不仅是针对我，也针对您啊！一旦我们魏博灭亡了，接下来肯定就轮到您的幽州了。希望您能为自己的子孙万代考虑，果断出手救援我们魏博！

朱滔本来就对皇帝有一肚子意见，田悦的话一下子打动了他。

是啊，他控制的幽州和魏博、成德（所谓的河朔三镇）本来就是唇亡齿寒的关系，朝廷要是把魏博、成德二镇都讨平了，幽州还能保持之前的独立状态吗？

想到这里，朱滔立即同意了田悦的请求，并派使者前去游说王武俊和张孝忠。

对朝廷早就心怀不满的王武俊没有片刻犹豫，马上一口答应。

而张孝忠却拒绝了。

就这样，原本属于政府军一方的幽州节度使朱滔、恒冀二州团练使王武俊加入了反叛的队伍，与魏博田悦、平卢李纳遥相呼应，结成了同盟。

皇帝李适闻讯大惊——刚刚才平定了梁崇义和李惟岳，现在又冒出来了朱滔和王武俊，这个平叛怎么跟打地鼠一样没完没了了？

怎么会这样？

竟然会这样！

又腰四顾心茫然，思来想去，他慌忙又作出了两个补救措施。

李适先是宣布以张孝忠所辖的易、定、沧三州新设义武镇，由张孝忠担任首任义武节度使，以褒奖他的忠诚，稳住张孝忠；接着又下诏加封朱滔为通义郡王，企图以此安抚朱滔，让他重新回归朝廷。

然而，给一心想要扩充实力的朱滔送去一个这样的虚衔，就相当于给胃病患者送去一瓶眼药水——肯定是没有效果的。

朱滔对此根本不屑一顾。

他挥军南下，与王武俊合兵一处，前往驰援田悦。

河北形势就此发生了一百八十度的大转折。

原本几乎已经山穷水尽的田悦重新见到了希望，而原本正在围攻田悦的唐军马燧等部则反而陷入了寡不敌众的困境。

李适急忙命朔方节度使李怀光率一万五千步骑前往增援马燧。

437

李怀光是靺鞨（古代东北少数民族，据说是满族的远祖）人，本姓茹，其父茹常曾是朔方军知名将领，因战功被赐姓李氏。

出身于军人世家的李怀光不仅武艺高强，作战骁勇，而且性情刚烈，眼里容不得沙子，这一点正好与以宽厚著称的主帅郭子仪形成了互补，因此郭子仪对他颇为器重，让他担任负责军纪的都虞候。

李怀光对军中的不法行为从不姑息，从不手软，该出手时就出手，该砍头时就砍头，将士们对他都十分畏惧，他也由此成了朔方军中仅次于郭子仪的头面人物。

郭子仪退休后，原朔方军被一分为三，由李怀光、浑瑊、常谦分别统领，但主力大多在李怀光麾下，后来李怀光又被皇帝李适委任为朔方节度使。

新得到重用的李怀光急于表现自己，进军非常迅速，很快就抵达魏州城外，与马燧等人会合。

他求胜心切，不顾马燧的劝阻，没有进行任何休整就马上对驻于洹山（今河北大名北）的叛军朱滔所部发动了进攻。

朔方军到底是百战劲旅，战斗力还是相当强的，朱滔的叛军抵挡不住他们的冲击，很快就败下阵来，向后溃退。

可能是胜利来得太快，李怀光有些大意，他并没有马上下达追击的命令，而是立马于阵前，志得意满。

士兵们则趁机冲进朱滔的营寨，争抢叛军留下的各种战利品。

然而初到战场的他们不知道，他们的对手除了朱滔，还有王武俊！

就在他们抢夺财物的时候，王武俊带着两千精锐骑兵冲了过来！

那个时候，很多朔方军士兵都是左手一只鸡、右手一只鸭、身上还背着一个洋娃娃，刀枪都扔在了一旁，哪里还有什么抵抗能力？

他们唯一能做的，只能是拼命逃窜！

王武俊趁势掩杀，朱滔也卷土重来，最终朔方军大败，伤亡极为惨重。

见李怀光出师不利，马燧等人也不敢再战，只能退守营寨。

当天夜里，王武俊又命人在永济渠（隋唐大运河的一部分，是当时中原通往河北地区的水运干道）上筑起堤坝，将渠水导入黄河故道，切断了政府军的粮运通道。

为避免粮草断绝，马燧等人不得不拔营撤退。

被围困了整整半年的魏州就此解围，田悦获得了新生！

之后，朱滔等人又派兵支援平卢的李纳。

本来一直在苦苦支撑的李纳也终于解除了危机。

此后叛军军心大振，行为也更加嚣张。

公元 782 年十一月，参与叛乱的四个藩镇开始正式称王。

朱滔自称冀王，田悦称魏王，王武俊称赵王，李纳称齐王——看起来仿佛 yesterday once more（昨日重现）——又回到了一千多年前的战国时代。

四镇共推朱滔为盟主，并仿效朝廷设立各级官员。

朱滔的行为，害苦了他的哥哥朱泚。

当时朱泚在朝中颇有地位——作为藩镇主动入朝的正面典型，朝廷对他的礼遇非常高。

他不仅拥有太尉、中书令、太子太师、检校司空、同平章事等必须要连换好几口气才能读完的一长串荣誉官职，还兼任凤翔节度使，负责防守凤翔这个位于长安西边的战略要地，手中掌握着一支有一定规模的军队，其中不少骨干都是他从幽州带来的嫡系。

由于距离太过遥远，朱泚对朱滔的造反事先并不知情。

其实朱滔是派人跟朱泚联系过的，但他派出的使者却在半路就被唐军大将马燧截住了。

从使者身上，马燧搜出了朱滔邀请哥哥一起行动的密信。

很快，密信被送到了皇帝李适的面前。

李适立即把朱泚从凤翔召来，将密信扔到了他的面前：这是你弟弟给你的信，好好看看吧。

朱泚看后顿时面如死灰，连连叩头谢罪。

不料李适却并没有生气，语气非常和缓：你们兄弟二人相隔千里，怎么可能是同谋呢？他的反叛跟你唯一的关系就是没有任何关系！你放心吧，朕对你的信任，永远不会变！

朱泚听了非常感动。

然而接下来他却发现，事实上根本就不是这么回事。

皇帝口口声声说对他的信任永远不变，可他的职务却变了——尽管太尉、中书令等荣誉职务依然保留，但他最看重的凤翔节度使却被免去了！

更令他寒心的是，他不仅失去了兵权，还失去了自由。

他从此再也出不了长安城！

这让他感到无比的郁闷。

都说皇帝是金口玉言，李适你怎么满口胡言！

可是，胳膊拧不过大腿，秋叶抗不过寒风，他又能怎么办呢？

他只能把所有的怨恨都深深地埋在心里。

当然，对于朱泚的感受，李适是不会在意的——就如大象从来不会在意被它踩死的蚂蚁的感受一样。

他现在考虑的是：该由谁来出任新的凤翔节度使，才镇得住朱泚手下那批骄兵悍将。

他的心事，当然瞒不过善于揣摩的卢杞。

对这个问题，卢杞心中早就有了答案——让另一名宰相张镒（yì）去！

张镒是前朔方节度使张齐丘之子，历任寿州（今安徽寿县）刺史、江西观察使、吏部侍郎等职，他秉性忠直，声望颇佳，因此在杨炎被罢相后，李适便任命他为中书侍郎、同平章事，让他与卢杞一起搭班子。

但这样的人，卢杞怎么可能容得下？

从张镒上任的第一天开始，他就一直想把他赶走。

现在，他终于看到了机会。

他慷慨激昂地对皇帝说：凤翔将校的品级都很高，只有跟朱泚名望和官位差不多的宰相级别的朝廷重臣才能稳得住局面。臣恳请陛下让我出镇凤翔！

李适觉得他的话挺有道理，可真要让卢杞这个居家旅行必备的知己离开自己，感觉似乎又有些舍不得，便没有马上表态。

没想到就在他愣神的工夫，卢杞又开口了：想必陛下是觉得臣长得有点对不起人，可能无法让凤翔的三军将士信服？既然这样，陛下您就另行选择跟臣地位相当的大臣吧。

还用选择吗？

跟卢杞地位相当的，除了另一个宰相张镒，哪还有第二个人！

于是李适转过头来对张镒说：爱卿才兼文武，声威素著，凤翔节度使一职非你莫属。

就这样，卢杞如愿以偿地将张镒排挤出了朝廷。

如此一来，朝中只剩下了卢杞一个宰相。

但卢杞觉得这样不好——容易给人留下专权的印象——就像当初的杨炎一样。

因此他很快又向皇帝李适推荐了一个新的宰相人选——时任刑部尚书的关播。

他看中关播，是因为关播有一个突出的优点——性情软弱。

应该说，他在这点上的眼力还是相当不错的。

关播上任以后，一直以应声虫为标准，以窝囊废为准绳，一切唯卢杞马首是瞻，所有朝政大事都由卢杞决断。

他所做的，除了点头，就是点赞，除了拍手，就是拍马。

然而凡事总有例外——性能再好的电脑，也难免死机；脾气再好的男人，也总会有失控的一刻。

有一次，李适在宫中与卢杞、关播两位宰相一起议事。

可能是觉得卢杞讲的东西错得实在是太离谱了，一向从不多言的关播也坐不住了，腾的一下站了起来，想要发表反对意见：陛下，臣有话要讲……

可就在此时，他突然发现卢杞的表情有些异样——左眼不停地挤着，嘴以极高的频率持续向左边抽抽儿……他正要担心卢杞的身体和精神状况——小时候他一个朋友发羊痫疯时的样子似乎就是这样的……猛然间却一下子醒悟过来：卢杞根本不是发羊痫疯，而是发出了一个非常严重的信号！

因此他慌忙改口：陛下，臣有话要讲……臣要说的是……臣有点内急，想去上个厕所……

出宫后，卢杞厉声责怪关播说：正因为足下忠厚少言，我才引荐你坐到这样的位置，你刚才怎么想要发表意见呢？

关播只好连连道歉。

从此他更加沉默，再也不敢多说一句话。

没有意义的话他不说，有意义的话他更不会说！

没想清楚的事他不说，想清楚的事他更不会说！

对于卢杞搞的这些小动作，皇帝李适是否知情？

我不知道。

我只知道，他这段时间的日子很不好过。

公元781年十二月，他又遭到了新的打击——淮西节度使李希烈也加入了反叛的行列！

正如之前杨炎所料，李希烈其实对朝廷早就有了异心。

在击败梁崇义占领山南东道后，他就曾有过把山南东道据为己有的打算，只是因为当时政府军在河北连战连捷，形势不利于割据，加上朝廷派来的新任节度使李承态度比较坚决，他才不得不退回了淮西。

然而在撤兵前，他却放纵自己的手下在山南东道大肆掳掠，秋毫必犯，童叟必欺，搞得当地百姓民不聊生。

李适对此的反应，跟我在与老婆逛街时遇到前女友时的反应差不多——只当没看见。

毕竟，李希烈刚刚立下大功，而且河北的叛乱还没有平定，他不想再去刺激李希烈。

他只能睁一只眼闭一只眼。

后来朱滔、王武俊相继反叛，河北战事吃紧，李适又不得不再次起用李希烈，加封他为检校司空（中晚唐时在正式官名前加检校表示这不是实职，而是荣誉职务），并兼任平卢节度使，命他率军东进，讨伐李纳。

可李希烈这时见政府军前景不妙，之前好不容易按下去的反意，又如喝了两斤白酒后嘴里的酒气一样按捺不住地冒了出来。

他不仅没有率军进攻李纳，反而还和朱滔、李纳等几位反王暗通款曲。

朱滔等人大喜，连忙派使者与李希烈接洽，极力怂恿他叛唐称帝。

李希烈遂自称天下都元帅、太尉、建兴王，正式竖起了反旗。

在五大反王中，李希烈是最后一个反叛的，但他的声势却闹得最大，对唐朝朝廷的威胁也最大！

公元783年正月，也就是起兵一个月后，李希烈的部队连克汝州（今河南汝州）、尉氏（今河南尉氏）等地，接着又包围了郑州，同时派骑兵四处抄掠，前锋甚至抵达了彭婆（今河南伊川东北），距东都洛阳仅五十里！

一时间，洛阳城内人心惶惶，百姓纷纷出城逃入深山，以躲避未来可能出现的战乱。

铁骨铮铮颜真卿

皇帝李适闻讯大惊。

有问题，找卢杞。

他连忙召来卢杞商议对策。

卢杞倒是一副胸有成竹的样子：李希烈反叛，不过是因为年轻不懂事（当时李希烈才三十四岁），刚立下了大功，有些不知轻重，一时冲动，才做出了这样的傻事。假如朝廷派一位德高望重的重臣前去劝说，帮他分析利害，耐心细致地做他的思想政治工作，相信他一定会洗心革面，重新归顺朝廷。如此一来，朝廷就可以不战而屈人之兵，不费一兵一卒就平定淮西！

接着他又向皇帝推荐了他心目中的理想人选：太子太师颜真卿是四朝元老，忠贞正直，名重海内，只要他能出面，此事一定能成！

按照卢杞的说法，李希烈只是年轻不懂事，只要派颜真卿这样的道德楷模去现身说法，就会改邪归正。

这可能吗？

当然不可能。

李希烈野心勃勃，一直处心积虑想要反叛，怎么可能只是年轻不懂事！

难道卢杞不清楚这个道理吗？

当然不是。

他不仅非常清楚，而且正是由于他太清楚了，才会这么做。

因为他对颜真卿极其忌恨，想要借刀杀人——借李希烈之手除掉颜真卿！

颜真卿当时已经七十五岁了，是当时朝中资格最老、威望最高的大臣。

尽管名气很大、能力很强，在安史之乱中还曾为国家建下大功，但由于刚正敢言，颜真卿屡屡遭到掌权者的打击报复，仕途一直很不顺利，屡仆屡起，一会儿被贬到地方，一会儿被召回朝廷。

代宗李豫在位末年，他受到宰相杨绾举荐，从地方上回到了长安，出任刑部尚书。

德宗李适登基后，由于得罪了宰相杨炎，他被改任虚职太子少傅，之后又迁太子太师。

尽管失去了实权，尽管年事已高，但颜真卿依然初心不改，依然经常直言进谏，言语依然跟以前一样犀利。

这让继杨炎之后出任宰相的卢杞非常不爽：颜真卿，既然你现在只有太子太师这样的荣誉职务，你就要明白，你现在唯一要记住的事，就是关你屁事！你怎么就摆不正自己的位置呢？

他下定决心，无论如何都要把这个烦人的颜真卿赶出京城。

对卢杞的意图，在官场历练多年的颜真卿当然不会没有察觉。

他忍不住冲进卢杞办公的政事堂，悲愤地对卢杞说：当年相公你的父亲——御史中丞卢大人为逆贼所杀，头颅被传送到我所在的平原郡，我看见他脸上有血迹，不忍心用布去擦，是用舌头轻轻地将血迹舔去的，如今相公你难道就容不下我吗？

卢杞闻言连忙拼命挤出几滴眼泪，随后起身施礼：太师您的大恩大德，我永远都不会忘记。请太师受我一拜！

不过，虽然他外表看起来似乎对颜真卿很敬重，但实际上心中却极其不满：你这话是什么意思？说你是吸血狂魔，还是想让别人以为我忘恩负义？

从此，他对颜真卿愈加憎恶，甚至必欲除之而后快。

这次，皇帝李适与他讨论李希烈叛乱的应对策略，他觉得除掉颜真卿的机会来了，便马上鼓动如簧之舌，极力推荐颜真卿去做李希烈的思想工作。

只要稍微有点头脑的人都知道，他这个主意中的漏洞，多得都可以做网兜了！

只要稍微有点头脑的人都知道，这事成功的可能性，比买两块钱彩票中一千万大奖的可能性还小！

然而李适却同意了。

这其实也是可以理解的。

很多人之所以愿意花钱买彩票，并不是不知道中大奖的可能性很小，而是想碰碰运气——万一中奖了呢？

更何况，买彩票那两块钱的成本又是那么低！

李适的想法也是这样。

那个时候的他正焦头烂额，再不靠谱的方法他也要试试——万一成功了呢？

更何况，颜真卿这个人在他的眼里，不过是长江里的一朵浪花——多他一个不多，少他一个不少！

得知皇帝要派颜真卿前往许州（今河南许昌，当时李希烈的驻地）宣慰李希烈，满朝文武尽皆失色。

这不是明摆着让颜真卿去送死吗？

但颜真卿却义无反顾地出发了。

行至东都洛阳时，东都留守郑叔则对他极力挽留。

颜真卿坚决不肯。

两人的对话是这样的。

郑叔则：太师，在下觉得您此行去许州凶多吉少，不如暂且在洛阳停留一段时间，也许皇上会改变主意。

颜真卿：这是皇上的命令，怎么可以不去！

郑叔则：若一去不回……

颜真卿：便一去不回！

永平节度使李勉也上表劝谏：倘若失去颜真卿这样的元老，对国家来说是种羞辱，请陛下收回成命。

李适什么反应？

没有任何反应。

随后李勉又派人前去拦截颜真卿，可已经晚了。

因为颜真卿一路快马加鞭，此时已抵达了许州！

途中他给自己的儿子写了一封信。

信中只有六个字：奉家庙，抚诸孤——供奉家庙，抚育族中的孤儿。

显然，他这一走，就没打算回来！

一进许州城，李希烈就给颜真卿来了个下马威。

他指使亲兵一千余人将颜真卿一行团团围住，一边口出污言大肆谩骂，一边拔出刀剑大肆威胁。

然而在经历过无数大风大浪的颜真卿看来，这种行为就如同太监卖弄男子气概一般可笑。

他视刀枪如无物，视叛军如废物，依然从容不迫地宣读了诏书，并好言好语劝李希烈改邪归正。

见恐吓没有奏效，李希烈又换了一副面孔。

他先是厉声呵斥这些亲兵退下，接着亲亲热热地对颜真卿嘘寒问暖，最后又恭恭敬敬地把颜真卿送到了驿馆。

当然，尽管态度颇为礼貌，但李希烈早已铁了心造反，绝不可能听从颜真卿的规劝。

按说，颜真卿的事已经做完了，应该可以回去复命了。

但李希烈却强行把颜真卿留了下来。

他这么做，当然不是因为喜欢颜真卿的书法，而是因为他知道，颜真卿在朝野上下名望极高，影响极大，如果能为自己所用，一定能大大增强他李希烈的号召力，大大增强他这个政权的合法性！

当初曹操曾挟天子以令诸侯，他想要挟颜真卿以争人心！

正好那时朱滔、田悦、王武俊、李纳都派使者来到许州，劝李希烈称帝。

李希烈特意把颜真卿召来，得意扬扬地对他说：如今冀、魏、赵、齐四王都拥戴我，太师你都看见了吧。眼下受朝廷猜忌无法自容而被迫与朝廷为敌的，又岂止我一个人？

颜真卿冷笑道：什么四王，明明是四凶！相公（李希烈曾受封同平章事，中晚唐节度使加同平章事头衔的，常称为使相，因此颜真卿称其为相公）你与乱臣贼子同流合污，是要与他们一起覆灭吗？

李希烈强忍住心中的不快，命人把颜真卿请了出去。

几天后，李希烈宴请四镇的使者，再次把颜真卿召了过去。

席间，使者们一边向颜真卿敬酒，一边对他说：如今大帅即将南面称尊，太师恰好在此时到来，实乃上天赐给大帅的宰相！……

颜真卿怒目圆睁，眼中射出的怒气几乎可以将人生生凌迟：想让我当你们这种叛贼的宰相，办法只有一个——做梦！你们听说过那个痛骂安禄山而死的颜杲卿吗？那是我的兄长！我已经快八十岁了，只知道守节而死，岂会受你们的胁迫！

使者们面面相觑，一时无言以对。

这回李希烈再也忍不住了。

他气急败坏地说：你实在是太不识好歹了！老子给你面子你当我是傻子，老子当你是朋友你当我是舔狗，老子对你让步你当我是任人摆布！看来不给你点颜色看看是不行了！

他当即下令将颜真卿送回馆舍，并派甲士十人严加看守。

从此，颜真卿彻底失去了自由。

吃饭，有人看着；散步，有人跟着；放屁，有人闻着……

不久，李希烈又在颜真卿的住所外面挖了一个大坑，扬言要将他活埋。

没想到颜真卿依然毫不畏惧。

他平静地对李希烈说：死生已定，你又何必搞这么多花样呢？直接给我一剑，岂不是更加痛快！

但此时的李希烈其实并不是真的想杀他，只不过想通过这种恫吓的方式来迫使他就范，现在见颜真卿不吃这一套，李希烈也只好自己给自己找台阶下：我只是开个玩笑而已！太师千万别往心里去！

与此同时，颜真卿劝说李希烈不成反被软禁的消息也传到了长安。

李适这才彻底打消了和平解决的念头。

他任命左龙武大将军哥舒曜（哥舒翰之子）为主帅，率军万余人从长安出发，会同河阳、宣武、荆南、山南东道、江西等各道军队一起征讨李希烈。

公元783年二月底，哥舒曜顺利收复了汝州。

不过，在随后的几个月里，政府军没能再取得进展，从此与叛军陷入了对峙状态。

史上最早的房产税

旷日持久的战事，让朝廷本就不太宽裕的财政状况更加捉襟见肘。

按照当时的惯例，各镇军队奉命出征，只要离开本镇，所有的费用都要由朝廷负担，而李适为了表示对参战将士的体恤，又额外补贴了一份酒肉钱。

如此慷慨是因为他想通过重赏来提高将士们的作战积极性，以便能尽早结束战斗。

然而世上的事往往难遂人愿。

我本来希望身材越来越瘦钱包越来越鼓，没想到现实却是钱包越来越瘦肚子越来越鼓；李适本来希望速战速决，没想到现实却是久拖未决。

转眼已经过了近两年，而战争结束的日子却还是遥遥无期！

随着时间的不断推移，随着军费的不断追加，李适悲哀地发现：朝廷的府库里快没钱了！

一时间，搞钱成了压倒一切的政治任务。

怎样才能解决财政紧张的问题呢？

李适很头疼。

可现在朝中已经没有刘晏、杨炎这样的理财高手了，他只能病急乱投医了。

有官员向他建议：如今天下的财富，大都集中在富商手里，请陛下下诏要求这些富商为国分忧，所有资产超过一万贯（一贯为一千钱）的富商只能保留一万贯，其余部分都必须给朝廷，只要劫一两千个富商，不，借一两千个富商，就足够朝廷数年用兵的费用了。

正苦于缺钱的李适对此当然不会不批准。

官员们随即迅速行动起来，长安城内所有商人的店铺和库房都被搜了个底朝天，只要怀疑有人隐瞒资产，便对他们严刑拷打。

446

遭殃的还有当铺。

所有百姓抵押在这些当铺的存货都被悉数封存，并被强行征用了其中的四分之一！

商人们损失惨重，痛苦不堪。

他们有的以罢市相抗争，有的携带家产逃亡，有的甚至被逼自杀。

如此一来，原本极其繁华的长安城变得一片萧条，如同刚被盗匪洗劫过一般。

但闹出了那么大的动静，损失了那么多的民心，最后朝廷搞到手的钱财却总共只有区区两百万贯，只勉强够一个多月的军费，离李适的目标还差十万八千里！

心急如焚的李适给相关官员下了死命令，要求他们无论如何都必须搞到足够多的钱。

显然，对官员们来说，要完成如此高的KPI，只能继续压榨老百姓。

只要榨不死，就往死里榨！

判度支（主管财政收支的官员）赵赞给皇帝出了个主意，在原有税收之外，加征间架税和除陌钱。

所谓间架税，有点类似于现在热议的房产税，每栋房子以两根房梁之间的部分为一间，按间数收税，房子越多缴税越多，有些人甚至要缴多达数百贯！

而除陌钱则相当于现在的交易税，规定任何买卖只要有成交，就必须按照成交额百分之五的比例交税——即使是以物易物，也要按市价折算成货币征收。

为了避免有人隐瞒房产或交易，朝廷还鼓励百姓互相举报揭发，一旦查实，告发者可以获得多达五十贯钱的赏钱，这笔赏钱，也要由被举报者承担。

这两种税是当今很多国家通行的常用税种，相对于中国古代以农业税为主的税负结构来说，应该算是非常先进的，可有时太先进的东西并不一定适用——正如把保时捷的发动机装在三轮车上只会导致翻车一样，间架税和除陌钱的征收也让当时的百姓完全无法承受。

本来百姓的赋税压力已经非常沉重了，现在又多了两个数额不小的新税种，这无疑让他们本来就很不好过的日子更加艰难。

因此，百姓都对朝廷怨声载道。

君子爱财，取之有道，皇帝爱财，惨无人道！

当然，百姓的这些怨言，李适是不可能听得到的。

这段时间，他听到的是一连串的坏消息。

泾原兵变

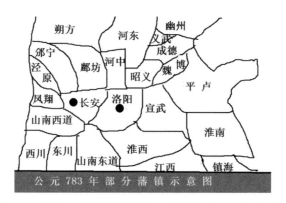

公元 783 年部分藩镇示意图

公元 783 年八月，李希烈率大军大举反扑，进逼襄城（今河南襄城），驻守在襄城的唐军大将哥舒曜一面死守，一面向朝廷告急。

李适命神策军大将刘德信会同永平节度使李勉等人前往救援，没想到却中了叛军的埋伏，被打得大败。

如此一来，襄城愈加危急。

李适只能继续增兵河南。

九月，他征调泾原节度使姚令言率麾下的泾原军火速东进，救援襄城。

很快，姚令言就率五千将士抵达了京城长安——从泾原到襄城，长安是必经之路。

由于路上一直风雨交加，士兵们都已疲惫不堪。

不过，身体虽然非常疲惫，他们的心情却还算不错——前面说过，按照李适上台以来的习惯，藩镇军队离开本镇赴外地作战，朝廷会额外赏赐一份数目可观的酒肉钱。

泾原军是一支苦命的军队，这些年来他们一直扎根大西北，战斗在抵抗吐蕃入侵的第一线，而他们的驻地泾原又属于典型的穷乡僻壤，经济很不发达，因此泾原军的日子一直过得苦哈哈的，这次奉命出征，很多人都把自己的子弟也一起带了出来，以便能多领一份赏赐。

可事实证明，这只是他们想得美。

在抵达长安后，他们发现，居然没有任何人接待他们，更不要说有什么赏赐了！

将士们的心一下子沉到了谷底。

一般来说，人的心态是和预期有很大关系的。

如果一个人预期只能上大专，那他只要考上二本就会非常开心；但如果一个人预期能上清华，即使录取了华科，他也会无比的失落！

此时的泾原军也是这样。

满以为可以领到大笔钱财，结果却什么都没有，这让他们的心理怎么可能平衡！

十月初三，泾原军进驻长安东郊的浐水，准备开赴河南前线。

这次，他们总算盼来了朝廷的使者。

来的是京兆尹王翊。

他是奉朝廷之命前来劳军的。

他的到来，也让将士们本来已沉到谷底的心再次燃起了一丝希望。

可很快，希望再次破灭了。

现实甚至比他们想象的还要糟糕！

王翊不仅没有带来任何赏赐，提供的饭菜还无比粗简——饭是连皮带壳的糙米，里面还有各种沙石，必须淘尽黄沙始见米；菜居然全是蔬菜，连一点肉都没有，淘尽蔬菜都不见荤！

这下将士们再也受不了了。

本以为可以发一笔横财改善生活，没想到却是空欢喜一场白忙活；本以为上战场前至少能吃上一顿可口的美食，没想到拿到的伙食竟然还不如猪食！

我本将心向朝廷，奈何朝廷不爱我！

一时间，场上群情激愤，牢骚声震天。

他们中有怒发冲冠的，有义愤填膺的，有仰天长叹的，有捶胸顿足的，有秃顶的，有脸上长麻子的……

但就是没有一个对朝廷没有意见的。

人情汹汹之际，有人突然一脚踢翻了饭菜，慷慨激昂地对大家说：我们就要死在敌人手上了，却连一口饱饭都吃不上，凭什么让我们拿自己的命去对抗敌人的刀枪！听说皇宫中的琼林、大盈两座宝库里面的金银玉帛堆积如山，既然朝廷不肯赏给我们，我们自己去取好了！

士兵们群起响应。

随后他们穿上铠甲，举起军旗，大声鼓噪着杀向长安城。

当时泾原节度使姚令言正在宫中向皇帝辞行，听说自己的部下发生哗变，他连忙出宫，想要制止自己的手下。

一路上他拼命地快马加鞭，总算在长安城东的长乐阪遇到了叛乱的士兵。

出乎他意料的是，迎接他的不是士兵们的欢呼，而是一支射出的冷箭！

姚令言低头躲过，随即趴在马背上突入乱兵之中，对士兵们大喊：诸位失算了！只要诸位此次东征立了功，难道还怕没有荣华富贵吗？你们怎么能做这种灭族的事呢？……

这些话有道理吗?

有道理。

有用吗?

没用。

正如我老婆每次情绪失控的时候我要是跟她讲冠冕堂皇的大道理只会惹她更生气一样,对已经丧失理智的乱兵们讲这种冠冕堂皇的大道理也绝不可能会有任何作用。

结果姚令言非但没有说服乱兵,自己反而被乱兵劫持了。

之后乱兵们簇拥着姚令言,继续向长安城前进。

李适闻讯大惊,慌忙下令赐给泾原军每人两匹绢帛。

可到了这个时候,这点东西怎么可能满足得了乱兵的胃口!

乱兵们不但不接受,反而更加愤怒。

这当然是可以理解的。

到了这个地步,还只肯拿出区区两匹绢帛,那种行为,就相当于现在某大牌豪车降价两毛五——完全体现不出诚意啊!

最终前去传令的宦官成了乱兵们的出气筒,被他们射成了刺猬。

李适急忙再派宦官前去宣旨安抚。

此时乱兵已经冲到了通化门(长安城东北门),宣旨的宦官甚至还没来得及开口,就被那些愤怒的乱兵砍成了肉糜!

这下李适更加慌张,只好咬咬牙下令拿出金银玉帛二十车赐给乱兵。

但已经太晚了——都到冬天了,才答应给你夏天要的扇子,那还有什么用!

没等这些金银装好车,乱兵已经呐喊着冲进了城!

长安百姓被这突如其来的变故吓坏了,纷纷四散奔逃。

乱兵们朝他们喊道:你们不要害怕,我们不会伤害你们,不会抢你们的财产,更不会让你们缴纳间架税和除陌钱!

这下百姓们安心了不少,有些胆大的不仅没有逃,反而跟在了叛军后面。

不多时,乱兵浩浩荡荡地来到了丹凤门(皇帝所在大明宫的正南门)外。

聚集在周围看热闹的百姓数以万计。

李适一面派普王李谊(李适的侄子,因其父早死而被李适收为养子)和翰林学士姜公辅前往安抚乱兵作为缓兵之计,一面紧急传召禁军速来勤王。

然而他左等右等,也没有等到一个禁军士兵!

这到底是怎么回事呢?

想必诸位一定和李适一样,对这个问题非常不解。

好在史书上对此作出了解释。

问题出在李适任命的神策军使白志贞身上。

白志贞善于窥伺上意，说话办事总是让李适感到无比舒服，故而深得李适信任。这也是他作为一个文臣而被李适安排在禁军统帅这一重要位置上的主要原因。

作为"看走眼"业界的翘楚，这回李适同志不出意外地又看走眼了。

很多时候，溜须拍马的能力和贪污腐败的能力往往是成正比的。

而白志贞恰好就是这样的双一流人才——不仅拍马屁水平一流，捞钱的水平也堪称一流。

其实在白志贞刚接手神策军的时候，神策军的兵源还是比较充足的，但这两年战乱频仍，神策军也参与了很多战事，阵亡了不少人，接下来自然要补充兵员，白志贞为了捞好处，大肆收受长安一些富人的巨额贿赂，将他们的子弟录为神策军新兵，可这些人虽然名列军籍，每月都领取丰厚的津贴，却从来没有进过一天军营。

也就是说，神策军真正的人数比名单上的要少得多！

如此一来，李适现在召不到禁军前来护驾自然也就可以理解了。

假定神策军中只有名单上的百分之六十是真实存在的（只是假定，实际的比例史书上并没有记载），而这些人都已被派到了河南、河北的前线，这样尽管理论上还有百分之四十的禁军留在京城，但实际上却已经一个都没有了！

对于神策军的异常情况，朝中也不是没人察觉到。

时任司农卿的宿将段秀实就曾多次向皇帝进言：陛下，禁军缺员严重，万一发生变乱，朝廷将无法应对！

不料李适根本就不信：这不可能！白志贞是朕一手提拔的，这个人嘛，朕非常了解，博学多才善作文，吟诗作赋样样能，抽烟喝酒都不沾，感动大唐候选人，他怎么可能骗我！

现在，李适终于品尝到了自己亲手酿造的苦酒。

但他已经没有时间反思了。

因为此时乱兵已经攻破了宫门！

听到这个消息，李适简直不敢相信自己的耳朵，一时愣住了，呆若木鸡。

正所谓皇帝不急太监急，就在李适茫然不知所措的时候，宦官窦文场、霍仙鸣站了出来：陛下，快走！

两人早在李适当太子时就一直跟着李适，对李适忠心耿耿。

危难之际，他们挺身而出，召集了一百多名宦官，一起护送着李适以及太子李诵、贵妃、诸王、公主等人从禁苑北门仓皇出逃。

这让李适的心中无比感慨。

自从他上台以来，他其实一直在严格限制宦官的权力，可尽管他虐宦官千百遍，这些宦官却依然待他如初恋！

他们虽然没有胡子，但他们心中有他这个主子；他们虽然没有学问，但他们不会对他不闻不问；他们虽然没有威望，但他们没有让他失望！

关键时刻，还是这些跟自己朝夕相处的家奴靠得住！

出禁苑时，李适一行正好遇到郭子仪之子郭曙带着数十名家丁在那里打猎。

见皇帝出逃，郭曙连忙带着家丁也一起加入了护驾的队伍。

与此同时，正在军营中教习射箭的右龙武军使令狐建闻讯也带着麾下四百多名士兵赶了过来。

由于逃得太过仓促，李适没有来得及带上多数宗室亲王以及公主，文武百官更是毫不知情，只有从中书省翻墙而出的两位宰相卢杞、关播以及翰林学士姜公辅跟了出来。

在逃亡路上，姜公辅对李适进谏说：朱泚曾做过泾原节度使，颇得军心，加之他曾担任过太尉、中书令这样的高官，在朝野上下有很大的影响力。如今朱泚因为受到其弟朱滔反叛的牵连被废黜在家，心中对朝廷一直十分怨恨，臣担心泾原乱兵会拥立他为主，这样一来，乱兵就会从一盘散沙变成一支有凝聚力的军队，后果可能不堪设想，请陛下务必要派人把朱泚召来，带上他一块走！

李适此时一心只想着逃命，哪里顾得上这些：还是算了吧，来不及了！

当天夜间，李适来到了咸阳，但他不敢停留，只是匆匆扒了几口饭就继续赶路了。

这段时间，逃亡的队伍中又增加了一些官员——京兆尹王翃、神策军使白志贞、户部侍郎赵赞、翰林学士陆贽等人相继从长安追了过来，在咸阳赶上了李适一行。

李适逃到了奉天。

此时更多的文武官员也纷纷到达，其中包括名将浑瑊——浑瑊本是朔方军大将，因屡建战功而深受郭子仪器重，郭子仪退休后，浑瑊担任振武军节度使，不久前刚被调回朝廷，担任左金吾大将军。

浑瑊骁勇善战，素有威名，他到来后，奉天城内的人心总算稍稍安定了一些。

而长安城内则是另一番景象。

李适离开后，乱兵很快就占领了皇宫。

得知皇帝逃走，他们全都兴奋不已：现在已经没有天子了，没有任何人管得了我们了，我们可以自求富贵了！

随后他们争先恐后地冲进府库，大肆掠取其中的金银绢帛。

某些百姓中的地痞流氓也趁乱混进宫中，加入了哄抢财物的队伍。

还有的人则干脆在大街上公然打劫。

长安就此变成了一座三无城市——无政府，无秩序，无管理！

不过，没人管理就跟没穿衣服一样，虽然一时会很爽，可时间长了总让人感到不自在。

乱兵们就有这样的感觉。

等把国库都抢得差不多了，他们不免开始担心起来——这回把天捅了个大窟窿，接下来该怎么办？总不能一直这样乱下去吧？

节度使姚令言也在思考这个问题。

他知道，尽管自己是受到部下的裹胁而被迫参与兵变的，但作为这些乱兵的直接领导，他无论如何也脱不了干系，以后朝廷追究起责任来，他绝对难逃一死。

要想摆脱这样的绝路，唯有将错就错干脆造反杀出一条血路！

他对部下说：现在我们没有一个强有力的领导核心，势必不能长久。朱太尉（朱泚）是我们的老领导，曾担任过数一数二的高官，在朝中名望甚高，目前他正闲居在家，倘若让他来当我们的领袖，一定能成大事。

此时的乱兵们钱包鼓鼓，六神无主，当然都表示赞同。

姚令言随即亲率数百骑兵前往朱泚的宅第，邀请朱泚出来主持大局。

朱泚从来就不是个安分的人——当初他夺取幽州节度使的位置，靠的就是兵变，加上心中早就对皇帝充满了怨气，因此他很快就作出了决定：要玩性感就别怕走光，要成大事就别怕遭殃。富贵险中求，爱拼才会赢。干！

当天深夜，在乱兵们的欢呼声中，朱泚昂首阔步进入了皇宫，入住含元殿（大明宫正殿）。

次日一早，朱泚发布公告，宣称皇帝李适已经出走，由他暂时代理统领禁卫六军。同时要求在京城的文武百官必须在他和李适之间作出选择——要么出城追随逃亡的李适，要么三天内到他那里报到，否则一律斩首！

公告一出，那些本来持观望态度的大臣们都坐不住了，纷纷前去参见朱泚。

其中较为知名的有检校司空李忠臣、太仆卿张光晟、光禄卿源休等人。

段秀实：或为击贼笏，逆竖头破裂

见李忠臣等一大批李唐高级官员都愿意追随自己，朱泚不由信心大增。

但开心之余，他也有一丝遗憾。

在这些投诚的大臣里，他没看到那个他最希望看到的名字——时任司农卿的段秀实。

他怎么没来呢？

朱泚很不解。

按理说，从威震一方的节度使到无足轻重的司农卿，段秀实应该对皇帝、对朝廷有很大的意见，如今碰上这样的机会，他无论如何都不该错过啊。

难道他完全不了解现在的形势？

朱泚决定派人上门去请段秀实。

之所以对段秀实这么重视，是因为在朱泚看来，段秀实不仅能力强，资格老，而且曾长期在泾原军中任职，还担任过节度使，在泾原军中根基很深。

这个人如果能站在他这边，对他将会有莫大的帮助！

很快，朱泚的使者来到了段秀实的府第。

然而任凭怎么敲门，段家始终大门紧闭。

最后，使者带着几十个骑兵翻墙而入，找到段秀实，说明了来意。

没想到段秀实坚决不肯答应，找出各种理由百般拒绝——身体不好、精力不够、腿脚不利索、睡觉不做梦……

使者当然不会就此罢休，干脆将刀架到了段秀实的脖子上：倘若你不肯去朱太尉那里报到，你们全家老小就得去阎王爷那里报到！

这下段秀实知道，自己不去是不行了。

临走前，他偷偷找了个机会嘱咐子弟说：国家有难，我将以死报国！你们请各自保重！

不多时，段秀实被带到了朱泚面前。

朱泚喜出望外，亲热地拍着段秀实的肩膀说：我想死你了！

段秀实很想对他说：我想你死了！

但他忍住了，并没有说出口，只是微微一笑。

一番寒暄后，朱泚将段秀实请入内室，询问应对之策。

段秀实对此早已胸有成竹：这次泾原士兵因犒赏不到位而犯上作乱，可赏赐不到位，这是有关部门的过错，天子怎么可能知道？朱公您一直都以忠义闻名天下，应该向将士们讲清这个道理，然后迎接圣驾回宫，这可是莫大之功啊！

朱泚听了很不悦。

当然，这一点他并没有表现在脸上。

他知道，段秀实对现在的自己来说非常非常重要，要利用他在军中的人气，就得暂且忍受他的气人！

他还是想尽力争取段秀实为己所用。

可惜，朱泚这么做完全是徒劳的。

想让段秀实这样的人当唐朝的叛臣，相当于想让一棵桃树结出枣子——纯粹是痴心妄想！

段秀实表面上与朱泚虚与委蛇，暗地里却联络了左骁卫将军刘海宾、泾原都虞候何明礼、泾原孔目官（唐代州镇中掌管文书的官员）岐灵岳等几个旧部，策划发动政变，诛杀朱泚。

然而他们还没来得及动手，一个意外的发生彻底打乱了他们的计划。

那天，段秀实从内线那里得到消息，说朱泚命泾原兵马使韩旻率三千精兵前往奉天，打出的旗号是迎接天子回銮，实际上却是想借此发动偷袭。

这让段秀实惊出了一身冷汗。

因为那时李适刚到奉天，兵力极为单薄，防守极为虚弱，如果让朱泚此计得逞，李适和他的流亡朝廷很可能会遭遇灭顶之灾！

不行，无论如何都要阻止这次行动！

段秀实下定决心。

他利用岐灵岳负责文书的便利，让岐灵岳伪造了一封姚令言的军令，召韩旻火速回军。

由于时间紧迫，一时难以拿到姚令言的印信，段秀实便把司农卿的图章倒过来盖在了军令上，看起来倒也难辨真假。

之后岐灵岳立即派传令兵前去追赶韩旻，将韩旻召回。

得知韩旻班师，段秀实总算松了口气。

但很快，他的脸色又重新凝重起来。

他对岐灵岳等同谋人员说：只要韩旻回来与姚令言一见面，我们的计谋就会被拆穿。我辈必然无一幸免。我打算在生命的最后时刻找机会搏杀朱泚，不成功，便成仁，绝不做叛贼的臣属！

说来也巧，正好当天朱泚召他以及李忠臣、姚令言、源休等人到宫中开会，商议称帝的相关事宜。

看着朱泚在那里大放厥词，段秀实再也忍不住了。

他一把夺过源休手中的象牙笏板（古代大臣上朝时拿的手板），猛然冲到了朱泚面前，随后向朱泚脸上吐了口唾沫，痛骂道：狂贼！我恨不能将你碎尸万段，怎么可能跟着你造反！

在骂的同时，他举起手中的笏板，用尽全身的力气往朱泚的脑袋上砸去。

朱泚下意识地伸手一挡，笏板正好砸中他的额头，顿时血流满面。

两人随即扭打在了一起。

由于事发突然，周围的侍从全都莫名其妙——这到底是怎么回事啊？怎么前一秒还在大吹大擂，后一秒就变成大打出手了？

此时他们的感觉，就和那些第一次看到海市蜃楼的人一样——这一切，难道是真的吗？我不是在做梦吗？

一时间，他们竟然全都呆住了。

最后还是武将出身的李忠臣最先反应过来。

他冲上去紧紧抱住了段秀实。

朱泚借机摆脱了段秀实的纠缠。

这下段秀实知道，自己的目标是无论如何都不可能实现了，便干脆大声高呼：我不与你们谋反，你们为何不杀我！

侍卫们这才如梦初醒，蜂拥而上，挥刀乱砍。

朱泚见状连忙阻止：别杀他！他是义士！

然而已经晚了。

段秀实早已倒在了血泊之中。

这一年，他六十五岁。

刘海宾、何明礼、岐灵岳等人随即也相继被害。

段秀实虽然死了，但他的英名却一直被后人所铭记和敬仰。

大文豪柳宗元专门为他创作了著名的《段太尉逸事状》，民族英雄文天祥则将他的事迹写进了其代表作《正气歌》：……或为击贼笏，逆竖头破裂。是气所磅礴，凛烈万古存。当其贯日月，生死安足论……

奉天之难

不过，段秀实的这次刺杀行动并不会改变朱泚的计划。

尽管那时他控制的地盘只有一个长安城，但野心勃勃的朱泚还是本着过把瘾就死的精神悍然称帝了。

公元 783 年十月九日，朱泚在大明宫正式登基，自称大秦皇帝，封姚令言为侍中，李忠臣为司空，源休为中书侍郎、同平章事……

远在河北的弟弟朱滔则被他立为了皇太弟。

在给朱滔的信中，他信誓旦旦地说：三秦之地，指日可定，黄河以北，我就全部委托给你了，希望能与你在洛阳会师。

为了表示与李唐势不两立，坚定手下人的反叛决心，朱泚还对留在长安的唐朝宗室大开杀戒。

七十七名郡王、王子、王孙被集体处死。

可叹的是，朱泚称帝前，奉天城内的李适居然还没有认清他的真面目。

当时有人建议要加固奉天城防，以防止朱泚前来攻打。

不料卢杞却强烈反对：朱泚的忠贞，满朝文武无人可及！臣愿以阖家百口的性命担保，朱泚绝对不会造反！

李适也深以为然：爱卿说得极是！朱泚若靠不住，母猪都能上树！

可没过两天，现实就狠狠地打了李适和卢杞的脸。

不过，对于打脸，卢杞早已看得和洗脸一样平常。

尽管他的预言被证明全是扯淡，可他的表情却始终是那么风轻云淡——泰山崩于前而色不变，牛皮吹破了而面不惊，别人指指点点而心不慌……

他一直在坚定地贯彻着自己创造的三不原则：不后悔，不解释，不要脸。

相比之下，皇帝李适就没那么淡定了。

得知朱泚称帝的消息后，他坐立不安，茶饭不思，牙齿不刷，胡子不刮，血压急剧升高，心跳急剧加快，连忙下诏各地将领，要求他们速来勤王。

正在河北前线与朱滔、田悦、王武俊、李纳等河北诸反王对峙的唐军将领接到诏书后，都相继撤离战场——朔方节度使李怀光与神策都知兵马使李晟率部驰援奉天，河东节度使马燧退防太原，昭义节度使李抱真则回师临洺（今河北永年）。

与此同时，被李希烈叛军围困数月之久的唐军大将哥舒曜因内无粮草外无救兵，也不得不放弃襄城，仓皇逃回了东都洛阳。

全国战场原本的均势就此被打破！

但李适对此已经不在意了。

因为他早已自顾不暇！

十月十三日，也就是称帝仅仅四天后，朱泚就亲率大军西进，攻打奉天。

显然，他的目的是赶在各地勤王部队到达前，一举消灭李适和他的流亡朝廷！

奉天只是一座小城——小到放个屁几乎全城都能闻到，兵力以及各种物资都十分有限，能挡得住叛军的全力攻击吗？

李适对此非常担心。

好在城中还有浑瑊这样久经沙场的名将。

他率众死守，昼夜力战，击退了叛军一次又一次的进攻，但唐军也付出了很大的代价——大将吕希倩、高重捷等人先后战死，部队也减员不少。

而城外的叛军，却由于不少朱泚之前在凤翔、泾原等地的旧部纷纷前来投奔，人数越来越多，声势也越来越大。

局面对李适和他的流亡朝廷极为不利。

奉天城内的军民每时每刻都像小学生盼下课一样眼巴巴地盼望着援军的到来。

十一月初，他们翘首以盼的第一支援军终于来了。

这支援军由灵武留后杜希全、盐州（今陕西定边）刺史戴休颜、夏州（今陕西靖边）刺史时长春、渭北（今陕西黄陵）节度使李建徽统领的部队合兵而成，总兵力万余人。

援军从北方来，要想入城只有两条路线可以选择：要么走奉天西北的漠谷，要么经奉天城北的乾陵（唐高宗李治以及武则天的合葬陵寝）。

该走哪条路呢？

杜希全派人向皇帝请示。

李适立即召集众臣商量。

浑瑊认为漠谷狭窄险峻，容易遭到叛军伏击，应该从乾陵通过，依托乾陵茂盛的柏树林隐蔽行军，随后在奉天城东北扎营，与城内互成掎角之势。

没想到卢杞又跳出来反对：必须从漠谷走！漠谷离奉天城很近，就算中了埋伏，城中也可以出兵接应。千万不能走乾陵——那样会惊动先帝陵寝！

看着这个成事不足败事有余、一脸忠贞满肚坏水的家伙，浑瑊气不打一处来，厉声驳斥道：自从朱泚攻城以来，一直在日夜不停地砍伐乾陵松柏，要说惊动陵寝，早就已经惊动了！如今形势万分危急，各地的救兵都还在路上，唯有杜希全率先赶到，其作用至关重要，只要他们安全抵达城下，据守要地，我等便可转危为安！

卢杞冷笑道：你这是什么话？朝廷的王者之师，怎么能与逆贼相提并论！如果让杜希全的军队从乾陵通过，那就是我们自己惊动先帝陵寝，罪无可赦！

你跟他讲军事，他跟你谈先帝；你跟他讲安全，他给你扣帽子！

这让浑瑊还能说什么？

最终皇帝李适本着讲政治的原则，拍板采纳了卢杞的意见，严令杜希全等人必须从漠谷进军。

然而打仗的时候不考虑军事只考虑有啥政治影响，就如同足球比赛的时候不考虑进球只考虑是否动作优美，结局当然只能是悲剧。

一切果然如浑瑊所料。

唐军援兵在经过漠谷的时候，真的遇到了叛军的埋伏。

叛军提前占据了两侧高地，凭借地形优势用强弩和巨石突然发起攻击，唐军无法抵挡，伤亡惨重，奉天城内的唐军出兵接应，也被早有准备的叛军击退，最终唐军大败，杜希全等人带着为数不多的残部狼狈逃回了邠州。

经此一役，叛军声势更盛。

朱泚下令将缴获的各种战利品集中在奉天城下，大摇大摆地进行检阅。

城上的唐朝官员们见状全都相顾失色。

之后叛军的攻势更加猛烈。

为便于观察敌情，更为了羞辱李适，朱泚甚至将自己的中军大帐设置在了乾陵之上——你不是怕惊动你祖宗吗？我偏偏就在你祖宗的头上拉屎拉尿！有本事你出来打我啊，报你的辱父父父父父（为什么要写五个父字呢？因为乾陵埋葬的唐高宗李治是李适的五世祖）之仇啊！

不过除了这些下三烂的手段，在攻城上朱泚却并没有太多办法。

而他的对手浑瑊又极其擅长守城——十八年前，也是在这座奉天城，他就曾挡住了吐蕃十万大军的攻击，力保城池不失，更何况，按照史书的记载，此时朱泚的大军只有数万人！

就这样，凭借浑瑊的高超指挥和将士们的顽强奋战，奉天城扛住了叛军一浪高过一浪的进攻，始终屹立不倒。

但浑瑊和他麾下的将士再顽强，也是要吃饭穿衣的。

到了十一月中旬，也就是奉天被围一个月后，城内的各种物资几乎都耗尽了。

当时的物资有多紧张，从下面这个例子就可以看出来。

那次，李适派一个侦察兵出城去侦察敌情，由于天气寒冷，这个士兵临行前向皇帝请求，要一套御寒的衣裤。

对这样的要求，李适当然不可能不答应。

可负责后勤的官员们把城中所有的府库都搜刮了十八个来回，也没有找到一套像样的衣裤。

最后李适只好空着手把这个士兵打发走了。

而粮食更是到了山穷水尽的地步。

就连专供皇帝李适的口粮，此时也仅剩下了两石糙米，至于菜，更是完全没有，负责御膳的官员只好在夜里派人缒城而下，冒着生命危险到城外找了些蔓菁（俗称大头菜）的根，作为皇帝的下饭菜。

《菜根谭》中说：嚼得菜根，百事可做。

不过，对于这句话，我想李适肯定是不认同的。

在他看来，应该是：嚼得菜根，百事不可为。

那时的他，嘴里是难以下咽的菜根，心里是难以排遣的忧伤。

当初他一心想把大唐重新带上巅峰，可现实却是把大唐带入了谷底！

如今各地狼烟四起，关中有已经称帝的朱泚，中原有自称建兴王、一心想当皇帝的李希烈（之后不久就称帝了），河北有朱滔、田悦、王武俊、李纳四大反王（故史称二帝四王之乱），其混乱程度堪比隋末的乱世！

难道自己真的要和隋炀帝一样成为亡国之君？

李适心中无比难受。

他甚至觉得，他现在之所以还能活着，也许得感谢一句话：人死不能复生——要不，高祖李渊、太宗李世民等列祖列宗早就会气得从墓中爬出来，把他这个不肖子孙活活打死了！

可能是自认为已经到了最后的时刻，李适召集所有的文臣武将，哽咽着对他们说：朕缺乏德行，导致自己陷于危亡之地，这怨不了别人。但诸位爱卿并无过错，为了你们家人的安全，你们还是趁早投降吧……

没想到他这番话竟然起到了意想不到的良好效果。

群臣都深受感动，纷纷跪倒在地，流着眼泪表示愿意至死效忠。

毕竟，大唐帝国已经存在了近两百年，他们对李家皇帝还是很有感情的。

毕竟，敢于承认自己缺德的皇帝，在历史上还是很难得的……

也正是将士们的这份忠心，才让他们在极端不利的情况下，硬是又坚持了数天的时间，最终迎来了转机！

因为，各地的援军已经陆续赶到了关中！

朔方节度使李怀光率所部五万人进抵蒲城（今陕西蒲城）；

神策都知兵马使李晟从河北赶回勤王，沿途一路招兵买马，此时已抵达东渭桥，兵力万余人；

河东节度使马燧派其子马汇、部将王权领兵五千从太原入援，驻于中渭桥；

神策军兵马使尚可孤原本奉命征讨李希烈，得知朝廷危急的消息后迅速回军，近日已到蓝田；

…………

尽管这些援军尚未到达奉天，但他们进抵关中的消息，还是让奉天城内外的形势为之一变——城中士气大振，而城外的朱泚则感到了极大的压力。

朱泚知道，如果自己不能在最短的时间内拿下奉天，等着他的，只能是失败！

他不能不孤注一掷了。

这回，他下了血本，精心打造了一架特制的云梯。

这架云梯又高又宽，可容纳五百个士兵，上面还盖有一层厚厚的牛皮以及浸过水的毛毡，无论箭矢、石头还是火炬都伤不了它，云梯下面还装有车轮，可以随意移动。

这个奇怪的庞然大物一出现，就让城中的军民全都大惊失色。

好在还有浑瑊在。

浑瑊用初中物理的方法给云梯画了个受力分析图，随后摆出一副成竹在胸的样子，对众人说：世界上没有不透风的秋裤，也没有无弱点的装备。这个云梯虽然貌似强大，但有一个致命的缺陷——重，因此地面所需提供的承载力一定非常大，只要在它的行进路线下挖好地道，它就会陷进去动弹不得，然后我们从地道中点火，一定能将其烧毁！

可是时间如此紧迫，挖地道又是个不小的工程，应该挖在哪里呢？

神武军使韩澄认为，敌方的主攻方向应该是城防较为薄弱的奉天城东北角，云梯也必定会出现在那里。

浑瑊也赞成他的意见。

计议已定，唐军随即在东北角的城外挖好地道，并在里面储存了大量的油膏、松脂、木柴等燃料。

万事俱备，只待敌人的云梯陷进去！

十一月十四日，叛军的总攻开始了。

出乎意料的是，其攻击方向竟然不是唐军重兵布防的东北角，而是城南！

唐军中的不少人都慌了。

这当然是可以理解的。

倘若你认真复习的是历史，可考的却是你没有做任何准备的物理，你慌不慌？

但唐军大将韩游瑰却依旧镇定自若。

他认为南面只是佯攻，叛军这是在声东击西，不，声南击东北！

果然如他所料，叛军真正的主攻方向还是东北面！

然而由于唐军早有准备，叛军的攻势虽然猛烈，却始终没有进展。

眼见战事不利，朱泚终于祭出了他的法宝——云梯。

数百名叛军站在高大且不断往前移动的云梯上，不停地往奉天城内射箭，一时间，城头矢石如雨，唐军伤亡颇为惨重。

与此同时，其余的叛军凭借云梯上强大火力的掩护，也在不断向城墙靠近。

有少数人甚至已攀上城墙，与守城的唐军展开了肉搏。

情况万分紧急。

李适的心中也万分焦急。

现在他还能做什么呢？

唯一能做的，只能是激励将士们了。

他命人召来浑瑊，交给他一支御笔和一千余份没有填写姓名的委任状——里面最高的职务可达从三品的御史大夫、实封五百户，让他用这些委任状去招募敢死队员——授予何人何种官职，都由浑瑊决定。

浑瑊有战事在身，不能久留。

临别前，李适紧紧握着他的手说：现在与爱卿永别了！

浑瑊感动得热泪盈眶，连忙跪倒在地：臣一定肝脑涂地，死而后已！

随后浑瑊回到前线，继续指挥作战。

他不停地巡视每一个城墙垛口，不停地给每一个士卒加油打气，见到表现突出者，便当场给他们发委任状—— 一分钟前的三等兵，一分钟后就变成了三品官！

升官之下，必有勇夫。

将士们的斗志更加旺盛。

此时突然一支冷箭射来，正中浑瑊的胳膊。

左右大惊，想将其扶下去医治。

但浑瑊却强忍剧痛，一边用力将箭拔出，一边咬着牙说道：不获得最后的胜利，我绝不离开！

见主帅如此拼命，将士们当然也不会惜命。

尽管他们又冷又饿又疲惫，却都在竭力死战，力保城池不失。

而叛军在朱泚的亲自督战下，也依然在不管伤亡、不顾死活地猛攻。

战事陷入了胶着状态。

所有人的心也陷入了焦灼状态。

究竟哪一方会获胜？

没人知道。

如果此时有博彩公司开注的话，双方的赔率应该是一比一。

但一件事的发生，却让赔率一下子变成了一比一千亿！

什么事呢？

是叛军云梯的一个轮子陷入了浑瑊预先挖好的坑道！

这下云梯再也动不了了。

早已在坑道中等待多时的唐军士兵立即引燃了坑道中的油膏、松脂。

一时间烈焰腾空而起，一下子吞噬了高大的云梯！

转眼间，云梯和上面的五百个叛军士兵就全都灰飞烟灭了！

城上的唐军见状一片欢呼，而叛军则大受打击，士气顿失，原本流畅的动作也如断网的视频一样瞬间停住了。

浑瑊抓住机会，命部队马上打开城门，主动出击，终于彻底击退叛军，斩杀数千人！

但顽强的朱泚依然不肯放弃。

当天夜里，他再次率军卷土重来，对奉天城发起了新一轮进攻。

一时间城中险象环生。

有一支箭甚至落到了奉天行宫里李适面前仅三步的地方！

李适吓得脸都变形了。

这是他生命中离死亡最近的一次！

这是他第一次体会到战争的可怕！

正是这支箭，彻底摧毁了他曾经的万丈雄心！

在残酷的现实面前，他不得不低下了曾经高傲的头。

他不得不承认自己只是个普通人。

他怕疼。

他更怕死。

他爱面子。

他更爱美人、美食、美景和一切美好的事物……

他没有逆天的神功。

他只是好龙的叶公。

他现在只想平平安安、顺顺利利、舒舒服服地过一生。

可要想平安，首先得把朱泚击败才行啊。

李适只能抻长了脖子，等待救星的来临。

好在上天并没有让他等待多久。

很快，有人给他带来了好消息：朔方节度使李怀光的援军马上就要到了！

报信的，是李怀光派来的使者张韶。

李怀光的行军速度很快，此时已接近泾阳。

为了让皇帝早日知晓这一点，他还特意命兵马使张韶带着用蜡丸封装的奏表，化装成普通百姓，前往奉天报信。

张韶一路狂奔，很快就赶到了奉天城下。

正好那时朱泚叛军正在攻城，见张韶一身平民打扮，便将他抓了壮丁，让他与一帮当地农民一起充当民夫，到城外填埋壕沟。

趁看管他的叛军士兵不注意，张韶偷偷溜了出来，随即迅速跑到奉天城下，大声对城上的守军喊叫：我是朔方军的使者！

守军闻言立即放下绳索，拉他上城。

然而，声音面前，人人平等。

张韶的话，守军听得到，叛军当然也听得到。

他们立即对着张韶登城的方向一阵乱射。

等张韶被拉到城上的时候，他的身上竟然中了数十支箭！

不过，尽管身负重伤，但张韶的任务还是圆满完成了——守军从他的怀中拿到了奏表，进呈给了皇帝。

李适顿时欣喜若狂。

将士们更是欢声雷动。

李怀光千里驰援，我们有救了！

数日后，李怀光率朔方军在礼泉（今陕西礼泉）击败叛军，随后继续马不停蹄，向奉天挺进。

这彻底断绝了朱泚拿下奉天的希望。

他就是再不甘心，也不得不收心了。

他只能带着满腔的遗憾，匆匆率部退回了长安。

奉天终于解围了。

李适终于安全了。

但在李怀光看来，自己做得还远远不够。

他还有更重要的事要做。

那就是为国除害——诛杀宰相卢杞、度支使赵赞（就是提出间架税的那个人）、神策军使白志贞等他心目中的奸臣！

他无比坚定地认为，这三个人，就是造成长安沦陷、天子逃亡的罪魁祸首！

一路上，李怀光多次跟身边人提及此事：天下乱成这个样子，就是这帮人惹出来的。等我见了圣上，一定要让圣上诛杀他们！

他无比坚定地相信，凭借刚立下的大功和对国家社稷的满腔热情，皇帝一定会采纳自己的意见！

然而他错了。

他不仅没能实现诛杀卢杞的目标，甚至连见到皇帝的机会都没有！

这是怎么回事呢？

原来，早在李怀光还在路上的时候，就有人将他的话传到了赵赞的耳朵里。

赵赞闻言大惊，连忙找到了自己的老大卢杞。

卢杞这个人搞经济、搞军事、搞治国、搞建设都不行，但搞小动作的水平却非常高。

他略做沉吟，就有了主意。

卢杞知道，李怀光如今在皇帝心目中的地位已经今非昔比了。

以前的李怀光，只不过是个普通的将领，而现在的李怀光却是皇帝的救命恩人。更重要的是，以后皇帝要收复长安，还必须倚重他！

如果李怀光真的当面向皇帝强烈要求诛杀他卢杞，那他可就危险了。

毕竟，他对李适来说，只是关系到心情，而李怀光对李适来说，却是关系到生死！

唯一的办法，就是阻止他与皇帝见面，让他没有任何和皇帝交流的机会！

卢杞马上入宫找到了李适，提出了这样的建议：叛军如今刚受到重挫，士气低落，兵无战意，臣以为应该命李怀光抓住这个机会马上反攻长安，如此定能一举破贼！千万不要让他入城觐见，只要他一进城，就得赐宴犒赏，那样一来，至少要耽误好几天时间，一旦让叛军重新缓过劲来，要想消灭他们就没那么容易了！

李适听了觉得挺有道理，便立即下诏给李怀光，让他不要进城，务必火速率部赶往西渭桥，与李晟等人会师，一起克复长安。

接到这份诏令的时候，李怀光正在距离奉天城不远的地方，一遍遍地推敲着与皇帝见面时自己该说的话。

毕竟，他出身行伍，耍刀弄枪十分擅长，但耍嘴皮子却很不在行。

现在，不在行的事用不着干了。

但他的心却失望到了极点。

他万万没有想到，自己一片赤诚，日夜兼程前来勤王，可如今皇帝与他近在咫尺，却连面都见不到！

这算什么事啊！

他忍不住仰天长叹：我受到了奸臣的陷害，结果可想而知了！

心怀怨愤的他，没有按照诏令迅速赶赴西渭桥，而是领兵来到了鲁店（今陕西乾县东南），在那里休整了整整两天，这才慢吞吞地继续东行。

但没走多远，他又停了下来。

因为他已经下定决心，与其抱怨，不如报仇。

他无论如何都要把卢杞赶下台！

于是，他一边逗留不进，一边不断上表，不停地揭发卢杞等人的罪恶，一副不把卢杞拉下马他就绝不上马的架势。

这让李适感到极其为难。

事实上，他从来不认为卢杞有什么罪过，相反，他觉得卢杞是他的知音，是他最离不开的人。

在他看来，山不在高，有仙则名；臣不在能，贴心就行。

而卢杞就是他的贴心人。

这两年来，他遭遇了很多的挫折，承受着极大的压力，人也变得日益敏感脆弱，要不是卢杞对他百般逢迎，用各种方式拍他的马屁，用各种手段安抚他受伤的心灵，他的日子恐怕还要憋屈得多。

这两年来，不管他的表现多么低劣，卢杞始终都在为他喝彩鼓掌；不管他犯的错多低级，卢杞始终都能找到无数的理由来赞美他！

所有人都在怀疑他的能力，只有卢杞依然是他的迷弟！

他相信，就算猪见了他都绕着走，卢杞也依然会紧紧跟在他身边！

他当然不舍得处理卢杞。

可是，李怀光手握重兵，如果不满足他的要求，万一他有了异心，造成的麻烦恐怕比朱泚还要大！

到底该怎么办呢？

李适一时拿不定主意。

最后还是朝中的舆论帮他作出了决定——由于卢杞等人太不得人心，在李怀光首先发难后，群臣都纷纷把矛头指向了卢杞等人。

在这样的情况下，李适就算再心痛，也不得不忍痛割爱了。

他只能作出了一个违心的决定——将卢杞贬为新州（今广东新兴）司马，白志贞贬为恩州（今广东恩平）司马，赵赞贬为播州司马。

第三十三章　二帝四王之乱（下）

大器早成的陆贽

卢杞被贬后不久，与他搭档的关播也被罢相了。

与此同时，原户部尚书萧复、吏部郎中刘从一、翰林学士姜公辅三人则被提拔为同平章事，成为新的宰相。

不过，这段时间李适最倚重的，却并不是他们，而是年仅三十岁的翰林学士陆贽。

陆贽出身于江南大族吴郡陆氏，父亲陆侃曾任溧阳（今江苏溧阳）县令，很早就去世了，他自幼好学，十八岁就中了进士，出任华州郑县（今陕西渭南华州区）县尉。

在一次回乡省亲途中，陆贽路过寿州，便顺道拜访了时任寿州刺史的吴郡同乡张镒。

一个是九品小官，一个是一方大员；一个是青年素人，一个是资深名人……

尽管两人在很多方面都相差悬殊，可却是一见如故，相见恨晚，居然一谈就是三天三夜！

张镒对陆贽佩服得五体投地：此人实在是太牛了！

最后张镒不顾两人的年龄差距，主动与陆贽结为忘年交，临行前他还特意送给陆贽一百万钱，说是给其母的生活费。

那时陆贽才刚刚入仕，经济颇为拮据，但他却坚决不肯收这笔巨款，最后只是象征性地拿了一包茶叶。

这让张镒对他更加叹服。

既有才又不贪财，真是难得的大才！

两年后，张镒升任宰相，一上任他就利用一切机会、动用一切褒义词、一次又一次地在皇帝李适面前大力推荐陆贽。

陆贽也因此步入了仕途的快车道。

很快，他就被调入京城，担任监察御史，不久又被李适钦点为翰林学士。

翰林院是唐初所设，为内廷供奉之所，里面的人员大多有文学、绘画等各种专长，他们定期入值当班，以备皇帝召见，陪伴天子从事赋诗、作画等娱乐活动，大诗人李白就曾在开元年间担任过翰林待诏。

李适当上皇帝后，对翰林院这些才子颇为重视，经常与他们讨论国事，甚至命他们撰写诏书，自此，翰林学士便从皇帝的玩伴变成了顾问兼秘书，地位与之前不可同日而语。

在这个重要岗位上，陆贽很快就显现出了他非凡的才能。

那时国家动荡，朝中各种事务千头万绪，纷繁复杂，多的时候甚至一天要起草数百份诏书，其他学士根本忙不过来，只有陆贽不仅写得极快，下笔如飞，而且文采飞扬，考虑周密，无一字不妥帖，无一词是废话，就是拿着显微镜也挑不出一丁点错误。

如此奇才，自然引起了李适的关注。

他对陆贽非常赏识，朝中的大小事务都爱与其商议，而陆贽每次总能提出独到的观点，常常让李适眼前一亮。

卢杞被贬后，陆贽便成了李适最信任的大臣。

尽管因年纪太轻、资历太浅而没有拜相，但他对皇帝的影响力却丝毫不比外朝的宰相小，有人因此将他称为内相。

在奉天的这段时间，陆贽尽心尽力辅佐李适，提出了很多极有见解的建议。

他的这些言论，不少都被《资治通鉴》全文记录，长的甚至有上千字。

如此连篇累牍地记载一个人的政治主张，在以文字简洁著称的《资治通鉴》中是极为罕见的。

由此可见他有多么被后人推崇！

在这里限于篇幅，我就不一一列举了，感兴趣的可以看《陆宣公奏议》或《资治通鉴》。

应该说，陆贽的能力确实非同一般。

自从他取代了那个"干啥啥不行，坑人第一名"的卢杞之后，李适的决策水平就像淋浴龙头调准了方向一样——从水深火热变成了恰到好处。

在陆贽的建议下，他决定不再与造反的各藩镇全面开战，改用分化瓦解、拉一派打一派的新策略。

具体来说，就是对田悦、王武俊、李纳三个反王作出适当的妥协，而集中精力对付造反态度更坚决、对朝廷威胁也更大的朱泚、朱滔、李希烈。

公元783年十二月底，李适分别派出使臣秘密前往魏博、恒冀、平卢三地，向田悦等人许诺，只要他们愿意反正，朝廷不仅会赦免他们的罪行，而且还将授予高官显爵。

这正中田悦他们的下怀。

与朱泚兄弟以及李希烈不同，田悦等人并没有那么大的野心。

当初他们联手起兵，是因为李适坚持要削藩。

他们是为了维护河朔藩镇的半独立地位、为了让自家在本地的统治世代传袭下去，才不得不造反的。

现在既然朝廷愿意让步，目的已经达到，他们怎么会不愿意接受？

更何况，就算将来朱泚兄弟真的夺了天下，对他们又有什么好处！

因此，在使者到来后，田悦、王武俊、李纳三人纷纷表态同意归顺朝廷。

当然，这一切都是暗中进行的，朱滔对此是毫不知情的。

此时的他正踌躇满志，一心只想着逐鹿中原，与兄长朱泚共取天下。

为了增加自己的胜算，他还遣使与回纥联络，同时又邀请田悦一起出兵。

在他看来，当初田悦被朝廷军队围攻命悬一线，是他和王武俊为其解的围，他朱滔对田悦有救命之恩，田悦没有理由拒绝自己。

果然如他所料，田悦一口就答应了。

朱滔大喜，当即率步骑五万，加上回纥兵三千人，浩浩荡荡领兵南下。

在行军到魏博附近的时候，朱滔派使者通知田悦率军前来会合。

然而他万万没有想到，田悦竟然没来，而是给他带来了一封信。

第一句话就是：不是我不来……

朱滔顿时心头一紧。

因为他知道，这不是个好兆头——很多时候，一个人如果说不是我说你，接下来他往往就会说你了；如果说不是我吹牛，接下来他往往就要吹牛了。

他赶紧接着往下看。

信中说：我田悦是一心想追随五哥（朱滔在家中排行第五）出征的，可这一年多来我麾下的将士们一直在打仗，真的是太疲惫了，现在别说是作战，就是连做梦都嫌累。对他们，我各种激励手段都用过了，可他们还是不愿去，我也拿他们没办法。不过五哥您放心，一旦做通了他们的思想工作，我一定屁都不放一个，马上以最快的速度赶过来帮您……

朱滔肺都气炸了，忍不住把田悦的十八代祖宗都骂了个遍，一口气骂了将近两个时辰！

事实上，他如此恼火，并不仅仅是因为田悦把他耍了。

而是他蓄谋已久的南征计划彻底泡汤了！

在他看来，田悦和王武俊就相当于同一个柄上的两根香蕉——只要其中一根变

468

质发黑，另一根必然也好不到哪儿去！

现在田悦已经变了心，王武俊肯定也靠不住，如果自己执意南下，两人很可能会联手抄他的后路！

这样的后果，是他无论如何也无法承受的。

他只能领兵北撤。

当然，他也不可能就这样空手而归。

在回军路上，为了泄愤，他先后攻占了魏博下辖的宗城（今河北广宗）、经城（今河北威县北）、冠氏（今山东冠县）等地，同时又放纵自己的部队和回纥人在魏博境内大肆烧杀抢掠，接着又领兵进逼魏州，耀武扬威了一番后才返回幽州。

从此，朱滔和田悦算是彻底翻了脸，从死党变成了死敌！

这对李唐朝廷来说，当然是件好事。

但从中原战场传来的消息就不那么美妙了。

这段时间，李希烈趁着唐朝诸路军队纷纷回关中勤王、中原空虚的机会，四处攻城略地，如入无人之境，先后占领了汴州、滑州（今河南滑县）、襄邑（今河南睢县）等大片地区。

怎样才能扭转这样的被动局面？

怎样才能让苦难深重的国家重获新生？

奉天小城内的唐朝君臣都在思考这个问题。

罪己诏：别说认错了，认爹都愿意

有术士进言说，近年来国家厄运不断，应该作出一些改变，以改变运势。

可到底该改变什么呢？

术士没说。

李适只好召集群臣讨论。

有大臣建议给皇帝的尊号上再加几个字。

陆贽立即站出来表示反对：给皇帝加尊号，是为了歌颂皇帝的恩德，在形势一片大好的年代倒还情有可原，可如今国家遭遇丧乱，形势一片不好，怎么能这么做？况且人主的伟大与渺小，和名称有什么关系！

最终李适采纳了他的建议，没有加尊号。

但尊号不变，总得改点别的什么号吧。

可那时不仅没有微信号、QQ 号、抖音号，就连句号、逗号、省略号都没有（古代中国是没有标点符号的），想来想去，只能改年号了。

于是，在征求了群臣的意见后，李适把年号从"建中"改成了"兴元"。

但在陆贽看来，改年号跟加尊号差不多，都只是个形式，没什么大用。

这当然是远远不够的。

他建议皇帝李适"痛自引过以感人心"，主动向天下人坦陈自己的过失，以凝聚人心。

换句话说，就是下罪己诏。

如果对两年前的李适讲这样的话，他肯定会勃然大怒——那时的他心比天高，什么都不放在眼里，怎么可能认为自己有错？

但现在却不一样了。

天下的局势危如累卵，帝国的命运风雨飘摇，对此时的他来说，只要能平定叛乱、恢复秩序，别说认错了，认爹都愿意！

他知道，在这个生死攸关的时候，他不能再考虑他自己高不高兴，而必须要考虑别人高不高兴；他不能再顾及自己的面子，而必须想办法保住自己的命根子！

因此，当陆贽问出那个我老婆经常问我的问题"你知道自己做错了吗？"后，他的回答几乎和我如出一辙：我知道，我一定改！

公元784年正月初一，李适正式对外颁布了一道著名的《罪己诏》。

这份诏书由陆贽执笔起草，李适亲自审定，其态度之恳切，文字之真诚，反思之深刻，在中国历史上是极为罕见的。

在诏书的开头，李适就用各种贬义词长篇大论地批评自己：

……小子惧德弗嗣，罔敢怠荒，然以长于深宫之中，暗于经国之务，积习易溺，居安忘危，不知稼穑之艰难，不恤征戍之劳苦……天谴于上而朕不寤，人怨于下而朕不知，驯致乱阶，变兴都邑，万品失序，九庙震惊，上累于祖宗，下负于蒸庶……罪实在予……

当然，要想争取人心，光有态度不行，还要有具体的措施。

针对百姓反映最强烈的税收问题，李适在诏书中明确表态：除陌钱、间架税以及近年来新增的各种苛捐杂税，一个不留，全部废除！

对于叛乱诸藩，李适也释放出了最大限度的善意——除了之前已经暗通款曲的田悦、王武俊、李纳三人外，他还表示对李希烈和朱滔都既往不咎，只有已经称帝的朱泚一人不在赦免之列。

应该说，这份诏书的良好效果立竿见影。

史载《罪己诏》颁布后，四方人心大悦，很多人甚至流下了感动的泪水。

而本来就有意归顺的田悦、王武俊、李纳三人则在看到诏书后彻底吃下了定心丸，先后取消王号，上表请罪。

李适随即加封田悦为检校左仆射，王武俊为恒冀节度使，李纳为平卢节度使，正式承认了他们的地位。

田悦等人就这样从叛乱分子再次变成了大唐的臣子。

但野心勃勃的李希烈却截然不同。

得知皇帝给他递出了橄榄枝，他却完全不当一回事。

不仅如此，他还变本加厉。

就在李适颁布《罪己诏》的同一个月，他悍然称帝，国号大楚，定都汴州。

与李希烈一样一条道走到黑的，还有朱泚。

在听说自己不被赦免后，他干脆把国号从秦改成了汉——也许在他看来，汉朝的国祚比秦朝要长得多，讨个吉利也是好的！

然而这种阿Q式的精神胜利法并不能改变他的处境。

当时朱泚面临的形势十分不利，他虽然名为皇帝，手里却只有一座孤城长安，兵力也比较单薄，随时都有覆灭的危险！

他已经做好了过把瘾就死的准备。

可出乎他意料的是，尽管长安附近的唐军人马远超过城内的叛军，却始终没有对长安城发起攻击！

这是怎么回事呢？

问题出在唐军主帅李怀光身上。

李怀光：卿本佳人，奈何做贼

如果穿越回那个时代，你也许会看到这样一幅画面。

公元784年，有个不停踱步、心事重重的人，这人就是李怀光。

之前他曾多次抗旨不肯进军，逼着皇帝李适贬斥卢杞等人，但等到真的如愿以偿了，他的心中却开始不安起来。

自己这次以军人的身份干预政治，用不惜撂挑子的手段要挟皇帝赶走他最喜欢的宠臣，皇帝肯定是极其不爽的，而得罪皇帝会有什么后果，只要看看刘晏、杨炎等人的下场就知道了！

怎么办？

他想到了一个办法：养寇自重。

只要叛乱还没有平定，皇帝就必须依靠他，就不敢对他怎么样！

当时和李怀光一起驻于长安外围陈涛斜的部队有三支，分别由神策都知兵马使李晟、鄜坊（今陕西黄陵）节度使李建徽、神策军行营节度使杨惠元统领。

这三位将领中，李怀光最担心的，是李晟。

李晟出身于军人世家，十八岁从军，在军中以骁勇著称，曾一箭射杀吐蕃猛将，被誉为万人敌，之后他一直在西北战场上与吐蕃、党项作战，屡立战功，职位也不断升迁，公元 769 年出任泾原兵马使，四年后因威名太盛而遭到时任节度使马璘的排挤，被调入京城，担任神策军都将。

是金子，到哪儿都能发光。

进入神策军系统后，李晟继续大放异彩，曾在剑南西川大破吐蕃、南诏联军，接着又在河北多次击败叛军，是当之无愧的神策军第一名将。

不过，李晟虽然善战，但和李怀光相比，无论是资历还是官位都要略逊一筹，因此在与朔方军会合后，李怀光顺理成章地取得了联军的指挥权。

这段时间，李晟多次催促主帅李怀光进攻长安，可李怀光却每次都以各种理由推托——不是说士卒疲惫就是说缺乏准备，不是说时机不对就是说天气不对，不是说在布一个大局就是说在等一场大雨……

这让警惕性极高的李晟逐渐产生了怀疑。

明明有很多次获胜的机会却一直不进攻，这个李怀光一定有问题！

为了避免发生不测，李晟上疏皇帝李适，要求与李怀光分兵，移驻东渭桥。

但李适为了避免让李怀光产生不满，却压下了李晟的奏疏。

然而，对于皇帝的好心，李怀光似乎并不领情。

几天后，他又给李适出了一个难题。

李怀光上奏说：神策军的待遇比其他各支部队都要高，同工不同酬，将士们对此意见很大，难以驱使他们作战。

言下之意很明显，要想让我去收复长安，就必须先给我的部队涨工资。

应该说，李怀光反映的情况是属实的——神策军作为朝廷直属的禁军，收入确实比包括朔方军在内的地方部队要高得多。

看起来，他的话似乎并不过分。

既然一碗水没端平，我当然可以选择躺平！

但再有道理的话，也要看时候——别人在吃饭，你大讲特讲"由排泄物的气味、颜色和形状判断人体健康"这样的知识点，显然就很不合适。

李怀光现在也是这样。

在这个平叛的关键时刻提这样的条件，难免让人感觉有点要挟的味道。

更何况，这个要求，李适目前是无论如何也满足不了的。

朝廷目前这么困难，怎么可能拿得出那么多钱来？

李适很恼火，可是也很无奈。

他只能派出他最倚重的陆贽，让他去做李怀光的思想工作。

陆贽叫上李晟一起，来到李怀光的军营中协商此事。

李怀光一开口就大发牢骚：大家打的是一样的仗，可得到的粮饷赏赐却相差极大，同工不同酬，你说将士们心中怎么能服气？……

陆贽虽然足智多谋，可对这种事也没有太好的办法，只能好言好语苦口婆心地劝他以大局为重，体谅朝廷的困难。

不过，李怀光并没有与陆贽多纠缠，而是转头把皮球踢向了李晟：你看，既然朝廷有难处，那神策军的待遇能否（降一降）？

当然，括号里的三个字他没有说。

他期待这话能从李晟的嘴里说出来——只要李晟主动开口削减神策军的收入，那他就站到了部下的对立面，肯定会大失军心。

李晟没有辜负他的期待。

他果然开口了。

只见李晟腾地一下站起来，先是一本正经地敬了个军礼，接着摆出一副小学生向老师汇报的那种无比恭敬的样子，抑扬顿挫地对李怀光说：明公您是大军统帅，我李晟不过是一支部队的将领，像这种事当然要您来裁决，我坚决服从您的号令！

就这样，皮球再次被踢回到了李怀光这里。

显然，论踢球水平的话，如果李怀光是李毅，那李晟就是梅西！

李怀光无语了。

他当然不可能下这样的命令。

此事也就不了了之。

而通过这次与李怀光的接触，陆贽也感觉到此人大有问题。

回到奉天后，他立即向皇帝建议，应赶紧下令让李晟、李建徽、杨惠元三支部队离开李怀光，以免被李怀光吞并。

李适这个人的性格，似乎和我丈母娘有点像——我丈母娘是非打折的商品不买，他是非打折的措施不执行。

最终他给陆贽的提议打了个三点三折——只同意让李晟移驻东渭桥，李建徽和杨惠元所部则依旧驻于原地。

李晟就此逃离了虎口。

可他对当前的局势却依然忧心忡忡。

到东渭桥后，他又给皇帝上表说：李怀光反状已明，为防患于未然，陛下应做好撤退到梁州的准备。

这更增加了李适的担心。

然而他此时还不想放弃李怀光，便决定亲自率禁军前往咸阳，以督促李怀光进军。

不料这却让李怀光更加不安。

其实他本来对此并没有多想，但有个幕僚对他说了这么句话：此乃汉高祖诈游云梦之策——西汉初年，汉高祖刘邦采纳谋士陈平的计谋，对外宣称巡游云梦，结果一到地方就夺了楚王韩信的兵权。

李怀光闻言，不由惊出了一身冷汗。

好险！

皇帝太可怕，多亏幕僚有文化！

要是自己也像韩信一样失去兵权，等着他的肯定也是跟韩信一样被诛杀的命运！

于是李怀光立即上表，强烈反对皇帝来咸阳督战，言语中多有不逊，甚至还带着一丝威胁——有点"你若一定要来，我无法保证明天和意外哪个先来"的意思。

这下李适心中当然就更不舒服了。

但直到这时，他还想最后再争取一下，便又下诏加封李怀光为太尉，并赐免死铁券。

没想到这不仅没用，反而起了反作用。

使者刚宣完旨，李怀光就爆发了。

他一把夺过使者手中的免死铁券，将其狠狠地砸在地上：圣上难道是信不过我吗？担心人臣造反才会赐免死铁券，可我李怀光不想造反啊。圣上这么做，莫非是逼我造反？

接着他又命令部队从陈涛斜移驻到离长安更远的咸阳城内。

朔方军左兵马使张名振见状再也忍不住了，他当着众将的面，厉声指责李怀光：你不是说不想造反吗？为什么不去攻打长安，讨平朱泚，反而退到这里，你到底是何居心！

被揭了老底的李怀光顿时恼羞成怒：张名振你疯了！

他当场下令将张名振拉下去处死。

显然，李怀光这次做得实在是太过分了。

很多人以前都还只觉得李怀光是否忠诚不确定，现在则认为李怀光是确定不忠诚。

右武锋使石演芬偷偷派人前往奉天，向德宗李适密报，请求罢免李怀光的兵权。

可这事很快就被李怀光知道了。

石演芬旋即被李怀光诛杀。

如此一来，李适就是再迟钝，也不可能再信任李怀光了。

他加封李晟为河中节度使、同平章事，让他做好与李怀光摊牌的准备。

河中原本是李怀光的辖区，这也意味着皇帝与李怀光已经彻底决裂！

如此一来，李怀光就是再迟钝，也不得不采取行动了。

他派兵趁夜偷袭鄜坊节度使李建徽、神策军行营节度使杨惠元的军营，两人猝不及防，只能仓皇出逃。

李建徽侥幸逃脱。

而杨惠元却被追上杀死。

他们的部队则悉数被李怀光吞并。

之后，李怀光又把目光投向了皇帝所在的奉天。

当时奉天城内的大将韩游瑰曾是李怀光的旧部，李怀光便派人给他送了封密信，要韩游瑰在奉天发动兵变。

韩游瑰不傻，当然不可能答应——你李怀光是生怕皇帝猜忌，所以才要造反，我又没有这样的担心，凭什么跟着你做这种掉脑袋的事？

他马上就将李怀光的密信转交给了皇帝。

李怀光还不死心，接着又派部将赵升鸾偷偷潜入奉天，命他在城内制造混乱，与自己里应外合。

没想到赵升鸾居然也有着和韩游瑰一样的想法，一进城就将此事向城中的唐军主帅浑瑊和盘托出。

浑瑊连忙报告皇帝，并请他尽早离开奉天这个是非之地，前往梁州避难。

随后浑瑊立即着手做各种准备，然而还没等他部署完毕，就听说李适一行已经出城西行了——李适这个人虽然很多方面比较一般，但逃命的速度可真是非同一般！

浑瑊只好仓促召集将士，追上去护驾，文武百官也仓促跟随。

场面狼狈不堪。

知道的晓得这是皇帝和大臣在出行，不知道的还以为那是乞丐们在出工！

很快，皇帝逃亡的消息传到了咸阳。

李怀光马上派出三员将领率精锐骑兵前去追赶。

可这三人却故意拖拖拉拉、慢慢吞吞、磨磨叽叽，速度堪比蜗牛，还是拄拐的那种……

直到听说李适一行已经安全进入骆谷（在今陕西周至西南，是关中与汉中之间的交通要道）后，三人才回去复命。

李怀光非常恼火，下令将三人全部撤职。

接下来，该怎么办呢？

他想到了那个多次跟自己做对的李晟。

当时李晟的处境颇为危险。

由于被夹在朱泚和李怀光两支叛军中间，李晟的部队已经成了一支孤军，雪上加霜的是，粮草也快没了。

部下都劝他尽早离开这个险地：天子都走了，咱们得跟领导保持一致呀！

李晟却坚决不肯：长安是皇家宗庙所在，是天下的根本，如果大家都走了，谁来光复京师！

他命人前往渭河北岸运粮，不到十天就搞到了大批粮草。

这下将士们总算安心了一些。

李晟随即召开誓师大会，在会上他流着眼泪对将士们发出号召：国家多难，我李晟打算与诸位一起勠力勤王，建不世之功，诸位愿意跟从我吗？……

将士们全都深受感染，齐声高呼：唯将军之命是从！

之后李晟率部秣马厉兵，做好了迎战李怀光的准备。

但李怀光却没有来。

不是他不想打，而是他不能打。

史载李怀光为了进攻李晟，曾三次下达动员令，但部下全都拒不从命。

他们私下里说：若是让我们去打朱泚，我等肯定会尽全力，但若是造反，我们绝不听命！

对李怀光这个主帅，很多人都极为失望，他们有的还在观望，有的已经开始逃亡——今天二十，明天十八……

除了部下不听话，令李怀光恼火的还有朱泚。

早在正式造反之前，李怀光就经常和朱泚暗中联络。

那个时候朱泚见李怀光兵多将广，对他的态度比小学生看到班主任还要恭敬，不仅在来往的信函中总是尊称他为兄，还请求他在关中称帝，两人约为兄弟之国，可后来得知部众与李怀光离心离德，朱泚一下子就变脸了，居然狂妄到把李怀光当手下的臣子相待，不仅厚着脸皮给他下所谓的诏书，甚至还妄图征用他的军队！

李怀光气得脸都绿了。

当初对我像舔狗，如今把我当走狗！

朱泚，你个反复无常的小人！

不过，再怎么生气，他也只能生闷气。

因为他现在面临的局面非常尴尬。

对内，他担心部众哗变，对外，又担心那个不怀好意的朱泚和在附近虎视眈眈的李晟，真可谓内外交困……

接下来该怎么办？

李怀光有些迷茫。

他召集几位亲信，讨论今后的去向。

节度巡官李景略劝他迷途知返，领兵攻打长安，诛杀朱泚，将功赎罪，再请求

476

皇帝原谅。

但都虞候阎晏却给出了另一个建议，离开关中这个是非之地，归保河中——河中是朔方军自安史之乱结束后多年来的驻地所在，算得上是李怀光的大本营。

到底该听谁的？

李怀光纠结了很久，最终还是选了第二条路——归保河中。

会议结束后，他私下对李景略说：你的提议，很多人都不赞成，你还是早点离开吧，留在这里可能会有危险！

从这件事可以看出，李怀光不是个无情无义的人。

事实上，他完全算得上是个好人。

但作为大军的主帅，最重要的，是要有清晰的头脑、良好的大局观和在复杂形势下把握方向的能力。

而这些，他都没有。

他有的，只是匹夫之勇和妇人之仁。

他也许是一个合格的将领、一个合格的朋友，却绝不是一个合格的统帅！

这是我个人的看法。

这可能也是李景略的看法。

在走出营门后，李景略回望军营，忍不住失声痛哭：想不到这支军队会走上这样的道路！

是啊，近三十年，朔方军一直是忠义的象征，一直是大唐最得力的保护神，曾多次挽救危局，拱卫朝廷，可现在却在李怀光的带领下走上了歧途，这怎能不让人感到痛心！

卿本佳人，奈何做贼！

事实上，李怀光也有同感。

然而，现在他似乎已经没有别的路可走了。

如果重新归顺朝廷，他觉得以当今皇帝李适的个性，他恐怕迟早也难逃一死，可真要像朱泚那样造反称帝，不仅他自己那一关过不去，部下那一关也过不去。

他只能脚踩西瓜皮，滑到哪里算哪里了。

公元 784 年三月初，李怀光正式率部东归。

刚出发不久，大将孟涉就带着数千人脱离了部队，前去投奔李晟。

之后的路上不断有人逃亡。

回到河中后，李怀光命部将赵贵先驻守同州，没想到赵贵先一到同州就归顺了朝廷；接着他又命另一部将符崿袭击坊州（今陕西黄陵），不料符崿也投降了附近的官军……

李怀光非常不爽，可是却又无可奈何。

他不明白，这些人为什么要离他而去。

他不明白，自己为什么会落到这样的地步。

他更不明白，下一步他应该怎么走。

…………

难题，做不出来，只能不做。

疑问，想不明白，干脆不想。

之后的数月时间里，李怀光似乎什么也没做。

他没有计划，没有目标，没有出过河中城，也没有采取过任何行动。

他一头雾水，一片茫然，一天到晚迷迷糊糊，一杯接一杯地借酒浇愁……

李晟反攻长安

而就在李怀光回到河中的同一时间，德宗李适和他的流亡朝廷也终于抵达了此次逃亡的目的地——梁州。

梁州是山南西道的治所，下辖十五个州，地盘虽然不小，但由于整个地区都属于秦岭和大巴山之间的山地，交通不便，人烟稀少，经济更是极为落后，除了毛竹不缺，其他什么都缺，全部十五个州加起来的财政收入还不如中原地区几个县！

这样的地方，生活条件自然是比较差的。

从小养尊处优的李适对此实在是无法忍受。

一种类似导航的声音开始在他的心头不停地响起：您已偏航，已为您重新规划路线，前方掉头，随后左转，您将在路上行驶约九百里，目的地成都……

是的，他打算效仿他的曾祖父李隆基，继续南下，前往较为富饶的成都避难。

山南西道节度使严震闻讯急忙阻止：梁州毗邻关中，如今李晟正准备攻打长安，陛下在这里对他的部队是很大的声援，一旦陛下到了蜀地，那收复京城可能就遥遥无期了……

但李适还是犹豫未决。

文武百官也莫衷一是。

关键时刻，李晟的奏章来了。

他的看法和严震几乎如出一辙：陛下驻跸汉中，是维系天下人心的保证，如果去了蜀地，将士们一定会失望，军心就散了，队伍就不好带了，后果可能不堪设想！

当时李晟不仅身兼京畿、河中、鄜坊三镇节度使，而且还以同平章事（宰相）

的头衔统领着其他各路勤王军，是唐军在关中地区的最高统帅，更是平定叛乱、克复长安的希望所在。

如果把此时的李唐朝廷比作一座摇摇欲坠的房子，那么李晟就是支撑这座房子最重要的那根柱子！

李晟的话，自然是极有分量的。

李适就是再贪图舒适，对他的意见也不能不重视。

他只好打消了入蜀的念头。

接下来，让我们把镜头切换到河北。

这段时间，河北的形势也发生了巨大变化。

原本已归顺朝廷的魏博节度使田悦突然被杀了！

凶手是他的堂弟——魏博首任节度使田承嗣的第六子田绪。

田绪当时的职务是魏博兵马使，负责统领牙军，此人自幼个性凶悍，胆大妄为，故而有时难免受到田悦的责罚。

田绪怀恨在心，便趁着田悦喝醉的机会发动兵变，杀死田悦及其亲属、亲信数十人，随后被手下拥立为新的主帅。

此时朝廷派来的宣慰使孔巢父还在魏博。

孔巢父以能言善辩著称，在当时的名气挺大——他是孔子的三十七世孙，三十多年前还曾和大诗人李白等五人一起在徂徕山隐居，号称竹溪六逸。

得知田绪杀田悦自立，孔巢父感到有些震惊，但并没有震怒。

因为在他看来，商家不会在乎客户是高个子还是矮个子，只要赚钱就行；朝廷也不会在乎魏博的掌权者是田悦还是田绪，只要听话就行。

所以他并没有为难田绪，而是非常爽快地代表朝廷任命田绪为权知军府——大致相当于代理节度使。

魏博兵变，田悦被杀，最高兴的，是田悦生前的死对头——幽州的朱滔。

本就十分自大的他不由更加狂妄：田悦辜负我，上天就帮我灭了他，可见我才是真正的天选之子！

逐鹿中原的雄心在他的心中再次燃起，称霸天下的梦想在他的脑海重新点亮。

他马上点起兵马，再次兵临魏州城下，同时派人劝说田绪与自己结盟：咱俩团结如一人，试看天下谁能敌！

田绪刚刚上位，地位还不稳固，不敢与朱滔对抗，连忙表示同意。

这样的一幕，当然是河北另一藩镇恒冀（今河北正定）的王武俊所不愿看到的。

他急忙遣使前往魏博，力劝田绪一定要站在朝廷这一边，千万不要受朱滔这种叛乱分子的蛊惑，并表态假如魏博有难，他必然全力相助。

与此同时，唐朝昭义节度使李抱真也表达了类似的意见。

有了李抱真和王武俊的承诺，田绪有底了，很快就作出了新的选择——遣使入朝，表达对朝廷的忠心。

见田绪出尔反尔，朱滔不由勃然大怒：昨天你还说要和我无话不谈，怎么今天就无话，不谈了？你小子耍我呢？看来不给你点教训是不行了！

他当即亲自率军猛攻魏州以及魏博管辖的另一重镇贝州（今河北清河）。

田绪一面咬着牙苦苦支撑，一面赶紧向李抱真、王武俊求救。

李、王两人信守承诺前来救援，在贝州郊外与朱滔决战。

最终朱滔大败，伤亡惨重，仅带着数千人狼狈逃回了幽州，从此元气大伤，再也不敢离开老巢。

朱滔的失败，也让他困守于长安城中的哥哥朱泚更加恐惧。

而城外的唐军则信心大增。

攻打长安也就此提上了日程。

公元784年五月二十日，李晟召集众将，商议攻城事宜。

诸将大都认为，应先攻占外城，然后经长安城内的坊市向北进攻皇宫。

但李晟却力排众议：坊市狭窄，叛军若在那里与我们展开巷战，百姓肯定会惊慌乱走，不利于我军进攻。现在叛军主力大多集结在大明宫后面的禁苑（皇家的后花园和狩猎区），我看不如从禁苑北侧发起攻击，一举打掉叛军的指挥中心。如此一来，宫阙不会受损，百姓也不会受到惊扰，这才是上上之策！

将领们对他的见解都十分叹服。

计议已定，李晟随即派人通知当时已进至奉天的行在都知兵马使浑瑊以及驻于昭应（今陕西西安临潼）的镇国节度使骆元光、驻于蓝田的神策军兵马使尚可孤等唐军各部，约定一起进军，在长安城外会师。

五天后，李晟率部进抵光泰门（禁苑东侧门，靠近浐水）外，镇国节度使骆元光也同时赶到，与李晟军会合。

不料就在他们刚开始修筑营寨的时候，叛军大部队突然来了——朱泚趁唐军刚到立足未稳，派大将张庭芝、李希倩出城发起突袭。

一时间，唐军猝不及防，一片慌乱。

而李晟却毫不在意。

不仅毫不在意，而且还笑了——笑得那么轻松，那么惬意，仿佛他面前不是可怕的敌人，而是可口的美食。

他笑着说道：我正担心叛军死守不出呢，没想到他们竟主动来送死，真乃天助我也！

在他的指挥下，唐军很快就稳住了阵脚，最终大败叛军。

二十七日，不甘失败的朱泚再次派兵出战，没想到再次被打得落花流水。

见形势有利，李晟决定乘胜攻打长安。

将领们请求等西面的浑瑊大军到来后再打，李晟坚决不同意：叛军屡战屡败，早已吓破了胆，不一鼓作气攻打他们，等他们重新缓过气来就麻烦了！

当天晚上，李晟遣人趁着夜色在禁苑外墙悄悄凿开了一个宽达两百多步的缺口。

第二天一早，他命全军发起总攻，按照原定的作战计划，部队应该从缺口处突入禁苑，没想到计划没有叛军的动作快，叛军竟然抢在唐军攻击前就在缺口处重新修建了一道栅栏，并在那里设下了重兵。

在唐军逼近栅栏的时候，大批叛军士兵突然从周围冒了出来，他们有的拿着弓箭不停往外射箭，有的手持长矛隔着栅栏不停向外猛刺……

唐军攻击受阻，一时无法突破。

李晟大怒，当即咆哮着对众将下达了死命令：今天你们要是拿不下禁苑，我就拿下你们的脑袋！

将领们都非常了解李晟的脾气。

此人向来说到做到，"手下留情"这样的观念之于李晟就相当于"勤俭节约"之于我老婆——那是完全不存在的。

要想保命就必须拼命，要想全身而退就必须有进无退！

他们只能铆足了劲全力猛攻。

部将史万顷一马当先，率敢死队奋不顾身地冲上前去，一边拼死与叛军格斗，一边奋力搬开一个个栅栏，硬是杀出了一条血路，打开了一道口子。

随后大军如潮水般蜂拥而入。

叛军抵挡不了这样猛烈的攻势，只好且战且退。

李晟亲自指挥唐军猛打猛冲，很快就逼近了白华门（禁苑中的一处殿门）。

此时唐军突然发现，数千名叛军骑兵竟然出现在了他们的身后！

腹背受敌，情况万分危急。

关键时刻，方显英雄本色。

李晟毫不畏惧，马上掉转马头，亲率百余名精锐骑兵前去迎击叛军，同时命左右高喊：李相公（相公是当时对宰相的尊称）来了！

看着李晟及其左右那种气吞山河的架势，听着远扬天下的李晟的威名，这些叛军骑兵竟然一下子失去了斗志，还没接战就一哄而散。

之后唐军乘胜继续进军，一路连战连捷，势如破竹。

此时叛军虽然尚有残兵万余人，但败势已成，溃兵仿佛瀑布下泻般一泻如注。

正如瀑布不可能倒流一样，这样的败局也绝不可能再挽回。

目睹此情此景，朱泚就是再不甘心，也只能死心了。

他知道自己大势已去，只好与姚令言等人带着一帮亲信仓皇离开长安，拼命向西逃窜。

长安就这样重新回到了大唐的怀抱。

入城后，李晟一面派大将田子奇率骑兵追击朱泚，一面安抚城中士民。

他军纪严明，秋毫无犯，亲信部将高明曜强占叛军歌伎，他知道了，立马将其斩杀。

大将犯法，都就地正法！

士兵们都被震住了。

没人敢胡作非为。

因此百姓们几乎没受到什么惊扰，还是该干吗干吗——打工的继续打工，打呼的继续打呼，打麻将的继续打麻将，打情骂俏的继续打情骂俏……

很多偏远一点的坊市，竟然直到一天后才知道不知不觉中已经变天了。

而得知李晟收复长安，远在梁州的德宗李适忍不住喜极而泣：上天让李晟诞生，是为了社稷，而不是为了朕一人！

再看朱泚。

出城后，他和姚令言带着残兵向西北方向一路狂奔，逃往泾州。

选择泾州作为自己的落脚点，朱泚是经过一番考虑的——泾州是叛军主力泾原军的大本营，目前的守将又是他一手提拔的亲信田希鉴，更重要的是，泾州离吐蕃很近，万一唐军来攻，他们可以直接倒向吐蕃！

然而等到了泾州城下，朱泚却傻眼了。

田希鉴竟然紧闭城门，不让朱泚入城！

朱泚气得浑身发抖，声音也在发抖：你……你……你个忘恩负义的小人，别忘了，你节度使的旌节还是我给的！

田希鉴冷笑道：还你的旌节！

随即让人拿来旌节扔到城下。

此时朱泚的那些部众早已又累又饿，支撑他们的唯一信念就是到回到泾州好好吃好喝好好休息，现在见希望落空，顿时哀声一片，有人甚至忍不住哭了起来。

接下来，他们该怎么办？

朱泚不知道。

姚令言也不知道。

但有些士兵却知道。

他们干脆再次哗变，把他们的老上级姚令言杀了做投名状，向田希鉴投降。

要不是朱泚反应及时跑得快，估计他也难逃此劫！

然而他跑得再快也不可能跑得过命运。

到了这个地步，对朱泚来说，毁灭最多只会迟到，却绝不会缺席。

事实上，他只比姚令言多活了不到半天的时间。

离开泾州后，惊魂未定的朱泚带着剩下的人向北逃亡，想要投奔吐蕃，没想到在途经宁州（今甘肃宁县）时再次吃了闭门羹，无奈只好掉头向西。

朱泚的部将梁庭芬和韩旻等人知道跟着朱泚已经不可能有出路，便决定用朱泚的脑袋为自己谋一条生路。

在行至彭原西城屯（今甘肃镇原东南）时，梁庭芬故意落在后面，一箭将毫无防备的朱泚射落马下。

韩旻随即挥刀砍下其脑袋，与梁庭芬等人一起返回泾州，向田希鉴投降。

因泾原兵变而引起的朱泚之乱，至此宣告平定。

马燧攻心为上

公元784年七月，皇帝李适终于从梁州回到了阔别九个多月的都城长安，随即大宴群臣，大封功臣，李晟被加封为中书令，浑瑊为侍中……

不过，长安的光复并不代表叛乱的结束，接下来李适要面对的，还有河中的李怀光和淮西的李希烈。

本着先易后难的原则，李适决定先搞定李怀光。

恰好此时，李怀光的使节来了。

相比朱泚和李希烈这样典型的反贼，李怀光似乎不太一样。

对一个病人最好的评价就是你这个病人不像一个病人，对李怀光最好的评价就是他这个叛乱者不像一个叛乱者。

他既没有像朱泚一样悍然称帝，也没有像李希烈一样四处出兵扩张自己的势力范围，而是一直宅在河中城内，哪儿都没去。

这哪里像一个反贼？

完全就是一个小孩儿在外面受了委屈逃回家默默哭泣而已！

在我个人看来，之所以会这样，估计是因为李怀光的造反意志并不坚决，尽管由于种种原因而不得不举起了反旗，却始终没有下定最后的决心，始终在造反的门槛边缘左右摇摆。

也许，他一直像哈姆雷特一样纠结：反还是不反，这是个问题。

也许，他一直都有这样一个想法：做人留一线，以后好相见。

也许，他已经把一切都交给了命运：上天给你关上一扇门，就一定会给你打开一扇窗，就算没开窗，至少也会开个狗洞吧……

在得知朱泚覆灭后，李怀光本来就惴惴不安的心更加不安。

判官高郢趁机劝他归顺朝廷。

经过一番不怎么激烈的思想斗争，李怀光同意了。

他派人前往长安，向皇帝李适请罪。

李适对此自然是求之不得。

因为，他十分清楚李怀光麾下那支朔方军的战斗力，不到万不得已，他是无论如何也不愿意与其兵戎相见的，现在有这种和平解决的机会，他当然不会错过。

事实上，早在几个月前，李适就曾下过一份诏书，宣称考虑到李怀光过去对国家有功，他打算赦免李怀光的罪过，并授予其太子太保的荣誉职务，但李怀光原先所担任的太尉、中书令、河中尹以及朔方等诸道节度使的职务，均须一律罢免，其所辖兵马，则由军中将士自行推举一个德高望重的将领担任统帅，朝廷会立刻授予节度使的旌节。

不过，那时由于去往河中的道路为朱泚叛军所隔，李适的诏书没能送到李怀光那里，沦为了一纸空文。

现在，李适决定立即派使者前往河中，向李怀光及其部下传达这份诏书的精神。

他派出的使者，是给事中孔巢父。

李适选择孔巢父，是因为之前孔巢父曾有过出使魏博的成功经历。

而基于同样的原因，孔巢父本人也是信心满满，志在必得。

然而，他们想得似乎还是简单了点。

成功是不能被复制的，上次能成功，并不代表这次也能成功。

更何况，孔巢父此行要执行的任务比上次要艰巨得多！

那一次，朝廷是完全答应了魏博的条件，因此无论是田悦还是田绪都十分配合，但这一次，按照诏书的意见，李怀光是要被剥夺全部实权的，他能不产生抵触情绪吗？他手下的那些骄兵悍将能不产生抵触情绪吗？

从后来发生的事来看，孔巢父对此似乎并没有充分的思想准备。

毕竟，本质上他只是个文人。

随笔散文他十分擅长，但随机应变却非其所长！

在河中，孔巢父摆出一副钦差大臣的架子，一脸严肃，一本正经。

而李怀光倒是表现得十分恭敬。

一见到孔巢父，他就脱下官服，换上了平民服装——这种行为在当时被称为"素服待罪"，通常犯错的官员借此表示诚心悔过、等待朝廷发落。

当然，这其实只是一个姿态，并不是真的代表他已经被免职成了平民，更何况，根据诏书的安排，李怀光依然会保有太子太保这样高级别的荣誉官职，因此按照惯例，孔巢父应该第一时间就请"素服待罪"的李怀光换上官服，然后再好言好语地劝慰一番。

但孔巢父却没有。

他究竟为什么会这么做，我不知道——这已经成了世界百大未解之谜之一。

我只知道，这引起了极其严重的后果。

一向心高气傲的李怀光感觉极为不爽，原本就不是很坚决的归顺朝廷的心思，就如同我想买豪宅的心思在看到自己的工资单后一样——顿时就化为了乌有。

之前所有的 Plan（计划），现在都成了一个 P！

因为在他看来，钦差的态度就代表着皇帝的态度，他认为自己是绝对不可能被皇帝原谅了！

而在场的将佐更是义愤填膺。

作为一方主帅，李怀光手下还是有一批铁杆的，这些人大多是和李怀光一样的胡人，也大多和李怀光一样重义气却没多少文化，他们根本不懂什么"素服待罪"，只知道这个钦差对他们素来敬重的带头大哥十分不友好，故而人人怒火中烧，怒目而视。

如果那些目光是箭的话，孔巢父恐怕早已被射成了刺猬！

这让孔巢父心里感觉发毛，不免有些紧张。

这一紧张，就出了问题。

他搞错了说话的先后顺序——他既没有先宣读皇帝赦免朔方军全体将士的诏书，也没有先宣布改任李怀光为太子太保的任命，开口第一句话就是：军中……军中……有谁可以代替李太尉领军的？

这话如同点燃火药桶的火星，一下子让李怀光的左右都炸了。

他们脑中只闪过一个念头：看来他们的大哥李怀光真的要悲剧了！

这怎么能行！

他们蜂拥而上，将孔巢父围在了中间，随后拳头和腿脚如雨点般砸了过去。

孔巢父大惊，连忙大叫：我的话还没说完呢……

但这个时候，谁还会有心思听他讲话。

很快，孔巢父就被活活打死了！

照理，李怀光应该第一时间制止手下的暴行，然而他没有。

他只是冷冷地看着这一切。

他对朝廷，已经完全失望了。

钦差被杀，这也意味着李怀光与朝廷和解的大门已经被彻底关上。

既然和平已无可能，兵戎相见便势在必行。

李适知道，尽管李怀光麾下的朔方军有相当一部分心系朝廷，没有跟随他一起造反，但忠于他的将士依然有不少，其战斗力依然不可小觑。

等着他的，一定是一场恶仗。

怎样才能在最短的时间内平定河中？有必胜的把握吗？有足够的粮草吗？有足够的军需物资吗？让谁去担当这样的重任，李晟、马燧还是浑瑊？今天晚餐该吃点什么？……

一系列的问题，让李适忧心忡忡，寝食难安。

好在这时来了一个人化解了他的忧虑。

此人就是李泌。

李泌离开唐朝的权力中心已经很久了。

自从十多年前受到元载的排挤到江西出任判官以来，这些年李泌一直在地方上任职——先后在楚州（今江苏淮安）、杭州等地担任刺史，每到一处，他都做了很多实事，深受民众爱戴。对杭州的发展，他的贡献尤其大，史载"杭本近海，地泉咸苦，居民稀少。唐刺史李泌始引西湖水作六井，民足于水"，杭州也由此发展起来，成为晚唐的一大都市。

也正是在杭州刺史任上，已经六十三岁的李泌再次收到了来自皇室的召唤。

当时，皇帝李适正因李怀光叛乱而逃亡梁州，所谓家贫思贤妻，国难思良相，在这个山河破碎的艰难时刻，李适想起了那个曾经帮助过他父祖两代的高人李泌。

李适和李泌的渊源颇深。

早在李适的祖父肃宗李亨在灵武的时候，当时才十多岁的李适就曾跟随李泌学过一段时间的诗文，两人有师生之谊，而到了李适的父亲代宗李豫在位时，身为太子的李适与李泌的接触就更多了，对李泌的才华，李适不是相信，而是迷信；对李泌的人品，李适不是佩服，而是折服！

刚继位的时候，李适心比天高，觉得自己无所不能——除了"把事办砸"不会，其他啥都会，因此从来就没想到过要寻求别人的帮助，这两年由于屡遭挫折，亟须良臣辅佐，这才想到了李泌。

他急忙命人前往杭州，请李泌速赴梁州行在。

由于杭州到关中路途遥远，李泌到来的时候，李适已经回到了长安。

一见到李泌，李适就迫不及待地问他：河中与京城的距离很近，朔方军又素以精锐著称，朕为此日夜担忧，不知如何是好？

李泌对此早就胸有成竹：天下值得担心的事很多，可河中的事却不足为虑。所谓擒贼先擒王，对付敌人，最值得重视的是其主帅。李怀光不过是个武夫而已，当初他解了奉天之围后，朱泚已经岌岌可危，可他不去攻打反而与其联合，让李晟得以建下大功，如今陛下已经回到长安，天下即将安定，他非但不束身请罪，反而虐杀使臣，龟缩河中。这种人做事就像梦游一样，哪里值得担心？估计要不了多长时间，他就会被手下杀死，根本就无须朝廷动手！

李适闻言大喜。

看来，没有什么烦恼是和李泌交谈一个时辰解决不了的，如果有，那就谈两个时辰！

他当即任命李泌为左散骑常侍，让他每天在中书省值班，以便自己随时咨询。

后来事态的发展证明，李泌的判断确实是对的——只不过他说得略微乐观了点。

但这也是可以理解的。

那个时候李适正处于低潮期，信心严重不足，在这种情况下如果把问题说得比较严重，就如同让没长牙的孩子去啃肉骨头——显然是不合适的。

实际上，平叛的过程还是有些曲折的。

当年八月，李适命大将浑瑊以及镇国节度使骆元光等人率军讨伐河中，没想到却在长春宫（今陕西大荔东）一带遭到了李怀光麾下大将徐庭光的顽强阻击，政府军的进攻屡屡受挫，毫无进展。

由于连年战乱，朝廷财政异常紧张——缺钱、缺粮、缺菜、缺衣物、缺兵器、缺甲胄……总之是除了街头的乞丐不缺，什么都缺。

见战事不顺，朝臣们纷纷请求赦免李怀光。

李适一时没了主意，只好再次求助李泌。

李泌没有回答，而是从口袋中掏出一片树叶，用手将其撕成碎片。

李适很纳闷儿：李泌今天怎么回事？吃错药了吗？一个六十几岁的老人，怎么会如此童心大发？……

当然，这话他没有说出口。

他说的是：先生这是何意？

李泌微微一笑：陛下和李怀光的关系就像这片破碎的树叶，再怎么补救，也绝不可能再恢复原样了。

李适这才恍然大悟，遂下定决心与李怀光死磕到底。

之后他又不断增兵，命河东节度使马燧率军从东面进攻河中，邠宁节度使韩游瑰、鄜坊节度使唐朝臣则领兵从西面增援浑瑊。

不愧是当世名将，马燧一出手就战果累累。

他先是成功策反了李怀光在晋州、隰（xí）州（今山西隰县）、慈州（今山西吉县）的守将，一举收复了三州，随后又连克绛州、闻喜、猗氏等地，与西线的浑瑊所部对河中城的李怀光形成了夹击之势。

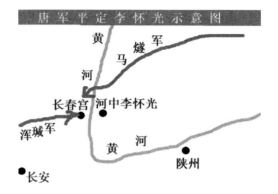

唐军平定李怀光示意图

不过，打仗有时和打麻将一样——早早听牌，未必就能顺利和牌。

这次就是这样。

李怀光毕竟久经沙场，经验丰富，手下又有一批像徐庭光那样能征惯战的骁将，因此，在接下来的一段时间里，政府军虽然又取得了一些成果，但始终无法取得决定性的胜利。

转眼大半年过去了。

公元785年的六月，由于战事久拖未决，加上前一年发生了大范围的旱灾和蝗灾，唐朝朝廷的财政愈加困难，各种物资和粮食都愈加紧张。

如果把财政状况比作水分的话，那么以前的情况就像老豆腐——虽然水分不多，但用力挤一挤还是有一点的，而现在则变成了豆腐干，再怎么挤也挤不出什么水分了。

一时间，要求赦免李怀光以息战的呼声，再次在朝中高涨起来。

时任凤翔、陇右、泾原三镇节度使的李晟那时正坐镇于帝国西陲防范吐蕃，在得知此事后，他立即上疏皇帝，强烈反对赦免李怀光，并主动提出，愿意领兵两万，讨伐李怀光。

李晟的态度之所以如此激烈，除了他确实认为赦免李怀光对国家没有好处外，也许还有一个不太说得出口的原因——他和李怀光在咸阳的时候有过很深的矛盾——甚至有人认为，李怀光的造反，在某种程度上跟李晟对他的刺激不无关系。

和李晟持相同观点的，还有河东节度使马燧。

马燧特意从前线赶回长安，当面向皇帝表达自己的意见：李怀光罪过极大，不惩处他是万万不行的！

接着他又拍胸脯保证：只要再给臣一个月的粮草，臣一定能讨平李怀光！

既然两大名将都这么说，李适自然也就不再动摇。

488

他立即同意了马燧的要求。

然而就在政府军即将对李怀光发起最后一击的时候，一个意外发生了。

陕虢（治所陕州，今河南三门峡）兵马使达奚抱晖发动兵变，杀死节度使张劝自立，并上疏朝廷请求承认。

李适闻讯大惊。

因为陕州的地理位置，实在是太重要了——那里距离李怀光所在的河中非常近，一旦达奚抱晖与李怀光取得联系，两支叛乱势力联合起来，事情就麻烦了。

更要命的是，陕州地处漕运的枢纽位置，是东南财赋进入关中的必经之地，如果陕州为叛军所占，本就已焦头烂额的朝廷可能就彻底揭不开锅了！

怎样才能以最快的速度、最小的代价搞定陕虢的问题？

李适很头疼。

他连忙召来李泌商议。

李泌自告奋勇，愿意到陕州走一趟。

李适对此求之不得，当然不会不同意：先生能去，那是最好了。朕让神策军送你前去，不知你需要多少人？

李泌回答：臣一个人就够了。

李适很奇怪：一个人？这又不是去买菜，你一个人怎么能行？

李泌对此早已胸有成竹：陕州人历来没有对抗朝廷的传统，这应该只是达奚抱晖一人作恶而已。如果派大军前去，陕州人怕被军队屠戮，也许会与达奚抱晖一起顽抗到底，但如果臣一个人去，反而没有这个担忧了。

李适连连摇头：不行，这太危险了。

李泌又说：陛下如果实在担心，也可以这么做——现在马燧还在长安，陛下可以让他和臣同日离京，一起走一段路，这样达奚抱晖怕河东军报复，臣在路上就安全了。

李适还是不同意：路上安全，可到了陕州以后呢？……朕正准备重用你，实在是不舍得让你冒这个险，还是另派他人去吧。

李泌却依然坚持己见：陛下就不要再迟疑了。如今事变刚发生，陕州城内众心未定，臣可以出其不意，挫败达奚抱晖的奸谋，若是再拖下去，让达奚抱晖掌控了局面，事情可就不好办了。

李适这才不得不答应，随即任命李泌为陕虢都防御使兼水陆转运使，让他前往陕州上任。

临行前，李泌先召见陕州派驻京城的进奏官（负责在地方和朝廷之间传递信息的官员，大致相当于现在的驻京办），对他们说：皇上听说陕州近来闹饥荒，所以特意让我担任转运使，以便转运粮食赈济灾民。另外，请转告达奚抱晖，只要没有太大的问题，朝廷很快就会授给他节度使的旌节！

这些话很快就传到了达奚抱晖的耳中。

达奚抱晖正担心得不到朝廷承认呢，这下总算稍稍有些释然了。

但多疑的他却依然不放心，在李泌上路后，他又频频派出间谍打探李泌的动向和言行。

这些间谍，有胖的，有瘦的，有高的，有矮的，有东张西望的，有东躲西藏的，有扮成农夫的，有扮成农妇的，但就是没有一个不被李泌识破的。

当然，李泌对此不会点破。

但他的心中却忍不住一阵狂喜——达奚抱晖越是这么做，越是说明他心虚！

几天后，李泌抵达了靠近陕州的曲沃（今河南灵宝东北）。

大批陕州的官员没等达奚抱晖下令，就自发前来迎接李泌。

这下李泌更有把握了：看来之前的判断没错，达奚抱晖的行为不得人心，要拿掉他易如反掌！

到陕州后，李泌先是讲了一通冠冕堂皇的话，把达奚抱晖及其亲信稳住，但第二天却把达奚抱晖单独召到自己的住处，单刀直入地对他说：你知道自己犯了死罪吗？

这完全出乎达奚抱晖的预料。

他顿时惊呆了：昨天还对我称兄道弟，今天又扬言要让我人头落地？李泌这老头儿看着挺老实的，翻脸怎么比翻书还快！

他脑袋一片空白，紧张得根本说不出话来。

李泌轻蔑地看了他一眼，冷冷地说：但我今天不会杀你，我会放你一条生路，不过，这并不是爱惜你，而是为今后考虑——如果杀了你，以后再出现类似的情况，那些叛乱者会吸取你的教训，朝廷所派的将帅就不容易顺利赴任了。现在，我要你马上离开陕州，跑得越远越好，我可以保证你的安全！

达奚抱晖冷汗直流，连连点头。

因为他知道，陕州毕竟不是河朔三镇，绝大部分的文武官员心中都向着朝廷，要是自己真的与代表着朝廷的李泌作对，绝对不会有好下场。

当天，他就悄悄逃亡了。

关于他的去向，史书中只有四个字：不知所之。

就这样，李泌凭借自己超人的智慧和非凡的勇气，轻松平息了这场潜在的叛乱！

与此同时，和他一起离开长安的马燧也回到了自己的大营。

由于在皇帝面前立下了一个月内平定河中的军令状，他的心中并不轻松。

一到军中，他就与浑瑊、骆元光等人一起商议作战计划。

　　众人都认为，目前最难啃的骨头就是据守长春宫的河中猛将徐庭光——政府军已经围攻长春宫将近一年，却始终没有任何进展！

　　该如何对付这个难缠的徐庭光呢？

　　继续强攻显然并不是一个好选择——之前一年都打不下来，不要说现在只有一个月的时间！

　　思来想去，马燧决定换一种做法。

　　行军，陆路不通，可以改走水路；打仗，攻城不行，那就试试攻心！

　　这天，他只带着少数随从，策马来到长春宫城外，对着城上大声呼喊：我是河东节度使马燧，请徐将军出来说话！

　　徐庭光早就听过马燧的大名，便带着手下来到城头，恭恭敬敬地向马燧行礼。

　　见此情景，马燧知道有戏，便又进一步试探道：我从朝廷来，你们应该西向受命。

　　徐庭光等人随即又对着西面长安的方向恭恭敬敬地行礼。

　　这下马燧心里有底了：此事必成！

　　于是，接下来他便对徐庭光等人做起了耐心细致的思想工作：自从安禄山叛乱以来，这四十年中你们朔方将士为国家屡建功勋，多次挽狂澜于既倒，忠义闻于天下，为什么现在要做这种灭族的事呢？听我的话，不但可以免去灾祸，富贵也近在眼前！

　　徐庭光等人都沉默不语。

　　见城上没人应答，马燧干脆一把拉开战袍，露出胸膛，放出了一句狠话：你们如果不信我的话，为何不用箭射我！

　　马燧的举动，让徐庭光深受触动。

　　他看到了马燧的诚意，也想到了自己的难处。

　　事实上，虽然因为李怀光对他有知遇之恩，他不得不追随李怀光走上了这样一条对抗朝廷的道路，但他的心中一直都是有朝廷的，他的内心一直都是非常纠结的。

　　可现在他又能怎样呢？

　　背弃对他恩重如山的老上级李怀光，那是不义，他做不出这样的事；而与朝廷对抗到底，在反叛的道路上越走越远，那是不忠，他也觉得于心不忍！

　　这也不行，那也不行，他实在是太难了！

　　每天，他心中都无比痛苦无比忧愁。

　　爱国之心今犹在，只是旗号改。问他能有几多愁，恰似一世英名付水流！

　　想到这里，徐庭光忍不住泪如雨下。

　　而他麾下的将士很多也跟他有着同样的感受，也都情不自禁地抽泣起来。

　　他们的心思，马燧当然不会看不出来。

　　他略加沉吟，便有了主意。

他对城上的将士提出了这样的建议：祸乱是由李怀光惹出来的，你们无罪。我即将率部征讨河中，你们坚守不出就可以了！

这正中徐庭光等人的下怀——他们不想与朝廷为敌，但也不愿明目张胆地和他们的老领导李怀光对着干。

马燧的这个提议，恰好让他们摆脱了两难的困境。

因此他们全都异口同声地回答：好！

之后，马燧与浑瑊、韩游瑰等人率唐军主力绕过长春宫，直逼河中城下。

见唐军来势汹汹，李怀光急忙命人点起烽火，向距离不远的徐庭光告急，要他速来增援。

黑夜里燃起的烽火，就像黑夜里高速公路上的刹车灯一样显眼，但徐庭光却始终假装看不到。

李怀光望穿秋水，也没有等到一个援军！

没有援军，意味着河中已经成了一座孤城！

这成了压垮守军意志的最后一根稻草。

神经就和皮筋一样，绷得久了，总是会断的。

已经坚守了一年多的朔方将士们在这一刻彻底失去了斗志。

一时间，城中谣言四起，一会儿是"西城已经投降了"，一会儿是"官军已经攻进东城了"……

恐慌情绪如烈性传染病般迅速蔓延，有人打开了城门，迎接政府军入城。

到了这个地步，李怀光还能做什么呢？

他只能长叹一声，自缢而死。

也许他到死都不明白，为什么他当初明明只是想避祸，最后却酿成了杀身之祸！为什么他当初明明只是要养寇自重，最后却成了玩火自焚！

李怀光死后，部将牛名俊割下了他的首级，向政府军投诚。

河中就此平定。

消息传到长安，皇帝李适总算是松了一口气。

人的运气，有时就和我老婆的心情差不多——总是一阵一阵的。

这段时间，李适似乎从背运周期转入了好运周期，打牌抓到的都是好牌，耳边听到的都是好事。

就在不久前，河北也出现了他最希望看到的新动向。

这年六月，幽州的朱滔由于屡遭失败而抑郁成疾，不治而亡，他的表兄涿州刺史刘怦在部众的拥戴下接管了幽州，随即上表归顺朝廷，并请求任命节度使。

这事要是放在四年前，李适肯定不会接受。

那时的他，信奉的是不怕事，看到这种请求，想到的第一个念头是给对方一棒。

可现在的他，座右铭是不惹事，看到这种请求，冒出的第一个念头是说对方很棒。

很快，他就下诏承认了这个既成的事实，任命刘怦为幽州节度使。

在这之前，李适已经将原本担任深、赵观察使的康日知迁往他处，把深、赵二州划给了王武俊，并正式任命王武俊为成德节度使。

这样一来，除了易州、定州归属于新成立的义武节度使（首任节度使是王武俊昔日的同僚张孝忠）外，王武俊继承了原成德镇的大部分土地，自然也不会再有意见。

而魏博的田绪通过兵变上台不久，内部还不太稳定，当然更不可能反叛朝廷。

从此，作为叛乱发源地的河北地区也恢复了和平。

放眼全国，此时朝廷唯一要对付的敌人，只剩下了一个淮西的李希烈。

这两年，李希烈的行动很不顺利。

自从称帝以后，野心勃勃的李希烈一直在四处扩张，可结果却是四处碰壁。

他先是派兵南下，进攻寿州、蕲州（今湖北蕲春）、黄州（今湖北黄冈）、鄂州（今湖北武汉）等地，却都被唐朝守将击败，无一得手，接着他又亲自率军五万攻打宁陵，想要打开通往江淮的通道，没想到还是铩羽而归。

李希烈连战连败，心情很坏，每天吹胡子瞪眼，看啥都不顺眼，连吃个饭都要大发脾气——不是嫌鱼香肉丝里没有鱼，就是嫌撒尿牛丸里没有尿……

公元784年八月，他听说自己派去援助朱泚的弟弟李希倩被唐军斩杀，更是恼羞成怒。

为了泄愤，他决定处死被他软禁在蔡州（今河南汝南）多时的颜真卿。

数日后，他派出的使臣来到了颜真卿的住所。

使臣对颜真卿说：有诏书！

颜真卿以为皇帝李适给他发来了最新的指示，便郑重其事地跪拜接旨。

使臣接着宣读了赐死的命令。

颜真卿的表情非常平静：老臣未能完成使命，罪该万死。就是不知使者是几时从长安出发的？

使臣纠正道：我是从汴州来的，不是来自长安！

颜真卿闻言大怒，马上挺身站了起来，用手指着使臣的鼻子破口大骂：你们这些逆贼，竟然也敢妄称诏书！

使臣随即命人将其缢死。

这一年，颜真卿七十六岁。

颜真卿的死讯传到长安后，皇帝李适特为其废朝（停止朝会）五日表示哀悼，追赠司徒，谥号"文忠"。

应该说，颜真卿的确当得起"文忠"这两个字。

可惜，现在人大多只知道颜真卿以书法知名，却很少有人知道，他的人品也和他的书法一样刚劲端庄，他的人生也和他的书法一样豪迈大气！

相传颜真卿殉国三百年后，北宋大书法家黄庭坚曾到他遇难的地方凭吊，看到壁间颜真卿留下的题字，感慨万千，情不自禁地写下了这么一段肺腑之言：余观颜尚书死李希烈时壁间所题字，泫然流涕。鲁公（颜真卿曾被封为鲁郡公，故后人常称其为颜鲁公）文昭武烈，与日月争光可也！

我觉得，"文昭武烈，与日月争光"，这也许就是对颜真卿最好的评价！

颜真卿死的时候，唐军已收复了长安，形势对李希烈已经越来越不利了。

然而李希烈却依然不甘心失败，又派部将攻打陈州（今河南淮阳），不料又被唐军宋亳（今河南商丘）节度使刘洽打得落花流水，伤亡惨重。

之后刘洽又乘胜进军，一举攻克李希烈伪朝的都城汴州，李希烈狼狈逃回老巢蔡州。

李希烈屡战屡败，元气大伤，但他却如同一个输红了眼的赌徒，还是越输越赌，越输越不肯收手——他不停地派兵去骚扰周边的州郡，可结果却毫无例外，每次都以失败告终。

等到李怀光被平定、唐军可以举全国之力来对付李希烈的时候，谁都明白，李希烈的覆灭只是时间的问题了，这就和入冬后的冷空气一样——虽然没人确切知道什么时候会来，但迟早一定会来。

事实上，这一天来得比预想的还要早。

公元 786 年四月，没等唐军发动全线进攻，李希烈麾下大将陈仙奇就买通了李希烈的私人医生，将李希烈毒死，随后诛杀了李希烈的所有家属，宣布归顺朝廷。

李适随即下诏任命陈仙奇为淮西节度使。

可仅仅三个月后，淮西兵马使吴少诚又发动兵变，杀死陈仙奇，自任淮西留后，并很快得到了皇帝李适的承认。

也许，在那时的李适看来，谁是谁非都无所谓，只要不影响到朝廷，哪怕让头猪当淮西节度使他都照批不误。

毕竟，小孩子才看是非，现在的他只看是否会惹出是非。

他实在不想再折腾了。

他要的，只不过是名义上的统一。

第三十四章　一箭三雕

小人物的坚持

如果把此时的唐朝比作一家连锁店的话，那么国内大多数地区属于直营店，中央朝廷拥有完全的管辖权，而河朔三镇以及淮西、平卢五个藩镇则相当于加盟店，这五家只不过是挂了块唐朝的招牌，实际上是独立核算、独立经营的，它们自己拥有完全的自主产权，无论是人事还是财政都丝毫不受总部的控制。

皇帝李适唯一拥有的权力，就是在这五个藩镇的节度使发生更替的时候，替他们盖个章而已。

当然，曾经因执意削藩而吃过大苦头的他，是不会再自找麻烦的。

现在的李适，跟刚继位时的李适已经完全不一样了。

不一样的，还有他对待宦官的态度。

由于泾原之变发生时，时任神策军使的白志贞的表现令人失望，而宦官窦文场、霍仙鸣则挺身而出保护他出逃，这让李适对宦官的立场一下子产生了一百八十度的转变——原本他对宦官并不十分青睐，但这次的亲身经历却让他由衷地产生了这样的感想：疾风知劲草，患难见真情。关键时刻，还是这些家奴靠得住！

因此，在回到长安后不久，他就作出了一个重要的决策——把禁军主力神策军的统兵权全部交给了宦官。

他任命窦文场为左神策军使，另一名宦官王希迁则出任右神策军使，两人分掌左右神策军。

自此直到唐末，神策军再也没有离开过宦官的掌控。

这对后来的历史产生了极为深远的影响。

当然，此时的李适是不可能想到这些的。

时刻萦绕在他心头的，是一个久违的故人——卢杞。

事实上，早在刚回到长安后不久，李适就搞了一次大赦，并借机将卢杞由新州司马改任为吉州（今江西吉安）长史。

从地理位置上来看，吉州距离长安更近，经济也比僻处岭南的新州更为发达，这对卢杞来说，显然是一个好的信号。

本来有些消沉的卢杞一下子又精神起来了。

他得意地对身边人说：你们看着吧，用不了多长时间，我一定可以再次回到朝廷！

应该说，卢杞的判断没错。

仅仅几天后，皇帝李适就决定将卢杞再次擢升为饶州（今江西鄱阳）刺史。

奉命起草诏书的，是给事中袁高。

得知皇帝要给卢杞升官，袁高一下子就炸了，他不仅不肯动笔，还马上冲到政事堂，找到了当时正在值班的两位宰相卢翰和刘从一：卢杞祸国殃民，导致天下大乱，怎么能突然获得升迁？请两位相公立即向陛下反映！

卢翰和刘从一都是官场老油条，当然不可能这么做。

他们一面与袁高虚与委蛇，一面又绕开袁高，重新找人草拟了诏书。

没想到袁高竟然利用自己在门下省工作的职务之便，擅自扣下了诏书不准发布，同时向皇帝上疏，要求皇帝收回成命：卢杞穷凶极恶，文武百官都视他如仇敌，六军将士更是恨不能吃他的肉，这样的人岂能再次起用！

第二天在朝堂上，袁高又当着皇帝的面极力进谏。

李适阴沉着脸，不屑一顾地说：卢杞不是已经历过两次大赦了吗？——言下之意是，就算卢杞以前有再大的问题现在也不该再追究了。

但袁高还是不肯让步：大赦只不过是免掉卢杞的刑事责任，让他不用坐牢，并不表示他可以升官！

左补阙（唐代言官名）陈京、赵需等人也纷纷进谏：卢杞执政的时候，把国事搞得一团糟，如果再用他，必将让天下人寒心！

见他们你一言，我一语，言辞越来越激烈，李适忍不住勃然大怒。

他一边狠狠地用手拍着龙椅，一边大声咆哮。

周围的侍从人员从没见过皇帝发这么大的火，都吓得不由自主往后退。

赵需等几个言官也不由自主地低下了头，不敢再说话。

只有陈京依然毫不畏惧，他梗着脖子，大声对赵需等人说：你们不要退缩，这是至关重要的大事，我们须以死相争！

…………

接下来又发生了什么，由于史书的缺载，我不知道。

我只知道，这场朝会最终不欢而散。

退朝后，李适的头脑总算逐渐冷静了下来。

但他却始终放不下卢杞。

也许，在很多人的心目中，卢杞意味着无数的事故，可在他的心目中，卢杞却代表着无数的故事！

如果他对卢杞的思念有声音的话，那必定是震耳欲聋！

于是，李适在次日召见宰相李勉时又提出了一个新的建议：朕想让卢杞去一个小州当刺史，这样总可以了吧。

可李勉对此依然表示反对：陛下就是让卢杞去大州当刺史也不是不行，只是会让天下所有人都失望！

李适只能苦笑着摇了摇头。

他沉吟了一会儿，随即抛出了一个他百思不得其解的疑问：为什么这么多人都说卢杞奸邪，而朕却看不出来呢？

李勉掷地有声地回答：这正是卢杞的奸邪所在！

这下李适无语了。

就这样，在群臣的极力反对下，李适最终不得不作出了让步——卢杞没能当上刺史，只是被任命为澧州（今湖南澧县）别驾。

这样的结果，自然不是卢杞想要的。

之前他对此有多上心，现在他就有多伤心！

卢杞无比郁闷，不久就郁郁而终。

平凉劫盟

不过，卢杞的死，在李适的心中，似乎并没有激起太大的浪花。

因为他面临的麻烦实在是太多了。

他本以为叛乱结束后自己可以享受一阵太平日子，没想到内忧刚平，外患又起——吐蕃人对唐朝西北边境发动了大规模的军事行动！

其实在之前的一段时间，唐朝和吐蕃的关系还算是相对稳定的。

公元783年初，由于河北、淮西等多地发生叛乱，为了避免吐蕃人趁火打劫，在德宗李适的授意下，时任凤翔节度使的前宰相张镒代表唐朝朝廷与吐蕃宰相尚结赞在清水（今甘肃清水）会盟，以割让凤翔以西广大土地的巨大代价，缔结了与吐蕃的友好条约，两国之间总算是实现了久违的和平。

几个月后，泾原军在长安发动兵变，李适仓皇出逃，危难之际，李适病急乱投医，请求吐蕃出兵助战，还口头许诺等自己收复长安后会割让安西（安西都护府）、北庭（北庭都护府）的土地。

后来，吐蕃也象征性地派出了部分兵马，会同浑瑊等人的军队一起参加过数次战役，但起的作用却相当于往长江里撒上一粒盐——基本可以忽略不计，因此在叛乱平定后，李适觉得吐蕃人没帮上多少忙，不愿意兑现当初的承诺。

这惹恼了吐蕃宰相尚结赞。

公元 786 年秋，在尚结赞的亲自指挥下，吐蕃军突然大举入侵泾州、陇州（今陕西陇县）、邠州、宁州等地，大肆烧杀掳掠。

一时间，关中大震。

德宗李适急忙调河中节度使浑瑊、镇国节度使骆元光率军进驻咸阳，以保卫京城，同时命凤翔、陇右、泾原三镇节度使李晟全盘主持对吐蕃的作战。

李晟果然不辱使命。

得知尚结赞即将进犯汧（qiān）城（今陕西陇县南），他立即命勇将王佖事先率领三千精锐埋伏在吐蕃人的必经之路旁，并叮嘱他放过吐蕃军的先头部队，攻击其中军，也就是其主帅尚结赞的所在。

王佖依此而行，果然大破吐蕃军，就连尚结赞也差点成了唐军的俘虏——只是由于没人认识他，才让他侥幸逃脱。

这一战，让尚结赞领教了李晟的厉害。

他恨恨地对左右说：唐军中的良将，只有李晟、马燧、浑瑊三人，我一定要用计除掉他们！

数日后，尚结赞亲率麾下全部大军，向李晟所驻的凤翔进发。

见吐蕃人来势汹汹，李晟没有选择与他们硬拼，而是在凤翔城内严阵以待。

令人意外的是，这些吐蕃人在其他地方无恶不作，但在凤翔附近却啥恶都不做，几乎称得上是秋毫无犯，甚至看到有老太太过马路都争先恐后地去搀扶——东接西送南搀北扶中指挥，几大高手一齐出动，这边扶过去，那边又扶过来……

更令人意外的是，这些吐蕃人到了凤翔城下也不攻城，只是冲着城头大声喊叫：李令公（李晟当时在朝廷的职务是中书令）召我来，为什么不出城犒赏我！

城上的唐军都莫名其妙。

本以为彼此是敌人，没想到这些吐蕃人竟把自己当客人！

本以为彼此会有一场大战，没想到这些吐蕃人竟是在大喊！

而且，他们喊的东西到底是什么意思？

李晟笑着解释道：这不过是尚结赞搞的反间计而已，模仿的应该是当年刘邦离间项羽和范增，但这模仿得也太蹩脚了，比长安东市卖的一文钱一个的假玉器还要蹩脚！咱们别管他，等他们喊累了，估计就会走了……

一切果然如李晟所料。

第二天一早，尚结赞就带着吐蕃大军离开了凤翔。

吐蕃人退走后，李晟开始转守为攻。

不过，他并没有直接对尚结赞所率的吐蕃主力下手，而是派王佖等人领兵突然直插尚结赞身后，一举攻克了吐蕃军事重镇摧沙堡！

后院起火，尚结赞不敢再恋战，慌忙率部撤回吐蕃境内，没想到在撤军路上又遭到了唐朝邠宁节度使韩游瑰的袭击，被斩杀了数百人，好不容易抢来的东西也丢掉了不少。

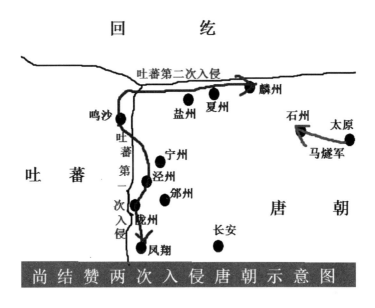

尚结赞两次入侵唐朝示意图

显然，这次吐蕃出兵入侵，并没有占到多少便宜。

尚结赞当然不会就此罢休。

他知道李晟这个人不好惹，便干脆避开李晟管辖的凤翔、泾原一带，率军迂回到灵州（今宁夏灵武）以北，随后再往东进军，骚扰灵州以东的唐朝北部边境。

这一策略果然奏效。

吐蕃军一路长驱直入，势如破竹，不到一个月就接连攻占了唐朝的盐州、夏州、麟州（今陕西神木）等多个州郡。

当然，唐朝对此不可能坐视不管。

公元787年春，李适以河东节度使马燧为招讨使，让他会同河中节度使浑瑊、邠宁节度使韩游瑰、镇国（今陕西渭南华州区）节度使骆元光等人一起出兵北上，前往讨伐吐蕃，收复失地。

这让尚结赞感受到了极大的压力。

更令他不安的是，由于这一年冬春之际吐蕃境内暴发了严重的自然灾害，死了很多牛羊，这对于以牛羊为主要财产和食物的吐蕃人来说，损失可谓极其惨重。

在如此严峻的情况下，要与以马燧为首的唐朝大军硬碰硬地打一场大仗，无疑是不太现实的，可要让他就这样灰溜溜地退兵，将已经吃到嘴的肥肉再吐出去，他又实在是不甘心。

怎么办？

经过一番苦思冥想，他有了主意——以求和为幌子，将唐朝将领诱至会盟地点，随后发动偷袭，将其一网打尽！

说干就干，他立即派使者前往长安，请求与唐朝重新和好并签订新的盟约。

李适拒绝了。

一心想要将唐朝诱入圈套的尚结赞当然不可能就此放弃。

接下来，他又把求和的希望寄托在了唐军主帅马燧的身上。

选择马燧为突破口，尚结赞也是费了一番脑筋的。

在他看来，马燧刚刚立下了平定李怀光的大功，如今正红得发紫，在唐朝皇帝李适眼中地位很高，且此人之前一直在山西、河北一带作战，从未与吐蕃人打过交道，对他尚结赞并不了解，加之马燧最近又暴得大名，难免会有些骄傲，骄傲就容易自满，自满就容易膨胀，膨胀就容易高估自己轻视别人，高估自己轻视别人就无法做到知己知彼，无法做到知己知彼就容易作出错误的判断，这样的人，很可能是他兜售诱饵的理想客户！

主意已定，尚结赞让使者带着丰厚的礼物和自己的亲笔信去拜见马燧，承诺只要两国讲和，吐蕃就会归还自清水之盟以来侵占的唐朝所有土地。

一开始，马燧并没有接受。

但尚结赞却还是一次次地遣使来访，言语一次比一次谦卑，礼物一次比一次贵重，条件一次比一次优惠……

就像第一次跟男人打交道的少女往往禁不住男人的死缠烂打一样，第一次与尚结赞打交道的马燧也没有经受住尚结赞的死缠烂打。

最终，他动心了。

既然这次他们出兵的目的就是收复失地，现在吐蕃人愿意归还，那又何必再去打仗流血牺牲呢？不战而屈人之兵，难道不是更好吗？

于是马燧率部屯驻于石州（今山西省吕梁离石区），不再继续进军，同时上奏皇帝李适，极力主张与吐蕃议和。

但马燧的这个提议却遭到了凤翔节度使李晟、邠宁节度使韩游瑰的坚决反对。

他们两人都长期在西线与吐蕃作战，对尚结赞这个老对手的一切都知根知底，提出的意见也几乎一致：吐蕃人不守信用，不可信任！

在他们看来，尚结赞不光皮肤黑，做起事来更黑，这家伙唯一的原则就是不讲任何原则，唯一的底线就是没有任何底线，要他这种人讲信用，就相当于要盲人去绣花——完全是不现实的！

与此同时，朝中的宰相也分成了两派。

宰相韩滉支持李晟、韩游瑰，反对议和，而另一个宰相张延赏则极力赞成马燧的意见。

韩滉和张延赏都是新近从地方上调入朝廷，担任宰相的。

韩滉出身名门，是玄宗开元年间的宰相韩休之子，代宗李豫在位时期曾以户部侍郎的身份与刘晏一起分管国家财政，积累了丰富的理财经验，德宗李适登基后，他被外放为镇海（今江苏镇江）节度使，主掌今江苏南部、浙江以及安徽南部的江南大片地区。

泾原兵变时北方大乱，韩滉在江南一面保境安民，一面给朝廷输送大量钱粮，为平叛提供了不少资金和后勤支持，由此深得皇帝李适的器重，战后韩滉入朝，被李适留在朝廷担任宰相，同时又让他兼任度支使、盐铁使、诸道转运使，为朝廷掌管财政。

值得一提的是，韩滉不仅是个能吏，还博学多才，能写善画，其书法、绘画都享有盛名，现珍藏于故宫博物院的传世名画《五牛图》就是他的作品。

与韩滉一样，张延赏也出自官宦世家——其父张嘉贞是玄宗开元年间的宰相，而且他的儿子张弘靖也当上了宰相，这种祖孙三代都担任宰相的情况在整个唐朝都是独一无二的，他的家族也由此有了三相张家的美名。

张延赏原名张宝符，延赏这个名字是唐玄宗李隆基亲自赐给他的，取《尚书》中"赏延于世"的意思，希望他能延续上一辈的辉煌。

应该说，张延赏并没有辜负玄宗对他的期望，在进入官场后一直平步青云，无论在地方还是中央都干得风生水起，多年来先后出任过河南尹、御史大夫、淮南节度使、荆南节度使、剑南西川节度使等多个要职，不久前刚被任命为宰相。

这次张延赏之所以极力要求议和，除了出自他对时局的判断，还有一个原因——他与李晟有过节。

八年前，吐蕃进犯西川，时任西川节度使的张延赏向朝廷告急，李晟奉命率神策军前往驰援，大获全胜，战后他在成都休整了数月，在此期间邂逅了一个美貌的官妓，班师时便带着这名官妓一起上路，没想到张延赏知道后勃然大怒，竟命人将官妓强行追回。

两人从此便有了嫌隙。

公元785年底，皇帝李适有意将张延赏提拔为宰相，但李晟得知后，却极力劝阻，一口气讲了几百条张延赏不适合当宰相的理由，气量不够大啊、能力不够强啊、信念不够坚定啊、鼻子不够高啊……

碍于李晟的面子，李适只好将张延赏改任为尚书左仆射。

张延赏兴冲冲地从成都回到京城，满以为自己能当宰相的，没想到竟是个闲职——那时的尚书仆射基本是个荣誉职务，没有任何实际权力！

世界上最遥远的距离，不是生与死，而是本以为能做同平章事，而现实却是无所事事！

可想而知，张延赏有多么失望！

好在他的失望并没有持续太久。

李适毕竟还是欣赏他的，后来又特意派与李晟私交甚好的韩滉做李晟的工作，张延赏也亲自登门赔罪，说了不少好话，一开口就是"哥"——不是张飞叫刘备的那种"哥"，而是美女对男朋友撒娇的那种"哥"……

见张延赏挺真诚，李晟也就与他尽弃前嫌，两人交谈甚欢，还结拜为兄弟，不久张延赏也顺利地拜了相。

李晟以为这事就算是过去了，但张延赏却不这么想。

虽然表面上他和李晟心连心，暗地里却一直在动脑筋；虽然表面上他对李晟亲如兄弟，暗地里却恨不能置其于死地！

这次，李晟反对与吐蕃议和，本着和对手唱反调的原则，他当然要赞成议和。

就这样，关于是否与吐蕃议和的问题，朝中出现了严重的分歧。

张延赏、马燧主和，而韩滉、李晟、韩游瑰则坚决主战。

为了免除李适对军费不足的担忧（经历过因赏赐不足导致泾原兵变的惨痛教训后，李适现在对钱特别敏感），韩滉还拍胸脯保证，军费由他来负责筹措，绝对不会有任何问题。

在韩滉等人的一再坚持下，最终李适否决了马燧的提议，并敦促他继续进军。

然而这个决策刚作出没几天，事情又发生了新的变化。

之前身体一向健康的韩滉竟然突发疾病去世了！

这样的情节，估计电视剧都不敢这么拍，但在历史上却真真切切地发生了！

韩滉的死，让本来就不十分坚定的李适再次犹豫起来。

是啊，韩滉不仅是宰相，还是他最倚重的财政大臣，前几年平叛所需的钱粮很大程度上都依赖于韩滉和他主管的江南地区，现在韩滉不在了，以后对吐蕃大举开战所需的军费该如何解决？

他完全没有底。

到底是战还是和？

这样重大的决策，他觉得还是要慎重。

他又一次犹豫起来了。

张延赏趁机抓住机会，竭力劝皇帝与吐蕃讲和。

经过精心策划，他提出了一个新的理由：与吐蕃结盟后，可以联合起来对付回纥人。

这对李适来说，就好比小黄鱼之于猫、嫦娥之于猪八戒——是完全不可能拒绝的。

因为李适实在是太痛恨回纥人了！

当初李适还是皇子的时候，曾受到过回纥登里可汗的严重侮辱，尽管这事已经过去了二十几年，但李适从来都没有忘记，时刻都想着要一雪前耻！

就这样，在张延赏的撺掇下，李适内心的天平开始偏向了议和。

可是，一直坚决主战的李晟对此会接受吗？

当然不会接受。

但这已经不是问题了。

因为，他很快就被解除了所有的兵权！

这还是张延赏做的手脚。

他利用去年尚结赞在凤翔的所作所为在朝中大造舆论，说李晟与吐蕃人之间有勾结——要不然，吐蕃人到处烧杀抢掠，为何偏偏在凤翔境内秋毫无犯？

照理，这根本就不值一驳，但李适偏偏是个疑心病极重的人。

对像李晟这样手握重兵又深得军心的功臣，他向来都抱有这样一种态度：宁可错信一万次的谣言，也不放过一万分之一的可能！

而对李晟更不利的是，他的仇家还不止张延赏一个。

史载李晟这个人天性好善疾恶——对好人从不掩饰自己的欣赏，对恶人从不掩饰自己的厌恶，这样的性格，难免会得罪很多人。

工部侍郎张彧、给事中郑云逵就是其中的两个。

张彧是李晟的女婿，由于李晟更器重另一个女婿崔枢，请客让崔枢坐上座，喝酒让崔枢喝上品，吃鱼让崔枢吃上半段……出于妒忌，张彧竟然恨起了老丈人；郑云逵则曾是李晟的下属，因失去李晟的信任而背叛了他。

现在见机会来了，他们也都附和张延赏，抓住一切机会说李晟的坏话。

连女婿和前下属都言之凿凿地说李晟有问题，李适怎么会不相信？

李晟就此彻底失去了皇帝的信任。

见时机已经成熟，张延赏立即发动了最后一击。

他多次向皇帝进言说：李晟不宜长期执掌兵权……

在他的一再劝说下，李适终于下了最后的决心。

他召李晟入朝，先是给李晟戴了一大堆"劳苦功高"之类的高帽，接着抛出了自己精心准备的一段话：朕为了百姓，决定与吐蕃议和。你与吐蕃打过很多仗，结下过很深的冤仇，在目前这种情况下，你继续待在边境不利于唐吐友好，朕觉得你以后还是留在朝廷，以便朝夕辅佐朕……

到了这个地步，李晟还能说什么呢？

他只能无奈地接受了这个无奈的现实。

之后，李晟被加封为太尉，同时免去了所有军职。

得知李晟被免职，尚结赞不由喜出望外。

唐朝将领中他最担心的就是李晟、马燧、浑瑊三人，现在李晟已经靠边站了，马燧也已上了他的钩，接下来他要做的，是把浑瑊也牵扯进来！

于是，他向唐朝使者提出：我们吐蕃的将相都对浑侍中（浑瑊在朝中的职务为侍中）的忠义非常仰慕，灵州节度使杜希全、泾原节度使李观在吐蕃也很有名望，希望能让他们来主持双方的会盟仪式。

他把杜希全和李观也列在了名单里，是因为这两人都驻守在唐朝的西北边境，与吐蕃人多次交过手，都是令吐蕃人头疼的老对手。

这就是尚结赞的胃口。

他要把对自己有威胁的唐朝将领一次性全部解决掉！

不过，这次尚结赞的要求并没有得到全部满足——由于杜希全和李观因种种原因无法参加会盟，唐朝决定改由兵部尚书崔汉衡担任浑瑊的副手。

对此，尚结赞没有提出异议——毕竟，他最主要的目标是浑瑊，那是他的主食，其他人只是佐餐的小菜，没有也没有太大的关系。

既然会盟人选已确定，接下来自然便是紧锣密鼓地筹备。

公元787年四月，河东节度使马燧亲自带着吐蕃使者一起来到长安，与唐朝朝廷议定会盟的具体事宜。

一开始，唐朝要求必须吐蕃先归还盐、夏二州再举行会盟，但尚结赞不同意，表示等会盟结束后自己会马上归还，决不食言。

急于议和的李适答应了。

五月初六，李适任命浑瑊为会盟使、崔汉衡为副使，率使团及步骑两万余人前往清水，准备在那里与吐蕃举行会盟仪式并签订和解协议。

浑瑊临行前，李晟一再告诫他，会盟时务必加强戒备，千万不可轻信吐蕃人。

没想到这话竟然传到了张延赏的耳朵里。

他立即入宫向皇帝李适打小报告：李晟不希望这次会盟成功，所以让浑瑊严加防备，可是，一旦我方流露出怀疑对方的行迹，对方肯定也会怀疑我们，这样彼此怀疑，会盟怎么可能会成功呢？

李适深以为然，马上召见浑瑊，严令他务必对吐蕃人以诚相待，切勿有任何猜疑，并多次强调对吐蕃人要秉持这样一个原则：信任不绝对，就是绝对不信任！

浑瑊连忙表态：臣一定谨记陛下的教诲！

五月二十二日，也就是浑瑊离开长安半个多月后，尚结赞突然派使者来到长安，要求将会盟地改到原州的土梨树（今甘肃镇原东）。

这让李适的心中感到有些不舒服。

之前定好的地点，怎么说推翻就推翻呢？你以为你这是在煎鱼呢，没事翻着玩？

当然，不舒服归不舒服，最后他还是同意了。

但消息传出后，有个叫马有麟的神策军将领却提出了不同的意见：土梨树地势险要，吐蕃人若是在那里设下伏兵很难被发现，为安全起见，应该改在附近的平凉川（今甘肃平凉西北）。

这让李适一下子有了种不祥的预感。

经过一番考虑，他采纳了马有麟的意见。

然而这时吐蕃使者已经离开了，李适立即派人骑快马追上了使者，告知对方必须将会盟地点放在平凉川。

同时为了以防万一，他又命镇国节度使骆元光率部进驻潘原，邠宁节度使韩游瑰驻于洛口（具体地址不详，应该也在平凉附近），以便随时接应浑瑊。

安排完这一切后，李适心里总算踏实了不少。

几天后，浑瑊的奏疏来了，奏疏中说与吐蕃会盟的日期已经定下来了，地点也不再更改。

这下李适自然更加放心。

张延赏更是乐得合不拢嘴。

他一边挥舞着浑瑊的奏疏，一边扬扬得意地对文武百官说：李太尉老是说和谈不可能成功，现在怎么样？这是浑侍中的表章，会盟的日期都已经确定了！

看着张延赏那副盲目自信的可笑样子，李晟忍不住悲从中来。

可是，在那样的场合，在那样的时刻，他又能说什么呢？说了又能有什么用呢？

他只能回到自己的府邸，流着眼泪对左右的亲信说：我从小就生长在西北边陲，对吐蕃人的习性非常了解，所以才会反对与他们会盟，现在看来，国家恐怕是难以避免被戎狄侮辱了！

与李晟有着同样担心的，还有镇国节度使骆元光。

在奉命进抵潘原后，骆元光立即找到了浑瑊：潘原距离会盟地点还有近七十里，万一浑公您有情况，我怎么能知道？不如让我与您一起去！

浑瑊坚决不同意：我出发前陛下曾再三嘱托我要对吐蕃以诚相待，你不必如此戒备，也不能如此戒备！

但骆元光却依然坚持自己的意见：还是让我跟您去吧。多带点人去总没有坏处。这就和咱们上战场时要穿盔甲是同样的道理——虽然不一定能派上用处，但必须得备着才行啊。

他还是领兵跟在了浑瑊的后面。

到了距会盟地三十里的地方，浑瑊的队伍停了下来。

骆元光也在他旁边扎营，深沟高垒，如临大敌。

浑瑊对此很不以为意，他的营寨修得比较漫不经心，壕沟很浅——比阴沟深不了多少；栅栏很矮——比竹篮高不了多少，无论是人还是马都可以轻松越过。

见浑瑊如此大意，骆元光更不放心了，又在浑瑊大营的西侧布置了一支伏兵。

与此同时，奉命与骆元光一起接应浑瑊的韩游瑰也派出了五百骑兵，命他们埋伏在浑瑊的大营附近：一旦情况有变，你们就向西出击，以分散吐蕃人的注意力！

公元787年闰五月十九日。

这一天是唐吐双方的会盟日。

晴空万里，沃野千里，远处的山峦绵延百里。

初夏的平凉川风景如画。

会盟的一切都已准备就绪。

只见原野的中央搭起了一座盟誓用的高坛，高坛的东西两侧则各有一个巨型的帐篷——那是让双方使团成员换装和休憩用的，双方帐篷的后面不远处，是各自列好阵势的三千甲士。

只不过，唐朝的三千甲士是实打实没有一点水分的，而吐蕃人则在甲士的身后不远处又埋伏了数万精锐骑兵！

一方是诚意满满，另一方却是磨刀霍霍！

正如越是渣男往往越是喜欢表现得深情款款一样，越是磨刀霍霍的一方也往往越是喜欢表现得诚意满满。

会盟开始前，尚结赞主动提出，为保证双方的诚意，应互派数十名骑兵前去对方所在区域进行检查。

这一招果然奏效。

浑瑊本来尚存的一点点戒心也一下子全都消失得无影无踪——尚结赞既然愿意把自己的一切都对唐军公开，那说明他肯定不会有诈！

事实当然不是这样。

　　唐军派出的骑兵刚刚进入吐蕃军所在的区域，就一个不剩全部被吐蕃人抓了起来！

　　然而浑瑊对此却一无所知。

　　作为大唐帝国的会盟使，他此刻正带着副使崔汉衡、都监宋奉朝等四百名随从在帐篷中更换礼服，为会盟仪式进行着最后的准备。

　　就在这时，外面突然传来了三记重重的鼓声。

　　浑瑊和他的随从们都很纳闷儿：这是什么声音？击鼓传花？传到谁就让谁表演节目？……不对啊，会盟仪式中照理应该没有这一出啊？

　　就在这一愣神的工夫，那些埋伏在附近的数万名吐蕃骑兵已经挥舞着刀枪，杀进了他们所在的帐篷！

　　长刀砍刀凤嘴刀，刀刀见血；哭声喊声惨叫声，声声凄厉……

　　帐篷内刚刚还是一片欢声笑语，转眼竟成了人间地狱！

　　好在浑瑊的反应还是很快。

　　事变发生后，他第一时间就以不亚于奥运短跑决赛选手的速度从帐篷后面冲了出去，到外面正好看见一匹无主战马，连忙一个箭步跳上马背，没想到上马后才发现这马居然没装马嚼子（连接缰绳并套在马口中的装置，骑手可以借此控制马的活动），但这时再找其他的马已经来不及了——吐蕃人已经追出来了！

　　他只好伏在马背上抓住马的鬃毛向自己的大营拼命狂奔。

　　大队的吐蕃人在后面紧紧追赶。

　　如蝗的箭雨时不时擦过浑瑊的耳边、腿侧、头顶……

　　幸运的是，他毫发无伤！

　　在疾驰了三十里后，浑瑊终于回到了自己的大营。

　　然而令他目瞪口呆的是，大营中连一个人都没有！

　　原来，他那些部下听说吐蕃偷袭，主帅出事，居然全都弃营而逃了！

　　幸好还有骆元光在。

　　吐蕃大批追兵追来的时候，骆元光已经带着他的部下摆好了阵势，把浑瑊护在了中间。

　　见唐军阵容严整，无机可乘，吐蕃人只得停下了脚步。

　　此时韩游瑰所设的伏兵也按照主将事先的布置突然向西出击，吐蕃人担心后路被断，只好悻悻撤退。

　　浑瑊就这样侥幸捡回了一条命！

　　但使团的大多数人就没有那么好的运气了，都监宋奉朝、判官郑㽙（yǎn）等数百人被杀，副使崔汉衡、宦官俱文珍等唐朝使团成员以及随行将士一千余人被俘。

　　这一事件，就是史上著名的平凉劫盟。

反间计

事件发生的时候，大唐朝廷内却是另一种气象。

在这天的朝会上，德宗李适满面春风地对群臣说：今日和吐蕃讲和停战，真是社稷之福啊！

作为和议的首倡者，马燧当然也不会放过这个表现自己的机会：相信经过此次会盟，百年内都不会有吐蕃入寇了！这一切，都要归功于陛下的英明决策和大臣（主要是我）的努力推动！——当然，括号里的话他是在心里说的。

其余的群臣也纷纷附和。

但不久前刚被任命为宰相的柳浑却神情异常凝重：吐蕃人豺狼成性，绝不是一纸盟约就能约束的，对今日会盟之事，臣非常担心……

见柳浑在这样一个举朝欢庆的时刻说这样不合时宜的话，百官都没人搭腔。

皇帝开心，你偏要担心；皇帝高兴，你偏要扫兴；皇帝要喝糖水，你偏要泼凉水。这个柳浑，还真是够浑的！

一时间，现场一片寂静。

唯有李晟坚决地站在了柳浑一边：柳浑说得对！

李适的脸一下子就拉了下来。

真是吃大餐吃出个蟑螂——太让人倒胃口了！

他忍不住怒从心头起，恶向胆边生，厉声呵斥道：柳浑是一介书生，不熟悉边疆事宜，这样说还算情有可原，你李晟作为国家的柱石，怎么也说这样的糊涂话！

见皇帝如此大发雷霆，群臣只好纷纷跪下谢罪。

李适则愤愤地甩手而去。

回到宫里后，他依然余怒未消。

一整天，他的心情都很坏，不是鸡蛋里挑骨头，就是骨头里挑鸡蛋。

当天深夜，更让他心情不好的事发生了——韩游瑰送来的紧急战报到了：大事不好，吐蕃背盟，劫持了我们很多人！

李适大惊，一时把持不住，竟然一下子使出了一招武林经典招式"屁蹲儿"，一屁股跌坐在了地上，半晌都回不过神来。

如果说这样的结果对李适来说是五雷轰顶，那么对吐蕃的尚结赞来说就是美中不足。

他本打算劫持浑瑊，没想到最后竟然被浑瑊逃脱了；他本打算在劫盟后趁势大举入侵，没想到由于骆元光、韩游瑰等人已预先做好了防备，最后不得不放弃……

当然了，遗憾归遗憾，总体上他的计划还是相当成功的。

接下来，尚结赞要做的，是把反间计进行到底。

他下令对抓获的俘虏一个个进行详细审查，果然有了新的发现——俘虏中有个叫马弇的将领是马燧的侄子！

这让尚结赞眼前一亮。

他当即命人将包括崔汉衡、马弇在内的众多唐朝俘虏全部召来。

尚结赞亲自对他们训话。

他用手狠狠地指着这些俘虏，目光更是凶得仿佛可以剜下人脸上的肉来，声色俱厉地骂道：我专门花费重金置办了黄金制作的枷锁，打算铐住浑瑊送给我们的赞普（吐蕃人对国君的称呼），没想到让他跑了，要你们这些废物有什么用！……

在场的俘虏被他骂得胆战心惊，有失色的，有失态的，也有失禁的……

骂骂咧咧了整整半个时辰后，尚结赞突然问了个问题：听说你们中有人是马燧的侄子。

马弇不知他到底是何用意，但为了不引起不必要的麻烦，只好站了出来。

出乎他意料的是，尚结赞居然就一下子换了一副面孔——从趾高气扬的甲方爸爸变成了点头哈腰的乙方孙子。

他脸上露出类似居委会大妈的亲切笑容，紧紧握着马弇的手说：我要感谢你叔叔啊。我们游牧民族爱马如命，今年冬春之交的时候，草还没有长出来，我们的战马饿得都抬不起脚，如果那时你叔叔渡河攻击，我们必定全军覆灭！在这种情况下，我只能向贵国求和，幸亏你叔叔视我为知己，我们俩一拍即合，正是他的全力相助，才促成了这件事，我们才能建下如此功业！你叔叔对我们有如此大恩，我们怎么能拘禁他的子侄呢？

说完，他当场释放了马弇。

一同被释放的，还有宦官俱文珍以及浑瑊的部将马宁等人。

崔汉衡等其他被俘官员则被送到吐蕃后方拘禁起来。

马弇等人回国后，皇帝李适很快就从俱文珍等人嘴里听到了尚结赞对马弇说的话。

他本来就因会盟失败而对首倡议和的马燧有很大的意见，现在又听说吐蕃和马燧还可能有勾结，自然对马燧更不信任——尚结赞说你视他为知己，那你把我这个皇帝当成了老几！

他当即下诏免去了马燧的河东节度使和所有的军职，只给他加了个司徒的荣誉职务。

从此，马燧也和李晟一样正式退休了。

从此，战场上少了两个叱咤风云的名将，长安城多了两个无所事事的老人。

而与他们俩齐名的浑瑊尽管依然保留了原来的职务，却也因为这次会盟的事搞得灰头土脸，很长时间都抬不起头来，此后再也没有什么大的作为。

就这样，凭借非凡的头脑和对手的配合，尚结赞一箭三雕，一举摆平了他最忌惮的唐朝三大名将！

不过，正如一滴醋就算再浓也改变不了长江的酸碱度一样，一个尚结赞就算再牛也改变不了天气的异常，由于自然灾害还在持续，后勤补给越来越困难，他不得不主动撤出了不久前刚占领的盐、夏二州。

当然，临行前他绝对不会忘记焚毁城池和城内的建筑，绝对不会忘记掳掠财物和城内的百姓。

留给唐朝的，只有一片废墟！

和盐、夏二州一样今非昔比的，还有宰相张延赏在皇帝李适心中的地位。

张延赏本人对此当然也心知肚明，他既羞愧又害怕，只好称病在家，不敢再参与任何政事。

第三十五章　传奇宰相

良将常有，而李泌不常有

如此一来，朝中只剩下了柳浑一个宰相。

这当然是不够的。

在这个因遭遇平凉劫盟的重创而人心浮动的艰难时刻，该由谁来出任新的宰相，为皇帝李适和灾难深重的大唐帝国保驾护航呢？

李适想到了时任陕虢观察使的李泌——自从两年前单枪匹马平定达奚抱晖叛乱后，李泌一直没离开陕州这个漕运的咽喉重地，在那里保境安民，稳定局势，为保障漕运的畅通作出了不小的贡献。

对李泌的能力，李适是绝无怀疑的，他唯一担心的，是李泌是否愿意。

宰相这样的职位，对那个时代几乎所有人来说都是梦寐以求的，可唯独李泌是个例外。

他笃信道教，清心寡欲，常人趋之若鹜的官位和权力，在他心目中的地位就和我写的《彪悍南北朝》系列书在我老婆心目中的地位差不多——完全视若无物，看都懒得看一眼！

三十多年前，李泌就曾多次拒绝过李适的祖父肃宗李亨打算授予他的宰相一职，这一次，他会接受吗？

李适心中并没有底。

然而出乎他意料的是，李泌竟然很爽快地答应了。

这也是可以理解的。

李泌是道教中人，但也是个人，是人都会有自我实现的需求，有一身非凡的本领却不能尽情施展就如同有一双强壮的腿脚却不能下地走路一样——肯定是无比难受的。

511

李泌其实并不是不想当宰相，他只是想找到一个更好的平台，他只是想等待明主的出现。

可悲哀的是，他等了三十多年，从肃宗李亨一直等到李亨的孙子德宗李适，从花季等到花甲，也没有等到他心目中的明主。

现在，他已经六十六岁高龄了。

他已经没有时间再等下去了。

再等下去，也许永远不会有证明自己的机会了。

即将过期的食品，再不吃就只能扔掉；即将消失的才华，再不用就只能浪费。

他决定出山。

公元787年六月，李泌正式出任中书侍郎、同平章事，开始了他短暂而又颇有作为的宰相生涯。

上任首日，李泌与另一名宰相柳浑以及太尉李晟、司徒马燧一起觐见皇帝。

李适先是对李泌讲了一番诸如"爱卿你早就该当宰相了，只是你当初太谦让了""你办事，我放心""哪里不会就找你，妈妈再也不用担心我的治国了"之类的客套话，接着便进入了主题：今天是你入职第一天，朕跟你做个约定，希望你以后不要有任何报复行为。

这其实是李适登基以来的亲身体会。

在这几年他用过的宰相中，有好几个都有这样的问题——杨炎因为挟私报复害死了刘晏，卢杞又因为挟私报复害死了杨炎，张延赏更是因为挟私报复酿成了平凉劫盟这样的大祸……

不过，对于李泌来说，他显然是多虑了。

李泌笑着回答：臣信奉道教，从不与人结仇，况且之前曾陷害过臣的李辅国、元载等人现在都已不在人世，不需要臣报复了，陛下尽可放心。

之后他话锋一转：既然陛下与臣有约，臣也想与陛下做个约定，不知是否可以？

李适大手一挥：卿但说无妨！

李泌直言不讳地说：希望陛下不要加害功臣。

他之所以这么说，当然是有原因的。

因为皇帝李适和刚被解职的两位大将李晟、马燧之间，虽然表面上看起来还算平静，但其实暗流涌动。

李适这个人一向猜忌心重，而李晟、马燧在军中又有着极高的威望，他对两人并不放心，而基于同样的原因，李晟、马燧对自己的处境也非常不安。

不久前发生的两件事，更加重了李晟的担心。

那段时间，长安城中突然冒出了一种传言，说李晟家的园子里有一片茂盛的竹林，里面可以埋伏很多精兵，他要是想造反，那是很容易的事。

李晟听说后大惊，不仅马上把园里的竹子全部砍光了，还把地上的草也都拔光了。

这下，不要说士兵了，连一只鸡都藏不了。

由此可见，李晟有多么谨慎！

不过，饶是他如此小心，依然有麻烦主动找到他。

没过多长时间，又发生了另一件更令他恐惧的事。

那天，有个名叫丁琼的王府长史，突然冒昧求见李晟，大大咧咧地对他说：自古以来功高震主的臣子，少有能善终的，国家倘有变故，我丁琼愿追随太尉左右，共创大业……

没等他说完，李晟就厉声打断了他：你怎么敢说如此大逆不道的话！

之后，他立即命人将丁琼绑起来送给皇帝发落。

应该说，李晟的处理是无可指摘的。

可事后，他心中的惶恐却有增无减——将来要是再发生类似的事，皇帝还会再信任自己吗？兔死狗烹的事历史上可是屡见不鲜的……

与此同时，皇帝李适也十分忧虑。

李晟的号召力如此之高，以后难免会有野心家拥戴他，尽管现在看起来李晟还是忠心的，但人心易变，将来可能就不一定了……

与李晟情况相似的，还有马燧。

如此一来，局面就很微妙了。

表面上看起来李适和李晟、马燧两大功臣的关系似乎客客气气、如鱼得水，可事实上双方却都战战兢兢、如履薄冰！

皇帝李适生怕李晟、马燧有异心，李晟、马燧则生怕皇帝有杀心！

这一点，很多人都看出来了。

李泌当然也不例外。

这才有了他今天的这番话。

见李适沉默不语，李泌接着又进一步说道：臣蒙受陛下厚恩，所以才敢斗胆直言，李晟、马燧曾为国家建过大功，有人却散布对他们不利的流言，尽管臣知道陛下肯定不会相信，但臣今天还是要当着他们的面讲出来。将来万一陛下容不下他们——我是说万一啊，恐怕不管是朝廷的禁军还是各地将士都会不安，朝野内外随时都可能发生变乱！对臣子来说，最重要的是得到天子的信任，而不是官位。臣当初在灵武的时候，没有任何官职，可肃宗皇帝相信我，朝中大臣都愿意听我的安排，而陛下之前曾加封李怀光为太尉，但李怀光反而愈加疑惧，最终背叛了朝廷。这些陛下都是亲眼看到的。现在李晟和马燧已富贵至极，倘若陛下能对他们坦诚相待，消除他们的担忧，国家有难就让他们挂帅出征，太平无事就让他们入朝侍奉，这是何等的美事！臣恳请陛下不要因两位大臣功劳太高而有所忌惮，两位大臣也不要因地位太高而有所疑虑，如此则天下幸甚！大唐幸甚！

这番既有理又有礼、既有说服力又有感染力的话，深深地打动了李适。

李适动情地说：朕一开始听你的话觉得挺突兀的，等到听你细细剖析，才知道这是金玉良言，朕一定会时刻牢记你的话，希望太尉（李晟）、司徒（马燧）与朕共勉！

李晟、马燧也非常感动。

自从被免去军职以来，他们无时无刻不生活在忧惧之中，以致每次骑马去上朝的时候都感觉胯下骑的不是马，而是鹤——有种随时都可能驾鹤西去的节奏；现在有李泌为他们仗义执言，皇帝又亲口作出了这样的保证，他们终于可以彻底放心了！

他们忍不住流下了热泪，连连拜谢。

他们怎么能不庆幸呢？

当初李怀光之所以从功臣走上不归路，很大程度上是因为那时朝中有卢杞这样的奸相，而他们的幸运，在于他们遇到的是李泌！

千里马常有，而伯乐不常有！

良将常有，而像李泌这样善于调解君将关系的良相不常有！

也正是由于李泌这次成功的调解，李适心中消除了对李晟和马燧这两大功臣的疑虑，两人得以安然度过了他们的晚年。

不再有刀光剑影，也没了钩心斗角，取而代之的是美酒、美食、美景、每天至少八小时睡眠的养生之道……

公元793年，李晟去世，享年六十七岁，德宗为其废朝五日，追封太师，谥忠武。

两年后，马燧离世，享年七十岁，德宗为其废朝四日，追赠太傅，谥庄武。

又过了五年，浑瑊也走完了他六十四年的人生旅途，德宗为其废朝五日，追封太师，谥忠武。

至此，这三位中唐名将全都成为历史。

尽管他们的人生不无遗憾，但至少，他们都得到了善终，死后都备享哀荣。

围堵吐蕃：把不可能变成可能

扯远了，接下来让我们把时针拨回到公元787年，继续把镜头聚焦在李泌身上。

李泌的宰相生涯其实并不长，但他做的事却不少。

他拜相的时候，国家正面临着极大的困难，称得上是内忧外患——内部因经历了长达六年的动乱而经济不振，财用匮乏，外部又有吐蕃这样的强敌时时骚扰，日子很不好过。

那时的吐蕃正处于其鼎盛时期，领土广袤，国力强大，差不多每年秋季战马肥壮时都要入侵唐朝的西北边境——他们也许有时会迟到，但几乎从来不会缺席，唐朝边军根本无力应对，朝廷不得不征调内地各支部队协助边军加强防守，称为防秋，但即使这样还是防不胜防，损失极大。

这年八月底，在平凉劫盟后刚消停了三个多月的吐蕃人再次卷土重来，在唐朝的陇州、汧阳（今陕西千阳）、吴山（今陕西宝鸡陈仓区）、华亭（今甘肃华亭）等地大肆烧杀抢掠，所到之处比八级地震的破坏力还大——财物被洗劫一空，百姓不是被诛杀就是被掳掠为奴，原本秩序井然的城市成了一片废墟，乱得连老鼠来了都找不着路……

好在唐军毕竟也不是吃素的，后来还是将吐蕃人赶走了，但付出的代价却十分惨重。

显然，侵略性极强的吐蕃是当时唐朝朝廷面临的最大威胁。

李泌也将对付吐蕃作为自己掌权后的第一任务。

安内必先攘外，没有一个和平稳定的外部环境，国内的发展也无从谈起。

可是，怎样才能解决吐蕃的问题呢？

对此，李泌一直都没有停止过思考。

他觉得，要消灭如今正如日中天的吐蕃，仅靠唐朝本身的军事实力是不够的，必须联合回纥、南诏（当时云南的地方政权，国都位于今云南大理）、大食（阿拉伯帝国）、天竺（印度）等吐蕃周边国家，利用他们与吐蕃的矛盾，与他们组成反吐蕃统一战线，使吐蕃四面受敌，这样时间一长，吐蕃的实力必然大为削弱，甚至可能土崩瓦解！

当然，要达成这个目标并不容易——需要纵横捭阖的外交手段，需要杰出的外交人才，需要耐心和时间，需要天时和地利……

但在李泌的眼里，这些并不是最难的。

最难的，是要说服皇帝。

因为李适和回纥有宿怨。

李泌几乎可以肯定，让李适与南诏、大食、天竺等国结盟他应该不会有意见，可要说服他与回纥和好，却相当于要说服一条鱼上岸和猫打架——难度不是一般的大。

事实上，自从拜相以来，李泌就曾在和皇帝讨论其他问题时试探性地提出过这样的想法，不过由于感觉时机未到，他并没有直说，更没有多说。

但在这次吐蕃再次大举入侵后，李泌觉得无论如何都不能再拖下去了。

不管这件事有多难，他都必须要做！

道之所在，虽千万难，吾往矣！

回纥那边肯定没有问题——这一点，李泌是清楚的。

此时的回纥可汗已经不是侮辱过李适的登里可汗，而是其堂兄顿莫贺达干——他在公元781年，也就是李适继位的次年，杀死登里可汗自立，成为回纥的第四任可汗，自号合骨咄禄可汗。

由于是通过政变上台的，合骨咄禄可汗初登汗位时的统治基础并不十分坚实，因此为了巩固自己的地位，他一改登里对唐朝的敌视政策，主动向唐朝示好，还屡次遣使请求与唐朝和亲，却都被李适严词拒绝。

由此可见，李适对曾得罪过他的回纥人依然不肯释怀！

怎样才能解开李适的心结呢？

李泌搜肠刮肚，苦思冥想，却百思不得其解，直到他在自己的办公桌上看到了一份奏疏。

奏疏是西北的边境将领提交的，说现在军中战马短缺严重，请求朝廷解决。

李泌一下子就有了主意，便立即拿着奏疏找到了皇帝李适。

李适也正在为此事犯愁——安史之乱后，唐朝在西北的马场很多都落入了吐蕃人的手里，战马紧缺一直是唐朝军队的一大难题。

见李泌来了，他连忙问：爱卿你对此有何良策？

李泌胸有成竹地回答：陛下如果能采用臣的办法，数年之后，臣保证马的价格会比现在低十倍！

李适顿时眼前一亮，忙问：什么办法？

没想到刚才还豪气冲天的李泌现在却如同第一次约会的小姑娘一样扭捏起来：陛下……陛下……必须开诚布公，愿意为了江山社稷委屈自己，臣……才敢说。

李适有些不悦：你怎么对朕如此疑心呢？尽管说吧。

李泌这才明确提出了自己的设想：臣请求陛下北面与回纥和好，南面与南诏通使，再西面结交大食、天竺，与他们结为反吐蕃同盟。这样一来，吐蕃便会逐渐陷入困境，战马也容易获取。

李适一听脸就拉了下来。

你李泌又不是不知道我与回纥有不共戴天之仇，居然还劝我与回纥和好，真是茅厕里面嗑瓜子——你怎么张得开这个口！

他没好气地对李泌说：别的都可以依你，至于回纥，绝对不行！

李适的反应，早在李泌的预料之中。

因此他还是坚持自己的意见：臣知道陛下会这么说，所以以前一直不敢提这个建议，但在臣的安排当中，回纥的地位至关重要，必须首先考虑，其他三国反而可以暂缓……

这下李适更加不快，没等李泌说完就打断了他：不必多言！

不过，尽管他的话说得非常重，可这次李泌早已吃了秤砣铁了心，所以依然没有退缩：臣身为宰相，陛下可以不听臣的意见，但不能不让臣说！

李适当然也不会让步：你说什么话朕都可以听，但与回纥结盟这件事，只要朕还在位一天，就绝不可行！

李泌见状干脆把话挑明：陛下是对当年的陕州之耻难以释怀吗？

李适咬牙切齿地说：正是！韦少华等人为了朕，受回纥人的侮辱而死，这样的深仇大恨，朕岂能忘记？只恨如今国家多难，没机会报仇！但要朕与回纥人和解，绝无可能！这事到此为止，你不要再说了！

李泌自然不会听他的。

他就着李适的话辩解道：害死韦少华的，是登里可汗，而他正是被现在的合骨咄禄可汗诛杀的，可见合骨咄禄可汗为陛下报了仇，对陛下是有功的，陛下不应该怨恨他才对啊。

李适一时无言以对，便干脆不再讲理：照你这么说，难道只有与回纥和解才是对的，朕一定就是错的？

兵来将挡，水来土掩，见李适企图用皇帝的威权来压服自己，李泌马上抬出了李适的祖宗来反击：臣是为了国家社稷才这么说的，倘若只是一味迎合上意，臣怎么对得起肃宗、代宗的在天之灵？

…………

李适知道，要论辩才，一百个自己也不是李泌的对手。

因此，他没有再与李泌继续纠缠，而是使出了三十六计的最后一计——走为上计：朕现在内急，今天就这样吧，让朕好好想想再说。

李泌明白，皇帝说的"好好想想"，其实就和某些酒肉朋友说的"下次一定"一样——完全不能当真，因此在接下来的一段时间里，他又连着十五次在李适面前提起此事。

李适始终不准。

最后，李泌递上了辞呈：既然陛下不肯答应臣的请求，臣只好辞职了。

李适当然还是不准——那时柳浑已罢相，李泌是朝中唯一的宰相，且各项工作做得都挺不错，他要是不干了，要找合适的替代者可不是件容易的事。

他安慰李泌说：朕不是不肯接受你的谏言，只是想与你探讨探讨，你何必这样意气用事呢？

李泌要的就是这个，连忙表示赞成：陛下愿与臣探讨此事，这是天下人的福气！

李适的说辞还是老一套：朕可以委屈自己，但不能对不起韦少华他们！

李泌笑了——是志在必得、一切尽在掌握的那种笑。

对于今天的谈话，他的准备不只充分，而且过分——他之前就李适可能的言辞作出过几百种预案，在卫生间对着镜子进行过几百次模拟演习，从内容到笑容，从精神到眼神，从要谈的事情到脸上的表情，从说话声音的大小到点头幅度的大小，每一项都力争做到找不出任何瑕疵。

皇帝刚一说完，他脑海中的搜索引擎马上就搜到了第八个预案中的第二条第六款，并迅速执行早已试运行过数百次的应用程序：臣认为，不是陛下对不起韦少华他们，而是他们对不起陛下！

这显然是李适始料未及的。

他顿时眼睛睁得比红绿灯还要圆，惊讶地问：你这话是啥意思？

李泌从容说道：陛下当年在陕州时，还很年轻，韦少华他们没有深思熟虑，竟然让陛下以皇长子的千金之躯贸然进入回纥人的军营，而事先又没有与他们商定好会晤时的礼仪，结果导致陛下难堪，他们难道不应该为此负责吗？难道不是他们对不起陛下吗？

平心而论，那次李适受辱，韦少华他们虽然多少有点责任，但回纥人的责任肯定更大，可这次李泌却故意只字不提回纥人的问题，只是无限放大韦少华等人的责任，从逻辑上看，其实是有硬伤的。

然而李泌就是有这样的口才——他能把死的说成活的、白的说成黑的、没道理的说成有道理的，还由不得人不信。

因此，尽管李泌说的话并不十分经得起推敲，但从他嘴里说出来，却没人觉得有任何不对——正如世界首富即使穿了假的名牌服装，也没人怀疑它不是真的一样。

李适当然也是如此。

他陷入了沉思——李泌说得好像挺有道理，我怎么之前就没有想到呢？看来李泌不愧是智谋过人，想得就是比一般人要深！

李泌知道有戏，马上乘胜追击，又谈起了另一段往事：当年回纥太子叶护率军帮助我们大唐讨伐安庆绪，在香积寺（位于今陕西西安长安区）一战立下大功，叶护本打算趁势劫掠长安，先帝（代宗李豫）亲自跪在他的马前求情，叶护这才没有入城，长安百姓这才得到了保全，周围的百姓闻讯都由衷地感谢先帝的恩德，纷纷赞叹"广平王（李豫当时的爵位）真华、夷之主也"，由此可见，先帝当时虽然自己受了点委屈，却赢得了无数人的尊敬和爱戴！

接下来李泌又问：陛下，请您就先帝在香积寺的所作所为来评判一下，在那种情况下，是宁可忍受屈辱来保全百姓好呢，还是绝不忍受一时之辱，任由百姓遭殃好呢？

这个问题的答案，自然是显而易见的。

不过，李适并没有回答，而是把问题抛给了当时在场的另外两位大臣李晟和马燧：朕素来厌恶回纥，可今天听李泌谈到香积寺的事情，又觉得也有一定道理，你们两位对此有什么看法？

李晟、马燧两人连忙表态：如果真像李泌说的那样，回纥似乎也不是不可以原谅……

李适叹道：既然你们两位都这么看，朕还有什么可说的呢？

显然，之前他心中那坚如磐石的"对回纥绝不原谅"的信念，此时已经如被压路机压过的薯片一样碎成了渣渣。

这一点，李泌当然不会看不出来。

他知道，现在水温已经到了九十摄氏度，快接近沸点了。

接下来，他要做的，是再加上一把火。

考虑到李适极为好面子，李泌觉得应该给他一个台阶，便把原先的问题都推到了张延赏等前宰相的身上：臣以为回纥并不可恨，陛下也非常英明，现在的被动形势都是以前有些宰相没有搞清形势造成的。近年来吐蕃趁我们国内有难，出兵抢占了河西、陇右数千里之地，甚至还入寇京师长安，导致先帝蒙尘、流亡陕州，这样的深仇大恨，咱们大唐岂能不报！可有的宰相却分不清敌友，反而要与吐蕃结盟以攻击回纥，差点铸成大错！

李适终于被说动了。

不过，他对此还是有些顾虑：朕与回纥结怨已久，他们会不会不同意和我们结盟？

然而李泌的口气却无比笃定：陛下多虑了。臣当年辅佐肃宗皇帝时，如今的回纥可汗在军中担任胡禄都督，他和现在的国相都在叶护麾下，那时他们都跟随叶护一起来协助我们大唐平叛，臣曾接待过他们，与他们感情颇为深厚，所以他们听说臣当了宰相，便马上前来求和，现在咱们主动去和他们联络，对他们来说是求之不得的好事，绝对不会拒绝我们！

接下来，他又提出了与回纥结盟的五大原则：臣请求马上写信给回纥可汗，告诉他若想求和，必须满足五个要求才行，即对陛下称臣；对陛下称儿；每次派来的使臣、随员不得超过二百人；每次互市的马不得超过一千匹；不得裹挟汉人去塞外。这五条回纥全部认可，陛下才准予和谈。如此一来，我们大唐的声威必可远播塞北，震慑吐蕃，也足以让陛下一吐往日之不快！

但李适心里还是觉得有些没底：自从至德（唐肃宗年号）以来，我们与回纥一直以兄弟之国相称，现在不仅要让他们称臣，还要称儿，他们会答应吗？

李泌拍着胸脯保证道：绝对没问题。他们早就想与我们和谈了，何况他们的可汗、国相一直都很相信臣，如果一封信不够的话，最多臣再写一封而已。

李适大喜：好！就这么办！

后来的事果然如李泌所料。

对李泌所提的称臣、称儿等五个条件，合骨咄禄可汗全部一口答应——比学生时代的我听到班花要我帮她拎箱子时答应得还要爽快。

消息传到长安，李适对李泌佩服得五体投地——如果有六体，估计也一块投了：你太厉害了！回纥人怎么这么听你的话呢？

对李泌来说，这种问题就是送分题。

他马上回答：臣哪有什么本事，这都是陛下的威名所致……

这下李适兴致更高了，又与李泌商讨起了下一步工作：回纥已经与我们结盟了，接下来该怎样招揽南诏、大食以及天竺？

李泌依然对答如流：自汉朝以来，南诏一直臣属于华夏，只是因当年杨国忠举措失当，他们才被迫投靠了吐蕃，但吐蕃的赋役太重，南诏一直苦不堪言，时刻盼望着重新归顺大唐，其急迫之心情有如大旱之望云霓、雾霾之望大风，只要咱们主动示好，他们肯定会积极回应。至于大食和天竺，这两国向来都仰慕我们大唐，却与吐蕃有世仇，所以招抚他们也绝对不会有任何问题！

李适依计而行，很快就与各国取得了联系。

至此，李泌策划的这个"联合周边四国，共同围堵吐蕃"的战略正式进入了实施阶段。

四国中，对唐朝帮助最大的是回纥。

由于李适将其第八女咸安公主嫁给了合骨咄禄可汗和亲，合骨咄禄可汗对唐朝极为恭顺，为了表示感激之情，他还在征得李适的同意后，将国名由回纥改成了回鹘（hú）——之所以要改名，是他认为与唐朝的结盟使他的国家获得了新生。

由于合骨咄禄可汗与其继任者对吐蕃的不断打击，唐朝在西北边境面临的压力一下子减轻了不少。

此后的数十年中，吐蕃在北方与回鹘多次交战，损失不小，南面又受到南诏和唐朝西川节度使韦皋的牵制，实力大为削弱，尽管依然会时不时地对唐朝进行骚扰，但其力度却如秋冬季的长江水位一样逐渐衰减，直至后来再也无力对唐朝发动大规模的军事行动。

这一切，李泌居功至伟。

一场收入和风险不对等的赌博

当然，对皇帝李适来说，李泌的功劳还远不止这么多。

比如，阻止了他废立太子，保证了朝廷的稳定。

太子李诵是李适的嫡长子，根正苗红，能力也相当不错——当年朱泚叛乱、围攻奉天的时候，他曾亲自冒着矢石与浑瑊等将领一起在城头督战，为奉天保卫战的胜利作出了一定的贡献。

此时的李诵年近三十，正是年富力强的时候，本人也没犯过什么错误，按理说他的太子位置应该是十分稳固的，可李适却偏偏对他十分不满。

不满的原因，据说是太子的岳母郜国大长公主。

郜国大长公主是唐肃宗李亨的女儿，她的女儿萧氏是太子李诵的正妃。

算起来，郜国大长公主应该是当今皇帝李适的姑妈，可同时却又是李适的亲家；萧氏是李适的表妹，同时却又是李适的儿媳妇，也不知她在家应该叫李适表哥呢，还是叫公公……

听上去这辈分是不是显得很乱？

可在当时的李唐皇室看来，却如同我们现在一觉醒来听说国足又输球了——这不很正常吗？

因此，李适对此丝毫不在意，反而因亲上加亲的缘故对郜国大长公主特别恩宠。

但在公元787年八月，郜国大长公主却遇到了一次严重的风波。

当时社会上传言郜国大长公主的生活很不检点，与太子詹事李升、蜀州别驾萧鼎、彭州司马李万、丰阳县令韦恪等很多男人都有不正当关系。

其实生活不检点在开放的唐朝并不是什么太大的问题，但问题是郜国大长公主的一个情人李万是唐朝宗室，和公主是同族！

中国古代向有同姓不婚的原则——唐律甚至规定，同姓为婚者徒两年，同姓又同宗者以奸罪论。

显然，郜国大长公主犯了大忌。

这还不是最严重的。

更致命的是有人举报她厌祷。

所谓厌祷，也称厌胜或巫蛊，即用巫术祈祷鬼神，以达到压制别人的目的。

这在古代是皇家大忌，凡是犯这种事的人绝对没有好下场，比如高宗时的王皇后就是以厌胜的罪名而被废杀的。

李适对此当然也不可能容忍。

得知此事后，他立即下令把郜国大长公主幽禁，接着又把太子李诵召来痛骂了一顿：你那个丈母娘居然行厌祷之术，是要诅咒朕早点死吗？是你迫不及待想要登基吗？……

李诵被骂得胆战惊心，回去后越想越不安心。

好在大唐李家有个祖传秘方：休妻术——当年李诵的曾祖父李亨在面对玄宗猜忌时曾使用过不止一次，疗效还算不错。

李诵照方抓药，立即宣布与郜国公主的女儿萧氏离婚，以示与郜国公主彻底划清界限。

可再灵的药也不可能对所有人都有效，李适对此丝毫不感冒。

他对太子的意见依然很大。

离婚就够了吗？我要你离职！

盛怒之下，他竟然动了废黜太子李诵、改立舒王李谊的念头。

李谊其实并不是李适的亲生骨肉——他是昭靖太子李邈（李适的二弟，早死，死后被追封昭靖太子）的儿子，由于李邈去世时李谊还很幼小，代宗李豫便将他交给李适抚养，李适对他非常宠爱，视若己出，因此当时一般人都不知道他是李适的侄子，而是将其当作皇次子看待。

废太子不是小事，李适找来宰相李泌商量。

他先是添油加醋地说了一遍郜国公主犯的事，接着又把太子狠狠数落了一通，最后话里有话地说：舒王已经长大了，他既孝顺，又仁厚，工作从不落人后；既友爱，又有爱，才貌双全人人爱。朕觉得，他是个好苗子。

李泌当然知道他的言下之意。

他直截了当地说：陛下只有一个嫡子（李适有十多个儿子，唯独李诵是皇后所生），怎么稍微有点不满，就要废掉嫡子而改立侄子，这不妥当吧。

李适一下子就火了：你怎么可以离间朕的父子关系！谁告诉你舒王是朕的侄子？

李泌却依然面不改色：这是陛下亲自告诉我的啊，大历（唐代宗李豫年号）初年，那天陛下对臣说，今天多了个儿子，臣很好奇，追问缘故，陛下说，昭靖太子之子由皇帝做主交给你抚养了。

李适一时被他呛得无言以对：这……这……

李泌接着又说：陛下，你连嫡子都不信任，何况侄子呢？舒王现在是仁孝不假，但臣觉得从今往后陛下还是好自为之吧，别指望他对陛下有多孝顺！

其实他这话的意思很明显——你可以仅仅因为太子的岳母犯了错误就迁怒于无辜的太子，将来也难免会因某种原因而猜忌舒王，你和舒王的关系也迟早会出大问题！

正在气头上的李适对这样逆耳的话当然听不进去。

他觉得李泌作为一个臣子，居然敢用这样的口气和皇帝说话，实在是太不识好歹了！

他用手指着李泌的鼻子，恶狠狠地对李泌说：你难道不爱惜自己的家人吗？

面对这种赤裸裸的威胁，一般人恐怕马上就尿了：陛下，我错了……

但李泌却没有。

他似乎练过太极拳中的化劲，面对对手使出的蛮力，他没有硬顶，而是借力打力，借着李适的话语往下引。

只见他突然变了脸，表情从之前的严肃模式一下子变成了深情模式——其切换之迅速堪比切换 PPT！

他动情地说：臣怎么会不爱惜自己的家人呢？……正是因为爱惜家人，臣才不敢不尽言。如果臣因害怕陛下发火而屈从，让陛下作出了不应该作出的决策，将来陛下后悔了，一定会怪罪臣说，让你独自担任宰相，你却没力谏，搞得朕犯下大错，朕一定要杀你和你的儿子！臣老了，死不足惜，只怕臣的儿子冤死后，只能让侄子继承臣的香火，臣不知在九泉之下能否得到祭祀！

说完，他泪如雨下。

看着他充满感情的样子，听着他饱含真情的话语，李适被打动了。

他忍不住长叹道：事已至此，朕该怎么办才好呢？

李泌知道，事情有了转机。

接下来他要做的，自然是乘胜追击，扩大战果。

他先是以肃宗李亨冤杀儿子建宁王李倓为例说明父子相疑对国家的坏处；接着又讲到太宗李世民废黜太子李承乾的教训——李承乾是确有谋反事实才被废的，而当今的太子完全没有被废的理由；最后请求皇帝三思而后行，从容考虑三天后再做决定，就算发现太子真的有问题，也应该借鉴太宗当年的做法，同时废掉太子和舒王，另立太子的儿子为储君……

李适听得很认真，却始终没有表态。

看得出来，他的内心十分纠结。

过了很久，他才开了口：让朕再多想想，明天再做决断吧。

李泌连忙跪下叩头：臣相信陛下一定会和太子和好如初！但臣还有一句话要对陛下说，陛下回宫后，切勿把自己的想法透露给任何人，否则一定会有人为了建拥立之功而挑动是非，那样可就麻烦了！

李适点了点头：朕明白你的意思。

说完，他甩甩衣袖，转身回宫。

看着李适离去的背影，李泌心潮起伏，久久不能平静。

回到家后，他立即将子弟们召来，对他们说：我本来无心追求富贵，但事与愿违，今天这件事，恐怕将来会连累到你们……

由此可见，尽管已经尽了最大的努力，但李泌的心中却并没有把握。

他无法确定，皇帝到底会作出怎样的选择。

这是一场收益和风险并不对等的赌博。

赌赢了，得益的是皇帝一家——皇家可以避免一次手足相残；赌输了，受损的是他李泌全族——他们会遇到一场灭顶之灾！

因为，一旦李适真的改立舒王为太子，那么他这次的进言就彻底得罪了舒王，他和他的家人将来必然会遭到报复！

他为什么要蹚这样的浑水呢？

他本可以不蹚这样的浑水的。

想到这里，他不由产生了退意。

与李泌一样心神不宁的，还有太子李诵。

得知李泌为自己冒死进谏，李诵悄悄派人向李泌致谢，并转达了他的口信：感谢相公的大力相助。如果此事真的无法挽回，我李诵打算服毒自尽，不知相公您意下如何？

李泌连忙阻止：太子目前不必太过担心，只要依然保持孝敬之心，谨言慎行，相信不会到那一步。不过，万一我李泌不在了，以后的事就不好说了。

送走东宫来人后，李泌陷入了沉思——如果皇帝依然固执己见，坚持要废太子，他该怎么办？

一夜无眠。

他又绞尽脑汁，作出了几十个预案。

好在这些预案最终并没有派上用场。

第二天一早，李适就单独召见了李泌。

一见到李泌，李适就流着泪对他说：如果不是爱卿你极力进谏，朕昨天很可能会犯下大错，那样的话，朕今天就是再后悔也来不及了！朕昨晚想了整整一宿，觉得爱卿所言极是，太子仁孝，确实没有毛病。从今以后，无论是军国大事还是朕的家事，朕一定要多听取你的意见。

李泌连忙跪下道贺：陛下圣明，明察太子无罪。

接着他又借机提出了辞呈：陛下，臣报效国家只能到此为止了，臣近日感到心悸严重，整天魂不守舍，古语云，行百里者半九十，可臣现在是行百米者拌九十——每走一百米路就要拌蒜九十次，以臣这样的身体，实在难以承担繁重的政务，请陛下允许我告老还乡！

李适当然坚决不同意：朕父子全靠你才得以保全，刚才朕还嘱咐子孙，一定要让你的后人世世代代享受富贵，以回报你的大恩大德。朕怎么舍得让你离开呢？若是你不在了，朕纵有千种疑惑，更与何人说！

就这样，李诵最终保住了太子之位，而李泌也没能如愿辞去宰相职务。

在接下来的一年多里，他继续殚精竭虑，在吏治、财政、农业、外交等许多方面都作出了一定的成绩——要详细描述至少需要上万字，限于篇幅，这里就不一一展开了。

毫无疑问，他算得上是个良相。

可惜，他辅佐的皇帝是李适。

李适这个人，说起来真是让人一言难尽。

别的皇帝，有热衷于搞事业的，有热衷于搞女人的，有热衷于搞文艺的，可李适对这些都不是太感兴趣，他最热衷的是搞钱。

自从叛乱平定、重新回到京城后，李适就像变了一个人一样——继位之初他心怀大志视金钱如粪土，而现在，却变成了一个爱钱如命的守财奴。

为什么会发生这么大的转变？

史书上并未记载。

不过，我虽没有才，却善于猜。

我猜，情况也许是这样的：

在经历了几年的战乱和挫折后，李适明白了一个道理——打仗很大程度上打的是钱，要想扫除以河朔三镇为代表的地方割据势力，钱也许不是万能的，但没有钱是万万不能的！

既然不能给子孙留下一个统一的国家，那就给子孙留下足够讨平割据势力的军费吧！

当然了，以上只是我个人的推测，信不信由你。

但有一点是可以肯定的，在李适皇帝生涯的后期，他把敛财当成了自己最重要的使命。

其实君子爱财，取之有道，如果仅仅是为了增加收入，似乎并没有什么大问题，可问题是，李适实在是太不择手段、吃相太难看了。

一次，他愁眉苦脸地对李泌说：以前各地额外给朕进贡的钱财有五十万贯，今年只有三十万贯，朕也知道自己身为天子，让我说这个确实有点不大合适，但宫中的用度真的是不够啊。

李泌忍不住在心中叹了口气——没想到自己为了等明主，苦苦等了几十年，等到的却是这样一个货色！

当然，表面上他不会表现出来。

他只是郑重其事地对李适说：天子不聚私财，臣请求每年从国库中拨出一百万贯用于皇宫的各项支出。只是希望陛下以后不要再接受各地的额外进贡，更不能向地方摊派，以免地方官借机搜刮百姓的钱财。

李适答应了。

然而事实上，对李泌的建议，他只听进去了一半——从国库拿钱；至于后面那句，他置若罔闻——依然屡次传旨向各地索取财物。

对这样的皇帝，李泌就算再贤能，又能怎样呢？

更让李泌失望的，是另一件事。

公元 787 年底，皇帝李适到陕州附近打猎，归途中路过一处农房，便走了进去，与农房的主人赵光奇交谈起来。

李适信口问道：你开心吗？

由于当时李适和身边的随从都身着便服，加上那时没有电视，没有报纸，更没有网络，赵光奇不知道他的身份，便直言说：不开心。

这让李适感到非常意外。

因为这一年是几年来粮食收成最好的一年，而且为了保证农民的收益，朝廷还要求各地政府优价收粮，照理，百姓的日子会很好过，应该开心才对啊。

于是他又继续追问：今年庄稼大获丰收，你怎么还不开心呢？

赵光奇回答：因为朝廷没有信用，以前规定除了两税之外没有其他税费，可现在两税以外的各种搜刮比两税还要多。今年官府宣传的是对粮食优价收购，实际上却都是打的白条，我还没见到一文钱，更令人寒心的是，原先说官府收购的粮食只需要在路边缴纳，现在却让我们自己送到军队行营里，动辄就要几百里地，搞得百姓都要破产了，你说我们怎么能开心得起来？皇帝每次的诏书都说要体恤百姓，政策一大堆，实施下来却全都是名不副实……

听着赵光奇的话，李适的脸色越来越难看，最后他终于忍不住开了口：没想到竟然还有这样的事！朕一定帮你做主！我宣布……

周围的地方官全都吓得面如土色，有的甚至连括约肌都不由自主地开始收缩起来，做好了尿裤子的充分准备。

然而李适接下来说的却是：我宣布，免除赵光奇一家的全部赋税！

仅此而已吗？

是的。

仅此而已。

明明知道问题广泛存在，却既不调整相关政策，也不查处相关责任人，而只是免除赵光奇一家税赋，这样的行为，就相当于在太平洋打一个鸡蛋就想让全世界人民都吃上蛋花汤一样荒谬。

几百年后的宋朝史学家司马光就此事对李适的评价是：甚矣唐德宗之难寤也——唐德宗李适实在是太难以醒悟了。

这其实是比较委婉的说法，真正的意思应该是：李适这个人，不可理喻，不可救药，烂泥扶不上墙，朽木做不成梁……

李泌所辅佐的，就是这样一个皇帝！

可想而知，他有多不容易！

他不仅辛苦，而且心苦；不仅鞠躬尽瘁，而且心力交瘁。

不久，年迈的他终于累趴下了。

公元 789 年三月，担任宰相仅十九个月的李泌积劳成疾，病逝于长安，享年六十八岁。

李泌的人生极富传奇色彩。

他明明在幼年时就以神童而知名，可成年后却偏偏不走寻常路，潜心修道，不慕荣利，不求显达；他明明清心寡欲，不羡权位，可命运却偏偏把他推上了政治舞台的中央，让他成为那个时代聚光灯下最闪亮的一颗明星！

如果用一个关键词来形容他的话，我觉得，应该是潇洒。

他生逢乱世，命运多蹇，一生几落几起，可他始终都是那么泰然，得并不喜，失也不悲，居庙堂之高能治国安邦，处江湖之远能恬然自得，对无数人孜孜以求的权力、地位，他毫不在意；对无数人渴望获取的金钱、名望，他视若无物。

他既能谋国，也能谋身；既能出世，也能入世；既有干才，也有口才；既有非同一般的智略，也有单骑平叛的勇气……

宋元之际的史学家胡三省曾将李泌与汉初名臣张良并称。

是的，两人的确有很多相似之处，都有王佐之才，都不贪恋权位，都信奉黄老之道，都被帝王视为师友，都参与过皇室家事……

只有一点不一样——张良遇到的是刘邦，而李泌遇到的肃宗李亨、代宗李豫、德宗李适，却没有一个称得上是明主！

这是李泌的悲哀，也是大唐的悲哀！

第三十六章　活成了自己最讨厌的样子

陆贽的遗憾

李泌去世后，继任宰相的，是户部侍郎窦参和太常卿董晋。

窦参为人刚强果断，凡事喜欢独断专行，董晋则是个唯唯诺诺的老好人，除了附和，绝不掺和；宁可多余，也不多语。

如此一来，朝政大权自然落入了窦参的手里。

有人说，权力是一种毒药。这话用在窦参身上是再合适不过了。

在当上宰相前，他政绩颇佳，人望颇高，但当上宰相后，他却为了专权大肆打击异己，还纵容自己的子侄和亲信大肆贪污受贿，皇帝李适屡屡警告他，可他依然置若罔闻。

最后，李适忍无可忍，只好下令将其免职。

由于窦参在执政期间得罪的人太多，他失势后墙倒众人推，不断有人在李适面前说他的坏话，窦参被一贬再贬，最终竟然被赐死了，成了继刘晏、杨炎后死在李适手里的第三个宰相。

该用谁来接替窦参呢？

李适想到了曾与他共患难的陆贽。

当初李适遭遇泾原之变和李怀光叛乱，时任翰林学士的陆贽在那段时间一直陪在他身边，帮助他作出了很多重要的决策，为平叛作出了很大的贡献，不过由于陆贽经常直言劝谏，有时甚至搞得李适下不了台，李适虽然表面上接受，内心却并不高兴，因此陆贽尽管颇受礼遇，官位却一直没变，始终只是翰林学士。

回到京城后不久，陆贽因母亲去世而不得不暂别官场，归乡丁忧——按照唐代规定，子女应为父母守孝三年。

守孝期满后，陆贽回到了长安，当时的宰相窦参对陆贽十分忌恨，陆贽也因此被排挤出了翰林学士的行列，改任兵部侍郎。

公元 792 年四月，窦参倒台，陆贽被正式任命为中书侍郎、同平章事，成为新的宰相。

陆贽一向以天下为己任，如今终于得到了施展抱负的机会，当然是不遗余力。

上任后，他利用自己多年来的施政经验，指陈时弊，筹划大计，给皇帝上了很多奏疏，在人事、财政、赈灾、边防、漕运等很多方面都提出了自己的意见，这些建议大都言之有物，既富有远见又符合实际，既高屋建瓴又切中时弊，具有很强的可操作性。

然而机器再精密，操作工不会用也是白搭；陆贽再能干，皇帝李适不执行也是白忙。

李适似乎根本没意识到陆贽这些奏疏的价值。

陆贽那些殚精竭虑提出的意见，除了少部分被他采纳转化为实际政策外，大多都被束之高阁，始终没有被付诸实施。

直到很多年后，后人将这些奏疏从宫廷档案库中找出来，并合辑成《陆宣公奏议》一书，人们才发现陆贽的见识有多么高明，思维有多么缜密，谋划有多么深远！

宋人苏轼甚至发出了这样的感慨：使德宗尽用其言，则贞观可得而复——如果德宗李适能完全按照陆贽的建议去做，那么贞观之治就可以重现了！

苏轼的话也许略有些夸张，但毫无疑问，陆贽称得上是一个优秀的宰相。

他不仅识见一流，在个人操守方面也无可指摘。

他非常廉洁，从不贪污受贿。

按说这样的廉政标兵应该大力表彰，可皇帝李适却不这么认为。

李适专门让人转告陆贽说：水至清则无鱼。你清廉得有些过头了，别人送给你的礼物一概不收，这未免太不近人情了，那些马鞭、靴子之类的不是特别贵重的礼品，收下也没什么关系的。

陆贽对此当然不会接受。

他立即上奏，就此提出了自己的看法：官员受贿，就算只有一尺布帛也应当受到惩处，何况是可以引导社会风气的宰相！受贿之门一开，欲望必然膨胀，时间一长，收受的东西就会从最初的马鞭、靴子变成黄金珠宝！私下收了别人的东西，自然就不可能拒绝别人的请托，这样一来，朝政怎么能不败坏呢？社会怎么可能公平呢？

对陆贽的这个说法，李适嗤之以鼻。

朝政是否败坏、社会是否公平，他从来都不关注，这些东西在他眼里的地位，就相当于一百元玛莎拉蒂代金券在我眼里的地位——完全可以无视！

他唯一在意的，是敛财。

上有所好，下必投其所好。

官员们知道，如果把皇帝的心比作一道门，那么给他送的钱财就是这道门的钥匙，有了这把钥匙，他们就可以进入皇帝心中，就可以给皇帝留下深刻的印象，就可以走上仕途发展的快车道。

基于这样的理念，他们开始争先恐后地向皇帝送礼行贿。

江西观察使李兼每月都要给皇帝进贡一次，称为月进；

西川节度使韦皋更厉害，每天都要送礼，称为日进；

常州（今江苏常州）刺史裴肃因给皇帝送钱手段高明而被擢升为浙东（今浙江绍兴）观察使，其他刺史见状也都学习裴肃，掀起了一波又一波的送钱高潮；

宣歙道（今安徽宣城）判官（地方长官的僚属）严绶因进献得多而被提拔到中央，担任刑部员外郎，几年后更是被提拔为节度使。

自此以后，判官之类的幕僚也开始向皇帝进贡了……

这些官员给皇帝送的财物，常常称为"税外方圆"或"用度羡余"——意思是税收或用度的结余，是省下来的，事实当然不可能是这样，实际上，这些钱款有的是截留的正常税款，有的是克扣的下属俸禄，更多的则是通过巧立名目搜刮百姓得来的！

更要命的是，官员们搜刮到的钱财，真正送上去的往往只有百分之十到百分之二十，其他的都被他们中饱私囊了，百姓们实际上的负担要大得多！

政以贿成，官以贿升，由此可见，当时的政风有多坏！

对于一心想要"致君尧舜上"的陆贽来说，这样的事当然无法忍受。

为了国家和百姓的利益，他多次在皇帝面前犯颜直谏。

有人劝他注意言辞，不要太过激烈，但陆贽却回应说：我只求上不负天子，下不负所学，其他都在所不惜！

这话可谓掷地有声，千载之后读来依然令人动容。

只可惜李适对此却无动于衷——跟现在某些领导一样，他只爱听好话。

陆贽的那些谏言，现在我们看来挺感人，但当时的李适却只觉得特烦人。

随着时间的推移，他对陆贽也越来越不满。

这段时间，与陆贽一起担任宰相的，还有贾耽、赵憬、卢迈三人，但最得李适宠信的却不是他们，而是时任户部侍郎、判度支（相当于全国财政主管）的裴延龄。

这个裴延龄，早年受到过卢杞的引荐，拍马屁的水平也不亚于当年的卢杞。

据说李适有一次打算修建一座寺庙，需要五十尺长的松木，却遍寻不得，为此他很头疼。

裴延龄汇报说：臣最近在同州山谷里，发现了很多高达八十尺的大树！

李适很奇怪：开元、天宝（都是唐玄宗李隆基的年号）年间曾经在那边找过大型木材，都没找到，为什么现在竟有这么多！

裴延龄张口就来：这些珍贵的木材，当然要等圣君在位时才会出现，开元、天宝年间怎么可能会有呢？

言下之意是，李适比他那个缔造了开元盛世的曾祖父李隆基还要圣明得多！

这样的瞎话，也亏裴延龄说得出，还说得面不改色心不跳，如同现在的骗子在电话里说"我是公安局的，你有一张法院的传票……"时那样一本正经，正经中还带着一丝可笑……

但李适却并不觉得可笑。

他只感觉无比受用。

除了善于逢迎，更让李适欣赏的，是裴延龄善于搞钱。

确切地说，是看起来善于搞钱。

当上判度支不久后，裴延龄就上奏称：臣自从上任以来，已查出全国各州郡欠缴的税款八百多万贯，此外还征收了各地的交易税三百万贯，各种上贡的绢帛织物折合现钱三十万贯，臣请求增设一个季库，用于存放追收回来的欠税；同时增设月库，用于存放绢帛织物。

这让爱财如命的李适对裴延龄赞叹不已——这么短的时间，就作出了这么大的成绩，太了不起了！

但实际上，裴延龄的这个汇报，就相当于拿冰块冒充水晶——看着似乎挺像那么回事，其实里面全是水。

具体来说是这样的：

所谓的欠缴税款并不新鲜，历任判度支都知道，只不过没人能把这钱收上来——裴延龄也一样收不上来——因为欠款的对象都是已经破产的贫民，这些巨额欠款是早就该被核销的坏账。

至于交易税，这笔钱征收后早就用完了，现在只是个数字而已。

再就是上贡的绢帛织物，那些物品之前本来就是存放在国库的，现在裴延龄要求另设一个仓库，显得好像存货多得似乎都放不下了，可其实只是多了个仓库而已，东西还是那么多！

而一直居于深宫之内的李适对这些却完全不了解。

在他眼里，裴延龄是个非凡的理财高手，对他自然愈加信任。

其实裴延龄哪里懂什么理财，他懂的，只不过是虚报和编造。

有一次，他向李适汇报说：臣近日花了很大力气对国库进行地毯式的盘点，在垃圾中居然找到了白银十三万两，以及总价值超过一百万贯的各种布帛等杂货，臣以为，这些财物都是凭空多出来的，应该拨入宫中内库，专供陛下使用。

但他的把戏，很快就被一个知情的官员揭穿了。

这位官员举报说：那些白银、布帛本来就是国库登记在册的正常财产，怎么能说是凭空多出来的？请皇上立即派人进行核查。

李适毫不犹豫地拒绝了。

我为什么要查？查出来要是真有问题，难道还要我把这些财物吐出来不成？

可皇帝不查，并不代表别人不知道这里边有猫腻。

朝臣们都不傻，都清楚裴延龄是在拿国库的公款给皇帝送礼。

不过，裴延龄当时是皇帝眼中的大红人，他们大都选择睁一只眼闭一只眼，不愿出来揭发他。

对他们来说，这世上只有一件事最重要——关我屁事。

但忠正刚直的陆贽却是个例外。

对于裴延龄的胡作非为，他早就看不惯了，现在更是忍无可忍，便直接上疏弹劾裴延龄。

他在奏疏中说：从前赵高指鹿为马，鹿和马尚且是同类，如今裴延龄把明明有的，说成是没有的，愚弄朝廷，如同儿戏，在臣看来，此人无论是资格还是人格，都一无可取，比赵高还要无耻！他的凶险虚妄，上至公卿，下至小民，没人不知！臣身为宰相，对此岂能保持沉默！

然而奏疏呈上去后，李适不仅没有处理裴延龄，反而对其更为厚待。

陆贽没有退缩。

他下定决心，无论如何都要把裴延龄这个祸国殃民的小人搞下台！

为了增加胜算，他又为自己找了个帮手——另一个宰相赵憬。

赵憬能当上宰相，本出自陆贽的引荐，故而陆贽把他当成自己人，但万万没想到问题就出在这个赵憬身上。

因为就在不久前，赵憬由中书侍郎改任门下侍郎，虽然还是宰相，但由于当时宰相议事的政事堂设在中书省，赵憬认为中书侍郎这个职务更重要，自己是受到了陆贽的排挤，对陆贽非常不满。

而陆贽对此却一无所知。

他依然将赵憬视为同道，经常与他一起商议扳倒裴延龄的策略：我过两天准备再上个奏疏，列举裴延龄这几个方面的问题……

赵憬表面上与他同仇敌忾，但一转身就将陆贽的计划原原本本地告诉了裴延龄。

裴延龄由此得以提前做好准备，将问题撇得一干二净——陆贽说他贪污，他就把钱退回，把账做平；陆贽说他受贿，他就与行贿人订立攻守同盟；陆贽说他生活奢靡一件皮草八万八，他就去买一件人造革的伪劣货，还开了一张五十八块的发票给皇帝过目，说陆贽是捕风捉影血口喷人故意诬陷他……

这样几个回合下来，裴延龄这个小人看起来成了两袖清风的君子，而陆贽这个君子却成了挟私报复的小人！

因此，陆贽的弹劾不仅没有奏效，反而让皇帝对他越来越厌恶。

公元 794 年十二月，他被免去了宰相职务，改任太子宾客这一闲职。

裴延龄当然不会就此罢休。

他的目标，是将陆贽置于死地！

没过多久，他又在李适面前诬告陆贽，说他因失去权位而心怀怨望，散布流言，动摇人心。

李适这人是属炮仗的，一点就着。

盛怒之下，他竟然对陆贽动了杀心。

幸亏谏议大夫阳城等人极力劝谏，陆贽这才免于一死，被贬为忠州别驾。

他之所以会被贬到忠州，估计也是裴延龄做过手脚的。

因为陆贽到忠州后的顶头上司——时任忠州刺史的李吉甫就是陆贽当权的时候被从朝廷贬到地方的。

裴延龄有理由相信，陆贽落到仇人李吉甫的手里，要想有好下场，除非山无陵，江水为竭，冬雷震震，夏雨雪，天地合！

然而这次他错了。

李吉甫不仅没有记陆贽的仇，还对他极为尊敬。

两人始终关系甚笃。

到忠州的那一年，陆贽才四十二岁。

他虽然失势，却并未失志，依然心系黎民百姓。

不为良相，便为良医。

他潜心研究医术，针对忠州一带流行的各种疫病，最终创作出了《陆氏集验方》五十卷，供人们治病使用。

在忠州，陆贽一待就是十年。

直到德宗李适去世，太子李诵继位后才再次想起了他。

然而召他回京的诏书还未抵达忠州，陆贽已经去世了。

不过，他人虽然不在了，后人却始终没有忘记他。

千百年来，无数贤人志士都给予了他极高的评价，将他视为堪比诸葛亮、狄仁杰、范仲淹的一代名相。

的确，不管是人品还是学问，不管是见识还是眼光，陆贽都是无可挑剔的。

这一点，从他流传至今的那些奏疏中就可以看出来。

可惜的是，他那些富有真知灼见的建议，最终的命运竟然有如方便面包装上的油焖大虾——看着那么光彩照人，却只存在于纸面！

这是怎样的一种遗憾！

梦想被现实打败

扯远了，接下来让我们把镜头拉回到公元 794 年的长安。

陆贽被贬后不久，他的死对头裴延龄也死了，最终并没有实现当宰相的梦想。

之后的近十年中，德宗李适先后任命了崔损、赵宗儒、郑余庆、齐抗、杜佑等人担任宰相，但这些人似乎并没有太大的作为。

不过，这些年的朝政总体上还是相对平稳的。

对外，受益于李泌之前的布局，加上多年来一直担任西川节度使的韦皋足智多谋，善于用兵，多次在战场上重创吐蕃人，吐蕃对唐朝的威胁日益减轻，西部边境也逐渐获得了久违的和平。

对内，李适还是一如既往地采取姑息策略。

魏博节度使田绪去世后，其子——年仅十五岁的田季安被军中推举为留后，李适马上就下诏予以批准；

成德节度使王武俊死后，其子王士真也很快就被任命为新的节度使；

宣武镇在原节度使刘玄佐（参与平定李希烈的刘洽，后改名刘玄佐）死后的七年间发生多次兵变，直到刘玄佐的外甥韩弘被推举为留后后才稳定下来，李适依然第一时间就承认了韩弘的地位；

桀骜不驯的淮西节度使吴少诚擅自出兵攻打邻近的许州，李适下诏削夺了吴少诚的一切官爵，调集各道兵马前去讨伐，但由于战事进行得并不顺利，最后他只好又自己打了自己的脸——不仅赦免了吴少诚，还加封其为检校仆射；

…………

不过，这些年李适也不是什么都没有干。

藩镇的跋扈，让他更加认识到了枪杆子的重要性。

在李适看来，自己唯一能完全掌控的军队只有宦官统领的神策军。

为此，他又进一步提升了神策军的地位——公元 796 年，他在神策军中首次设置左、右护军中尉，作为神策军的最高统帅，分别以亲信宦官窦文场、霍仙鸣两人担任。

在他的授意和支持下，窦文场、霍仙鸣开始大力提升神策军的实力，而由于神策军的待遇相对较高，不少边防部队也愿意变更自己的番号改隶神策军。

如此几年下来，神策军下属的部队已有十几万之多！

正是有了这样一支强大的军队为后盾，窦文场、霍仙鸣和他们的继任者开始呼风唤雨，对朝政的影响越来越大，甚至可以左右皇帝的废立！

当然，这一切李适本人并没有看到。

他的生命，已经进入了倒计时。

公元 805 年正月初一，他照例在含元殿接受朝贺。

宗室亲王、文武百官都来了，可唯独少了一个人——太子李诵。

李诵不是不想来，而是来不了。

就在三个多月前，他突然中风，虽经御医全力抢救保住了性命，却从此落下了残疾，不仅行动极为不便，还丧失了语言能力。

对太子的病情，李适是知道的。

但在这个一年一度的重大节日，他还是无比希望李诵能出现在自己的视线里。

然而，他失望了。

这让已经年过花甲的老皇帝大受打击，忍不住流下了悲伤的泪水。

回去后，李适就病倒了。

病床上的他依然心事重重：万一自己不在了，李诵连自己的身体都控制不了，能控制得了这样一个危机四伏的大国吗？

怎么办？

这样的心态，对病人的健康显然是十分不利的。

李适的病情迅速加重，仅仅过了二十多天就撒手人寰，享年六十四岁。

死后，他被追谥为神武孝文皇帝，庙号德宗。

李适在位二十七年，是唐朝中后期在位时间最长的皇帝，在整个唐朝历史上也仅次于在位四十五年的玄宗李隆基和在位三十五年的高宗李治。

比起他的这两位祖先，李适的知名度要低得多。

他到底是个怎样的人？

他在继位之初励精图治，一心想要恢复大唐曾经的荣光，面对跋扈的藩镇，他毫不犹豫地冲了上去，可结果却失败了，败得很惨。

此后的他仿佛变了一个人，从鹰派变成了鸽派，从勇士变成了懦夫，从心比天高的有志者变成了只知聚敛的守财奴，得过且过，做一天和尚敲一天钟……

他就像一个过于自信的歌手，一开始把调起得太高，可后来发现根本唱不上去，无奈只好紧急转调，如此一来，歌肯定不会好听，对李适的评价当然也不会高。

后人有说他"志大才疏"的；有说他"察而不明"的；有说他"猜忌刻薄"的；有说他"聚敛无度"的；也有说他"用人不当"的……

可就是没有说他英明神武的。

提到他的贡献，最多也就是说他聚敛的大量钱财为孙子宪宗实现中兴提供了一定的物质基础。

是的，李适确实犯了很多错误，也用错了很多人，但换个人去，难道就一定能做得很好吗？

很难说。

毕竟，他在位时的唐朝，已经病入膏肓，要想妙手回春，绝非常人所能为。

我理解李适。

毕竟，他和你我中间的很多人一样，只是一个曾有过远大梦想的普通人；他也和你我中间的很多人一样，曾经的梦想被现实打败，最终活成了自己曾经最讨厌的样子。

第三十七章　永贞革新

柳宗元和刘禹锡

扯远了，接下来让我们继续回到现场。

李适死后，太子李诵的继位之路并不平坦。

在德宗李适病重的那段时间，以俱文珍为首（原先的两位宦官首领霍仙鸣已去世，窦文场也已退休）的宦官们隔绝了宫内外的消息，满朝文武没人知道皇帝和太子的病情。

李适弥留之际，仓促召翰林学士卫次公和郑絪（yīn）入宫草拟遗诏，等两人赶到的时候，李适已经驾崩了。

就在众人面面相觑之际，有个宦官发话了：内廷正在讨论继任皇帝的人选……

没等他把话说完，卫次公就打断了他：太子虽然有病，但他是嫡长子，朝野归心，他的继位天经地义，即使他的身体不允许，也要立广陵王（李诵的长子李淳）。否则是会出大乱子的！

郑絪等人也纷纷附和。

宦官们没有多话，只是冷笑。

因为他们都知道太子的健康状况——别说当皇帝治理天下了，自理大小便都够呛！

关键时刻，李诵的出现彻底打消了人们的疑虑。

凭借着顽强的意志，李诵硬是强撑着病体站了起来，在九仙门（大明宫的西北门）接见了禁军将领。

这下，再也没人敢多说什么了。

三天后，四十五岁的李诵正式登基，是为唐顺宗。

不过，李诵毕竟不能开口说话，自然也无法像正常的皇帝一样独立行使权力。

帮助他处理朝政的，是他当太子时的一帮亲信。

其中最重要的核心是两个人——王伾（pī）和王叔文。

王伾擅长书法，王叔文善于下棋，两人在宫中的职务都是翰林待诏。

注意，翰林待诏和翰林学士是不一样的，两者的差距不比大卡车司机和柴可夫斯基的差距小——翰林学士那时的地位很高，可以参与朝政，起草诏书，甚至被誉为内相，离宰相往往只有一步之遥；而翰林待诏则是指那些以文学、琴棋、书画、阴阳等各种专长听候皇帝召见的专业人士，通俗点说，就是皇室的玩伴，陪他们解闷的。

具体到王伾和王叔文两人，就是陪太子李诵写字和下棋的。

在李诵苦闷而又漫长的太子生涯中，他们与李诵朝夕相处，结下了很深的友情。

当然，他们讨论的话题不可能仅仅局限于书法和围棋，有时难免也要议论一些国内的热点。

一次，太子与包括二王在内的几个心腹在一起讨论宫市的问题——德宗李适在位的后期，常委派宦官去市场采购皇宫所需的各种日用品，称为宫市，宦官们凭借他们的特权往往只付极低的价钱甚至一分不付白拿，搞得长安城内的商家和百姓苦不堪言。

众人痛陈宫市的各种弊端，一个比一个激昂，说得李诵热血沸腾，当场表态：我一定要把你们的意见都讲给父皇听，让他把这个弊政彻底革除！废不掉宫市，我啥都不是！

大家都拍手称快。

只有王叔文始终面色凝重，一言不发。

李诵觉得奇怪，便在结束后单独留下了王叔文：刚才你为何不说话？

王叔文回答：臣以为，太子的职责在于侍膳问安，对天子尽孝，外间的事不宜多说。万一陛下怀疑太子殿下是在收买人心，殿下该怎么为自己辩解呢？

李诵这才如梦初醒：若不是先生，我差点铸成大错！

从此，他对王叔文刮目相看，将其引为自己的智囊，事无巨细都要与之商量。

王叔文知道，将来要想成就一番大事，仅靠自己和王伾等人是远远不够的，因此他又秘密结交了以翰林学士韦执谊为首的几个年轻大臣，组成了一个自己的小圈子。

韦执谊出身于关中名门京兆韦氏，他自幼聪慧，二十多岁就当了翰林学士，人生一直顺风顺水——如果孟子"天将降大任于是人也，必先苦其心志，劳其筋骨，饿其体肤，空乏其身……"的说法是真理的话，他大概就是被大任所抛弃的人。

有一次，韦执谊到东宫办事，在太子李诵的引见下结识了王叔文，两人一见如故，很快就成了无话不谈的挚友。

除了韦执谊，在这个小圈子中，还有两个在如今语文课本上经常出现的文化名人——柳宗元和刘禹锡。

柳、刘两人出身差不多——都来自官宦家庭；年龄差不多——只差一岁；得到功名的时间差不多——同榜进士；爱好差不多——都写得一手好诗文；职位差不多——当时都在朝中担任监察御史；政治观点差不多——都是改革派……

总之，他们的共同点比我这本书中的标点还多，因此很自然地成了莫逆之交。

以为是起点，没想到竟是顶点

李诵继位后，韦执谊被任命为尚书左丞、同平章事，当上了宰相，王伾出任左散骑常侍，王叔文则升任翰林学士。

由于皇帝身体欠佳，他们这个李诵最信任的小圈子也顺理成章地成了国家的领导班子，开始执掌朝政。

具体的决策过程是这样的：上奏给皇帝的各种奏疏，先由坐镇于翰林院的王叔文提出处理意见，接着交给内廷的王伾，王伾再让皇帝的亲信宦官李忠言或宠妃牛昭容出面让皇帝签字盖章，之后交付中书省，由宰相韦执谊负责执行。而柳宗元、刘禹锡等人则负责收集情报，观察动向。

在这个链条中，官位最高的，是韦执谊，但负责决策、真正起主导作用的，却是王叔文。

应该说，王叔文是一个很有魄力的人。

他掌权后的第一个举动就震动了整个官场。

公元 805 年二月，王叔文以皇帝的名义下诏，列举了时任京兆尹的道王李实的一系列罪行，将其贬为通州（今四川达州）长史。

李实是唐朝宗室——唐高祖李渊的五世孙，也是德宗李适当年的宠臣，此人素来贪赃枉法，名声很差。

数年前，关中大旱，很多地方出现了饥荒，李实却向皇帝汇报说，今年虽然有旱灾，但并不影响收成。他非但没有奏请减免百姓税赋，反而愈加横征暴敛，搞得民不聊生，百姓对他恨之入骨。

因此，王叔文拿李实开刀，不仅赢得了民心，而且向所有人展示了他改革的决心——连宗室亲王都敢拿下，还有什么是他不敢做的？

李实被贬的消息传开后，长安士民全都欢呼雀跃，有些人甚至怀揣瓦片和石头，候在李实离开长安的官道上，想要趁机偷袭他，李实事先得到消息，改走小路，才算躲过了一劫。

首战告捷，让王叔文信心大增。

接下来，他又开始了更大的动作。

在他的安排下，顺宗李诵登上丹凤门（大明宫的正南门），让内侍宣布了多项惠民政策：大赦天下；免除百姓之前的所有欠税；正常赋税之外的所有贡奉一律罢停；宫市、五坊小儿之类的前朝弊政全部废除。

所谓宫市，前文已经讲过，即宦官们打着为皇宫采购日用品的旗号对百姓巧取豪夺——如果还不了解的话，可以看著名诗人白居易的《卖炭翁》——这首诗的副标题就是"苦宫市也"，诗中"翩翩两骑来是谁？黄衣使者白衫儿。手把文书口称敕，回车叱牛牵向北。一车炭，千余斤，宫使驱将惜不得。半匹红绡一丈绫，系向牛头充炭直"就是宫市的真实写照。

而所谓五坊小儿，指的是五坊（为方便皇帝打猎，唐代在宫中设有豢养猛禽和猎犬的雕坊、鹘坊、鹰坊、鹞坊、狗坊，合称五坊）的差役，这些人经常打着为皇家抓捕鸟雀的名义到处横行霸道，甚至把网张到了百姓的门口或井口，不让百姓出入家门或取水，以此大肆敲诈勒索，百姓对他们深恶痛绝，蔑称他们为五坊小儿。

这些问题，其实王叔文在东宫侍奉太子时就已关注到了，曾多次与李诵讨论过，现在终于把当年的设想变成了现实。

毫无疑问，他的政策得到了广大百姓的拥护。

这让王叔文更受鼓舞。

不过，他并没有就此满足，在志存高远的他看来，他要做的事情还有很多，他规划的蓝图才绘就了千分之一。

此时的他，就如王勃来到了滕王阁、陈子昂遇上了幽州台，正在摩拳擦掌，准备做一篇流芳百世的大文章。

成功？

我才刚上路呢。

可惜，他错了。

他以为这只是他的起点，没想到竟是他的顶点！

他以为这只是他的热身时间，没想到竟是他一生的高光时刻！

事实上，废除宫市后不到一个月，改革派就开始走背运了。

当时为了掌握财政大权，经过一番运作，王叔文出任了度支、盐铁转运副使，正使则由老宰相杜佑兼任。

明眼人都看得出来，杜佑只是用来充当门面的，实权完全控制在王叔文的手里，或者说，杜佑只是负责对口型的，真正发出声音的，是王叔文。

但这一步，王叔文走得似乎太急了点。

他火箭般的蹿升速度和过于专权的执政风格，引起了不少朝臣的不满。

一个月前还完全不入流，现在竟要执掌天下资金流！

一个月前还是小小的东宫侍从，现在竟要让文武百官唯命是从！

对王叔文有意见的，除了大臣们，还有那些宦官。

这当然是可以理解的。

王叔文废除宫市，让他们少了那么多利益，他们怎么可能不对其切齿痛恨！

以俱文珍为首的宦官们，一直在寻找反击的机会。

不过，王叔文对此并不在意。

他认定的事，就是反对的人再多，他也要做下去！

然而他忘了，自己在朝中本没有任何根基，唯一的靠山就是皇帝李诵。

更何况，他的这个靠山，是座岩石已经风化、水土严重流失的荒山，随时都可能崩塌！

这段时间，皇帝李诵虽然还可以偶尔由内侍扶着上朝，但每次都只能歪坐在龙椅上转转眼珠子流点哈喇子勉强做做样子，根本开不了口，更提不出关于朝政的任何处理意见，说得好听点是吉祥物，说得不好听点完全是个废物。

眼见皇帝的病情不仅没有任何痊愈的迹象，反而不断恶化，朝中不少大臣十分担忧，希望能尽早册立太子。

这当然是王叔文不愿意看到的。

皇帝身体不佳，一旦册立太子，再下一步肯定就是太子监国，如此一来，自己还能像现在一样把控朝局吗？自己酝酿已久的改革大计还推进得了吗？

因此，朝臣们那些呼吁皇帝早立太子的奏疏都被他扣下了。

可他挡得了外朝的大臣，却挡不了时刻都在宫中的俱文珍等宦官。

俱文珍绕过了王伾、王叔文等人，在找机会奏请皇帝李诵同意后，马上召翰林学士郑絪、卫次公等人入宫，起草册立太子的诏书。

当时牛昭容正陪侍在李诵身边，作为王叔文的同伙，她自然不愿看到这一幕，便找出各种理由拖延，一会儿是"皇帝的身体一定会好起来的，不需要这么早立太子"；一会儿是"立太子是大事，要从长计议"；一会儿又是"选谁当太子就像女人选老公，一定要精挑细选，绝不可操之过急，还是先研究几个月再说"……

郑絪没有与她废话，只是在纸上写了四个字：立嫡以长——册立长子为继承人，并将纸条直接送到了皇帝面前。

李诵看后点了点头。

他虽然讲不了话，但头脑还算清楚，知道以自己目前的身体状况，确实应该尽早册立太子，而他的长子李淳自幼又十分聪慧明达，应该是合格的继承人选。

立太子的事就这样定了下来。

四月初六，李诵驾临宣政殿，正式册封长子李淳为太子，同时更名为李纯。

李纯当时二十八岁，仪表堂堂，风度翩翩，满朝文武见了都十分欣慰，朝堂上一片欢声笑语，只有王叔文始终一言不发，脸上的表情比中国男足近年来的战绩还要难看。

仪式结束后，他还情不自禁地吟诵起了杜甫纪念诸葛亮的那句诗：出师未捷身先死，长使英雄泪满襟！

显然，此时他心中已经有了不祥的预感。

之前只有他和王伾能通过李忠言、牛昭容和皇帝建立联系，现在他的死对头俱文珍等人居然也能这么干了，而且这些人还有拥立太子之功，将来一旦俱文珍和太子联手，自己唯一的出路，肯定是穷途末路！

这让王叔文感到不寒而栗，寝食难安。

他强烈地意识到，要想保证自己的安全，就必须把掌控在宦官手里的兵权夺过来！

公元805年五月，一个新的任命出台了：右金吾大将军范希朝改任左右神策军京西诸城镇行营节度使，度支郎中韩泰为行军司马。

范希朝是资历颇深的老将，韩泰则是王叔文的同党，因此明眼人一看便知，王叔文这是在故技重施，把范希朝推到前台做幌子，而让心腹韩泰掌握实权。

然而这次王叔文却打错了算盘。

神策军归属宦官主管已有近二十年，各级将领与俱文珍等宦官首领之间早已建立了极为深厚的关系——说好听点叫鱼水情深，说难听点叫狼狈为奸。

在得知王叔文一党企图夺取兵权后，俱文珍马上向将领们发出了指示：绝不能把一兵一卒交给别人！

因此，尽管范希朝和韩泰上任后第一时间就向各级将领发出了过来开会的通知，可他们在会议室里等了一个多月，除了墙角的一只蜘蛛，竟然连一个活着的生物都没有见到！

那么多神策军将领，一个都没来！

无奈，韩泰只好灰溜溜地回去复命。

王叔文闻讯大惊。

他之前也许预料到这事不会很顺利，但万万没想到事情会坏到这样的地步！

之所以这么说，是因为他知道，这次的行动不但没打着草，反而惊了蛇，接下来等着自己的必然是以俱文珍为代表的宦官群体的疯狂报复！

他的判断没错。

仅仅几天以后，他就接到了一个新的任命：提拔为吏部侍郎，同时免去翰林学士一职。

这让王叔文更加不安。

他之前也许预料到会有问题，但万万没想到问题会严重到这样的地步！

因为吏部侍郎一职虽然品级更高，可毕竟只是一个部门的长官，对朝政的影响力远远比不上拥有起草诏书特权的翰林学士！

王叔文之前一直坐镇于翰林院，领导这场改革，倘若他失去了翰林学士这个头衔，就彻底被排除在朝廷的决策圈之外了！

但在王叔文看来，这还不是最可怕的。

最可怕的是，从这个诏书的内容来看，皇帝已经被俱文珍等宦官控制了！

当然，就如一条离开水的鱼也会拼命挣扎一样，王叔文也不甘心接受这样的现实。

抱着最后的一丝希望，他又让王伾替自己上疏请求保留翰林学士职务。

结果自然是毫无悬念的。

不准。

对方作出的唯一让步是王叔文可以每隔三五天去一趟翰林院，吃点免费的餐食、喝点免费的饮品、上个免费的厕所……这些都没问题，但要想参与决策，那是绝无可能的！

在王叔文被免掉翰林学士后，改革派手中唯一的资源只剩下了担任宰相的韦执谊。

可惜的是，此时的王叔文和韦执谊之间也已经渐行渐远，从之前的同舟共济变成了如今的同床异梦，从之前的无话不说变成了如今的无话可说，从之前的刎颈之交变成了如今的脸上笑嘻嘻心里骂对方不是东西之交。

这主要源于两人的想法不同。

王叔文觉得，韦执谊是靠着自己才当上宰相的，应该完全听命于他王叔文，他指东韦执谊就不能往西，他让摸狗韦执谊就不能偷鸡；而韦执谊却认为，他作为宰相，表面上看起来必须要显得公正，因此不可能事事都按照王叔文的意思做，而且在他看来，王叔文做事太急，树敌太多，有时也要妥协，要讲究策略。

正是这种观念上的巨大差异，导致了他们分道扬镳。

史载当时有个叫羊士谔的官员经常抨击王叔文的政策，王叔文恼羞成怒，要求韦执谊找个由头将其斩首，以便杀一儆百。

但韦执谊却无论如何都不同意。

他认为这么做不符合相关法规，容易激起众怒，让本来就没多少群众基础的改革派更加孤立。

无奈，王叔文只好退了一步，命他将羊士谔杖杀。

然而韦执谊还是坚决不从，只是将羊士谔贬官了事。

这令王叔文大为不满，从此便对韦执谊有了意见。

而之后不久发生的另一件事，又让他们的关系雪上加霜。

那一次，西川节度使韦皋派他的心腹支度副使刘辟来到长安，秘密求见了王叔文。

韦皋那时名气很大，在西南地区甚至整个唐朝都有很高的威望。

他节制西川已长达二十年，这些年他坚决执行联合南诏打击吐蕃的战略，曾多次大败吐蕃，史称其"功烈为西南剧"，他本人也因功被加封为检校太尉、南康郡王。

在这次会见中，刘辟带来了韦皋的口信：太尉让我向王公您致意，希望您能帮忙将三川（西川、东川、山南西道）之地都划归太尉管辖，他一定以死相报。

显然，韦皋想和王叔文做笔交易。

在韦皋看来，王叔文是不该拒绝的。

因为，以韦皋的实力和名望，如果能成为二王的盟友，对他们的改革肯定会有极大的帮助。

可惜，王叔文是个讲原则的人。

他不仅没有答应，反而冷笑道：如果我不给呢？

刘辟毫不客气地回答：那我们会用另一种方式回报！

王叔文勃然大怒——你一个节度使的下属，居然敢如此威胁我！

他当场下令将刘辟轰了出去。

刘辟走后，王叔文越想越气，又给韦执谊下令，要求处死刘辟。

这次韦执谊又拒绝了。

此时刘辟也察觉到了不对，马上逃回了成都。

听说刘辟跑了，王叔文忍不住大发雷霆，对韦执谊也更加怨恨。

韦执谊，你实在是太过分了！

你只是我找来抬柱子的，现在居然把自己当成了台柱子！

两人的隔阂自此越来越深。

从处理羊士谔和刘辟两人的事情来看，王叔文虽然有很高的政治理想，却没有足够的政治手腕和权谋，做事认死理，不懂变通，而且胸怀也不够宽广，睚眦必报，手段还简单粗暴，容不得任何不同意见。

这样的人，在古代中国的政坛，显然是很难不跌跟头的。

很快，王叔文就为自己的不成熟付出了代价。

西川节度使韦皋是个说到做到的人，在王叔文那里碰壁后，马上就作出了回应。

他先是给皇帝李诵上了一道奏表，委婉地请求让太子暂时监国。

接着他又给太子李纯写信：圣上龙体欠佳，委政臣下，然而所托非人。王叔文、王伾、李忠言之流，无才无德，结党营私，败坏朝纲，请殿下尽早启奏皇上，斥逐这群小人，如此国家才会安定！

韦皋之所以敢这样明目张胆地说王叔文的坏话，无疑是经过深思熟虑的。

一方面，他手握重兵，又远在西蜀，王叔文不可能动得了他；另一方面，他也知道王叔文不得人心——除了身体不佳的皇帝和少数党羽，包括太子李纯在内的几乎所有人都是王叔文的敌人。只要太子上台，那么王叔文的倒台就是迟早的问题！

在韦皋上表之后，荆南节度使裴均、河东节度使严绶也先后上表，要求让太子监国。

裴均和严绶的上表究竟是他们自发的，还是出自韦皋的串联，抑或来自别人的授意，我们不得而知，但毫无疑问，他们都把宝押在了太子身上，把矛头对准了王叔文一伙！

一时间，山雨欲来风满楼，太子即将监国的传闻不胫而走，在社会上传得沸沸扬扬。这样的消息，显然是王叔文最不愿意听到的。

可是，他又有什么办法呢？

他整天搜肠刮肚，却依然毫无眉目；他整天费尽心机，却始终找不到任何转机。这让他感到如坐针毡，度秒如年。

他怎么能不担心呢？

人生中最可怕的，不是悲剧的来临，而是你明知它在路上，却不知道它什么时候抵达！

偏偏就在此时，王叔文家里又传来了噩耗：他母亲病危了！

真是屋漏偏逢连夜雨，癌症晚期又脑梗，他更加方寸大乱。

因为，按照当时的惯例，一旦其母去世，他就必须回家服丧，而只要他一离开朝廷，那些反对派就会对他群起而攻之，让他死无葬身之地！

怎么办？

王叔文陷入了沉思。

正所谓功夫不负有心人，经过一番夜以继日的苦思冥想，他终于有了收获——想出了一步臭棋——向对手摇尾乞怜。

他特意摆了一桌丰盛的酒席，邀请曾与自己在翰林院共过事的几位翰林学士以及俱文珍、刘光琦、李忠言等宦官一起喝酒。

席间，王叔文站起来一边敬酒，一边诚恳地对众人说：叔文母亲病重，准备请假回家侍奉。我近来竭尽心力，不避危难，都是为了报答朝廷厚恩。但做事嘛，总难免是要得罪人的，我离职以后，各种诽谤必将纷至沓来。各位谁能体察我的苦心，替我说一句公道话？……

然而他的话还没说完，就被俱文珍打断了：公道话？公道话多少钱一斤啊？

王叔文：我是说希望帮我解释……

俱文珍：解释啥？解释你为什么要在朝廷中大肆安插亲信吗？

…………

就这样，王叔文说一句，俱文珍就毫不客气地反驳一句，搞得在座的每个人都十分尴尬。

此时的王叔文有求于人，早已没有了原先的傲气，明知俱文珍是有意刁难，也只能满脸堆笑，频频劝酒。

此时的他，不是在装孙子，完全是真孙子！

可王叔文越是这样低到尘埃里，俱文珍就越是不把他放在眼里。

稍微喝了几口酒后，俱文珍就大大咧咧地甩手而去。

见他走了，其他人勉强坐了几秒，也都争先恐后地告辞。

宴席就这样不欢而散。

数日后，王叔文的母亲去世，他不得不回家服丧，离开了朝廷。

他这一走，改革派群龙无首，顿时乱成一团。

王伾心急如焚，可擅长写书法的他却不擅长想办法，因此也没什么好主意，只能秉承着"梦想还是要有的，万一人家神经搭错了呢"的撞大运精神，厚着脸皮前去央求俱文珍等宦官以及老宰相杜佑，请求重新起用王叔文，让他出任宰相并统领禁军。

显然，这已经不是异想天开了，完全是臆想、天真！

结果当然是对着香炉打喷嚏——碰了一鼻子灰。

王伾还不甘心，又接连给皇帝上了三封奏疏。

可他得到的回应，依然是没有任何回应。

这下王伾更慌了。

他坐卧不宁，茶饭不思，除了发愁还是发愁，除了发呆还是发呆，后来终于发了病——这天晚上，正在办公室值班的他突然发出一声惨叫：我中风了！

之后他就被抬回了家，从此再也没有出门。

究竟他是不是真的中了风，没人知道。

但所有人都知道，以王叔文、王伾为首的改革派大势已去，等待他们的只能是任人宰割了！

二王八司马

接下来发生的一切也正是这样。

二王离开朝廷后，以俱文珍为首的宦官联合太子李纯彻底把控了局势。

公元805年七月二十八日，顺宗李诵正式发布了命太子监国的诏书。

八月初四，李诵再次下诏，自己退位为太上皇，太子李纯继位，是为唐宪宗。

一天后，太上皇李诵从大明宫迁出，改居兴庆宫，同时宣布将当年的年号改为永贞——按惯例，新皇帝继位后要到第二年年初才能改元，但李诵当皇帝的时间实在是太短了，为了弥补他没有自己年号的缺陷，这次只能破例了。

毫无疑问，皇帝的更替，就意味着二王的末日。

宪宗李纯上台后的第一道命令，就是将王伾贬为开州（今重庆开州区）司马，王叔文为渝州（今重庆市区）司户。

不久，王伾病死。

几个月后，太上皇李诵驾崩，享年四十六岁。

可怜他当了整整二十五年的太子，好不容易熬到父亲去世，却只做了几个月有名无实的天子就被迫退位成了太上皇，接着又只做了几个月无人问津的太上皇就成了先皇！

正所谓，充电五小时，通话几秒钟！

这是何等的悲催！

顺宗李诵去世后，王叔文随即被宪宗李纯赐死。

二王都倒了霉，改革派的其他成员当然也不可能幸免。

韦执谊被贬为崖州司马；柳宗元先贬邵州（今湖南邵阳）刺史，再贬永州司马；刘禹锡先贬连州（今广东连州）刺史，再贬朗州司马；韩泰、韩晔、陈谏、凌准、程异等其他五名"二王集团"的干将也悉数被贬到了远离中原的偏远地区担任司马……

这个失败的改革集团由此有了一个专属的历史名称"二王八司马"，这次短命的改革则被称为"永贞革新"。

永贞革新之所以会失败，原因是多方面的。

从主观上来说，王叔文名望太低，性子太急，手段太硬，做事太缺乏弹性，最终导致到处树敌，四面楚歌；从客观上来说，当时的大唐帝国早已沉疴难返，很多问题由来已久，绝不是区区几个缺乏政治经验和执政基础的理想主义者所能改变的。

这短短几个月的历史中，充斥着各种谜团。

顺宗李诵让太子监国，以及退位为太上皇，究竟是出自他的本意，还是来自别人的胁迫？如果是胁迫的话，胁迫他的人，到底是俱文珍等宦官，还是太子李纯，抑或李纯和宦官联手？

甚至连李诵的死，都有着不少疑点。

他究竟是病死的，还是非正常死亡？如果是非正常死亡的话，谁才是凶手？……

没人知道这些问题的答案。

我们只知道，历史已经翻开了新的一页。

现在站在聚光灯下的，是二十八岁的新皇帝——唐宪宗李纯。

第三十八章　一波三折

征西川小试牛刀

李纯自幼就聪颖过人，据说在他六七岁时，他的祖父德宗李适在抱着他玩耍时曾开玩笑问他：你是什么人？为什么会在我的怀里？

没想到小屁孩李纯竟然回答得有模有样：我是第三天子啊！

李适听了忍不住哈哈大笑——李纯是太子李诵的长子，是皇帝这个职位的第三顺位继承人，可不就是第三天子嘛！

从此，他对李纯刮目相看，这孩子不一般！

应该说，他没有看错，李纯的确不是一般人。

他虽然年轻，却一直都有着极为高远的理想。

那就是中兴大唐，恢复祖上的荣耀！

然而理想和现实的差距，有时比我和谷爱凌的滑雪水平差距还要大。

刚一上台，李纯就遇到了一个严峻的考验。

就在他登基的当月，西川节度使韦皋病逝，其亲信支度副使刘辟（就是曾和王叔文接洽的那位）没等朝廷任命就自立为留后，随即授意众将上表，要求皇帝正式任命自己为节度使。

这给李纯出了个难题。

西川不是河北，一直以来都是忠于朝廷的，节度使之前也都是朝廷任命的，从来没有自立的情况，这次如果对刘辟妥协，岂不是坏了之前的规矩，有损朝廷的权威！可是如果不同意，刘辟会乖乖地听命吗？会不会惹出乱子？

李纯没有把握。

思来想去，他最后还是拒绝了刘辟的请求。

他任命宰相袁滋为新任西川节度使，同时征召刘辟入京，担任给事中。

不过，决策虽然作出了，李纯却始终心神不定，仿佛一个在等待高考成绩公布的考生一般忐忑。

一个月后，结果终于出来了。

李纯最不愿见到的事发生了——刘辟抗旨不接受征召，拥兵自守，袁滋无法入蜀，只得悻悻而返！

李纯很生气。

不过，考虑到自己刚登基，形势还不稳定，虽然恨得牙痒痒，可他最终对刘辟作出的处理却轻得堪比挠痒痒：你不是想当西川节度使吗？我不同意！……我只任命你为西川节度副使，代行节度使职权！

这等于是变相满足了刘辟的要求——代行节度使职权，不就等于是事实上的节度使嘛。

按说，刘辟对此应该满足了。

但刘辟却没有。

他把皇帝对他的让步，当成了皇帝不敢说不；他把皇帝对他的容忍，当成了皇帝是个孬人。

公元 806 年初，他再次上表，要求兼领三川，也就是说，他想同时担任西川、东川（今四川三台）、山南西道三镇的节度使。

看到刘辟的表文，李纯肺都气炸了，马上作出了答复：绝对不行！

本来，让刘辟接管西川他已经很不舒服了，现在刘辟居然得寸进尺，他怎么可能接受得了！

没想到刘辟竟对皇帝的意见视而不见，悍然派兵攻打东川，包围了东川的治所梓州（在今四川三台）。

这下李纯忍无可忍了。

刘辟这么胆大妄为，如果再不给他点颜色看看，谁还会把朝廷放在眼里？要是其他地区的节度使也效仿刘辟，他这个皇帝恐怕就成了货真价实的孤家寡人了！

他要是再保持沉默，等着他的就只能是沉没！

他当即决定发兵讨伐刘辟。

可这个决定，却遭到了朝中不少大臣的反对。

不是他们认为不该打，而是认为不能打——在他们看来，蜀地险要，难以攻取，搞不好会酿成不可收拾的后果。

只有宰相杜黄裳和翰林学士李吉甫两人坚决赞成出兵。

杜黄裳掷地有声地说：刘辟不过是个口气大能力不大、眼界高水平不高的狂妄书生而已，制服他易如反掌！神策军将领高崇文有勇有谋，堪当大任，陛下如果让他带兵出征，不要设置监军，臣保证他一定能平定刘辟！

杜黄裳的话，让李纯下定了最后的决心。

他当即任命高崇文为主帅，会同另一名神策军将领李元奕以及山南西道节度使严砺前往讨伐刘辟。

此令一出，全军哗然。

因为当时高崇文只是神策军中的一名普通将领，之前的表现并不十分突出，比他优秀的将领不说多如牛毛吧，至少也是多如蜈蚣脚。

人们不明白，朝廷选择主帅的标准到底是什么。为什么不选战功高的，不选地位高的，也不选颜值高的，偏偏选了一个姓高的？

然而后来发生的事证明，这次朝廷并没有用错人。

高崇文治军严明，雷厉风行，在接到命令后仅用了一个时辰就做好了全部准备，随即率军开拔，军中所有物资一应俱全。

正月底，高崇文率部兵出斜谷（又名褒斜道，穿越秦岭的谷道之一），李元奕部则从骆谷（又名傥骆道，穿越秦岭的谷道之一）进军，兵锋直指梓州。

没想到讨伐军刚出发不久，前线就传来了一个令人不安的消息——刘辟已经攻陷梓州，生擒了东川节度使李康！

一时间，讨伐军军心浮动——咱们本来是去救援梓州，现在梓州都陷落了，还去那里干什么？

但主帅高崇文却依然信心十足：叛军刚打下梓州，立足未稳，咱们现在去，去得正是时候！

他下令部队全速进军，很快就赶到了梓州城外。

果然如他所料。

叛军军心不稳，听说政府军大举来攻，竟然不战而逃。

高崇文就这样兵不血刃地占领了梓州。

与此同时，山南西道节度使严砺也攻克了剑州（今四川剑阁）。

刘辟闻讯大惊，慌忙命人把刚俘获的李康送到了高崇文那里，想要以此求得朝廷的谅解——咱们各退一步，东川我不要了，朝廷你也不要再讨伐我了，各回各家吧。

不过，他这个想法也许很真实，但却完全不现实。

高崇文对此嗤之以鼻——生米已经煮成熟饭，造反已经造到一半，居然还想回到原先的状态？怎么可能？

他没有与刘辟废话，马上以"守土不力"的罪名将李康斩杀。

数日后，皇帝李纯也表达了绝不原谅的态度，下诏宣布削夺刘辟的所有官爵。

知道自己彻底失去了与朝廷和解的可能，刘辟只能硬着头皮继续负隅顽抗。

他命人在成都以北的战略要地鹿头关（今四川德阳北）修筑了八座城堡，并布置了重兵。

高崇文没有强攻。

他一面率部与叛军在鹿头关对峙，一面命人四处出击，在德阳（今四川德阳）、汉州（今四川广汉）、绵州（今四川绵阳）、玄武（今四川中江）等地多次击败叛军，之后唐军勇将阿跌光颜又领兵切断了鹿头关叛军的粮道。

鹿头关守将见大势已去，只好打开城门，投降了唐军。

之后高崇文率部长驱直入，很快就攻克了成都。

刘辟仓皇出逃，企图投奔吐蕃，半路上被唐军追兵追上抓获，随即被送往京城斩首。

西川就此平定。

就这样，李纯登基后的第一次军事行动就取得了干脆利落的胜利。

这次平叛也向全国各地的藩镇发出了一个强烈而又清晰的信息：新皇帝李纯不会像他的祖父那样对藩镇采取姑息政策，不要试图挑战他的底线！否则，刘辟就是例子！

有什么样的锅就有什么样的盖，有什么样的皇帝就有什么样的宰相。

宰相杜黄裳对藩镇的看法，几乎和李纯完全一致：德宗皇帝自从经历过忧患后，总是无原则地迁就藩镇，节度使变成了终身制，只要节度使还活着，朝廷就不免除他们的职位，就是节度使去世了，也要派宦官去征求当地将领们的意见，只有将领们支持的人，朝廷才会授予节度使旌节，所有的任命，几乎都不是出于朝廷的本意。陛下要重振朝纲，就必须依照法度来约束藩镇！绝不能像以往那样听之任之！

对杜黄裳的话，李纯深以为然。

在杜黄裳推荐的高崇文一举平定蜀地后，李纯对杜黄裳更是赞叹不已：这一切都是爱卿你的功劳啊！

不过，杜黄裳虽然有经国之才、识人之明，但他性情火暴，为人又不拘小节，说话总是直来直去，完全不懂察言观色，经常是皇帝夹菜他转桌，皇帝听牌他自摸，皇帝想要静静他啰唆……

时间长了，李纯到底还是受不了他的臭脾气，便免去了他的宰相职务，改任他为河中节度使。

数年后，杜黄裳在河中去世，享年七十一岁。

顺便说一下，杜黄裳是顺宗时改革派宰相韦执谊的岳父，两人虽有翁婿之亲，政治立场却截然不同，这也是杜黄裳得到李纯信任的重要原因。

杜黄裳离开朝廷后，接替他出任宰相的，是户部侍郎武元衡和翰林学士李吉甫。

武元衡出自武则天一族——其曾祖父是武则天的堂兄弟，祖父武平一是著名的才子，他本人也以博学多才而著称，二十多岁就中了进士，顺宗李诵在位时，时任御史中丞的他因看不惯王叔文一党的专权跋扈而被王叔文贬官，但正所谓一朝天子一朝臣，后来宪宗李纯上台，王叔文一派倒了霉，曾受到王叔文打压的武元衡则备受青睐，从此青云直上，一路做到了宰相。

和武元衡一样，李吉甫也出身名门——关东大族赵郡李氏，其父李栖筠是代宗李豫在位时的名臣，他早年以门荫入仕，在朝中历任太常博士、驾部员外郎等官职，却不知因何不受宰相陆贽的待见，被赶出了京城，但他以德报怨，对后来被贬为自己下属的陆贽非常优待——这一段之前曾经讲过。由于在地方上政绩颇佳，名声颇好，李纯登基后，李吉甫被重新召回朝廷，先后出任知制诰、翰林学士等多个要职。

武元衡、李吉甫两人与杜黄裳的政治理念相近，都主张大力加强中央集权，对藩镇采取强硬政策。

第一个往他们刀口上撞的，是镇海节度使李锜。

李锜是唐朝宗室——唐高祖李渊堂弟淮安王李神通的六世孙，其父李国贞在安史之乱时为国捐躯，既是皇亲国戚又是烈士子弟，李锜的仕途自然走起来十分顺畅，加上他又非常善于经营，经常贿赂德宗李适身边的宠臣，因此很受李适的信任，从而得以出任镇海节度使这一肥缺。

镇海节度使又名浙西节度使，管辖润（今江苏镇江）、常（今江苏常州）、苏（今江苏苏州）、湖（今浙江湖州）、杭（今浙江杭州）、睦（今浙江建德）等江南六州之地，也就是今浙江北部、江苏南部一带，这里在当时属于富得流油的地方，更是朝廷的财赋重地，也正是基于这个原因，李锜还兼任了盐铁转运使，把持了全国的财政大权。

李锜是个野心勃勃的人。

上任以来，他一面不断用大笔钱财给德宗进贡以巩固自己的地位，一面凭借着雄厚的财力大肆扩军，还模仿当初的安禄山组建了直属于自己的两支亲兵队伍——一支由善于射箭者组成，称为"挽硬随身"；一支由能征惯战的胡人组成，称为"番落健儿"，这些人都称李锜为义父。

手中既有钱又有兵，上头又有皇帝做保护伞，李锜自然无所顾忌。

他在浙西横行霸道，作威作福，滥杀无辜对他来说属于常规操作，强抢民女在他看来是小事一桩，搞得浙西百姓对他切齿痛恨。

但李锜却很享受这样的生活，成天得意扬扬，自信满满，走路从来都是横着走的，眼睛从来都是朝着天的，说话从来都是不好好说的，一副"我不管你们有没有钱，反正都不如我有钱；我不管你们牛不牛，反正都不如我牛"的样子。

可惜他这种所谓的好日子并没有持续太长时间。

顺宗李诵继位后，王叔文执掌朝政，他很看不惯李锜的做派，便免去了李锜盐铁转运使的职务，这让李锜心中很愤愤不平，从此有了反意。

之后宪宗李纯上位，开始打压藩镇，并以雷霆万钧之势迅速平定了西川刘辟的叛乱。

受此震慑，不少藩镇纷纷请求入朝，李锜也不例外。

本来李锜以为这只是做做样子而已，没想到朝廷竟然对他动了真格——宰相李吉甫等人早就看出李锜有不臣之心，便让皇帝李纯顺水推舟，任命李锜为尚书左仆射，要他立即进京赴任。

李锜当然不肯去——朝廷这么做摆明着是对自己不放心，他怎么能自投罗网呢？

于是他开始找出各种理由拖延，今天是脚崴了脚疼，明天是牙蛀了牙疼，后天是买了一件超贵的物品心疼……

后来见实在找不到借口了，他干脆上表宣称自己病了，至少要等到年底才能成行。

李纯就此事征求大臣们的意见：这个李锜，大家觉得该怎么处理啊？

宰相武元衡首先发言：李锜说入朝就入朝，说不入朝就不入朝，他这是把朝廷当成菜市场了——想来就来，想不来就不来，绝不能对他妥协，否则以后陛下何以号令天下！

他的话，正合李纯之意。

李纯不仅拒绝了李锜的请求，还派使者前去催促。

李锜还是不走。

他授意手下的亲兵发动兵变，当着使者的面杀死了朝廷任命的留后王澹，接着以此为由上疏皇帝，说浙西如今形势不稳，自己如果离开，局面将难以收拾。

然而李纯根本不吃他这一套，依然坚持要他马上入朝——别再耍什么花招了，再嚷嚷除入朝之外的一切，我就让你失去一切！

这下李锜再也忍不住了，马上决定扯起反旗，起兵造反。

李纯随即下诏剥夺了李锜的所有官爵，命淮南、宣歙（今安徽宣城）、江西、浙东等浙西周边诸道兵马前去讨伐李锜。

事实证明，这完全是杀鸡用牛刀。

讨伐军还没出发呢，叛乱居然已经平定了——李锜手下的兵马使张子良等将领知道李锜不得人心，跟着他这样慌不择路，结果肯定是走投无路，便反戈一击，生擒李锜，归顺了朝廷。

李锜随即被押往京城处死。

就这样，李纯上位后针对藩镇的两次军事行动都取得了圆满的成功。

然而他对此并不满足。

因为他知道，自己真正的劲敌，还在后面。

那就是割据已久的魏博、成德、幽州、平卢、淮西这五个藩镇！

五个藩镇中，魏博、成德、幽州地处河北，都由安史叛将的后代或部下控制，合称河朔三镇，平卢、淮西两镇则位于黄河以南，由发动兵变的原唐朝将领及其后代把持，多年来，他们不仅职位世袭，赋税自享，基本处于半独立状态，而且还曾多次结成联盟，共同对抗朝廷，朝廷根本奈何不了他们。

现在，李纯不打算再忍下去了。

宦官做主帅

不过，吸取了祖父德宗李适当年削藩失败的教训，李纯并没有急于动手，而是一直在耐心等待时机。

当初他刚登上帝位的时候，正好遇上平卢节度使李师古（李纳之子）去世，其弟李师道随即被拥立为副使，总揽军中事务，并向朝廷请求正式任命。

考虑到那时正在对西川用兵，李纯为了避免陷入两线作战的困境——毕竟，他只有一桌菜的本钱，不可能同时宴请两桌客人，因此他最后并没有为难李师道，还是按照老规矩承认了李师道的地位，很快就任命李师道为平卢节度使。

但这显然并不能代表李纯的本意。

公元 809 年二月，成德节度使王士真病死，其子王承宗自立为留后，并按照以前的惯例向朝廷请求正式任命。

此时已是李纯执政的第四个年头，一切都已步入正轨，形势比较稳定，人心比较安定，加上之前几次军事行动都比较顺利，此时的他，可谓是春风得意马蹄疾，总想下一盘很大的棋，便决定以此为突破口，一举解决多年来河北藩镇父死子继、不听朝廷号令的顽疾。

他的计划是：从朝中选派一人前往成德出任节度使，如果王承宗胆敢不从，便用武力解决！

听起来是不是非常简单？

但实际上，就像"要通过炒股实现财务自由，只需每天赚本金的1%"这句话一样，很多听上去很简单的事，真正要想实现其实非常难。

李纯也知道此事非同小可，不能草率从事，便召集宰相商议此事。

当时李吉甫已经被外放为淮南节度使，接替他的，是原户部侍郎裴垍（jì）。

裴垍出身于河东名门闻喜裴氏，自幼聪颖过人，二十出头就中了进士，后来又在"贤良极谏"制举考试中取得第一名的佳绩，自此走上仕途，从县尉一直做到了百官之首的宰相。

裴垍为人正直，做事勤勉，但由于过度操劳，他老得比常人早很多——四十多岁的年纪，八十多岁的外貌，须发尽白，皱纹深得可以夹死蚊子。更可贵的是，他不仅极其努力，而且能力也非常强，尤其善于发掘人才，后来的名相李绛、裴度等人都是凭借他的举荐而得到重用的。

这次听说皇帝要对成德动武，裴垍并不赞成。

他劝谏说：平卢李师道的父亲李纳对朝廷骄横不恭，而成德王承宗的祖父王武俊则曾经有功于国，陛下之前允许李师道继任节度使，现在却不让王承宗接班，这明显不合情理，王承宗肯定会不服的。

听了他的话，李纯也有些犹豫，便又召来几位翰林学士，想听取他们的意见。

首先发言的，是翰林学士李绛。

李绛和李吉甫来自同一个家族——赵郡李氏，只不过，李吉甫是凭借门荫入仕，而李绛则是进士出身，他最大的特点就是直言敢谏，颇有初唐名臣魏徵之风。

在这个问题上，李绛的态度和裴垍几乎如出一辙，只不过他的分析更加细致：河北诸藩不遵朝廷号令，此事确实令人愤慨，但现在要马上革除这种积弊，恐怕还不是时候。成德自王武俊以来，父子相承已四十余年（原文如此，准确地说是三十七年），不论百姓还是军士对此都早已习以为常，不认为有什么不对。何况王承宗现在已经接管了军政大权，恐怕不会服从朝廷的安排。幽州、魏博、平卢一向与成德利益相通，如果他们听说朝廷要派人接管成德，也必然会感到不安，一定会暗中援助成德。这样一来，情况就复杂了。如今江淮一带水灾严重，国家财政比较困难，还是不要轻启战端。

李纯很失望。

不过，由于裴垍、李绛等人的理由听起来都很充分，他也不好多说什么。

但他的内心，无疑还是感到有些不甘的。

不仅不甘，而且不爽。

难道我就只能什么也不做，眼睁睁地看着这些藩镇游离于朝廷之外？难道我就只能接受这个无奈的现实？

李纯的心思，没有逃过一个人的眼睛。

此人名叫吐突承璀，是李纯的心腹宦官，自幼就在东宫服侍李纯，他反应敏捷，尤其擅长察言观色——李纯要休息他送枕头，李纯要打人他递榔头，李纯要发泄他甘愿当冤大头，因此深受李纯宠信。

李纯当上皇帝后，他也跟着飞黄腾达，被提拔为知内侍省事、左监门将军，不久又升任左神策军中尉，掌管了禁军。

这次见皇帝在为削藩的事犯愁，吐突承璀主动站了出来，表示愿为国家分忧，并声泪俱下地请求率军讨伐王承宗：不灭王承宗，我就不是个男人……不，我就不是个公公！

对他的表现，李纯很满意，也很受感动。

但他当时并没有马上表态。

在他看来，吐突承璀的确是忠勇可嘉，虽然没有任何战争经验，可这并不是太大的问题——霍去病第一次上战场前有经验吗？

关键的问题在于，裴垍、李绛等一帮重臣都不赞成对成德用兵，更不可能赞成让吐突承璀这样一个宦官出任主帅。

该怎样才能说服这些人呢？

好在他作为一个皇帝，也许缺少爱，也许缺少钙，但身边绝不可能缺少马屁精的存在。

宗正少卿李拭看出了李纯的意图，主动上奏说：王承宗不能不讨伐！吐突承璀是陛下的旧臣，应该让他来统率大军出征，谁敢不服！

看了李拭的这个奏表，李纯龙颜大悦：来得真是太及时了！

可惜，这对李拭来说，似乎并不是一个好消息。

因为皇帝接下来就做了这么一件让他做梦都想不到的事。

李纯先是给李绛等大臣当面展示了李拭的奏表，接着又严肃地对他们说：此人是个奸臣，他知道朕打算让吐突承璀挂帅，所以故意投朕所好。诸位一定要记住这个名字，以后绝不能提拔此人！

显然，李纯这次是故意利用李拭的奏表说事，从而借他的口不露痕迹地透露出自己打算让吐突承璀统兵的事，以此来试探大臣们的反应——如果他直接说自己要让吐突承璀当主帅，那就太刻意了，也太鲁莽了。

由此可见，李纯虽然年纪尚轻，心机却并不简单。

心机不简单的，还有李绛等人。

他们都是官场老手，当然不会不明白皇帝的意思。

正如"重要的会议人不多，人多的会议不重要"一样，这句话中也是字数多的地方不重要，重要的地方字数不多。

最关键的信息，只有"朕打算让吐突承璀挂帅"这区区十个字！

不过，他们谁都没接皇帝的话。

毕竟，这事对他们的冲击力实在是太大了——在唐朝甚至整个中国的历史上，由宦官直接出任主帅，似乎还没有过先例！

见大家都眼观鼻鼻观心心中不知在念什么经，没一个人吱声，李纯知道他们都在做思想斗争，便也没有多说。

不久，传闻说幽州节度使刘济、魏博节度使田季安也得了重病（从后来发生的事来看，这似乎是个彻头彻尾的假消息，我个人估计可能是李纯故意制造出来的），李纯便借此对李绛等翰林学士老话重提：如今听说刘济、田季安也快不行了，难道朝廷永远只能让这些人的儿子接任节度使吗？这样下去，天下何时才能太平！现在朝野很多人都认为应该趁此机会把权力收归朝廷，你们觉得怎样？

然而李绛还是坚持认为不可。

他说：这些人看到陛下当初轻松平定西川和浙西，所以才劝陛下在河北也这么干，但实际上，河北的形势与西川、浙西两地完全不同，西川、浙西向来都忠于朝廷，周边也都在朝廷控制中，刘辟、李锜两人的部下也并不与他们一条心，他们的失败乃是必然。可河北诸镇近五十年一直都不受朝廷直接控制，辖区的军士和百姓都只知有镇将而不知有朝廷。另外，他们相邻各镇虽然也有矛盾，但只要听说朝廷不让他们世袭，他们必定会为了子孙的利益而抱团与朝廷对抗。所以臣以为对河北诸镇，只能等待合适的时机再说。

那么，究竟该怎样处理成德的问题呢？

经过多次讨论，他们最终想出了一个折中的办法——允许王承宗继任成德留后，但要求他从成德分割出德州（今山东德州）、棣州（今山东惠民）二州，以削弱成德的实力。

然而这个方案还没来得及正式实施，又出现了一个新情况。

淮西节度使吴少诚也病危了！

得知这个消息后，李绛马上进谏说：吴少诚看来是活不了多久了，淮西的情况与河北不同，却与西川、浙西颇为相似——周围都是朝廷直接管辖的州县，没有任何党援。收回淮西，现在正是时候。等吴少诚一死，朝廷应该马上就委派新的节度使，如果他们抗命，我们就派兵征讨。不过，为了避免两线作战，我们应尽快把成德的事情处理好，以便集中精力对付淮西。

李纯接受了他的提议，随即派使臣前往成德，按照之前拟定的方案与王承宗沟通。

由于很长时间都没得到朝廷的正式任命，王承宗心中一直惴惴不安——生怕朝廷不同意他继任节度使，现在听使者说朝廷已经答应他了，只不过要让他稍微出点血——剥离德、棣二州，他一下子就松了口气。

就如本来担心自己可能会得癌症后来发现只是炎症花钱就能治好的人一般都不会在乎出点钱一样，他也马上就满口答应了朝廷提出的条件。

交易就此达成。

很快，李纯正式任命王承宗为成德节度使，同时又以原属成德的德、棣二州为基础，组建保信军，以原德州刺史薛昌朝为保信军节度使。

看起来，一切都非常顺利。

无论是皇帝李纯还是他手下的大臣都放心了。

可出乎他们意料的是，变故还是发生了！

更出乎他们意料的是，坏事的根本不是这笔交易的当事人，而是隔壁老王，不，是隔壁老田——魏博节度使田季安！

皇帝李纯刚刚发布王承宗和薛昌朝的任命状，田季安已经通过朝中的内线得知了消息。

按理说，朝廷和成德的这份交易跟他并没有什么关系，可嗅觉灵敏的他却硬是从中嗅到了令人不安的味道——朝廷今天可以让成德割两个州，下次就可以让魏博、幽州也割两个州，这种温水煮青蛙般的削藩要是持续下去，包括他们魏博在内的河北藩镇早晚会彻底凉凉！

不行，无论如何都必须阻止这件事！绝不能让王承宗开这个坏头！

想到这里，他当即派人前往成德游说王承宗。

此人具体怎么游说的我不知道，我只知道此人口才非常了得，一下子就把王承宗说动了——他马上命人前往德州，将薛昌朝抓到真定（成德治所，今河北正定）关押起来。

就这样，等前去宣布任命的朝廷使者赶到德州的时候，原定的保信军节度使人选薛昌朝已经成了王承宗的阶下囚！

使者只好灰溜溜地回去复命。

宪宗李纯闻讯勃然大怒，立即下诏让王承宗马上释放薛昌朝。

王承宗拒不从命。

朝廷与成德的关系至此彻底破裂。

李纯忍无可忍，决定对成德用兵。

公元 809 年十月十一日，李纯下诏剥夺王承宗的官爵，任命左神策军中尉吐突承璀为招讨处置使，统率左右神策军以及周边藩镇军队，一起讨伐王承宗。

此令一出，舆论哗然。

首先上表提出反对意见的是时任翰林学士的白居易。

白居易出身于官宦世家，祖上据现代学者考证可能是西域人，他不仅自幼聪颖，而且极为勤奋，据他后来在《与元九书》中自述说，他昼夜苦读，以至于口舌生出了疮，手肘长出老茧，年纪轻轻头上就长出了白发……

成年后，白居易顺利考中了进士，后来又在宪宗李纯登基后举行的制举考试中一举登第——与他同时被录取的，还有后来和他齐名的另一个诗人元稹。

之后白居易被外放为地方官，没想到不久他意外发现自己成了当时的网红诗人——他创作的大量诗歌突然红了起来——当年的大唐诗歌热搜榜前十名里，竟然有十一首都是他的作品（其中有两首是并列的）！

就连皇帝李纯也听说了他的才名，于是他一步登天——被李纯破格提拔为翰林学士。

为报答皇帝对他的知遇之恩，初出茅庐的白居易经常直言进谏。

这次听说李纯居然冒天下之大不韪，要让一个宦官担任讨伐军主帅，他当然不能坐视不管。

白居易上疏说：从古到今，从来没有把天下兵马都交给宦官统领的先例。无论是国外的邻邦还是国内的百姓，听到此事后恐怕都会轻视朝廷。将领们也肯定会以接受宦官的指挥为耻，军心不稳，战事怎么能成功？这不是助敌人威风灭自己锐气吗？请陛下三思而行，以免贻笑于万代之后！

然而，尽管白居易把话说得很重，李纯对此却毫无反应。

可他欲静而风不止，反对的声浪依然一浪高过一浪。

包括度支使、盐铁使、京兆尹、御史中丞在内的一大批臣子先后站了出来，旗帜鲜明地反对这个任命。

再好的守门员，也挡不住对手一次又一次地不停射门；再固执的皇帝，也挡不住臣子们一个接一个地不断反对。

迫于压力，李纯不得不作出了让步。

既然你们这么多人都有意见，那我改不就可以了吗？

他宣布，将吐突承璀的职位由征讨处置使改为了宣慰使。

显然，李纯这纯粹是在捣糨糊——虽然职位名称换了，但其实相当于在番茄的包装上改了个标签叫西红柿——实质丝毫没变。

吐突承璀依然是讨伐军的最高主帅。

这下，所有人都看出来了，李纯对宦官的宠信程度完全不亚于他的祖父德宗李适！

事实上，翰林学士李绛早就对李纯详细分析过重用宦官的弊端，但李纯根本不听。

他不是不担心宦官权力过大，可他更担心武将权力过大——当年他的先祖李隆基重用安禄山就是个教训。

无论如何，比起桀骜不驯的武将，他还是觉得一直与自己朝夕相伴的宦官更值得信任。

可以这么说，在经历过安史之乱后，对武将的不信任已经深深地刻入了李唐所有皇帝的基因里！

这才有了这次对吐突承璀的任命。

公元809年十月底，吐突承璀带着神策军主力以及皇帝的期望踏上了讨伐成德的征途。

几天后，淮西节度使吴少诚病死，其麾下大将吴少阳杀掉吴少诚的儿子，自立为留后。

由于当时已经对成德开战，朝廷不可能再有余力去对付淮西，李纯只好无奈地承认了这一现实，不久就正式任命吴少阳为新任淮西节度使。

不过，决策虽然作出了，可李纯的心中却依然没有把握：放过淮西的吴少阳，主攻成德的王承宗，这样的选择究竟是对还是错？

好在，他并没有纠结太久。

时间很快就给出了明确的答案。

从公元810年初开始，幽州、河东、河中、昭义、义武（今河北定州）、魏博、平卢的军队就从各个方向对成德发动了围攻。

诸路军队中，作战最卖力的是幽州节度使刘济。

他先后攻克饶阳、束鹿（今河北辛集），可接下来在攻打乐寿（今河北献县）的时候却陷入了僵局，久攻不下。

相比之下，其他部队的表现就一言难尽了。

怎么说呢？

不是一路军队战绩不佳，而是战绩不佳已经出现了人传人现象。

具体来说，就是：

昭义节度使卢从史进入河北后，一直迁延不进；

河东节度使范希朝、义武节度使张茂昭受阻于新市镇（今河北正定东北）；

至于魏博的田季安和平卢的李师道就更指望不上了，他们似乎与王承宗达成了默契，都只是象征性地拿下了一个小县，之后就不再进军；

…………

最大的问题，出现在吐突承璀来到前线以后。

正如白居易之前所料，参与讨伐的各级将领都对吐突承璀这个最高统帅极其不服气，都秉承着"你行你上"的吃瓜精神等着看吐突承璀的好戏，没一个有战意的。

吐突承璀倒是自信心爆棚，既然你们要看戏，老子就露一手给你们开开眼界！

可惜，这只是他想得美。

真正的结果是：

一顿操作猛如虎，一看战绩零比五。

在吐突承璀的指挥下，一直以来装备最佳、待遇最优的神策军不仅几乎没打过一场胜仗，还白白损失了一员猛将——时任左神策军大将军的郦定进。

郦定进勇冠三军，征讨西川时曾亲手活捉刘辟，在军中影响力极大，他一战死，讨伐军本来就不稳的军心自然更涣散了，本来就不咋样的战绩自然更难看了。

时间一天天地过去。

人们的耐心也在一点点地失去。

眼见战事越拖越久，耗用的军费越来越多，而进展却完全没有，朝中不少大臣都萌生了撤军的想法。

以直言敢谏著称的翰林学士白居易更是用极其激烈的语句写下一篇篇幅很长的奏疏，强烈要求皇帝立即停战。

李纯当然知道白居易的谏言不无道理，可这场仗是他拍板要打的，让吐突承璀出任主帅也是他顶住别人的压力执意作出的，现在让他就这样停战，那岂不是证明他之前的决策全都是错的？这让他的脸面往哪里搁？

他只能硬着头皮继续打下去，期盼能有奇迹发生。

只是，他等到的不是奇迹，而是一封让他极为不爽的奏表。

奏表是昭义节度使卢从史写的。

在这封奏表中，卢从史一方面极力推卸责任，指责除他以外的其余诸道军队与成德叛贼勾结，劝朝廷不要再继续进军；另一方面又频频暗示，要皇帝擢升他为使相（中晚唐皇帝有时会给某些节度使加同平章事头衔，与宰相平级，号为使相，虽然并不行使宰相权力，却是节度使所能得到的最大荣誉）。

这让李纯忍不住大发雷霆。

什么使相不使相？

你小子到底识相不识相！

他之所以反应如此激烈，是因为这个卢从史不久前刚得到他的重用，他一直对此人寄予厚望，没想到这家伙寸功未建，却还好意思厚着脸皮邀赏！

卢从史几年前曾担任昭义节度使，后来因为其父去世丁忧在家，赋闲了很久，前段时间他听说皇帝要对成德用兵，便通过吐突承璀向皇帝呈上了一份万言书，表达了自己坚决主战的态度，说他愿意为朝廷赴汤蹈火，讨平成德，语气非常豪迈，一会儿是"黄沙百战穿金甲，不破成德终不还"，一会儿是"但使龙城飞将在，不教王承宗活过三个月"……

李纯看得热血沸腾，当即龙心大悦，便马上让他官复原职，再次出任昭义节度使。

然而他万万没想到，这个卢从史虽然嘴上吹得无所不能，真正上了战场却是那么无能！

吹嘘什么"不教王承宗活过三个月"，现在三个月早过去了，要想兑现他的承诺，除非有时光机穿越回去！

可想而知，李纯有多么失望！

当然，失望之余，他对卢从史反映的问题也颇为重视——讨伐军中究竟有没有与成德勾结的内鬼呢？

李纯特意指派宰相裴垍负责调查此事。

正好当时卢从史派牙将王翊元入朝奏事，裴垍便专门召见了王翊元。

裴垍对王翊元做了一番耐心细致的思想政治工作，先是好吃好喝招待，美酒美女俱全，其乐也融融；接着是嘘寒问暖，关怀备至，其情也切切；之后又是掏心掏肺，毫无保留地讲了很多自己治国的理念和看法，其词也真诚……

很快，王翊元就为裴垍的人格魅力所折服，将其所了解的情况和盘托出。

原来，有问题的，不是别人，正是卢从史本人！

自从开战以来，卢从史不仅在前线无所作为，连战场气氛组都算不上，而且还经常虚报粮草数量和价格，骗取国家巨额军费，大发国难财，更过分的是，他竟然还与王承宗暗通款曲，大肆收受对方的好处，泄露己方军事机密，对战事造成了极坏的影响！

裴垍闻讯大为震惊，马上向皇帝李纯做了汇报。

他对李纯说：卢从史阴险狡诈，做事毫无底线，将来迟早会作乱，应该尽快将他拿下，否则后果不堪设想！

李纯也很后悔——当初自己是怎么慧眼识猪的呢？

随后裴垍命王翊元立即返回昭义，并暗中策反了卢从史麾下大将——兵马使乌重胤。

做好这一切后，李纯给前线的吐突承璀下了个密诏，让他设计抓捕卢从史。

吐突承璀虽然打仗不行，但毕竟在宫中生活多年，经历过的宫斗比吃过的黄豆还多，玩心眼儿还是很有一手的。

他知道卢从史生性贪财，尤其爱好各种珠宝，便故意投其所好，经常有意无意地在卢从史面前展示自己收藏的各种奇珍异宝，卢从史看上哪个，他就送哪个，出手很大方。

几次下来，两人的关系也越来越亲密。

见时机成熟，吐突承璀决定收网。

他事先在自己的大帐内埋伏了一支亲军，接着又盛情邀请卢从史来自己营中一起赌博作乐，还说自己新搞了几个宝贝，想请他鉴赏鉴赏。

卢从史不疑有他，欣然前来。

没想到刚进吐突承璀的大帐，伏兵就一下子冲了出来。

卢从史知道情况不妙——还以为吐突承璀是要送自己宝贝，没想到竟然是要送自己上西天！

他急忙回身想逃。

但哪里还逃得了？

连哼都没来得及哼一声，他已经被制服并捆绑得结结实实，随后他被扔进早已准备好的囚车，以最快的速度驶往长安。

由于事发太过突然，卢从史的随从一时根本来不及反应，等他们回过神来想去追赶囚车，却马上被早有准备的吐突承璀的部下砍翻了十余人，其余的则悉数束手就擒。

消息传到卢从史的军营，他麾下的将士顿时炸锅了，纷纷拿起武器，想要去找吐突承璀算账。

可他们刚出营门，就被兵马使乌重胤挡住了去路。

乌重胤出身将门，其父乌承玼曾在安史之乱中和族兄乌承恩一起图谋除掉史思明，事败后投奔李光弼，成为李光弼手下大将，屡建战功，获封昌化郡王，乌重胤本人则多年来一直在昭义任职，在军中有很高的威望。

乌重胤横刀立马，对步出营门的将士们厉声呵斥道：天子有诏，逮捕卢从史，敢违抗者斩！

他怒发冲冠，头发胡子根根竖直如剑一般凌厉；

他怒目圆睁，眼睛里似乎都能喷出火来……

昭义军将士都被他这副样子震住了，只得灰溜溜地收兵回营。

诱捕卢从史的行动就此大功告成——之后卢从史先是被贬为骧州（今越南安城）司马，不久又被赐死。

接下来，李纯要面临的下一个问题是，该用谁来继任新的昭义节度使？

吐突承璀推荐由在此次行动中立下大功的乌重胤继任。

但翰林承旨（李纯新设立的职务，为所有翰林学士中的首席学士）李绛却提出了不同意见。

他提议由原河阳节度使孟元阳出镇昭义，乌重胤则出任河阳节度使。

李纯对此很不解。

既然同样都是提拔乌重胤当节度使，为什么一定要让他换地方呢？现在国家财政这么紧张，难道不要考虑节约差旅费的吗？

李绛解释说：昭义的战略位置极为重要，其治所虽然在太行山以西的潞州，但其下辖的邢、磁、洺三州却位于太行山以东的河北，如楔子般插入河北腹地，是朝廷遏制河朔三镇的桥头堡，无论如何都必须掌握在朝廷手里！乌重胤虽然有功，但作为参与驱逐原节度使的昭义将领，如果让他继任昭义节度使，岂不是助长了这种以下克上的不良风气？以后要是有人效仿这种行为，昭义还能再听命于朝廷吗？因此臣认为，唯一的解决办法就是把乌重胤调走！

李纯被他说得心服口服，最终采纳了他的建议。

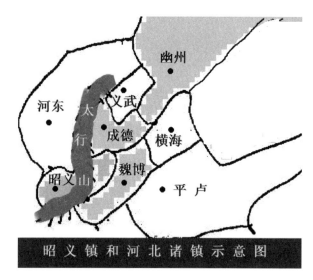

昭义镇和河北诸镇示意图

本想创造佳话，不料竟成笑话

不过，昭义的换人对战事似乎并没有太大的帮助。

时间一天天地过去。

转眼到了公元 810 年六月。

这场战事已经持续了整整半年，而战局却依然没有任何起色。

翰林学士白居易再也忍不住了，又频频向皇帝上疏，要求立即停战，言辞也越来越尖锐：不听老白言，吃亏在眼前。臣已经说了多少遍了，陛下你怎么就是不听呢？你到底还在等什么呢？

有一次他甚至当面严厉批评李纯：陛下，你错了！

李纯被他气得浑身发抖——有没有搞错？我是皇帝，不是你的小弟，你怎么能这样说我！

好在他毕竟是个有涵养的人，并没有当场发作，只是愤然拂袖而去。

不过，回去后他越想越不是滋味，便气呼呼地召来了翰林承旨李绛：白居易这个小臣出言不逊，必须把他赶出翰林院！

李绛见状连忙给他戴高帽子：世界上最宽广的是海洋，比海更宽广的是天空，比天空更宽广的，是陛下的胸怀。正是因为陛下如此大度，所以臣下才敢这样直言……

看到李纯的脸色阴转多云，似乎有所缓和，他接着又为白居易开脱：白居易的话虽然有欠思考，但好歹也是出自忠心，陛下倘若因此而怪罪他，恐怕以后就再也听不到臣下的忠言了……

听了这番话，李纯逐渐平息了怒气，从此对白居易的态度一如往常——虽然达不到"白居易虐他千百遍，他待白居易如初恋"的程度，但至少表面上还是非常客气的。

由此可见，李纯不是那种小肚鸡肠、睚眦必报的人，纳谏的气度还是有的——尤其是在经历了这段时间的挫折后。

三十三岁的他变得越来越成熟了。

他不再像之前执意重用吐突承璀那样一意孤行，对每个臣子的谏言都十分重视，只要觉得对方言之有理，他都会照办。

事实上，对于白居易屡屡提出的停战请求，他虽然没有及时作出回应，但也并不是没有听进去。

他其实对自己贸然对成德动武而放过淮西的决策也有些后悔，他其实也想早日结束这场旷日持久而又希望渺茫的战事，只是考虑到皇帝的面子——作为皇帝，他向来一言九鼎，吐口唾沫砸个坑，要让他承认自己的错误，就相当于让一辆汽车以一百八十迈的速度原地一百八十度掉头那样难。

他不是不想退兵，他只是不好意思。

他需要的，只是一个台阶。

台阶很快就出现了。

当年七月，王承宗遣使入朝，称自己的所作所为都是受了卢从史的挑拨，恳求朝廷给他一个改过自新的机会。

李纯对此正求之不得，不仅马上下诏承认了王承宗的地位——任命他为成德节度使，还把德、棣二州也还给了成德。

这场讨伐成德的战事就这样草草收场了。

这一战历时半年多，朝廷出动的总兵力达二十多万，消耗军费七百余万贯，最终的结果却是一无所获，不，也不是完全没有收获——唯一收获到的，是天下人的嘲笑！

李纯一心想创造一段佳话，没想到竟成了笑话！

显然，必须有人为此承担责任。

朝中大臣纷纷将矛头指向了此次朝廷讨伐军的主帅吐突承璀。

宰相裴垍进谏说：吐突承璀首倡用兵，造成了现在这样的局面。陛下就算念及旧情不诛杀他，也应该贬黜他以谢天下！

翰林承旨李绛的言辞则更为激烈：陛下这次如果不处罚吐突承璀，以后要是再有败军之将，陛下该如何处置？要是诛杀败军之将，由于有吐突承璀这次未杀的先例，天下人肯定不服，要是赦免他，那么将来谁还愿意在战场上为朝廷拼命？小不忍则乱大谋，希望陛下痛下决心，以儆效尤！

给事中吕元膺等人更是直截了当地要求处死吐突承璀。

见群情汹汹，李纯不得不作出表态：诸位爱卿放心，朕一定会严肃处理。

随后他下诏免去了吐突承璀的左神策军使一职，将其贬为军器使（主管武器制造的官员，当时多以宦官充任）。

朝野上下人心大快。

然而后来发生的事证明，李纯口中所说的"严肃处理"就和我老婆与我一起逛街时所说的"我就随便逛逛不打算买"一样——完全当不得真。

因为没过多久，朝臣们就发现，李纯居然又悄咪咪地重新将吐突承璀提拔为了左卫上将军、知内侍省事！

耿直的李绛对此极为不满，便经常在皇帝面前揭发吐突承璀的种种不法行为。

有一次李纯听烦了，忍不住勃然变色：姓李的……不……李绛，你说得太过分了！

李绛流着眼泪动情地说：陛下您对臣如此信任，如果臣只知道明哲保身，不敢进言，那就是臣辜负了陛下；但如果是臣据实直言，陛下不愿意听，那就是陛下辜负了臣！

李纯到底是一心想干一番大事业的人，这种真情流露的忠言对他来说，就如同对乙酰氨基酚对发烧一样对症，因此在听了这番话后，他的怒气马上就消失了，取而代之的是硬挤出来的五星级酒店大堂经理般的笑容：爱卿说的，都是别人不敢说的。朕很欣赏你，你不愧是忠臣，以后希望你还像今天这样知无不言，哪里不对说哪里……

不过，话虽然是这么说，李纯却并没有处理吐突承璀。

他信任李绛，可同时他也喜欢吐突承璀，手心手背都是肉，哪一个他都舍不得。

但吐突承璀在听说此事后，对李绛恨之入骨，一心想把李绛拉下马。

不料他还没来得及动手，自己竟然先出事了——他通过手下收受贿赂，帮人谋取节度使职务，没想到事情败露，搞得尽人皆知，影响极坏。

这次，在舆论的强大压力下，李纯无法再包庇吐突承璀，下令将其贬出朝廷，贬为淮南监军。

事实上，这次他之所以下决心忍痛割爱，除了吐突承璀确实搞得太不像话以外，还有一个原因——他打算提拔与吐突承璀有矛盾的李绛为宰相。

公元811年十二月，近年来一直无宰相之名而有宰相之实的李绛被任命为中书侍郎、同平章事，正式成为宰相班子中的一员。

当时裴垍已经病逝，与李绛搭档的，是不久前再次拜相的前淮南节度使李吉甫。

应该说，李吉甫是个能力很强的人，既有知识也有见识，既有理论水平也有实干水平，无论在地方还是在朝廷，政绩都不错。

值得一提的是，他还是个学者型官员，在繁忙的工作之余，他著述颇丰，曾先后撰写了《六代略》《百司举要》《元和郡县图志》等多部著作，可惜只有《元和郡县图志》流传了下来，这部书是我国最早的一部地理总志，在地理学上有相当重要的地位。

但李吉甫也不是没有缺点。

最主要的就是作风比较专横，听不进不同意见。

这一点，从他首次拜相时闹出的一次风波就可以看出来。

那次，朝廷举行了一次名为"贤良方正直言极谏"科的制举考试，在这次考试中，伊阙（今河南伊川）县尉牛僧孺、陆浑（今河南嵩县）县尉皇甫湜、前进士李宗闵三人脱颖而出，被列为最上等。

皇帝李纯对此表示认可，授意中书省优先提拔三人。

当时中书省的长官正是时任中书侍郎的宰相李吉甫，由于三人在策论中对朝政进行了直言不讳的抨击，李吉甫很不高兴——既然你们把我的执政说得一塌糊涂，那我就让你们失去前途！

他下定决心，无论如何都要将此事搅黄。

经过一番研究，他从皇甫湜身上找到了突破口。

李吉甫对李纯说：皇甫湜是翰林学士王涯的外甥，王涯参与了这次的复试工作，却没有事先向朝廷提出回避，有舞弊的嫌疑。

李纯听了大怒，当即下令将包括王涯在内的几位有关官员全部贬职，而牛僧孺等人官职卑微，贬无可贬，付出的代价是多年得不到升迁。

也许这对李吉甫来说只是一件小事，但前途被毁的牛僧孺、李宗闵等人却将这笔账一直记在了心里，这也为后来晚唐著名的"牛李党争"埋下了伏笔。

当然了，这是后话，暂且不提。

所谓窥一斑而知全豹，这一事件表明，掌握大权后的李吉甫，已经和当初那个善待落难宰相陆贽的李吉甫不一样了。

他还是他。

但他也已不是他了。

为了巩固自己的权力，他甚至不择手段，打压异己。

尤其是在他第二次拜相后。

皇帝李纯对此也有所耳闻。

他决定敲打敲打李吉甫，这才有了对李绛的任命。

应该说，李吉甫和李绛都是有才干的人，可两人的合作却并不愉快。

李吉甫自恃资格更老，对朝廷政务当仁不让，而李绛性情刚强，连皇帝都敢顶撞，当然也不可能事事都听他的，经常与他争得不可开交。

有一次，为了逢迎皇帝，李吉甫对李纯说：天下太平无事，陛下该及时行乐了。

李绛马上驳斥道：眼下黄河南北五十多个州都不受朝廷的控制，西北边疆烽火不断，各地不时发生水旱灾害，国库也十分空虚，这正是需要陛下励精图治的时候，怎么能说天下太平呢？

一心想当圣君的李纯毫不犹豫地站在了李绛一边：爱卿所言，正合朕意。

退朝后，他又对身边的近侍说：李吉甫专门迎合我，像李绛这样的，才是真正的宰相！

可李吉甫心中对此却并不服气，一心想压过李绛。

他知道李绛喜欢直言进谏，有时甚至使皇帝下不了台，便故意在一次议事时发表这样的议论：人臣不应该强迫君主接受自己的意见，这样一来，君主开心，臣子也安心，他好我也好，岂非两全其美？

对这样的观点，李绛当然不会同意。

他立即回应道：身为人臣，就应当指出君主的过失，倘若不这样做，就会让君主蒙受恶名，这怎么能算得上是忠臣？

李纯听了频频点头：李绛说得对！

显然，在李吉甫和李绛两位宰相之间，此时皇帝李纯更欣赏的是李绛。

李纯似乎对李绛的谏言上了瘾，只要李绛多日没有进谏，他就觉得生活如同没放盐的菜一般寡淡无味，就会忍不住问李绛：爱卿你很久都没提意见了，究竟是没事可说呢，还是因为朕不能接纳你的谏言呢？

由此可见，这段时间的李纯有多么清醒，多么励精图治！

在中晚唐那一连串的皇帝中，他就像黑暗中的萤火虫，那么鲜明，那么出众！

尽管在讨伐成德的战事中遭遇了重挫，可他并没有像他的祖父德宗李适那样丧失斗志，而是一直在枕戈待旦，静待时机。

因为他知道，真正的英雄，不是一直胜利，而是永不放弃！

不战而屈人之兵

对有心人来说，机会也许会迟到，但肯定不会缺席。

公元812年七月，机会终于出现了——在河北藩镇中一向最为跋扈的魏博发生了变乱！

当时节度使田季安不知怎么得了精神病，不仅喜怒无常，而且杀戮无常，有时是上一秒还在和你侃大山，下一秒就要让你喝大粪；有时是上一秒还在和你喝酒聊天，下一秒就要送你上西天……搞得辖区内一片恐怖，人人自危。

见丈夫闹得实在太不像话，其妻元氏不得不召集诸将，将田季安废掉（一个多月后田季安去世），立年仅十一岁的儿子田怀谏为节度副使，接管了魏博的军政。

消息传到长安，李纯如同等了很久的钓鱼者突然看到浮子有了动静，一下子就来了精神。

一个小屁孩，连大小便都未必自理得了，怎么可能治理得了手下那些骄兵悍将？

这岂不是收复魏博的绝佳机会？

他兴奋不已，当即作出部署，任命左龙武大将军薛平为毗邻魏博的义成（今河南滑县）节度使，为将来控制魏博做好准备。

随后他又马上召集宰相，讨论收复魏博的相关事宜。

对于藩镇，李吉甫一直都是坚定的主战派，这次也不例外，极力要求兴兵讨伐魏博，还口若悬河，漂亮话一段接一段，排比句一串接一串，以滔滔江水连绵不绝浩浩荡荡顺之者昌逆之者亡磅礴奔腾之势陈述了出兵的八大理由九大好处十大注意事项。

李纯听了不由龙颜大悦：朕的意思也是这样！

没想到这回李绛又提出了不同意见：臣认为不应该对魏博用兵！只要按兵不动，静观事态发展就可以了！

接下来，他又对自己的论点作出了详细的剖析——这段话比较长，而且可能有些枯燥，但如果你想更清楚地了解被后来的史学家称为"元和中兴"（宪宗李纯在位期间的年号叫元和）的这段历史，请务必硬一硬头皮。

李绛是这么说的：两河地区这些割据藩镇的节度使，往往都是将兵权分散在多个将领手中，诸将势均力敌，互相牵制，不容易对节度使造成威胁，而节度使则居中制衡，势力过大的予以打压，居于弱势的予以扶持，这样才能巩固他们的地位。显然，这需要节度使有足够的威望和手腕才行。而田怀谏只是个乳臭未干的小儿，根本不可能掌控得了那些将领，大权迟早会落到其中一人手里，其余的将领必然不会服气，内乱在所难免，田氏一族即使不被屠戮，也会沦为囚徒，哪里用得着朝廷再发兵？而内乱之后，魏博原本的将领中也许会产生最后的胜者，但毫无疑问，这种从部将取代主帅的行为是周围的其余藩镇所不愿看到的，魏博新任主帅如果不依靠朝廷，很可能会被邻近藩镇剿灭，所以臣料定他只能归顺朝廷，届时朝廷一定要不惜爵禄，重赏魏博的新任主帅，如此一来，两河地区其余的割据藩镇，肯定会怕部下为了得到朝廷的重赏而效仿魏博推翻自己，必然也会向朝廷表示恭顺，这就是所谓的不战而屈人之兵！

应该说，李绛对局势的判断还是非常准确的——后来发生的事也基本验证了他的分析，只不过从事后诸葛亮的角度来看，通过这种手段得到那些藩镇的归顺，虽然相对来说代价较低，但其实并不十分彻底——毕竟，就算这些藩镇的掌控者向朝廷表示效忠，可在这些藩镇的内部，却还是原来的配方，还是原来的味道——节度使还是原来的那个节度使，他麾下的将士还是原来他麾下的那些将士，朝廷并不能完全控制他们。

不过，人不可能预知未来。

因此，李纯在听了李绛的话后，一下子眼前一亮，连连称赞：此计甚妙！

然而李吉甫却依然不愿放弃用兵的念头。

几天后在朝堂上，他再次旧话重提，动用如簧之舌极力鼓吹对魏博采取军事行动，还声称连开战所需的钱粮都已经准备好了，万事俱备，只差皇帝一个命令。

李纯把头转向李绛：你觉得呢？

李绛斩钉截铁地说：兵不可轻动，前年我们讨伐成德，出动了那么多的兵马，耗费了那么多的军费，结果却是劳而无功，为天下人所笑。如今国家元气尚未恢复，人人厌战，若再次出兵，恐怕非但无法成功，还会发生新的变故。总之，现在绝对不能对魏博用兵，也绝对不必对魏博用兵，希望陛下不要再有任何疑虑！

听了他的话，李纯也就下了决心：好，听你的，就这么干！

但李绛却还是有些不放心：可我还是担心退朝后，有人会蛊惑圣上……

李纯的回答掷地有声：朕意已决，绝不动摇！

李绛连忙跪倒拜贺：这真是社稷之福！

一切果然如李绛所料。

十一岁的田怀谏啥都不懂，根本不可能行使节度使的权力，真正代表他发号施令的是他的家奴蒋士则，蒋士则本领不大，胆子倒是很大，一掌权就凭着个人好恶随意撤换了一大批将领，处理任何事务都只看心情，不看实情，很快就惹了众怒。

公元812年九月，数千魏博将士突然哗变，大声鼓噪着来到兵马使田兴的府第，要求拥立他为留后。

田兴出自田家旁支——其父田廷玠是魏博首任节度使田承嗣的堂弟，他不仅作战骁勇，而且性情谦逊，为人仗义，很得军心。

这也是兵变军人拥戴他的原因。

得知将士们要立他为主，田兴坚决不肯答应。

可士兵们不依不饶，始终不肯散去。

田兴知道，目前这种情况，他没有别的选择，只能选择同意。

无奈，他只好摆出一副类似"这个价格虽然已经低于成本价但为了回收资金我不得不亏本卖给你"的不情不愿的表情，勉为其难地说道：你们如果硬是要我当你们的头儿，也不是不可以，但你们必须得听我的命令。

将士们异口同声地回答：唯命是从！

田兴随后大声宣布：第一，不准冒犯副大使（田怀谏）；第二，遵守朝廷法令；第三，向朝廷申报魏博的版图和户籍；第四，请朝廷任命各级官吏！

众人都齐声许诺。

之后，田兴在将士们的簇拥下杀入节度使府第，处死蒋士则及其党羽十多人，把田怀谏及其家人迁出府外，随后传檄全镇，很快就控制住了魏博的局势。

这一幕看起来是不是很熟悉？

是不是有点像一百多年后发生的陈桥兵变？

也许，历史就和穿衣一样——穿的人多了，难免会撞衫。

当然了，撞衫不撞衫并不重要，重要的是，这次兵变，究竟是士兵们自发的还是来自田兴的策划？

我不知道。

但有一点我是可以肯定的——田兴和魏博之前的统治者都不一样。

他对唐朝有很深的感情。

田兴虽然身为武将，却并不是纯粹的武夫——他自幼喜欢读书，儒家忠君爱民的思想深入骨髓；除此以外，其父田廷玠对他的这种价值观应该也有很大的影响——史载田廷玠对朝廷颇为忠心，德宗年间魏博节度使田悦发动叛乱，时任节度副使的田廷玠坚决反对，最终忧郁而死。

正因如此，田兴才会在兵变之时对士兵发布那样的命令。

也正因如此，在成为魏博的新主人后，田兴第一时间就通过魏博的监军宦官向朝廷转达了自己的归顺之意。

皇帝李纯闻讯喜出望外，当即召集宰相，对李绛大加赞赏：你对魏博的预判实在是太准了！

接下来的问题是，朝廷该如何应对？

李吉甫建议按照惯例先派使者前去宣慰（宣扬政令、慰问军民之意），看看形势再说。

李绛不同意：不可！如今田兴已献出魏博的版图及户籍，坐等朝廷任命，如果非要等使臣带着魏博将士拥戴他的奏表回来后才给他符节，他肯定会把朝廷对他的恩典归功于麾下将士，而不会对朝廷感恩戴德。所以臣认为应对田兴大力笼络，现在就必须直接下诏正式任命他为节度使！

但李吉甫却依然对此坚决反对。

李纯也有些犹豫，此事便暂时搁置了下来。

由于之前在讨论是否对魏博用兵的事上输给了李绛，急于找回面子的李吉甫这次决定要扳回一局，因此在散会后，他又找到了之前与自己交情不错的枢密使（唐朝后期设置，为枢密院主管，以宦官出任，掌管朝廷机密文书）梁守谦，让他帮自己说话。

梁守谦于是对皇帝吹风说：节度使更迭，先派使者去宣慰是惯例，如果这次对魏博不这么做，那不是坏了规矩了吗？

李纯听了也觉得有道理，便派宦官张忠顺为宣慰使代表朝廷前往魏博，准备等他回朝复命后再发布正式任命。

等到李绛得知此事的时候，张忠顺已经出发了。

他心急如焚，马上入宫面谏皇帝：朝廷的恩威能否建立，在此一举。如此难得的机会岂能白白放弃？此事的利害关系，臣已经说得很清楚了，陛下千万不要再迟疑了，现在使者刚走不远，臣恳请陛下立即下诏任命田兴为节度使，应该还来得及。

李纯沉默了。

过了好一会儿，他才表态说：看在爱卿的面子上，要不就先任命田兴为留后？……以后看情况再给他转正？

李绛急得眼泪都快掉下来了：自从田承嗣以来，魏博已经整整五十年未沾王化，如今田兴顶着巨大的压力主动归顺，实在是极为难得，如果朝廷不予以足够的重视，不给他超常的恩典，他一定会以为自己在朝廷眼里不过是长江里的一泡尿——多他一个不多少他一个不少，一定会非常失望，之前的一切也许就前功尽弃了！

李纯还是有些不解：又不是什么大事，有这么严重？

李绛恳切地说：的确不是大事，可是一只茶杯的破裂往往是因为那一丝细小的裂缝……

最终李纯被说服了，随即下诏正式任命田兴为魏博节度使。

就这样，宣慰使张忠顺前脚刚到魏博，节度使的任命诏书后脚也到了。

田兴感动得热泪盈眶。

要知道，之前通过兵变自立的藩镇节帅最多也只是被朝廷委任为留后，从来没有这样一步到位直接成为节度使的！

他创造了历史！

田兴对朝廷的恩典非常满意。

但李绛却并不满足。

因为他知道，要让魏博彻底归心于朝廷，光让田兴一人满意是不够的，得让魏博所有的军民全都满意才行。

因此，他再次向皇帝李纯进言说：多年来，包括魏博在内的河朔诸藩一直游离在大唐朝廷之外，如今田兴带着魏博六州之地主动归附，等于是在河朔诸藩的胸膛里插进了一把尖刀，对周边藩镇有着极大的震慑力！臣恳请陛下重赏魏博军民，这不仅可以使魏博将士安心，还能令周边其余藩镇羡慕，产生效仿魏博、归顺朝廷之心。

李纯微微点了点头：这个似乎也可以考虑。只是不知你认为应该给魏博多少赏赐呢？

李绛不假思索地回答：一百五十万贯（一贯即一千文钱）！

李纯简直不敢相信自己的耳朵。

什么？一百五十万贯？

真是狮子大开口，臣卖君田不心疼，慷他人之慨，你可真大方啊！

左右的宦官更是直接跳了起来：不行！这实在是太多了，要是以后再有类似的情况，朝廷怎么给得了！更何况，你只是个大臣，有什么权力这样大撒钱！

然而李绛却依然坚持己见：田兴不贪图割据的利益，一心归顺朝廷，这样的人世所罕见，这样的机会千载难逢。钱用掉了还会再来，机会失去了就再也没有了。陛下切勿因小失大，因舍不得钱财而失去良机。更何况，这其实还是很划算的——假如朝廷派出十五万军队去征讨魏博，就算一年收复，所花的钱何止一百五十万贯！

李绛的这番话——尤其是最后那一句，彻底打动了李纯。

他毕竟志存高远，对事业的追求远大于金钱，便当即豪气万丈地表示：朕节衣缩食、积累钱财，为的就是平定四方。否则，朕要那么多钱堆在府库里干什么呢！

他不仅一口答应了李绛的请求，还大笔一挥，额外免掉了魏博六州百姓一年的赋税。

随后，他派知制诰裴度带着一百五十万贯现金前往魏博，给当地军民送上了一个大大的红包。

魏博军民奔走相告，欢声雷动，世界上还有什么比这更令人愉快呢？

附近的成德、平卢等藩镇的百姓听说后，全都艳羡不已。

他们纷纷产生了这样的念头：我们的节度使为什么要和朝廷作对呢？真希望这样的好事以后也能落到我们头上！

与这些人的失落形成鲜明对比的，是春风得意的魏博节度使田兴。

他为自己当初作出的归顺朝廷的决定而无比自豪。

这不仅给他本人带来了无上的荣耀，还给魏博军民带来了巨大的利益，更使他在魏博境内获得了超高的支持率！

田兴用最高的规格接待朝廷派来的钦差大臣裴度，还陪着裴度一起视察魏博境内的各个州县，而裴度则利用这个机会与田兴作了一番深入的交流，为他讲解君臣大义，传达朝廷的指示精神，让他本来就向着朝廷的心更加坚定了。

之后田兴主动上表，请求朝廷向魏博委派包括节度副使在内的各级官员九十名，并郑重表态，今后一定严格执行朝廷的法令，按时缴纳赋税，力争使魏博成为对大唐最忠诚最可靠的模范藩镇。

这一表态，也意味着割据了五十年之久的魏博正式回归了朝廷的怀抱。

魏博的回归，引起了周边藩镇的不安。

成德的王承宗、平卢的李师道、淮西的吴少阳纷纷派出使臣前往游说田兴，使出浑身解数劝说他悬崖勒马，"改正归邪"，重新回到和他们一起割据称雄的老路上来：咱们不听朝廷号令已经多少年了，当个土皇帝有啥不好？你糊涂不糊涂啊？更何况，我们和你们魏博一直都是盟友，一荣俱荣，一损俱损。干我们这一行的，最重要的就是站队……

然而田兴却不为所动，严词拒绝：在我的词典里，从来都没有"站队"，只有"站对"，我只站在对的一边！

这个回答让平卢节度使李师道很不舒服。

气急败坏的他甚至动了出兵攻打魏博的念头。

不过，考虑到这毕竟是大事，李师道没有轻举妄动，而是先去试探周边藩镇的态度——要是自己盲目出手，别人抄他的后路，那麻烦可就大了！

于是他派人给毗邻的宣武节度使韩弘带来了这样的口信：我们平卢李家和魏博田氏世代结盟，这些都是早就约定好的，现在田兴这小子居然想单方面改变现状！我对他如此信任，他却对我如此任性，这让我怎么能忍？我打算和成德联手，一起去讨伐魏博。对此，韩公你怎么看？

韩弘毫不客气地回话说：我不知道你在说什么，只知道奉朝廷的命令行事！要是你的军队敢过黄河（平卢在黄河以南，魏博在黄河以北），我就马上发兵拿下你的曹州！

李师道这才不得不放弃了使用武力的计划。

尽管他和王承宗等人都对田兴恨得牙痒痒，却始终不敢采取什么实际行动，最多也就是画个圈圈诅咒他而已。

公元 813 年初，田兴又被皇帝李纯亲自赐名为田弘正——估计是弘扬正气的意思。

这让田弘正对朝廷更加感激涕零，此后终其一生，他都对朝廷忠心耿耿。

时间在变，年龄在变，发际线在变，身边的人在变，可他的忠心始终没变。

就这样，唐朝朝廷兵不血刃就收回了魏博。

这一切，李绛居功至伟。

然而，在此之后，他却逐渐失去了皇帝的信任。

因为他实在是太喜欢直言进谏了，太喜欢和皇帝唱对台戏了，说的话也实在是太刺耳了。

一次两次，李纯可以忍；五次十次，李纯也可以忍，可次数多了，他还是感觉有些受不了。

毕竟，成绩再好的学生，也有做不出来的题目；再有雅量的皇帝，也有控制不住的时候。

思虑再三，他决定对宰相班子作出调整。

公元 813 年五月，李纯征召时任西川节度使的前宰相武元衡回朝，出任门下侍郎、同平章事，再次拜相。

武元衡与李吉甫之前曾经搭过班子，算是老同事了，且政见也相近——两人在藩镇问题上都是坚决的主战派。

他的到来，让一向与李绛不和的李吉甫一下子多了个可靠的盟友。

李绛不傻，当然了解皇帝此举的用意。

不久，他就以足疾为由提出辞职。

李纯知道李绛并不是真的得了足疾，更知道李绛也知道他知道李绛并不是真的得了足疾，不过君臣都是明白人，都懂得看破不说破的道理，因此他并没有多做挽留，而是顺水推舟地批准了李绛的辞呈，免去其宰相职务，改任相对较为清闲的礼部尚书一职。

李绛罢相后，几年前被贬出朝廷的吐突承璀很快就回到了宫中，担任左神策军中尉，重新执掌了禁军的兵权。

由此可见，李纯对以吐突承璀为代表的宦官群体有多么宠信！

然而，此时的他肯定不会想到，自己有朝一日会命丧宦官之手！

这是后话，暂且不提。

现在还是让我们把镜头聚焦于李绛去职后的大唐朝廷。

李绛离开相位后，皇帝李纯又补充了一位新的宰相——德宗朝宰相张延赏之子、河中节度使张弘靖被任命为刑部尚书、同平章事。

与李吉甫、武元衡一样，张弘靖也是力主对藩镇用兵的鹰派，用这样三个人为相，也凸显了李纯解决藩镇问题的决心。

在魏博田弘正宣布归顺后，不听命于大唐朝廷的藩镇，只剩下了幽州、成德、平卢和淮西四个。

那么，究竟该先对谁动手呢？

没等李纯想好，上天就已经帮他作出了选择——淮西。

第三十九章　元和中兴

讨伐淮西

淮 西 及 周 边 藩 镇 示 意 图

公元 814 年闰八月，淮西节度使吴少阳病死，其子吴元济接管了军政大权。

李吉甫闻讯后立即向皇帝李纯进言：淮西不像河北，四周没有党援，现在不打，更待何时？

这正合李纯之意。

他一面派出使臣前往淮西吊唁吴少阳，以迷惑吴元济；一面抓紧时间调兵遣将。

他任命河阳节度使乌重胤兼任汝州刺史，并将治所迁到汝州；勇将李光颜（原名阿跌光颜，稽胡人，因功被赐姓李）为陈州刺史，不久又擢升为忠武（今河南许昌）节度使；原泗州刺史令狐通为寿州防御使；原山南东道节度使袁滋为荆南节度使；原荆南节度使严绶为山南东道节度使……

稍有地理知识的人都可以从中看出，所有这些调动都围绕着一个中心——淮西。

显然，这是在为即将到来的军事行动做准备。

这一点，吴元济当然也心知肚明。

年轻气盛的他不禁勃然大怒。

既然朝廷如此不给我面子，就别怪我掀你的桌子！

他不仅不接待朝廷派来的使臣，导致使臣吃了个闭门羹悻悻而回，还发兵四面出击，在舞阳（今河南舞阳）、叶县（今河南叶县）、鲁山（今河南鲁山）、襄城一带大肆烧杀抢掠，兵锋甚至一度接近东都洛阳……

吴元济的这些无法无天的行为，正好给了李纯出兵的充分理由。

公元 815 年正月，他下诏宣布剥夺吴元济的所有官爵，以山南东道节度使严绶为申（今河南信阳）、光（今河南潢川）、蔡（今河南汝南）三州（当时淮西只有这三州的地盘）招抚使，督率宣武节度使韩弘、忠武节度使李光颜等十五个藩镇共同出兵，讨伐淮西。

不过，虽然讨伐军看起来声势浩大，但行动却并不顺利。

率先对淮西军发起攻击的，是讨伐军名义上的主帅山南东道节度使严绶。

严绶当初是靠贿赂德宗李适起家的，搞关系的水平一流，但搞军事的水平却完全不入流。

他除了在开战之初取得过一次挠痒痒式的小胜外，之后连战连败，最后竟然一口气逃回了唐州（今河南泌阳），再也不敢出战。

接着，寿州团练使令狐通也被淮西军打得溃不成军，狼狈退回寿州。

……

总之，如果把讨伐军和淮西军的交锋拍成视频，完全可以称得上是讨伐军的丢脸合集，其败退方式可谓多种多样：落花流水、屁滚尿流、损兵折将……

十五支藩镇军队中，只有忠武节度使李光颜是个例外。

他先后在临颍（今河南临颍）、南顿（今河南项城）等地击败淮西军，算是为讨伐军挽回了一些颜面。

但独木不成林，仅有一个李光颜显然是远远不够的。

转眼几个月过去了，战局依然处于胶着状态，讨伐军依然没有取得大的进展。

李纯很焦急。

比他更急的，是他的对手吴元济。

吴元济知道，尽管他在战场上暂时未落下风，但毕竟自己是以区区三州之地对抗倾国之兵，双方的实力相差悬殊，时间长了，他很难顶得住。

他一边负隅顽抗，一边遣使向自己的盟友——成德的王承宗、平卢的李师道求援。

王承宗、李师道多次上表，请求皇帝赦免吴元济。

李纯对此嗤之以鼻。

你们自己也是清单上的人，居然还有脸为他人求情？

真是猪八戒想娶嫦娥——也不撒泡那什么自己照照！

他的回复非常明确：不行！

然而王承宗和李师道却依然不肯就此罢休。

在他们看来，他们和吴元济是一根绳上的蚂蚱，吴元济被消灭了，接下来就会轮到他们，这就和水喝多了肯定要上厕所一样——完全是没有任何疑问的！

因此他们依然费尽心机帮助吴元济。

但两人采用的策略却不一样。

王承宗的办法相对比较文明。

他派使者前往长安，遍访朝中能说得上话的重臣，为吴元济说情。

由于李吉甫在对淮西开战前已去世，当时负责全盘筹划讨伐事宜的，是宰相武元衡，故而使者抵达长安后的第一目标就是武元衡。

不过，要想让武元衡这个主战派的核心人物改变态度，相当于想让泰山改变位置——完全是不可能的。

更何况，成德的这个使者脾气还不大好，见要求没达到就出言不逊，最后惹得武元衡大发雷霆，派人将使者给轰了出去。

王承宗的计划就此破产——除了和当政的武元衡彻底撕破了脸，他什么都没有得到。

之后王承宗气急败坏，屡屡上表说武元衡的坏话。

这当然也只是徒劳。

与王承宗相比，李师道的行为则要阴险得多。

如果生活在现代的话，李师道估计会是黑帮片的狂热拥趸。

从执政风格上来说，与其说他是平卢镇的领导，不如说他是黑社会的老大。

跟很多老大一样，他手下也豢养了一大帮马仔，这些马仔大多是唯恐天下不乱的亡命之徒，杀人越货对他们来说就相当于广告语中的大宝——天天见。

有个马仔给李师道出主意说：打仗最重要的是后勤，如今朝廷的大量粮草和军需物资都储存在河阴仓（位于今河南荥阳北，地处隋唐大运河与黄河交汇处，是当时重要的转运仓库），只要派人把那里的物资烧毁，同时在东都洛阳制造混乱，朝廷自顾不暇，说不定就会放过淮西了……

李师道点了点头。

此后的若干天里，洛阳一带经常发生抢劫、杀人、强奸等各种恶性案件，搞得当地百姓人人自危，大白天都不敢出门。

不久，河阴仓又遭到一伙不明身份的恐怖分子袭击，十余名工作人员被杀，仓中储存的三十多万贯铜钱、三十多万匹绢帛以及三万多石粮食被悉数焚毁，恐怖分子还在现场留下字条，上面白纸黑字地写着：朝廷对淮西的军事行动一日不停，针对百姓和各种民生设施的攻击就一日不停……

这下，包括不少大臣在内的很多人都慌了。

大臣们纷纷进言，要求从淮西退兵。

李纯不同意。

不过话是这么说，但他心里其实也有些没底，便派御史中丞裴度前往前线，名义上是去慰问将士的，实际上却是去考察作战形势的。

返回长安后，裴度向皇帝汇报，讨伐军虽然开局不太顺，但只要指挥得当，必能平定吴元济。

听了他的话，李纯更坚定了讨平淮西的决心。

然而他万万没有料到，淮西的战事还没什么眉目，长安城中居然发生了一起惊天大案！

史上罕见的惊天大案

公元 815 年六月三日清晨，东方刚泛出了一点鱼肚白，天色还将明未明，宰相武元衡已经出门了。

他骑着马，带着几个随从，走出所居住的靖安坊的东门，随后向北往大明宫方向匆匆行进。

他是去上早朝的。

每天他都是这么早。

这是他的日常。

在他看来，这又是寻常的一天。

出发是寻常的时间，走的是寻常的路线，看到的是寻常的街景……

一切都跟往常没什么两样。

可意外往往都在不经意间发生。

武元衡出家门还没多远，前面突然从暗处射来了几支利箭。

随从们大惊，纷纷逃散。

武元衡还没反应过来，数个黑影已经冲到了他的面前。

手起。

刀落。

武元衡从马上跌落，倒在了血泊之中。

手起。

刀落。

武元衡的头被割下取走，只有躯体留在血泊之中。

同一时间。

距武元衡被杀地点不远处的通化坊附近也发生了一起刺杀案。

被害人是不久前从淮西前线返回的御史中丞裴度。

不过裴度似乎比武元衡幸运——史载由于他那天戴的帽子非常厚（大热天戴厚帽子，裴度不知是怎么想的），刺客的第一刀虽然准确无误地砍到了他的头，却并没有对他造成致命伤害，只是把他从马上打落到了路边的水沟中。

刺客正要冲上去取其人头，没想到却被裴度的随从王义从背后死死抱住。

王义一边抱，一边还声嘶力竭地大叫：有刺客！有刺客！……

常言道，做贼心虚，做刺客也一样。

刺客闻言大惊，慌忙回头一刀砍断王义的手臂，随后落荒而逃，转瞬间就消失在了街巷之中。

百官之首的宰相在京城的大街上被歹徒刺杀并砍下首级，这样的事不要说在大唐，就是在整个中国历史上都是十分罕见的！

案件发生后，整个长安城沉浸在恐怖的气氛中。

文武百官在天没大亮之前都不敢离开家门，每次上朝时的心情都比上坟还要沉重，步子更是比鸭子还要慢，而且还三步一回头，五步一颤抖，看到树影就以为有人影，看到游客就以为有刺客……

如此一来，等他们到朝堂的时候，时间往往已经很晚了，皇帝李纯只得坐在龙椅上苦等，可有时甚至等到日上三竿，朝臣们依然无法到齐。

至于宰相出门，那更是如临大敌——当时朝中只剩下了张弘靖和韦贯之两位宰相（韦贯之原任尚书左丞，是李吉甫死后升迁为宰相的），李纯下令宰相无论去哪里都必须由金吾卫（负责宫中及京城巡查警戒的禁卫军）骑兵保护，而且这些金吾卫必须箭上弦，刀出鞘，时刻保持警备状态。

在加强保卫工作的同时，李纯当然也不会忘记缉拿凶手。

他下令由金吾卫和长安府、县两级衙门立即成立专案组，务必在最短的时间内破获此案，将凶手绳之以法。

没想到专案组还没开始行动，就收到了一封恐吓信：你们谁敢查，我就先干掉谁！

这下很多专案组成员都被镇住了。

凶手连宰相都敢杀，还有什么是他们不敢干的！

不少成员打起了退堂鼓，有请病假的，有请事假的，甚至还有请产假的……

即使留下的人也都只是混混日子而已，遇事能躲就躲，不能躲就推，不能推就

580

拖，不能拖就装糊涂，不能装糊涂就捣糨糊……

见案情毫无进展，兵部侍郎许孟容看不下去了。

他求见皇帝，流着眼泪对李纯说：宰相横尸路旁却抓不到凶手，这样的事自古未有，真是朝廷的奇耻大辱！希望陛下严令各部门务必尽早抓获凶手，并查明幕后主使！

李纯也很愤怒。

他拍案而起，当即下诏，要求各级衙门必须迅速展开大搜捕行动，否则严惩不贷！

这下办案人员只能行动起来了。

毕竟，公鸡就算再扑腾，也不可能比雄鹰飞得高；凶手就算再疯狂，也不可能有皇帝的能量大！

京城内外很快被搜了个底朝天，就连公卿贵族家中的夹墙、阁楼都没有放过。

可该干的工作都干了，该查的地方都查了，该盘问的人员都盘问了，凶手却依然杳无音信。

就在查案工作陷入僵局之际，有人提供了一条重要线索——成德进奏院（成德镇设在京城的联络处）的几个下属近期行踪反常，有重大作案嫌疑！

很快，以张晏为首的八名成德进奏院工作人员被抓铺归案。

李纯命京兆尹裴武、监察御史陈中师提审张晏等人。

一番审讯下来，张晏等人对刺杀武元衡、裴度之事供认不讳，并承认他们是受了成德节度使王承宗的指使。

得知结果后，李纯和大臣们总算松了口气——天网恢恢，疏而不漏，凶手终于落网了！

只有宰相张弘靖依然对此结论将信将疑：这个案子除了口供以外并没有其他确凿的证据，会不会有问题呢？会不会是屈打成招呢？

但李纯却坚持认为，这就是真相。

谁都知道，王承宗和武元衡有矛盾，前段时间他多次上表诋毁武元衡就是证据，他完全有指使手下刺杀武元衡的动机！

更何况，出了这样空前绝后的大案，他这个皇帝必须在最短的时间内给全体臣民一个交代，否则将会大大影响他和朝廷的威信！

雨伞，如果不能为别人遮风挡雨，谁会把它举在头上；皇帝，倘若不能为臣子主持公道，谁还会将他放在眼里！

无论这是不是事实，它都必须是事实！

不管王承宗是不是真的指使者，这口锅都必须扣在他的头上！

很快，在李纯从严从快的亲笔批示下，张晏及其同伙在长安闹市中被斩首示众。

之后，李纯又下诏公布王承宗的罪行，要求他主动入京投案，否则朝廷将会在一定的时候出兵讨伐——之所以要说是"一定的时候"，是因为当时正在对淮西大举用兵，朝廷根本腾不出手来对付王承宗。

然而，不久后从东都洛阳传来了一个令李纯大感意外的消息——凶手竟然另有其人！

裴度挂帅

消息是东都留守吕元膺送出的。

当时他在洛阳破获了一起未遂暴动，抓获了一大批犯罪嫌疑人，从嫌疑人口中得知，平卢节度使李师道不仅是这起暴动的策划者，还是武元衡一案真正的幕后指使人！

吕元膺闻言大惊，立即起草密折，向皇帝报告。

他在密折中义正词严地说：李师道不仅暗害宰相，还图谋血洗东都，实属大逆不道，此人不杀，天理难容！

这个道理，李纯当然也知道。

可他更知道，在他这个位子上，不光要考虑对错，更要考虑利弊——当时淮西战事正酣，跟成德的王承宗又已翻脸，朝廷实在是没有余力去讨伐李师道，他只能将这笔账默默地记在了心里。

当务之急，是尽快平定淮西。

在这方面，他最倚重的是新任宰相裴度。

遇刺后，裴度侥幸大难不死，在床上躺了二十多天才恢复了健康，这二十多天里，李纯不仅专门委派禁军到他家做护卫工作，还不断让使者带着各种礼物前去慰问，裴度康复后，他第一时间就将裴度提拔为宰相——任命其为中书侍郎、同平章事，让他全盘主持讨伐淮西的战事。

之所以要重用裴度，李纯当然有他的理由。

在他看来，敌人的反对正好说明了裴度的价值。

这当然不难理解。

正如梅西不可能把我这个曾经的班级足球队替补前锋视为竞争对手一样，那些乱党也不可能将一个无名之辈视为必欲除之而后快的眼中钉肉中刺，他们越是痛恨裴度，越是说明裴度的能力强、对他们的威胁大！

对这样的人，李纯当然要委以重任。

裴度没有辜负皇帝的厚望。

刚一上任，他就对皇帝进言说：淮西是国家的心腹大患，不可不除，且现在朝廷已经出兵，成德、平卢等藩镇都在密切关注着事态的发展，都打算依据战事的胜负来决定他们未来的逆顺，因此这一战不仅事关淮西，还影响全局，绝不能半途而废，不获全胜绝不能收兵！

这正合李纯之意。

当然，要想获得胜利，光有决心是不够的。

裴度认为，淮西的战事之所以久拖不决，很大的一个原因是主帅人选有问题。

他认为，此前担任招讨使的严绶实在是难堪大用，此人最早是以贿赂德宗起家的，打仗很水，花钱倒是如流水——上任以来，他在战场上毫无建树，军费却花了不计其数。

在裴度的强烈建议下，李纯终于下决心免掉了严绶的职务，将其召回京城担任闲职，任命宣武节度使韩弘为新的主帅，同时以与淮西接壤的唐、随、邓三州（这三州原先均属山南东道）新设唐邓（今河南泌阳）节度使，任命右羽林大将军高霞寓为首任节度使，户部侍郎李逊为新任山南东道节度使，高霞寓负责淮西前线西路的军事指挥，李逊则负责后勤供应。

应该说，李纯的安排可谓煞费苦心。

然而风雨后未必有彩虹，努力后也未必有回报。

尽管前线的将帅换了，但战场的态势却依然没变。

对于淮西的战事，严绶是没有能力，韩弘则是没有动力。

此前他节制宣武已长达十五年，养成了一身军阀习性。

他考虑的，根本不是早日平定淮西，而是企图借此机会扩充自己的实力。

为了笼络当时在前线表现最出彩的忠武节度使李光颜，韩弘特意派使者给他送了一个绝色美女。

使者到来的时候，李光颜正在营中宴请将士。

美女甫一亮相，果然是倾国倾城，又妩媚又性感，令在座的不少人一下子就有了生理反应——心跳加快，血压上升！

但李光颜却表现得十分平静。

他当着大家的面拒绝了使者：韩公怜悯我孤身在外，赐给我如此美女，我不胜感激。但美女不是我想要就能要的，毕竟，我麾下这数万将士，哪一个不是孤身在外？我李光颜怎么能只顾自己一人享受声色！

这显然大大出乎了使者的意料。

因为他此前从未想到李光颜会拒绝这样的美女。

见使者还在犹豫，李光颜没有多说废话，而是当场回赠给他一些绢帛，让他马上带着美女一起返回：请替我回报韩公，我李光颜早已以身许国，誓与叛贼不共戴天，就是死也不会有二心！

就这样，韩弘在李光颜那里讨了个没趣，而李光颜则在军中更受爱戴。

之后的一段时间，李光颜又与河阳节度使乌重胤一起多次在北线击败吴元济军，可由于主帅韩弘作战并不积极，西线的唐邓节度使高霞寓等其他将领也不给力，讨伐军总体上依然没有太大的进展。

不过，高霞寓等人打仗的水平虽然不怎么样，吹牛的水平却很高，精通"无中生有""添油加醋""瞒天过海""报喜不报忧""把丧事当喜事办""人不要脸，天下无敌"等吹牛界十八般武艺，每次打了败仗就隐匿不报，偶尔打了一次小胜仗就大吹大擂，明明敌方只是一时撤退，到了他们的汇报中就成了敌方一败涂地；明明敌方只是伤筋动骨，到了他们的汇报中就成了敌方粉身碎骨……

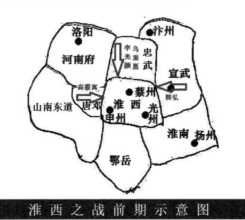

淮 西 之 战 前 期 示 意 图

正是高霞寓等人的瞒报和虚报，给朝廷造成了一种唐军在淮西高歌猛进、势如破竹的假象。

这也让李纯信心大增。

可能是他觉得淮西已经指日可定，便又把进攻的矛头指向了成德。

前面说过，武元衡遇刺后，李纯一度以为成德节度使王承宗是凶手，第一时间就对外公布了王承宗的罪行，要他立即投案自首，否则朝廷将会大举发兵，兴师问罪。

对于皇帝的这个命令，王承宗的反应就和我老婆在看到廉价地摊货时的反应一样——看都懒得看一眼。

他非但没有认罪，反而出兵四处掳掠，搞得周边藩镇鸡犬不宁。

幽州节度使刘总、义武节度使浑镐、横海（今河北沧州）节度使程执恭等人纷纷请求讨伐王承宗。

表现最积极的，是新归顺朝廷的魏博节度使田弘正。

没等皇帝下诏，他就率军集结于成德边界，做好了进攻的准备，同时还连续十次上表请求攻打成德。

见众心可用，加上当时觉得淮西的局势比较乐观，李纯当即拍板，决定对成德用兵。

宰相张弘靖极力劝谏：如今国家的军费过高而国库空虚。倘若两线同时作战，朝廷的人力财力恐怕都难以支撑，应该等淮西平定后再对付成德，绝不可同时进行。

但李纯丝毫不为所动。

张弘靖还是极力劝谏，甚至以辞职相要挟。

李纯也不多废话，干脆免掉了张弘靖的宰相职务，改任他为河东节度使，不久又提拔中书舍人李逢吉进入宰相班子，成为新的宰相。

公元816年正月，李纯下诏削去王承宗的所有官爵，命魏博、幽州等六镇共同出兵，讨伐王承宗。

不过，尽管皇帝的决策已经作出了，但包括宰相韦贯之在内的不少大臣依然对此持有异议，纷纷以各种理由劝皇帝对成德罢兵，以避免陷入两线作战的困难局面。

可李纯早已铁了心，完全听不进去。

他觉得大臣们所说的风险完全不存在。

因为在他的设想中，淮西的战事很快就会大功告成了。

可后来他才发现，这根本不是什么设想，而完全是痴心妄想！

这年六月，曾被李纯寄予厚望的唐邓节度使高霞寓在文城栅（今河南遂平西南）为叛军所败，几乎全军覆灭，仅以身免。

由于这一仗败得实在太惨，影响实在太大，之前一直热衷于隐瞒战况的高霞寓再也无法隐瞒了——都成光杆司令了，还怎么隐瞒？

没办法，他只得硬着头皮、厚着脸皮，向朝廷如实奏报。

如果把当时朝廷的气氛比喻成一口油锅的话，那么此前一系列虚假的战报应该已经把油锅烧得很热了，现在高霞寓这一大盆冷水泼下来，结果当然是毫无悬念的——炸锅了。

一时间满朝大震，舆论哗然。

朝中那些反战派大臣见状争先恐后地上表，要求停止用兵。

只有宰相裴度依然坚决主战。

李纯的态度也和裴度一样——尽管他对高霞寓等人的表现也极其失望，但这并没有动摇他心中的信念。

他说出的话还是那么掷地有声，那么不容置疑：胜败乃兵家常事！怎么能因为一个人打了败仗，就对战事失去信心？当务之急，是撤换不能胜任的将领，谋划用兵的方略，总之，手段可以调整，但目标绝不能调整——无论如何必须平定淮西！

为了向群臣表达自己的决心，他甚至罢免了之前曾多次请求停战的宰相韦贯之。

与此同时，他对淮西前线的人事也作了一番新的调整——唐邓节度使高霞寓、山南东道节度使李逊都被贬官，以河南尹郑权为新任山南东道节度使，荆南节度使袁滋为淮西节度使兼申、光、蔡、唐、随、邓六州观察使，总部设在唐州。

显然，这次他把宝押在了袁滋身上。

袁滋是一个极其谨慎的人。

他做事的理念，就是避免一切风险。

在袁滋看来，只要不作战，就不会有失败，只要不交手，就不会有失手，这才是保住自己官职最稳妥的办法。

因此，在他上任以后，一直把避免作战作为自己的第一要务——他不仅从没有对淮西发动过一次主动进攻，还禁止手下士兵进入淮西境内，以免激怒淮西，导致对方来兴师问罪。

那样子，不像是来讨伐叛军的，倒像是来和叛军谈判的。

得知袁滋的所作所为后，李纯勃然大怒，当即下诏将袁滋撤职。

接下来，该用谁来替代袁滋呢？

李纯很头疼。

李愬雪夜入蔡州

四十四岁的太子詹事李愬（sù）主动请缨，表态愿意到前线效力。

李愬是德宗朝名将李晟之子，不过他虽然出身将门，一直以来做的却都是文臣，并没有任何实战经验——他早年凭借门荫入仕，历任卫尉少卿、太子右庶子、少府监、晋州刺史、金紫光禄大夫等职，与行军打仗唯一的关系就是没有任何关系。

也正是考虑到这一点，李纯一时有些犹豫。

但宰相李逢吉却极力推荐李愬，说他尽管没上过战场，却善于骑射，且智勇双全，确有大将之才。

李纯这才打消了顾虑——反正手头也没有更好的人选，那就让李愬去试试吧。

他当即任命李愬为唐邓节度使，负责淮西前线西路的作战指挥。

李愬到达唐州后所做的第一件事就让人大出所料。

一般来说，像他这样的文臣首次执掌军务，最重要的就是建立自己的威信。

可李愬在和将士们首次见面时，却说了这么一番听上去没皮没脸、极其影响自己形象的话：天子知道我个性懦弱，善于忍气吞声，所以专门派我来抚慰你们，至于领兵打仗嘛，那就不是我的事了。

由于之前唐邓一带的战事一直败多胜少，士兵们士气十分低落，普遍都有厌战畏战情绪，在他们的心目中，逼他们出战，简直就等同于给他们出殡！

因此，在听到李愬的话后，他们一下子就把悬着的心放到了肚子里。

看样子，近期不用再担心要上战场了！

又可以过"叉着腰，望着天，舒服一天是一天"的快活日子了！

之后的一段时间，李愬果然绝口不提打仗的事，只是看望伤员，慰问病号，成天嘻嘻哈哈，与士卒没大没小，丝毫没有节度使的架子。

有个亲信见状忍不住悄悄提醒他：你这个样子，怎么做得到令行禁止？

李愬回答说：我这是水仙不开花——装蒜呢。之前袁滋一直消极避战，叛军上下都轻视他，现在听说换了新的将领，他们一定会加强戒备，所以我故意放纵部下，展现出军令不整的一面，这样叛军以为我懦弱可欺，肯定会放松警惕，以后我军才能得到机会。

事实也的确如他所料，叛军在得知李愬上任以来的行为后，都打心眼儿里看不起他——义不掌财，慈不掌兵，这样一个婆婆妈妈的人，怎么可能在战场上有什么作为！

然而他们错了。

这一切都是假象。

事实上，李愬在心中已经有了一个极其大胆的设想——射人先射马，擒贼先擒王。趁对方麻痹大意之际，出兵奇袭蔡州，活捉吴元济！

不过，他虽然大胆，但并不鲁莽。

他知道这绝非易事。

所以他并没有操之过急。

公元817年二月，在一次遭遇战中，李愬手下的骑兵俘虏了淮西将领丁士良。

此人是淮西军中一员猛将，此前曾杀死过不少讨伐军，故而李愬麾下的很多将士都对他极为痛恨，有人甚至提出要将其剖腹剜心。

但甲之蜜糖，乙之砒霜。

一些唐军将士把丁士良当成毒药，李愬却把丁士良看作自己的解药。

在他看来，奇袭计划要想获得成功，就必须详细了解叛军的虚实，而要做到这一点，最好的突破口，就是丁士良这样的敌军将领。

因此，当丁士良被五花大绑地带到他帐下的时候，李愬非但没有对他作出任何处罚，反而马上命人给他松绑，并对其嘘寒问暖，关怀备至。

丁士良深受感动，当即表示愿意归顺唐军，戴罪立功。

他果然说到做到。

在丁士良的策划下，唐军轻松拿下了叛军大将吴秀琳据守的文城栅，招降了吴秀琳。

文城栅即半年多前李愬的前任高霞寓兵败之地，战略地位颇为重要，文城栅的收复，对唐军来说，无疑是极大的鼓舞。

李愬麾下的将士一扫之前的颓势，士气大振。

对于淮西的降兵，李愬也非常优待，他不厌其烦地亲自接见他们，随后根据每个人的具体情况对他们作出妥善的安置，会做饭的当炊事兵，会写字的当文书，反应快的当侦察兵，啥都不行的当反面教材……

而对于那些想回家的，李愬就发给路费：你们都是朝廷的百姓，我不能不管……

这让降兵们全都感恩戴德。

他们可能从来没有期待过这样一个领导。

他们可能一直在期待这样一个领导！

很快，李愬爱兵如子的名声，伴随着"跟着李愬，才是正路。发钱发物，友爱又和睦"的民谣传遍了中原大地。

受其影响，不少叛军士卒纷纷前往李愬的驻地投降。

对吴秀琳，李愬更是待若上宾，不仅好吃好喝盛情款待，还把其视若知己，推心置腹，凡事都与他商量。

不久，凭借吴秀琳的帮助，李愬又设计擒获了另一名叛军大将李祐。

李祐在叛军中的地位比吴秀琳、丁士良更高，能力更强，给唐军造成的伤害也更大，因此李愬手下的很多人都嚷嚷着要血债血偿，非要杀掉李祐为自己的战友报仇。

但李愬对此的反应，却像苹果手机在运行后缀名为 .apk 的软件时一样——完全没有任何反应。

他不仅没有对李祐下手，还将其看作自己的左右手——他经常召李祐到自己的帐中议事，一谈就谈到半夜。

这下那些一心想要置李祐于死地的唐军将士再也受不了了。

有人甚至编造谣言，说李祐是叛军派来的奸细，说得有鼻子有眼，一时间传得沸沸扬扬。

为了平息事态，李愬不得不安排了一出戏。

在征得李祐的谅解后，李愬将李祐关入了囚车，当着众多将士的面对他们宣布了自己的处理决定：既然大家怀疑李祐，那我就把他押送长安，听候皇上发落！

与此同时，他又派快马向皇帝送去了一份密奏：臣恳请陛下万万不可杀李祐，否则会坏了臣的大事！

李纯对此心领神会，便亲自下诏赦免李祐，还特意派人将李祐重新送回了李愬的军营中。

如此一来，李祐终于彻底安全了——连皇帝都认为李祐无罪，谁要是再和李祐过不去，那岂不是和自己的脑袋过不去！

就这样，针对李祐的风波平息了，李愬也得以名正言顺地对李祐委以重任。

他任命李祐为六院兵马使，让其统领自己麾下最精锐的三千牙军。

有了李祐、吴秀琳、丁士良等降将的参谋，李愬对淮西内部的地形地貌、叛军内部的兵力部署都了如指掌，奇袭蔡州的设想也逐渐成熟。

此时已是公元 817 年五月。

屈指算来，朝廷在淮西的军事行动已经持续了两年多，却依然未取得决定性的进展。

而成德的形势则更不容乐观——开战一年多来，尽管朝廷讨伐军的总兵力出动了十多万人，军费及各种物资的消耗更是天文数字，可获得的战果却少到了连掩饰都掩饰不了的程度。究其原因，除了各镇军队缺乏统一指挥以外，更重要的是很多藩镇没有积极性，出工不出力，幽州节度使刘总就是个典型的例子——自从出兵以来，他只打下了一个县城就一直按兵不动，可每月向朝廷索取的饷银却高达十五万贯，让朝廷苦不堪言……

毫无疑问，要是战事再这样持续下去，朝廷的财政是难以负担的。

宰相李逢吉及不少大臣纷纷进言，请求暂时放弃征讨成德，等淮西平定后再说。

李纯思想斗争了很久，最后不得不采纳了他们的建议——对成德停战，下令河北前线的各道兵马返回本镇。

但李纯的内心肯定是无比遗憾的。

他只能把希望全部寄托于淮西战场。

然而，从淮西前线传来的战报却依旧那么让人失望——虽然看起来唐军占了一定的优势，可离胜利却始终差了那么关键的一步——就如某些商业活动一样，离达到提现要求，永远都差那么一点点……

两个月后，李逢吉等人在一次朝会上老话重提，以朝廷财力枯竭为由，要求在淮西罢兵。

李纯没有回答。

他心中很不爽——李逢吉，都说你有文才，想不到你还很有音乐天赋嘛——要是举办堂堂鼓锦标赛的话，我看你肯定是夺冠大热门……

他心中很纠结——就此放弃讨伐淮西吧，不仅心有不甘，面子上也过不去；可要是再打下去，又怕久拖不决把财政拖垮……

他心中也很痛苦——不是说上天为你关上了一扇门，就一定会打开一扇窗吗？为什么关上了成德这扇门，还要把淮西这扇窗也钉得死死的……

过了很久，见裴度在旁边一直没有发表意见，李纯便问裴度：你对此怎么看？

裴度没有表达看法，而是直接说出了他的做法：臣请求到前线督战！

李纯有些不相信自己的耳朵：什么？你真的愿意为朕走这一趟？

裴度胸有成竹地说：臣一直在关注着淮西的形势，吴元济现在几乎已经到了山穷水尽、再压一根稻草就可以将其压垮的地步，只是由于我军将领缺乏协调，没有形成合力，才让他苟延残喘到了现在。如果让臣到前线督战，将领们怕臣抢了他们的功劳，肯定会争先进军，必能破贼！

李纯大喜，当即任命裴度为门下侍郎、同平章事兼淮西宣慰处置使，前往淮西，全盘负责淮西战场的战事指挥和协调。

临行前，裴度慷慨激昂地对皇帝说：风萧萧兮渭水寒，不获胜利兮不复还。臣此行若不能剿灭吴元济，绝不回朝！

公元 817 年八月底，裴度抵达了淮西前线。

他将自己的指挥部设在了郾城（今河南漯河郾城区）——之所以选择郾城，是因为那里靠近裴度最信任的将领李光颜的驻地。

应该说，裴度身上的担子是非常重的。

由于国家财政早已不堪重负，所以他要的，不是平定淮西，而是在最短的时间内平定淮西！

怎样才能做到这一点呢？

裴度一直在苦思冥想。

可他想了无数个方案，却始终找不到方向——不是没有考虑完全，就是完全不用考虑。

转眼一个多月过去了。

就在裴度苦无良策之际，有人给他送来了一份作战计划。

裴度看了忍不住拍案叫绝：兵非出奇，不能取胜，常侍的策略真是太妙了！

他口中的常侍，就是负责淮西前线西路作战的唐邓节度使李愬——李愬在朝廷的官职为检校左散骑常侍。

裴度到任前后的这段时间，李愬也没有闲着。

他先后对淮西发动了两次试探性的进攻。

第一次是攻击朗山（今河南确山西北），这一战唐军失利，士兵们都很沮丧，可李愬却依然满面春风，毫不在意；

第二次是攻打吴房（今河南遂平），这一战明明唐军已经攻下了吴房外城，可李愬却没有继续乘胜攻击内城，而是主动退兵，搞得部下全都莫名其妙。

除此以外，李愬还做了两件非常重要的事。

一是在军中招募了三千精锐作为敢死队，号称突将，每天亲自带队操练，打算以这批人作为奇袭蔡州的主力；

二是继续收集情报，不断完善奇袭蔡州的计划。

不过，他并没有轻举妄动。

因为他知道，这次行动实在是太太太太太冒险了——成功就是一剑封喉一击致命，失败就很可能是一命呜呼一路走好！

他当然要谨慎行事，等待时机。

毕竟，他虽然爱冒险，可并不冒失。

十月初，时机终于出现了。

当时由于唐军主帅裴度进驻郾城，忠武节度使李光颜、河阳节度使乌重胤在其指挥下频频出击，叛军北部压力骤增，吴元济急忙调派大将董重质前往北线要地洄曲（今河南漯河市西沙河与澧河交汇处）驻防，将手下几乎所有的精兵都交给了他。

这个消息，很快就传到了李愬麾下大将李祐的耳朵里——李祐本就出自淮西，在淮西内部有强大的关系网。

李祐如获至宝，第一时间就找到了李愬：敌军主力都在洄曲，守卫蔡州的都是老弱残兵，此时不取蔡州，更待何时！

李愬也很兴奋，立即派人向裴度汇报，得到许可后，他便马上着手实施。

十月十五日下午，行动正式开始。

李愬命李祐和另一名大将李忠义率三千敢死队为前锋，自己和监军宦官领兵三千为中军，部将田进诚则统军三千殿后。

一声令下，全军开拔。

去哪里呢？

除了李愬、李祐等少数几个人，没人知道。

李愬发布的命令只有三个字：但东行——只需向东行进就可以了！别的不要问！

走了六十里后，李愬大军抵达淮西境内的张柴村（今河南遂平东南），消灭了驻守此处的叛军士兵，占领了营寨。

见天色已晚，李愬让部队在营寨中做饭用餐并略做休整，随后又下令继续前进。

此时的天气情况极其糟糕——不仅北风劲吹，风大得把旗帜都撕裂了，而且还飘起了鹅毛大雪，气温也是骤然下降，因此将士们对李愬的命令都很不理解，纷纷发问：天这么黑，风这么急，雪又这么大，咱们这到底是要去哪里呀？

李愬这才从牙缝里挤出了七个字：入蔡州，取吴元济！

将士们闻言全都大惊失色，随行的监军宦官更是忍不住哭出了声：果然中了李祐的奸计！

但开弓没有回头箭，到了这个地步，他们就算再不愿意，也只能硬着头皮继续进军了。

一路上的路况，正如一首歌所唱的那样：雪花飘飘，北风萧萧，天地一片苍茫……

听起来是不是很浪漫很让人心动？

可真要在那样的环境里行军，那就不是浪漫，而是非常慢；不会让人心动，只会让人受冻……

加上当时夜色浓重，能见度极低，唐军根本无法分清东西南北，幸亏阵中有李祐、吴秀琳、丁士良等淮西降将——他们对淮西的地形比对自家的卧室还熟悉，这才没有迷失方向。

就这样，李愬大军顶风冒雪，艰难跋涉了整整七十里，终于在次日凌晨两点左右来到了蔡州城（又名悬瓠城，淮西治所，今河南汝南）城外。

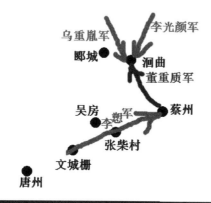

李愬奇袭蔡州示意图

蔡州城内。

本就不多的守军此刻大都沉浸在梦乡中。

他们做的是什么梦，我不知道，但有一点是可以肯定的——他们做梦也不会想到唐军会在如此恶劣的天气下长途奔袭一百多里来到这里！

就在守军浑然不觉之际，李祐、李忠义两人用镢头在城墙上凿出孔洞（当时多为夯土城墙），手脚并用攀援而上，率先登城。

其余的敢死队员也纷纷跟上。

敢死队入城之后，迅速干掉了熟睡中的叛军守门士卒，随后打开城门，迎接李愬的大军入城。

接着，他们又用同样的办法进入了内城，直扑吴元济所在的节度使衙署。

直到这时，吴元济的卫兵才发现了敌情，慌忙向吴元济报告。

吴元济还在呼呼大睡。

卫兵好不容易叫醒了他：官军来了！

　　吴元济迷迷糊糊地睁开眼睛：冠军？什么冠军？……

　　卫兵连忙纠正：是官军！朝廷的军队！

　　吴元济还是不以为然：官军？他们又不会飞，怎么可能突然出现在这里？……我看顶多是有些被俘的囚犯闹事而已，等天一亮，老子就把他们都杀了！……

　　话音未落，又有一个卫兵来报：大事不好！城池已经陷落！

　　这下吴元济再也睡不着了。

　　他马上披衣起床，可心中却依然不相信卫兵说的是事实：官军？城池陷落？不太可能吧？会不会是洄曲前线的士兵们回来找我讨要过冬的衣服？……

　　就这样，他一边胡思乱想，一边胡乱穿好衣服，步出卧室，来到庭院。

　　一到庭院，他就感觉到了异样——只听外面人马嘈杂，隐约还夹杂着一句话："常侍有令……"之后又是无数人响应，听上去足有万人之多……

　　这声音，如一桶冷水浇在吴元济头上，让他浑身一激灵，一下子就清醒了过来：哪个常侍？难道真的是官军打进来了？……

　　来不及多想，他马上率左右的卫兵登上牙城（节度使衙署的卫城），做最后的抵抗。

　　此刻的他无比后悔——后悔自己的麻痹大意——但凡自己有一点防备，也不至于像现在这样一点防备也没有！

　　可到了这个时候，后悔还有什么用呢？

　　不过，吴元济到底是名悍将——要不也不可能在唐军围攻下坚持三年。

　　即使到了这个地步，他依然没有放弃。

　　他知道，就凭他现在手头那点兵力，组成一个小区的保安队也许勉强可以，但要跟围牙城的唐军对抗，肯定是挺不了多久的，想要绝处逢生，唯一的期盼是心腹大将董重质的回援——董重质当时正手握重兵，驻于洄曲，离蔡州并不太远。

　　可惜，他想到的，李愬也想到了。

　　一进蔡州，李愬就派人带着厚礼前去慰问董重质的家人，并让其子写信规劝董重质归顺朝廷。

　　董重质会怎样做呢？

　　董重质的选择是：接受儿子的劝告，向唐军投降。

　　在他看来，就算自己回援蔡州打跑了李愬，与他对峙多时的李光颜等人必然也会乘虚而入，最终淮西还是难逃覆灭的厄运——只是早两天和晚两天的区别，更何况，他的全家老小都在李愬手里，他怎么敢拿家人的性命开玩笑？

　　董重质的这个决定，彻底断绝了吴元济的最后一丝希望。

　　在负隅顽抗了一天多后，牙城被唐军攻破，吴元济只能束手就擒。

　　吴元济被俘后，淮西各地的叛军三万余人群龙无首，也相继归降朝廷。

593

至此，自吴少诚以来割据三十多年的淮西重新回到了朝廷的怀抱。

李愬雪夜入蔡州，也成为中国古代战争史上长途奔袭的经典传奇！

占领蔡州后，李愬一面命人将吴元济用囚车押往京城报捷，一面尽力安抚民众。

十月二十五日，朝廷在淮西前线的总指挥裴度率部进驻蔡州，正式接管了淮西所有军政事务。

一般来说，新领导来了，总是要除旧布新，对下属进行一番大换血的。

可裴度却没有。

他主政淮西后，在人事上的唯一动作就是没有任何动作。

将领还是淮西原先的那批将领，官员还是淮西原先的那批官员，保洁还是淮西原先的那批保洁，就连给裴度担任卫兵的，也还是淮西原先的那批卫兵。

有人提醒他：淮西才刚刚收复，居心叵测的人还有很多，不得不防！

没想到裴度却全不在意：我现在是淮西的地方官，蔡州人都是我的属民，有什么好怀疑的？

这就是裴度的胆量！

这就是裴度的气度！

当然，人事上不做改变，并不代表其他方面无所作为。

裴度对百姓疾苦非常关心，还奏请皇帝，免除了淮西各州县两年的赋税。

很快，凭借着超人的魅力、爱民的态度和一系列的惠民措施，裴度赢得了当地人的衷心爱戴。

他就如一台超高质量的稳压器，让淮西百姓本来躁动不安的心一下子稳定了下来。

而在裴度入主蔡州后，李愬则率军凯旋，回到了原先的驻地文城栅。

经此一战，将领们都对他心悦诚服。

除了佩服，还有困惑。

在他们看来，这个主帅之前的不少行为都既不正经，也不正常，让人百思不得其解。

有个将领忍不住问李愬：当初您在朗山打了败仗却反而面有喜色；在吴房攻下了外城却不趁势进攻内城反而主动退兵；在进攻蔡州时遇到了暴风雪这样的恶劣天气却依然坚持孤军深入，您的这些举动我们都非常想不通，可没想到最后竟然建立了如此奇功，您可以告诉我您为什么要这样做吗？

李愬笑着解释道：朗山失利，敌人便会轻视我军从而放松戒备，所以我不以为耻，反以为荣；在吴房我之所以要退兵，是因为一旦我们拿下了吴房，敌军残部便会逃回蔡州固守，增加我军奇袭蔡州的难度，所以我留着吴房让敌军分散兵力；打蔡州时在风雪交加的夜里坚持进军，是考虑到在那种情况下叛军无法用烽火传递消息，可以保证我们攻击的突然性和隐蔽性。所以说，我们作战必须要有长远规划和全局意识，如果见到了眼前的一点蝇头小利就沾沾自喜，那岂不是自缚手脚，怎么可能成就大事？

将领们这才恍然大悟。

原来是这样！

当初只觉得是不可理喻，没想到竟是如此的不同凡响！

当初只觉得是神经兮兮，没想到竟是这样的神来之笔！

接下来，让我们把视线切换到长安。

淮西的平定，也让皇帝李纯欣喜若狂。

十一月初，吴元济被解送入京。

李纯亲自登临兴安门（长安东北门），在那里举行了隆重的献俘仪式，接着又押着吴元济前往宗庙，向列祖列宗郑重汇报了这一喜讯，走了一遍不厌其烦的流程之后，才将吴元济斩首示众。

如果吴元济是急性子的话，估计没等受刑就已经急死了！

战后论功行赏，李愬升任山南东道节度使（他原来所任的唐邓节度使一职被废除，所辖唐、随、邓三州则重新划归山南东道），晋爵凉国公；宣武节度使韩弘加封侍中；忠武节度使李光颜加授检校司空；河阳节度使乌重胤加授检校右仆射……

此战名义上的总指挥裴度则在淮西局势安定后不久就被重新召入朝中，赐爵晋国公，同时继续担任宰相，执掌政务。

为了纪念这次来之不易的胜利，李纯还决定在蔡州城外立碑纪念。

撰写碑文的任务交给了时任刑部侍郎的韩愈——韩愈不仅以文才闻名于当时，而且曾在裴度手下担任过行军司马，亲身参与了平定淮西的战事。

不愧是名列唐宋八大家之首的大文豪，韩愈一气呵成，写下了著名的《平淮西碑》，碑文写得大气磅礴，文采斐然，堪称传颂千古的名篇。

从文学价值上来看，韩愈的文章可谓字字珠玑，无可挑剔，但偏偏有人对它有意见。

有意见的，是率军奇袭蔡州的李愬及其部下。

李愬的部下认为，是李愬带着他们冒死出击，抓获了吴元济，功劳理应排在第一，可在碑文中，突出的却是坐镇后方的名义上的主帅裴度，而李愬只是被轻描淡写地一笔带过——如果把裴度在文中的地位比作红花的话，那么李愬的地位最多只是起烘托作用的绿叶，不，还不是绿叶，只是绿叶上的一根用放大镜才能找到的微不足道的茸毛！

这让他们怎么接受得了？

在他们看来，以李愬的功劳，他在《平淮西碑》一千八百多字的篇幅里就算不占一半，也至少要占一段！

在他们看来，这篇文章不是不客观，而是非常不客观！

李愬的妻子韦氏也为丈夫感到不平。

她是唐安公主（德宗李适之女，宪宗李纯的姑妈）的女儿，可以自由出入宫中，便进宫向自己的表哥李纯告状。

李纯也觉得韩愈的文章有失偏颇，随即下令磨去韩愈所撰碑文，让翰林学士段文昌重新撰写，重立《平淮西碑》。

之所以对一篇碑文如此重视，是因为淮西一战在李纯的心中有着极其重要的意义。

他深知，淮西的胜利，绝不仅仅是淮西的胜利！

纸老虎李师道

事实也是这样。

吴元济的败亡，大大震慑了平卢、成德、幽州等之前和淮西一样独立于朝廷之外的割据藩镇。

最先作出反应的，是平卢节度使李师道。

李师道原本是吴元济的铁杆盟友，吴元济的覆灭，让李师道顿生兔死狐悲之感，一时惶惶不可终日。

他手下有个叫李公度的官员，向来心系朝廷，便趁机劝李师道送上人质以及部分土地，向皇帝谢罪，以免步吴元济的后尘。

李师道同意了。

公元818年正月，也就是淮西被平定仅仅两个多月后，李师道主动上表，请求归顺朝廷。

为表示自己的诚意，他还提出要派自己的长子入朝作为人质，并献出沂（今山东临沂）、密（今山东诸城）、海三州土地。

李纯对李师道一直恨之入骨——因为他知道，李师道就是刺杀武元衡等多起恶性案件的幕后指使者。

不过，考虑到此前长期的战事已几乎掏空了财政，国家亟须休养生息，加之李师道又是两河诸割据藩镇中率先向朝廷低头的，权衡再三后，他还是答应了李师道——尽管他的心中很不舒服。

之后，他任命左散骑常侍李逊为自己的特使前往郓州（平卢治所，今山东东平），名为安抚，实则是督促李师道尽快履行承诺。

榜样的力量是无穷的。

得知李师道已经服软，本来还想观望的成德节度使王承宗和幽州节度使刘总也不得不表明了自己的态度。

由于之前曾两次与朝廷兵戎相见，王承宗的心更为纠结，但在说客的劝说下，他最后还是决定向朝廷投诚。

考虑到自己得罪过皇帝，王承宗没有直接向皇帝请求，而是通过此时圣眷正隆的魏博节度使田弘正代为上奏，态度也极其恭顺——他不仅提出将儿子送往长安作为人质，献出德、棣（今山东惠民）二州，还表态愿意将征税权和官吏的任免权全都交给朝廷。

一开始，李纯并没有批准。

后来经田弘正再三恳求，他才装着勉为其难地同意接受王承宗的归顺——李纯之所以要这么做，也许是心里确实对王承宗有些成见，想要借此敲打一下对方，不过我个人认为，更大的可能是为了笼络人心——如此既可以让田弘正觉得自己在皇帝面前有莫大的面子，又能让王承宗对田弘正无比感激。

公元 818 年四月一日，田弘正派使节将王承宗的两个儿子以及德、棣二州的地图、印信送到了长安。

这也意味着成德从此正式归附了朝廷。

同一个月，幽州节度使刘总也在麾下大将谭忠等人的劝说下宣布效忠中央。

就这样，在平定淮西后的短短几个月内，之前一直割据自雄的平卢、成德、幽州三镇相继表态服从朝廷，接受唐朝中央的直接领导。

这样的局面，是自安史之乱以来六十余年从未有过的！

一时间，朝野上下一片欢欣鼓舞。

然而，人们高兴得似乎还是早了一点。

因为，三镇中最早屈服的李师道，居然又反悔了！

问题出在李师道的妻子魏氏身上。

魏氏舍不得将自己的宝贝儿子送到长安当人质，便联合了另外几个姬妾，一起向李师道吹枕边风：咱家祖上好不容易才为咱挣来了这份基业，为何要白白送给朝廷？更何况，不献出那三州土地，最多也就是跟朝廷打一仗而已，咱们平卢地广人多，将士数十万，打起来未必会败给官军，就算打不过，到那时再妥协也不迟啊……

李师道这个人最大的特点是耳根子软，让他改变方向比让汽车方向盘改变方向还要容易，基本是指哪打哪，转弯半径极小，操控性能极佳。

故而魏氏的话一下子就打动了他：夫人你说得对，我听你的！

此后面对皇帝特使李逊的一再催促，李师道便搬出各种借口一再拖延，始终不肯兑现之前的许诺，后来见实在搪塞不过去，他干脆直接向皇帝上表：对不起，平卢镇的全体将士不允许我呈献人质，更不允许我割让土地！

这下，李纯被彻底激怒了。

他当即决定讨伐平卢。

首先要做的，是调兵遣将。

之前在淮西战功最高的三员大将李愬、李光颜、乌重胤悉数被他调到了平卢周边——李光颜任义成节度使，李愬为武宁（今江苏徐州）节度使，乌重胤则出任了横海节度使……

做好这一切后，李纯正式开始行动了。

公元818年七月三日，他下诏公布李师道的罪行，命宣武、魏博、义成、武宁、横海五镇同时出兵，攻打李师道。

应该说，在战事开始前，李师道的信心还是很足的。

当时的平卢拥有整整十二州，囊括了今山东大部分以及江苏、河南各一部分，无论是面积还是兵力，都是当时所有割据藩镇中最强的。

在李师道看来，淮西只有区区三州的地盘，朝廷打起来都如此费劲，他的实力四倍于淮西，与官军抗衡个几年应该是绰绰有余的。

然而，他错了。

因为账根本就不是这么算的。

要不然，淝水之战中苻坚的百万大军怎么会败给东晋的八万北府兵？

要不然，曾经占尽优势的手机霸主诺基亚怎么会在市场上销声匿迹？

要不然，当年我们初中的班花怎么会嫁给一个既无才也无财的渣男？

战局的发展完全出乎了李师道的意料。

此次出征的唐军，大多是在淮西战场上久经锻炼的精兵良将，又挟淮西新胜的余威，士气极旺，战斗力极强，自开战以来，一直气势如虹，连战连捷。

武宁节度使李愬率部连克金乡（今山东金乡）、鱼台（今山东鱼台）、丞县（今山东枣庄）等地；宣武节度使韩弘拿下考城（今河南民权）；魏博节度使田弘正在东阿（今山东阳谷）大败平卢军，斩杀万余人；楚州刺史李听（李愬之弟）攻陷沭阳（今江苏沭阳）、东海（今江苏东海）、朐山（今江苏连云港）、怀仁（今江苏赣榆）……

别看李师道平时看起来颇为嚣张，可实际上却跟我丈母娘买过的某些保健品一样——看宣传似乎是神奇无比无所不能，真到用的时候就会发现一点用也没有。

作为一个官三代，李师道生于深宅之中，长于妇人之手，从未经历过风雨，心理承受能力特别差——套用鲁迅先生的话来说就是：真的懦夫，不敢直面惨淡的人生，不敢正视淋漓的鲜血。

史载每次只要听到自己的部队失败，李师道都会吓得生病——病的严重程度和失败的严重程度成正比，搞得后来手下人都只能隐瞒战况，让他安心当一只鸵鸟。

正所谓兵熊熊一个，将熊熊一窝，见主帅这么废柴，平卢军本来就不太高的士气自然更加低迷——跟着这样屄的领导，能有什么前途？

谁都看得出来，李师道的失败，只是时间问题。

平卢军的将领们纷纷开始消极怠工，有人甚至已在为自己准备退路。

李师道对此也有所察觉，心中更加惊慌。

有个幕僚进言说，在阳谷（今山东阳谷）前线与魏博节度使田弘正对峙的大将刘悟可能有异心，须早做防备。

此时的李师道早已六神无主，听什么就信什么。

听了幕僚的话后，他马上就把刘悟从前线召回郓州，打算将其除掉。

没想到又有人劝李师道别这么做，说如今大敌当前，没有明确的证据就斩杀大将会动摇军心。

李师道觉得这话似乎也有道理，便又把刘悟放了回去，让他继续领兵与唐军作战。

可刘悟走后没几天，李师道却又反悔了。

原因是又有人在他耳边嘀咕，说让刘悟回到军中是放虎归山，后患无穷。

李师道闻言又慌了——好像是这个理啊，刘悟这个人确实不能留！

可是，刘悟才刚刚离开，现在要是召他回来，他肯定会怀疑……

怎么办呢？

李师道急得像热锅上的蚂蚁，想来想去，总算想出了一个办法——他秘密派人到刘悟的军营中，找到了刘悟的副手张暹，让他把刘悟干掉。

这显然是个馊主意。

因为张暹和刘悟的关系一直不错，要让他杀刘悟，等于是要两条平行线相交——完全是不可能的！

事实上，张暹接到李师道的手令后，第一时间就转交给了刘悟。

刘悟之前其实已有投唐之意，现在见李师道要对自己下手，便不再有任何犹豫，立即决定发动兵变。

他马上召集麾下将领，对他们说：我等在这里拼死拼活地抵抗官军，可李师道却听信谗言，要诛杀我等，实在是让人心寒。况且如今天子要诛杀的，只是李师道一人，我等凭什么为其殉葬？我打算回师郓州，奉行天子之命，这样不仅可以免除我等危亡，还可带来富贵！

由于李师道早已失去人心，将领们纷纷响应，很快就达成了一致。

当天夜里，刘悟就点起所统的万余兵马，以不亚于用餐高峰期外卖员的速度杀回了郓州城!

由于事发突然，郓州守军毫无防备，故而刘悟几乎没费什么力气就攻入了节度使衙署内。

李师道走投无路，只好带着两个儿子狼狈躲到了床底下，可没过多长时间就被刘悟的部下搜了出来。

刘悟没有和李师道见面，只是让人给他带话：我奉密诏送你去长安，但你还有什么颜面去见天子呢？（你还是自我了断吧！）

当然，括号里的话他没有说。

因为他觉得，只要是个人，这意思应该都能领会。

可不知是因为太愚蠢导致真的没听懂，还是因为太怕死所以装着没听懂，李师道居然还在那里一把鼻涕一把眼泪地苦苦哀求：看在你我多年交情，饶我一命行不行？让我干啥都行，端茶倒水洗尿瓶……

他这副没出息的样子，连他的儿子都看不过去了：事已至此，还是速死为妙!

李师道这才住了口。

不过，要让他自杀，他当然是不敢的，最后刘悟只能派人拔刀相助——一刀砍下了他的脑袋。

之后，刘悟将李师道父子三人的首级送到田弘正的军营，向唐军投降。

最辉煌的一年

平卢宣告平定。

之后李纯将原本据有十二州的平卢分为三道，以郓、曹、濮三州置天平节度使，沂、海、兖、密四州置兖海观察使，淄（今山东淄博）、青（今山东青州）、齐（今山东济南）、登（今山东蓬莱）、莱（今山东莱州）五州置平卢节度使。

至此，囊括黄河南北三十余州的那些赋税自享、官吏自任、不听朝廷号令的跋扈藩镇全都重新回到了大唐中央的怀抱。

自安史之乱以来六十余年的藩镇割据局面就此告一段落。

分裂动荡已久的大唐帝国，终于再次回到了大一统的轨道上。

李纯实现了他之前几代皇帝都梦寐以求的愿望!

这就是史上著名的"元和中兴"（元和是宪宗李纯的年号）!

不过，表面平静的海水，底下往往依然暗流涌动；表面大好的局面，内部往往依然有着一定的隐患。

此时的大唐帝国也是如此。

虽然看起来大唐已经实现了全国的统一，但其实却并不十分彻底——以魏博、成德、幽州为代表的河朔三镇，尽管都已宣布效忠朝廷，可某种程度上依然是换汤不换药——节度使依然还是原先的节度使，麾下的军队也依然还是原先的军队，其归顺要么是出于节度使本人的个人意愿（魏博），要么只是暂时迫于压力（成德、幽州），总体来说并不十分牢固。一旦形势稍有变动，依然有着重新割据的可能！

这一点，李纯也看出来了。

为此，他没有少动脑筋。

经过一番苦心孤诣的思考，他终于有了方案——只要能将节度使的权力限制在一定范围，就可以避免藩镇势力再次做大！

公元 819 年三月，也就是李师道被平定不久，李纯便采纳横海节度使乌重胤的建议，下令驻守在各州的州郡兵由节度使直辖改由当地刺史掌管，各道节度使只能统领治所在直属州的部队。

显然，他这是在分割节度使的军权。

在他的设想中，这只是他彻底解决藩镇问题的第一步而已。

然而他万万没有想到，他以为的第一步，竟然是他在这方面的最后一步！

他更不会想到，他当时只道是寻常的这一年，竟然是整个大唐帝国在中晚唐一百五十多年时间里最辉煌的一年！

第四十章　真的好想再活五百年

韩愈和他的《论佛骨表》

李纯之所以壮志未酬，不是因为他的能力不够，而是因为他的寿命不够——在平定李师道实现全国统一仅仅一年后，才四十三岁的李纯就离开了人世，而且是非正常死亡！

那么，在他生命的最后那段时间，到底发生了什么？

事实上，自从平定淮西后，李纯就有些变了。

也许是觉得大功已经告成，励精图治了十余年的他变得越来越注重个人享受。

他开始大兴土木，先是对大明宫中的麟德殿（多用于宴饮群臣，相当于如今的国宴厅）进行了大规模修缮，接着又扩建位于东内苑的龙首池，之后又新建承晖殿……

一个接一个工程纷纷上马，宫里的钱很快就花光了，内库干净得堪比医院无菌室。

接下来所需的经费该从哪儿来？

李纯有些为难。

不过，作为皇帝，他身边肯定不会缺急他所急、想他所想的人。

为他解决这个麻烦的，是户部侍郎、判度支皇甫镈（bó）、盐铁转运使程异。

两人看出了皇帝的心思，挖空心思从国家的财政收入中挤出了一大笔专供天子使用的钱，称为"羡余"（没花完的经费），进献给李纯。

其实，官员向皇帝个人上贡羡余并不是新鲜事——德宗李适时期就有这种现象，顺宗李诵上台后革除了这一弊政，李纯在执政前期对此也一直是严令禁止的，而现在则是来者不拒，多多益善。

正所谓有投入就有回报，连续多次羡余送下来，李纯对皇甫镈和程异越来越宠信，后来甚至下诏将两人一下子提拔为宰相。

诏书一出，满朝哗然。

两个无论资历还是能力、无论人望还是人品都乏善可陈的家伙，靠着贿赂皇帝一步登天当上宰相，谁能信服？

秉性刚直的裴度看不过去了，上疏请求皇帝收回成命。

李纯没有接受——不仅不接受，还给裴度扣了一个朋党的帽子。

由此可见，他现在对裴度的态度已经不是信任，而是猜忌——凭借着不久前在淮西建下的大功，如今裴度在朝野上下声望极高，隐然已有功高震主之嫌！

过了一段时间，李纯又在一次召集宰相议事时老话重提：身为人臣，应当努力做事，绝不能结交朋党。朕最讨厌的就是朋党……

谁都听得出来，这话是说给裴度听的。

裴度当然也明白这一点。

可他却依然坦然自若地回应道：物以类聚，人以群分。无论君子还是小人，都有自己的圈子，君子是因志同道合才走到一起的，而小人则纯粹出自利益，所以才被称为朋党。因此，同样是圈子，但其实相去甚远，陛下只要看他们的所作所为就知道了……

李纯的耐心，就如电量即将耗尽的手机，勉强撑了几秒后就彻底黑屏了。

他的脸色很不好看。

事实上，他的本意是想敲打一下裴度——所谓朋党其实只是个幌子而已，而裴度却不仅没意识到这一点，还一本正经地与自己争辩！

他听了当然不会舒服。

这就好比，我老婆在和我逛街时看中了一套很贵的衣服，可我当时没帮她买，然后她在回家后说"我最讨厌的就是男人小气"，而我却一本正经地跟她争辩"小气和节俭是有区别的，节俭是男人的一种美德"，你说她会不会生气！

谈话就这样不欢而散。

裴度自此彻底失宠。

当初李纯有多欣赏他，现在就有多讨厌他！

对他来说，裴度就像阳光——冷的时候觉得温暖无比，热的时候就会觉得燥热难耐！

不久，裴度就被外放为河东节度使，离开了长安。

裴度罢相后，李纯更加放飞自我。

他不仅日渐奢侈，还迷上了佛教。

他特意派宦官去法门寺（位于今陕西扶风境内）把寺内供奉的佛祖指骨舍利迎入宫中，先是在宫中供奉三日，接着又将其送到长安城中的各大寺庙，供广大百姓瞻仰。

见皇帝都如此虔诚，百姓们自然更加疯狂，为了供养佛骨，有人甚至捐出了自己的全部家产。

这是佛教界的一大盛事！

可在笃信儒学的刑部侍郎韩愈看来，这不是盛事，而是乱事——场面越热闹，他越觉得是胡闹！

他顿时热血上涌，忍不住给皇帝上了一篇著名的《论佛骨表》。

这篇表文旁征博引，结构严谨，同时又慷慨激昂，气势磅礴，充分体现了反佛崇儒的鲜明立场和英勇豪迈的大无畏精神，它不仅是韩愈的代表作之一，也是中国历代古文中的名篇，限于篇幅，具体的内容这里就不摘录了，各位若有兴趣可以自行搜索。

但很多时候话说得好并没有多大价值。

比如我老婆从不吃肥肉，我要是劝她吃肥肉，肯定会惹来一顿痛骂——我越是把肥肉说得天花乱坠天上有地上无天仙才有得吃，她越是生气。

韩愈这次也是这样。

李纯非但不接受劝谏，反而雷霆大怒——好你个韩愈，竟然将我无比崇拜的佛祖说得一文不值，这怎么能忍！

盛怒之下，他甚至打算将韩愈处以极刑。

好在韩愈平时的人缘还不错，在大臣们的极力求情下，他最终勉强保住了性命，被赶出朝廷，贬为潮州刺史。

也正是在这次被贬的路上，韩愈又写下了一首脍炙人口的名诗《左迁至蓝关示侄孙湘》：

一封朝奏九重天，夕贬潮阳路八千。欲为圣明除弊事，肯将衰朽惜残年。云横秦岭家何在？雪拥蓝关马不前。知汝远来应有意，好收吾骨瘴江边。

宫变疑云

也许李纯无论如何也不会想到，自己奉迎佛骨舍利一事，竟然一下子造就了中国文学史上的两篇名作！

不过，就算他真的知道了，也未必会在意。

此时的他真正在意的，是修仙。

和很多古代帝王一样，李纯也渴望长生不老，在实现中兴大业后更是如此。

还有那么多的大事等着他去做，还有那么多的挑战等着他去征服，还有那么多的快乐等着他去享受……

他真的好想再活五百年！

上有所好，下必知焉。

宗正卿李道古通过宰相皇甫镈向皇帝推荐方士柳泌，说他能制作让人长生的丹药。

李纯喜出望外，马上亲自召见柳泌，并安排他入住长安城内的著名道观兴唐观，让他在那里为自己炼制丹药。

柳泌在兴唐观里捣鼓了一阵，没弄出什么名堂。

他觉得在天子脚下万一皇帝怪罪自己难以逃脱，不如找个天高皇帝远的地方，达则继续忽悠，穷则躲到深山，才是万全之计。

于是他便对皇帝说：天台山有很多仙草，可惜臣权力有限，无法到那里随意采摘。

李纯笑了：这有何难？

他当即任命柳泌为台州（今浙江临海，天台山就在台州辖区内）刺史：以后你要采仙草，想怎么采就怎么采。

一时间，朝中舆论哗然。

进士当官，天经地义，方士当官，史上从未有过，这也太荒唐了吧？

反对的声浪一浪高过一浪，但李纯却始终岿然不动：如果一个刺史的任命能换来天子的长生不老，有何不可！

来到台州后，柳泌天天装模作样地驱使当地吏民上山采药，结果当然是一无所获。

不久，担心骗局败露，他便按原计划逃到了深山之中。

但找他的难度再大，也不可能有皇帝追求长生的决心大，柳泌最终还是被搜了出来，送到了京城。

这次，为了防止柳泌再次逃跑，李纯专门为他配备了规模不亚于如今国家元首的安保队伍，连上个厕所都被里三层外三层三百六十度无死角地簇拥着。

无奈，柳泌只好顶着压力继续炼丹。

正所谓压力就是动力，没过几天，他就宣布大功告成。

一枚枚新鲜出炉的长生丹被源源不断地送到了宫里，接着又被源源不断地送到了李纯的肚子里。

实践证明，这批长生丹的效果还是相当明显的。

具体来说，就是：

上吐下泻没个完，脑袋发昏心里烦，控制情绪无比难，周围人人心胆寒……

总之，李纯在服用柳泌所制作的长生丹后健康状况是一天一个样，三天大变样——从健步如飞到颤颤巍巍到拄手杖到走不了路到卧床不起，只用了区区几十天的时间！

而他的脾气则变得越来越暴躁。

那些服侍在他左右的宦官和宫女，随时随地都会获罪——说话声音大他嫌吵会被罚，说话声音小他嫌听不清会被罚；说话委婉的他嫌不爽快会被罚，说话直接的他嫌不客气还是会被罚……

被罚的人，轻则被他痛骂，重则下令殴打，有的甚至被直接处死。

一时间，宫里人人自危。

经常陪伴在李纯左右的内常侍王守澄、陈弘志等人更是如此。

每次轮到他们值班的时候，他们都心惊肉跳，冷汗直冒，那种体验就和我老婆在不得不亲自倒车入位时的感觉差不多——过后自己都不知道自己是怎么度过那段难熬的时间的。

与此同时，时任左神策军中尉的吐突承璀心情也非常不好。

作为皇帝多年来最信任的心腹，看到主人的身体每况愈下，他也不由得忧心忡忡起来。

他担心的，不是皇帝的身体，而是皇帝的身后事。

因为他与太子李恒有很深的过节。

这事和当初立太子有关。

李纯继位时膝下已有多位皇子，其中最大的三个分别是长子李宁，次子澧王李恽，三子遂王李恒。

这三人中，李恒的生母郭贵妃地位最为尊贵——她是郭子仪的孙女，升平公主（唐代宗之女）的女儿，又是李纯的正妻，当太子时的太子妃。

不过，李纯和她的感情似乎不是很好，在当上皇帝后只是将郭氏封为贵妃，始终没有立她为后，对郭氏所生的儿子李恒也不是很感冒，所以最初立太子时也没有立李恒，而是立了长子李宁。

可惜李宁有福没寿，才当了两年太子就一命呜呼了。

接下来该立谁为太子呢？

李纯的本意是立澧王李恽，不过他一向心机深重，当然不会直接开口表态，而是授意自己的心腹宦官吐突承璀提出了这个建议。

没想到这遭到了满朝文武的集体反对。

他们的理由很简单——澧王李恽虽然年长，可其生母的出身实在是太低贱了（前太子李宁的生母是唐代嫔妃中第四等的美人，而李恽的生母连名号都没有，估计只是个下人），不适合当太子。

他们一致认为，遂王李恒才是太子的唯一人选——李恒的生母是皇帝的原配郭贵妃，堪称嫡子，他做太子才符合立嫡立长的原则。

李纯对此虽不满意，可考虑到众意难违，最后还是决定册立遂王李恒。

如此一来，作为澧王李恽主要支持者的吐突承璀，自然与太子李恒结下了梁子。

现在见皇帝时日无多，他当然要担心自己的命运。

一旦太子李恒继位为帝，他肯定不会有好下场！

怎么办？

与其坐以待毙，不如奋起一击！

他要把绝望变成希望，把危机变成转机！

他决定赶在皇帝驾崩之前，设法废掉太子李恒，改立澧王李恽。

说干就干，他秘密召集了自己的一帮党羽，紧锣密鼓地策划起来。

但世上没有不透风的墙。

很快，这个消息就传到了太子李恒的耳朵里。

李恒大惊，慌忙派人向自己的舅舅——时任司农卿的郭钊讨教对策。

郭钊倒是非常淡定，只给他回了这么一句话：殿下只要对皇上尽孝就行了，别的不必担心。

可李恒怎么可能不担心呢？

好在他的担心并没有持续多久。

很快，一切就水落石出了。

公元 820 年正月二十七日，他的父亲——年仅四十三岁的宪宗李纯突然暴崩于大明宫中和殿！

关于李纯的死因，《旧唐书》的说法是"时以暴崩，皆言内官陈弘志弑逆"；《新唐书》则称"宦者陈弘志等反，庚子，皇帝崩"；而最为详细的，是《资治通鉴》的记载："时人皆言内常侍陈弘志弑逆，其党类讳之，不敢讨贼，但云药发，外人莫能明也。"

可见，所有的史书都将李纯的死归因于他杀，凶手是内常侍陈弘志！

陈弘志并不是一个人在战斗。

事实上，他只不过是个执行者而已，在他后面还有一大帮战友——以右神策军中尉梁守谦、内常侍王守澄为首的诸多宦官都是陈弘志的同党。

不仅如此，有人甚至认为李恒的生母郭贵妃和其兄长郭钊也可能参与了此事——要不，当初李恒向郭钊求救时，郭钊怎么会显得那么胸有成竹？

不过，这种说法只是推测而已，并没有史料依据。

真相到底是什么，我不知道。

我只知道，李纯创造了一个纪录——他是自唐朝立国两百多年来，第一个死于宦官之手的皇帝！

可怜一代中兴明主，死得竟如此窝囊！

他的人生轨迹，有点像足球运动中的电梯球——开始是一个持续向上的抛物线，可在到达顶点后却急速下坠，直接落地！

在李纯皇帝生涯的中前期，他励精图治，百折不挠，通过不懈努力重塑了中央对藩镇的权威，从而逆转了安史之乱后国力的下跌趋势，取得了史称"元和中兴"的重大成就，为唐朝后期的发展奠定了坚实的基础，但在他生命的最后两年，他却如同变了一个人一样，骄傲自满，崇佛佞道，最终死于非命，令人扼腕叹息！

但无论如何，他所创造的辉煌是不能被抹杀的——那是整个中晚唐一百五十多年的黯淡光阴里最璀璨夺目的一段时光！

夕阳无限好，只是太短暂！

第四十一章　前功尽弃

鱼配鱼，虾配虾

接下来让我们回到现场。

宪宗李纯的意外死亡，也让尚未来得及行动的左神策军中尉吐突承璀失去了唯一的靠山，他和他企图拥立的澧王李恽随即被杀。

数日后，太子李恒在宦官梁守谦、王守澄等人的拥立下正式登上了帝位，是为唐穆宗。

李恒登基后做的第一件事就是将方士柳泌杖杀，对外公布的罪名是：柳泌炼制的丹药有毒，导致宪宗服用后毒发而亡，而曾向宪宗引荐柳泌的宰相皇甫镈则被赶出京城，贬为崖州司户。

显然，李恒是在掩盖其父的真正死因。

没想到，他这一举措居然意外得分，大受百姓欢迎——皇甫镈实在太不得人心了，得知他被贬，朝野上下无不拍手称快。

人们纷纷翘首以盼，期待这个新皇帝能作出更多的英明决策。

然而他们失望了。

按理说，时年二十六岁的李恒年富力强，精力充沛，正是干事业的好时候，可他却把所有时间都花在了玩乐上，每天的娱乐活动都排得满满当当、热热闹闹，唱歌、跳舞、喝酒、看戏、打猎、大摆宴席……一样都不落下。

跟现在的很多花花公子一样，他花钱如流水，对陪自己玩耍的那些下属或戏子，他赏赐起来极其大方，每次都是大手笔。

他还喜欢大兴土木，在宫里先后新建了永安殿、宝庆殿等宫殿，在宫外则花费重金对安国、慈恩、章敬等寺庙重新装修……

谏议大夫郑覃、崔郾等人实在看不过去，便在一次朝会上劝谏皇帝说：陛下游乐过多，应注意节制，另外，国库中的金银布帛，都是百姓的血汗，希望陛下珍惜，不要轻易动用。这样万一天下有事，才有足够的财力来应对……

李恒对此的反应令人无比惊讶——他无比惊讶地问左右：这几位……是什么人？

旁边的宰相萧俛（fǔ）、段文昌、崔植（他们三个都是李恒上台后提拔的）等人都愣住了——天子登基已九个多月了，居然连大臣都不认识！敢情你每天上朝都不走心，就是走个流程？敢情你每天只对吃喝玩乐关心，对朝廷政务却关了心？

当然，这样的话，萧俛他们不会说出口。

他们连忙回答：这几位是谏官郑覃、崔郾……

李恒尽管贪玩，但并不笨，反应还是很快的。

他马上诚恳地对郑覃等人表示：多谢你们指出朕的问题，以后朕一定照你们说的去做！知错就改不偷懒，亡羊补牢犹未晚……

郑覃等人受宠若惊，激动得流下了泪水：陛下如此优秀，真乃百姓之福……

但很快，他们就发现自己错了。

皇帝根本不是优秀，而是作秀。

虽然李恒嘴上说得无比真诚，可实际上却把"君无戏言"这句话完全当成了戏言，依然游乐无度，依然赏赐无度，依然好色无度……

李恒就是这样一个毫无责任心的皇帝！

鱼配鱼，虾配虾，乌龟配王八，一次性筷子配盒饭八块八。

李恒不仅自己在各方面都难望其父项背，他所任命的宰相萧俛、段文昌之流也和宪宗朝那些名相杜黄裳、裴垍、李绛、李吉甫、武元衡、裴度等人不可同日而语。

萧俛等人都是缺乏远见的庸才。

他们认为天下已经太平，固若金汤，应当裁撤军队，以减少军费开支。

在他们的极力倡议下，李恒下诏要求天下所有军镇至少裁撤百分之八的兵士，彻底注销这些人的军籍。

然而没过多久，残酷的现实就给过于乐观的他们泼了一盆冷水。

公元820年十月，成德节度使王承宗去世，将领们打算拥立王承宗之弟王承元为留后，好在王承元对朝廷颇为忠心，坚决不肯接受，主动上疏请求朝廷任命新的节度使。

从那些将领企图拥立王承元一事可以看出，成德虽然表面上已宣布回归朝廷，但实际上，当地军人对朝廷的忠诚度依然十分低，只要稍有机会，他们就有可能重回割据的老路！

这一点，李恒和他的宰相们都看出来了。

经过宰相们的一番商议，最终他们决定对成德及其周边藩镇进行一次大范围的人事调动：

王承元离开成德，改任义成节度使；魏博节度使田弘正调任为成德节度使；武宁节度使李愬调任为魏博节度使；义成节度使刘悟调任为昭义节度使；左金吾将军田布（田弘正之子）为河阳节度使……

这么做的意图很明显：废除藩镇节帅在本地统治的终身制，切断他们与多年老部下的联系，从根本上避免拥兵自重的可能，从而把节度使从原先的土皇帝变为彻底听命于皇帝的朝廷命官……

可决策是作出了，萧俛等人的心中却依然七上八下。

毕竟，换节度使不是换衣服，难度还是很大的——尤其是在成德、魏博这样有割据传统的藩镇。

能否成功实施，他们并没有太大的把握。

受命转任成德节度使的田弘正对此也忧心忡忡。

作为五十多年来一直掌控魏博的田氏家族的成员之一，他在魏博的地位可谓根深蒂固，但在成德的群众基础却几乎是零，不，是负的——这些年他曾多次率魏博军与成德作战，死在他手下的成德人不在少数，而这些人的子侄兄弟很多还在如今的成德军中，他们时时都想为父兄报仇雪恨，时时都想让他血债血偿，要他去成德，岂不是置他于险地？

不过，担心归担心，田弘正毕竟对朝廷忠心耿耿，最终他还是带着两千亲兵怀着忐忑的心去成德上任了。

与此同时，其余诸镇也如期实现了权力的移交。

消息传到京城，几位宰相十分高兴。

此时已是公元 821 年初，为表庆贺，他们宣布大赦天下，并改年号为长庆。

可事实证明，他们高兴得还是太早了点。

仅仅几个月后，反叛的浪潮就再次席卷了河朔三镇！

幽州惊变

最先发生变乱的，是位于三镇最北面的幽州。

这事还得从幽州节度使刘总的出家讲起。

刘总本是前节度使刘济的次子，十多年前刘济卧病在床，他趁机发动兵变，毒死父亲，接着又杖杀大哥刘绲，夺取了节度使之位。

公元 821 年二月，刘总突然给皇帝上了一封奏表——请求批准他弃官为僧，另派人来接管幽州。

这出乎所有人的意料。

一个弑父杀兄、心狠手辣的强人，怎么会想到遁入空门呢？

这画风的转换是不是太突然了？

确实突然。

但史书就是这么记载的，信不信由你。

反正我只是史书的搬运工。

史载刘总那时常有一种幻觉——看见其父兄突然出现，伸着舌头，找他索命，不分场合，不分时间，随时出现，随时消失，从来不需要想起，永远也不会忘记……

这让原本天不怕地不怕的刘总寝食难安。

他只好在家中供养了几百个和尚，让他们昼夜不停地为他做法事。

他每天都和那些和尚一起诵经念佛，连睡觉也必须和他们一起睡，似乎只有这样才看不见父兄的鬼魂，而只要一离开这些和尚，他就感觉心惊肉跳，晚上根本无法入眠。

时间久了，他便产生了这样一个念头：既然离不开这些和尚，不如干脆出家当和尚吧，这样或许能让自己获得佛祖保佑，过上安生的日子……

于是便有了上面那个请求出家的奏表。

刘总主动申请离职，这对一直想把幽州真正掌控在自己手里的唐朝朝廷来说，显然是个天上掉馅饼般的好消息。

但天上掉馅饼的事，总是让人难以相信的。

一个大权在握的藩镇主帅，不惜一切要出家。这是什么精神？

这是伟大的……

对不起，我编不下去了。

这不是什么精神，精神病还差不多！

考虑到刘总不大可能是精神病，李恒和他的宰相们只得继续挽留刘总。

后来见刘总一再上表，铁了心要出家，他们才确信这真的是馅饼，而不是陷阱！

李恒随即下诏，同意了刘总的申请。

刘总不愧是曾割据一方的枭雄，水平还是有一些的——他并没有甩手一走了之，临行前对善后工作做了一番颇为周密的安排。

他先是把包括兵马使朱克融在内的一帮桀骜难制的部将全送到了长安，请求朝廷对他们提拔任用，给他们在京城安排合适的岗位——毫无疑问，他这样做的目的，是把这群刺头置于朝廷的监控之中。

接着他又上了一道奏疏，提出了一个将幽州一分为三的方案，并推荐了三个出镇的人选。

做完这一切后，没等朝廷的回复，他就立即剃度出家，连夜离开了幽州。

数日后，有人在定州境内发现了刘总的尸体。

刘总究竟是怎么死的，没人知道。

但有一点是明确的，刘总的死给朝廷提供了一个彻底解决幽州问题的绝佳机会。

现在，就看朝廷怎么应对了。

由于皇帝李恒热衷于吃喝玩乐，对朝政基本不闻不问，这个任务自然落到了宰相们的头上。

当时萧俛、段文昌已经罢相，朝中的宰相是崔植和原翰林学士杜元颖。

两人自恃高明，自作主张，根本就没把刘总的建议当回事。

他们将原本据有九个州的幽州分为两镇——划出瀛、莫二州设瀛莫镇，由京兆尹（首都最高行政长官）卢士玫出任节度使，其余七州则仍为幽州，由宣武节度使张弘靖为新任节度使。

张弘靖曾在宪宗年间担任过宰相，后来在河东、宣武两镇做过节度使，为政宽和，颇得民心，算得上是德高望重，因此崔植等人将其看作执掌幽州的最佳人选。

但这显然是有问题的。

毕竟，张弘靖此前工作过的河东等地的情况和割据多年的幽州是截然不同的。

他虽然在河东干得还算不错，但这并不代表他在幽州也能干好——正如一个人语文成绩出类拔萃并不代表他也一定是体育尖子。

更重要的是，张弘靖是文臣出身，不谙军旅事务，也不熟悉河朔风俗，跟幽州那些骄兵悍将完全不是一类人！

他能镇得住幽州那些骄兵悍将吗？

还是让事实来说话吧。

接下来，让我们把镜头对准抵达幽州后的张弘靖。

这一年，他已经六十二岁了。

他出身大唐顶级的官宦世家——三相张家（他的祖父张嘉贞、父亲张延赏和他本人都担任过宰相），自幼锦衣玉食，官场上也一直顺风顺水，因此他的作风一向十分奢华，每次出行都要乘坐轿子，官架子十足。

在工作上，他延续了一直以来的无为而治的风格，往往十天半个月才到节度使衙门处理一次公务，其他时间大多深居简出。

这让幽州将士感到很不习惯。

之前河朔三镇的节度使，无论是最初的田承嗣、李宝臣、李怀仙，还是后来的田弘正、王承宗、刘总，全都是行伍出身，跟他们这些军人不分你我，称兄道弟，同甘共苦，一起大碗喝酒，大块吃肉，大声说笑，大刀砍人，大秤分金银；而张弘靖呢，却是大房子住着，大轿子坐着，大美女搂着，大道理讲着，大眼都不看他们一眼，大名都叫不出他们中的任何一个……

他们觉得，高高在上的张弘靖与他们格格不入，对张弘靖无比失望。

他们要的，是跟节度使一起仗剑走天涯，没想到张弘靖却只会躲在家里喝他的茶！

一入侯门深似海，从此老张是路人！

除了张弘靖本人，他们对他带来的那些下属意见也很大。

判官（节度使属官，掌文书事务）韦雍是张弘靖的亲信，他是个极为高傲的文人，对那些文化水平不高的士兵总是嗤之以鼻，经常不遗余力地嘲笑他们：如今天下太平，你们就算能拉两石的强弓（用两石即两百多斤的力气才能拉开的弓），还不如认识一个"丁"字！——成语"目不识丁"就是这么来的。

而最让幽州将士无法接受的是，此次张弘靖调任幽州，朝廷特意调拨了一百万贯军饷用以赏赐将士，但张弘靖却从中私自截留了二十万贯自用，剩下的在下发时又被韦雍等人肆意克扣，真正分到将士手中的已经大打折扣了！

他们对此怎能不怨声载道？

就这样，张弘靖到任不过数月时间，幽州人对他和他的团队已忍无可忍了！

他们的爆发，需要的只是一个带头人和一点小小的火花！

带头人很快就出现了。

之前被前任节度使刘总送到京城去的兵马使朱克融等一帮悍将又回来了！

话说朱克融等人来到京城后，本以为能得到朝廷的重用，没想到朝廷竟然将他们晾在了一边，不要说加官晋爵了，连个搭理的人都没有——他们多次到中书省去找宰相安排工作，可连宰相的面都没见到，得到的只有门卫冷冷的三个字：等通知！

可等到花儿都谢了，眼睛都望穿秋水了，差旅费都快用完了，也没等到任何结果！

在张弘靖出任幽州节度使后，他们又被一脚踢了回来！

可想而知，朱克融等人心中该有多么愤怒！

朱克融是德宗年间的节度使朱滔之孙，在幽州根基很深，军中有不少拥趸。

他的回来，也让幽州那些将士找到了自己的主心骨。

不久，一件小事的发生彻底改变了朱克融的命运。

那天，判官韦雍带着卫队出行。

他们速度快，人又多，占据了几乎所有的车道。

百姓看到他们如河水碰到快艇——纷纷往两边散开。

有个骑马路过的幽州小将躲避不及，不慎与韦雍的前导发生了轻微的擦碰——不用十倍放大镜看不出擦痕的那种。

但再怎么轻微，也冒犯了韦雍的官威。

韦雍勃然大怒：将此人拖下马来，当街打五十大板！

没想到这个小将不仅不肯束手就擒，还出言不逊，与韦雍对骂起来：你敢？节度使来老子都不怕，你一个小小的判官牛什么？

韦雍当场就炸了，喝令左右把此人拿下，扔进监狱，随即奏请张弘靖，打算从严治罪。

显然，初来乍到的韦雍对河朔的情况还不太了解。

他不知道，在幽州得罪这些河朔大兵，完全是作死！

河朔军人向来骄横，民间甚至流传有"长安天子，魏博牙兵"的说法，意为魏博的牙兵权力极大，甚至能像皇帝一样左右节度使的废立——事实上，魏博前节度使田弘正就是由牙兵所立！

幽州的情况也与魏博如出一辙。

军人在当地的地位非常高，就连节度使也要礼让三分——你敢不给大兵们面子，大兵们就敢把你拉下位子！

而这回韦雍居然冒大兵之大不韪，对这个小将下如此狠手，他那些同僚怎么可能忍得了？

本来就对张弘靖、韦雍等人无比不满的幽州将士一下子沸腾了。

没人鼓动，没人发动，但无数人就是遏制不住自己的冲动，无数人争先恐后地参与了暴动。

当天夜里，幽州城内火光冲天，杀声震地，箭雨如蝗，血肉横飞。

从城南到城北，到处充斥着死亡的气息。

如果把这次暴动比作一场地震的话，那么张弘靖所在的节度使府邸就是震中所在。

韦雍等一大帮张弘靖的亲信幕僚都被乱兵拖出杀掉，张弘靖府中的所有财物都被洗劫一空，张弘靖的妻女、侍妾、奴婢只要稍有姿色，都惨遭大兵们凌辱……

暴乱持续了整整一夜。

次日清晨，一切终于复归平静。

可节度使衙署已是一片灰烬。

枯树残壁断崖，尸体横七竖八。荒草碎石死马，阵风吹过，断肠人在呆坐。

这个呆坐者，正是节度使张弘靖。

乱兵们问他：今天这事，你打算怎么处理？

张弘靖没有回答。

他能说什么呢？

要他原谅这帮辱他妻女、杀他幕僚的乱兵，他没这份雅量。

要他呵斥这帮全副武装、手拿刀枪的乱兵，他没这份胆量。

他只能闭口不言。

乱兵们没有放弃，一再威胁他：你再不开口，我们就拥立别人为帅！

张弘靖还是咬紧牙关，一句话都不说。

最后乱兵们终于失去了耐心。

他们将张弘靖关押起来，随后大声鼓噪着前往兵马使朱克融的府第，拥立朱克融为留后。

忠将之殇

几天后，幽州兵变的消息传到了长安。

李恒和宰相们对此毫无准备，一时都慌了神。

经过一番紧急磋商，他们总算拿出了对策：坚决不承认朱克融的自立，任命昭义节度使刘悟为新的幽州节度使。

显然，他们是吸取了上次用人不当的教训——刘悟出自平卢军将，有着丰富的治军经验，相比从未带过兵的张弘靖，无疑是更合适的人选。

但刘悟不干。

他不是田弘正，没有那种"君要臣去，臣不得不去"的愚忠。

在刘悟看来，此时朱克融势力已成，要想从此人手里夺回幽州的掌控权绝非易事，必定会有一场恶战！

他喜欢吃，但就是不喜欢自讨苦吃！

他喜欢地，但就是不喜欢自蹈险地！

他当然不可能去。

他直截了当地拒绝了朝廷的征召。

李恒无奈，不得不收回了成命。

接下来如何是好？

难道真的就只能妥协，让朱克融这个叛贼做节度使？这样的话，岂不等于是承认幽州重回了以前的割据局面？岂不是毁掉了宪宗好不容易达成的全国统一的大好局面？

不行，绝对不行！

可是不答应，又能怎么办呢？

李恒没了主意，只好交给宰相们拿主意。

崔植、杜元颖两位宰相绞尽脑汁——把脑汁都快搅成糨糊了，却依然苦无良策。

没想到就在他们百思不得其解的时候，成德又传来了一个更加震撼的消息。

成德也发生了兵变，节度使田弘正被杀！

616

这个悲剧的发生，其实朝廷的财政部门应该负很大的责任。

当初田弘正去成德上任的时候，为确保自己的安全，他特意从魏博带了两千亲兵一起上任——这些亲兵都是他百里挑一选出来的，人人都能以一当百。

田弘正相信，只要有他们在身边，成德人就绝不敢轻举妄动。

不过，由于这两千亲兵的编制不属成德，不能占用成德的军饷——否则成德人就更有意见了，田弘正只能向朝廷请求另外拨给粮饷。

但当时负责财政的户部侍郎崔倰（lèng）却一口回绝了田弘正的要求。

他的理由是：成德本身有军队，你田弘正为什么要把魏博的兵带过去？而且还要国家专门出钱供养？如果开了这个先例，其他的节度使也如此效仿，国家的钱怎么够用？

崔倰的话听起来冠冕堂皇，但实际上却完全没有考虑田弘正此时面临的危险，更没有顾及此事可能引起的严重后果。

田弘正急了，又连续四次上表，要求皇帝对此重新讨论。

贪玩的李恒当然不可能在这种小事上浪费精力，便把田弘正的表文扔给了宰相，让他们决定。

宰相崔植是崔倰的族弟，此人才识平庸，是非曲直不一定分得清，但对于亲疏远近却分得非常清。

他毅然决然地站在了族兄崔倰这一边，非但不肯拨付这笔额外的款项，还严令田弘正应遵守国家规定，立即将这两千亲兵遣返魏博。

见朝廷如此坚决，一向以忠臣自居的田弘正不得不依令而行，遣散了这些护卫自己的亲兵。

而崔倰给田弘正挖的坑还不止这一个。

当初田弘正去成德上任的时候，为帮助田弘正稳定军心，皇帝李恒曾答应赏赐成德全体军人一百万贯，可崔倰却以财政紧张为由，迟迟没有兑现。

田弘正只得一再遣使催促。

但崔倰对此的回应，却和某些新手的车一样：越催越慢，再催熄火……

时间一天天地过去。

成德将士心中对朝廷的怨气也在一天天地增加。

只有一个人例外。

别人越是怨愤，他越是觉得兴奋。

别人越是不爽，他越是觉得神清气爽。

此人名叫王廷凑，回鹘人，时任成德兵马使，王家世代为成德军将，在军中颇有影响。

王廷凑是个野心勃勃的人，见到军心浮动，田弘正的两千护卫亲兵又不在身边，加上幽州兵变成功的影响，便一下子产生了效仿幽州发动兵变的想法。

公元 821 年七月二十八日夜间，王廷凑率牙军突然发难，杀死田弘正全家及其僚佐三百余口，随即宣布自任成德留后。

可怜田弘正一心忠义，下场却如此悲惨。

但我想，他应该是不会后悔的。

再给他一次选择的机会，他肯定还是会这样选。

因为，在带领魏博归顺朝廷的时候，他已经下定了决心——从明天起，做一个忠诚的人。骑马，打仗，效忠大唐。从明天起，关心江山和社稷。我有一个国家，面朝大海，春暖花开……

接下来，让我们把镜头对准那年夏天的大唐都城长安。

皇帝李恒的心情非常糟糕。

他无论如何也不会想到，河朔三镇中的幽州、成德会在短短数十天内相继变天，重新恢复割据！

唯一让他欣慰的是，曾经最为跋扈的魏博还在朝廷的控制中。

更让他欣慰的是，魏博节度使是当时的大唐第一名将李愬。

对李愬的能力，李恒不是相信，是迷信。

他现在把所有的希望都寄托在了李愬身上。

他祈祷李愬力挽狂澜，平定成德、幽州两镇，给他一个大大的惊喜！

应该说，他的祈祷是有效的。

有效率百分之五十。

因为他得到的，不是惊喜，而是其中的一半——惊！

令他震惊的是，李愬竟然在这个节骨眼儿上一病不起，不久就撒手人寰了！

真是屋漏偏逢连夜雨，查案偏遇摄像头坏，李恒那叫一个欲哭无泪。

在宰相们的建议下，他任命田弘正之子田布为新任魏博节度使，让他会同横海、昭义、河东、义武等镇一起出兵，联合讨伐王廷凑和朱克融两路叛军。

与此同时，李恒还重新起用了之前被雪藏多时的具有极高威望的前宰相裴度，任命他为四面行营招讨使，统一协调招讨事宜。

然而河北的形势却依然在继续恶化。

先是不久前从幽州分割出来的瀛、莫二州先后发生兵变，乱军驱逐了朝廷任命的节度使卢士玫，归附了幽州乱军首领朱克融；

接着，魏博境内的重镇相州也发生了暴动，刺史邢澒被杀；

之后，朱克融又率幽州兵入侵义武，在义武辖区内的易州等地大肆抢掠……

而与乱军的猖獗形成鲜明对比的是，朝廷方面的讨伐行动虽然看起来声势很大，但实际上却乱象丛生，完全没有章法。

比如，裴度尽管被皇帝委以重任，可朝中有些别有用心的大臣鉴于他威望太高，生怕他再次立下大功而影响到自己的地位，往往对其多加掣肘，把裴度束缚得如同一个被捆住手脚的武林高手——空有一身本事，却只能徒呼奈何！

再比如，横海节度使乌重胤是久经沙场的名将，他认为此时叛军气势正盛，不可轻易出战，便暂时按兵不动，等待出击的时机。

可他等得了，皇帝李恒却等不了。

他觉得乌重胤是消极避战，大发雷霆，随即下令将其调离前线，改任山南西道节度使，而乌重胤原本的职务则由宦官推荐的左领军大将军杜叔良接任——推荐理由是杜叔良作风稳健。

事实证明，杜叔良的作风不是稳健，而是稳定——每战皆败，从无例外。

无奈，李恒只好又把原本驻于凤翔的老将李光颜搬了过来，以取代杜叔良。

……

就这样，凭借着朝廷锲而不舍的瞎指挥和毁人不倦的乱作为，唐军这段时间在前线取得了惊人的战绩——付出的代价重如泰山，斩获的战果轻如鸿毛！

李恒和他的宰相们全都心急如焚。

之所以如此心急，是因为他们知道，朝廷的财政就快要撑不住了——由于宪宗李纯在位的十几年间屡屡用兵，军费支出极大，加上李恒上台后又大手大脚，花钱丝毫没有节制，国库早已十分空虚，哪里还经得起旷日持久的战事！

公元 821 年十一月，李恒最担心的情况终于发生了——没钱了。

怎么办？

李恒连忙召集大臣们讨论。

有人提议说：王廷凑杀了田弘正，而朱克融却留了张弘靖一命，两坏相权取其轻，相比之下，王廷凑更罪不可赦，不如暂且先赦免朱克融，集中全力讨伐王廷凑一人吧。

李恒同意了，随即下诏任命朱克融为幽州节度使。

这是自公元 819 年初平卢的李师道被平定、全国复归一统以来，李唐朝廷首次对叛乱藩镇作出妥协。

这是李恒的一小步，却是藩镇重回割据的一大步！

可叹宪宗李纯奋斗一生所实现的收复所有藩镇的所谓"元和中兴"，只持续了两年多！

生活不只眼前的苟且

当然，在那时的李恒和他的那些宰执大臣看来，这只是权宜之计而已——生活虽然有眼前的苟且，但他们相信还有诗和远方。

然而他们错了。

生活不只眼前的苟且，还有明天的苟且、后天的苟且、大后天的苟且……

事态的发展远远超乎了他们的想象！

仅仅数月后，河朔三镇中唯一忠于朝廷的魏博竟然也出了问题——节度使田布自杀了！

田布的死，源于理想的破灭。

多年来，他一直深受其父田弘正的感染，对朝廷忠贞不贰。

可惜，他手下的那些人却并不都这么想。

比如被他视为心腹的兵马使史宪诚。

史宪诚原本是魏博一名普通的牙将，因得到田布赏识而被破格提拔为兵马使，掌握了魏博军中的大部分精锐。

但田布这回显然是看错了人。

他对史宪诚掏心掏肺，史宪诚对他却称得上是狼心狗肺！

史宪诚是个十足的小人。

他不仅没有对田布感恩戴德，反而阳奉阴违，暗中发展自己的势力。

见幽州、成德两镇的兵马使朱克融和王廷凑都已自立，带领两镇脱离了朝廷的控制，他也忍不住产生了见"贤"思齐的念头：都是兵马使，他们做得到，我凭什么不能做！

于是，他开始在军中制造各种谣言，到处煽风点火，煽动士兵对朝廷和田布的不满情绪。

事实上，由于之前接近五十年的割据，魏博的很多将士对李唐朝廷并没有太大的认同感——当初他们之所以归顺朝廷，很大程度上是因节度使田弘正个人的号召力以及朝廷的多次重金赏赐所致，现在被史宪诚这么一鼓动，很多人的心思也如同面条下在滚水里—— 一下子就活动起来了。

而田布对此却一无所知。

他只是一心关注对成德的战事，却完全没注意将士们的心事。

公元822年正月，河北一带连降大雪，道路中断，朝廷的粮草无法运达前线，田布只好下令从魏博境内征调粮草，供应军需。

这让本就对他有些看法的魏博将士更加不满。

有人甚至公然站出来表示反对：按照惯例，军队奉命出征都由朝廷供给军需，尚书（田布在朝廷的职务是检校工部尚书）您却偏偏要搜刮我们魏博的民脂民膏。您自己倒是得到了克己奉公的好名声，可遭罪的却是我们魏博六州的百姓！

田布气得脸都青了——青得如新生儿的屁股。

这些人也太跋扈了，居然敢对节度使如此说话！以后有时间一定要好好整治整治！

但正如"以后有时间请你吃饭"往往意味着永远不会请你吃饭一样，田布这个"以后有时间一定要整治部下"的想法永远都不可能实现。

因为他已经没有时间了。

那天，皇帝李恒命人来催促田布出兵，以解救被成德叛军围困的深州（今河北深州）百姓。

君命难违，尽管知道军心不稳，田布也只能硬着头皮下令进军。

没想到刚出发不久，史宪诚就悍然带着自己的部众脱离了队伍，返回魏博。

其余部队也纷纷溃散。

前后不到一炷香的时间，田布就发现自己手下的三万大军竟然只剩下了八千人！

敌人没碰到一个，部队已经损失了一大半，仗自然是不可能打下去了。

田布只得退回了魏州。

不过，顽强的田布依然不愿放弃。

他还想再试一试。

可惜，命运是残酷的。

不做最后的努力，田布不死心；可做出了最后的努力，他却只有死的心！

事情的经过是这样的：

回到魏州后，田布再次召集众将，商议出兵事宜。

不料将领们竟纷纷抗命：尚书你要是遵循河朔的老规矩（割据），我们愿意死心塌地追随你，但如果你要我们去打成德，恕我们无法奉陪！

这下田布彻底绝望了。

他想不明白，自己到底做错了什么？为什么会落到这样一个众叛亲离的下场？

他更想不明白，自己现在该怎么办。

遵从部下的意愿，就违背了自己的良心，他做不到；

遵从自己的意愿，又违背了部下的军心，他还是做不到！

出路在哪里？

他找不到。

除了一条路——死路。

当天夜里，理想破灭的他就在父亲田弘正的灵位前自杀了。

田布死后，史宪诚欣喜若狂，马上召集诸将，慷慨激昂地发表竞选演说：如果大家拥戴我，我一定不辜负大家的期望——在我们魏博重新执行河朔旧制！

在得到诸将支持后，史宪诚随即自立为魏博留后。

此时的大唐朝廷光对付一个成德就已经焦头烂额了，哪里还顾得上魏博？

很快，李恒和他的宰相们就再次作出妥协，承认史宪诚为魏博节度使。

一个月后，就连征讨成德的战事也无法再进行下去了——由于财政枯竭，粮草短缺，李恒不得不赦免王廷凑，下诏任命他为成德节度使。

就这样，在短短半年多的时间里，幽州、成德、魏博全都恢复了割据。

自此直到唐朝灭亡，河朔三镇再也没有回到朝廷的怀抱！

不过，现在也有学者认为，宪宗时期对河朔三镇的收复，本身也并不十分彻底——不同于被武力征服的淮西和平卢，河朔三镇对朝廷的效忠，是建立在节度使本身或主动（魏博）或被动（成德、幽州）的归附以及大量的金钱赎买的基础上的，三镇内部的文化传统和组织结构并没有发生根本性的变化，因此再次脱离朝廷其实也在情理之中。

接下来发生的事，让我想起了一个段子。

甲：我太穷了，什么时候能发财？

乙：前半生你注定发不了财。

甲：那后半生呢？

乙：后半生你就习惯了。

在此后的时间里，大唐朝廷似乎也习惯了河朔三镇的割据，并将此当成了约定俗成的惯例。

比如，后来昭义节度使刘从谏去世后，其侄刘稹自立为留后，宰相李德裕力主讨伐，提出的理由就是：泽潞不同于河朔……

由此可见，河朔三镇的独立地位，在当时已经被视为名正言顺、无可置疑的了。

随着时间的推移，朝廷和河朔三镇之间逐渐形成了一种颇为独特的关系。

一方面，三镇节度使尽管税赋自专，官吏自任，却仍然需要朝廷的认可才能巩固其在内部的地位；另一方面，朝廷也需要三镇为其护卫边防，抵抗契丹、奚等东北少数民族的骚扰……

第四十二章　明争暗斗

白居易和元稹：好友殊途

但不管怎么说，李恒在位期间河朔三镇再次脱离朝廷掌控，对唐朝中央政府的威信是一个巨大的打击。

这么大的事，当然要有人为此承担责任。

这次，宰相崔植当了背锅侠。

他被迫离开了相位，接替他的，是工部侍郎元稹。

元稹是唐朝著名诗人，和白居易并称"元白"。

在现实中，元、白二人的关系也相当不错，他们是同科进士，又都在文坛享有盛名，自然惺惺相惜。

两人的仕途经历也都颇为坎坷。

前面说过，白居易早年因文采出众而受到宪宗李纯的赏识，被提拔为翰林学士，大有入相之势，可惜他起了个大早，却赶了个晚集——不久他就因直言劝谏而惹得李纯不快，最终在公元815年被贬出朝廷，先后担任江州（今江西九江）司马、忠州刺史等职。

穆宗继位后，白居易被召回朝廷，任知制诰、中书舍人等要职，眼看着仕途一片光明，可白居易那种刚直的脾气却依然不改——由于对朝政太过失望，他主动请求外放，出任杭州刺史。

与固守价值观的好友白居易相比，元稹则要善变得多。

由于自幼丧父，家境贫寒，元稹出人头地的愿望格外强烈。

相传他早年曾寓居于蒲州，有一次，当地驻军发生骚乱，元稹靠着友人的帮助保护了处于危难中的一位远亲，事后便与这位远亲的漂亮女儿崔莺莺热恋起来。

不过，崔家虽然富有，但毕竟已经没落，无法对元稹的仕途有多大的帮助，因此元稹在中进士后便毫不犹豫地甩掉了崔氏，另娶京兆尹韦夏卿之女韦丛为妻。

在元稹看来，这是理所当然的。

娶了高官之女韦丛，世界就在眼前；而娶了普通富家女崔莺莺，眼前就是世界！

从元稹这段经历可知，为了个人的成功，他是可以不择手段的。

当然，元稹虽然渣，但也是个人，与崔莺莺的这段恋情不可能不在他心中留下记忆。

多年后，元稹以与崔莺莺的交往过程为基础，创作了传奇小说《莺莺传》——这也是后来的经典剧目《西厢记》的故事原型。

扯远了，接下来让我们继续把镜头对准年轻时的元稹。

他入仕后的第一个职务是左拾遗，属于谏官。

成功心切的他一到任就积极进谏，不料却因锋芒太露而遭到朝中大员的忌恨，被贬为河南县尉，几年后才重获起用，担任监察御史。

正是在这一任上，元稹遭到了平生最大的一次羞辱。

那天，元稹从洛阳办完事回京，途经华州时见天色已晚，便决定入住驿站（供来往各地的官员途中食宿、换马的住所）。

驿站有上、中、下三个等级的房间，元稹被安排住进了上房。

没想到他才刚安顿好，宦官刘士元也到了。

可那个时候上房已经没有了，驿卒连忙与元稹商量，要他将房间让给刘士元。

元稹年轻气盛，坚决不同意。

驿卒无奈，只好如实告知刘士元。

刘士元勃然大怒：就连宰相见到我们宦官也要让三分，一个小小的御史，居然如此不给面子，真是澡盆里玩跳水——不知深浅！

他马上带着一帮手下气势汹汹地闯进了元稹的房间，元稹本来已经躺在床上，见情况不妙，连鞋子都没来得及穿就狼狈逃窜。

但他毕竟是个手无缚鸡之力的文人，没跑几步就气喘吁吁了，很快就被刘士元赶上，脸上被狠狠地抽了一鞭子。

疼，钻心的那种疼；

丢脸，丢到姥姥家去的那种丢脸……

接下来发生的事，元稹已经有点恍惚了。

他不知道那一夜自己是怎么过的，他不知道自己是怎么回的长安，他甚至不知道自己被打的是左脸还是右脸……

他只知道，打人的刘士元事后没受到任何追究，他却被以"少年后辈，务作威福"为由贬为江陵府（今湖北荆州）士曹参军。

太耻辱了！

但元稹并没有知耻而后勇，相反，他是知耻而后服——从此对宦官服服帖帖。

通过这件事，元稹充分认识到了一个道理：宦官在当时的地位就相当于老虎在动物界的地位——根本不可能撼动。

到江陵后，他便开始用各种手段讨好宦官，与在当地担任监军的宦官崔潭峻打得火热。

正是这一转变，改变了元稹的人生轨迹。

之后若干年，他的人生似乎可以用这样一首歌来概括：世上只有宦官好，有宦官的孩子像块宝，投进宦官的怀抱，幸福享不了……

他的时来运转，始于公元 820 年。

那一年，穆宗李恒登基，崔潭峻回到了京城，成为皇帝的近侍，凭借着崔潭峻的大力推荐和提携，元稹开始平步青云。

他先是出任祠部郎中、知制诰，不久又擢升为中书舍人、翰林学士。

当然，有所得也必然有所失。

要领略高原清澈纯净的风景，就必须承受那里稀薄的氧气；要凭借宦官登上仕途巅峰，就必须承受他人鄙夷的目光。

一次中午休息，元稹跟他的一帮同事聚在一起吃饭。

忽然来了一只苍蝇，围着饭飞来飞去，怎么赶也赶不走。

中书舍人武儒衡一边拿着扇子装着驱赶苍蝇，一边意有所指地说道：这个脏东西是从哪来的，怎么老往这里凑，真是讨厌至极！

元稹当然明白是在说自己，但却并没有发作，只是微微一笑。

现在的他，早已不会像当初与宦官争房间时那样意气用事了。

别人说什么，他都不会在乎。

也许别人觉得他丢脸，但他却觉得，丢脸是长脸之母。

如今他唯一在意的，只有官位和权力。

不久，为了更上一层楼，他又搭上了比崔潭峻更高一级的宦官——枢密使魏弘简（当时在宦官界，两枢密使与左右神策军中尉合称四贵）。

靠着魏弘简、崔潭峻等人的帮助，元稹深受皇帝李恒信赖，大有拜相之势。

而元稹的目标还不止于此。

他要的，不是普通的宰相，而是要集天下所有权力于一身的权相！

在他看来，现在在朝中担任宰相的崔植、杜元颖等人都是庸碌之辈，不值一提，他的对手只有一个——前宰相裴度。

当时裴度正在河北前线指挥平叛，元稹便勾结魏弘简等人，使出浑身解数给裴度下绊子——裴度想要什么，他们就不给什么，裴度不想要什么，他们就偏给他什么……

裴度忍无可忍，多次上疏指责元稹。

迫于裴度的压力，李恒不得不解除了元稹翰林学士一职，改任他为工部侍郎。

但这显然不是李恒的本意。

仅仅几个月后，元稹就被正式提拔为了宰相！

数日后，裴度也得到了新的任命——司空、东都留守。

唐代以洛阳为东都，在洛阳参照中央分设了一套职官体系，但由于皇帝常住长安，故东都官员大多属于闲职——要么是有职没权，要么是有办公的桌子没办公的对象。

显然，李恒这么做，是要让裴度到东都养老去了。

明眼人都看得出，这项任命十有八九是元稹在背后做了手脚！

此时一个意外的发生改变了裴度的命运。

武宁节度副使王智兴突然发动兵变，驱逐了节度使崔群，自任留后。

那个时候河北战事才刚结束，朝廷已经被搞得山穷水尽了，有心杀贼，无钱发薪，再要派兵讨伐，文武百官就只能讨饭了。

无奈，李恒只好再次妥协，任命王智兴为节度使。

借此机会，朝臣们争先恐后地为裴度说话：如今国家形势依然很不稳定——武宁的事就是个例子，裴度有将相之才，不应把他放在闲散的位子上……

见群情汹汹，李恒只好收回成命，改任裴度为淮南节度使。

没想到朝臣们对此依然不接受，还是纷纷上疏，请求皇帝把裴度留在朝中。

李恒这人贪玩，对朝政向来是多一事不如少一事，见大家都这么说，只好再次作出让步，任命裴度为宰相。

不过，这似乎并不是个明智的决定。

毕竟，谁都知道，裴度和元稹早就有了不可调和的矛盾，他们两人能配合好，除非狼和羊能和谐相处！

设局者

对裴度和元稹这对组合，很多人都不看好，觉得长久不了。

但谁都没有想到会那么快——仅仅两个多月后，两人就双双被免职了！

元稹的失势，其实多少有点咎由自取的意思。

他实在是太急功近利了。

由于升迁太快，朝中很多人对他不服，元稹一直憋着一口气想证明自己的能力。

那天，跟他交往密切的朋友于方给他提了一个建议。

这个建议和当时的河北局势有关。

那个时候，尽管朝廷已经赦免了王廷凑，但王廷凑却依然没有罢兵，一直在围攻忠于朝廷的深州（今河北深州）刺史牛元翼。

如何才能解深州之围？

元稹对此很头疼。

于方向元稹献计说，只要给他提供二十份空白委任状，他就有办法说服叛军将领，让他们退兵。

毫无疑问，这种做法是严重违反相关规定的，但立功心切的元稹还是毫不犹豫地答应了。

接下来发生的事，《资治通鉴》上是这样记载的：

有李赏者，知其谋，乃告裴度，云方为稹结客刺度，度隐而不发。赏诣左神策军告其事。丁巳，诏左仆射韩皋等鞫之。……三司按于方刺裴度事，皆无验。六月，甲子，度及元稹皆罢相，度为右仆射，稹为同州刺史；以兵部尚书李逢吉为门下侍郎、同平章事。

这段话的意思是说，有个叫李赏的人，听说了元稹和于方的密谋，便告诉裴度，说于方为元稹结交刺客，想要暗杀裴度，裴度对此并不在意，一笑置之。随后李赏通过左神策军的关系将此事告到了皇帝那里，皇帝李恒下诏让左仆射韩皋等人审理此案。经过刑部、大理寺、御史台三方会审，发现买凶杀人的事纯属子虚乌有，而于方的密谋却就此暴露。几天后，皇帝下诏免去了裴度和元稹的宰相职衔，裴度改任右仆射，元稹为同州刺史。兵部侍郎李逢吉被任命为门下侍郎，同平章事，成为新的宰相。

不过，尽管史书言之凿凿，但我个人却觉得其中有很多疑点。

这个李赏是什么人？谁指使他的？

李赏既然知道元稹和于方的密谋，为什么不直接告发此事，反而要到裴度那里诬告元稹买凶杀人？

裴度看起来似乎并没有什么问题，为什么也会因此事而被免职？

……

接下来，我将试着一一解答这些疑问。

李赏的身份。

这个问题，《新唐书·元稹传》中说出了答案，里面明确记载"李逢吉知其谋，阴令李赏讦裴度……"

可见，指使李赏出面的，是时任兵部尚书的李逢吉。

李逢吉在宪宗朝曾出任过宰相，后来由于与裴度政见不合，而外放为东川节度使，不久前刚被召回京城。

为了东山再起，李逢吉通过堂侄李仲言打通了时任枢密使的权宦王守澄的关节。

但宰相的名额毕竟是有限的，李逢吉要当上宰相，就必须把裴度、元稹、杜元颖这三位宰相中的至少一人拉下马。

从这一点来看，李逢吉确实有指使李赏诬陷元稹的动机。

李赏为什么不直接揭发元稹和于方使用空白任命书的密谋，偏偏要诬告子虚乌有的买凶杀人？

这就好比明明手上有打火机，却偏偏不用，而是采用最原始最费力的钻木取火的方式去点火！

这不是脑子有病吗？

不过，虽然没给李赏做过核磁共振，但我可以肯定他的脑子绝对没问题。

那么只有一种可能：李赏以及站在他背后的指使者李逢吉，事先应该并不知道元稹与于方的这个密谋，是在审案时才发现的。

裴度为何会受到牵连？

这个问题，我本来也是百思而不得其解，但在看到《旧唐书·裴度传》中所列出的审理此案的人选后，我想通了。

水是有源的，树是有根的，裴度受到牵连是有原因的！

因为负责审案的三人是：左仆射韩皋、兵部尚书李逢吉和给事中郑覃。

再具体考察一下三人的生平，你会发现，韩皋已经79岁了，而且就在这一年去世了，显然，他此时年事已高，行将入土，已经没多少精力了；而郑覃是刚进入官场不久的新人，资历较浅，官职也较低——仅为五品的给事中，故而此案的主导权毫无疑问地掌握在李逢吉手中！

综合以上相关分析，事实的真相也就呼之欲出了：

兵部尚书李逢吉为重登相位，蓄意挑起裴度和元稹之间的冲突，以激化矛盾，整垮两人，便故意指使李赏，让他前往裴度那里诬告，说元稹和他的密友于方密谋暗杀裴度。

没想到裴度对此不予理睬，李赏便干脆一不做，二不休，将此事捅到了皇帝那里。

之后皇帝李恒命韩皋、李逢吉、郑覃三人审理，在审案时李逢吉等人意外从于方那里得知了元稹和于方使用空白任命书的密谋，顿时欣喜若狂，随即向皇帝李恒做了汇报——当然，凭借此案主审人的职务便利，他在案卷中也塞入了某些对裴度不利的私货。

李恒得知后大怒——元稹这么做实在是太无法无天了，随即下诏将元稹贬为同州刺史，裴度为尚书右仆射，而李逢吉则成了最大的受益人，登上了相位。

当然，以上这些纯属我的个人意见，信不信由你。

但有一点是毋庸置疑的——在此次斗争中，李逢吉成了最后的胜利者。

入相后不久，李逢吉就遇到了一个挑战。

公元 822 年七月初，宣武镇发生兵变，牙将李绹（chī）驱逐了节度使李愿，自任留后。

李恒召集群臣商议应对策略。

以宰相杜元颖为代表的大多数朝臣认为，现在国家多难，不如大事化小，小事化了，直接承认李绹就算了。

杜元颖这个人虽然已经当了很长时间的宰相，但在《资治通鉴》里的出场次数却比潘凤在《三国演义》中的出场次数还少，基本就是个气氛组的角色，可以想象，他这人没什么原则，遇事一般能躲则躲。

而李逢吉则不然。

对于藩镇，他一直以来都是鹰派——要不，当初他也不可能得到宪宗李纯的青睐了。

因此，他坚决反对杜元颖等人的提议：宣武是河南大镇，与河北的情况截然不同。倘若连宣武都允许自立，恐怕以后江淮以南的广大地区都非国家所有了。

听李逢吉的口气是要武力平定宣武，杜元颖吓得连说话的声音都颤抖了：为什么……要舍不得……这几尺长的旌节，而陷百姓于战火呢？

……

两位宰相争执不下，究竟该采纳谁的意见呢？

李恒一时无所适从。

此时恰好从前方传来了一则消息——宣武下辖的宋（今河南商丘）、亳（今安徽亳州）、颍（今安徽阜阳）三州对李绹不服，联名上表要求朝廷另行任命节度使。

李逢吉趁机鼓起如簧之舌，极力劝说皇帝：叛军内部不稳，只要派兵讨伐，拿下他完全不在话下……

李恒微微点了点头。

一看有戏，李逢吉马上趁热打铁，滔滔不绝地对后续行动作出了详细的安排：征召李绹入朝，以义武节度使韩充为新的宣武节度使，韩充是在宣武任职多年的韩弘之弟，在当地有很深的群众基础，只要他出马，必定能稳定宣武的局势。若李绹抗命，就让忠武、武宁、义成等周边藩镇出兵讨伐，绝对能药到病除……

见李逢吉如此胸有成竹，李恒也就不再犹豫，全盘批准了他的计划。

一切果然如李逢吉所料。

李绹拒不从命。

李恒随即下诏命忠武节度使李光颜等人率兵讨伐。

李绹负隅顽抗，却连战连败，最终众叛亲离，被他手下的兵马使李质杀死。

宣武就此宣告平定。

球场上的意外

这是李恒自继位以来对藩镇取得的第一次胜利。

可惜，这也是最后一次。

因为就在这一年的年底，年仅二十八岁的李恒身体出了问题。

他中风了。

中风的过程颇为离奇。

那天，李恒和一帮宦官在宫中打马球——马球是唐代备受贵族追捧的时尚运动，李唐皇室对此都颇为热衷，现任皇帝李恒也不例外。

马作的卢飞快，球如霹雳心惊。忘却君王天下事，只想赢得第一名，可惜意外生……

意外，发生在球赛最激烈的时候。

当时他策马扬球杖，打得正兴起，一个宦官突然毫无征兆地在他面前坠马，而且过程极为诡异——《旧唐书》的记载是"如物所击"——好像被一种看不见的东西直接击落。

我不知道这个宦官跌得怎么样，只知道李恒被这一幕吓得帝心乱颤，回宫后就卧床不起，再也走不了路了。

之后的十多天里，他都没有上朝。

宰相们屡屡请求入宫觐见，也没有任何回音。

一时间朝野上下人心惶惶。

朝臣们不仅担心皇帝的安危，更担心国家的未来。

因为李恒尚未确定自己的继承人！

很快，朝臣们达成了共识，无论天子情况如何，都必须尽早册立太子！

可是，怎样才能把这个声音传达给皇帝呢？

大家纷纷把目光投向了时任尚书右仆射的裴度。

裴度虽然已退居二线（尚书仆射属于闲职），可他在人们心目中的地位却依然有如牛顿在经典物理学中的地位——无人能比。

人们不仅相信，而且确信，只要裴度愿意出面，皇帝一定会给他面子！

裴度也没有让大家失望。

在这个关键的时候，他挺身而出，连上三道奏疏，强烈要求册立储君，并申请入宫面圣。

几天后，在人们的翘首以盼中，李恒终于露面了。

他被宦官们用一张硕大的绳床（唐代的一种坐具，有扶手靠背，可倚靠）抬到了紫宸殿，与群臣会面。

官员们看到皇帝尽管行动不便，但精神尚好，总算稍稍安心了一点。

裴度首先进言，请求皇上尽快下诏册立太子。

接着宰相李逢吉又进一步，明确提出了具体人选：景王已长，请立为太子——景王是李恒的长子李湛，时年十四岁，是时人眼中太子的不二人选。李逢吉之所以要率先提出立李湛为太子，显然是为了将来在新君面前有拥立之功。

李恒的心中有些不快。

他还那么年轻，而这些臣子急于立太子的态度，倒好像已经在准备他的后事了！

因此，他没有表态。

可朝臣们却依然没有放弃。

之后的几天，中书、门下两省官员又纷纷上疏请立太子。

李恒这个人大概是属豆腐的，抗压性能比较差，因此尽管内心一万个不愿意，但迫于群臣的压力，他还是不得不正式下诏，立景王李湛为太子。

说来也怪，太子的地位确立后，他的身体居然慢慢地恢复了。

接下来的一段时间，朝政相对比较稳定。

自从宣武的叛乱被平定后，各地藩镇颇受震慑，局势也太平了很多。

而朝堂上则是宰相李逢吉独揽大权。

和他搭班子的另一个宰相杜元颖本就庸懦无能，加之此前在宣武问题上又没站对立场，现在自然更不敢提任何反对意见，完全以橡皮图章为己任，要他鼓掌他就鼓掌，要他举手他就举手，要他发言他就发炎——借口肠胃发炎，溜出去上洗手间……

此时的李逢吉内有宦官王守澄相助，外有众多党羽为援，在朝中一言九鼎，一手遮天。

凭借着手中的权力，李逢吉大力排斥异己，最终将被他视为最大威胁的尚书右仆射裴度排挤出了朝廷，贬为山南西道节度使。

牛李交锋

除了裴度，另一个被李逢吉赶出京城的，是政坛的后起之秀——翰林学士李德裕。

李德裕出身名门，是宪宗朝宰相李吉甫之子，自幼聪颖过人，博学多才，但他天性高傲，自恃门第高贵，不愿与普通书生一起应试，所以没有参加科举，而是以门荫入仕。

宪宗元和年间，其父李吉甫在朝中执政，当时刚满二十岁的李德裕为了避嫌，主动离开京城，辗转在各地藩镇任职，直到公元819年才回到朝廷，出任监察御史，穆宗李恒早在当太子时就听说过李德裕的才名，因此在继位后便将李德裕擢升为翰林学士，不久又让他兼任知制诰、中书舍人等多个要职。

在担任翰林学士期间，李德裕卷入了对后来的唐朝政坛影响颇为深远的一起事件。

那一年，朝廷举行科举考试。

主持考试的，是礼部侍郎钱徽和右补阙杨汝士，由于唐代科举考试不糊名（将试卷上的考生姓名、籍贯等封贴遮挡起来），因此请托成风，包括西川节度使段文昌、翰林学士李绅在内的不少高级官员都为自己的关系户向钱徽打了招呼。

没想到结果出来后，段文昌、李绅两人傻眼了——他们推荐的人都没有上榜！

再一细看，他们发现上榜的人中也有一些是有关系的，比如中书舍人李宗闵的女婿、主考官之一杨汝士的弟弟等。

段文昌一下子就跳了起来——关系面前人人平等！凭什么这些人都能录取，而我举荐的就不能录取！

他当即上疏向皇帝李恒告状，说这次考试有严重的舞弊问题。

李恒向李德裕、李绅、元稹等几位翰林学士询问段文昌的指控是否属实。

没想到三人的意见竟完全一致，都认为段文昌说得对。

不过，三人的观点虽然是相似的，但其实各有各的理由——李德裕是因为李宗闵曾在十几年前的那次科举考试中抨击过自己的父亲；李绅是由于自己推荐的人落榜而怀恨在心；而元稹则是因为与李宗闵有嫌隙——两人当时同为中书舍人，又都雄心勃勃，一心想往上爬，所以彼此都视对方为自己的劲敌，一直在暗暗较劲。

在他们的共同挑动下，李恒勃然大怒，当即下令对拟录取的十四人重新考核。

负责复试的，是中书舍人王起和知制诰白居易。

王起是李德裕之父李吉甫的老下属，而白居易则是元稹的多年好友。

不知是基于他们个人的立场还是之前的考试确实有猫腻，抑或二者兼而有之，总之，经他们复核后，这十四个拟录取的考生中竟然只有四人合格！

这下李恒彻底忍无可忍了。

他当即下令，将钱徽和杨汝士两位主考官贬职，而女婿上榜的李宗闵当然也不可能免责——他被赶出了长安，贬为剑州刺史。

李宗闵本就对李吉甫、李德裕父子憋着一肚子气，经此一事，对李德裕等人更加恨之入骨：此仇不报，誓不为人！

之后的数十年时间里，他与同样曾受李吉甫排挤的牛僧孺结为同盟，与李德裕一派势同水火，秉承着"对错不重要，对方认为对还是错才重要""凡是对方说是错的，我们必须赞成；凡是对方说是对的，我们必须反对"的两大原则互相倾轧，缠斗不休。

这就是晚唐历史上著名的"牛李党争"。

不少历史学者都将李宗闵被贬这一事件作为牛李党争的开端。

牛顿第一定律告诉我们，一样东西一旦运动起来，就会有继续保持原有运动状态的惯性。

很快，李德裕和李宗闵、牛僧孺一党就有了第二次交锋。

公元 823 年三月，皇帝李恒决定再提拔一位宰相。

候选人有两个，一个是李德裕，一个是时任吏部侍郎的牛僧孺。

由于之前和李德裕之父李吉甫有过过节，李逢吉对李德裕一直十分排斥，他看中的，自然是牛僧孺，便经常在皇帝面前为牛僧孺说话。

不过，李恒对牛、李两人的印象都不错，一时还是有些拿不定主意。

就在此时，京城发生了一起轰动一时的财产争夺案。

案件发生在曾任宣武节度使的司徒韩弘家。

不久前，韩弘之子韩公武及韩弘本人相继去世，家中只剩下了一个年幼的孙子，一时间，韩家的家奴们以及与韩弘有过交往的一些官吏为争夺韩弘的遗产闹得不可开交，甚至有人还告到了御史台。

见生前地位显赫的韩弘死后家境却如此凄凉，皇帝李恒看不过去了。

为避免财产被人任意侵吞，他特意派人到韩家将所有财物登记保管，打算等韩弘的孙子成年后再物归原主。

没想到李恒派去的工作人员在韩家意外发现了一本账本，里面登记着韩家向朝廷各级官员行贿的详细清单——原来，韩公武生前为了巩固父亲的地位，在京城四处活动，向不少掌权的官员送过财物。

李恒亲自查看这本账本，发现朝中多数官员都收受过韩家财物，但其中有一条记录却让他眼前一亮：某年某月某日，送牛侍郎（牛僧孺）钱一万贯，被拒收……

李恒大喜，情不自禁地对左右说：果然不出我所料，我没有看错人！

有了这样一个关键的加分项，加上李逢吉的不断吹风，最终牛僧孺在与李德裕的竞争中胜出了。

很快，牛僧孺就被任命为中书侍郎、同平章事，而他的对手李德裕则被外放为浙西观察使。且在那里一待就是七八年，长期得不到升迁。

李德裕把这笔账都记在了牛僧孺的身上。

而在李德裕被赶走后，李逢吉并没有闲着。

他又瞄准了下一个目标——翰林学士李绅。

李绅如今的知名度可能不是特别高，但他早年创作的两首《悯农》诗却称得上是家喻户晓，一首是：春种一粒粟，秋收万颗子。四海无闲田，农夫犹饿死。另一首是：锄禾日当午，汗滴禾下土。谁知盘中餐，粒粒皆辛苦。

李绅和之前同为翰林学士的元稹、李德裕关系都不错，现在见元、李二人先后被李逢吉所排挤，他对李逢吉也非常痛恨，经常与李逢吉对着干。

然而老谋深算的李逢吉却并没有发作——虽然老是被打脸，他却依然对李绅摆出一副笑脸。

一段时间以后，李绅对李逢吉逐渐放松了警惕。

对一个政治人物来说，这其实是不应该的。

因为，最可怕的敌人，往往不会以敌人的面目出现！

公元823年九月，御史中丞一职出现空缺，皇帝李恒让李逢吉推荐人选。

李逢吉推荐了李绅，理由是，李绅性情刚强，不轻易屈服，是监察官员的合适人选。

李恒觉得他说得有道理，当即表示同意。

李绅本人对此也没有意见——毕竟，御史中丞是御史台的二把手，还是很有实权的。

他很满意。

不过，李绅忽略了一个问题，李逢吉对他会有这么好心吗？

当然不可能。

好心这个概念对李逢吉来说，就如同导电性对木头来说一样——完全是不存在的。

事实上，李逢吉这么做有不可告人的目的。

他想要借刀杀人！

他借的这把刀，是时任京兆尹兼御史大夫的韩愈！

韩愈离开我们的视线已经很久了。

前面说过，在宪宗李纯在位的末年，韩愈因谏迎佛骨而被贬到了当时被视为瘴疠之地的潮州担任刺史。

在潮州，韩愈只待了八个多月。

但时不在多，有作为则灵——在这短短八个月里，韩愈给潮州留下了无法磨灭的印记。

来的时候，韩愈还只是一个失意的文人，走的时候，他已是潮州人心目中永远的神。

在潮州，韩愈干了很多事，比如兴办教育、兴修水利、释放奴婢等，但其中最富传奇色彩的，是驱除鳄鱼。

潮州有一条河，里面有很多凶猛的鳄鱼，伤害人畜无数，百姓苦不堪言，便把这条河称为恶溪。

韩愈到任后，发挥自己的写作才能，创作了一篇《祭鳄鱼文》，并在河边大声宣读，限令鳄鱼在七日内离开，否则就要"选材技吏民，操强弓毒矢"，将鳄鱼悉数捕杀。

在韩愈宣读文章的当天晚上，电闪雷鸣，狂风大作，数日后河中的鳄鱼就全部消失了，从此再也没有出现过。

听上去是不是不可思议？

但这却是两唐书中明确记载的。

对此事的真实性，我只能说，信不信由你。

但毫无疑问，唐代的潮州人是信的。

他们把韩愈祭鳄鱼的地方称为韩埔，把附近的渡口称为韩渡，把这条曾经叫恶溪的河改名为韩江，河对面的山改名为韩山，后来还在韩山脚下修建了纪念韩愈的韩文公祠……

后人有诗赞曰：八月为民兴四利，一片江山尽姓韩！

离开潮州后，韩愈又在袁州（今江西宜春）当了一段时间的刺史，穆宗李恒继位后，他被召回长安，先后出任国子监祭酒、吏部侍郎、京兆尹兼御史大夫等多个要职。

史载韩愈在当上京兆尹后，京城中作奸犯科的人一下子少了很多。

因为他们都知道，新上任的京兆尹是个非同一般的狠角色——这人连佛骨都想烧，栽在他手里肯定不会有好下场！

而这一点，也正是李逢吉利用韩愈的原因。

在他看来，韩愈和李绅作风都极为强势，脾气都极为火暴，这样两个人在一起共事，就如同人体关节中缺乏润滑的两块硬骨头在一起摩擦——出问题是迟早的事。

果然如他所料，李绅到任后不久，就与韩愈在诸多事务上产生了严重的冲突。

两人互不相让，无论什么都很难达成一致。

一个说，人定胜天，另一个必定说，天意难违；一个说，瘦死的骆驼比马大，另一个必定说，拔毛的凤凰不如鸡；一个说，早起的鸟儿有虫吃，另一个必定说，早起的虫儿被鸟吃；一个说，人不能吃大粪，另一个必定说，味道好极了……

李逢吉趁机在皇帝面前奏了一本，说韩、李二人不识大体，贻笑大方。

李恒也对两人的表现感到失望，当即下诏改任韩愈为兵部侍郎，而李绅则被外放为江西观察使。

直到这时，李绅才醒悟过来——自己是上了李逢吉这个老狐狸的当了！

他利用自己离京前入宫向皇帝道别的机会，在李恒面前一把鼻涕一把眼泪地哭诉。

李恒被感动了，当即收回成命，重新任命李绅为户部尚书，让其留在了朝中。

李逢吉精心策划的圈套，就这样功亏一篑。

但他当然不会就此罢休。

不过，他还没来得及采取进一步行动，就发生了一件大事——皇帝驾崩了！

李恒的早逝，很大程度上是因为染上了和其父一样的恶习——服食丹药。

那次中风以后，李恒的身体虽然逐渐康复，但他总感觉似乎并没有去根，时时都有复发的可能。

他对此非常担心，从此便关注起了养生，也关注到了那些号称可以使人长生不老的丹药。

尽管他知道丹药这东西大概率是不靠谱的，但人总是有侥幸心理的——要不彩票也不会有人买了，他依然想试一试。

梦想总是要有的，万一实现了呢？

通过宦官的引荐，很快，就有方士带着丹药来到了宫中。

这批丹药见效很快——比一般的毒药还要快得多——服用了没多久，李恒的病就复发了，且比第一次要严重得多，眼看着就要不行了。

无奈，他只好下令由太子李湛监国。

由于太子年幼，宦官们请求郭太后（李恒的生母）临朝称制。

没想到郭太后却严词拒绝：昔日武后称制，差点颠覆社稷。我们郭家世代忠义，非武氏可比，怎么能做和她一样的事！

显然，宦官们这次是马屁拍在了马蹄子上。

他们看错了人。

郭太后不是武则天，她只是个传统的女人，对权力并不热衷，她更在乎的是亲情。

可命运总是那么残酷，你视若瓦砾的，它无比慷慨，你视若珍宝的，它却丝毫不予！

也许郭太后做梦也不会想到，她那么重视家人，命运却偏偏让她承受白发人送黑发人的痛苦！

她更不会想到，在接下来的岁月里，这样的事居然会和农历闰月一样——隔不了几年就来一次！

当然，这是后话，暂且不提。

公元824年正月二十二日，李恒在宫中去世，年仅三十岁，死后他被追谥为睿圣文惠孝皇帝，庙号穆宗。

四天后，太子李湛继位，是为唐敬宗。

第四十三章　玩的就是心跳

史上最奇葩的谋反案

李湛当时只有十六虚岁，相当于现在的初中生，这样一个人，能挑起重振大唐雄风的重担吗？

当然不可能。

事实上，李湛就是一个顽童，其游乐无度比他的父亲穆宗李恒完全是有过之而无不及。

《旧唐书·敬宗纪》中记载过他连续三天的安排：

二月二十七日，在中和殿打马球，赏赐教坊乐官绢帛三千五百匹；

二十八日，在飞龙院玩马球；

二十九日，在中和殿举行大规模的器乐合奏，尽兴而归，并赏赐了在场的乐工及宦官……

正所谓窥一斑而知全豹，从这一记载，我们就可以看出，李湛有多么喜欢玩乐！

他的兴趣爱好极为广泛——他是骨灰级的马球爱好者，资深的音乐发烧友，千杯不醉的酒鬼，沉迷徒步的驴友……

唯一不感兴趣的，就是朝政。

例行的早朝对他来说就是折磨，因此他每天上朝都很晚，而且晚得跟我老婆的脾气一样完全没有规律，很随机，可能今天早一点，明天晚一点；也可能今天晚一点，明天早一点；也可能今天晚一点，明天更晚一点……

那天上午，太阳已经很高了，文武百官站得腿都麻了，有些年老多病的已经体力不支东倒西歪了，可皇帝却依然没有出现。

谏议大夫李渤气呼呼地对宰相李逢吉、牛僧孺说：昨天我刚上疏提醒皇上，让他上朝不要太晚，没想到今天更晚！等下我就到金吾卫（负责皇宫警戒的禁卫军）

那里去报到，让皇上治我劝谏不力的罪！

又过了好一阵，小皇帝总算来了，哈欠连天地草草坐了一会儿，他就迫不及待地宣布散朝。

但左拾遗刘栖楚却不肯告退。

刘栖楚大声进谏：宪宗皇帝和先帝都是年长之君，天下犹叛乱不断，陛下年纪尚轻，又刚刚继位，理应励精图治，可陛下却沉迷声色，贪睡晚起，这怎么能行？如今先帝的灵柩还未下葬，歌舞伎乐却已喧闹不休；陛下的美誉还没彰显，恶名却已远播四方。臣恐怕陛下的福祚不会长久，作为谏官，臣深感失职，现在请允许臣在台阶上撞死以谢罪！

话音刚落，他就用头猛撞李湛身前的台阶，瞬间血流满面。

又是"恶名远播四方"，又是"福祚不会长久"，刘栖楚的话即使不算是无比恶毒，至少也是恶毒无比了，但李湛却并没有暴跳如雷——可见他并非暴虐之人。

他对此的反应，按照《新唐书》的记载是这样的：上动容，扬袂使去——李湛很感动，挥袖让刘栖楚离开。

宰相李逢吉见状也出来打圆场：刘栖楚，别再叩头了，快退下去，听候皇帝处分！

刘栖楚闻言总算站了起来，却并没有走，还是杵在那里，嘴里不停地嚷嚷：陛下不采纳臣的意见，就让臣死！……

牛僧孺好言好语地劝他说：你所奏的事，陛下都已经知道了，请回去听候陛下的决定……

刘栖楚这才退了下去。

数日后，李湛的处理决定出炉了：擢升刘栖楚为起居舍人。

刘栖楚原先担任的左拾遗只是从八品，而现在的起居舍人为六品官员，完全称得上是越级提拔了。

但刘栖楚却并没有领情。

他以身体不好为由推掉了这个任命。

他实在是太失望了。

因为他发现，皇帝的表现依然没有一丝一毫的改观——还是和以前一样四处玩乐，上朝的时间还是和以前一样晚！

不过，刘栖楚的这次劝谏，也并不是没有效果。

效果就是谏官们从此都噤声了——刘栖楚以死相争都没用，他们还能说什么呢？

没人提意见，小皇帝玩起来自然更疯狂了。

也许是上天也知道李湛爱玩，又给他安排了一出史上罕见的闹剧。

这出闹剧的主角，是一对好朋友——算命先生苏玄明和宫廷染坊的工人张韶。

那天，张韶到苏玄明那里做客，苏玄明给张韶算了一卦，突然眼前一亮：卦象显示，你将来会坐在天子的御座上，与我一起享用天子的美食！

张韶对此当然不会相信：你这不会是闭着眼睛说的吧？

苏玄明：啥意思？

张韶：因为人不能睁眼说瞎话！

没想到苏玄明却一本正经地说：谁跟你说瞎话！你可以不相信世上有鬼，但一定要相信我的破嘴。我今天跟你讲的这件事，绝对是有依据的。更何况，当今天子成天打球和游猎，经常不在宫中，大事可图！

接着他又用堪比传销大师的口才，给张韶灌了一大堆鸡汤："行动不一定成功，但不行动一定不能成功""成功者的字典里，没有'不可能'三个字""没有什么能够阻挡，你对宝座的向往"……

在他的极力鼓动下，张韶蠢血沸腾，很快就被说动了。

两人说干就干，居然又拉了一百多人入伙——其中大多数是张韶在染坊的工友。

公元 824 年四月十七日，行动正式开始了。

由于张韶等人在宫廷染坊工作，有出入皇宫大门的便利，因此张韶便把兵器混在装紫草（一种紫色植物染料）的车中，与苏玄明及其一帮同伙从大明宫东侧的左银台门进入宫中，打算在夜间起事。

没想到刚一入宫就出了意外。

有个细心的巡查人员对张韶等人的车辆产生怀疑——照理装紫草的车是很轻的，为什么拉车的人显得这么吃力？

他当即呵斥拉车人：停车，我要检查！

见事情败露，张韶不得不提前行动。

他一把从车中抽出长刀，一刀杀死了毫无防备的巡查人员，随后和同伙们一起抄起家伙，大声呼喊着向禁宫冲去。

当时小皇帝李湛正和一帮宦官在距左银台门不远的清思殿院中打马球，突然听见外面杀声震天，一下子就惊呆了。

好在他左右的宦官们反应很快。

他们一边紧急关闭殿门，一边紧紧簇拥着李湛仓皇逃往附近的左神策军军营。

左神策军中尉马存亮得知皇帝来了，慌忙出营迎驾，并亲自把李湛背进营中保护起来，接着又马上命大将康艺全率骑兵大举入宫平乱。

同一时间，张韶、苏玄明等人也进入了清思殿。

看到殿中的皇帝宝座和座位前琳琅满目的食品，张韶兴奋不已，马上一屁股坐了下来，一边张开大嘴大吃大喝，一边扬扬得意地对苏玄明说：你算的卦可真准！

皇帝的宝座坐着真是舒服，这特供的鸡腿味道真是赞！你也来尝尝？过了这个村，可就没这个店了……

苏玄明一听差点没气晕过去：我们冒着这么大的风险起事，难道你就这点出息？

张韶很迷惑：我说错了吗？你之前不就是这么说的吗？我会坐在天子的御座上，享用天子的美食！我现在已经把这一幕变成现实了！我成功了啊！……

苏玄明怒吼着打断了他：你难道就这点理解能力？修辞手法懂不懂？我说你是"搬起石头砸自己的脚"，你难道就真的搬起石头砸自己的脚？

张韶的表情还是那么迷惑：不然呢？难不成是砸自己的手？

……

正争论间，外面传来了官军发出的阵阵喊杀声。

张韶这才如梦初醒，慌忙从座位上滚下来，想要往外逃。

可已经太晚了。

康艺全带领的大批神策军已经冲了进来。

很快，包括张韶、苏玄明在内的所有团伙成员都被一网打尽。

这场史上最奇葩的造反行动就这样结束了。

它是那么的荒诞——精神病人编故事都不敢这么编，可又是那么的真实——完完全全出自史书的相关记载。

也许，这就是生活吧。

接下来，让我们回到现场。

事后，朝廷当然要追究相关人员的责任。

一番核查下来，司法部门认定有三十五名宦官在此次事变中难辞其咎，依律当斩。

但李湛却大笔一挥，不仅赦免了他们的死罪，还保留了他们的职务。

显然，李湛并不是一个暴君。

他只是一个爱玩的孩子而已。

这起造反事件并没有给他留下任何心理阴影，他依然沉迷于玩乐。

就像鱼一刻都离不开水一样，他也一刻都离不开玩乐。

其他的一切，他几乎都不闻不问。

日玩游戏三百项，不辞长作无事人！

机关算尽太聪明

皇帝对朝政漠不关心，作为首席宰相的李逢吉，自然就可以为所欲为了。

他当然不可能放过之前和他有过节的李绅。

在他的授意下，与他关系密切的宦官王守澄首先发难。

那天，王守澄问小皇帝李湛：陛下，您知道当初您是怎么当上太子的吗？

李湛摇了摇头。

王守澄故作神秘地说道：这事没人比我更清楚了。都是李逢吉一个人的功劳啊，至于李绅等人，他们都是想立深王（穆宗李恒的四弟李悰）的。

李湛虽然年幼，但并不糊涂，对此并没有马上采信。

李逢吉深知三人成虎的道理，随后又让自己的党羽李续之等人接连上表，不停地抹黑李绅，往往是前一个人还没走，后一个人又来了，一波还没平息，一波又来侵袭⋯⋯

一段时间后，见火候差不多了，李逢吉又亲自出马，直截了当地对皇帝说：李绅居心叵测，终将对陛下不利，请将其贬谪。

李湛犹豫再三，最后还是听从了李逢吉的建议——将李绅贬为了端州（今广东肇庆）司马。

李绅被贬后，李逢吉大喜，立即率百官向皇帝道贺。

接着，官员们又浩浩荡荡前往中书省，向李逢吉表示祝贺。

满朝文武中，只有右拾遗吴思等少数人没有参加这个所谓的道贺行动。

在乌鸦的世界里，羽毛洁白就是罪过。

李逢吉当然不可能放过吴思等人。

很快，这几个人都被贬到了外地。

除了吴思，翰林学士庞严因为与李绅关系不错，这次也受到了牵连，被贬为信州刺史。

庞严有个好友叫于敖，时任给事中，给事中属于门下省，负责审查诏令，有封驳之权，在接到李逢吉发来的有关贬斥庞严的敕令后，于敖居然原封不动地把敕令退了回去：对不起，这样的命令，我不能接受！

对于敖的行为，人们都十分佩服：不畏权贵，敢于和李逢吉对着干，真是条汉子！

但与此同时，大家隐隐也有些担心，得罪了李逢吉，于敖会不会遭到报复？

事实证明，这种担心完全是多余的。

于敖不仅没受到任何惩罚，反而得到了李逢吉的嘉奖！

原来，他在退还敕令的同时，还在其中附了一份自己所拟的修改意见：把庞严贬为刺史，实属量刑过轻，应从重从严处罚！

但李逢吉并没有对庞严从严处罚。

毕竟，在他眼里，李绅才是他的主要目标。

尽管李绅已经被贬到了遥远的岭南，但李逢吉依然不满足。

他一心想置李绅于死地！

在李逢吉的授意下，他的党羽们接二连三地给小皇帝上疏，说相比李绅的过错，对他的处罚远远不够，应将其诛杀！

再牢固的大树，摇动的人多了总会有所松动。

在这些人的一再劝说下，李湛有点动心了，不过，就像前面说过的那样，李湛并不是暴君，对杀人他还是很慎重的，因此没有立即付诸行动。

这一拖延，事情就有了变化。

那天，小皇帝闲来无事，随手翻阅宫中文书，偶然发现了裴度、杜元颖、李绅等人请求立自己为太子的奏疏。

这下他明白了，之前李逢吉一党对李绅的指责全都是毫无根据的诬陷！

他当即下令把所有攻击李绅的奏疏都付之一炬，此后但凡这类奏请，即使说得再天花乱坠，他也只当是天方夜谭。

而对于李逢吉，他也逐渐产生了戒心。

不过，作为一个爱玩如命的人，他对朝政向来是多一事不如少一事，因此并没有马上对李逢吉怎么样。

在之后的一段时间里，表面上看起来，李逢吉依然在朝堂上一言九鼎，一手遮天。

但权势如同憋尿，不可能无限持续。

到了公元 825 年，情况发生了变化。

先是与李逢吉搭档近两年的牛僧孺离开了他。

这两年，牛僧孺虽然名为宰相，可实际上朝中的权力全都集中在李逢吉一个人手中，他几乎就是一个摆设，加上皇帝又不上进，这让他对朝政非常失望，便屡次请求辞职，李湛见他执意要走，也没有强留，外放他为武昌（今属湖北武汉）节度使。

牛僧孺的出走，让李逢吉有些不爽。

这当然是可以理解的——牛僧孺是他推荐的，他一直视其为自己的同党，可现在牛僧孺却一声不吭地跑路了，你说他怎么可能不恼火！

而更让李逢吉不爽的，是新任宰相李程。

李程是前不久刚升任宰相的——李湛登基后，想过一把任命宰相的瘾，向李逢吉询问人选，李逢吉便拟定了一个名单，排在首位的，就是吏部侍郎李程，李程也因此得以入相。

李逢吉本以为李程一定会感激自己的提携之恩，没想到李程对他根本不买账，上任后多次与李逢吉唱反调，有时甚至搞得李逢吉下不了台。

最令李逢吉无法接受的，是李程居然在皇帝面前为他李逢吉的死对头裴度说话，要皇帝重新起用裴度！

李逢吉那个气啊——本想给自己找一个帮手，没想到竟找了个对手！

他恼羞成怒，下定决心要把李程拉下马。

恰好此时京城发生了一起案子。

案子的当事人名叫武昭，此人本是裴度的手下，官至刺史，后来裴度遭李逢吉排挤而失势，武昭也受到牵连，被贬了官，因此对李逢吉意见很大。

有一次，武昭和好友茅汇等人一起喝酒，席间武昭大发牢骚，还借着酒劲愤愤地说：总有一天老子要杀了李逢吉这个王八蛋！

说者无心，听者有意，武昭可能只是随意一说，但有人却记了下来，随即通过李逢吉的党羽张权舆向李逢吉告发，说武昭企图行刺宰相。

很快，武昭与茅汇等人都被抓了起来，由三司（刑部、大理寺、御史台）会审。

李逢吉闻讯心生一计，立即授意自己的堂侄李仲言偷偷找到了茅汇：只要你一口咬定武昭是受李程指使，我可以保你没事，否则你死罪难逃！

没想到茅汇是个硬骨头，不仅坚决不答应，还在三司会审时当众揭露李仲言企图让他做伪证。

最后朝廷公布的处理决定是：武昭杖杀，茅汇流放崖州，而李仲言则以涉嫌妨害司法公正为由被流放象州（今广西象州）。

这样的结果，完全出乎了李逢吉的意料。

他本想借此案整垮李程，可最后不仅没达到目的，还把堂侄李仲言给搭了进去！

问题出在哪里呢？

李逢吉觉得，应该是出在皇帝身上。

皇帝明知道李仲言是他的亲戚，却丝毫不给他面子！

显然，他在皇帝心目中的地位，已经大不如前了！

这让他感到了极大的不安。

公元826年正月，李逢吉最不愿看到的事发生了——他的老对手裴度居然又回到了京城！

这下李逢吉心中的危机感更强了。

但他当然不可能坐以待毙。

数日后，长安城中突然流行开了一首民谣：绯衣小儿坦其腹，天上有口被驱逐！

"绯衣"谐音为"非衣"，暗指"裴"字，"腹"即"肚"，谐音为"度"，"天上有口"合起来就是"吴"，整个民谣的意思非常明显，就是指裴度当初指挥大军平定蔡州吴元济，立下大功的往事。

不过，你别以为这是在歌颂裴度，相反，这是陷害。

因为在古代，有人应民谣往往有其特殊的含义——很多时候，民谣都是造反者为了造声势而故意造出来的，比如汉末曾经流行的：苍天已死，黄天当立，岁在甲子，天下大吉……

而这次裴度的名字与这首民谣高度契合，也就意味着裴度有造反的嫌疑！

就算他本人没有这样的想法，也不代表他手下人没有这样的想法！

就算他和他手下人都没有这样的想法，也不代表别人不会认为他们有这样的想法！

当然，世界上也许有无缘无故的胖，但肯定没有无缘无故的民谣。

相信大家都猜得出来，这则民谣的制造者，正是李逢吉和他的党羽。

不过，令他们失望的是，小皇帝不知是没听到，还是没听懂，还是假装没听到，还是假装没听懂，对此似乎并没有什么反应。

但李逢吉依然没有收手。

因为在他看来，他与裴度就如同冰块与热水——绝对不可能共存！

有裴度没他，有他就没裴度！

经过一番研究，李逢吉又找到了一个新的突破口：长安城从北到南，横卧着六条高岗，很像《易经》中"乾卦"的"六爻"卦象，分别是"九一、九二、九三、九四、九五、九六"，裴度的宅邸，正好位于第五道高岗上，也就是所谓的"九五"之地，而"九五"通常用来代指皇帝，其他人是绝对不能用的！

很快，又一则流言在长安城中传开了，说裴度家是风水宝地，隐隐中似乎有王气……

接着，李逢吉的亲信左拾遗张权舆又趁热打铁，直截了当地向皇帝李湛进言说：裴度的名字和童谣中的谶言一一对应，他的家又安在"九五"之地，此次又没有朝廷征召就擅自回京，显然是居心叵测！

应该说，张权舆这番话还是有一定作用的。

只不过，是副作用。

李湛不仅对此根本就不信，还对张权舆起了疑心。

你说裴度居心叵测，我看真正居心叵测的，是你张权舆！

他会这么认为，是因为张权舆的话中有一个极大的漏洞——裴度根本就不是不召自来，而是应约而来！

事实上，由于前段时间不少朝臣呼吁裴度回朝，李湛便秘密派人前往山南西道的治所兴元（今陕西汉中），以慰问的名义与裴度接洽过多次，并约好了裴度回京的日期，之后裴度才回来的。

至于张权舆所提的童谣和裴度宅邸的位置，在李湛看来，由于目的性太过明显，反而有点此地无银三百两的味道——这个童谣的始作俑者，说不定就是张权舆及站在他背后的李逢吉！

这样一想，李湛不由惊出了一身冷汗。

如果这事是真的，那这个李逢吉实在是太可怕了——居然想把裴度往死里整！

联想到之前发生的那些事——对李绅的诬陷以及在武昭案中的表现，他对李逢吉顿生厌恶。

以前他视李逢吉为国之柱石，现在却认为李逢吉是国之蛀虫！

以前他把李逢吉看作偶像，现在却是看着想呕！

而本着"自己讨厌的人讨厌的人就是自己喜欢的人"的原则，他对裴度则更有好感。

公元826年二月，李湛正式任命裴度为司空、同平章事。

这也是裴度第三次出任宰相一职。

不久，把持朝政长达四年的李逢吉被逐出了朝廷，改任山南东道节度使。

自此直到九年后去世，李逢吉再也没能重返帝国的权力中心。

与李逢吉的黯然出局形成鲜明对比的，是第三次登上相位的裴度。

这一年，他已经六十二岁了。

但老骥伏枥，志在千里，烈士暮年，壮心不已，他依然踌躇满志，一心想要再创当初辅佐宪宗时的辉煌。

应该说，他是有这个能力的。

这一点，从史书记载的几件小事中就可以看出来。

一次，裴度正在中书省喝酒。

有人忽然闯了进来，慌慌张张地向他汇报：不好了，宰相办公室的公章找不到了！

左右闻言全都大惊失色——宰相的公章丢了，这还了得！

但裴度却是一副不以为然的样子——仿佛丢的不是公章，而是公鸡。

他依然不紧不慢地喝着酒：没事。喝完酒再说。

不一会儿，又有人冲进来汇报，公章找到了，就在平时放公章的地方！

这下大家都长长地出了口气。

而裴度却像没事人一样，还是不紧不慢地喝着酒。

有人不解地问：刚才听说公章丢了，您怎么一点都不急呢？

裴度笑着解释道：我不是不急，而是不能急。公章丢失，我估计应该是内部人员私自拿去盖章了。这种情况如果追查得紧，拿走公章的人怕事情败露，必然会将公章扔掉或者烧掉，以毁灭证据。但倘若不急着追查，他们以为上面不知道，肯定会物归原处的。

这就是裴度的见识和气度！

当然，裴度的见识不只局限于这些小事。

对大局，他看得也非常准。

公元 826 年三月，朝廷赐给幽州一批春装，但幽州节度使朱克融却不仅不对此感恩戴德，反而嫌衣服质量不好，把使臣扣了下来，并狮子大开口，向朝廷索要绢布三十万匹。

皇帝李湛对此非常担心，与几位宰相商议，打算选派一位重臣前去安抚朱克融。

裴度却力排众议：朱克融不仅对朝廷极为无礼，在幽州也很不得人心，很快就会自取灭亡！依我看，朝廷根本就不必派人去安抚他，至于他索要的绢布，直接拒绝就好了，就说朝廷不是舍不得那点财物，只是不能开这个先例！

李湛最终采纳了裴度的意见。

后来的事果然如裴度所料。

仅仅几个月后，幽州就发生了兵变，朱克融和他的两个儿子相继被杀，兵马使李载义被拥立为留后！

这次，裴度没有为难李载义，在他的主持下，朝廷很快就颁布诏书，正式任命李载义为幽州节度使。

不过，这并不表示裴度是没有原则的人。

实际上，他这么做是有充分理由的。

除了李载义的态度比较恭顺，另一个更重要的原因是：包括幽州在内的河朔三镇享有特殊的半独立地位——这一点对当时的人来说，就如"地球是圆的"对现代人来说一样——已是几乎所有人的共识。

简单地说，就是河朔三镇内部推举出的节度使人选，朝廷通常都不会干预。

但对于三镇以外的其他地方，情况就不一样了。

几乎就在幽州兵变的同一时间，横海镇也出现了人事上的重大变动——节度使李全略去世，其子李同捷自任留后，并以重金贿赂周边藩镇，请他们为自己申请朝廷的正式任命。

这次裴度坚决不同意，力主对其讨伐。

当然，这样的大事是需要皇帝拍板的。

可就在这个节骨眼上，年仅十八岁的皇帝李湛却突然驾崩了！

生于忧患，死于玩乐

正所谓，生于忧患，死于玩乐。

李湛的死，和他的贪玩有很大关系。

在颜控的眼里，世界上只有两种人——好看的和不好看的；在李湛的眼里，世界上只有两种事——好玩的和不好玩的。

　　对于不好玩的事，比如上朝、开会、批阅奏章等政务活动，他避之唯恐不及；而对于好玩的事，比如马球、摔跤、打猎、旅游、歌舞等各种游乐项目，他却是乐此不疲。

　　在所有这些项目中，他最喜欢的是马球和摔跤。

　　除了亲自上场参赛，他也非常爱看别人比赛。

　　为了能欣赏到最高水平的摔跤比赛，他不仅专门命令禁军和各地政府进献大力士，有时还让内侍用重金招募，这些大力士到来后，李湛就让他们昼夜跟随在身边，以便随时欣赏他们的表演。

　　马球和摔跤都是十分激烈的运动，比赛中受伤的事屡见不鲜，比如《旧唐书》中就曾记载：公元 826 年六月，李湛在宫中观看马球和摔跤，比赛一直持续到二更（晚上九点到十一点），参赛的选手中"有碎首折臂者"——有被打破头的，也有手臂骨折的……

　　李湛喜欢的，就是这份刺激。

　　参赛选手越卖力，比赛越激烈，受伤的人越多，他就越兴奋；倘若有选手惜力或者为了安全放慢节奏，导致比赛不够激烈，就会受到他严厉的惩罚，有的甚至被流放或籍没（没收家产）。

　　由于比赛大多在皇宫中进行，因此选手中很大一部分都是宦官，对这些家奴，李湛当然更不可能客气，谁表现不佳，他就下令用棍棒一顿痛打。

　　宦官们既怕在比赛中因过于拼命受到冲击而受伤，又怕在比赛中因不够拼命受到责罚而受伤，搞得人人自危，对李湛又恨又怕。

　　随着时间的推移，恨意也在不断累积。

　　如果对李湛的恨是沙子，那沙子已聚成了撒哈拉；如果对李湛的恨是水滴，那水滴已汇成了太平洋！

　　正是这导致了李湛的悲剧。

　　公元 826 年十二月初八夜间，李湛到外面打猎后返回宫中，此时已经很晚了，可橄榄屁股坐不住的李湛却依然静不下来，又拉着内侍宦官刘克明、田务澄、许文端以及常与他们一起玩马球的禁军将领苏佐明等人一起饮酒。

　　葡萄美酒夜光杯，喝了一杯又一杯；人生得意须尽欢，开了一罐又一罐……

　　由于刘克明等人不停地劝酒，李湛很快就喝高了。

　　他摇摇晃晃地从座位上站起来，到内室解手。

　　然而他刚进入内室，殿内所有的烛火突然全都灭了。

　　殿堂内一片漆黑。

　　接下来发生了什么，我们不知道，但相信大家都可以想象出来。

　　因为等烛火重新亮起来的时候，李湛已经没有了呼吸！

这一年，他只有十八岁。

死后，他被追谥为睿武昭愍孝皇帝，庙号敬宗。

毫无疑问，弑杀李湛的凶手，就是刘克明这一伙人。

为了这一天，他们已经准备了许久。

干掉李湛后，刘克明立即按原计划伪造了一道圣旨，让翰林学士路隋依旨意起草遗诏，由绛王李悟（宪宗第六子）主持军国大事。

第二天一早，刘克明引着绛王李悟在紫宸殿接见群臣，并宣读了所谓的遗诏。

此时的刘克明志得意满，一副"遗诏在手，天下我有"的样子。

然而他错了。

因为，能不能掌控局势，并不取决于遗诏有没有，而取决于别人信不信！

那天，所有在场者的脸上都写满了疑问。

敬宗李湛年纪那么轻，身体那么壮，精力那么充沛，怎么突然之间就死了呢？更何况，李湛的儿子虽然年幼，可他有好几个兄弟，怎么会传位给自己的叔父呢？……

就是用脚指头想都知道，这里边肯定有问题！

黄雀在后

最先作出反应的，是时任枢密使的权宦王守澄。

作为当初谋害宪宗李纯的主谋之一，他一下子就明白了怎么回事。

刘克明啊刘克明，你小子也不撒泡那什么自己照照，你不过是个中层宦官而已，居然敢跳过我们这些领导，想要独占拥立之功，实在是太自不量力了！

他第一时间就找到了另外三名地位最高的宦官——枢密使杨承和、左右神策军中尉梁守谦、魏从简，一起研究对策。

经过一番紧急磋商，他们决定利用手中掌握兵权的优势，干掉刘克明一伙，重立新君。

随后四人立即分头行动。

王守澄、杨承和带着卫兵前去迎请江王李涵（穆宗李恒次子，敬宗李湛的异母弟），梁守谦、魏从简则率神策军进宫讨贼。

很快，以刘克明为首的小团伙成员被一网打尽，他们企图拥立的绛王李悟自然不可能幸免——死在了乱兵之中。

接下来，王守澄要做的，是把江王李涵扶上皇位。

可皇位传承是要讲规则的，新皇登基是要有名分的，李涵之前并不是合法的继承人，怎样才能做到名正言顺，有理有据，让天下人信服呢？

王守澄很头疼。

　　他是个粗人，教育水平止步于胎教，让他玩刀子玩权术还可以，但要让他玩文字讲道理，却相当于让鲤鱼去爬树——完全是不现实的。

　　他只能请教专业人士。

　　为此，他找来了翰林学士韦处厚——韦处厚博古通今，头脑活络，王守澄相信他一定有办法。

　　王守澄先问：该怎样向天下人解释这件事（指诛杀绛王李悟及刘克明等人）？

　　韦处厚胸有成竹地回答：乱臣贼子，人人得而诛之，这有什么好顾忌的？

　　接着王守澄又抛出了第二个问题：江王该以什么名义登基呢？

　　韦处厚还是对答如流，响应速度堪比最新款最高配置的名牌手机：这有何难！先以江王的名义宣告天下，说江王已经平定了宫廷内乱，随后群臣上表劝进，再让太皇太后（穆宗李恒的母亲郭太后）册封江王继位……

　　王守澄大喜，遂依计而行。

　　一切果然十分顺利。

　　数日后，江王李涵在大明宫正式继位，改名李昂，是为唐文宗。

第四十四章　下一盘大棋

长安天子，魏博牙兵

李昂这一年也只有十八岁——比他哥哥敬宗李湛只小四个月，加之其父兄的所作所为都令人十分失望，因此李昂刚上台的时候，大臣们并不看好他。

没想到李昂的表现却令人眼前一亮。

如果生活在现代的话，李昂应该是老师眼中的好学生——他这个人，不顽皮，不捣乱，不抄作业，不要坏；不迟到，不早退，不说谎话，不插队；既懂事，又听话，勤俭节约人人夸；既好学，又谦虚，尊敬师长爱看书；饭前便后会洗手，表演节目不出丑；做了错事会认账，跟女生说话会脸红……在班里我估计即使不当班长，至少也能做个学习委员。

当然，这只是假设而已。

但从史书记载来看，李昂个人的特点应该和上面描述的差不太多。

总之，他和他的哥哥敬宗李湛完全不是一类人，甚至可以说是互为反义词。

李湛爱玩，而李昂却不喜欢声色犬马——无论是女色还是乐舞，无论是游玩还是打猎，他都敬而远之。

李湛作风奢靡，而李昂却十分节俭——刚一登基，他就遣散了三千多个宫女，接着又将五坊中那些用于游猎的鹰犬全都放掉，之后又减免了各地供应宫中的各种贡品，还把穆宗李恒、敬宗李湛近年来为打马球而兴建的马坊、马场所侵占的土地全都归还给有关部门……

李湛疏于朝政，而李昂却非常勤奋——他每次都准时上朝，在朝会上与群臣讨论政务也非常认真，有时甚至因过于投入而忘了退朝的时间。

……

很快，李昂就获得了朝野上下很多人的好感。

大家都对这个年轻的天子刮目相看，以为大唐复兴有望。

然而宰相韦处厚却不这么看。

韦处厚是在李昂登基后因佐命之功而刚刚被提拔为宰相的，在他看来，李昂虽然足以称得上是一个好人，却未必能成为一个好皇帝。

因为他有着一个致命的缺陷——缺乏决断力，没有那种不顾一切、一往无前的决心。

有时候，李昂与裴度、韦处厚等宰相在一起议事，说得好好的，可往往还没来得及执行，李昂又开始疑三惑四，改变主意，搞得别人无所适从。

这样几次下来，韦处厚失望了。

他直截了当地对皇帝说：陛下屡屡改变与臣等商议好的决策，若是出自陛下本人，那就说明陛下信不过臣，若是出自他人的议论，那就说明臣这个宰相反而不如别人受重视，臣还有什么颜面留在宰相位子上？请陛下允许我辞职。

李昂连忙挽留，说了很多好话，好不容易才挽留住了韦处厚。

之所以如此看重韦处厚，是因为李昂深知时局艰难，需要韦处厚这样的人才辅佐。

当时摆在李昂面前的难题很多，其中最主要的有两个。

一是宦官专权。

尽管李昂是宦官王守澄等人拥立的，但他内心深处对这些宦官却并不感激，反而极为不满——身为至高无上的皇帝，却连继承人都决定不了，这谁能接受？试看今日之宫中，竟是谁家之天下！

二是藩镇割据。

尽管李昂的祖父宪宗李纯在位期间曾讨平了淮西、平卢等多个割据藩镇，并让河朔三镇主动归顺，实现了全国的真正统一，但好景不长，宪宗死后不久，河朔三镇就重新脱离了朝廷的掌控，武宁、宣武等地也先后发生了兵变，而且这些藩镇还和某些渣男一样不断突破底线……

对这两个问题，李昂都十分重视。

但这段时间他更关注的，是藩镇。

因为现在在他的桌子上，就摆着一份申请书。

申请书是自立为横海留后的李同捷写的，他要求皇帝正式任命他为横海节度使。

经过与裴度、韦处厚等宰相们的一番商议，李昂最终作出了决定：

以时任天平（今山东东平）节度使的老将乌重胤为新任横海节度使，同时将李同捷调离横海，出任兖海（今山东济宁兖州区）节度使，如果李同捷不从，就发兵讨伐！

李同捷会接受这个任命吗？

当然不会。

在李同捷看来，皇帝这是在调虎离山，自己一旦离开了横海这个经营多年的老巢，朝廷要拿他开刀，岂不是易如反掌！

于是，他以将士们不让他走为借口，坚决拒绝离任。

这一切，都在李昂君臣的意料之中。

事实上，早在给李同捷下调令的同时，李昂就给魏博、成德、幽州、平卢等几个横海周边的藩镇节度使加官晋爵，以取得他们的支持，为开战做好了准备。

得知李同捷抗命，李昂马上下诏，宣布革除李同捷一切官爵，命老将乌重胤为新的横海节度使，让他会同武宁节度使王智兴、平卢节度使康志睦、义成节度使李听、义武节度使柳公济、魏博节度使史宪诚、幽州节度使李载义等六道兵马，共同讨伐李同捷。

李昂本以为以六个藩镇的兵力打一个小小的横海，应该是手到擒来的。

没想到完全不是这么回事。

由于李同捷颇为顽强，战事进行得很不顺利。

雪上加霜的是，不久，成德的王廷凑也加入了叛乱的行列，李昂不得不又下令同时征讨成德。

政府军两线作战，打得更加吃力，推进速度极为缓慢。

而随着战线的拉长和时间的推移，军费不足的问题也日益显现。

由于前两任皇帝穆宗李恒和敬宗李湛都是花钱如流水的败家子，没给李昂留下多少家底，根本无法支持这样旷日持久的战事，李昂只能左支右绌，同时在江淮以"只要压不死，就往死里压"的原则拼命压榨，搞得百姓怨声载道，这才勉强应付了下来。

好在最后的结果还是不错的。

公元 829 年四月，也就是开战近两年后，唐军最终攻破了横海治所沧州，李同捷兵败被杀。

这下，李昂总算是松了口气。

尽管朝廷付出了不小的代价——在这段时间里，老将乌重胤以及李昂最倚重的宰相韦处厚相继病逝，军费更是耗费无数，但毕竟还是取得了开门红。

首战告捷，李昂信心大增，决定趁热打铁，彻底解决河北三镇的割据。

该从哪一个下手呢？

李昂选择了魏博的史宪诚。

在他看来，这是理所当然的——幽州的李载义在讨伐横海的战事中颇为卖力，倘若仗刚打完就削他的权，难免给人卸磨杀驴的嫌疑，李昂不好意思下手；而成德的王廷凑则是极为桀骜不驯，胆大包天，什么事都干得出来，李昂不敢轻易下手。

公元 829 年六月，李昂下诏公布了一系列人事调动：

魏博节度使史宪诚调离魏博，改任河中节度使，并授予侍中的荣誉职位；义成节度使李听兼任魏博节度使；同时又将原属魏博的相、卫、澶（今河南清丰）三州划出，以史宪诚之子史孝章为节度使……

应该说，李昂这么做是经过深思熟虑的。

本着换位思考的原则，他对史宪诚给予了极大的优待——虽然史宪诚离开了自己的老根据地魏博，但他和他的家族却并没有吃亏，反而获得了更多的实惠。

他相信，史宪诚应该是会接受的。

事实也正如李昂所料。

史宪诚果然服从朝廷的命令，很快就开始收拾府库中的财物，准备前往河中上任。

李昂闻讯大喜。

可惜，他高兴得还是太早了。

因为在魏博，说话管用的，并不一定是节度使，而是那些大兵！

得知自己的藩镇要被肢解，士兵们愤怒了；得知节度使史宪诚不仅不反对朝廷的安排，还要把魏博府库中的财物悉数搬走，士兵们更加愤怒。

愤怒的士兵们大声喧哗着冲进了节度使府邸，杀死了史宪诚，拥立兵马使何进滔为留后。

没过多长时间，朝廷任命的魏博节度使李听也抵达了魏州城下，何进滔闭门不纳，率军拒守。

李听无法入城，只得驻军于城外。

数日后，何进滔趁李听不备，突然领兵出击，打得李听落花流水，落荒而逃——仓皇逃回了义成治所滑台（今河南滑县）。

消息传到京城，皇帝李昂心里那个气呀。

这些魏博大兵，实在是太无法无天了——居然把皇帝的旨意当成放屁，把节度使当成随意丢弃的臭狗屎！

皇帝很生气，后果却并不严重。

因为李昂深知，现在国库已经枯竭，再想发动一场战争已经绝无可能。

虽然他对何进滔恨得牙痒痒，可是也只能牙痒痒而已；虽然他觉得何进滔的行为绝对不能原谅，可是他现在只能选择原谅！

就算是憋气憋成肺气肿，他也只能生生地咽下这口气！

不久，李昂就下诏承认了何进滔的地位——正式任命他为魏博节度使，并将原本准备划出的相、卫、澶三州重新归还给了魏博。

接着，他又宣布赦免成德的王廷凑及其所部将士，恢复其原有官爵。

只讲立场，不讲道理

此刻，李昂的内心无疑是极为郁闷的。

风往哪个方向吹，草就往哪个方向倒，本来他以为自己是风，可现在却发现自己竟然是草！

那么无奈，那么无助，那么身不由己！

可是，他又能有什么办法呢？

他只好把自己关在书房里，一边一遍又一遍地阅读各种经书史籍，一边一遍又一遍地思索着各种对策。

在度过了几十个不眠之夜后，他想明白了。

要想有所作为，最重要的是用人！

当时他手下有两个宰相，一个是六朝元老裴度；另一个是韦处厚去世后新入相的原翰林学士路隋。

裴度的能力、威望都是无可非议的，但他已年近七旬，体力和精力都大不如前；而路隋是个文人，满腹经纶，才气是有的，让他拟写诏书什么的没有任何问题，可要依靠他建功立业却肯定有问题！

李昂现在最亟须的，是一个年富力强又能力超群的新宰相。

对此，他的心情比小学生盼放学还要迫切。

那么，究竟谁才是最合适的人选呢？

裴度向李昂推荐了一个人——时任浙西观察使的李德裕——李德裕在浙西已经整整七年了，在那里他政绩斐然，深得当地百姓拥护。

很快，李德裕被调回了京城。

不过，他并没有直接拜相，而是暂时先担任了兵部侍郎——可能是因为李昂对他还不是很熟悉，便让他先在这个位子上过渡一下，正好也方便观察。

李德裕是个聪明人，对皇帝的意图自然心领神会——凭借他多年来的政治经验，他有充分的理由相信，七年前与自己擦肩而过的宰相之位，这次已经十拿九稳了。

然而他万万没想到，煮熟的鸭子竟然飞了！

这一次，他依然只是擦肩而过！

因为有人抢在了他的前面！

这个人不是别人，正是李德裕多年来的政敌李宗闵！

李宗闵当时的职位是吏部侍郎，在得知李德裕被征召回朝并可能拜相的消息后，李宗闵脑子里闪过的唯一念头就是：必须不惜一切代价，阻止这一切！

然而要做到这一点，显然是有一定难度的。

毕竟，和后来被誉为一代名相的李德裕相比，李宗闵虽然各方面都不差，但各方面似乎又都差了点儿。

但这并没有难倒李宗闵。

他知道，到了这个时候，他唯一的手段只能是不择手段了！

通过驸马沈立义（宪宗之女宣城公主的丈夫），李宗闵很快攀上了时任枢密使的杨承和的高枝——杨承和是拥立文宗李昂的功臣之一，在李昂面前说话是很有分量的。

尽管攀附宦官这种事向来为广大士人所鄙视，但现在李宗闵已经顾不得这么多了——在他看来，被人鄙视，总比被李德裕比试比下去要好得多！

果然，杨承和一出马，就奠定了李宗闵的胜局。

公元829年八月，李宗闵被加封为同平章事，正式拜相。

李宗闵当了宰相，作为他的死对头，李德裕当然不可能有好果子吃——很快，回到京城不久的李德裕再次被赶出了长安，出任义成节度使，接着又调任西川节度使。

几个月后，在李宗闵的引荐下，他的亲密战友——时任武昌节度使的牛僧孺也被召回朝中，担任兵部尚书、同平章事，与李宗闵联手执政。

一时间，朝堂成了以李宗闵、牛僧孺为首的牛党的天下。

李、牛二人得势后，被视为李党（李德裕一党）的朝臣大都遭到排挤，连德高望重的裴度也没能幸免。

由于曾举荐李德裕，裴度也被李宗闵划为了李党。

在李宗闵的运作下，裴度被赶出了朝廷，外放为山南东道节度使。

总之，这段时间，李宗闵和牛僧孺权倾天下，他们凭借着手中的权力，大肆党同伐异，有时甚至将党派利益置于国家利益之上。

公元831年九月发生的一件事就证明了这一点。

当时吐蕃维州（今四川理县）副使悉怛谋献出维州，向唐朝西川节度使李德裕投降。

李德裕是在一年前从义成调到西川的。

是金子，到哪里都能发光；是人才，到哪里都能闪亮。

在西川节度使任上，李德裕充分展示了自己过人的才干。

西川是唐朝重镇，不仅经济颇为发达——晚唐时流传有"扬一益二"的说法，意为天下最繁盛的城市首推扬州，其次就是益州（今属四川成都，成都是两汉时益州的治所，后常以益州指代成都），战略地位也非常重要——西川邻近吐蕃、南诏，是抵御外敌的边防要地。

不过，由于不久之前曾遭遇南诏大举入侵，西川的社会经济以及边境防务都受到了极大的破坏，人心也很不安稳。

李德裕临危受命，到任后先是召见了一大批熟悉边事的老兵，虚心向他们请教山川形势、城镇位置以及道路情况，不出一个月，就对西川情况了如指掌，接着他又大力训练兵士，整修城池，储备军粮，打造军械，很快就安定了西川的局势。

这次，得知悉怛谋投降，李德裕喜出望外，认为这是削弱吐蕃的天赐良机。

他一面派部将虞藏俭立即率军进入维州接防，一面火速遣使向朝廷奏报：维州归顺我国，吐蕃门户顿开，这是千载难逢的好机会，臣请求派三千精兵从维州直捣吐蕃腹心，以洗刷我大唐多年来蒙受的耻辱！

皇帝李昂召集群臣商议此事。

朝臣们大都认为应该批准李德裕的计划。

但宰相牛僧孺却坚决不同意——对于李德裕，他的方针向来是只对人不对事；只讲立场，不讲道理。在他看来，事情对不对不重要，不让李德裕如愿才重要；李德裕唱的是 G 大调还是 D 小调不重要，坚持与李德裕唱反调才重要！

当然，他嘴里肯定是不会这么说的。

牛僧孺的理由听起来非常冠冕堂皇：吐蕃疆域广阔，四面都有万里，失去一个维州，对他们来说就好比弱水三千被取走了一瓢——根本就不算事。更何况，近年来我们大唐和吐蕃两国和好，约定互相削减戍边部队。我国与戎狄交往，一向都把守信放在最重要的位置上。倘若这次我们失信接受吐蕃叛将，他们肯定会以此为由发动报复，从蔚茹川（今宁夏南部清水河，当时是唐朝和吐蕃交界处）一带出发，急行军的话，不到三天就可以抵达咸阳桥（西渭桥，位于长安西面），到了那个时候，西南数千里的地方就是得到了一百个维州，又有什么意义？背信弃义这种事，连小孩子都知道是不对的，何况我们大唐这样的大国！

说这话的时候，牛僧孺的表情无比端庄肃穆，言语更是义正词严——那副大义凛然而又道貌岸然的气场，就是猴子看到了都要肃然起敬，立正敬礼。

年轻的李昂听了也深受感染。

况且牛僧孺平时就以品行高洁而闻名，各种美誉多得数不胜数，什么清廉标兵、人伦卫士、五好家庭……

现在，在李昂的眼里，牛僧孺的形象又高大了不少。

什么是见义忘利的君子？

这就是！

他当即给李德裕下诏，严令不得破坏与吐蕃的友好关系，务必马上逮捕悉怛谋及其部众，将这些人以及所献的维州城全部送还吐蕃。

接到诏书后，李德裕忍不住仰天长叹：大好局面，从此付诸东流！

得知是牛僧孺出的馊主意，他对牛僧孺自然更加怨恨。

656

可怨归怨，恨归恨，上命却难违。

李德裕就是再不甘心，也只能从命。

悉怛谋等人被遣返后，吐蕃人当着唐朝使臣的面，直接在边境线上将这些人全部斩首示众，场面极为残忍。

一年后，与李德裕共事的西川监军王践言回朝任职，跟皇帝李昂又谈起了这件事。

王践言义愤填膺地说：去年朝廷把悉怛谋等人遣返吐蕃，不仅让我们白白丧失了报仇雪耻的好机会，还彻底断绝了吐蕃人归顺我大唐之心——人家主动投诚，我们却将他们遣送回去给宰了，以后谁还敢再来？亲者痛，仇者快，这实在是太失策了！

被他这么一说，李昂也非常后悔。

有人趁机进言说：牛僧孺和李德裕有矛盾，他这么做纯粹是为了阻挠李德裕建功！

从此牛僧孺在李昂心目中的形象一落千丈——身为宰相，居然为了个人的恩怨，置国家利益于不顾！

什么君子？

伪君子还差不多！

什么见义忘利？

见利忘义还差不多！

之后李昂便逐渐疏远了牛僧孺。

眼见皇帝对他的态度从重视变成了无视，从无比亲切变成了无比不屑，牛僧孺当然不会感觉不到。

他是个识趣的人，自此便萌生了退意。

在一次朝会上，皇帝李昂对牛僧孺等宰相说：天下何时方能太平？卿等对此又有何看法？

牛僧孺灵机一动，马上趁机提交了辞呈。

他说：太平不是算术题，不存在标准答案。如今四夷没有入侵，百姓也没有流离失所，虽称不上是天下大治，但也可算是小康了。陛下如果对此尚不满足，那就不是臣所能做到的，请准许臣辞去宰相职务。

接下来的一段时间，他又多次请辞。

李德裕初次拜相

李昂见状也就顺水推舟，将牛僧孺外放为淮南节度使。

不久，李德裕被征召回朝，出任兵部尚书。

见老对手卷土重来，李宗闵不由大惊。

和他的同党牛僧孺不一样，他不是那种肯轻易服输的人。

跟上一次一样，他再次使出浑身解数，想要极力阻挠李德裕拜相。

然而他错了。

现在和三年前的情形已经完全不一样了。

李德裕还是李德裕。

但在皇帝的心目中，现在的李德裕早已不是当初的李德裕！

显然，这回李宗闵这么做，完全是把初春的麦田当成了韭菜地——错判了形势。

他尽管费尽了心思，却依然是白费心思。公元833年二月，四十七岁的李德裕被任命为同平章事，正式成为宰相。

宦海沉浮多年，终于修成正果，初登相位的李德裕摩拳擦掌，立志要干一番大事业。

所谓攘外必先安内，他觉得自己首先要做的，应该是把一向和自己不和的李宗闵及其党羽排挤出去。

在与皇帝的一次对话中，李德裕直言不讳地说：如今朝中官员中，至少三分之一是朋党！

显然，他口中的朋党，指的就是牛党——李宗闵、牛僧孺一党！

之后一段时间，李德裕利用皇帝对他的信任，将给事中杨虞卿等一大帮牛党成员赶出了朝廷。

作为牛党首领的李宗闵当然不可能幸免——四个月后，他被外放为山南西道节度使。

与此同时，工部尚书郑覃等一批与李德裕交好的大臣则纷纷得到提拔。

取得了与牛党斗争的胜利后，李德裕更加踌躇满志。

接下来，他打算把主要的精力放在改革朝政上。

了却君王天下事，赢得生前身后名，就在此时！

然而理想和现实之间的差距，有时比地球和海王星之间的距离还远。

很快，李德裕就发现，事情根本没这么简单。

因为他遇到了一个比李宗闵更可怕的对手——郑注。

奇才郑注

郑注称得上是个奇人。

关于他的身世，史书上只记载了寥寥几个字，说他是绛州翼城人，本姓鱼，冒姓郑氏。

郑注出身微贱，身材瘦小，其貌不扬，用现在的流行语来说就是：家贫人丑，一米四九，是个典型的矮丑穷。

不过，看上去很不起眼的郑注却有着一个旁人难以企及的特长——精通医术。

早年他是个四海为家的游医，多年的行走江湖不仅练就了他颇为高超的医疗水平，还锻炼出了他非同一般的情商——他善于察言观色，看人下菜碟，搞关系是把好手。

郑注生命中遇到的第一个贵人是名将李愬。

李愬在武宁节度使任上时，身体不太好，麾下有个牙将便推荐郑注给他看病。

在按照郑注开出的药方吃了药后，李愬感觉效果非常不错，干脆给郑注安排了一个职务，将他留在了自己身边，作为自己的私人医生。

随着交往的增多，李愬发现郑注懂的不只是医术。

这个人似乎什么都懂，从语文到天文、从军事到人事、从山川地理到母猪的产后护理……哪方面他都能侃侃而谈，分析得头头是道。

郑注的才华，让李愬非常佩服：高手在民间，此言不虚！

他对郑注极其信任，很多问题都要听取郑注的意见，而野心勃勃的郑注也凭借着李愬的宠信，开始大肆揽权，插手各种军政事务。

这引起了将士们的不满——我们多年来出生入死，居然还不如郑注这么个来路不明的江湖游医！

那时在武宁担任监军的，正是后来的权宦王守澄。

王守澄对郑注也很有意见，跟李愬说郑注不得人心，应该把他赶出去。

李愬只是微微一笑：郑注是个奇才，不信你可以和他交流一下，要是觉得他确实没什么可取之处，再让他走也不迟。

随后李愬介绍郑注前往王守澄住处拜访。

王守澄起初不愿见，只是碍于李愬的面子，才勉强在大门口的会客室与郑注见了一面，打算草草寒暄几句就把郑注打发走，没想到几句话聊下来，王守澄居然对郑注相见恨晚，又把他引入内室，两人促膝长谈，一谈就是几个时辰。

次日，王守澄主动找到了李愬：如您所言，郑注果然是个人物！

就这样，郑注又与王守澄攀上了关系。

后来王守澄回京城任职，又把郑注带到了长安，对他言听计从。

王守澄担任枢密使这一要职后，作为其智囊的郑注也跟着红得发紫，朝臣们为了打通王守澄的关节，争先恐后地走郑注的门路。

一时间，郑家门口车水马龙，谈笑皆官员，往来无白丁。

文宗李昂继位后，王守澄凭借拥立之功又兼任了右神策军中尉，权势更大。

不仅官员们大都对他服服帖帖，就连皇帝也对他非常尊重，"请""谢谢"等各种礼貌用语从不离口。

不过，这只是表面上的。

实际上，李昂心中对王守澄极为厌恶，甚至必欲除之而后快！

尽管他是以王守澄为代表的宦官集团所立，但正因为如此，他才更不甘心受这些家奴的摆布！

从登基那一天开始，他就定下了剪除宦官的目标——只是那时他把主要的精力放在了处理横海等藩镇叛乱的问题上，暂时没顾得上对宦官下手。

公元830年，在藩镇基本稳定后，李昂把目光投向了宦官。

考虑到宦官掌握了禁军军权，他并没有轻举妄动，而是无比审慎地在朝臣中寻找执行此项任务的合适人选。

在对若干候选人的政治面貌、工作能力、性格特征、生活习惯、生辰八字、嘴巴大小等各方面进行了一番仔细的考察后，在穷尽了比较法、排除法、扔硬币、掷骰子等各种分析和决策手段后，最终他圈定了一个人——时任翰林学士的宋申锡。

在李昂看来，宋申锡为人谨慎，忠实可靠，且在地方和朝廷都任职多年，有着较为丰富的行政经验，应该是能够委以重任的。

于是，他找了个机会，单独召见了宋申锡，并试探性地提到了王守澄等宦官专权的事情。

宋申锡对此心领神会，马上表示应该逐步削弱王守澄的权力，并最终除掉他。

李昂龙颜大悦。

数日后，他就将宋申锡提拔为尚书右丞。

不久，他又加封宋申锡为同平章事，成为宰相。

没人知道，这个宰相其实背负着一个秘密任务——剪除王守澄等宦官！

应该说，李昂没有看错人。

宋申锡做事确实非常谨慎。

经历了半年多的思考和准备，他才小心翼翼地探出了第一步。

他将吏部侍郎王璠（fán）擢升为京兆尹，并向后者透露了诛除宦官的意图，要他利用掌控京城治安的职务之便，配合自己行动。

宋申锡为什么会挑中王璠为自己的帮手？

我不知道。

我只知道，这是步臭不可闻的臭棋！

因为王璠在与宋申锡分手后，马上就将此事向王守澄告了密！

王守澄随即找来郑注商议对策。

郑注建议先下手为强。

他让神策军都虞候豆卢著出面，诬告宋申锡谋反，说他企图拥立漳王李凑（穆宗李恒第六子，文宗李昂的六弟）为天子。

李昂闻讯大惊。

显然，宋申锡的密谋已经泄露！

为了自保，他不得不选择丢卒保车。

即使明知这肯定是诬告，他也只能装作相信！

而且，正如为了掩盖咖啡的苦味你就必须加入很多糖一样，为了掩盖自己和宋申锡的关系，他不仅要装作相信，还要装作特别特别相信！

因此，他表现出来的样子不是一般的大怒，而是几乎要诱发心梗的那种冲天的大怒：这个宋申锡，真是胆大包天，罪大恶极！……

王守澄趁机提出，要亲自带领两百神策军前往宋申锡府邸，将其全族诛杀。

李昂很为难。

答应吧，他感觉有些于心不忍；不答应吧，又生怕引起王守澄的怀疑。

关键时刻，还是飞龙使马存亮出面给李昂解了围。

马存亮虽然也是宦官集团的重要成员，但为人颇为正直。

他坚决反对王守澄的提议：不行！未经查实，就诛杀宰相，必引起京城大乱！应宣召宰执大臣们一起商议！

马存亮历仕六朝，宪宗年间就担任过左神策军中尉，资历比王守澄还要深，且曾在七年前张韶造反的闹剧中立过大功——救过敬宗李湛的命。

他的话，王守澄不能不买账，无奈只好悻悻作罢。

李昂随即命人召来除宋申锡以外的另外三位宰相——李宗闵、牛僧孺、路隋，讨论处理此事。

三人其实都知道，对宋申锡的这份指控，就如有人说"要想长寿，只要记住保持呼吸、不要断气这个秘诀"一样——完全是瞎扯。

因为，宋申锡现在已经是宰相了，就算冒着巨大的风险谋反成功，漳王李凑做了皇帝，他又能得到什么好处？

不过，迫于王守澄的压力，他们只是面面相觑，没人发言。

之后此案进入司法程序。

由于郑注早已搞定了相关当事人，做好了周密的安排，结果自然是不出意外的——宋申锡谋反罪名成立。

谋反是头等大罪，看起来，宋申锡只有死路一条了。

但李昂毕竟是个善良的人，不忍心看着宋申锡这样一个忠心耿耿为自己办事的大臣走上绝路，便又召集所有在京城的高级官员举行廷议，再次商讨宋申锡一案。

显然，他是希望在会议上有人替宋申锡求情，以保住其性命。

由于宋申锡平时的人缘相当不错——只有人说他菜，从没人说他坏，左散骑常侍崔玄亮、给事中李固言等十几名谏官先后站了出来，强烈呼吁重审此案。

李昂当然不可能马上同意——毕竟，饭要一口一口吃，只吃了一口饭就喊饱，那也实在太假了。

他说：这事嘛，朕已经和宰相们商议过了。你们不必多言，还是下去吧。

但崔玄亮等人却坚决不肯退下，还是一遍遍声泪俱下地恳求：杀一个匹夫尚且要慎重，何况是宰相！

李昂这才顺坡下驴：那我就和宰相们再探讨一下？

这群情激愤的一幕，郑注都看在了眼里。

他知道，这个案子的基础并不稳固，根本经不起深究，便决定见好就收，劝王守澄不要与大臣们过分为难，奏请皇帝放宋申锡等人一条生路，以免搞得鱼死网破，反而坏了事。

这正中李昂的下怀。

他当即下诏，贬漳王李凑为巢县公，宋申锡为开州司马。

经此一事，李昂对王守澄、郑注等人更加恨之入骨。

然而，两年后他对郑注的看法却有了一百八十度的转变！

公元 833 年底，二十五岁的李昂突然中风，丧失了语言能力——中风似乎是李唐皇室的遗传病，从高祖李渊、太宗李世民、高宗李治到李昂的曾祖顺宗李诵、父亲穆宗李恒，都曾得过同样的毛病。

王守澄推荐郑注为皇帝治疗。

尽管李昂对郑注极为反感，但正如溺水的人不可能再关注银行卡里有多少钱而只会拼命想探出头呼吸一口空气一样，到了这个地步，拼命抓住救命稻草的李昂也顾不了什么反感不反感了。

不得不说，郑注的医术确有过人之处。

经他诊治，李昂的病情很快就大有好转。

而且，不光病情大有好转，李昂与郑注的关系也大有好转——经此一事，李昂一下子对郑注产生了极大的好感。

原本他对郑注极其厌恶，现在却无比宠爱！

原本他恨不能将郑注大卸八块，现在却恨不得成天跟郑注待在一起！

从此，郑注摇身一变，一下子成了皇帝最信任的亲信。

这引起了一个人的注意。

此人是前宰相李逢吉的堂侄李仲言。

李仲言之前曾露过面——只不过，那时的他只是个龙套——敬宗李湛在位期间，

662

他因武昭一案被逐出京城，流放到了象州，几年后，他遇到大赦，回到了东都洛阳闲居。

此时他的堂叔李逢吉也在洛阳担任东都留守这一闲职，同是洛阳失意人，相逢又是曾相识，两人便经常在一起喝酒闲聊。

这次，得知郑注成了皇帝面前的红人，李仲言一下子眼前一亮——他早年跟郑注有过交往，关系处得还算不错。

他是个野心勃勃的人，一直渴望进入权力中央；而李逢吉虽然已经七十多岁了，却也还是老骥伏枥，官心不已，时刻期盼着能东山再起，重温旧梦。

两人一拍即合，当即决定由李逢吉出资，让李仲言前往京城打通郑注的关节。

得知老友来访，还带了一笔多到让人无法拒绝的厚礼，郑注很开心，又引着他前去拜谒了王守澄。

之后王守澄又把李仲言推荐给了皇帝李昂。

王守澄知道李昂这个人酷爱读书，尤其喜欢《易经》，因此推荐语说得很有技巧：李仲言精通《易经》。

果然，这一下子引起了李昂的兴趣。

几次接触下来，李昂对李仲言印象极佳——此人不仅仪表堂堂，而且能言善辩，脑子也非常活络，无论是说话做事，还是走路的姿势，都透着一股灵气，是个不可多得的人才。

他当即决定重用李仲言。

在他看来，李仲言有能力，在朝中又没有任何根基，将其培植为自己的亲信再合适不过了。

一开始，他打算将李仲言安排在翰林院。

但宰相李德裕却坚决反对：李仲言过去的所作所为，我想陛下也都知道，这种人岂能置于如此重要的岗位？

李昂对此不以为然：难道就不能允许他改过吗？

然而李德裕还是坚持己见：不犯第二次错误的，只有像颜回这样的圣人。圣贤犯错，只不过是一时思虑不周，而李仲言则是心术不正，根子上就有问题，他怎么可能改得了？难道大蒜会变成水仙吗？

论辩才，李昂显然不是李德裕的对手——如果李德裕是滔滔江水，那么李昂只能算是一条水沟。

他只好顾左右而言他：李仲言是李逢吉推荐的，朕已经答应了，不能食言。

一提李逢吉，李德裕心中更来气了——当初要不是李逢吉对他极力排挤，他早就当上宰相了！

因此他毫不客气地反驳道：李逢吉身为前任宰相，推荐这种奸邪小人，他也有错！

无奈，李昂只好退了一步：如果你觉得李仲言进翰林院不合适，那就另外给他一个别的官职？

没想到李德裕还是一点面子都不给：那也不行！

见李德裕油盐不进，李昂不得不把目光转向了在场的另一名宰相王涯，示意他表态——王涯原任吏部尚书兼盐铁转运使，他是在一年前李宗闵出局后，递补为宰相的。

王涯是个墙头草，平时大多唯李德裕马首是瞻，因此李德裕便偷偷朝他摆了摆手，示意他附和自己，也表示反对。

不料这回王涯见皇帝态度坚决，善于见风使舵的他并没有站在李德裕一边，而是小声答道：臣觉得可以。

李昂很欣慰，随之转头看向李德裕，正好看到了李德裕的小动作，心中顿时大为不快。

几天后，他不顾李德裕的强烈反对，任命李仲言为四门助教（相当于现在的大学副教授）。

这一事件，也让李昂此前对李德裕的良好印象大打折扣——这个李德裕，实在是太霸道了，不和自己保持一致也就罢了，居然还不让同僚发表意见，这不是结党营私是什么？

现在，李德裕在他心目中，差不多就是橱柜里的剩菜，虽然暂时还没舍得倒，可却一口都不想吃！

而王守澄、郑注对李德裕更是恨之入骨。

在他们看来，李德裕和李仲言过不去，就是和他们过不去！和他们过不去，他们就要和李德裕的位子过不去！

他们下定决心，无论如何也要把李德裕赶下台。

不过，郑注并没有直接出手。

他使用的方法是借刀杀人。

他借的这把刀是李德裕的死敌李宗闵。

因为他知道，李宗闵和李德裕就好比是冬夏两季，根本不可能同时存在于同一地方！

很快，在郑注等人的帮助下，时任山南西道节度使的李宗闵回到了长安，出任中书侍郎、同平章事，第二次拜相。

四天后，一个新的任命书又下来了——李德裕罢相，外放为山南西道节度使。

但顽强的李德裕却依然不肯放弃，他立即入宫，面见皇帝李昂，恳求让自己留在朝中。

李昂心软，便打算收回成命，改任李德裕为兵部尚书。

可李宗闵却坚决反对：匹夫尚且知道一言既出，驷马难追，何况是朝廷的诏书呢？怎么能像毛巾一样说换就换？

在他的极力鼓动下，心无定见的李昂又改变了主意，再度把李德裕外放，改任镇海节度使。

而没有了李德裕的掣肘，李仲言也终于如愿进入翰林院，成为翰林侍讲学士。

考虑到李仲言这个名字早已臭名远扬，当上学士后，他把自己的名字改成了李训。

现在，他不再是那个到处钻营、干过无数坏事的李仲言，而是政坛冉冉升起的一颗新星——李训！

得势后的李训，没有忘记他的天使投资人——堂叔李逢吉，可惜李逢吉那时已经得了重病，李训只得让他以司徒的荣誉职位退休，没多久他就去世了。

有恩报恩，有仇也要报仇。

李训现在最恨的，就是曾阻挠他升官的李德裕。

尽管李德裕已经被赶出了京城，但李训和郑注依然不想放过他。

他们不仅要结束李德裕的政治生命，还要结束李德裕的生命！

在他们的授意下，尚书左丞王璠、户部侍郎李汉联名上奏，告发李德裕勾结之前被贬的漳王李凑，图谋不轨。

好在宰相路隋为李德裕仗义执言，李德裕这才得以逃过一劫，但也彻底失去了权力，被改任为太子宾客，去东都洛阳赋闲去了。

可郑注觉得，这依然不够。

没过多久，他又找到了李德裕的两个罪名：

在担任西川节度使期间，李德裕曾征收百姓所欠的赋税三十万贯，背离了朝廷改善民生的宗旨；

数年前皇帝李昂生病时，宰相王涯邀请李德裕一起去探望皇帝，李德裕居然没去，显然是没把皇帝放在眼里。

这两条罪名其实都非常牵强，很有点"为赋新词强说愁""没有问题也要制造问题"的味道。

但郑注等人现在也顾不得这么多了——反正，变质的食品也不是不可以吃，牵强的罪名也不是不可以用。

很快，李德裕再次被降级，贬为袁州长史。

看到李德裕被整得这么惨，李宗闵笑了。

他的笑是那么灿烂，却又是那么短暂——比樱花的花期还要短！

因为就在李德裕被贬为袁州长史后不久，李宗闵也失势了！

事实上，他在郑注等人眼中的地位，就跟电工手里的电锤差不多——纯粹就是个工具——用来打击李德裕的工具！

现在，李德裕已经垮台了，他李宗闵也就失去了利用价值。

不过，做事一向注重技巧的郑注依然没有直接对李宗闵下手，而是把矛头先对准了牛党的干将京兆尹杨虞卿。

他故意捏造事实，将杨虞卿抓捕下狱。

手下大将出事，李宗闵当然要捞，便在皇帝面前极力为杨虞卿说话。

没想到这正好进了郑注的圈套。

这段时间，李训、郑注两人多次在皇帝面前谈及党争的弊端，李昂对朋党深恶痛绝，据说还曾说过这么一句话：去河北贼易，去朝廷朋党难！

毫无疑问，他口中的朋党，就是以李德裕为首的李党和以李宗闵、牛僧孺为首的牛党！

显然，这次李宗闵为杨虞卿辩解完全是自投罗网！

果然，没等李宗闵说完，李昂就忍无可忍，厉声呵斥他出去。

如此一来，李宗闵的宰相位子当然是保不住了。

很快，他就被罢相，并一贬再贬，一撸到底——先贬为明州刺史，再贬为处州（今浙江丽水）司马，最后贬为潮州司户。

接下来，被视为李宗闵一党的吏部侍郎李汉、刑部侍郎萧浣等一大批官员也纷纷被逐出了朝廷。

至此，朝中牛李两党的势力基本被清除。

而在李宗闵被贬之前，曾经为李德裕说过话的宰相路隋也因得罪李训、郑注一伙儿被免职外放，朝中只剩下了王涯一个宰相。

这当然是不够的。

很快，京兆尹贾𫗧（sù）、御史中丞舒元舆先后被任命为宰相。

他们两人之所以被提拔，不是因为优秀，而是因为不优秀；不是因为出身高，而是因为出身不高；不是因为有资历，而是因为缺乏资历；不是因为有背景，而是因为没有背景……

按照史书的说法，就是因为他们属于"孤寒新进"——出身寒微，孤身一人，没有党羽，资历很浅，容易被控制。

真正把持朝政的，是李训和郑注。

自公元834年八月出任四门助教开始，李训一路扶摇直上，升官速度多次打破唐朝纪录甚至有史以来的所有纪录——他先提国子博士，再升翰林侍讲学士，旋又擢兵部郎中、知制诰、翰林学士……

公元 835 年九月，他又被任命为礼部侍郎、同平章事。

从一把年纪一事无成一身毛病一无是处一天到晚无所事事的小老百姓，到一人之下一手遮天一双眼睛从不正眼看人一声咳嗽整个官场都要抖三抖的大宰相，李训只用了短短一年的时间！

与此同时，郑注也平步青云，从御史、检校库部郎中，一直做到了工部尚书。

不过，由于李训、郑注升官太快，之前又都名声不佳，很多官员对此很有意见。

侍御史李甘极其看不惯郑注这个暴发户，听说他有可能拜相，便当众扬言：当宰相得有品德和声望才行，郑注是个什么东西？居然敢奢望这样的高位！即使真有任命的诏书下来，我也要把它撕毁！

几天后，他就为自己的妄议付出了代价——被贬为封州（今广东封开）司马。

因此而倒霉的，还有翰林学士兼户部侍郎李珏。

在一次谈话中，皇帝李昂无意中提起了郑注：你知道郑注这个人吗？和他有过来往吗？

没想到李珏对此竟然一脸鄙夷——是贵族对下人的那种鄙夷：臣深知郑注的为人，此人人品很差，又奸又猾，臣身为皇帝近侍，怎么可能和这样的小人交往！

李昂听了很不悦，脸拉得比智利地图还要长。

数日后，他就将李珏贬为江州刺史。

总之，无论是谁，无论官做得有多大，无论资历有多老，这段时间只要和李训、郑注两个人过不去，绝对没有好果子吃。

由此可见，李昂对他们有多么宠信！

无间道

当然，世界上从来没有无缘无故的爱。

李昂之所以如此看重李训和郑注，是因为他们身上背负着极为重要的任务——铲除宦官集团！

也许有人会问：郑注、李训和宦官集团首领王守澄都有着极为密切的关系，李昂用他们来对付宦官，是不是选错了人？

当然不是。

事实上，这正是李昂选择他们的原因！

在李昂看来，正因为李训、郑注过去是王守澄的人，包括王守澄在内的宦官们才不会怀疑他们，才可能落入李昂布下的陷阱中！

无间道！

这就是李昂的心计！

实际上，早在一年多前郑注给他治病的时候，李昂就看出郑注不是一般人，便刻意拉拢，而郑注是个野心勃勃的人，面对皇帝投来的橄榄枝，自然也不会拒绝。

后来，李昂又用同样的手段笼络了李训。

相比郑注，李训不仅长得更帅，而且出身也更好——他出自隋唐顶级豪门五姓七家之一的陇西李氏，堂祖父李揆、堂叔李逢吉都曾担任过宰相，他本人也中过进士，称得上根正苗红，故而李训才后来居上，当上了宰相。

刚上位的李训、郑注锐气十足，指点江山，激扬文字，粪土当年万户侯，为皇帝制订了一个宏大的计划。

在他们看来，铲除宦官只是第一步，接下来他们还要从吐蕃手里收复河湟（今甘肃中西部以及青海东部一带），并肃清河北三镇……

两人的口才都非常好——李训能把道士忽悠得信佛，郑注能把老虎忽悠得吃素；李训一发言如庐山瀑布下泻势不可当，郑注一开口如黄山云海翻腾气象万千……

李昂听得热血沸腾。

复兴大唐，重回盛世，看起来已经指日可待！

李训、郑注不光能耍嘴皮子，实干起来也有两把刷子。

他们策划的第一个动作，是将与王守澄不和的另外三个元老级宦官——左神策军中尉韦元素、枢密使杨承和、王践言全部贬出朝廷，分别到淮南、西川、河东出任监军。

两个月后，李昂再次颁下诏书，严厉指责韦元素、杨承和、王践言曾与宋申锡、李宗闵、李德裕内外勾结——李宗闵首次拜相，靠的就是杨承和，而王践言曾和李德裕在西川搭档过，而且也为李德裕说过话，所以对杨承和、王践言的指控还算事出有因，但说韦元素和宋申锡有关系就完全是无稽之谈了——宋申锡要除的就是宦官，韦元素跟他勾结，难道是活得不耐烦了？

但这个时候三人早已离开了权力中央，就算理由再充足也不可能有机会辩解了。

现在的他们已经是砧板上的鱼——只能任人宰割了！

随后三人分别被流放到象州、驩州（今越南荣市）、恩州等南方偏远之地。

他们刚走到半路，京城来的使者就追上了他们，宣诏将三人赐死。

由于这三位老是与王守澄争权，王守澄对此自然是十分开心的。

一时间，他笑得合不拢嘴。

可接下来的一个消息，却让他惊得合不上嘴——朝廷居然将时任右领军将军的宦官仇士良提拔为了左神策军中尉，接替刚伏法的韦元素！

仇士良在当年拥立李昂的行动中也曾立过功，但后来却屡屡受到王守澄的压制，一直郁郁不得志，由此和王守澄产生了矛盾。

这次李昂重用仇士良，目的显然是拉一派打一派，用仇士良来制约王守澄！

这一点，久经江湖的王守澄当然不可能意识不到。

不过，考虑到李训、郑注都出于自己门下，一直以来都对他极为尊敬，且两人再三保证用仇士良只是权宜之计，他还是逐渐放下了心。

然而四个月后，他又听到了一个不愿听到的消息——当初谋害宪宗李纯的凶手陈弘志被杀了！

陈弘志时任山南东道监军，公元835年九月，李昂突然用一纸诏书将其召回长安，在陈弘志走到青泥驿（今陕西蓝田）时，被朝廷派出的人乱棒打死。

陈弘志的死，让王守澄感受到了极大的不安。

因为当初宪宗被害时，他也是陈弘志的同党！

他一下子警觉起来了。

接下来的几天，他一直在冥思苦想：皇帝接下来会不会对我下手？我该做什么样的准备？……

然而已经太晚了。

鼻涕进嘴你才想到甩，股票涨了你才想到买，汽车撞墙你才想到拐，这怎么可能来得及？

就在陈弘志被杀仅仅五天后，王守澄也接到了新的任命——他被解除了右神策军中尉一职，改任左右神策观军容使！

观军容使这一职位自从代宗年间的鱼朝恩后，已经六十多年没有设立了，这些年神策军真正的统领权都牢牢地掌控在左、右神策军中尉手里。

显然，观军容使只是一个虚职，虽然看起来级别很高，但其实就和如今汽车上的大屏幕车载导航一样——看着挺上档次，实际上却没啥大用！

王守澄不傻，对此自然心知肚明。

可到了这个地步，他又能怎么办呢？

造反？

这当然是不可能的。

现在不仅左神策军中尉仇士良与他不是一条心，其他普通宦官的表现也让他非常寒心！

因为，宦官韦元素等人倒霉的时候，王守澄作为宦官集团的首领，并没有站出来为自己的同僚说一句话；宦官陈弘志被杀的时候，王守澄也没有站出来为他说话；现在，轮到王守澄本人倒霉了，谁还愿意站出来为他说话？

所以，尽管此刻的王守澄如同被使劲摇晃过的大瓶可乐——满肚子都是气，可他只能无奈地接受这个现实。

他只能期望，李训、郑注不会忘记自己对他们的提携，不会对不起他们的良心，能手下留情，保全他的性命。

他错了。

把生存的希望寄托在李训、郑注的良心发现上，就好比把夺冠世界杯的希望寄托在中国足球队身上——纯属痴心妄想！

在失去神策军指挥权仅十多天后，一直惴惴不安的王守澄在家中迎来了一个不速之客——宦官李好古。

李好古给王守澄带来了一份珍贵的礼物。

之所以说它珍贵，不仅是因为这是天子钦赐的，还因为这份礼物是限量版——一个人一辈子最多只能享用一次。

一杯毒酒！

第四十五章　史上最窝囊的皇帝

甘露之变

王守澄死后，皇帝李昂并未公布其罪名，而是对外宣称王守澄是因病猝死，还追赠其为扬州大都督。

之所以这么做，是因为在李昂看来，王守澄还有其利用价值。

按照安排，王守澄的遗体要葬于浐水（灞河的支流，位于长安东边）边的墓园，李训、郑注两人打算，在安葬王守澄的现场，动用军队将所有参与送葬的宦官包围起来一网打尽，把王守澄一个人的葬礼变成全体宦官的葬礼！

显然，这个计划要想成功，关键是要掌握军队。

李训、郑注经过商议，决定由郑注出任凤翔节度使——凤翔离长安不远，又驻有重兵，郑注到那里后，就可以调用凤翔的军队，与李训里应外合，彻底解决宦官问题。

公元835年十月十三日，郑注正式前往凤翔赴任。

一到凤翔，他就开始了精心的准备。

他在军中挑选了数百名执行任务的亲兵，还精心给他们配备了特别的武器——不是刀枪，而是斧子——斧子可以揣在怀中，便于隐藏。

之后他一边训练亲兵，一边又费尽心思，对即将到来的行动进行了无数次的推演和排练。

在他看来，在远离皇宫的浐水动手，这个方案的可行性应该是很高的——那些宦官离开了神策军的保护，就相当于鱼离开了水，只能束手就擒！

可惜的是，他千算万算，最后却还是失算了。

问题不是出在这个方案上，而是出在李训身上。

因为李训想要独占诛灭宦官的功劳！

尽管这段时间和郑注的配合似乎颇为默契，但其实李训心中对郑注却颇为忌惮——一山不容二虎，一个朝廷也容不下两个权臣！

他表面上与郑注卿卿我我，实际上心里想的却是有你没我！

他嘴里边说的是"你若安好，便是晴天"，实际上心里想的却是"你若安好，便是晴天霹雳"！

由于不想看到郑注在此次行动中立下头功，李训决定弃用之前定好的方案。

为此，他特意秘密召来了自己的几个亲信——宰相舒元舆、户部尚书王璠、大理卿郭行余、左金吾卫大将军韩约、京兆少尹罗立言、御史中丞李孝本，直言不讳地对他们说：如果按照此前的方案，事成之后，首功将归于郑注，这样一来，我们的所作所为，岂不是成了聋人放炮仗——好处都是别人的！不如撇开他，我们自己干！

一番头脑风暴后，新的方案出炉了。

按照这个方案，大理卿郭行余、户部尚书王璠将外调，将分别出任邠宁节度使和河东节度使，两人以赴镇需要保护为名，从邠宁和河东调来数百精兵，作为这次行动的主力，加上韩约手下的金吾卫以及罗立言、李孝本所能调动的京兆府、御史台的吏卒，就在长安行动，一举诛杀以仇士良为首的全部宦官！

行动的日期，则定在了十一月二十一日，比之前和郑注商定的日期整整提前了六天！

那么，皇帝李昂会同意李训这个新方案吗？

从后来发生的事看，他显然是同意的。

这也符合他的个性。

应该说，李昂这个人有不少长处，比如志向远大，谦虚礼貌，爱学习，博览群书，睡觉不打呼噜，吃饭不吧唧嘴，放屁不脸红……但他也有一个致命的短处——缺乏主见，耳根子软，常常听风就是风，听雨就是雨，听甲说喝酒能活血就拼命喝酒，听乙说喝童子尿能养生就拼命喝尿……

木桶理论告诉我们，一只木桶装水的多少，并不取决于木桶壁上最长的那块木板，而取决于最短的那块。

同理，李昂成就的多少，也并不取决于他的长处，而取决于他的短处！

事实上，正是由于他不够坚定，临时改变了主意，才导致了那起对后来的历史影响极为深远的灾难性的大事件——甘露之变！

具体的过程是这样的：

这天一早，皇帝李昂照常在大明宫紫宸殿举行早朝。

紫宸殿位于大明宫的中轴线上，是大明宫三大殿（从南到北依次是含元殿、宣政殿、紫宸殿）之一。

三大殿中，含元殿规模最为宏大，一般只有大的礼仪活动才会在这里举行，比如每年元日（正月初一）的朝贺等，日常的朝会通常在宣政殿或紫宸殿举行，而唐朝后期的朝会则多在紫宸殿，李昂当然也不例外。

按照惯例，朝会开始前，负责宫城警戒的金吾将军应该奏报内外平安。

但这一次，时任左金吾卫大将军的韩约却没有这么干。

他的奏报是这样的：左金吾衙署后院的石榴树上，昨夜降下甘露，臣向陛下表示祝贺！

甘露在古代是一种难得的祥瑞，象征着太平盛世的到来。

不过，甘露到底是什么东西，史籍上似乎并未明确记载，明朝医学家李时珍在《本草纲目》中对甘露的介绍是这样的：甘露，美露也。神灵之精，仁瑞之泽，其凝如脂，其甘如饴，故有甘、膏、酒、浆之名……

看懂了吗？

我反正没看懂。

什么"神灵之精""仁瑞之泽"之类的，每个字我都认识，可连起来我真不知道这是什么。

不过，在这个世界上，越是一般人看不懂的东西往往越是让人感到高级。

相对论是这样。

《时间简史》是这样。

甘露也是这样。

也许正是因为甘露这种东西说不清，道不明，充满了神秘感，古人才会对这种祥瑞顶礼膜拜，深信不疑。

因此，在听到韩约的话后，李训、舒元舆、王涯、贾𫗧四位宰相立即率文武百官向皇帝道贺。

李昂很激动，当然也可能是假装很激动：甘露世所罕见，竟在此时出现，此乃国之大幸，必须隆重纪念！

李训、舒元舆趁机劝皇帝亲自前去观看。

李昂点了点头，随即宣布暂停当日的朝会，百官随驾一起前往。

由于左金吾衙署位于含元殿左侧，官员们接下来便都转移到了含元殿，随后依次站定。

不多时，天子李昂也乘坐轿子抵达了含元殿，并命宰相和中书、门下两省主要官员先去左金吾衙署查看甘露。

过了一会，李训回来复命：臣等已经看过了，感觉不大像是真正的甘露，还是不要贸然对外宣布，否则朝廷就被动了。

李昂显得有些失望：啊？不会吧？

似乎是对此有些难以置信，李昂又命随侍在他身边的左、右神策军中尉仇士良、鱼弘志带着宦官们再去查看一遍。

仇士良等人离开后，李训立即命人召河东节度使王璠和邠宁节度使郭行余上殿。

按照原定计划，王璠和郭行余应该各自带着数百名部下等候在丹凤门（大明宫正南门）外，一旦听到李训传唤，就马上率军进宫，与韩约统领的金吾卫紧密配合，尽诛宦官。

然而不知怎么回事，只有王璠带着他的河东兵来了，郭行余却是只身前来——一人吃饱，全军不饿！

更糟糕的是，王璠虽然带了兵，可他的表现却极其令人失望——由于过度紧张，他一进入宫门就浑身发抖，隔着几百米都能听到他牙齿打架的声音！

为什么说是几百米呢？

因为王璠和他的河东兵离含元殿的距离足有几百米！

他们只是远远地看着含元殿，根本就不敢靠近！

李训心里那个气啊——此时他需要的是背水一战，而王璠却只是背墙一站！

真是废物！

不过他知道在这个时候埋怨是没用的，只能埋了怨，把唯一的希望寄托在韩约身上。

同一时间，韩约正陪着以仇士良为首的宦官们在衙署后院寻找甘露。

甘露在哪里？

仇士良没发现。

他只发现韩约的表情十分不自然，头上的汗如山洪暴发一样不停地往外冒！

可现在是农历十一月，正是冬天，韩约怎么会出这么多汗呢？

细心的仇士良一下子感觉到了异样。

他一边装作若无其事地问韩约"将军你这是怎么了？"一边迅速用余光仔细扫视周围的环境。

此时恰好一阵风吹来，将衙署后面的帐幕吹起了一角，里面隐隐露出了金属盔甲和各种兵器反射出的光芒。

不好！

里面有埋伏！

仇士良大惊，马上带着手下的宦官掉转头拼命往外跑。

守门的卫兵见状想要关门，却被仇士良一声呵斥吓得一哆嗦，竟然没能把门闩插进去。

仇士良等人趁机冲了出来。

他一边以最快的速度飞奔，一边以最快的速度转动脑子。

接下来该怎么办？往哪里跑才安全？……

很快，他就得出了答案：离皇帝越近越安全！这个时候要想保命，唯一的办法就是挟持皇帝！

因此他第一时间就带着手下跑到了皇帝身边：陛下，大事不好……

仇士良脑子快，李训的脑子也不慢。

看到仇士良冲出来，他知道韩约那边失手了，便立即向外面的金吾卫士兵高喊：快上殿保护皇上，每人赏钱一百贯！

仇士良当然不可能让皇帝落入李训的手中，也马上对着李昂说：事态紧急，请陛下立即回宫！

没等李昂反应过来，他已经将李昂扶上轿子，和手下众多宦官一起拥着皇帝向北面的后宫方向飞奔。

李训见状急忙以百米冲刺的速度冲过去，拉住了皇帝乘坐的轿子：臣还有要事要奏，陛下切不可回宫！

宦官们不理他，仍然抬着李昂拼命往北奔跑。

而李训也不肯放弃，依然紧抓着轿杆不放。

此时李训的同党——京兆少尹罗立言和御史中丞李孝本带着手下数百人也赶到了现场。

他们冲进含元殿，对那些没来得及逃离的宦官大肆砍杀，瞬间就有十余人倒在了血泊之中。

听到后面的惨叫声，仇士良以及那些抬轿的宦官跑得更快了。

眼看着就要进入宣政门（位于含元殿和宣政殿之间的一道宫门），李训更急了，一边死死拽住轿杆，一边不停地大声呼叫：陛下别走！陛下别走！……

李昂会是什么反应呢？

其实，如果李昂铁了心站在李训一边，严令宦官将他放下，并号召金吾卫士兵前来护驾，事情可能还是有转机的——毕竟，他是皇帝，一般情况下，宦官们就是再猖狂，也不敢明目张胆地违抗他的旨意。

可李昂并没有这么干。

因为他是李昂。

志向很大、胆子却不大的李昂。

在此时的李昂看来，李训主导的这次行动已经失败了，而他本人又在宦官们的掌控之中，为了自保，他本能地采取了跟之前宋申锡事发时一样的举措：丢卒保车。

他决定与李训彻底撇清关系。

因此，他不仅不听李训的话，还厉声呵斥李训住口。

见皇帝亮明了态度，宦官们对李训自然不会再客气——有个叫郗志荣的宦官照着李训的胸口就是一拳，把李训打倒在地。

随后宦官们立即抬着李昂进入宣政门，并将门死死关上。

李训知道自己大势已去，便马上换上随从所穿的绿色官服（按照唐朝规定，六品以下的低级官员穿绿袍），立即骑马出宫。

为了掩人耳目，一边跑，他还一边用最大的嗓门不停地循环播放这么一段话：我到底犯了什么罪，要受到这样的贬谪……我到底犯了什么罪，要受到……

这一招果然奏效。

各宫门的守卫对此都信以为真，有对他抱以同情的，有对他幸灾乐祸的，有对他扔臭鸡蛋的，但阻拦他的，却一个都没有。

李训就这样一路畅通，顺利逃出了皇宫。

就在李训出逃的同时，含元殿内的文武百官也乱成了一锅粥。

有的被刚刚发生的事镇住了，吓得呆若木鸡；有的见情况不妙，怕乱兵祸及自己，偷偷趁乱逃出；更多的人则围住了在场的三位宰相王涯、贾𫗧、舒元舆，问他们到底是怎么回事。

王涯回答：我们也不知道，各位自己看着办吧。

其实舒元舆是知道的，但为了蒙混过关，他也装着不知道。

接下来该怎么办？

王涯、贾𫗧、舒元舆三人经过商议，觉得在这个关键时刻他们身为宰相，不能擅离职守——说不定皇帝过一会就要召他们议事呢。

于是，他们留了下来。

接下来，让我们把镜头移到宣政门内。

首先我们看到的是一群惊魂未定的宦官。

在他们前面，站着两个人。

其中一个低着头沉默不语，像做了错事被老师罚站的小学生；另一个则趾高气扬，正指着前者的鼻子破口大骂。

挨骂的，是皇帝李昂。

骂他的，是宦官仇士良。

也许有人不信，这怎么可能？难道长江水会倒流？难道猫会怕老鼠？

但这却是千真万确的。

事实上，在回到安全地带后，仇士良回想刚才发生的一切，马上就意识到李昂肯定也参加了李训的密谋——否则，在听说甘露有问题后，李昂怎么不派别人，偏偏要派他仇士良和鱼弘志两个中尉带着宦官们去查看甘露？这不是引诱他们进入韩约设下的陷阱是什么？

一怒之下，他再也控制不住自己的情绪，竟然不管不顾地对着皇帝就是一顿痛骂。

宦官骂皇帝骂得花样百出，皇帝低着头大气都不敢出，这样的情节，影视剧都不敢这么拍，可这却是史书上明确记载的。

一心想要开创历史的李昂也算是实现了他的梦想。

他确实开创了历史。

他是史上最窝囊的皇帝，没有之一！

见李昂如此没用，接下来仇士良做事自然就更无所顾忌了。

他命令左、右神策军副使刘泰伦和魏仲卿各率五百名禁军立即入宫，搜捕"乱党"。

当时王涯、舒元舆等几位宰相在政事堂正准备吃饭，有人进来报告：不好！外面有军队过来了，见人就杀！

王涯、舒元舆等人吓得魂飞魄散，连忙出逃。

宰相都跑了，在场的其他人当然也坐不住了。

中书、门下两省官员以及吏卒一千余人，争先恐后地往外跑。

然而已经来不及了。

杀气腾腾的禁军已经杀到了。

禁军进来后，立即封锁大门，大开杀戒。

政事堂内未能逃离的六百余人全部死于非命！

接着，为了泄愤，在仇士良等人的命令下，禁军关闭了大明宫的所有宫门，又以捕杀"乱党"的名义在朝廷各衙署展开了更大规模的屠杀行动，在场的各级官吏以及恰好过来送货的商贩一千余人全部被杀。

大明宫内尸横遍野，血流成河。

各衙署的印信、档案、图籍、帐幕、器具也悉数被毁……

由于在宫中没有找到李训等主要目标，仇士良又派出千余名神策军骑兵出宫，在长安城中继续追捕。

首先落网的，是宰相舒元舆和王涯。

舒元舆尽管换了服装，可在独自骑马逃到安化门（长安城南面偏西门）附近时还是被认出并抓获了。

另一名宰相王涯当时已经七十多岁了，年老体弱，跑不了太远，便躲在永昌里的一家茶馆中，很快也被神策军搜出，随即被戴上镣铐，押入神策军军营严刑拷打。

老头子养尊处优惯了，受不了酷刑，只好瞎编乱造，胡乱承认自己与李训合谋造反，企图拥立郑注为帝。

尽管王涯的供词荒谬至极，但仇士良却如获至宝。

在他看来，有了这份供词，他今天的所有行为便有了充分的合法性。

平乱嘛，杀人再多也是正常的。

677

只有用霹雳手段，才能显菩萨心肠！

之后禁军在长安城内的搜捕行动愈演愈烈。

河东节度使王璠干事不行，逃跑却很在行。

事发后，他第一时间便逃回了自己的宅邸，紧闭大门，派麾下的河东兵保护自己。

负责抓捕他的神策军将领见其家中戒备森严，没有硬攻，而是耍了个花招。

他声称因王涯等人谋反，朝廷决定提拔王璠为宰相，他是来接王璠入宫的。

这个骗术其实很低端——比乡镇小店喇叭里喊的"两块钱也不多，去不了香港新加坡。两块钱也不贵，用不着开个家庭会。全场两块，样样都两块"卖的东西还要低端，但官迷心窍的王璠居然信了，主动从家里走了出来，旋即被捕。

不多时，京兆少尹罗立言等一大帮人也相继被抓。

在京城展开搜捕行动的同时，神策军士兵还借机在城中大肆抢掠。

包括前岭南节度使胡证、左常侍罗让、翰林学士黎埴等高官在内的很多富户家中都被洗劫一空。

有禁军带了这个头，城中的大批地痞、流氓也按捺不住了，争先恐后地加入了抢劫的队伍。

一时间，长安城内火光四起，尘埃蔽日，惨叫声不断，乱成一团。

这一切，深宫中的皇帝李昂当然不会知道。

就是知道了，他也并不关心。

他的脑子早已是一片空白。

那一天，他根本都不知道自己是怎么过来的。

好不容易熬到了次日清晨。

按照惯例，他还是拖着沉重的双腿前往紫宸殿上朝。

由于前一天不少人在朝堂上被杀了，加上又没有了宰相的率领，百官的队列看上去稀稀拉拉的，凌乱不堪。

李昂找了半天，没看到那几个熟悉的身影，忍不住问道：宰相呢？怎么一个都没来？

仇士良冷冷地回答：王涯等人谋反，已被关进监狱。

接着他把王涯的供词递给了李昂。

李昂不傻，自然知道王涯的供词不可信。

但李昂也知道，很多时候，事情的真假其实并不重要，干这件事的人是谁才重要——富豪即使戴假的珠宝，别人也以为是真的；乞丐戴的珠宝即使是真的，别人也以为是假的！

同理，王涯供词的真假也并不重要，提供这份供词的人是谁才重要。

既然供词是仇士良提供的，那么李昂就必须认为它是真的。

因为，对现在的李昂来说，要想保住皇位，仇士良是万万得罪不起的！

就算仇士良讲得再荒谬，李昂也必须无条件地认其真实性！

按照史书的记载，看过王涯的供词后，李昂的表现是：悲愤不自胜——又悲伤又愤怒，几乎难以自持。

接着，他又召左仆射令狐楚、右仆射郑覃两人上前，让他们查看供词：你们看，这是王涯的笔迹吗？

在得到肯定的答复后，李昂当即表态：若真是这样，那就罪不容诛！

旧的宰相班子被一锅端，接下来要做的，当然是任命新相。

李昂命令狐楚、郑覃留在政事堂，参与决策。

但由于令狐楚起草的有关王涯等人谋反的诏书没能让仇士良满意，最终令狐楚落选，郑覃和户部侍郎李石成为新的宰相。

与此同时，仇士良的抓捕行动还在继续。

宰相贾𫗧、御史中丞李孝本先后落网。

紧接着，李训也在逃亡途中被抓。

在逃出长安后，李训来到了终南山中的一座寺庙，投奔之前的密友——被后世尊为华严宗五祖的著名高僧宗密大师，宗密本打算让李训剃发，伪装成和尚躲在庙中，但他的徒弟们却都表示反对。

无奈，李训只好下山，准备逃往凤翔，寻求郑注的庇护。

在走到盩厔时，他被当地官员抓获，随即用囚车解送回京。

李训知道，自己被送到仇士良那里后不仅难逃一死，死前肯定还会遭到酷刑和凌辱，便把心一横，对押送他的人说：谁得到我，谁就能得到重赏。听说禁军正在到处搜捕我，囚车到了京城，我一定会被他们夺走，这样你们就什么好处都没了。不如现在就杀死我，直接将我的首级送过去领赏！

押送者觉得有理，随即一刀砍下了李训的头颅。

李训被杀的次日，王涯、舒元舆、贾𫗧、王璠、郭行余、罗立言、李孝本等人也都被处以极刑。

那一天，一名神策军将领举着李训的首级在前面开路，在他的身后，是由六百名全副武装的神策军士兵押送的王涯等人的囚车。

囚车先到太庙，在那里举行了隆重的献祭仪式，接着又在长安城内最繁华的东、西两市游街，让王涯等人尽情享受长安市民的白眼、谩骂以及雨点般的瓦砾、石子甚至屎尿，对他们进行精神和肉体的双重折磨。

直到王涯等人被百姓羞辱得头都抬不起来、被瓦砾砸得腰都直不起来、被浑身的臭味熏得眼都睁不开，才将他们押到独柳树下腰斩，首级则挂在城门外示众。

他们的家人，不管是亲还是疏，不管是老还是幼，不管是好看的皮囊还是有趣的灵魂，也全都被处死，无一幸免。

朝中所有官员都被仇士良召了过来，现场观摩了王涯等人受刑的全过程。

显然，这是仇士良在对他们进行警示教育——看，这就是和我们宦官作对的下场！

被杀的这些人中，王涯和贾悚可能是最冤的。

他们并没有参与李训的密谋。

他们都是小心谨慎的人，都是圆滑到没有任何主见的人，都是信奉明哲保身的人。

他们什么也没干，可却被灭了族。

但这似乎也怨不了谁。

因为，明哲保身并不一定就能保身，正如努力赚钱并不一定能赚钱一样。

也许，这就是命吧。

接下来，该说说郑注了。

由于郑注之前对李训提前发起的行动并不知情，因此他还是按原计划带着五百亲兵赶赴浐水，途中得知李训失败的消息，他又惊又气，慌忙又折返凤翔。

此时凤翔监军张仲清已经得到了仇士良要他诛杀郑注的密旨。

不过他知道郑注这人诡计多端，不好对付，故而颇为犯难，一时不知如何是好。

就在张仲清愁眉不展之际，押牙李叔和主动站了出来。

押牙是唐代节度使衙内亲将，负责护卫节度使的安全，所以李叔和算得上是郑注的亲信，但现在他得知郑注的同党已经全军覆没，认为郑注的失败已成定局，便决定背叛郑注。

张仲清大喜。

在迎接郑注回凤翔的接风宴上，李叔和突然发难，抽出佩刀，向郑注砍去。

由于郑注之前一直将李叔和视为心腹，因此毫无防备，没有能躲过这一刀。

他艰难地回过头，说出了人生中的最后一句话：竟然是你？

就这样，李训、郑注等人发起的诛杀宦官行动，最终以彻底失败告终。

李昂本想打击宦官的嚣张气焰，没想到反而让宦官的气焰更加嚣张！

李昂本想解决大唐的危机，没想到反而给大唐带来了更大的危机！

身坚志残

在经历了这次惨痛的失败后，曾经有着远大志向的李昂一下子就蔫了，仿佛换了个人一样。

虽然他此时还那么年轻——只有二十七岁，但他似乎再也没有了年轻人的朝气。

以前的他总是踌躇满志，现在的他却一直愁眉苦脸。

以前的他总是心比天高，现在的他却已经心如死灰！

每天退朝后，他都要一个人眺望着窗外发呆，有时还要自言自语，唉声叹气。

他觉得一切似乎都失去了意义。

世界上的任何东西，都不再能提起他的兴趣——对美食，他不关注；对美景，他不向往；对美女，他不动心……

他虽然还活着，但他的心已经死了。

他的身体虽然还算健康，但他的志向已经凋落了。

如果说有的人称得上是身残志坚，那么现在的他，就是身坚志残！

这其实也是可以理解的。

因为他不是没有努力过，可努力的结果，却是还不如不努力！

既然无法逆天改命，那就干脆听天由命吧！

接下来的一段时间，以仇士良为首的宦官们迎来了他们的巅峰时刻——他们牢牢地把持住了朝政大权，宰相只不过是签签字、传达传达命令而已。

在与宰相议事的时候，仇士良动辄拿李训、郑注说事，意思是大臣们都不靠谱。

说的次数多了，郑覃、李石两人终于忍无可忍，回敬说：李训、郑注确实有问题，可他是什么人提拔的呢？

这下仇士良无语了——毕竟，谁都知道，李训、郑注仕途上的引路人是宦官王守澄！

当然，光在嘴皮子上占便宜，并不能改变宦官凌驾于朝臣之上的现实。

公元 836 年正月初一，皇帝李昂在宣政殿大会群臣，宣布大赦天下，改年号为开成——经历了甘露之变这样的大灾难，之前的年号是不想再用了，改一个换换手气吧。

没想到就在这个喜庆的日子里，仇士良居然向皇帝提出了一个极其无礼的要求——让神策军代替金吾卫守御皇宫的宫门。

神策军是掌握在宦官手里的，而金吾卫不是。显然，他这是要把皇宫的安危全都掌控在自己手里！

关键时刻，谏议大夫冯定等人站出来坚决反对：不行！从来都没有这样的规矩！

仇士良这才勉强作罢。

但在仇士良看来，这只是暂时受挫而已。

就如同屠夫绝不会在意猪的想法一样，他一点儿也不在意这些文臣的想法。

然而有一个人的意见，他却无法忽视。

此人是昭义节度使刘从谏。

刘从谏之父刘悟，原为平卢节度使李师道手下的兵马使，在朝廷讨伐李师道时，刘悟发动兵变杀死李师道，向朝廷投诚，后被朝廷任命为昭义节度使，刘悟死后，刘从谏顺利接任了节度使职务。

应该说，刘从谏对朝廷还是比较忠心的。

公元833年，他还曾主动入朝觐见。

那次，他本打算请求皇帝将自己调往其他藩镇，以示他没有割据之意，但真正到了京城后，他却发现朝中政出多门，纲纪紊乱，非常失望，不久便又回到了昭义。

这次甘露之变，王涯等大臣被杀又激起了刘从谏的义愤。

他上疏说：王涯等人都是无辜的，况且就算他们真的是谋反，也应该交给司法部门后才可以治罪，怎么能让宦官们擅自率领军队在宫中肆意杀戮，搞得宫门附近流血遍地！臣本想来一趟京城，向陛下当面陈述臣的看法，但考虑到朝中奸人当道，恐怕臣来了也会遇到和王涯一样的命运。所以臣还是决定恪尽职守，在昭义训练士卒，秣马厉兵。万一将来奸人难制，臣一定会誓死出兵，以清君侧！

对此，李昂当然不会有什么反应。

他难啊。

很多人以为皇帝可以为所欲为，但其实并不是。

具体到李昂来说，至少有两件事是不行的——这也不行，那也不行。

他既不可能得罪仇士良等宦官，也不可能得罪刘从谏这样的地方实力派！

他唯一能做的，只能是说说好话赔赔笑脸捣捣糨糊而已。

他给刘从谏加了个检校司徒的荣誉官职，想以此糊弄过去。

但刘从谏却不肯就此罢休。

不久，他又上了第二份奏章：臣之前所说的，都事关国家大体。如果陛下认为臣所言有理，那就应该给王涯等人平反，如果陛下不认可臣的说法，那就不应该给我奖赏。冤死的不给昭雪，反而给我升官嘉赏，哪有这样的道理！

之后，他又连续多次上疏，直言不讳地指责仇士良等人的罪行，言辞一次比一次更激烈。

李昂能怎么办呢？

他既不能说刘从谏说得对，也不能说刘从谏说得不对；他既不能接受刘从谏的意见，也不能不接受刘从谏的意见；他既不能对刘从谏的上疏无动于衷，也不能对刘从谏的上疏有所反应……

他只能说更多的好话，赔更大的笑脸，用更低的姿态来安抚刘从谏：刘爱卿，你玉树临风，风度翩翩，翩若惊鸿，洪福齐天，天天开心……

刘从谏对此很无语——我要的，是成就大业，不是成语接龙！

不过，尽管没有得到任何实际的回应，但刘从谏的奏章并不是完全没有作用。

受此震慑，仇士良之后的行为还是收敛了不少。

因为他知道，像刘从谏这样对他有意见的节度使应该不在少数，倘若自己的举动太过出格，惹了众怒，后果会非常严重！

如此一来，李昂和宰相们的日子总算是好过了一点。

朝政也逐渐恢复了正常。

之后的一两年中，山南西道节度使李固言、翰林学士陈夷行相继被任命为宰相。

几位宰相中，李石的表现最为突出。

他虽然很少和以仇士良为核心的宦官集团成员直接发生冲突，却总是想方设法维护朝廷纲纪，尽力把宦官们胡作非为所造成的损失减到最低。

可在仇士良看来，听话不绝对，就是绝对不听话；迎合不极端，就是极端不迎合！

他把李石看成了自己的眼中钉肉中刺，必欲除之而后快！

公元838年初的一天清晨，李石骑马上朝。

行至半路，突然从暗处射来几支冷箭，其中有一支箭射中了李石，好在没射中要害，伤情不重。

遭此袭击，左右随从大惊，全都一哄而散，李石也连忙捂着伤口掉头往家里跑。

没想到在跑到他居住的坊门附近时，又有一个刺客突然出现，挥刀向李石砍来。

幸亏李石反应够快，他立即夹紧马肚子，掌控坐骑迅速加速，总算勉强避开了这一刀——刺客只砍到了半截马尾巴！

就这样，李石死里逃生，没有成为第二个武元衡。

但宰相遇刺的消息还是在朝野上下引起了轩然大波。

第二天的朝会，满朝文武居然只来了区区九个人！

皇帝李昂下令各级官府全力侦破，缉拿刺客。

然而最终的结果却是一无所获。

可案子虽然没破，李石本人对此案的真凶却心知肚明。

那就是仇士良！

与自己结怨，又胆大包天敢于当街刺杀宰相且事后能摆平一切的，除了仇士良，绝对没有第二个人！

他越想越怕，便屡屡请求辞职。

对于李石辞职的原因，李昂自然不会不明白。

尽管无比不舍，但为了李石的人身安全，他也只能无奈地同意了李石的请求。

很快，李石被外放为了荆南节度使。

党争再起

由于此前李固言已经罢相，朝中只剩下了郑覃和陈夷行两位宰相。

为了填补空缺，李昂将户部尚书杨嗣复、户部侍郎李珏提升为同平章事，把他们两人补充进了宰相班子。

杨嗣复的父亲杨于陵是当年在制举考试中录取牛僧孺和李宗闵的主考官，牛僧孺、李宗闵在当政时对杨嗣复也多有提携，史书上说杨嗣复与牛、李二人"情义相得，进退取舍，多与之同"；李珏则曾是牛僧孺的下属，和杨嗣复一样同属牛党。

而与之相对应的是，另两位宰相郑覃、陈夷行与李德裕交情匪浅，算得上是李党的核心成员。

因此，随着杨嗣复、李珏的入相，一度偃旗息鼓的牛李党争再度死灰复燃了。

陈夷行一向看不惯杨嗣复，为了抗议杨嗣复拜相，他甚至曾以足疾为由提出辞职，只是李昂没有批准。

现在，陈夷行和杨嗣复这两个水火不容的死对头在一起成了同事，局面自然是可以想象的。

每次在政事堂议事，两人都各执一词，争辩不休，从来没有意见统一的时候。

有一次，李昂和几位宰相谈起玄宗李隆基晚年任用李林甫等奸人导致安史之乱的历史教训，陈夷行便进言说：玄宗晚年有些贪图享乐了，臣以为身为皇上，不可不理朝政，将权力拱手让给臣下……

话没说完，杨嗣复便打断了他：什么叫将权力拱手让给臣下？太宗用房玄龄十六年、魏徵十五年，何尝出过问题？……

接着，两人便当着皇帝的面争了起来。

其实，陈、杨两人的话都有一定的道理，但他们就是这样，对人不对事，只要是对方说的，即使是对的也是错的，即使是白的也是黑的——一个说人性本善，另一个必定说人性本恶；一个说乡下是净土，另一个必定说乡下净是土；一个说只要努力就一定会成功，另一个必定说只要不努力就一定会很舒服……

当然，作为陈夷行和杨嗣复的同党，郑覃和李珏在争论时也不可避免地会加入进去。

四个人每次都吵得不可开交。

政事堂几乎成了菜市场！

宰相之间无法团结，这让李昂非常头疼。

更令他烦心的，是他那个不成器的太子李永。

李昂只有两个儿子，次子早亡，所以长子李永就成了当然的储君人选，公元832年被正式册立为皇太子。

不过，在李昂的后宫中，李永的生母王德妃并不得宠，厌屋及乌，连带着李永也不太受李昂待见。

而李永本人也很不争气，他自幼性情顽劣，不爱读书，头脑也异常简单，一看书就犯困，一做事就犯浑，一受到诱惑就犯错……

他酷爱喝酒、打牌和游玩，精通游戏、赌博和各种受骗之术。

他最喜欢的生活，就是与一帮内侍宦官一起吃喝玩乐。

如果你问他有什么人生追求，他只会说"吃好，喝好，玩好"，如果你问他有没有更高的追求，他只会说"吃得更好，喝得更好，玩得更好"……

给事中韦温是当时著名的才子，被李昂任命为太子侍读。

每天早上，韦温都早早来到东宫上班，可几乎每次都要等到中午才能见到哈欠连天的太子。

韦温规劝李永：殿下应该早点起床，认真学习，不能成天只知道玩乐……

但这话对李永的效果，却相当于对乙酰氨基酚对高血压的效果——完全不起任何作用。

李永依然故我，依然视玩如命，依然畏学如虎。

时间长了，韦温觉得太子是烂泥扶不上墙，便向皇帝提出了辞职。

韦温离开后，李昂又先后派了好几个德才兼备的大臣给太子当老师，可李永的表现却一直非常稳定——始终没有任何起色。

公元838年，李永的生母王德妃去世了——史载是被李昂最宠爱的杨贤妃害死的。

大概是生怕李永将来继位后会报复自己，此后杨贤妃便抓住各种机会在李昂面前说李永的坏话。

李昂本来就不大喜欢这个儿子，在杨贤妃的多次挑唆下，逐渐产生了废太子的想法。

这年九月，李昂召集宰执大臣，召开了一场特别会议。

在会上，他历数太子的斑斑劣迹，提议把太子废掉：这样的人，将来怎么可能成为一个合格的皇帝！

没想到群臣却大多对此并不赞成：太子年少，可塑性还很强，应该允许他改正错误，更何况，储君是国之根本，怎么可以说换就换！

给事中韦温曾给太子当过老师，知道太子品行确实不佳，可这次却不仅不支持废太子，还言辞激烈地把矛头直接对准了皇帝：陛下只有这一个儿子，却没有好好教育，弄成今天这样难道只是太子一个人的错吗？

李昂这个人别的不行，"容易动摇"这一点天下第一。

很快，他就打消了废太子的念头。

可能是受到韦温"这难道只是太子一个人的错吗"这句话的启发，李昂觉得是李永身边的那些人带坏了自己的儿子，便把愤怒发泄到了他们的身上——东宫数十名宦官、宫女先后被诛杀或流放。

之后，李昂又为儿子精心挑选了一批新的侍从，这些侍从的选拔标准极高，无论是出身门第还是政治素质，无论是文化水平还是个人修养，都是万里挑一……

之所以要这么做，是因为李昂相信，人是很容易受到环境影响的，近朱者赤；近墨者黑；跟着蜜蜂，你会找到鲜花；跟着苍蝇，你会找到厕所……

他多么希望，李永能在这些优秀新人的引导下大变样，变成一个合格的皇帝接班人！

一个月后，李昂的愿望实现了一半。

他的儿子确实大变样了——可却没有变成他设想中的合格接班人，而是变成了一个死人！

史书对此的记载非常突兀：太子永犹不悛，庚子，暴薨——太子李永依然没有悔改，十六日，突然去世。

这样的表述，难免会引起人们的疑问——李永的死，是否和他那种不知悔改的行为有关？难道他不是正常死亡？如果是非正常死亡的话，凶手是谁？是一心想要害他的杨贤妃？还是在宫中呼风唤雨的宦官？……

真相究竟是什么，我不知道。

我只知道，李永虽然生前很不受父亲待见，但这个唯一的儿子的去世，对李昂的打击还是非常大的。

此后，他本来就低落的心情变得更加低落。

这段时间，不仅家事不顺，朝堂上的事情也不让李昂省心。

公元839年四月，李昂与几位宰相在一起议事，其间无意中提到了判度支杜悰（cóng）。

李昂夸赞杜悰这个人很有才能，杨嗣复、李珏听到后，马上投皇上之所好，推荐杜悰出任户部尚书。

本着"坚决与杨嗣复保持不一致"的原则，陈夷行立即站出来表示反对，末了还上纲上线地说：陛下用什么人，他自己心里有数。你们何必多此一举？自古以来，国家败亡的，无不始于臣下专权！

显然，他说的臣下专权，就是指杨、李二人。

李珏对此当然不可接受，马上就跳了起来：照你的意思，是说宰相中有人专权？为自证清白，臣请求辞去宰相职务。

没等皇帝表态，郑覃又发言了，可他却没有接李珏的话，而是展开了一个新的话题：开成元年、二年（836年、837年），朝政很不错，这两年似乎渐渐走下坡路了！

杨嗣复闻言大怒：按你的说法，开成元年、二年是你们两个（指郑覃和陈夷行）执政，最近两年我和李珏也加入进来，朝政就不行了？

接着他又朝皇帝拜了一拜：看来这都是臣的罪过！臣以后不敢再来政事堂了！

说完，他马上头也不回地朝外面走去。

李昂被这突如其来的变故惊呆了，连忙派人将杨嗣复召回，还好言好语地规劝他：刚才是郑覃失言，杨爱卿你何必如此呢？

不料这又得罪了郑覃。

郑覃激动地说：臣生性愚钝，口才欠佳，导致了杨嗣复的误解，其实臣的话并不是针对他，但他的反应却如此激烈，显然是容不下我！

杨嗣复没有和他纠缠，却眼珠一转，找到了一个新的火力点：刚刚郑覃说朝政一年不如一年，如果他这话成立的话，臣自然是难辞其咎，就连陛下您恐怕也无法免责啊……

这句话，就如同在一场势均力敌的足球比赛中补时最后一秒的进球——一锤定音！

因为它引起了皇帝的共鸣。

李昂心里顿时对郑覃有了强烈的反感。

接下来，无论郑覃说得有多动听，都相当于对着一棵已经死去的树苗拼命浇水施肥——完全是白费力气！

当天的会议最终不欢而散。

之后，杨嗣复又多次上表请求辞职，且连续多日不上朝。

李昂只好一次次地派宦官去请他。

杨嗣复这才勉强重新开始上朝。

可见，此时的李昂对杨嗣复有多么看重！

与此同时，郑覃和陈夷行则彻底失宠。

几天后，两人被双双罢相——郑覃改任右仆射，陈夷行改任吏部侍郎。

至此，这场宰相之间的争斗以李党的落败而告终。

牛党的杨嗣复、李珏成为最后的胜利者。

然而他们并没有得意多长时间。

因为仅仅几个月后，信任他们的皇帝李昂就驾崩了！

问君能有几多愁

事实上，可能是由于心情不佳导致寝食不安，寝食不安导致抵抗力不强，抵抗力不强导致小毛病不断，近年来李昂的健康状况一直不大好，不是正在生病，就是即将生病；不是正在吃药，就是准备吃药……

天子龙体欠佳，继承人的问题自然备受外界关注。

李永去世后，李昂已经没有了自己的亲生儿子，只能从旁系亲属中选择储君的人选。

该立谁呢？

李昂最宠爱的杨贤妃极力推荐安王李溶——李溶是穆宗李恒的幼子，文宗李昂的小弟。

杨贤妃看中李溶的原因，由于史书缺载，我们不得而知，只知道李昂并没有答应。

因为他心中已经有了自己的人选——他的侄子、敬宗李湛的幼子陈王李成美。

公元 839 年十月，在经过整整一年的反复考虑后，李昂终于正式下诏，册立李成美为太子。

不过，完成这件大事后，李昂的心中却并不轻松，甚至还有些沮丧。

是啊，钱没了可以再赚，衣服没了可以再买，太子没了可以再立，但儿子没了，却是再也无法回来了！

人总是失去了才知道珍惜。

现在的李昂，就像搁浅的鲸鱼想念大海一样想念自己的儿子李永。

他想念他的笑，想念他的尖叫，想念他的胡闹，想念他身上的味道……

他无时无刻不在想——上朝的时候想，上床的时候想，上厕所的时候想，上当的时候想……

那天，宫中举行杂技表演，李昂亲自前往观看。

演出非常精彩，其中最令人叫绝的，是一个空中技巧项目。

演员是一个年仅七八岁的小孩，只见他站在高达十几米的竹竿的顶端，不停地作出跳跃、攀爬、倒立甚至团身后空翻三周接转体三百六十度等各种高难度动作。

观众们都被他的表演征服了，掌声雷动。

但细心的李昂却注意到了很多人都没注意到的一幕。

他发现有个男人一直在竹竿下来回走动，样子显得极为焦灼不安。

李昂很奇怪，便问左右：这是什么人？

左右说：是竹竿上那个孩子的父亲。

没想到听了这个回答，李昂居然瞬间崩溃。

他泪流满面，哽咽着说：朕……朕贵为……天子，却连……自己的儿子都不能保全……

接着，李昂又由哀生恨，马上命人召来李永生前常伴左右的教坊（大约相当于宫廷艺术团）工作人员刘楚材以及宫女张氏等十四人，将他们劈头盖脸痛骂了一顿：害死太子的，就是你们这帮人！现在朕又新立了太子，你们是不是还想这么干！……

李昂暴怒不已，暴跳如雷，光骂还不解恨，又下令把这些人逮捕下狱，数日后就将他们全部处死。

显然，这不是我们熟悉的李昂——此前的他一向以仁厚文雅著称，信奉的是"人不犯我，我不犯人，人若犯我，我就忍忍"，很少发火，更从不像这次一样草菅人命！

从这里可以看出，他对儿子的离去有多么耿耿于怀！

痛苦，后悔，郁闷，愤怒，懊丧，哀伤，沉浸在回忆中无法自拔……

这些不请自来、不由自主的负面情绪如海浪一样不断地冲击着他本就不太健康的身体，很快，他就再次病倒了，且病势日渐沉重。

公元839年年底的一天，本已病入膏肓的李昂似乎感觉好了一些——估计是回光返照，居然强撑着病体来到了思政殿（大明宫内的便殿，晚唐皇帝常在此召见朝臣）。

他命人召来当天值班的翰林学士周墀（chí），与他一起聊天。

他的兴致不错，两人天南海北、天马行空地谈了很久。

突然，李昂话锋一转，问了周墀这么一个问题：你觉得朕可以和前代的哪些帝王相提并论？

周墀连忙回答：陛下乃尧、舜之主……

然而他的话还没说完，就被李昂打断了：朕怎么敢和尧、舜相比！之所以问你这个问题，是因为朕想知道自己能否比得上周赧（nǎn）王、汉献帝！

周墀闻言大惊——本以为是个送分题，没想到竟是送命题！

他来不及细想，仓促说道：周赧王和汉献帝都是亡国之君，陛下圣明仁德，他们怎么配和陛下相比！

李昂却摇了摇头：周赧王、汉献帝只不过是受制于诸侯，而朕却是受制于家奴。就这一点来看，朕恐怕还不如他们……

说罢，他泪如雨下。

周墀还能说什么呢？

他只能跪倒在地，一边不停地磕头，一边陪着皇帝落泪。

相顾无言，唯有泪千行！

问君能有几多愁，恰似一个皇帝感慨不如太监牛！

这是李昂人生中最后一次与外朝大臣对话。

这也是李昂最后一次离开自己的寝宫。

此后，他的身体每况愈下，再也没能下床。

公元 840 年正月初二，已进入弥留之际的李昂突然对外发布了一道奇怪的诏书：立颍王李瀍（chán）（穆宗李恒第五子，文宗李昂的弟弟）为皇太弟，所有军国大事，都由他全权决定，而原先所立的太子李成美因过于年幼，难以承担治国的重任，重新封为陈王。

这实在太令人费解了。

李昂刚册立李成美为太子不久，怎么现在才过了两个多月就又变卦了呢？之前李昂坚决不同意安王李溶当皇太弟，怎么现在又会让颍王李瀍做皇太弟？……

显然，这份诏书的真实性，就相当于在老年代步车上贴保时捷车标——不仅假，而且假得有点侮辱人的智商。

事实上，这确实不是李昂的本意，而是神策军左右中尉仇士良和鱼弘志两人捣的鬼。

由于李成美不是宦官拥立的，仇士良对此很不满，故而早就有了改立太子之意，并秘密与颍王李瀍建立了联系。

那天，知道自己大限将至，躺在病床上的李昂命枢密使刘弘逸、薛季棱急召宰相杨嗣复、李珏入宫，准备让他们辅佐太子李成美监国。

没想到杨、李二人刚一进宫，就被仇士良、鱼弘志带着大批全副武装的神策军拦住了去路。

仇士良对他们说：太子年纪尚幼，且体弱多病，不宜继位。应改立颍王李瀍。

李珏当即表示反对：太子名位已定，岂能中途变更！

仇士良却微微一笑，语气很客气，也很可气：我只是走个流程——通知你一下而已，并不是征求你的意见。这事就不劳二位费心了。

说完，他拂袖而去。

而杨嗣复、李珏则被暂时看管了起来。

控制住宫中局势后，仇士良马上带人前往十六宅（晚唐时诸王居住处）迎接李瀍入宫，随即召集文武百官，宣读了以皇帝名义发布的立李瀍为皇太弟的诏书。

尽管群臣都知道这道诏书肯定有问题，但没人提出任何异议。

毕竟，他们既不是颍王李瀍的小舅子也不是陈王李成美的二姐夫，继位的无论是李瀍还是李成美，对他们来说，又有什么区别呢？犯得着为此冒着生命危险与仇士良死磕吗？

一切就这样定了下来。

690

两天后，李昂在太和殿驾崩，享年三十二岁，死后他被追谥为元圣昭献皇帝，庙号文宗。

如果说岁月如歌，那么李昂一生的岁月，是悲歌。

他有志向，一心想要拯救大唐，可到头来却发现连自己都拯救不了；他有着不错的人品，可却依然只能眼睁睁看着自己成为时代的牺牲品；他非常勤勉，可在他的身上，天道却似乎并不酬勤；他喜欢读书，可书籍却不仅没有成为他进步的阶梯，反而成了他退步的电梯……

问题到底出在哪儿呢？

历史学者王桐龄给出的答案是这样的：

文宗号称令主，然优柔寡断，无知人之明，故对于贤臣，时常怀猜疑心；对于庸臣，时常怀迁就心；对于佞臣，时常怀试验心。中无主见，往往为小人所利用，反不若蜀汉后主、明神宗之庸懦幼弱者，犹能恭己无为，任贤勿贰也。裴李诸贤不能久居政府者以此，甘露之祸所以酿成者亦以此也。

也许，"优柔寡断，中无主见""无知人之明，往往为小人所利用"这两点就是造成李昂人生悲剧的主要原因。

毕竟，要做一个优秀的皇帝，光有志向、人品、勤勉、爱读书是远远不够的，这些不仅不是充分条件，甚至也不是必要条件，决断力和知人用人的能力才是最重要的条件！

那么，这两个条件，继任的新皇帝李瀍具备吗？

我个人觉得，答案是肯定的。

接下来，还是让事实说话吧。

第四十六章　会昌中兴

李德裕和仇士良的对决

公元840年正月十四日，二十七岁的李瀍正式继位，是为唐武宗。

登基之前，在仇士良的劝说下，李瀍下令将陈王李成美、安王李溶、杨贤妃这三位之前曾参与帝位争夺的人全部赐死。

由此可以看出，李瀍是个杀伐果断的人。

他的个性与哥哥李昂完全不同，史载他"沈毅有断，喜愠不形于色"——深沉刚毅，决断力强，喜怒不形于色。

但李瀍和李昂也有相似的地方——都胸怀大志，一心想要复兴大唐。

最重要的，当然是用人。

在李瀍看来，杨嗣复、李珏两人不仅才识平庸，而且曾反对自己继承皇位，站队不正确，显然不是合适的宰相人选。

公元840年五月，李瀍下诏罢免了杨嗣复的宰相职务，改任吏部尚书，不久又将其贬为湖南（今湖南长沙）观察使，三个月后，李珏也被罢相，先是改任太常卿，接着又贬为桂管（今广西桂林）观察使。

接下来，谁会填补这个空缺呢？

谜底很快就揭晓了。

这年九月，时任淮南节度使的李德裕被召回京城，出任门下侍郎、同平章事，之后在李德裕的引荐下，李德裕的两个死党——刑部尚书崔珙（gǒng）、前宰相陈夷行也先后被任命为宰相，与李德裕搭档，他们三人，加上在文宗李昂末年被提拔为宰相的崔郸（dān），组成了李瀍在位初年的执政团队。

毫无疑问，在这四位宰相中，李德裕是无可置疑的核心。

这一年，李德裕已经五十四岁了。

尽管此前他也曾多次出入京城，甚至还当过一年多的宰相，但由于没有得到足够的支持，加上政敌的掣肘，他并没能作出多少成就——不说是碌碌无为吧，至少也是令人失望。

现在，他终于再一次得到了证明自己的机会。

说起来，李德裕这次能东山再起，应该要感谢两个人。

一个是皇帝李瀍。

虽然李瀍此前并没和李德裕有过直接接触，却早就听说过李德裕的鼎鼎大名，知道他走到哪里就能把繁荣带到哪里，无论到什么地方都能造福一方，有着非同一般的执政水平。

另一个是刚升任枢密使的宦官杨钦义。

杨钦义出身"草根"——没人知道他是哪里人，也没人知道他的父母是谁，但他的家世却堪称显赫。

因为他出自晚唐最著名的宦官世家。

如果说三国的袁绍家族是四世三公，那么杨钦义家族则是四世权宦——杨钦义的干爹是德宗朝的左军中尉杨志廉，干儿子杨玄价、杨玄翼后来分别担任过左军中尉和枢密使，唐末著名宦官杨复恭、杨复光则是他的养孙。

文宗李昂末年，杨钦义在淮南担任监军，与李德裕搭档，不过两人只能算是工作关系，见面点个头，没事不碰头，并没有太多的私交。

直到发生了一件事。

那一次，当时的皇帝李昂下诏召杨钦义进京，传言说他将会出任枢密使这一要职，因此淮南各级官员纷纷使出各种解数，拼命巴结杨钦义。

只有李德裕依然旁若无人，没有任何表示。

这让杨钦义心中很不爽。

直到杨钦义动身以前，李德裕才发出邀请，请他到自己府上共进晚餐。

参加这次宴席的，只有李德裕和杨钦义两人。

席间，多年来一直以高傲示人的李德裕敬酒频频，好话连连——如果说好话是门学问，那么李德裕这次的言辞就是最好的教材！

更重要的是，李德裕不仅态度颇为殷勤，而且出手也极为大方。

饶是杨钦义是个见过大世面的人，这次也几乎惊掉了下巴——李德裕居然将放满几张胡床的价值连城的珠宝全都送给了杨钦义！

杨钦义感激涕零，感恩不尽。

这自然是可以理解的。

一个此前从来都是对人不屑一顾的高冷女神突然转变态度向你主动示好，谁不受宠若惊呢？

数日后，杨钦义踏上了进京的旅途，没想到行至汴州，他又接到了一封新的诏书，让他返回淮南。

回到淮南后，杨钦义觉得自己既然无法进入中枢，帮不了李德裕的忙，就不该收受他如此贵重的礼品——可见此人还是有些道德的，便打算把这些珍宝还给李德裕。

没想到李德裕却大手一挥，慷慨地说：这些东西值不了几个钱，你就留着吧！

杨钦义推辞不过，只好再次收下。

武宗李瀍继位后，杨钦义又一次被召回京城，并正式担任枢密使。

一到任，他就抓住各种机会，向李瀍极力推荐李德裕：竹板这么一打呀，别的咱不夸，我夸一夸淮南节度使李德裕。他既有能力又有资历，既有魄力又有领导力，既有财力……算了，这个不重要，总之，他是当今罕见的大才，只要用他当宰相，国家一定会兴旺……

可以毫不夸张地说，正是杨钦义的鼎力相助，才有了李德裕的这次宰相任命！

这一点，史书的记载非常明确：德裕柄用，钦义颇有力焉——李德裕之所以能执掌权柄，杨钦义起了很大的作用。

再次当上宰相的李德裕踌躇满志，一心想干一番大业。

在他看来，要做到这一点，最重要的，是要得到皇帝的支持。

对此，他是有着深刻体会的——七年前他首度为相，之所以没能有太大的作为，主要原因就是当时的文宗李昂对他不够倚重，反而重用郑注、李训等小人。

因此，在他就任宰相的第一天，他就借着入宫谢恩的机会与皇帝李瀍进行了一次长谈。

在详细分析了朝廷面临的内外形势后，李德裕提出了他的核心诉求：政事皆出中书——所有的政令都必须由宰相决定。

也就是说，必须保证宰相具有足够大的权力。

他拍着胸脯保证说：陛下只需要选择贤才（毫无疑问，这里的贤才指的是他李德裕）为相，并坚定不移地给予足够的信任，授权宰相处理所有政务，则必然天下大治！

见李德裕讲得如此肯定，李瀍当场表态：没问题！

接着李德裕又说：先帝（文宗李昂）在臣子面前过于注重自己的形象，对臣子的过失，一般都容忍不言，君臣之间缺乏沟通，最终酿成了大错。希望陛下引以为戒！将来臣等有错，陛下应当面问责，倘若其中有误解，臣等也有机会说清真相；如果发现确实是臣等的责任，陛下便予以追究。君臣之间推心置腹，有问题直说，好就是好，不好就是不好，如此一来，自然就不会互相猜疑了。

李瀍大笑道：朕也是这么想的。

两人都是爽快人，虽是初次见面，却相见恨晚，惺惺相惜。

在之后的几年里，他们俩的组合就如同无锡小笼和镇江香醋——堪称绝配！

他们将携手开创一段属于他们的传奇！

是传奇，就不可能一帆风顺。

一帆风顺的，那叫运气。

事实上，李德裕登上相位不久，就遇到了麻烦。

这也是必然的。

因为，李德裕要加强相权，做到"政事皆出中书"，就不可避免地要与以仇士良为首的宦官集团产生冲突！

对此李德裕早有预料，他的应对策略是拉一派打一派，对杨钦义等新生代宦官首领尽力拉拢，而对骄横跋扈的仇士良则毫不退让。

很快，仇士良就体会到了李德裕的强硬。

那件事和两位前宰相杨嗣复、李珏有关。

由于在拥立李瀍时受到了杨、李的阻挠，仇士良对两人极其不满，李瀍继位后，虽然杨嗣复、李珏在很短时间内就先后罢相并被赶出京城，但仇士良却依然不解恨，频频怂恿皇帝诛杀杨嗣复和李珏。

李瀍被说动了，便派出两路宦官，分别前往潭州（今湖南长沙）和桂州，执行赐死杨、李二人的命令。

户部尚书杜悰闻讯大惊，决定无论如何也要阻止此事。

这是可以理解的——他曾受到过杨嗣复和李珏的推荐，现在自然要报答两人的恩情。

杜悰第一时间就找到了现任宰相李德裕：天子年少，新即位，兹事不宜手滑——天子年轻，又是刚即位，这事不能让他这么不小心！

他的这一行为看上去很令人费解。

杨嗣复、李珏是牛党的骨干，李德裕则是李党的领袖，而牛党和李党向来势不两立，找李德裕帮忙救杨、李的命，岂不是去高铁站里坐飞机——方向完全错了吗？

并没有。

事实上，李德裕马上就答应了。

他之所以会作出这样的选择，一方面是因为杜悰说的话确实有一定道理，如果让皇帝开了随意诛杀宰相的先例，下一次可能就会轮到他李德裕本人了；另一方面也是考虑到现在牛党已经失势，他现在对杨嗣复、李珏施以援手，正好可以在大众面前树立自己不计前嫌、胸怀宽广的正面形象。

不过，要救杨、李二人，就必然会得罪多年来一直没人敢得罪的仇士良，这样做明智吗？

一般人肯定认为不明智。

只有两种人是例外。

一种是傻子，一种是像李德裕那样的超一流高手。

在李德裕看来，这样做不仅非常明智，而且非常明确。

因为，他要想主宰朝政，就迟早要与仇士良展开对决，且宜早不宜迟，宜主动不宜被动！

更何况，只要这事做成了，他就能大大打击仇士良的嚣张气焰，赢得朝野上下的人心！

说干就干，他马上联络了另外三个宰相——崔郸、崔珙、陈夷行，在一天内多次联名上疏，强烈要求李瀍收回成命，同时又请枢密使杨钦义一起做皇帝的工作。

四人在政事堂从早上一直等到当天傍晚，宫中终于传来了消息，皇帝李瀍召他们入宫奏对。

一见到李瀍，李德裕就恳切地说：陛下此举应该慎重，以免将来后悔！

李瀍的回应非常干脆：朕绝不后悔！

接着他命宰相们坐下。

然而他一连说了三次，李德裕等人却依然杵在那儿纹丝不动：臣等希望陛下不要忘了当初德宗皇帝（李适）误杀刘晏导致天下人寒心的历史教训，切勿重蹈覆辙。陛下不下免除杨、李二人死罪的圣旨，臣等不敢坐……

见宰相们态度如此坚决，李瀍沉默了。

看得出来，他的内心在进行着激烈的思想斗争。

许久之后，他才终于开了口：算了，看在你们的面子上，朕同意免他们一死。

李德裕等人连忙叩拜谢恩。

之后李瀍示意宰相们就座，君臣开启了聊天模式。

李瀍长长地叹了口气：朕继位的时候，当时的宰相何尝向着我！李珏拥护的是陈王（李成美），杨嗣复拥护的是安王（李溶），立陈王多少还有点文宗皇帝的意思，立安王则完全是讨好杨贤妃，假如安王得逞，朕怎么可能会有今天！

李德裕小心翼翼地回应说：此事比较隐秘，虚实难知呀。

然而李瀍的口气却是那么不容置疑：朕已经详细问过当值的宦官了，情况一清二楚，绝非虚构！

见皇帝把话说到了这个份上，李德裕等人当然也不敢再多讲了。

好在李瀍毕竟还是说话算话的，他随即派人追回了前往诛杀杨、李二人的宦官，只是将杨嗣复贬为潮州刺史，将李珏贬为昭州（今广西平乐）刺史。

杨嗣复和李珏的命算是保住了，可仇士良的脸却绷不住了。

他对坏了自己事的李德裕恨之入骨，一心想把李德裕拉下马。

可是，李德裕现在是皇帝面前的红人，要搞倒他绝非易事。

但仇士良却不信这个邪。

他的理念是：世上无难事，只要会搞事！

很快，搞事的机会就出现了。

当时群臣提议给皇帝李瀍加尊号，称"仁圣文武至神大孝皇帝"，李瀍决定择日亲临丹凤楼（大明宫正南门丹凤门上的城楼），举行盛大的受尊号典礼，并宣读赦书，大赦天下。

仇士良眼珠一转，一下子就有了主意——利用自己掌握禁军的机会，在这个万众瞩目的日子里鼓动禁军闹事，把矛头指向李德裕！

就在典礼预定日期前几天，他召集禁军部分亲信，向他们透露了一个消息，说宰相们正在和度支（朝廷财政主管）商议削减禁军军费，降低禁军待遇。

将士们听了一下子就炸锅了。

仇士良见状趁机鼓动他们说：这都是李德裕出的馊主意。过几天皇上和文武百官都会光临丹凤楼，到时你们可以去向皇帝请愿，让李德裕滚下台！

不过，他搞的这些小动作，没能瞒过一直密切关注他动向的李德裕。

得知此事后，李德裕意识到事态严重，立即请求面见皇帝。

李瀍大怒，马上派使者前往禁军，向包括仇士良在内的禁军全体军将传达了自己的旨意：削减禁军军费完全是子虚乌有。更何况，就算真有此事，那也是朕的意思，与宰相无关。有人居然敢制造这样的谣言，实在是太过分了！

显然，这里说的"有人"，指的就是仇士良！

这大大出乎了仇士良的预料。

他做梦也没有想到，李瀍会对他如此严厉，如此不给他面子！

可是他又能怎么办呢？

尽管他仇士良目前依然是左军中尉，依然是禁军的直接领导，但真要与皇帝对着干，禁军将士绝不可能听他的！

说到底，他只是狐假虎威而已！

之前的他之所以能大杀四方、大权在握，是因为之前的文宗李昂性格懦弱，听其摆布，而现在的皇帝李瀍则完全不同——此人说一不二，霸气侧漏，与这种人过不去，只有两种结果——要么是自取其辱，要么是自取灭亡！

想到这里，他不由惊出了一身冷汗。

他知道，自己的好日子，就如他的那玩意一样，已经一去不复返了！

后来发生的事，也验证了他的判断。

没过多长时间，仇士良就接到了一个新的任命——他被加封为观军容使。

谁都知道这意味着什么——这个头衔几年前王守澄曾得到过，他的下场如何，大家是有目共睹的。

这让仇士良的心中更为不安。

接下来自己该怎么办？

是铤而走险还是视而不见？

思来想去，他最终选择了退而认怂。

他以自己年老多病为由，婉拒了这一任命，并主动请求辞去左军中尉这一要职。

见仇士良如此识相，加之对自己上位有功，李瀍也没有为难他，很快就批准了他的辞呈，改任他为左卫上将军兼内侍监。

但仇士良还是不放心，不久再次提出申请，要求告老退休。

对此，李瀍当然不会不同意。

因为，有的人走到哪儿都让人放心，有的人只有走了才让人放心。

退休当天，仇士良的党羽为他开了个隆重的欢送会，并一路护送他返回宅邸。

仇士良也很感动，临别之际，他特意向亲信们分享了自己从事宦官工作几十年来的成功秘诀：对于天子，我等应该变换各种花样供他玩乐，让他沉迷于奢靡之中不可自拔，无暇顾及朝政，如此一来，我们的利益就能最大化了。总而言之一句话，对我们宦官来说，生于天子安乐，死于天子忧患……

实际上，这并不能算是仇士良的原创——近千年前，赵高对秦二世就是这么做的，而且这一说法也并不见得人人都适用——至少目前的皇帝李瀍就不大吃这一套，但能从实践中提炼出这样的理论，也可以看出仇士良确实有两把刷子。

在未来的几十年里，他的那些徒子徒孙将凭借他的这一指导，在大唐的朝廷里继续兴风作浪，创造出一个又一个"一直被模仿，从未被超越"的新纪录！

这是后话，暂且不提。

接下来让我们把视线继续聚焦于此时的大唐朝廷。

仇士良的失势，标志着宰相李德裕和宦官之间的较量彻底分出了胜负。

继仇士良之后成为宦官领袖的杨钦义、刘行深为人都比较谨慎，很少干预朝政，宦官专权这一持续多年的顽疾就此得到了暂时的遏制。

之所以能做到这一点，靠的是皇帝李瀍和宰相李德裕的默契配合——李德裕既有能力又有魄力，做事既有前瞻性又注重可行性，而李瀍则对他给予了充分的信任和支持。

这样的君臣际遇，在整个中国历史上都是颇为罕见的。

正是君臣两人的共同努力，造就了晚唐黯淡天空中难得的一抹亮色——会昌中兴（会昌是武宗李瀍的年号）！

所谓会昌中兴，指的是李瀍在位期间，无论在国际还是国内都取得了一系列耀眼的成就，朝政较为清明，形势较为安定，经济也较为繁荣。

回鹘南迁

先从国际上说起吧。

李瀍在位期间，国际形势发生了重大变化。

吐蕃多年来一直是大唐王朝西面的心腹大患，但在公元842年末代赞普朗达玛遇刺身亡后，吐蕃内部分裂为几大势力，内战不已，国势迅速衰弱，对唐朝从此不再有任何威胁。

与吐蕃命运相似的，还有回鹘。

公元840年，雄踞漠北近百年的回鹘汗国发生内乱，死敌黠（xiá）戛（jiá）斯人（原本居于今叶尼塞河上游一带的一支游牧部落，据说是现代吉尔吉斯人的祖先）趁机入侵，大破回鹘，击杀回鹘可汗及宰相，并焚毁回鹘王庭。

回鹘诸部纷纷作鸟兽散——有西奔的，也有南逃的……

南逃的，主要有两支，一支以可汗之弟嗢（wà）没斯为首，辗转来到了唐朝天德军（今内蒙古巴彦淖尔乌拉特前旗）的驻地外；另一支则拥立回鹘王族药罗葛乌希为乌介可汗，南迁到了错子山（今内蒙古巴彦淖尔乌拉特中旗北）。

在这两支回鹘南迁队伍中，较早来到唐朝边境的是嗢没斯部。

嗢没斯部虽然只是回鹘残兵中的一部分，但规模却并不小——史载其队伍绵延六十余里，一眼望不到头。

这给唐朝的边境防务带来了极大的压力。

天德军节度使田牟上疏请求联合吐谷浑、党项、沙陀等部众，出兵驱逐嗢没斯。

李瀍召集群臣商议。

群臣大多赞成田牟的提议，但李德裕却坚决反对，认为不仅不能攻击嗢没斯，还应给其输送粮草，接济他们。

这下群臣更不理解了：这么做，岂不是给强盗送武器？

李德裕解释说：吐谷浑等部族根本靠不住，光靠天德军对付这么多回鹘人，恐怕没有必胜的把握。一旦失利，后果不堪设想。目前回鹘人尚没有什么过分的举动，所以应先安抚他们，相信他们也会感受到我们的诚意。万一他们不听招抚，侵扰我国边境，我们再调集各路军队对其进行打击！

李瀍听得频频颔首，对李德裕也越来越佩服。

如果说一个人的能力是由智力、体力、资历、魄力、决断力等多种变量决定的一个函数，那么李德裕就是这个函数的最佳值！

他毫不犹豫地采纳了李德裕的意见。

随后李瀍派出使者前往嗢没斯的驻地进行慰问，并赏赐了两万斛粮食，同时又严令天德军节度使田牟务必约束将士，不得侵犯回鹘。

后来发生的事，果然如李德裕所料。

最终嗢没斯所部并没有给唐军带来太多的麻烦——除了少数部众叛逃并被唐军击溃以外，大多都跟随嗢没斯投降了唐朝。

嗢没斯本人则被封为左金吾大将军，并赐名为李思忠。

相比嗢没斯，另一支回鹘残部的首领乌介可汗则要肆意妄为得多。

当初黠戛斯人攻破回鹘王庭后，俘虏了唐朝与回鹘和亲的太和公主（唐宪宗李纯第十女，公元 821 年出嫁回鹘崇德可汗），为了与唐朝建立友好关系，黠戛斯人特意派出使团出使长安，想要送还太和公主。

没想到使团竟然在半路上遭到了乌介可汗的截击。

乌介可汗杀死了使团中的所有黠戛斯人，将太和公主据为己有，随后以此胁迫唐朝朝廷，要求正式册封他为回鹘可汗，并将振武城（今内蒙古和林格尔）借给回鹘人，作为他和公主的住所。

这让李瀍极其不爽，心中忍不住冒出了一个如今网约车司机常问的问题——你搞清楚自己的定位了吗？

你乌介现在已经是穷途末路了，居然还敢如此猖狂！不仅抢走太和公主，还觊觎我的土地！

不过，他并没有马上发作。

经过和李德裕等宰执大臣的讨论，他最后作出了这样的决定：派出使臣对乌介可汗表示慰问，并赠送两万斛粮食，而对于其他的无理要求，则一概予以拒绝。

对不起，没门！

当然，他也知道，期望与乌介这样胆大妄为的人和平共处，其实并不现实。

他开始调兵遣将，为将来与乌介可汗翻脸做准备。

要打仗，最重要的当然是将帅。

为此，李瀍特意派兵部郎中李拭前往边境巡视，考察将领们的才干。

李拭回来后，极力称赞振武节度使刘沔（miǎn）的才能，李瀍随即将刘沔提拔为河东节度使，让他全盘筹划未来与回鹘可能发生的战事。

刘沔早年曾是宪宗朝名将李光颜麾下部将，以骁勇著称，在讨伐淮西的战事中经常担任先锋，屡建战功，后又被调往西北，历任盐州刺史、天德防御使、振武节度使等职。

除了刘沔，李德裕也推荐了一个在后来大显神威的杰出军事人才——当时还只是一个区区裨将的石雄。

石雄是徐州人，原本是武宁节度使王智兴手下的一名将领。

他作战勇敢又爱护士卒，很得军心，而王智兴则为人苛暴，导致军中有人策划要逐走王智兴，拥立石雄为节度使。

没想到王智兴耳目众多，竟提前侦知了此事，他不动声色，奏请朝廷调走石雄，等石雄一走，就在武宁大开杀戒，把与石雄来往密切的百余名将士全部诛杀，之后又要求皇帝将石雄正法。

当时的皇帝李昂知道石雄是个人才，没舍得杀他，而是将他流放到了白州（今广西博白），后来西北的党项人发动叛乱，李昂再次起用石雄，把他调到振武军担任裨将。

在前线，石雄的表现非常突出，但李昂顾及王智兴的面子，始终没给他任何晋升的机会，总之对他的任用原则就是：无论战绩多闪亮，职位永远不变样。

好在，瓦片终有翻身日，霉运终有结束时。

就在石雄以为裨将这个头衔会如同他身上的胎记那样伴随他一生的时候，老天突然开眼了——新任宰相李德裕慧眼识珠，将他破格提拔为了天德军副使，让他辅佐田牟，主持天德军对回鹘的备战工作！

可想而知，石雄对李德裕会有多么感激，干劲会有多么足！

石雄到天德军后，大唐帝国的北疆防务呈现出了一番新气象。

西面有石雄主导，中间的河东由刘沔坐镇，而东面，李德裕则交给了幽州节度使张仲武。

看到这里，有人肯定会有这样的疑惑：幽州是河朔三镇之一，割据多年，一向跋扈自雄，自行其是，张仲武会听从李德裕的命令吗？

当然不会……不听。

因为，李德裕对张仲武有恩。

这事还得从半年多前说起。

当时幽州发生兵变，节度使史元忠被杀，乱兵拥立牙将陈行泰为帅。

陈行泰随即按照以前的惯例派人带着军中将领的联名推举信前往长安，请求朝廷正式委任自己为节度使。

他本以为这只是例行公事而已，却没想到此时执政的李德裕竟然不按常理出牌。

李德裕对皇帝李瀍说：以前河朔藩镇发生兵变后，朝廷总是马上就下诏承认，这样他们对朝廷就不会感恩戴德。不如先搁置数月，静观其变。

就这样，朝廷对陈行泰的自立不闻不问，将他晾在了一边。

由于没及时等来朝廷的正式任命，陈行泰未能稳住军心，不久，幽州再次发生动乱，乱兵们又杀了陈行泰，改立牙将张绛。

张绛的办法还是老一套，继续向朝廷派出使者，为自己请求节度使的旌节。

可朝廷依然没有任何反应。

这下张绛急了，他担心自己会步陈行泰的后尘。

然而很多时候，人越是担心的事往往越是容易变成现实。

张绛这次就是这样。

没过多久，他就听到了一个他最怕听到的消息，雄武军（驻地今天津蓟县）使张仲武起兵讨伐他了！

比起张绛，张仲武要聪明得多。

他明白一个道理：失败是成功之母——陈行泰的失败，就是他张仲武的成功之母。

所以他没有重蹈覆辙，而是采取了完全不同的做法——在出兵的同时，他就派出使者来到京城，声称张绛暴虐无道，请求皇帝允许他出兵平叛。

在详细了解了张仲武的为人、能力和作战计划后，李德裕深感此人是个可用之才。

他立即上奏皇帝李瀍：陈行泰、张绛都是以军中将领的名义上表，胁迫朝廷授予他们节钺，而张仲武却是主动请命为国平叛，二者性质完全不一样，臣以为张仲武此人值得信任。

李瀍对李德裕一向言听计从，便马上下诏任命张仲武为幽州留后。

有了朝廷的委任状，张仲武的部队士气倍增，很快就擒杀张绛，稳定了幽州的局势。

数月后，张仲武正式出任幽州节度使。

张仲武深知，没有朝廷的支持，他绝不会有今天的地位。

故终其一生，他都对国家颇为忠心。

公元 842 年五月，原属嗢没斯的回鹘特勤（回鹘官名）那颉啜叛离嗢没斯，带着七千余帐部落向东流窜到了雄武军附近，侵犯幽州。

张仲武领兵迎击，大破回鹘人，那颉啜落荒而逃，后被乌介可汗擒斩。

杀掉那颉啜后，乌介气焰更加嚣张，再次厚着脸皮向唐朝请求借天德城居住，同时还要李瀍借兵给他收复失地。

李瀍断然拒绝，命其返回漠南老家。

可乌介可汗却不仅不肯离开唐朝边境，还于这年八月率众南下，在河东一带大肆劫掠，一路杀到了云州（今山西大同）城下。

唐朝云州刺史张献节闭城固守，附近的吐谷浑、党项等部落则纷纷进山躲避。

乌介这种行为，显然触碰到了唐朝的底线。

李瀍闻讯大怒。

我对你客气，你竟然以为我可欺；我对你克制，你居然把我当成弱智！

你实在是太自不量力了！

大战杀胡山

在和李德裕等臣僚商议后，李瀍决定出兵驱逐乌介可汗。

考虑到乌介可汗手下仍有近十万部众，实力不可小觑，他又下诏征发忠武、武宁、山南东道等地兵马分别前往太原、振武（今内蒙古和林格尔）以及天德（今内蒙古乌拉特前旗）驻扎，准备来年春天对回鹘发起攻击。

而在动武之前，李瀍也没有放弃和平解决的最后努力。

他让人给乌介可汗送去了一封口气严厉的诏书，对其下了最后通牒：自从你们国家被黠戛斯人攻破以来，你率残部投居我国边境，朝廷对你们的照顾可谓无微不至，可是可汗你却不断提出非分要求，还大肆侵掠云州、朔州（今山西朔州），看起来似乎是自恃有太和公主作为人质，所以如此肆无忌惮。现在，朝廷内外的大臣一致要求用武力剪除你们，但朕考虑到两国的友好关系，故而宁可暂时委屈自己，也不忍心这么做。可汗你应该认清形势，尽快作出正确选择（返回老家），以免到时后悔！

其实，这诏书的意思非常明确，就好比导航对司机说：您已偏离路线，已为您重新规划路线，请在前方适当位置掉头……

对于如此严重的警告，乌介可汗依然置若罔闻。

他非但不肯掉头，还在错误的道路上越走越远。

你让我减肥，我偏要吃得更多！

这下李瀍终于忍无可忍了。

他当即任命河东节度使刘沔为招抚回鹘使，担任此次军事行动的总指挥，幽州节度使张仲武为东面招抚回鹘使，负责指挥麾下部队及契丹、奚、室韦等部兵马从东面发起攻击，而回鹘降将李思忠则出任西南面招讨使，三路并进，讨伐回鹘。

公元843年正月，诸军正式集结到位。

总指挥刘沔进驻云州，统一指挥即将开始的战事。

然而唐军还没有出手，乌介可汗却主动送上门来了——他竟然率部倾巢而出，进逼振武城，摆出一副"你不把城借给我，我就用武力自己夺取"的架势。

刘沔闻讯，立即以大将石雄、王逢率三千骑兵为先锋，自己亲率大军为后继，向振武进发。

由于太和公主在乌介可汗那里，原先皇帝李瀍定下的策略是不要急攻，要慢慢寻找机会，以免危及公主，但刘沔却认为这样一来，唐军必然束手束脚，难有作为，便决定不听皇帝的，直接发动突袭！

临行前，他授意石雄：你应该出其不意，以迅雷不及掩耳之势杀入乌介的牙帐，乌介猝不及防，必然会放弃公主逃窜。万一第一波攻击没有奏效，我的大军也马上会开到，此战我军必胜！

将在外，君命有所不受！

这就是刘沔的魄力！

按照刘沔的安排，石雄率部疾进，很快就进入了振武城。

入城后，他没有贸然行动，而是先登上城楼观察回鹘军的动向。

经过仔细搜索，他在回鹘营地内发现了数十辆毡车，毡车内外进出的人，无论衣服款式还是容貌外表都和其他回鹘人不太一样。

一个念头在石雄的脑海里油然而生：莫非，这就是太和公主的居所？

他当即派出间谍前去侦察，侦察的结果也证实了他的判断——那里确实是太和公主的居所！

这下石雄心中有底了。

他马上让人偷偷潜入毡车内，对公主说：唐军即将对回鹘发起军事行动，请把毡车停留在原地，也请公主和侍从们保持镇定，可以坐，可以躺，可以看戏或瞎想，但千万千万不要乱闯！

与此同时，石雄又命人从城中向城外挖了十余条地道。

这天半夜，他带兵从地道中突然杀出，直扑乌介可汗的牙帐。

当时回鹘人都在睡觉，完全没有防备，直到唐军到了牙帐外，他们才发觉！

在这样的情况下，要想组织抵抗当然是来不及了，乌介和他的部下只能仓皇逃离，不要说带上太和公主了，很多人连衣服都顾不上穿、武器都顾不上拿！

石雄率军紧追不舍，在杀胡山（今内蒙古四子王旗南）追上了回鹘人。

一场大战就此展开。

回鹘人有的衣衫不整，取暖基本靠抖，有的兵器没带，打仗基本靠手，有的脸都没洗，吓人基本靠丑，有的惊魂未定，壮胆基本靠吼，怎么可能是唐军的对手？

最终回鹘大败，被斩杀万余人，生俘两万多，此外还有三万多溃兵东逃，发现走投无路后又不得不投降了唐朝幽州节度使张仲武。

乌介可汗本人也在战斗中负伤，只带着数百骑兵狼狈向东北方向逃窜，虽然侥幸逃脱，但却从此元气大伤，再也无法对唐朝造成威胁。

而太和公主则由于遵照石雄的指令留在原地，最终毫发无损，完璧归长安。

回鹘的问题，就这样得到了彻底的解决。

但李瀍和李德裕还没来得及庆功，就又遇到了一个新的挑战。

这次的挑战，来自横跨太行山的华北重镇昭义。

704

讨平昭义

前面说过，甘露之变后，昭义节度使刘从谏曾屡次站出来发声，严厉指责宦官首领仇士良，为文宗李昂撑腰，由此与仇士良产生了不可调和的矛盾。

武宗李瀍刚登基的时候，刘从谏为了与新皇帝搞好关系，特意献上了一匹举世罕见的宝马，不过那时仇士良的势力还很大，可能是在他的鼓动下，李瀍并没有接受这份礼物。

这让刘从谏感到无比失望。

在他看来，天子的这一举动，表明自己与朝廷的关系已经完全没有了缓和的可能。

他必须抛弃幻想，早做准备！

哪有什么岁月静好，只不过是有了足够的实力，别人才不敢随随便便把你搞！

从此，他便把加强军事力量当成了自己的第一要务，他大肆扩充兵马，打造兵器；同时为增加军费来源，他还在辖区内实行盐铁等物资专卖，又给商人授以军职，让他们到相邻诸道去做生意。

在他的努力下，昭义的钱越来越多，军力也越来越强，但也由此引起了朝廷和周边各藩镇的警惕——刘从谏这么做到底意欲何为？

公元 843 年四月，刘从谏得了重病。

然而，病床上的他却依然忧心忡忡。

他面色凝重地对妻子裴氏说：多年来，我一直都以忠耿正直之心侍奉朝廷，可朝廷却不明白我的心志，邻近各道和我们的关系也不和睦，我死之后，假如朝廷选派他人来主持昭义军政，我们刘家失去了兵权，恐怕会有灭族之祸！

思来想去，刘从谏决定培养侄子刘稹接自己的班。

为确保权力平稳过渡，他对昭义的人事进行了一番大换血——任命刘稹为都知兵马使，堂侄刘匡周为中军兵马使，同时又把所有要害部门的主管全都换成了自己的铁杆。

在费尽最后的力气、完成了这些精心设计的布局后，刘从谏终于放心地去了。

相信他死的时候，嘴角应该是带着笑的。

在他看来，他已经安排好了一切，他已经没有遗憾了。

可惜，世上的事往往事与愿违。

刘从谏这么做本想要避免家族的覆灭，没想到却反而加速了家族的覆灭！

当然，这些刘从谏是看不到了。

但通过史书的记载，我们是可以看到的。

事情的经过是这样的：

刘从谏死后，刘稹秘不发丧，让监军上奏朝廷，称刘从谏病重，请求立刘稹为昭义留后。

这一切，主要的策划者是刘从谏的心腹——时任押牙的王协。

在王协看来，这事并没有什么难度，只要复制粘贴就可以了——因为十八年前他就曾经历过一次——那时刘从谏的父亲刘悟病逝，刘从谏就是这么做的，也很快就得到了朝廷的承认。

然而，他错了。

一年一个样，三年大变样。

现在的形势，跟十八年前已经完全不同了！

在接到昭义送来的表文后，皇帝李瀍立即召集群臣商议。

多数朝臣认为，不久前刚和回鹘打了一场大仗，现在应该以和为贵，不能再招惹昭义，刘稹想要接管就让他接管好了，免得万一引发战火，国力难以承受。

但李德裕却坚决不同意。

他说：昭义的情况和河朔三镇截然不同，河朔割据已久，人心无法挽回，所以多年来朝廷只能维持现状；而昭义镇自从首任节度使李抱真以来，一向都以忠义著称，以往从来没有父子相袭的先例，只是前任节度使刘悟死的时候，敬宗皇帝不理朝政，那时的宰相又缺乏远见，才让刘悟的儿子刘从谏钻了空子，继任了节度使，这本来就是不应该发生的，现在怎么能今日事今日避，因害怕惹出事端而重蹈覆辙？倘若这次承认了刘稹，让昭义成为刘家的自留地，其他的藩镇谁不想效仿？长此以往，天子的号令还有谁会遵从！

然而尽管李德裕说得慷慨激昂，皇帝李瀍却依然放不下心：你说的这些，朕都知道。可真要开战，有必胜的把握吗？

对此，李德裕早已成竹在胸：刘稹若要与朝廷对抗，所能倚仗的只能是河朔三镇，现在幽州的张仲武和朝廷是一条心的，一旦成德、魏博两镇不支持刘稹，他就必败无疑。陛下可以派重臣前往两镇，向成德节度使王元逵（王廷凑之子，公元834年继任节度使）和魏博节度使何弘敬（何进滔之子，公元840年继任节度使）说明，朝廷允许他们世袭节度使，这已经是惯例了，让他们不用为此担心；而昭义则不一样，现在朝廷打算对昭义用兵，倘若他们不希望看到朝廷的军队进入河北地区，就应该配合朝廷出兵，攻取昭义位于太行山以东的邢、洺、磁三州；同时晓谕将士，平叛之后朝廷会厚加赏赐。只要这两镇听命，刘稹就只有一个结局——束手就擒！

李瀍被说服了。

他本来十一点零五分的眉头一下子舒展成了九点一刻：爱卿你说得对。刘稹想要接掌昭义，朕为什么要迎合他？朕从不迎合别人，朕只要赢别人！

讨伐昭义的决策就这么定了下来。

接下来，无论群臣有谁提出反对意见，李瀍都置之不理。

之后，李德裕又亲自执笔起草给成德、魏博两镇的诏书，言辞柔中带刚，恩威并施，分寸拿捏得就如同 1990 年世界杯时马拉多纳的世纪传球——那叫一个恰到好处！

果然，王元逵、何弘敬在收到诏书后，又喜又惧，马上表态愿意配合朝廷行动。

接下来，就看刘稹怎么出牌了。

由于迟迟没等到朝廷的答复，刘稹不得不公开为叔父刘从谏发丧，同时再次上表，请求留后的任命。

李瀍当然不可能答应。

他一方面对刘从谏的去世给予了极大的哀荣——辍朝表示哀悼，并追赠太傅；一方面又命刘稹护送灵柩到东都洛阳。

刘稹拒不从命。

按照之前的规矩，藩镇节度使去世后，朝廷会先遣吊祭使前往吊唁，接着还要派出册赠使、宣慰使了解情况，如果藩镇自己推出了继任人选，朝廷不打算承认，一般会另外封一个官爵，对方若还是不接受，朝廷才会正式发兵讨伐，这一套流程走下来，往往要半年以上。

不过，李瀍这个人从来都不喜欢按常理出牌。

在他的观念里，日子就是用来过的，规矩就是用来破的。

这次，他把这些繁文缛节全部免掉了。

在得到刘稹不愿归朝的消息后，他二话不说，马上就下令开打。

公元 843 年五月，李瀍下诏宣布剥夺刘从谏、刘稹的所有官爵，以成德节度使王元逵为北面招讨使，魏博节度使何弘敬为南面招讨使，会同河中节度使陈夷行、河东节度使刘沔、河阳节度使王茂元、忠武节度使王宰、武宁节度使李彦佐等藩镇共同出兵，讨伐昭义。

这里边值得一提的，是河阳节度使王茂元。

王茂元虽然知名度不高，但他有个女婿在当今却是妇孺皆知——晚唐著名诗人李商隐。

李商隐自幼丧父，生活贫苦，可这个穷小子却天生聪颖过人，诗文俱佳。少年时，他住在洛阳，以其非凡的文才得到了当时洛阳地区的最高长官河南尹令狐楚的赏识。

令狐楚将他视为自己的干儿子，走到哪里都带着他，李商隐也由此结识了令狐楚的家人，与其子令狐绚更是朝夕相处，结成了莫逆之交。

公元 837 年，李商隐中了进士，但就在这一年，令狐楚去世，李商隐失去了靠山，在官场上混得并不如意，只担任了秘书省校书郎等数个位低权轻的小官。

洛阳亲友如相问，一介小吏不入流！

心比天高的李商隐对此当然不甘心。

不久，他又投入了河阳节度使王茂元的麾下，担任掌书记，并很快凭借其才华征服了王茂元，王茂元对他极为喜爱，还把自己的女儿嫁给了他。

人见人爱，花见花开，先后获得两大顶级高官的青睐，这就是李商隐的魅力所在！

人见人爱，花见花开，先后获得两大顶级高官的青睐，这也是李商隐的悲剧所在！

因为他之前的干爹令狐楚和现在的岳父王茂元来自水火不容的两个政治派别。

令狐楚与李宗闵等人过从甚密，是牛党的骨干成员；而王茂元则是李德裕的亲信，是典型的李党！

牛李两党向来势不两立，可李商隐却在其间来回横跳，朝秦暮楚！

牛党将其视为叛徒；李党则认为他有历史问题，也不可能信任他——除了他的岳父王茂元，可惜王茂元在李商隐婚后没几年就去世了。

而令狐楚之子令狐绹更是认为李商隐忘恩负义，人品欠佳，对他极其失望——李商隐这人太不地道了，吕布和他一比，都算是忠心耿耿！

后来令狐绹得势，一直做到了宰相，但对于李商隐这个曾经的兄弟却几乎视如陌路——据说李商隐曾多次去找过令狐绹，还给他写过不少诗，可令狐绹对此却始终无动于衷。

可见，在他们两人之间，曾经的无话不说早已变成了无话可说，曾经的"心有灵犀一点通"早已变成了"更隔蓬山一万重"！

如此一来，李商隐的人生失意，自然也就在情理之中了。

但这可能并不是李商隐的错。

毕竟，他只是个诗人，对文字极其敏感，对政治却毫不敏感。

也许，正是他的诗意，造就了他的失意！

扯远了。

接下来，还是让我们把视线转回到讨伐昭义的战场上来吧。

应该说，对于此次战事，朝廷的准备是颇为充分的。

早在开战之前，李德裕就对之前实行多年的宦官监军制度作出了一个重大改革——禁止前线的监军宦官干预军事。

在他看来，朝廷军队之所以在平叛时败多胜少，一个重要原因就是监军的乱指挥。

那些监军宦官虽然只有宫斗经验，没有任何战斗经验；可在战场上，他们却总是凭借自己的特殊身份，随意发号施令，这样的行为，就如同让旱鸭子去指导别人游泳——唯一能起的作用就是副作用！而且，一旦战事稍有不顺，那些从未上过战场的监军就会吓得屁滚尿流，率先逃跑；其他军队受其影响，自然也就没了战意，最后甚至会导致全线崩盘！

为改变这种状况，李德裕与当时的宦官首领枢密使杨钦义、刘行深商量，要求监军宦官不再插手作战事务，但获胜之后该得的奖赏依然不会少。

杨、刘二人与李德裕交情不错，加上李德裕所提的方案对宦官的实际利益并无影响，因此也表示同意。

随后李德裕立即奏请皇帝，照此实施。

这样一来，前方的将帅少了监军宦官的掣肘，打起仗来自然更放得开手脚。

不过，要想在战争中取胜，光赋予将领们足够的自主权是不够的，还需要调动他们的积极性。

在战事初期，表现最卖力的是成德节度使王元逵。

王元逵率军先是攻下了昭义境内的要地宣务栅（今河北隆尧西北），接着又在尧山（今河北隆尧）大败昭义军，之后一路长驱直入，很快就攻入了邢州境内。

相比之下，魏博节度使何弘敬的表现就让人难以满意了。

王元逵的军队已经在战场上与叛军激战了一个多月，而何弘敬却始终按兵不动！

怎样才能使何弘敬转变态度？

显然，这并不容易。

因为魏博作为河朔藩镇之一，本身就具有较强的独立性，对他们来说，帮朝廷作战只是情分，而不是本分！

然而这难不倒足智多谋的李德裕。

他马上让皇帝李瀍给何弘敬下了一道诏书，称朝廷准备派忠武节度使王宰借道魏博，攻打磁州。

何弘敬闻讯大惊——他当然不愿让外人进入他的地盘，便连忙上表，表示不必劳烦王宰，磁州交给他就好了。

之后，他立即点起兵马，进军磁州，并很快就拿下了肥乡（今河北肥乡）、平恩（今河北邱县）两县。

这下李德裕放心了。

现在何弘敬已经与昭义军结了仇，再想像以前那样骑墙观望、两边都不得罪，已经失去了可能！

除了何弘敬，武宁节度使李彦佐的行动也十分缓慢。

那速度慢得，怎么说呢？

就是用三倍速播放都像是慢动作！

李德裕二话不说，果断换将，马上将李彦佐调离前线。

代替他的是不久前在对回鹘的战事中立下大功的石雄。

石雄果然不负所望，一到任，他就率军自翼城出发，越过乌岭（山西南部山脉，位于今山西翼城与沁水之间），连破昭义五个军寨，歼敌数千人。

公元843年九月，军中又发生了意外——河阳节度使王茂元（李商隐的岳父）突发疾病，在军中去世。

李德裕依然毫不惊慌。

他似乎从来都不惊慌。

再大的事故，在他眼里都只是故事。

再难的问题，在他眼里都不是问题。

他立即命河南尹敬昕接任河阳节度使，不过他知道敬昕打仗是外行，便让忠武节度使王宰统领河阳参与平叛的军队，敬昕则坐镇后方，负责后勤支援。

当年十月，李德裕又调幽州军队也加入了平叛战场。

考虑到河东节度使刘沔与幽州节度使张仲武有矛盾——反击回鹘时两人争过功，李德裕改任刘沔为义成节度使，原荆南节度使李石则出任新的河东节度使。

由于李德裕指挥有方，朝廷军的进展颇为顺利，刘稹节节败退，不得不两次请降，但都被李德裕断然拒绝。

然而，人生难免会有起伏，战事也难免会有波折。

不久，又一件谁都没有预料到的事发生了！

公元844年初，河东将领杨弁（biàn）趁着主力部队在昭义前线、太原空虚的机会，突然发动兵变，驱逐节度使李石，占领了河东的治所——太原。

昭义未平，河东又乱，一时间朝中议论纷纷。

有人认为应该接受刘稹的投降，以免陷入两线作战的泥潭；也有人提出可以对杨弁妥协，以便集中兵力对付刘稹；还有人说现在财政紧张，官员们的俸禄都快发不出来了，不如以官生为本——不，民生为本，能不打仗就不打仗，两者都赦免算了……

但李德裕却坚持认为，两边都不能让步。

他斩钉截铁地说：刘稹已经败亡在即，绝不能因为太原发生的一点小变故而失去全胜的机会，除非他本人反绑着双手来降，否则绝不应该接受；至于杨弁，不过是个小贼，何足挂齿！更何况，太原的人心向来都忠于朝廷，杨弁手下只有区区一千五百人，怎么可能成事！

在李德裕的极力劝说下，李瀍最终采纳了他的意见。

当时河东军的主力在兵马使王逢的率领下正驻扎在榆社（今山西榆社），李瀍命王逢立即率军四千回师太原，讨伐杨弁。

和李德裕所预判的一样，太原的战事进行得比势如破竹还要势如破竹，仅用了不到一个月的时间，王逢就攻克了太原，生擒杨弁。

平定杨弁后，唐军对昭义的攻势更加猛烈。

叛军虽然还在负隅顽抗，但已经逐渐落了下风，军心也开始不稳。

公元844年七月，刘稹的心腹将领高文端向朝廷投诚，并提供了很多关键的情报，利用这些情报，唐军又取得了不少战果。

眼看叛军的形势越来越不利，刘从谏的遗孀裴氏急了。

裴氏出身于唐朝顶级名门——河东裴氏，是肃宗朝宰相裴冕的族孙女，她秉承刘从谏的遗志，对抗朝廷的意志十分坚决。

在得知朝廷出兵讨伐昭义的时候，她专门设宴，宴请昭义军全体大将的妻子。

席间她泪如雨下，哽咽着说：你们一定多做丈夫的工作，千万……不要忘记刘家的恩德，千万不要背叛刘家……

女人们被打动了，纷纷流着泪表示支持。

裴氏鞠躬九十度，连声道谢：谢谢，谢谢……

女人们更感动了，忙不迭回应：不用谢，这是我们应该的……

应该说，裴氏这次宴请的效果还是相当不错的。

按照史书的记载就是：潞将叛志益坚——昭义军将领的叛乱意志更加坚定。

由此可见，裴氏是一个很有头脑的人。

现在听到坏消息不断，她不由得担心起来——刘稹看来还是缺乏经验，得为他找一个可靠的帮手才行。

她看中的人选，是她的弟弟裴问。

裴问是昭义军大将，率领的是昭义最精锐的一支部队，号称"夜飞军"，当时正驻扎在邢州，与王元逵的成德军对峙。

在与裴问通过气后，她建议刘稹召回裴问，让他来主持节度使府中的军政事宜。

没想到这事被刘稹的两个亲信——押牙王协和宅内兵马使李士贵搅黄了。

由于刘稹年纪尚轻，性格也比较软弱，王协、李士贵趁机大肆揽权，成为昭义实际上的掌舵者。

两人都极为贪财，对辖区内各州收以重税，借机中饱私囊；而赏赐有功将士时却十分小气，搞得军中怨声载道。

现在裴氏要让裴问回来掌权，这自然是王协、李士贵等人不愿看到的。

李士贵对刘稹说：太行山以东三州（邢州、洺州、磁州）的防务全都仰仗裴问和他的夜飞军，千万不能让他离开那里，否则这三州就没了！

刘稹是个没主见的人，听他这么一说，当即打消了召回裴问的念头。

裴问闻讯极其失望。

正好那时王协又派使者在邢州大肆搜刮，向当地商人征收其全部财产百分之二十的财产税，凡是交不出的商人都被拘捕，其中还包括不少军士的家属。

裴问向使者求情，没想到反被痛骂了一顿。

一怒之下，裴问干脆杀掉使者，献出邢州，投降了成德节度使王元逵。

裴问在叛军中地位很高，影响很大，在他的带动下，附近的洺州、磁州守将也都失去了斗志，先后向魏博节度使何弘敬投诚。

消息传到长安，李瀍大喜。

李德裕率群臣向皇帝道贺：昭义的财赋大多来自太行山以东，邢、洺、磁三州归降后，刘稹应该坚持不了多长时间了。

李瀍也很兴奋：相信昭义内部很快就会发生变乱，胜利不日就会到来！

李德裕见状连忙附和：一切尽在圣上掌握之中！

不过，在高兴之余，李德裕并没有失去理智。

他提醒皇帝：现在三州还在成德、魏博两镇的控制下，万一他们吞并了这三州，朝廷就被动了。应该马上任命这三州的留后，代表朝廷前去接收，以免节外生枝！

李瀍听了连连点头，当即任命原山南东道节度使卢钧为新的昭义节度使，让他火速北上，接管三州。

之后发生的一切，果然如李瀍和李德裕所料。

失去太行山以东三州后，原本控有五州的昭义镇只剩下了摇摇欲坠的潞、泽二州。

谁都看得出来，刘稹现在的命运已经和秋天的天气一样了——凉，只是个时间问题。

刘稹最倚重的谋主押牙王协开始为自己寻找后路。

他联络了另一位大将郭谊，决定杀死刘稹献给朝廷，以便将功赎罪。

在他们看来，刘稹这个人阅历简单，头脑更简单，往往是哪里有坑踩哪里，要骗他基本是百骗百中，除掉他并非难事，可问题在于，在他身边还有一个厉害角色：刘稹的堂兄——被刘从谏任命为中军兵马使、掌握帅府军权的刘匡周。

此人手中有兵，腹中有谋，他在，就是他们最大的阻碍。

怎样才能搬走这块挡路石？

郭谊有办法。

他摆出一副极为诚恳的样子，对刘稹说：十三郎（刘匡周在族中同辈排行第十三）性情强悍，说一不二，听不进不同意见，他坐镇帅府，大家都没有工作的积极性，邢州等三州之所以丢失，就是这个原因。如今的形势已经极其危急了，我们要想反败为胜，唯一的办法就是把大家的积极性调动起来，而要做到这一点，唯一的办法就是让十三郎离开这个位子！我也知道他是您的至亲，我也知道这样做他心里会难受，可是让他一个人难受，总比让整个昭义镇的军民难受要好！

此时的刘稹早已六神无主，心态跟某些绝症病人差不多——为了求生，再不靠谱的东西都敢信。

他觉得，虽然郭谊讲的话似乎没什么道理，但他现在似乎也没什么办法，所以这个提议也不是不可以试试。

毕竟，瞎想还是要有的，万一实现了呢？

他随即召来刘匡周，要他称病辞职。

刘匡周大怒：你说什么？因为我在帅府，诸将没有积极性？恰恰相反，是因为我在帅府，诸将才不敢有异心！我要是走了，我们刘家就完了！

但刘稹根本就不听他的，还是坚持要他离职。

刘匡周又气又恨，却又毫无办法。

他知道，现在的自己，就是一颗被山洪裹挟的石子——不滚也得滚！

无奈，他只得交出兵权，恨恨地离开了帅府。

刘匡周离职后，郭谊、王协等人彻底掌握了帅府的主导权。

仅仅数日后，他们就设计诱杀了刘稹，接着又将刘匡周等刘氏宗族全部杀光，连褓褓中的婴儿都没有放过，刘从谏、刘稹原先的亲信故旧几十家也都被灭门——其中包括不少在甘露事变后逃往昭义受到刘从谏保护的李训、郑注等人的余党，如李训的哥哥李仲京、郭行余的儿子郭台……

之后郭谊、王协遣使奉上刘稹的首级，向唐朝忠武节度使王宰投降。

该怎样处理反正的郭谊、王协等人呢？

李德裕对此早有安排。

他对皇帝李瀍说：刘稹不过是个无知小儿，之前他之所以敢对抗朝廷，全靠王协、郭谊在背后为他谋划，而现在看到刘稹不行了，王协、郭谊又卖主求荣，不，杀主求荣，这种不忠不义、无耻无情、大奸大恶之人，如果不加以严惩，怎么可能扬善罚恶！

李瀍连连点头：朕也是这么想的。

但王协、郭谊等人显然不是这么想的。

在他们看来，自己有功于国，朝廷必然会给他们加官晋爵，所以一直盼着朝廷的任命，望穿秋水。

然而他们千盼万盼，盼来的却不是任命，而是丢命——李德裕命大将石雄率军

713

进驻潞州，将王协、郭谊等参与谋杀刘稹的昭义军将领全部逮捕，随后用囚车押往长安，斩首示众。

昭义就此平定。

经此一役，朝廷不仅干脆利落地收回了昭义的管辖权，还极大地震慑了包括河朔三镇在内的所有藩镇，大大增强了整个国家的凝聚力和向心力！

而在平叛的过程中，包括河朔三镇在内的全国各地方实力派全都心向朝延，群策群力，齐心合作，这是自宪宗元和中兴以来二十多年间从来没有过的！

第四十七章　最佳组合

打击异己

这一切，最大的功臣无疑是李德裕。

在这一年多的时间里，他运筹帷幄，指挥若定，几乎没犯过大的错误。

在他执政四年多的时间里，在国家的各条战线上——无论是经济还是政治，无论是军事还是外交，几乎是无往不利——有时是小胜，有时是大胜，有时是完胜，但从没有不胜。

当然，李德裕能大显身手，也离不开皇帝李瀍的支持。

在刘稹覆灭后，两人曾有过这样一番对话。

李德裕说：今年年初的时候，昭义的战事还在进行，河东又有了叛乱，要不是陛下意志坚定，两处的贼寇怎么可能被消灭？外面有人议论说若是先朝皇上（文宗李昂），估计这些贼寇早就被赦免了。

李瀍大笑道：你难道没有发现，文宗的观念和你完全不一样，你和他怎么可能合得来？你那时怎么可能有所作为？

李德裕也笑了。

是啊，他和文宗李昂根本就是两类人，现在的皇帝李瀍和他才是绝配！

两人不仅理念相近，性情相仿，作风相似，而且惺惺相惜——李德裕觉得有李瀍这样的人做皇帝是他的福气，李瀍觉得有李德裕这样的人当宰相他是真的服气。

也许李瀍不是历史上最好的皇帝，也许李德裕也不是历史上最好的宰相，但他们两人在一起，却是历史上最好的君臣组合！

没有之一！

公元 844 年八月，李瀍又加授李德裕为太尉，并晋爵赵国公。

李德裕坚决不接受。

李瀍坚决不接受他的坚决不接受：朕只恨没有更高的官职给你！朕并不是滥赏

之人，这都是爱卿你该得的，否则朕也不会给你！

见皇帝把话都说到了这个份上，李德裕只好不再推辞。

为了报答皇帝对他的知遇之恩，李德裕做事的积极性更加高涨。

在执政的短短几年间，他就凭借其非凡的胆识，大刀阔斧地干了不少之前很多人想干而不敢干的事。

比如，裁撤冗官。

他给皇帝上疏：省事不如省官，省官不如省吏，能简冗官，诚治本也。

在他的强力推行下，一次就裁撤了两千多名各级官吏。

再比如，储备物资。

李德裕奏请设立备边库，要求户部、度支使、盐铁使每年都拿出一定数量的钱帛储入备边库，以免在未来的边境战事中受到物资缺乏的困扰。

……

这样的例子，还有很多很多，限于篇幅，这里就不一一赘述了。

当然，人无完人，李德裕也不是没有缺点。

尽管取得了不少令人瞩目的成就，尤其是被称为晚唐三大痼疾中的两个——"宦官专权"和"藩镇割据"在他当政期间受到了相当程度的遏制，但另一个顽症"朋党相争"却不仅没有消失，反而有愈演愈烈之势。

在这方面，李德裕似乎难辞其咎。

作为李党的首领，李德裕对牛党只有一个原则——坚决打压。

虽然在执政初期，他曾为牛党骨干杨嗣复、李珏说过话，可那似乎只是出于与仇士良作斗争的需要，并不表示他与牛党有任何和解之意。

在他的内心里，他从来没有原谅过牛僧孺、李宗闵，也从来没有打算过原谅他们。

在之前很长一段时间里，李德裕一直备受牛党的排挤和迫害，现在他好不容易翻了身，当然要报复。

他要以牙还牙，以其人之道还治其人之身。

牛、李得势的时候怎样对待他，他现在就要怎样对待牛、李二人！

公元841年，也就是李德裕当上宰相的第二年，他就找机会摆了牛僧孺一道。

当时牛僧孺在山南东道担任节度使，那年夏天汉水流域暴发了洪灾，而山南东道的治所襄州正好毗邻汉水，大水冲毁了襄州的很多房屋，百姓损失惨重。

李德裕闻讯如获至宝，立即上奏皇帝李瀍，说牛僧孺抗灾不力，对此负有不可推卸的责任，建议罢免他的职务。

李瀍对他言听计从，当即下诏改任牛僧孺为太子少师——太子少师是个闲职，级别挺高，但却没有任何实权。

比起牛僧孺，同为牛党首领的李宗闵这些年的日子过得似乎更加不顺——用一句俗话来说就是：一切都是最不好的安排。

早在李训、郑注当权的时候，李宗闵就被贬官了，而且贬得非常彻底——潮州司户。

直到文宗李昂在位末年，李宗闵的同党杨嗣复、李珏执政，他才时来运转，先是调到杭州担任刺史，接着又被提拔为太子宾客、分司东都。

眼看着又有希望回到朝廷了，没想到文宗却偏偏在这个节骨眼上去世了，继任的皇帝李瀍重用他的死对头李德裕，他只能继续在洛阳坐冷板凳。

公元843年，朝廷决定对昭义用兵，李德裕在百忙之中也没忘记老对手李宗闵——他给李宗闵扣了一顶"交通刘从谏"的帽子，把他赶出了洛阳，贬为湖州刺史。

公元844年九月，昭义平定。

一时间，李德裕的声望如日中天。

兴奋之余，他又想起了牛僧孺和李宗闵。

他决定利用自己此时的影响力，再次对两人施以重拳。

他对皇帝李瀍说：逆贼刘从谏在太和（唐文宗李昂的年号）年间曾经入朝，那时正是牛僧孺、李宗闵执政，可他们却没有将刘从谏扣留，这才酿成大患，以至于如今朝廷竭尽天下之力才解决了这个问题，说到底，这都是牛僧孺和李宗闵的罪过！他们的责任，一定要追究！

显然，李德裕这个说法极其牵强，甚至可以说是强词夺理。

毕竟，谁都不可能预知未来，当时刘从谏并没有流露出任何反意，更没有任何不轨行为，有什么理由将他扣留？难不成说他画的圆不够方？骑的马不是驴？

可能李德裕自己也知道这个说法难以服众，他又派人到潞州搜查刘从谏的府邸，想要从中找到牛、李二人与刘从谏往来的信件。

可一番地毯式的搜查下来，却一无所获。

李德裕当然不可能就此罢休，便又让昭义的孔目官（唐代节度使属官，掌管文书）出面，指证牛僧孺和李宗闵确实跟刘从谏有通信往来，只是刘从谏每次看完信后就立即将其烧掉了，所以才无法找到物证。

皇帝李瀍命御史中丞李回、知杂事（御史台长官之一，总管御史台庶务）郑亚负责调查。

李回、郑亚都是李德裕的心腹，调查出来的结果自然是没有悬念的——此事属实。

与此同时，河南少尹吕述也站了出来。

当时牛僧孺也在洛阳，与吕述算是同事。

吕述在奏表中说，在叛贼刘稹败亡的消息传到洛阳时，牛僧孺不仅没有欢呼雀跃，反而还发出了一声叹息。众人皆欢他独叹，他究竟是和谁一条心？他是和朝廷一条心，还是和叛贼一条心？作为国家的高级干部，他到底对国家还有没有起码的忠心？这不是叹息的问题，而是太大的问题！

从一声叹息居然可以上纲上线到对国家的忠心，吕述的表现，客观上也印证了一句名言：世上无难事，只怕有心人！

又是暗通叛贼，又是对朝廷不忠，如此一来，牛僧孺、李宗闵当然是在劫难逃了。

牛僧孺先是被贬为汀州（今福建长汀）刺史，接着又贬为循州（今广东惠州）长史；而李宗闵则是一贬漳州（今福建漳州）刺史，再贬漳州长史，最后又被流放封州。

明眼人都看得出来，李德裕这次做得似乎有些过分了——虽然牛、李二人跟他有旧怨，但两人其实早就靠边站了，早就对他没有任何威胁了；可李德裕却依然穷追猛打，坚决不肯放过他们，而且用的还是这种下三烂的手段！

这种做法，对于维持朝廷正常的政治生态，对于大臣们的安定团结，无疑是十分不利的。

由此也可以看出，在取得了一系列重大成就后，李德裕也有点忘乎所以了。

他不仅大权独揽，而且开始以权谋私，大肆打击异己！

除了牛、李外，受到李德裕排挤的，还有名满天下的大诗人白居易。

白居易时任太子少傅、分司东都，皇帝李瀍一度对他非常欣赏，有意提拔他当宰相。

然而李德裕却对此表示反对：白居易年老多病，无法承担宰相这样繁重的工作。

应该说，李德裕的话也有一定的事实依据——白居易当时已经七十多岁了，即使在现在也早已过了退休年龄。

但这不是主要原因。

史书上对此说得很明确：德裕素恶居易——李德裕向来讨厌白居易。

因为白居易虽然不是牛党中人，却与牛党走得很近！

白居易的小舅子杨嗣复是牛党的骨干，他本人与牛僧孺更是交情匪浅——两人来往极为密切，经常诗酒相和，白居易还曾为牛僧孺写过《洛下送牛相公出镇淮南》《题牛相公归仁里宅新成小滩》等很多首诗。

这就犯了李德裕的忌讳。

关于李德裕对白居易的态度，五代人孙光宪在其所著的《北梦琐言》中曾记载了这么一个故事：

公元836年左右，李德裕在洛阳任太子宾客、分司东都，与同任太子宾客的刘禹锡是同事。

刘禹锡多次向李德裕推荐白居易的文集，可李德裕却每次都是否认三连：没时间！没兴趣！没必要！

后来被逼急了，李德裕才不得不说出了自己的心里话：我不是不喜欢他的诗文，而是不喜欢他这个人。白居易文采好，这个我早就知道。我之所以不愿意看他的文集，正是因为他的文采太好——我担心看了，会对此人产生好感！

从这里可以清楚地看出，李德裕对于白居易有着多大的成见！

不过，李德裕虽然不赞成提拔白居易，却向皇帝推荐了白居易的堂弟——时任左司员外郎的白敏中。

他说：白敏中学问不在白居易之下，而且有气度、有见识，可以重用。

白敏中也由此一步登天，当上了翰林学士！

李德裕提携此前名不见经传的白敏中，当然有他的目的——他以为白敏中一定会对自己感恩戴德，将来会成为自己的铁杆。

可惜，一向精明过人的李德裕这次看走了眼。

为什么这么说，看到后面你就会知道了。

吴湘案

现在，让我们还是把注意力先放在此时的李德裕身上吧。

李德裕是个恩怨分明的人，有恩报恩，有仇也绝不会放过——对牛僧孺、李宗闵是这样，对白居易也是这样。

但被他整得最惨的，却是一个叫吴湘的人。

说起来，吴湘本人和李德裕并没有什么交集，他之所以倒霉，是因为他的叔父吴武陵。

吴武陵是当时颇为知名的才子，和柳宗元等不少文人都是很好的朋友，柳宗元的名篇《小石潭记》里就提到过他。

而吴武陵和李德裕的父亲李吉甫的关系，却不是一般的差。

差到什么地步呢？

这么说吧，李吉甫对吴武陵的态度，就和《西游记》里某些妖怪对唐僧的态度差不多——恨不得吃了他！

吴武陵到底是怎么与李吉甫结怨的，史书上并未记载，但据唐人笔记《云溪友议》《鉴诫录》等书所言，吴武陵之所以得罪李吉甫，源于他拉赞助。

按照当时的惯例，家境贫困的举子进京赶考，是可以向地方官申请资助的，那时李吉甫正在吴武陵的家乡当刺史，吴武陵便在赴京前专程去找了李吉甫。

没想到李吉甫给的东西少得可怜，口气也非常轻慢：就这点东西，你爱要不要！

这一下子激起了吴武陵心中的怒火。

回去后，他越想越不爽，干脆把东西又退了回去，同时还附了一封信。

看了这封信后，李吉甫脸色大变，连忙召回吴武陵，不仅说了很多好话，还送给他一份大礼包。

吴武陵如愿以偿，满意而归。

但大大咧咧的他却丝毫没有意识到，自己已经成了李吉甫的眼中钉！

原来，吴武陵在信里提到了一件李家人讳莫如深的隐私。

李家虽然出身于名门——赵郡李氏，但李吉甫的父亲李栖筠由于自幼丧父，早年生活颇为贫苦，在考进士时，他也像吴武陵那样向地方官请求过资助，而且也像吴武陵那样受到了地方官的冷遇。

但李栖筠当时已经无路可走，只好继续哀求，并当场吟了一首充满悲凉的诗：十处投人九处违，家乡万里又空归。严霜昨夜侵人骨，谁念高堂未授衣。

见李栖筠说得那么可怜，地方官这才稍微给了点薄礼，像打发叫花子一样打发走了李栖筠。

后来李家发达了，觉得这事很不光彩，一直都不愿提起，而吴武陵却悍然在信中揭李吉甫的伤疤，还以此为由索要封口费。

这让李吉甫怎能不对他恨之入骨！

出乎李吉甫意料的是，他的恨，后来却反而帮了吴武陵一把。

几年后，屡试不第的吴武陵再次到京城参加科举，那时李吉甫已经当上了宰相，有一次他见到了主考官，便特意问了一句：有个叫吴武陵的举子，这次上榜了吗？

主考官还没来得及回答，突然外面有人来报，皇帝派宦官来宣旨了！

李吉甫连忙出去迎接，之后又是一番忙碌，便把这事给忘了。

主考官却没忘。

尽管当时录取名单已经确定——吴武陵不在其中，但主考官听了李吉甫说的那句话，误以为吴武陵是宰相大人的关系户，连忙把吴武陵的名字加进了录取名单里。

后来榜单公布，李吉甫看到后不由大怒，立即把主考官召来，将其痛骂了一顿：吴武陵是个粗人，怎么配做进士！……我是要你帮忙，不是要你帮倒忙……不，我是要你帮他的倒忙，不是要你帮他的忙！……

可此时结果已经不可能再更改了，吴武陵就这样误打误撞中了进士！

正所谓：算计比不上运气，人力敌不过天意。李吉甫本想给仇人一块绊脚石，没想到却反而成了垫脚石！

李吉甫心里那个气啊，他发誓，无论如何都要对吴武陵进行报复。

不料命运却再次捉弄了他——没过多长时间，他就去世了。

二十多年后，吴武陵也死了。

720

他这个人性情直率，看到任何不平之事都如吃饭时吃到了沙子一样——不吐不快，很容易得罪人，因此在官场混得并不如意，任过的最大的职务只是个刺史，还多次被贬——他与柳宗元，就是在两人同贬永州期间结识的。

按理说，李吉甫和吴武陵两个当事人都不在了，他们之间的恩怨也就该一笔勾销了。

然而并没有。

两人的仇恨被下一代继承了下来。

吴武陵的侄子吴湘不幸成了牺牲品。

公元 845 年初，时任江都（今江苏扬州江都）县令的吴湘被人告发，说他涉嫌挪用本县掌管的程粮钱（唐代官吏因公出差，由官府按其路程远近提供粮食，因粮食不便携带，折算成钱，称程粮钱），还凭借自己的权势，违反规定强娶辖区内民女为妻——按照唐律，官员不得娶其管辖范围内的女子。

负责审理此案的，是吴湘的顶头上司——时任淮南节度使的李绅。

李绅是李德裕的亲信密友，知道吴湘家和李德裕家有世仇，为了拍李德裕的马屁，他大笔一挥，判处吴湘死刑。

这种量刑显然是过重了——即便吴湘的罪名属实，也无论如何都到不了杀头的地步。

吴湘的家人当然不服。

吴家毕竟也是官宦人家，也有一定的关系网，便通过各种渠道向朝廷申冤。

谏官们纷纷上疏，要求重审此案。

李瀍命监察御史崔元藻、李稠前去复核。

复核下来的结果是，吴湘挪用程粮钱确有其事，但其妻不是当地人，且为官员之女，故而强娶辖区内民女这一罪名并不成立。

但李德裕却不仅不认可这个结论，还把崔元藻、李稠两人一贬到底。一个贬为端州司户，一个贬为汀州司户。

之后，在他的授意下，朝廷司法部门没有再对吴湘案进行任何审查，很快就批准了李绅的奏请，将吴湘处死。

谏议大夫柳仲郢等谏官不服，先后上表抗争。

李德裕置之不理。

由此可见，此时的李德裕已经不大听得进不同意见了。

几年来，虽然与他搭档的宰相班子成员换了三轮——从陈夷行、崔郸、崔珙到李绅、杜悰、崔铉，再到现在的李回、郑肃，但李德裕的位置却始终岿然不动，充分彰显了他无可替代的核心地位。

如果把当时的宰相班子比作一台汽车的话，那么李德裕就是发动机加变速箱加底盘加方向盘加车身，其他人则最多不过是自动启停、远程启动、车载导航之类的东西——不一定用得着，纯粹只是凑数而已。

然而，由于作风太过强势，李德裕也引起了不少人的不满。

给事中韦弘质给皇帝上疏，说宰相的权力太重，不应再兼管钱粮等财政事务。

对此，李德裕当然不可能接受——否则，那就不是李德裕了。

他直截了当地对皇帝李瀍说：任用官员，安排职责，全凭天子做主，韦弘质位卑言轻，受人挑唆，居然敢妄议如此大事！这哪里是他这种人该讲的话！

很快，韦弘质就被贬了官。

灭 佛

谁都看得出来，只要皇帝位子上坐的还是李瀍，李德裕的地位就不可能撼动！

李瀍对李德裕的信任，几乎是无条件的。

他当然也知道李德裕有些专权，可他更知道，做客要关注主人，看人要关注主流——虽然李德裕有缺点，但他更有优点；虽然李德裕有私心，但他对自己更忠心；虽然李德裕偶尔会出事，但他更会办事……

因此，尽管外面有着各种风言风语，李瀍却始终不为所动，始终给予李德裕全方位的支持。

君臣团结如一人，试看天下谁能敌！

公元845年，两人又联手办了一件大事——灭佛。

对于佛教，李瀍一向没什么好感。

他信奉的是道教。

这年年初，群臣给他上尊号为"仁圣文武章天成功神德明道大孝皇帝"，这里边的"道"字，就是应他的要求而特意加上的。

李瀍最宠信的道士，叫赵归真。

李瀍的哥哥——敬宗李湛，在位期间，赵归真曾出入宫禁，红极一时，可惜好景不长，敬宗遇害后，赵归真被流放；李瀍当了皇帝，他又梅开二度，再次被召入宫中，封为左右街道门教授先生，为皇帝讲求神仙之道。

在赵归真的建议下，李瀍在宫中先后修建了九天道场和望仙观，潜心学习修仙。

不过，赵归真在民间的名声似乎不太好，尽管皇帝把他当成宝，百官却都把他当成草，而且还是毒草。

为此，谏官们多次上表劝谏，可效果却和灰尘落入大海差不多——连水花都没溅起一朵。

无奈，李德裕只好亲自出面：赵归真是敬宗朝的罪人，对这种人不能太亲近。

李德裕的意见，李瀍自然不能视而不见。

他郑重地解释说：赵归真嘛，朕只不过是在空闲的时候，为了解闷与他聊聊道教而已，至于政事，朕只会与你们这些大臣商议。就算有一百个赵归真，也不可能迷惑我！

然而李德裕还是不放心：陛下这么想当然没问题，可问题是别人未必会这么想。臣听说最近一段时间，赵归真家门口车马很多，不少人见他受宠，争相与他交接，陛下对此千万不能放松警惕。如果您重视我的话，就一定要重视我说的话！

李瀍笑了：如果你相信我的话，就一定能相信我说的话！

应该说，他做到了对李德裕的承诺——没有让赵归真参与任何政务。

但赵归真对皇帝并不是没有影响。

他影响的是李瀍对佛、道两家的态度。

随着时间的推移，李瀍对道家越来越虔诚，对佛教则越来越厌恶。

有唐一代，佛教极为盛行，曾先后涌现过玄奘、慧能、神秀、一行、鉴真等多位史上著名的高僧；而唐朝的皇室信佛的也不少——武则天在她当政时期曾大力提倡佛教，之后的皇帝中也有不少佛家的信徒，宪宗时期还举行过迎佛骨的盛大活动……

在朝廷高层的带动下，佛教的发展极为迅速，僧尼越来越多，香火越来越旺，法事越来越盛，寺庙越来越富……

在佛教徒眼里，这是佛法兴旺的象征，值得庆贺；而在不喜欢佛教的李瀍眼里，这却是一大毒瘤，值得担心！

是啊，那些僧尼既不从事生产，也不承担赋役，寺庙名下的土地也不需要纳税，如此多的僧尼，如此多的寺庙，如此多的寺产，每年会给国家财政造成多大的损失！

更何况，当时唐朝的财政状况又是如此紧张！

渐渐地，李瀍开始动了灭佛的念头。

这一设想，也得到了宰相李德裕的大力支持。

李德裕是标准的儒家信徒，对鬼神之事向来不感冒——多年前在任浙西观察使期间，他就拆毁了各种乱七八糟的祠庙一千多所。

君相两人的意见几乎完全一致。

对佛教，他们无所谓；对后果，他们无所畏。

接下来自然只有一个字：干！

公元845年七月，李瀍正式下诏，要求除了东西两都（长安、洛阳）可以各保留两所寺庙（每寺留僧人三十名）、各藩镇治所各保留一所寺庙（每寺留僧人五名至二十名）外，全国其余寺庙一律拆除，僧尼一律还俗，寺庙的所有财产、田地都由官府接收，拆除下来的建材用来修建官舍或驿站，其佛像及钟磬（qìng）则全部熔化，用以铸钱。

李瀍和李德裕都是雷厉风行的人，法令自然执行得十分严格。

听说有部分不愿还俗的五台山僧人逃到了邻近的幽州，李德裕立即将幽州派驻长安的官员召到了自己的办公室。

他严正警告说：告诉你们的节度使，千万不要为了一个容留僧侣的虚名而给人留下口实！像刘从谏那样招纳游手好闲之人，到底有什么好处？

幽州节度使张仲武对李德裕一向十分敬重，听到此言后立即意识到了事情的严重性。

他马上给部下传令：如有云游僧人入境，一律斩首！

在如此严厉的政策下，僧尼们除了还俗，哪里还找得到第二条路？

很快，轰轰烈烈的毁佛运动就在全国范围内如火如荼地开展起来。

在短短一个月里，就有四千六百余座大型寺院以及四万余个民间小型寺院被毁，二十六万零五百多个僧尼被勒令还俗，良田数千万顷被收归官府，奴婢十五万人被释放……

僧尼们以前是要风得风，要雨得雨；现在却是要疯的疯，要饭的要饭！

僧尼们以前是养尊处优，不吃一点点苦；现在却是吃的不是一点点苦——是非同一般的苦！

这就是史上著名的"唐武宗灭佛"，佛教界也称为"会昌法难"（会昌是武宗李瀍的年号）。后来，这次灭佛与"魏太武帝灭佛""北周武帝灭佛""周世宗灭佛"一起并称为"三武一宗灭佛"。

站在佛教徒的立场上，这完全称得上是一次毁灭性的大灾难。

正所谓，乙之砒霜，甲之蜜糖。

佛教徒伤心欲绝，而李瀍却开心得要死。

是啊，一下子为国家增加了这么多的收入、这么多的纳税户，他怎么能不高兴呢？

至于佛教徒的感受，他当然是不会在意的——就如老虎不会在意被他吃掉的羊的感受一样。

不过，李瀍并没有高兴太长的时间。

自从这年秋天开始，他的身体状况就逐渐变差了。

之所以会这样，原因和他的父祖一样——服食丹药。

为了追求长生，为了能成仙，李瀍这段时间一直在服用赵归真等人所炼的丹药。

丹药的效果，可以用一句成语来形容——药到病生。

李瀍那时刚三十多岁，算得上是年富力强，之前的身体也一直非常强健，爬起高山来如履平地；而现在却是平地上行走如爬高山，走路五分钟，喘气两小时。

而赵归真却告诉他，这是在换骨，是成仙过程中的必经阶段，不仅不必担心，反而还值得庆贺——说明这个药见效了！

李瀍是个意志力极强的人，当然不会被眼前的痛苦吓倒。

他强忍着身体的不适，依然坚持每天服药。

也正是由于他的坚强，李德裕和朝臣们对皇帝的病情并不是十分了解——他们只知道，皇帝以前精力非常充沛，酷爱游猎；但现在却变成了一个宅男，除了上朝，几乎从不出门，性格也越来越喜怒无常，一点点微不足道的小事就要大发雷霆。

转眼到了公元 846 年三月初。

李瀍的病情突然加重，已经无法再上朝了。

怎么办呢？

宫中有人出了个主意，说唐朝属土德，而皇帝李瀍的名字中有两个土、一个水，如此一来，代表唐朝的土就盖过了皇帝名字中的水。所以皇帝就生了病。

他提出的解决方案是，改名为李炎，"炎"字有两个火，火可以生土，这样不仅对唐朝有利，也有助于增加皇帝的气场，便于驱除病魔。

这话到底是什么意思，别问我，我也不懂，我只是史书的搬运工——反正史书上就是这么说的。

那么，李瀍听明白了吗？

不知道。

但"改名为李炎"这五个字他肯定是听明白了。

本着病急乱投医的原则，他第一时间就对外宣布，从即日起改名为李炎。

然而李瀍，不，现在应该叫他李炎了，似乎忘了一个道理：改名要是有用，还要医生干什么？

事实上，在改名以后，他的病情不仅没有任何起色，而且还每况愈下，很快就进入了弥留状态。

这一切，包括李德裕在内的文武百官都不知情。

他们只知道，皇帝已经很久没有露面了。

他们只知道，皇帝一定有情况，却搞不清到底是什么情况。

心急如焚的李德裕联合了另两位宰相李回、郑肃，请求入宫面圣，可得到的答复却是冷冰冰的三个字：没必要。

拒绝他们的，当然不可能是皇帝李炎——此时的李炎已经失去行为能力了，而是左军中尉马元贽等宦官。

"智障"还是路障

正如烧菜少不了盐一样，在晚唐，这种皇权更替的关键时刻少不了这些宦官。

立新的皇帝，一向是他们祖传的传统技能，马元贽自然也不会错过。

该选谁呢？

很快，马元贽就确定了人选：光王李怡。

李怡之所以能入选，是因为马元贽认为，相对于其他皇族成员，他有一个极为突出的优势——笨。

李怡是宪宗李纯的第十三子，穆宗李恒的异母弟，当今皇帝李炎的叔叔。

李怡的生母郑氏是润州丹杨（今江苏丹阳）人，宪宗李纯继位初年，镇海节度使李锜谋反，有个算命的先生对李锜说，郑氏将来必定能生下天子，李锜信以为真，便将郑氏纳为了妾室，不久，李锜兵败被杀，郑氏以罪臣妻妾的身份被没入掖庭，成为郭贵妃（穆宗李恒的生母）的侍女，因某次机缘巧合而被宪宗皇帝临幸，生下了李怡。

由于母亲地位极其卑微，在宪宗二十个儿子中的排行又是不上不下，李怡在等级森严的后宫中很不受待见，加上他自幼沉默寡言，各方面表现都不大起眼，因此很多人都给他贴了一个标签：不慧——不聪明。

《旧唐书》中记载了发生在李怡身上的两件奇事。

一、李怡十多岁时曾经生了一场重病，长期卧床不起，可某一天李怡的身上突然冒出了一阵耀眼夺目的光芒，将他整个人都罩在了里面，更令人惊奇的是，本来躺在床上无法动弹的他竟然一跃而起，端正身体拱手作揖，如同皇帝对臣下回礼。

周围的人都以为他是中了魔。

然而他的哥哥也就是当时的穆宗皇帝李恒却不这么看。

他说：这孩子是我家的英杰，不是中了魔！

二、李怡曾梦见自己乘龙上天，他将梦告知了其母郑氏，郑氏连忙叮嘱他：这事绝不能让外人知道，你以后千万别说！

从这之后，李怡更加沉默，在参加宫中的聚会时，从来不发一言，嘴巴总是闭得跟生蚝一样紧——用刀撬，都很难撬开！

不过，这两件事虽然史书上言之凿凿，但应该都是无稽之谈。

李怡既不是电灯泡也不是萤火虫，他怎么可能发光？至于梦到乘龙上天，真假恐怕只有他自己知道，更何况，就算是真的，也说明不了任何问题——他梦到乘龙上天，我还梦到过骑猪登月呢，有什么可稀奇的！

在我看来，这些记载，应该都是李怡后来当上皇帝，为自己编造的所谓祥瑞。

这其实也是可以理解的。

爱谈论各种减肥方法的，一般都是身材不那么好的人；爱编造各种祥瑞故事的，一般都是得位不那么正的人。

李怡以皇太叔的身份继承侄子的皇位，这就算不是后无来者，至少也是前无古人，说他没一点心虚，是不可能的。

比起《旧唐书》这样的正史，在野史中，李怡的经历更为传奇。

南唐尉迟渥所著的《中朝故事》中记载，武宗李瀍继位后，对李怡这个皇叔非常忌惮。

有一次，他在宫中组织马球比赛，让包括李怡在内的宗室队与宦官队对战，然后示意宦官队中的仇士良借机除掉李怡，但一向心狠手辣的仇士良那天不知吃了什么药，竟然不愿这么干，悄悄对李怡说，皇帝有旨，快下马，假装跌倒。

李怡下马后，仇士良立即命宦官将其抬出，随后奏报皇帝，李怡从马上摔下来，已经伤重不治。

之后李怡隐姓埋名，出家当了僧人，云游于江南一带。

武宗病重后，宦官们又将其召回京城，继承了皇位。

而在唐末韦昭度的《续皇王宝运录》中，救李怡一命的，则变成了另一个宦官仇公武。

书中说，武宗李瀍密令四名内侍宦官将李怡绑架，先是关在永巷（宫中幽禁失宠嫔妃的地方），几天后又将其扔到了宫厕，宦官仇公武劝皇帝把李怡杀掉，以绝后患。

李瀍同意了。

但仇公武并没有杀死李怡，而是将其藏进粪车，偷偷运出了宫，三年后武宗去世，仇公武又和其他宦官一起，将李怡推上了皇帝的宝座。

除此以外，在唐宋时期的笔记小说如《北梦琐言》以及《五灯会元》《祖堂集》《宋高僧传》等佛教典籍中也都记载了李怡在当皇帝前曾出家为僧的事迹；有的还点明他出家的地点是在杭州盐官（今浙江海宁盐官镇）的海昌院（后称安国寺），法号琼弥。

宋人陈岩肖的《庚溪诗话》中甚至还记录了相传李怡在出家时所作的一首诗。

据说那时他与高僧黄檗（bò）禅师一起出去云游，途经一个瀑布，黄檗禅师见状诗兴大发：千岩万壑不辞劳，远看方知出处高。

但后两句他没有说，而是意味深长地看着李怡，让李怡为他续作。

李怡随口应道：溪涧岂能留得住，终归大海作波涛！

由此可见，那时的李怡虽然流落民间，却依然有着极为远大的志向！

类似的故事，还有很多很多。

但这恐怕都不是真的。

宋末元初的史学家胡三省对这些传说的评价，只有五个字：皆鄙妄无稽——全是低劣荒谬的无稽之谈。

因为，这些野史中的漏洞实在是太多了。

李怡只是唐朝众多宗室中非常不起眼的一个，若论对皇位的威胁，他在皇族中的排名，未必会比如今的国足在世界足坛的排名高，武宗李瀍怎么会必欲除之而后快、想方设法杀掉他？唐朝自玄宗以后，皇子都居住于长安城东北角的十六宅，李怡怎么可能去江南当僧人？那时的交通、通信都不发达，若是李怡真的去了江南，武宗生病后他怎么可能那么及时回到了长安？当僧人是要剃发的，为什么他被选为皇位继承人时，没人看出异样？还有，野史中的重要人物仇公武，为什么所有的正史中都没有任何记载？

最关键的是，李怡的第四子夔王李滋、第五子庆王李沂分别生于公元844年和公元845年，若是那时李怡正孤身一人在江南当和尚，怎么可能有这样两个出生在长安的儿子？

……

事实完全不是这样。

按照正史的记载，由于李怡很少开口说话，动作又比较迟缓，显得有些呆头呆脑，他在武宗李瀍的眼里，根本就不是什么必须除去的路障，而纯粹只是个"智障"。

不光是李瀍，当时皇室中的很多人对李怡都不怎么尊重。

文宗李昂一向以脾气好而著称，但和李怡在一起时，却也常常忍不住戏弄他——李昂喜欢用各种方法引诱李怡开口，常常搞得李怡无比难堪，搞得在场的人哄堂大笑。

李瀍性情豪放，不拘小节，对李怡更是极其无礼。

可李怡却总是无动于衷，一副以丢人为己任的样子——骂他，他没有任何反应；打他，他没有任何反应；挠他的胳肢窝，他还是没有任何反应……

总之，在当时人的印象中，李怡的形象是这样的：眼里没灵气，浑身冒傻气，天天都受气，从来不生气，人人都可以把他当成空气，人人都可以随时拿他出气……

然而，马元贽等宦官看中的，却正是这一点。

他们一致认为，李怡有身份、有资格，却没有脑子，这样的人用来做傀儡，实在是再合适不过了。

就这样，李怡从众多的皇室成员中脱颖而出，成为皇位的正式继承人——尽管李炎并不是没有儿子——他有五个儿子，只是当时都还年幼。

公元846年三月二十日，马元贽先是悄悄将李怡接进宫中，随后以皇帝李炎的名义将群臣召来，当众宣读了这样一份以李炎名义发布的诏书：皇子年幼，储君必须另行选择贤德之人，故以光王李怡为皇太叔，更名李忱，所有军国政事全都由他代为处理。

一时间，文武百官都惊呆了：怎么是他？那个连话都不会说的家伙，他怎么可能当得了皇帝？

但很快，他们就打消了这个疑问。

因为他们这次看到的李怡，不，现在要叫他李忱了，和以前他们印象中的样子完全判若两人——之前那空洞的目光，现在是如此的犀利；之前那木讷的神情，现在是如此的敏锐；之前那凌乱的举止，现在是如此的大气；之前那紧闭的嘴唇，现在是如此的能说，每一个字眼都是那么贴切，那么无可挑剔！

什么叫不鸣则已，一鸣惊人，这就是！

什么是人生如戏，全靠演技，这就是！

一个人装一次傻不难，难的是像李忱一样几十年如一日地装傻！

这样的场景，显然是马元贽等人做梦都没想到的。

他们把李忱当成傻子，没想到他们自己才是傻子！

现在的他们，把肠子都悔青了。

可是再后悔又能有什么用呢？

酿好的葡萄酒还能再变回葡萄吗？

而就在李忱被立为皇太叔三天后，李炎在宫中驾崩，年仅三十三岁，死后他被追谥为至道昭肃孝皇帝，庙号武宗。

李炎这个人在历史上知名度不高，但正如有些名气不大的产品用起来却非常好用一样，名气不大的李炎却称得上是一个不错的皇帝。

也许他并没有非凡的智力，但他有用人的能力、强大的魄力、超人的意志力、说到做到的行动力……

后世不少人都对他有着很高的评价。

《旧唐书》称他：雄谋勇断，振已去之威权；运策励精，拔非常之俊杰……

明末清初思想家王夫之更是发出了这样的议论：武宗不夭，唐可以复兴乎——如果武宗没有早死，唐朝说不定可以复兴！

可惜历史不能假设，人生没有如果。

在当了短短六年的皇帝后，李炎彪悍的人生就戛然而止了！

正在高歌猛进的唐朝迎来了新的掌舵人——李忱。

第四十八章　大中之政

八百孤寒齐下泪，一时南望李崖州

公元 846 年三月二十六日，李忱正式继位，是为唐宣宗。

这一年，李忱已经三十七岁了。

如果说，李炎是个开车的好手，那么李忱最擅长的就是开倒车。

可能是由于之前曾受过武宗李炎的气，他的执政方针是与李炎反着来的，具体来说就是——李炎支持的，他就一定反对；李炎反对的，他就一定支持。

首当其冲的，自然是最受李炎重用的宰相李德裕。

两人首次见面，是在李忱的登基大典上。

仪式结束后，李忱对左右说：刚才靠近我的那个人，是李太尉吗？每看我一眼，我都感到毛骨悚然……

这样一个人，李忱当然不会让他留在身边。

仅仅几天后，李忱便下诏，将李德裕罢相，改任荆南节度使。

此诏一出，舆论哗然。

李德裕在朝中威望极高，此前又立有大功，谁也不会想到新皇会这么快就拿这样的功臣开刀！

但这就是李忱的风格。

他信奉的一向都是"做事不狠，位子不稳"！

李德裕落到他的手上，当然不会有好果子吃。

当年九月，李德裕又被免去荆南节度使一职，改任东都留守，之前保留的"同平章事"头衔也被剥夺。

不久，之前与李德裕搭档的郑肃、李回也先后罢相并被赶出京城，去地方任职。

原先的宰相班子成员，只剩下了白敏中一人——白敏中是在武宗李炎去世前不久被提拔为宰相的。

他没有被贬，某种程度上是沾了堂兄白居易的光。

因为李忱是白居易的铁杆粉丝。

也许李忱原本是打算重用白居易的，可白居易竟然在他继位后没多久就去世了！

李忱对此非常痛心，亲自写诗悼念：

缀玉联珠六十年，谁教冥路作诗仙？浮云不系名居易，造化无为字乐天。童子解吟长恨曲，胡儿能唱琵琶篇。文章已满行人耳，一度思卿一怆然。

由此可见，李忱对白居易有多么崇拜！

不过，李忱并不是个感情用事的人，他之所以会继续重用白敏中，除了因为白居易，更重要的还是因为白敏中本人的所作所为。

前面说过，白敏中是李德裕所提携的人，李德裕对他有恩，按理说，他应该对此有所回报才对。

这个道理，饱读诗书的白敏中自然是懂的。

他回报的方式，是落井下石。

李德裕失势后，白敏中不仅立即与其撇清关系，还四处活动，掘地三尺，竭力收集李德裕的罪证，以投新皇所好。

他也由此获得了李忱的信任。

公元847年初，由于白敏中的揭发，李德裕再次被贬，改任太子少保、分司东都这一闲职。

而这对李德裕来说，还远不是终点！

当年九月，吴湘的哥哥吴汝纳上表为自己的弟弟鸣冤，说吴湘本来罪不至死，是被李绅和李德裕两人陷害的。

李忱如获至宝，立即下令重审此案。

本着"皇帝的意向，就是审案的方向"这一原则，审案人员很快就作出了结论——吴汝纳所说属实。

这下，李德裕连洛阳也待不成了——被贬为潮州司马。

李绅已于一年前去世，但依然难逃责罚——他被剥夺了生前被授予的官职。

谏官丁柔立为李德裕叫屈。

李忱大怒，马上以阿附李德裕的罪名将其贬到地方上担任县尉。

这下，朝中再也没人敢为李德裕说话了。

估计他们内心的思想活动是这样的：能说脏话吗？不能！那我就什么也不说了……

公元848年九月，李德裕再次被贬为崖州司户。

李德裕知道，无论是皇帝李忱，还是宰相白敏中，都对自己恨之入骨，年过花甲的他应该不会有东山再起的机会了。

在崖州的城楼，他有感而发，写下了这么一首诗：

独上高楼望帝京，鸟飞犹是半年程。青山似欲留人住，百匝千遭绕郡城。

从诗中，我们可以看出，他对自己的未来已经有了清醒的认识：长安是无论如何不可能回去了，这里就是他最后的归宿。

一切果然如他所料。

一年多后，他就在崖州离开了人世，时年六十三岁。

李德裕的人生颇为坎坷。

他出身名门，才气过人，仕途却颇为不顺，屡受打压，直到遇到武宗李炎后才时来运转，大展宏图，可在李炎去世后他再次被贬，最后郁郁而终。

他并不是一个完人，有着不少的缺点，其中最被人诟病的——按照宋人孙甫的说法就是：刚强之性好胜，所怨者不忘，所与者必进，以此不免朋党之累。

但不管怎样，有一点是几乎所有人都公认的——他堪称一代良相。

与他同时代的李商隐称他：成万古之良相，为一代之高士。

宋人叶梦得说：李德裕是唐中世第一等人物，其才远过裴晋公（裴度），错综万务，应变开阖，可与姚崇（盛唐名相）并立，而不至为崇之权谲任数。

明代史学家王士祯赞美他：佐武宗，通黠戛斯，破回鹘，平太原，定泽潞，若振枯千里之外，披胆待烛，百万之众，俯首而听，一言之指麾，国势威，主威震，既不啻矣裴公（裴度）而上之。

王夫之则将其与武则天时的名相狄仁杰并称：唐之相臣能大有为者，狄仁杰而外，德裕而已。

近代思想家梁启超更是把李德裕与管仲、商鞅、诸葛亮、王安石、张居正并列，称他是中国古代六大政治家之一！

而且，不仅在后世，在当时的民间，李德裕的名声也相当不错。

由于他当政时为百姓干了不少实事，因此在普通百姓中声望很高。

听说李德裕落难后，无论是在街头巷尾，还是在村头田间，无数人都流下了伤心的泪水。

时人作诗叹曰：

八百孤寒齐下泪，一时南望李崖州！

李德裕死了，可他在百姓的心中还活着，在后人的心中还活着！

从这个角度看，尽管他命运多舛，晚景凄凉，但他这一生，却不可谓不精彩：

有低谷，也有高潮；有屈辱，也有荣耀；有受制于人，也有快意恩仇；有怀才不遇，也有叱咤风云；有不凡的经历，也有不朽的声名……

人生如此，夫复何求？

开倒车

李德裕在两任皇帝手下的不同遭遇，正好印证了一句名言：一朝天子一朝臣。

这里的"一朝臣"，当然不止李德裕一人。

执政的时候，李德裕不是一个人在战斗；失势的时候，也不可能只有他一个人倒霉。

李德裕落马后，包括宰相李回、工部尚书薛元赏、谏议大夫郑亚在内的一大批他的亲信也纷纷被贬官或流放。

其中最典型的，是曾在反击回鹘和平定昭义的战事中立下赫赫战功的名将石雄。

昭义之战后，石雄先是在河中、河阳两镇任节度使，后来又移镇凤翔，但因他是李德裕所提拔，故而在李德裕罢相后也受到了牵连，被召回京城，任命为左龙武统军。

在安史之乱以前，龙武军是唐朝禁军主力之一（左右羽林军、左右龙武军、左右神武军合称北衙六军），但在中唐以后，由宦官控制的神策军崛起，龙武军早已名存实亡，因此左龙武统军虽然名为统军，可真正能统领的似乎只有空气。

之前一直节制一方、说话一言九鼎，现在却是孤身一人说话屁用不顶，这让一向雄心勃勃的石雄怎么接受得了？

他毕竟只是个将领，对政治一窍不通，还企图东山再起，却不知道，这样的想法，就和企图让烤熟的鸽子重新飞上天一样——完全是臆想！

石雄来到宰相办公的政事堂，向宰相们滔滔不绝地讲述自己在战场上的功劳，请求给他安排一个藩镇节度使的职位以便养老——哪怕再偏远都可以。

然而白敏中却是一脸的不耐烦，没等他把话说完，就毫不客气地打断了他：以前的战功，朝廷不是让你统辖过河中、河阳、凤翔三镇了嘛，对你已经够可以的了，你不要再贪心不足！

石雄碰了一鼻子灰，只得怏怏而去。

不久，他就郁郁而终。

死后，他也没有得到任何追赠。

石雄功勋卓著，而下场却是如此可悲，可见对新皇李忱来说，事情的对错根本不重要，一切与武宗李炎对着干才重要！

李炎要拔左边的牙齿，他就一定要拔右边的——哪怕明明是左边的牙疼！

比如，李炎灭佛，李忱就复佛。

继位后不久，他就颁下诏书，宣布所有武宗灭佛时拆毁的寺庙，只要有人愿意修复，全部予以恢复。

此令一出，之前备受打压的僧侣们全都欢呼雀跃，开始四处募捐重修寺庙。

一段时间以后，佛教再次兴盛起来。

再比如，武宗重用李德裕，李忱就重用李德裕的死对头——以牛僧孺、李宗闵为首的牛党。

公元746年八月，也就是李忱登上帝位后几个月，牛党就迎来了翻身的机会。

李忱下诏宣布重新起用牛僧孺等人——原循州司马牛僧孺官复原职，继续担任太子少师，原潮州刺史杨嗣复为吏部尚书，原昭州刺史李珏为户部尚书，只有被流放到封州的李宗闵比较不幸，在接到调令后还没来得及动身，就死在了贬所。

不过，牛僧孺等人毕竟都年事已高——即使按照现在的标准也早就过了退休年龄，难堪大用，李忱决定提拔年轻一代，为官场补充新鲜血液。

一次，在和宰相白敏中闲聊时，李忱问道：当年宪宗皇帝下葬的时候，途中突遇大雨，百官都四散避雨，只有一个身材高大的山陵使（掌皇帝丧葬之事，一般由大臣临时兼任）依然扶着灵柩没有离开，你知道这个人叫什么名字吗？

白敏中回答：是令狐楚。可惜已经去世多年了。

李忱接着又问：他有没有后人？

白敏中说：令狐楚的长子令狐绪现任随州刺史，可惜身体不太好；次子令狐绹现为湖州刺史，才华和气度都相当不错。

李忱当即下诏，将令狐绹调到了自己的身边，任命他为考功郎中、知制诰。

令狐绹从此青云直上，仅用了两三年的时间就升任兵部侍郎、同平章事，成为宰相！

可以毫不夸张地说，令狐绹之所以能脱颖而出，最重要的原因，就是他的父亲令狐楚在宪宗的葬礼上表现出色！

这听起来似乎不可思议，但李忱在位期间，这其实都是常规操作。

有一次，李忱召见刑部员外郎杜胜。

问及家世，杜胜说：我的父亲杜黄裳，在朝臣中第一个提议宪宗监国！

李忱闻言二话不说，马上将杜胜擢升为给事中。

此外，裴度之子裴谂（shěn）、牛僧孺之子牛丛等人也都得到了李忱的提拔和重用。

可见，李忱信奉的，不是什么用人唯贤，而是用人唯爹。

在他看来，品德好、能力好都不如出身好，行为正、作风正都不如血统正。

关于这一点，史书上是有明确记载的：上追感元和（唐宪宗年号）旧事，但闻是宪宗朝卿相子孙，必加擢用。

这种做法，无疑是不大科学的。

难道宪宗朝名臣的后代，就一定也能做名臣？

那为什么大禹、商汤的后人中会有桀、纣这样的人渣？

李忱是否明白这个道理，我不知道，但有一点是可以肯定的，他这么做，其实是有他自己的用意的。

他需要证明自己继位的合法性。

毕竟，他是以皇族旁支的身份继承大统的，很难让人服气。

因此，登基之初，他思考最多的，不是"国家该往何处去"，而是"合法性该从何处来"；不是"如何让民众幸福"，而是"如何让民众信服"……

思来想去，他决定抬出他的父亲宪宗李纯。

正因为这样，他才会大力提拔宪宗朝的名臣子孙；正因为这样，他才会拼命渲染自己与宪宗的父子亲情；正因为这样，他才会不惜将宪宗神化，就连选择宰相，也要在宪宗牌位前祈祷后再决定……

他要通过这些手段，向天下宣示自己是宪宗的继承人，具有无可争议的正统性！

为此，他极力淡化穆宗、敬宗、文宗、武宗四朝的存在感，继位的当年，他就授意礼部，宣布在祭祀穆宗父子四朝时，只自称"嗣皇帝"昭告。

仅仅这样，当然是不够的。

他的最终目的是要将穆宗父子四朝定性成"伪朝"，而把他自己塑造成拨乱反正、重新恢复宪宗正统的一代英主！

在中国古代，可能会缺水、缺粮、缺情趣，但从来不会缺迎合上意的大臣。

吏部尚书李景让就是这样的人。

他上奏说：穆宗皇帝是陛下的哥哥，敬宗、文宗、武宗则是陛下的侄子，拜自己的哥哥还说得过去，拜侄子就说不过去了，臣以为应该将这四位皇帝的牌位移出太庙。

李忱把奏表交给百官讨论。

出乎他意料的是，官员们对此居然一致反对。

是啊，多数大臣都是这些年被提拔的，如果说穆宗等四位皇帝是"逆党"，这近三十年的时间是"伪朝"，那这些大臣算什么？他们的官位还有合法性吗？朝廷还有合法性吗？

见反对声音实在太大，李忱也不敢冒天下之大不韪，不得不暂时搁置此事。

但顽强的他并没有放弃。

一计不成，再生一计。

他下令重新追查宪宗遇弑之事，企图从中找出郭太后和穆宗参与谋逆的线索——如果确认穆宗李恒是靠非法手段上位的，那么他和他三个儿子的统治，自然就不具备合法性。

然而他查了好几年，株连了无数人，却始终没有如愿，最后只好收手。

在此期间，曾经母仪天下多年的郭太后不幸成了牺牲品。

在一般人看来，郭太后无疑是无比幸运的。

她不仅身份极为尊贵——她是一代名将郭子仪的孙女，代宗皇帝的外孙女、宪宗朝的贵妃，穆宗朝的太后，敬宗、文宗、武宗三朝的太皇太后，而且寿命也非常长——李忱继位的时候，她已经年近七十了，在那个时代算得上是少有的长寿。

但郭太后本人却不这么认为。

相反，她觉得自己非常不幸。

这些年，她一直在见证着亲人的离世，一直在白发人送黑发人，先是儿子穆宗李恒，接着又是三个孙子敬宗李湛、文宗李昂、武宗李炎……

她的人生，像极了 T 台上的模特——外人只看到光鲜亮丽的一面，却没人知道身上布满了勒痕！

而随着李忱的上台，郭太后的心情也愈加苦闷。

李忱对她极其不友好。

之所以会这样，主要有两个原因：

一方面，是因为李忱怀疑郭太后参与了谋害宪宗的密谋——尽管他并没有任何证据；另一方面，则是由于李忱的生母郑氏对郭太后有怨言——郑氏曾是郭太后的侍女，难免要受郭太后的气，但由于其地位卑微，一直都敢怒不敢言，现在自己的儿子当了皇帝，她当然要儿子为她出气。

如此一来，郭太后的日子自然不会好过。

她喜欢哪个宦官，李忱就偏调走哪个宦官；她喜欢吃什么，李忱就偏不给她供应什么；宴会的时候，李忱对郑氏是满面春风，对她却是满脸不屑……

一向养尊处优的郭太后怎么受得了这样的打击？

之前的她从来都是说什么就是什么，而现在却是说什么都是白说！

之前的她从来都是颐指气使，而现在却几乎要被气死！

她只能整日以泪洗面。

眼泪与鼻涕齐飞，窝心和窝火都有。

可是，哭又有什么用呢？

现在的她就如水里的鱼，流泪再多也没人在意！

心灰意懒的她，忍不住动了轻生的念头。

公元 848 年五月，郭太后登上兴庆宫的勤政楼，想要跳楼自杀。

幸亏身边的随从反应快，才将她救了回来。

听说此事后，李忱勃然大怒。

当天晚上，郭太后就去世了。

究竟发生了什么？

没人知道。

史书上对此的记载是：外人颇有异论——外界对此有很多不同的意见。

按照常理，郭太后作为宪宗李纯的正妻，应该与丈夫合葬，但李忱却不同意——在他看来，有资格与宪宗合葬的，只有他的生母郑氏。

在他的授意下，有关部门决定把郭太后葬在宪宗陵墓的外园。

没想到太常（负责祭祀礼仪的官员）王暤（hào）对此坚决反对，上奏说这不合礼法。

李忱很恼火，命宰相白敏中前去质问王暤。

然而王暤还是坚持己见。

不肯让步，那就让位。

很快，王暤被贬为句容（今江苏句容）县令，最终郭太后也没能和自己的丈夫合葬在一起。

从这里可以看出，李忱的作风是极其强势的。

对于下属，他最注重的一点，就是听话。

他在位期间，任用的宰相虽然多达二十余个，但在历史上似乎都没留下什么印记，说打下手都算是抬举他们了，纯粹只是打酱油而已——宋人洪迈曾列举了房玄龄、姚崇、李德裕等唐朝名相二十三人，没有一个是李忱在位期间的！

就拿担任宰相长达十年、备受李忱器重的令狐绹来说吧。

《旧唐书》对令狐绹的评价非常低：懦缓——胆小懦弱，反应迟缓。

然而李忱对此不仅毫不在意，反而十分中意。

因为他一向自视甚高，认为自己英明神武、能力非凡，国家大事由他一个人决策就够了——相信我，没错的！

他不喜欢给他提意见的人，他只需要给他提包的人；他不需要有人是台柱子，只需要有人给他抬柱子——就像令狐绹那样。

李忱就是这么自信！

他唯一佩服的是唐太宗李世民。

一直以来，他都把太宗作为自己的标杆，立志要做和先祖一样的明君。

事必躬亲

继位之初，李忱就命人将《贞观政要》（记录唐太宗时代君臣言行的政论性史书）刻在了寝宫的屏风上，一有时间便认真研读。

他还经常让令狐绹等近臣将太宗的一些著作念给他听。

有一次，令狐绹为他诵读唐太宗所撰的《金镜》，当听到"至乱未尝不任不肖，至治未尝不任忠贤"时，李忱马上示意暂停，并发表了心中的感悟：要想追求天下太平，应当以这句话为首要的信条！

由此可见，他不仅听得极为认真，而且有着自己的思考！

如果他是个学生的话，应该算是个好学生。

他不仅用心学习太宗治国理政的理论，而且处处模仿太宗——他甚至还邯郸学步般地把太宗朝名相魏徵的五世孙魏谟提拔为自己的宰相！

李忱还是个十分勤政的人。

他喜欢事必躬亲，朝中各种事务，大到经济军事，小到没事找事，统统都要过问。

当上皇帝后不久，他就对令狐绹说了这么一句话：朕想知道朝中所有官员的名字。

令狐绹蒙了——什么？所有官员？你问我，我问谁啊？

无奈，他只好红着脸如实汇报：六品以下的官员都是由吏部任命的，数量众多，臣手头也没有材料；五品以上的则是由宰相呈请皇帝任命的，都有名籍，称为具员。

李忱随即命宰相们编撰《具员御览》，成书后便将其放在自己的案头，时时翻阅，很快就将里面全部官员的名字和职位背得滚瓜烂熟。

李忱的记忆力，强大到几乎可以去参加最强大脑比赛。

他不仅叫得出宫中所有仆役的姓名，还熟悉每个人的性情和特长，谁擅长搞活动，谁擅长搞卫生，谁擅长搞小动作……他全都一清二楚，因此使唤起来从不出任何差错。

出现在各地奏表上的人物，哪怕只是个小吏，他只要看过一遍，就不会忘记。

他还特别注重细节。

一次，度支（财政官员）在奏表中把"渍污帛"（弄脏的布帛）中的"渍"误写成了"清"，枢密承旨孙隐中见到后，便随手把这个错字改了过来。

孙隐中本以为自己改得比较巧妙，不仔细看根本发现不了，没想到还是被细心的李忱认出来了，他当场就大发雷霆，下令将孙隐中以"擅改章奏"的罪名贬职。

还有一次，李忱上朝时，发现宰相马植身上佩戴的腰带极其眼熟——那条腰带，是他赐给左神策军中尉马元贽的！

李忱的脸色顿时晴转十级台风，厉声追问腰带的由来。

马植不敢隐瞒，只好和盘托出。

原来，马植因与马元贽同姓，便费尽心思与其攀亲，两人的关系颇为密切，故而马元贽把皇帝所赐的腰带转手送给了马植。

外廷官员居然偷偷交接宦官，这还了得！

李忱勃然大怒，当即罢免了马植的相位，将其贬为常州刺史。

李忱还特别喜欢微服出巡。

一次，他到长安郊区打猎，途中遇到一个樵夫，便与其攀谈起来。

李忱：老兄是哪里人啊？

樵夫：泾阳的。

李忱：你们县令叫什么名字？

樵夫：李行言。

李忱：你觉得他怎么样？

樵夫：此人性情很固执，不懂人情世故，他办起事来，没有人情，只有事故。

李忱：为什么这么说呢？

樵夫：我给你举个例子吧。县里曾经抓了几个强盗，没想到强盗和禁军有点关系，禁军点名要他放人，他不但不放，还把强盗们都给杀了！

李忱面色凝重地点了点头。

但他并没有表态，而是默默地将李行言的名字和事迹记了下来。

回宫后，他就将此写在了字条上，并将字条贴于宫中的柱子上。

一个多月后，海州刺史一职出现空缺。

李忱马上想到了李行言，下令将他擢升为海州刺史。

李行言入朝谢恩时，李忱还特意赐给他紫色的朝服。

紫色朝服是三品以上官员才能穿的，对李行言来说，无疑是极大的恩宠。

李行言激动万分，却又百思不得其解。

李忱似乎看出了他的心事，故意问道：知道朕为什么要赐给你紫衣吗？

李行言老实回答：不知道。

李忱哈哈大笑，随即命人取下柱子上的小字条，交给了李行言。

李行言这才恍然大悟。

还有一次，李忱在打猎途中路过一座寺庙，看见一群百姓在焚香祈祷。

他的好奇心一下子就上来了，便假装成游客进去偷听。

一听才知道，原来这些人是在祈求任期将满的醴泉县令李君奭（shì）能够留任。

李忱当即将李君奭这个名字记在了心里。

不久，李忱得知怀州刺史出缺，便给宰相们递了一张自己写的字条，要求任命李君奭。

宰相们都很惊讶：一个小小的县令，怎么会有这么大的能量？

直到李君奭入朝谢恩，李忱向朝臣讲了之前在寺庙中的所见所闻，宰相们才了解了事情的原委——原来皇帝是打猎之意不在猎，在乎百姓之间也！

但天下这么大，李忱不可能全部走遍。

他密令翰林学士韦澳将天下各州的风土人情、民生利弊等情况汇编成一本书，专门供他阅读。此事除了他和韦澳外，没有第三个人知道。

邓州（今河南邓州）刺史薛弘宗入宫觐见皇帝，出来后对李忱赞赏不已。

他逢人就说：陛下对我们邓州的了解程度令人称奇！太厉害了！

为了考察地方官员的能力，李忱还规定，全国各州刺史调任前必须先到京城，由皇帝亲自面试，之后才能正式上任。

有一次，宰相令狐绹将他的一个朋友调到相邻的州当刺史，考虑到两州之间距离很近，为避免朋友来回奔波麻烦，便没有要求他绕道到长安来，而是直接去赴任了。

没想到这事竟然被李忱发现了。

他当即召来了令狐绹：朕因为现在很多刺史都不称职，所以才一一予以召见，当面询问他们的施政方略，以此决定他们的去就。这个诏命，朕已经颁布很久了，你却不予执行，你这个宰相的权力可真大啊。

令狐绹只好连连谢罪。

还有一次，李忱在宫中召见新被任命为建州（今福建建瓯）刺史的于延陵时，装作不经意地问道：建州距离京城有多远？

于延陵回答：八千里。

李忱和颜悦色地对他说：挺远的啊。不过呢，就算再远，也没有朕看得远。你到建州后，一定要注意自己的言行，千万不要以为天高皇帝远，就可以胡作非为啊……

尽管李忱的语气比春天的东南风还温和，但于延陵却觉得比冬天的西北风还要刺骨——他瞬间吓得脸色发白，连话都说不连贯了。

可到任后，于延陵对最高领导这番话的反应，却和学生在听到语文老师说"体育老师今天有事"的时候一样——根本就不信。

在建州，他的表现极差。

具体来说就是：节操说碎就碎，名声想丢就丢。脸皮厚如城墙，手段卑鄙下流。不仅无法无天，而且无耻之尤……

没过多久，皇帝的诏令就来了。

于延陵被贬官了。

他这才后悔不迭。

原来皇帝不是在吓唬他，而是真的对他的一举一动都了如指掌！

当然，李忱也不是所有的时候都这么令人生畏。

有时和宰相们议事告一段落时，他也会让大家放松放松。

每到这个时候，他就显得非常和蔼可亲：现在咱们可以随便扯扯闲话了。

之后，他就会从大唐帝国的天花板一下子变身为脱口秀界的天花板，给大家讲一些宫中的段子，讲得妙趣横生，让人哄堂大笑。

此前的紧张气氛随之一扫而空。

场面一下子热闹起来。

但玩归玩，闹归闹，李忱不会没节制地开玩笑。

一段时间后，他通常会再次收起笑容，表情严肃地与在场的人继续讨论各种严肃的话题。

这就是李忱的帝王术！

喜怒莫测，恩威并施，没人能猜得出他心里面的想法，没人能预测他下一秒的做法……

大臣们都对他又敬又怕。

就连他最器重的宰相令狐绹，也曾对亲信吐露过这样的心声：我当政十年，最受皇上恩遇，可每次与皇上奏对政事时，没有一次不汗流沾衣的！

不过，尽管李忱一心想当个好皇帝，尽管他也有着不少优点——聪明、勤奋、细心、有志向、有心机、有手段，可却总给人一种精明但不高明的感觉。

他这个人小事能干，大事却糊涂；志向很大，格局却不大。

比如，对于刺史一级的官员，他任用时非常慎重——又是召见又是谈话，但对于宰相的任命，他的做法却显得极为随意。

据说每次提拔宰相时，他都会先准备好多个候选人——这些候选人大多出自那些"爸"气侧漏的高门大族，比如清河崔氏、荥阳郑氏、闻喜裴氏、京兆韦氏、范阳卢氏、兰陵萧氏等，然后将候选人的名字放在几个不同的容器里，再在其父宪宗的神位前祈祷后射箭，射中哪一个，就任命哪一个当宰相。

据《新唐书·李景让传》记载，有一次，李忱准备任命新宰相，御史大夫李景让志在必得，没想到最后入选的，却是名望远不如他的兵部侍郎蒋伸，原因就是李忱那次没有射中写有李景让名字的容器！

别人选择宰相，要么是看才气，要么是看人气，而他看的，竟然是运气！

这不是草率，完全是荒唐！

李忱还极为多疑。

他在位期间，宰相的变动比季节的变动还要频繁——除了早期的白敏中和之后的令狐绹，其他的宰相班子成员经常更换，且每次任命宰相都是突然袭击，除了他本人，没有人知道。

一次，李忱派枢密使王归长前去宣旨，打算任命兵部侍郎、判度支（相当于现在的财政部部长）萧邺为新任宰相。

王归长问：萧邺的判度支这一职务要保留吗？

没想到他这句话让李忱顿起疑心——难道王归长和萧邺有勾结，想要帮助他？

虽然没有任何证据，但李忱本着"宁可错杀，也不放过"的原则，马上就更改了诏令，改任户部侍郎崔慎由为宰相。

就因为王归长多了一句嘴，萧邺到手的宰相位子就飞了！

李忱用人，就是这么随意！

不过，在看过史书中萧邺和崔慎由的传记后，我理解了李忱。

因为这两人的能力似乎都不怎么样——崔慎由曾出过"按出身门第取人"的馊主意，而萧邺则是"在官无足称道"。

两个烂苹果，扔掉哪一个有区别吗？

一般来说，宰相的水平是和朝廷的治理水平成正比的。

就拿唐朝来说吧，缔造"贞观之治"的太宗朝有房玄龄、杜如晦，开创"开元盛世"的玄宗朝有姚崇、宋璟，带来"元和中兴"的宪宗朝有李绛、裴度，而李忱手下的宰相却无一例外全都是平庸之辈，能力之于他们，犹如前列腺之于女人——那是不存在的。

靠着这些人想要实现治国平天下的理想，就相当于开着拖拉机想要上天——完全是痴人说梦！

事实也证明了这一点。

虽然李忱不可谓不努力，但他真正做出的政绩却不多。

在他当政期间，尽管困扰朝廷多年的"牛李党争"随着以李德裕为代表的李党全面落败而宣告结束，可取而代之的，却是一帮水平远不如李德裕的庸人，因循苟安，碌碌无为。

在宦官问题上，他也没有什么建树。

李忱对手握禁军、专权多年的宦官颇为忌惮，却始终找不到解决问题的办法。

有一次，他特意屏退左右，秘密召见翰林学士韦澳：最近外界对宦官有什么看法？

韦澳一听脸色就变了。

他知道，宦官问题极为敏感，必须尽量避免卷入。在这种事上，既不能做左派，也不能做右派，只能做抽象派。

因此他没有回答皇帝的问题，而是本着"千穿万穿，马屁不穿"的宗旨大拍皇帝的马屁：陛下威严果断，非前朝可比！

李忱非常失望，摇摇头说：根本不是这样！朕对他们还是心存畏惧，你有何良策？

韦澳知道自己避无可避，只好吞吞吐吐地说：这个事……如果与外朝大臣商议，说不定会重蹈甘露之变的覆辙，不如……不如就在宦官之中另选可靠之人……

他的言下之意是起用新宦官来代替现在那帮飞扬跋扈的老宦官。

没等他说完，李忱就没好气地打断了他的话：这是下策！朕不是没有这么做过，那些宦官在穿绿衣（六、七品官服）和红衣（四、五品官服）时对朕都感恩戴德，可一旦穿上紫衣（三品以上官服），他们就和原先那帮老宦官差不多了！

见韦澳难当大任，李忱又找到了他最信任的宰相令狐绹，让他为诛除宦官出主意。

令狐绹向来胆小，要他与宦官作对，就如要绵羊去主动攻击老虎——完全是不现实的。

可是皇帝的命令又不能当耳边风，怎么办呢？

令狐绹苦想了好几天，最终上了这样一个密折：只要宦官有罪的时候不要放过，缺额的时候不要补充，时间长了，宦官自然就越来越少了，越来越没有威胁了……

在李忱看来，令狐绹的建议，就和"钱只要不花，就总是够用的"这句话差不多——表面上似乎挑不出毛病，但其实根本没有任何可行性——现在宦官的势力这么大，他们怎么可能这样随随便便任人摆布！

对这样的答复，李忱当然不会满意。

可是，他又有什么办法呢？

他只能无奈地接受了现实。

还是把这个问题留给子孙后代吧。

宦官的困扰无法解决，至于藩镇，李忱更是无所作为。

他在位的这些年中，唐朝各地的兵变、民变此起彼伏，天下并不太平。

公元849年，武宁军乱，驱逐节度使李廓；

公元851年，蓬州、果州（今四川南充）一带百姓发动起义；

公元855年，浙东军乱，赶走观察使李讷；

公元857年，容州（今广西容县）军乱，驱逐经略使王球；

公元858年四月，岭南军乱，囚禁节度使杨发；五月，湖南军乱，驱逐观察使韩悰；六月，江西军乱，驱逐观察使郑宪；同月，安南（今越南河内）民变，当地蛮人勾结南诏发动叛乱；七月，宣歙军乱，驱逐观察使郑熏……

从中可以看出，变乱发生的频率是和李忱在位的时间成正比的——越到后期，越是频繁，国家越不太平！

尽管这些变乱大都在不久后被平定，但谁都知道，量变多了迟早会有质变，乌云多了迟早会有暴雨，再这样持续下去，危机很快就会到来！

这就是李忱治国十多年所交出的成绩单！

张义潮收复河湟

不过，虽然在内政上表现不佳，但对外李忱却取得了一个之前历任唐朝皇帝都梦寐以求的重大成就——收复河湟！

自安史之乱以来，河西、陇右就落入了吐蕃的手中，此后近百年，唐朝朝野上下一直都期望能收复失地，却始终无法如愿，而在李忱手里，这一切却变成了现实！

这怎能不让他感到兴奋！

然而，如果了解了此事的整个过程，你就会发现，这其实与李忱本人没多大关系，纯粹是天上掉馅饼！

前面说过，早在武宗李炎在位期间，吐蕃末代赞普朗达玛遇刺身亡，之后便爆发了大规模的内战，国力迅速衰落。

李忱继位后，吐蕃的局势更加混乱，原本靠武力维持的统治已经无法再维持，很多地方都变成了三无状态——无政府，无官员，无秩序。

公元 849 年二月，原本由吐蕃控制的唐朝旧地秦州、原州、安乐州（今宁夏同心）三州以及石门（今宁夏固原黄铎堡镇）等七个关城先后反正归唐，李忱命泾原等地调派军队前去接应，顺利接管了这些地盘。

当年八月，三州父老一千多人来到长安朝见天子，李忱登上延喜门（皇城东北门）的城楼，亲自接见了他们。

父老们脱下胡服，换上了祖辈穿过的唐装。

一时间，全场欢声雷动。

三州的回归，只是个开始。

数月后，维州、扶州（今四川九寨沟）等地也先后脱离吐蕃，宣告归顺唐朝。

两年后，又从沙州（今甘肃敦煌）传来了一个更令人振奋的消息。

几乎整个河湟地区都被一个叫张义潮的人收复了！

张义潮出身于沙州豪族，祖上世代为沙州州将。

沙州位于河西走廊的最西端，是进入西域的东大门，附近还有著名的玉门关和阳关，地理位置十分重要。

张义潮出生的时候，包括沙州在内的河西地区已经没于吐蕃多年，吐蕃在河西的统治十分残暴，根本不把广大汉人当人看，动不动就断手凿目，残酷杀害，因此河西百姓都对吐蕃恨之入骨，无比怀念故国唐朝。

史载在唐文宗李昂开成年间，唐朝曾派使者前往西域，途经河西走廊。

河西百姓见到使者旌节，纷纷以参加百米赛跑的速度争先恐后地从四面八方赶来，将使者团团围住，一边哭一边问使者：皇帝还记得我们这些沦陷区的臣民吗？……

身在异域，心向唐朝，张义潮就是在这样的氛围中长大的。

他自幼就立下宏愿，一定要驱逐侵略者，让这片土地重归故国，让河西汉人重新过上安定的生活。

出于对曾威震西域却在安史之乱中被冤杀的大唐名将封常清的崇拜，他还亲笔抄写了封常清临死前所作的奏表——《封常清谢死表闻》（张义潮的抄本后来在敦煌莫高窟被发现，现收藏于法国巴黎国立图书馆），以提醒自己要像封常清一样不计生死，精忠报国。

为了实现自己的抱负，他刻苦学习兵法和武艺，按照《敕河西节度兵部尚书张公德政之碑》的说法就是：论兵讲剑，蕴习武经。得孙武白起之精，见韬钤之骨髓……

与此同时，他还凭借自己沙州大族的身份，结交了不少豪杰，为将来起事做好了充分的准备。

但他并没有草率行动。

他知道，沙州孤悬西北，距离唐朝边境有数千里之遥，起事后不可能得到故国的任何支持，因此他只有一次机会，只能成功，不能失败！

他不能随便出声，一旦出声，就必须掷地有声！

他不能轻易出手，一旦出手，就必须一击得手！

他就像一个手中只有一支箭却想要猎杀猛虎的猎手，必须耐心等待最佳时机。

吐蕃实力犹在的时候，他没有动。

吐蕃刚开始内乱的时候，他没有动。

直到吐蕃内部已经乱成一锅粥，秦州、原州等距唐朝较近的州郡纷纷脱离吐蕃、加入唐朝，他才终于决定：动手！

这天清晨，张义潮身披重铠，全副武装，领着一帮敢死队大声鼓噪着杀向州门，附近的汉人也纷纷响应。

城内的吐蕃守军人数不多，见义军声势浩大，不敢应战，仓皇出逃。

义军随之控制了整个沙州城。

起义的整个过程比巧克力还要丝滑，几乎没遇到任何阻力。

本以为会是送命题，没想到竟然是送分题！

几乎所有人都无比兴奋。

而张义潮却依然保持着清醒的头脑。

在他看来，吐蕃人一定不会甘心失败，迟早会卷土重来！

在他看来，沙州的光复，不是终点，而是起点，更艰难的战斗，还在后面！

因此他不仅没有放松，反而更加认真地打造兵器，训练士卒，演练战术。

果然不出他所料，不久，吐蕃大军真的来了。

张义潮对此早有准备，一次次地击退了吐蕃人的进攻，力保城池不失。

史书中对此战的记录是：白刃交锋，横尸遍野。残烬星散，雾卷南奔……

其战斗之惨烈，由此可见一斑。

最终，吐蕃惨败，再也无力对沙州发动新的进攻。

在稳定了沙州的局势后，张义潮遣使向唐朝朝廷告捷。

然而此时沙州以东的凉州（今甘肃武威）等地尚控制在吐蕃手中，道路受阻，张义潮前后派出的十路使节，只有僧人悟真这一路长途跋涉数千里，绕过了茫茫大漠，于公元851年初成功抵达了唐朝的天德军。

沙州反正归唐的消息这才传到了长安。

李忱闻讯喜出望外，忍不住感叹道：关西出将，岂虚也哉！

他当即下诏，任命张义潮为沙州防御使。

得到了朝廷的承认，张义潮和他的部下士气更盛。

男儿何不带吴钩，收取河湟十一州。黄沙百战穿金甲，不破吐蕃誓不还！

在接下来不到一年的时间里，张义潮从沙州出兵，以摧枯拉朽之势接连收复了瓜州、伊州（今新疆哈密）、西州（今新疆吐鲁番）、甘州（今甘肃张掖）、肃州（今甘肃酒泉）、兰州、鄯州、河州、岷州、廓州等十州。

公元851年十月，张义潮派他的哥哥前往长安，献上了河湟十一州的地图和户籍。

李忱宣布在沙州设立归义军，以张义潮为首任归义军节度使。

至此，沦陷近百年的河湟失地基本收复（之所以说基本，是因为河西首府凉州是公元861年才收复的），重归大唐版图！

史书如此评价这一盛况：西尽伊吾，东接灵武，得地四千余里，户口百万之家。六郡山河，宛然而旧……

河湟的收复，是晚唐漫漫长夜中一个难得的亮点，也是李忱在位期间取得的最大功绩，甚至可以说是他唯一的功绩。

因为除此以外，他似乎就乏善可陈了。

尽管他心比天高，尽管他颇为勤奋，可似乎所有的辛劳都是徒劳，所有的努力都是白费力，根本阻挡不住大唐帝国的国运不断下滑。

不过细想一下，这其实也很正常。

现在的大唐帝国已经病入膏肓，需要的是刮骨疗伤的大手笔，而不是李忱这样缝缝补补、一笔又一笔！

他最大的优点是关注细节。

他最大的缺点是只关注细节！

仿佛与国家形势同步，在皇帝生涯的后期，李忱的健康状况也大不如前。

这与丹药有关。

喜食丹药这个毛病似乎和高血压一样有家族遗传，晚年的李忱也走上了这条与父亲、兄长同样的不归路。

公元 859 年初，在吃了道士们进献的丹药后，李忱的身体就急转直下了。

这让朝臣们非常担心。

因为皇帝还没有确立继承人！

事实上，这个问题早在八年前就已经有人提醒过他了。

那一年，李忱四十二岁。

这样的年龄虽然看起来并不算大，可考虑到之前的五位皇帝最多只活到了四十三岁，大家还是觉得皇帝必须把立太子这件事提到议事日程上来了。

不过，由于李忱的作风一向十分霸道，开口闭口都是"我不要你以为，我要我以为"，讨厌听逆耳之言，因此对于立储之事，大臣们大多是敢想不敢言。

只有新上任的宰相魏谟是个例外，他似乎颇有先祖之风——他的五世祖是以进谏闻名的太宗朝名臣魏徵。在入宫向皇帝谢恩时，魏谟进言说：如今海内无事，只是至今还未确立储君，臣深以为忧……

然而，无论魏谟是声情并茂还是声泪俱下，李忱都无动于衷。

之后几年，他也从来没有流露出任何想立太子的企图。

他究竟是怎么想的？

没人知道。

直到他自己说了出来。

那一次，他召见宰相裴休，让裴休就朝政大事畅所欲言。

裴休趁机请求皇帝早立太子。

这次李忱终于开了口。

他冷冷地说：要是立了太子，朕岂不就成闲人了！

数月后，裴休就被罢免了宰相职务，外放为宣武节度使。

由此可见，李忱之所以不肯立太子，最主要的原因竟然是怕太子夺走他的权力！

可想而知，他的权力欲有多么旺盛！

然而，权力欲可以是无限的，但人的生命毕竟是有限的。

随着时间的推移，李忱的年龄越来越大，太子却始终未立，大臣们对此也越来越担心。

公元 858 年初，李忱打算大赦天下。

宰相令狐绹劝阻说：大赦天下，牵扯甚广，必须要有个合适的理由才行，而且这种事不能太频繁……

应该说，他的话是有一定道理的。

在古代，大赦是非常慎重的，举行时一般只有两种情况：要么是发生了重大的喜事需要庆祝，比如新皇登基、改年号、册立皇后或储君、朝廷军队在战争中取得重大胜利等；要么是发生了重大的灾难需要祈福，比如国内出现严重自然灾害、皇帝皇后皇太后等重要皇室成员健康状况不佳等……

但李忱不管这些。

他向来说一不二，想做的事就一定要做——即使没有理由创造理由也要做。

他阴沉着脸问在场的宰相们：那你们说这事该怎么解决？

宰相崔慎由认为这是个难得的进言机会，连忙接过话头说：陛下尚未册立储君，四海臣民对此都十分期盼。如果陛下举行这样的仪式，即使是到南郊祭天也没问题，何况是大赦！

李忱没有说话，脸却几乎拉到了地板上，整个人散发着"皇帝很生气，后果很严重"的气息。

果然，崔慎由为他的这番话付出了代价——仅仅十天后，他就被免去了宰相职务，出任东川节度使。

显然，对李忱来说，立储这件事不仅是个禁区，还是个雷区！

他不愿提起这个话题，更不愿面对这个问题。

从来不需要想起，永远都必须忘记！

尽管他此时已年近五十，可他觉得自己还不老，他还希望再干很多年！

为了能延年益寿，他专门派宦官前往岭南的罗浮山（位于今广东博罗），请来了当时最著名的道士轩辕集。

轩辕集在民间被传得神乎其神——传说他已经数百岁了，可外表看上去却还很年轻，道术也极其高明，什么驯兽术、分身术、隐身术、小学算术……无一不通。总而言之一句话，只有你想不到的，没有他不会做的！

轩辕集一到长安，李忱就立即亲自在宫中接见了他。

一见面，他就迫不及待地问轩辕集：先生可以传授给我长生之道吗？

轩辕集答道：帝王只要清心寡欲，崇尚道德，自然就会有长久的福气，哪里还需要别的途径去祈求长生呢？

李忱很失望，也很失落。

本以为你是个世外的高人，没想到说的话比常人还要常人，原来那些传说竟然全是唬人的，你这样让我还怎么能信别人！

不是所有道士都是轩辕集。

很快，李忱就从别的道士那里搞来了所谓的长生秘方，吃起了他们进献的灵丹妙药。

可惜事与愿违，他并没有长生，病倒是常生了——每天不是头疼，就是脚麻；不是这里不舒服，就是那里不好受。

没过多久，之前的硬汉子就变成了病秧子。

公元859年六月，李忱背上长出了一个毒疮，病势也日益沉重，很快就卧床不起，从此再也无法离开寝宫，再也无法见到包括宰相在内的外朝大臣。

病床上的李忱知道自己将不久于人世，不得不面对他最不愿面对的问题：该选择谁为自己的继承人呢？

他有十一个儿子，长子郓王李温当时已二十七岁，照理应该是储君的不二人选，可李忱却极其不喜欢这个儿子——其他皇子大都跟着父皇住在宫中，而李温却只能和其他疏远的皇族子弟一起，被安排住到了十六宅（晚唐皇族诸王居住处）。

李忱最钟爱的，是三子夔（kuí）王李滋。

可是废长立幼，毕竟不合礼法，因此他思来想去，拿不定主意。

直到这年八月，在生命的最后一刻，他才终于下定了决心——让李滋接班。

他命人召来枢密使王归长、马公儒以及宣徽南院使（相当于大内总管）王居方，把夔王李滋托付给他们，让他们拥立李滋——这三人以及右神策军中尉王茂玄是李忱最信任的四个宦官。

李忱相信，有他们的支持，只要没有意外，李滋一定能顺利继位。

然而这个世界上最不缺的就是意外。

问题出在左神策军中尉王宗实身上。

虽然同为顶级权宦，可王宗实与王归长等人的关系却不大融洽，因此为了行动顺利，王归长等人经过商议，决定搬走这块绊脚石——他们以天子的名义下诏，将王宗实外放为淮南监军。

王宗实本来没有怀疑，接到敕命后就准备出发。

但他的副手亓（qí）元实却提醒他：皇上卧病在床已经很长时间了，这个时候发布这样的诏书，是真是假很难分辨，您何不见了圣上以后再走？

王宗实如梦初醒，当即带着亓元实一起前往皇帝寝宫。

刚走到寝宫附近，两人就听到了里面的哭声。

原来，此时李忱已经驾崩了！

王宗实一下子明白自己上了当，当即直闯入宫，指着王归长等人就是一顿痛骂。

接下来的事自然就顺理成章了。

凭借手中掌握的禁军兵权，王宗实很快就掌控了局势，将王归长等三人抓捕处死，同时又立即派人前往十六宅迎接郓王李温进宫。

八月初九，王宗实假造皇帝诏书，宣布立郓王为皇太子，改名李漼（cuī），监理国政。

次日，李忱的死讯才正式对外公布。

这一年，李忱五十岁，死后他被追谥为圣武献文孝皇帝，庙号宣宗。

不过，尽管李忱的人生结束了，但千百年来，关于他的争议却从来没有结束。

有人对他赞颂有加，称他是"小太宗"，他在位的那些年则被誉为"大中之治"——大中是李忱的年号。

《旧唐书》中说：由是刑政不滥，贤能效用，百揆四岳，穆若清风，十余年间，颂声载路。当时以大中之政有贞观之风焉。

宋朝史学家司马光在《资治通鉴》中更是不吝溢美之词：宣宗性明察沈断，用法无私，从谏如流，重惜官赏，恭谨节俭，惠爱民物，故大中之政，讫于唐亡，人思咏之，谓之小太宗。

但也有很多史家对此持有异议，认为李忱非但不是小太宗之类的明君，反而堪称亡国之君。

宋朝史学家孙甫在他的《唐史论断》中便批评李忱是：知为君之小节，而不知其大节。

明末清初的王夫之更是毫不隐讳地指责李忱要对唐朝的灭亡负有最大的责任，说他：恃机警之耳目，闻一言而即挟为成心，见一动而即生其转念，贤与奸俱岌岌不能自保，唯蔽以所不见不闻，而上蠹国、下殃民。唐之亡，宣宗亡之。

那么，究竟哪一个才是对李忱最公正的评价？

一千个人心中有一千个哈姆雷特，每个人心中都会有自己的答案。

就我个人而言，我更认同后者，在他统治后期越来越频繁的动乱就是明证。

至于《旧唐书》和《资治通鉴》中所赞美的"贤能效用""从谏如流"，在我看来，就相当于方便面包装上的大块牛肉——只存在于纸面上，不存在于现实中！

不过我觉得，如果泉下有知，李忱对自己的人生估计还是挺满意的。

至少，他实现了自己的理想——青史留名。

他虽然不是史上最有能力的皇帝，却称得上是史上最有争议的皇帝！

第四十九章　多事之秋

浙东烽火

李忱死后，二十七岁的李漼随即继位，是为唐懿宗。

李漼称帝后的表现充分证明了一个道理——他不受其父待见，不是没有原因的。

因为他与他的父亲几乎是一对反义词。

李忱勤奋，李漼懒惰；李忱细心，李漼粗心；李忱喜欢玩心机，李漼喜欢玩；李忱非常节俭，节俭到仿佛永远都不会死似的；李漼无比奢侈，奢侈到仿佛明天就要死掉似的……

总之，两人几乎没有任何共同点——除了都姓李。

李漼登基后，便把全部的精力都放在了吃喝玩乐上，每天不是看戏就是听曲，不是出去游玩就是大摆宴席，宫中光是为他演奏音乐助兴的乐工就有近五百人，对于这些演员，他出手极为大方，赏赐起来动辄数千贯。

至于朝政，李漼基本上很少过问。

当然，他就是想过问也没那个水平——他过去一直被父亲冷落，自然也不会得到很好的培养，根本不具备治国的能力。

而现在的宰相班子成员跟以前比也有了很大的变动。

之前十年一直担任首席宰相的令狐绹虽然备受宣宗李忱的信任，但在官场上的名声却很不好——令狐绹执政的水平不行，捞钱的水平却很高，多年来他一直纵容儿子大肆卖官鬻爵，收受贿赂，其子令狐滈（hào）由此被称为白衣宰相，声名狼藉。

李忱死后，令狐绹失去了保护伞，官员们对他群起而攻之。

为了平息众怒，李漼不得不将令狐绹赶出朝廷，出任河中节度使。

接下来该用谁来接替令狐绹呢？

李漼作出了一个所有人都没想到的选择——已离开朝廷多年的老臣白敏中。

不过细想一下，似乎也并不奇怪。

那么多大臣，李漼能叫得出名字的也没几个。

白敏中这一年已经六十八岁了，早已老病缠身，更不巧的是，刚接任宰相没几天，他就在上朝登台阶时摔了一跤，此后几个月一直卧病在家。

白敏中过意不去，屡次上表辞职。

但皇帝李漼却坚决不同意。

谏官王谱劝谏说，陛下刚开始治理天下，经验还不丰富，需要得力的宰相辅佐，白敏中已经病了很久，无法处理政务，希望陛下批准他的辞呈，另行寻访贤才。

没想到李漼竟然大发雷霆——你这不是为难我吗？我认识的就那几个大臣，老白不干，你让我找谁！

他当即下令将王谱贬官。

又过了好几个月，直到白敏中去世前不久，李漼才不得不批准了他的辞呈。

这期间长达一年的时间里，首席宰相的位置竟然一直空缺！

李漼对此毫不在意，依然醉生梦死。

撼山易，撼李漼玩乐之心难！

这样一个昏庸的皇帝，即使是在太平年代，恐怕也会导致国家的混乱，更何况在那样一个多事之秋？

事实上，早在宣宗李忱在位的后期，大唐帝国就已经很不安定了。

李漼继位后不到四个月，更是爆发了声势浩大的浙东裘甫起义。

浙东地处江南，是朝廷的财赋重地，一直以来赋税都很重，加上吏治败坏，贪腐横行（高层有令狐绹这样的大贪官，上行下效，地方官场的风气当然也好不到哪儿去），百姓的日子过得犹如中年男人的腰——每况愈下，一天不如一天。

裘甫本是浙东的一个平民，因不堪官府压迫，他率百余名部众揭竿而起，攻陷了象山（今浙江象山），之后又进逼剡县（今浙江嵊州）。

浙东承平已久，官军人数很少，浙东观察使郑祇德好不容易拼凑了三百人前去讨伐，没想到却被裘甫打得几乎全军覆没。

之后裘甫又乘胜攻克剡县，部众也迅速发展到了数千人。

此时郑祇德手下已没有多少部队，无奈只好招募新兵，但由于军吏收受贿赂，所招的新兵几乎全都是老弱。

这样的士兵，让他们去打酱油还勉强能应付，可让他们去打仗，却相当于让癞蛤蟆飞上油菜花去采蜜——实在是强人所难了。

两军在剡县附近的三溪以北交战。

裘甫事先在溪水的上游修筑堤坝，堵塞溪水，战斗开始后他佯装不敌，退往三溪南面。毫无战斗经验的新兵们见状紧追不舍，争先恐后地蹚水过溪，没想到就在此时裴甫军挖开了堤坝，顷刻间大水奔涌而下，新兵们大都被水冲走，几乎无一幸免。

此役获胜后，裴甫军声势大振，各地贫苦百姓纷纷赶来加入。

很快，裴甫麾下就有了三万多人。

公元860年二月，裴甫自称天下都知兵马使，改年号为罗平。

随后，裴甫又先后攻入上虞（今浙江上虞）、慈溪（今浙江慈溪）、余姚（今浙江余姚）、奉化（今浙江奉化）、宁海（今浙江宁海）等浙东不少县城，还分兵攻掠衢州（今浙江衢州）、婺州（今浙江金华）、明州等地。

见裴甫的势力越来越大，郑祗德慌了，他一面连连上表向朝廷告急，一面忙不迭地向邻近各道求援。

在他的极力恳求下，援兵总算是来了——浙西派出了四百兵马，宣歙则来了三百兵马。

但郑祗德很快就发现，自己这次是关帝庙求子——找错人了。

因为来的这些人，不像是援军，倒像是大爷。

他们一来就狮子大开口，郑祗德给他们的供应比正常多了十几倍，他们还不满足，好不容易愿意出兵了，还要求浙东当地的军队当先锋。

浙东人当然不愿意——你们拿了比我们多得多的钱，凭什么让我们冲在前面送死？

他们有的称病请假，有的假装从马上跌下受伤，有的则提出了郑祗德不可能接受的条件——要求给他们升官——不是从五菱到三菱的那种升级，而是要一下子从五菱升到劳斯莱斯的那种！

就这样，转眼很多天过去了，官军始终没有任何实质性的行动。

而眼看局势越来越严重，皇帝李漼也不得不暂时放下玩乐，召集朝臣商议对策。

宰相夏侯孜推荐了一个人——安南都护王式。

王式出自官宦世家，伯父王播、父亲王起都做到了宰相级的高官，他本人以门荫入仕，宣宗朝末年出任安南都护。

当时安南的形势很不稳定，当地蛮人屡次作乱，王式一到任，就选练士卒，严抓军纪，都将罗行恭骄横不法，被王式拿下杖责，贬于边远之地；蛮人首领杜守诚凭借着宗族势力一直不遵法令，式设计离间其部众，导致杜守诚众叛亲离，死于非命。

既有雷霆手段，又有灵活手腕，军中见识到了他的厉害，没人再敢胡作非为，战斗力大大提升。

不久，南诏大举入侵，王式沉着应对，很快就迫使南诏撤军。

之后，又有安南乱民围攻交趾城（今越南河内），由于事发突然，城中人心惶惶，当时王式正在吃饭，有人劝他出城躲避，但王式却丝毫不为所动：我只要脚一动，交趾城就保不住了。

他从容地吃完饭，才穿上盔甲率左右登城守卫，没过多长时间就平定了叛乱。

更可贵的是，王式并不仅仅是个军事人才，内政上同样是把好手。

那段时间安南地区由于战乱频仍，很多地方都出现了饥荒，王式大力赈济灾民，犒赏将士，逐渐赢得了百姓的爱戴。

安南的局面终于安定了下来。

之前与唐朝断交多年的占城（今越南中南部）、真腊（今柬埔寨）也纷纷遣使前来修好。

凭借着在安南的优异表现，王式声名鹊起。

这次他再次临危受命，被任命为新的浙东观察使代替郑祗德。

临行前，王式照例前往长安朝见天子。

李漼问他破敌方略。

王式胸有成竹地说：只要给我足够多的军队，破敌不在话下。

李漼还没来得及回答，旁边的宦官就插嘴说：军队多了，费用太高……

王式辩解道：臣之所以要求多调兵马，就是为了节约国家的费用。兵多的话，贼军很快就能平定，倘若兵少，战事就可能拖延很久，时间一长，江淮的盗贼就会群起响应，如今国家的用度大多仰仗江淮，一旦道路被叛贼阻绝，朝廷上上下下恐怕都难以为继，这样一来，损失就无法估量了！

李漼被说服了，当即下诏，要求调发忠武、义成、淮南等诸道兵马，全都交由王式指挥。

公元 860 年四月，军队调集完毕，王式立即率部杀向浙东。

行进途中，王式发现义成军军纪不佳，当即大怒，扬言要将义成军主将斩首。

众人苦苦求情了很久，王式才答应暂时免除他的死罪，允许他戴罪立功。

经此一事，部队的军纪明显好转，所到之处秋毫无犯，童叟不欺。

四月十五日，王式抵达浙东治所越州。

一入城，他就整肃军令，严明法纪。

慑于他远扬天下的威名和雷厉风行的言行，之前要钱要物要升官的都不敢再提条件了，因为他们知道，一旦他们提条件，王式就敢要他们的命；之前称病不出的也都不敢再装病了，因为他们知道，之前装病是他们的通行证，而现在装病却只能是他们的墓志铭！

城中军队的风气从此焕然一新。

接着，王式又命属下各县开仓放粮，救济贫民。

有人劝阻他说：如今正是用兵之际，首先要保证军粮供应，不能这样白白发给百姓。

但王式根本不听，坚决要求这么做。

毫无疑问，这一做法受到了百姓的欢迎，为官军争取到了民心。

之后，王式又从辖区内搜罗了百余名被流放至此的胡人，并奏请朝廷拨给战马两百匹，组成了一支骑兵部队。

与此同时，他还肃清了越州城内与裘甫军有关系的内应，并在城门内外加强戒备，以防备裘甫的间谍混入城内。

那么，在王式秣马厉兵的这段时间，裘甫在做什么呢？

他似乎什么也没做。

事实上，早在王式到越州之前，裘甫的副手刘暀（wǎng）便提出了一个宏大的计划，要他趁王式未到的时候乘虚攻取越州，沿着钱塘江修建营垒，阻止王式渡江，再找机会攻入浙西、淮南，同时分兵南下袭取福建（今福建福州），尽占东南财赋之地……

但颇受裘甫礼遇的进士王辂却极力反对，他认为刘暀的建议不切实际，应该据险自守，遇到紧急情况就逃往海岛。

裘甫一时拿不定主意。

在他看来，刘暀的策略太过冒险，他不敢；而王辂的建议又太过保守，他不甘。

进亦忧，退亦忧，然则咋办才对呢？

他左思右想，却始终无法作出决断。

可惜，做决断和做试卷一样，都是有时间限制的。

不在规定的时间内作出正确的选择，就只能得到一个结果——最坏的结果！

这年四月底，王式正式动手了。

他以宣歙、浙西部队以及新组建的骑兵为东路军，从东面向裘甫军发动进攻；义成、忠武、淮南的部队则与台州的地方部队会合，为南路军，从南面发起攻击，两路军队均以熟悉本地地形的地方民团为先导。

临行前，王式严令部队不得焚毁百姓房屋，不得残杀平民谎报战功，平民被裹胁进裘甫军的，应予以招降，所有俘虏只要是浙东本地人都予以释放。

同时为了激励将士们的作战积极性，他又作出承诺，所有缴获自裘甫军的战利品，全部归作战将士所有。

如此一来，官军士气高涨，而裘甫军见官军势大，加之又优待俘虏，则全都军心动摇。

两军稍一接战，裘甫军就纷纷败退。

在接下来的一个月里，官军势如破竹，连战连捷，先是攻克沃州寨（今浙江新昌东）、新昌寨（今浙江新昌）、唐兴（今浙江天台）等地，接着又在宁海等地大破裘甫军，随之收复宁海。

五月二十九日，裘甫亲自领兵在南陈馆（今浙江宁海西南）与官军展开决战，再次大败，不得不退入老巢剡县固守。

官军将剡县城团团包围，接着又断绝了城中的水源，裘甫迫不得已，只能硬着头皮出战，却依然无法扭转败局，最终走投无路，不得不投降。

王式将裘甫用囚车押送京城斩首，刘暀等二十余名义军骨干则被腰斩处死。

战后，王式又惩处了一批欺压百姓、为害乡里的官员和恶霸，一定程度上缓和了当地的官民矛盾，稳定了浙东的局势。

声势浩大的浙东裘甫起义就此平定。

大唐最后一位名将

不过，尽管东南暂时太平了，但在大唐帝国的西南边陲，却爆发了一场规模更大、持续时间更长、对后来的历史影响也更深远的战事。

这场战争是南诏挑起来的。

南诏原本依附于吐蕃，德宗时宰相李泌为了孤立吐蕃，着力拉拢南诏，南诏便转而投靠了唐朝，之后的六十多年间，双方虽然也有过一些摩擦，可总体来说还算友好，然而在宣宗李忱在位期间，南诏与唐朝的关系却开始急转直下。

前面说过，李忱是个比较节俭的人，秉承着"能省则省，不能省硬省"的原则，他对削减开支非常重视。

这一点在与南诏的交往中也充分体现了出来。

南诏与唐朝交好后，每年都要派出数以千计的留学生前往成都学习唐朝文化，留学生的所有开支都由唐朝负担，可在宣宗年间，唐朝的财政状况越来越差，给留学生的待遇也相应降低了标准，虽然比一般唐朝百姓的生活水准还是要高不少，但幸福是比较出来的，之前南诏的留学生是想买什么就买什么，而现在却是想买什么只能想想再买；之前是天天花天酒地，而现在却是只能天天怨天怨地！

这当然会让他们感到极其不爽。

由于这些留学生大多为南诏的贵族子弟，意见可以很轻易地上达天听。故而南诏上层对此很不满。

此外，作为藩属国，南诏每年都要向唐朝纳贡，而唐朝照例会给予价值远高于贡品的赏赐，为了多得好处，南诏使团的人数逐年递增，搞得唐朝财政不堪重负。

公元 850 年左右，在西川节度使杜悰的建议下，宣宗李忱决定大幅削减对南诏的赏赐。

没想到这一下子捅了娄子。

南诏人一向以桀骜不驯著称，信奉的从来都是"有奶便是娘，没奶便反他娘"，得知此消息后，南诏国王丰祐当即勃然大怒——你都不给我好处，我凭什么跟你处！

当年冬天，南诏便没有再向唐朝纳贡，只是送了一道贺表而已，不久又召回了所有在唐朝的留学生。

之后的几年，南诏不仅在给唐朝的文书中屡屡出言不逊，还时不时出兵骚扰唐朝边境的安南、西川等地。

两国关系就此破裂。

公元859年，宣宗李忱去世，依照之前的惯例，唐朝朝廷派出使节通知各藩属国，让他们前来吊唁。

当使者来到南诏国都羊苴（jū）咩（miē）城（今云南大理）的时候，恰逢南诏前国王丰祐也刚刚去世，继任国王世隆（我国史书上为了避讳，一般称为酋龙）这年才十六岁，年少气盛，看到使者带来的诏书上写的竟然还是他父亲的名字，当即把眼睛一瞪，把桌子一掀，用手指着唐朝使者的鼻子，大声咆哮道：什么？要我们吊唁你们的皇帝？不可能！我国也是国丧，为何你们不来吊唁？更过分的是，你们的诏书居然是颁给先王的，而不是我！

说完，他就气呼呼地把使者打发走了。

使者只能灰溜溜地回去向皇帝李漼汇报。

李漼一听也火了，当即决定对南诏实施报复——不对世隆进行册封，也就是不承认世隆的国王身份，理由是世隆不遵守藩属国的礼节，没有派人前来吊唁，且名字犯了两代皇帝（太宗李世民、玄宗李隆基）的讳，实属大不敬。

李漼以为世隆为了求得册封，肯定会作出让步——改掉名字，乖乖地赔礼道歉。

他实在是太不了解世隆了。

事实上，世隆的刚烈在历史上是极为罕见的，他这个人，宁可被杀头，也绝不可能低头；宁可自己入土，也绝不可能容忍别人在他头上动土！

对于李漼的胁迫，他给出的回应非常干脆——你不册封我为国王，那我就当皇帝！

公元859年底，他悍然宣布称帝，定国号为"大礼"。

与此同时，他还发誓要让大唐变得未来可欺。

称帝后不久，他就派兵大举入侵唐朝，攻陷了播州。

对南诏的挑衅，唐朝当然不可能坐视不管。

几个月后，安南都护李鄠（hù）率军发起反攻，夺回了播州，没想到南诏军却趁其后方空虚，派兵三万攻占了安南治所交趾。

李漼闻讯大惊，急忙下诏命邕管（今广西南宁）及邻近各道发兵救援安南，与撤至武安州（今越南海防）的李鄠等人合力反击，费了九牛二虎之力，总算收复了交趾。

但顽固的世隆却依然不肯罢休。

公元 861 年七月，南诏军再次出动，攻陷了邕州（今广西南宁），大肆烧杀抢掠，二十多天后才退兵；数月后，他们又入侵嶲州（今四川西昌），并攻打邛崃关（位于今四川荥经）。

公元 862 年二月，南诏又一次进犯安南，新任安南经略使王宽抵挡不住，频频向朝廷告急。

朝廷急命湖南观察使蔡袭代王宽出镇安南，并征发忠武、义成等八道兵马三万人，全部交给蔡袭指挥。

见唐军势大，南诏军没有恋战，很快就撤退了。

三个月后，宰相杜悰等人见安南的形势已经逐步稳定，为了节省军费，决定调走前来支援的各道兵马，蔡袭认为南诏肯定还会再来，请求留下五千人驻守，但杜悰却坚决不同意。

没想到后来发生的事果然被蔡袭说中了。

当年年底，世隆遣军五万再犯安南。

蔡袭一面向朝廷求援，一面率部固守。

然而毕竟寡不敌众，在坚守了一个多月后，交趾城最终还是陷落了，蔡袭也为国捐躯。

此时唐朝调集的各道援军还在路上，见形势严峻，朝廷经过商议，决定召各道援军暂时撤回岭南西道（今广西南宁），以防备南诏可能发动的进攻。

之后的一年多时间里，唐朝连续两任岭南西道节度使康承训、张茵虽然多次与南诏交战，也取得了一些战果，却始终未能有突破性的进展。

安南，依然被牢牢地掌握在南诏手中！

公元 864 年，在宰相夏侯孜的推荐下，四十四岁的骁卫将军高骈（pián）被任命为安南都护，负责收复安南。

高骈出身将门，祖父高崇文是宪宗朝的名将，他本人也聪颖过人，多才多艺，文能提笔写诗赋——他有多达五十首诗入选《全唐诗》；武能弯弓射大雕——《新唐书》中记载他早年在担任侍御史时曾一箭射下双雕，号称落雕侍御，堪称全才。

不过，高骈真正崭露头角靠的还是军功。

在神策军任职期间，他曾率部镇守长武城（位于今甘肃泾川），多次击败西北的党项叛军，后来又担任秦州刺史，诱降了吐蕃大将尚延心，并出兵收复了凤林关（位于今甘肃永靖）等要地，屡立战功。

这一次，高骈也没有让朝廷失望。

在接到命令后，他并没有仓促出战，而是驻军于海门（今广西博白），一边秣马厉兵，训练士卒；一边侦察敌情，制订计划。直到准备充分，他才于公元 865 年底正式出兵。

他先是率军在南定（今越南北部南定市）大破南诏军，接着又乘胜进军，经过多次苦战，于次年十月夺回了交趾城。

之后，唐朝朝廷于安南设置静海军，以高骈为首任节度使。

为了防备南诏再次入侵，他在交趾大修城池，城池的周长达三千余步，号称"大罗城"，并建造了四千多间房屋，奠定了现在越南首都河内的基础。

而在设置静海军的同时，皇帝李漼还给安南、岭南西道、西川等地的唐军下令，要求他们保境安民，不得再进攻南诏、惹出事端，并遣使告谕南诏，示以修好之意。

可见，本质上李漼就是个日子人。

他这个人没什么雄心，不喜欢开疆拓土，只喜欢开各种派对；不追求名垂青史，只追求名酒美女。

一个字概括，就是"玩"。

宫内玩腻了，他又把注意力转到了宫外。

曲江池（位于长安城东南）、灞水（渭河支流）、浐水（灞河支流）、华清宫（位于今陕西临潼）等长安附近的风景名胜，他基本上是说走就走，只要兴致一来，马上就动身，根本就不给侍从留下准备的时间，有关部门只好常备乐器、酒食、帐篷等各种用具，以便天子随时调用。

李漼还特别喜欢摆排场，每次出游，扈从人员往往多达十余万人，花费的钱财不可胜数。

除了玩乐，还有一件事李漼也极其痴迷——佛教。

史载他曾在皇宫中的咸泰殿设立戒坛，专门用于剃度宫女，让她们在宫中修行，还经常邀请长安城里的知名僧侣和尼姑入宫讲经，他本人也多次出席，亲自唱经礼佛，抄写经文，非常虔诚，有时他也出宫到各大寺庙布施，出手极为大方。

吏部侍郎萧仿看不过去，上表劝谏说：佛陀舍弃王位出家，这不是帝王所应该追求的。希望陛下多与宰相议事，关心百姓疾苦，这比崇信佛教要有用得多，陛下个人也必然会得到更多的福报……

看过奏章后，李漼对萧仿大大地表扬了一番。

然后呢？

然后就没有然后了。

谏言穿肠过，佛祖心中留。

他还是从前那个样子，没有一丝丝改变……

物质上穷奢极欲，精神上寄托佛教，物质精神双丰收，这就是李漼的生活，也是他心中最理想的生活。

对于朝政，他的追求只有两个字：维持。

他不希望自己的生活被打搅。

他希望国家能一直太平无事。

可惜，命运不是他妈，不可能事事都依着他。

出乎他意料的是，就在收复安南仅仅一年多后，又一场前所未有的变乱爆发了！

庞勋：唐朝第一个掘墓人

这次变乱的主角，是八百名原籍徐州的士兵。

几年前，南诏攻陷安南，西南边境告急，唐朝朝廷紧急征调各道部队前去支援，其中徐泗镇（今江苏徐州）有八百人被派驻在了桂州。

徐泗镇是新设立的藩镇，由原先的武宁镇（今江苏徐州）演化而来。

武宁军人向来以骄悍难制而闻名——尤其是其中装备最好的银刀军，动不动就发动兵变。公元862年初，武宁军又一次以下克上，驱逐了节度使，朝廷派平定浙东的名将王式率忠武、义成等地的精锐部队前往弹压，最终将包括银刀军在内的数千名武宁悍卒全部诛杀，之后朝廷下诏将原为武宁镇所辖的濠州（今安徽凤阳）划归淮南，原武宁节度使被降格为徐泗观察使，仅管辖徐、泗（古地名，其治所现已沉入洪泽湖）、宿（今安徽宿州）三州。

这八百名徐州士兵原本接到的任务，是在桂州驻防三年，期满后会有人来与他们换防。

可三年的期限到了，换防的人却迟迟没有出现。

那时的他们还以为，也许换防者只是迟到了，说不定过两天就会来。

那么，他们最终等到了吗？

这个问题，我觉得可以用下面这首歌来回答：你说过两天来换我，一等就是三年多。三百六十五个日子不好过，你心里根本没有我！……证明你一切都是在骗我，看今天你怎么说？……

转眼到了公元868年。

这已经是士兵们在桂州戍守的第六个年头了。

士兵们心急如焚，频频写信给徐泗观察使崔彦曾，苦苦哀求让他们轮换回乡。

崔彦曾也知道这事不能再这样拖下去了，便召来了几个亲信将领尹戡、杜璋、徐行俭，与他们商议此事。

尹戡认为目前军府财力紧张，派兵调防开支太大，应该让这批派驻桂州的士兵再延长一年役期。

他轻飘飘地说：六年都这样过去了，再拖一年又算得了什么？

760

崔彦曾点头表示同意。

这事就这样定了下来。

然而，当命令传达到桂州军营中的时候，士兵们却不干了——说好三年，三年之后又三年，现在还要延长一年，哪有这么欺负人的！

忍无可忍，那就无须再忍！

这年七月，都虞候许佶、军校赵可立、姚周、张行实等人发动兵变，杀死都将王仲甫，随即推举粮料判官庞勋为首，自行离开驻地返乡。

由于没带给养，他们走到哪里就抢到哪里，沿途各州县只能纷纷向朝廷告急。

经过宰相们的讨论，朝廷派使者找到了庞勋，宣布赦免他和他手下部队的兵变之罪，由官府出资送他们返回徐州。

庞勋倒也听话，随即命令手下停止了沿路的抢劫。

如果就这样发展下去，这事估计就和平解决了。

偏偏有些地方官员没领会到上面的意思。

先是湖南的监军宦官立功心切，诱骗庞勋所部交出了全部铠甲和兵器，接着山南东道节度使崔铉又派全副武装的部队严阵以待，守住关卡，禁止庞勋变军入境。

无奈，庞勋只能绕道而行。

后来，他们好不容易弄到了几只船，乘船沿长江顺流而下。

坐在船上，庞勋、许佶等人心潮起伏，一个又一个疑问像浪花拍打着船舷一样拍打着他们忐忑不安的心——朝廷使者说的话算数吗？为什么湖南官员要骗走他们的武器？为什么山南东道的士兵对他们如临大敌？为什么地方官员对他们如此不友好？……

最终，还是许佶说出了经他多日思考后得出的结论：

现在的朝廷，顺之者未必昌，逆之者必定亡。我辈的罪过，不比前几年被诛杀的银刀兵小。银刀兵都被灭了，朝廷怎么可能对我们网开一面？之前使者之所以答应赦免我们，说的肯定只是假话——他们怕我们沿路抢劫或者逃到山野为害一方。一旦我们到了徐州，必然会被剁成肉酱！

一语点醒梦中人。

士兵们很快就达成了共识——武装对抗。

是啊，既然朝廷不能给他们一条活路，他们就只能靠自己杀出一条血路！

他们拿出了所有财产，重新上岸，找人打造兵器，制作甲杖。

一切准备就绪后，他们登船继续出发。

九月下旬，庞勋等人的船只抵达长江北岸的瓜洲渡口（今江苏扬州瓜洲镇），随后转入运河北上，来到了淮南的辖区。

此时的淮南节度使是前宰相令狐绹。

押牙李湘向他献计说：这些徐州兵擅自从前线逃回，势必会作乱，尽管现在朝廷并没有命令我们讨伐，但在下以为，这个时候咱们还是应该当机立断。高邮（今江苏高邮）一带的运河河窄水深，是设伏的好地方，只要用火船堵住他们的去路，再用精锐部队从他们的后面发起攻击，同时在两岸设下伏兵，定能将他们一网打尽！倘若让他们回到徐州，与当地乱民结合，对国家的危害就大了！

从后面发生的事来看，李湘的判断是相当准确的。

不过，从提建议的对象来看，李湘的看人似乎是相当不准的。

常言道，家务不属于女人，也不属于男人，属于看不下去的那个人。

同样的道理，国事不属于上级，也不属于下级，属于看不下去的那个人。

而令狐绹显然不是这种人。

他最擅长的，就是睁一只眼闭一只眼。

他向来胆小怕事，信奉多一事不如少一事、少一事不如关他屁事，要他承担责任就相当于要一只小鸡承担千斤重担——完全是不现实的。

他当然不可能采纳李湘的建议。

他对李湘说：何必没事找事呢？只要他们在我的地盘上不惹事就行，其他的，就跟我没关系了！

他不仅没有为难庞勋，还派出使者和文工团前去慰劳，并赠送了不少钱粮，将庞勋客客气气地礼送出城。

就这样，庞勋顺利通过淮南，进入了徐泗镇境内。

沿途他又招纳了一些躲藏在乡野的银刀兵旧部，部众突破了一千人。

九月底，庞勋来到了徐城（今江苏泗洪）。

在那里他再次召集部众，慷慨激昂地对他们说：听说皇帝已有密诏到了徐州，要将我等灭族。大丈夫与其自投罗网，不如拼死一搏，逆天改命，变无望为希望，改必死为必胜！更何况，城中的将士都是我们的父兄子弟，我们只要在外面一声高喊，相信他们必定会在里面群起响应！

士兵们听了大多心潮澎湃，鼓掌叫好，只有十多个胆小的企图逃跑，被庞勋处死。

之后，庞勋一边带着部众继续向徐州进发，一边派人前往徐州给崔彦曾送信，信中提出要崔彦曾把尹戡、杜璋、徐行俭这三个士兵们最痛恨的军将免职，并要求让他们这些北还将士专门编成两个营，以保持自己的独立地位。

看到庞勋送来的信后，崔彦曾脸色大变，慌忙召集麾下将领开会讨论应对之策。

众将都认为应该趁庞勋军远来疲敝，一举将其荡平。

见大家态度如此坚决，崔彦曾也就不再犹豫，马上派部将元密率军三千前去讨伐庞勋——当时徐州城内总共只有军队四千三百人，可见这一次他下了血本。

没想到元密由于轻敌，中了庞勋的埋伏，被打得一败涂地，包括他本人在内的一千多人丧生，其余部众则悉数投降了庞勋，连一个回去报信的都没有。

从降兵口里，庞勋得知徐州兵力空虚，当即日夜兼程挥军杀往徐州。

徐州是庞勋等人的家乡。

在徐州城外，他们对百姓不仅秋毫无犯，而且嘘寒问暖，大加慰抚。

一直以来深受官府压迫的百姓们受宠若惊，纷纷传颂：桃花潭水深千尺，不及庞勋小拇指……

他们争相归附。

于是庞勋军声势更大。

之后，庞勋趁势对徐州城发起攻击，仅用了不到一个时辰，就轻松攻下了外城。

崔彦曾退保内城。

但内城也没能守多久——百姓们用装满柴草的车堵住城门纵火焚烧，很快又帮助庞勋军杀进了内城。

徐州就此陷落。

观察使崔彦曾以及其亲信尹戡等人悉数被俘，庞勋下令将崔彦曾囚禁看管，而尹戡、杜璋、徐行俭等几个徐州军民最痛恨的将领则被千刀万剐处死。

当天，城中自愿归附庞勋的士民有一万多人。

占领徐州后，庞勋自称兵马留后，遣使往长安请求节度使的任命。

在给朝廷的表文中，庞勋的口气非常大：……伏乞圣慈，复赐旌节。不然，挥戈曳戟，诣阙非迟——请求陛下大发慈悲，赐给我节度使的旌节，不然的话，我就带领部队挥戈西进，到皇宫来找您，相信也花不了多长时间！

他会如此牛气，当然不是没有理由的。

事实上，自从他进入徐州后，各地前来投奔的人就一直络绎不绝——不仅徐州附近的州县，就连光州（今河南潢川）、蔡州、兖州（今山东济宁兖州区）、郓州、沂州（今山东临沂）、密州等地，也有很多人赶来加入！

对此，《资治通鉴》是这样记载的：（百姓）争赴之，至父遣其子、妻勉其夫，皆断锄首而锐之，执以应募——百姓们争先恐后赶来加入庞勋的军队，父亲送儿子、妻子勉励丈夫，都把锄头的头部磨得十分锐利，拿着它作为武器去应募。由此可见，此时的唐朝政府，有多么不得民心！

这显然是庞勋等人之前没有预料到的事。

他之前也许想过会有人响应，但万万没想到响应的人有这么多！

庞勋感觉自己是坐到了风口上。

他摩拳擦掌，发誓要顺应时势，做一番大事！

是啊，现在的形势乐观到比他最乐观的预期还要乐观，他当然会自信到比他最自信的时候还要自信！

他相信，自己就是天选之子！

接下来一段时间，庞勋一边坐镇徐州，安抚百姓；一边分兵四处攻城略地，很快就拿下了濠州以及鱼台等近十个县。

但在泗州，庞勋军却出师不利，久攻不克。

泗州之所以如此难打，除了刺史杜慆抵抗意志坚决，还因为城中有一个狠人——辛谠（dǎng）。

辛谠出身名门，是参与平定安史之乱的名将辛云京的后裔，但他本人却无意仕途，年近五十岁还是个平民，一直在广陵闲居。

因为与泗州刺史杜慆有旧交，得知老友危急后，他立即动身北上，前往泗州。

当时泗州一带百姓为避战乱，纷纷南下，见到辛谠都很不理解：大家都往南走，你却孤身向北，为什么？

辛谠大义凛然地回答：我是去帮我的朋友守泗州城的！

这下，人们更纳闷了：你一个平民去守城？一只公鸡，偏要下蛋——不是你的活，你非要干？

辛谠没有再理他们，只是轻蔑地一笑——那神情，就仿佛航天专家听到别人说"火箭烧的是煤"时一样。

进入泗州后，辛谠被杜慆任命为团练判官，协助守城。

当时庞勋军昼夜不停地猛攻泗州，城中形势日益吃紧。

辛谠自告奋勇，请求让自己出城求援。

他乘坐小船突围而出，渡过淮河，向朝廷使臣郭厚本求救——郭厚本手下有淮南军一千五百人，此时正驻军于洪泽（今江苏洪泽）。

郭厚本有点被说动了，但淮南将领袁公弁却极力反对：贼军势大，我们连自保都不容易，哪有余力救别人！

辛谠拔出佩剑，怒目圆睁，对袁公弁厉声喝道：一旦泗州陷落，淮南就成了贼寇驰骋的地方，你又岂能幸免？我今天一定要先杀掉你！

说完，他挥剑就朝袁公弁刺去。

郭厚本见状慌忙将辛谠抱住，袁公弁这才狼狈逃脱。

见辛谠如此强悍，郭厚本不敢得罪，只好派出五百人，随辛谠回援泗州。

到了泗州城外，辛谠毫不犹豫，立即挥军杀入重围，城中的杜慆见救兵已到，也领兵冲出接应。

庞勋军猝不及防，加之不知辛谠的虚实，一时间竟然乱作一团，纷纷溃散。

泗州就这样解了围。

可惜这只是暂时的。

因为庞勋并未就此罢休。

他认为泗州地当江淮要冲，是非拿下不可的要地，便又继续调兵遣将，将兵力增加到数万人，随后卷土重来，再次将泗州城团团围住。

不久，镇海节度使杜审权派兵四千来救泗州，不料却在淮河南岸遭到了庞勋军的伏击，全军覆没。

之后，庞勋军又乘胜进兵，击败唐军郭厚本部以及淮南派来的援军，占领了淮南要地都梁城（今江苏盱眙西南）。

在取得了这一连串的胜利后，庞勋军气势更盛，很快又如风卷残云般攻克了沭阳、下蔡（今安徽凤台）、巢县（今安徽巢湖）、滁州（今安徽滁州）、和州（今安徽和县）等地。

一片惊涛骇浪中，只有孤城泗州还在杜慆、辛谠等人的指挥下苦苦支撑。

可此时城里的粮草即将见底，如果得不到援助的话，显然是坚持不了多久的。

辛谠决定再次出城求援。

当天晚上，他率敢死队十人，乘坐小船，用大斧砍断庞勋军围城的栅栏，突围而出。

庞勋军发觉后派兵紧紧追赶，辛谠等人且战且进，在与追军艰难缠斗了三十余里后，总算得以脱身。

辛谠先到淮南治所扬州，再到镇海治所润州（今江苏镇江），借到了两千援军以及粮食两千斛。

到了泗州城外，辛谠率部大声鼓噪，奋勇冲杀，所向披靡，很快就突破了庞勋军的封锁，进入城内。

之后辛谠又数次领兵出城运粮。

凭借他的大智大勇和他大智大勇所借到的粮草与外援，泗州城虽然屡屡险象环生，却总能化险为夷，始终屹立不倒。

对庞勋军而言，泗州城就是他们无论如何也啃不动的响当当一粒铜豌豆！

泗州的坚守，不仅吸引了大批庞勋的军队，也为唐军组织反攻赢得了宝贵时间。

公元868年十一月，朝廷终于从各藩镇征调了大量兵力，以右金吾大将军康承训为主帅，羽林将军戴可师、神武大将军王晏权分别担任南北两路军的主将，兵分三路，征讨庞勋。

不过，唐军一开始的行动并不顺利。

南路军主将戴可师轻敌冒进，在都梁城附近遭到庞勋军突袭，戴可师战死，所部三万兵马除了几百人逃脱外，几乎损失殆尽。

谈笑间樯橹灰飞烟灭，此役的轻松获胜，让庞勋更加志得意满。

他自认为无敌于天下，开始追求享受，沉迷于美酒、美食和美女之中不可自拔。

他的军师周重苦口婆心地劝他说：自古以来因骄奢而失败的例子不胜枚举，何况你的功业还远远未成呢？现在还不是躺平的时候，否则后果不堪设想！……

然而庞勋却根本听不进去。

没想到后来发生的事，竟然被周重说中了！

很快，庞勋就开始走背运了。

之前的每次战报都能给他带来惊喜，现在的每次战报都能给他带来惊吓！

之前每次都是想什么就来什么，现在每次都是怕什么就来什么！

公元869年正月，唐军总指挥康承训在宋州（今河南商丘）集结了七万大军，对庞勋军发动了声势浩大的反击。

在这批唐军中，战斗力最突出的是一支沙陀骑兵。

据《新唐书》记载，沙陀人本为西突厥别部，自号处月，居于金娑山（今新疆尼赤金山）以南、蒲类海（今新疆巴里坤湖）以东，因其附近有名为沙陀的大沙漠，故被称为沙陀。

唐高宗时期，大将苏定方平定西突厥，沙陀人归顺唐朝，但在安史之乱后，北庭为吐蕃攻陷，沙陀人又转附吐蕃，公元808年左右，因不满吐蕃人的暴政，沙陀酋长朱邪尽忠（朱邪，相传为处月的音译）及其子朱邪执宜率部众三万落转投唐朝，唐朝朝廷将沙陀人安置在盐州一带，后又迁至神武川（今山西山阴东北），朱邪执宜被封为阴山府都督、代北行营招讨使，隶属于河东节度使府。

归唐后，朱邪执宜先后带着部属参与了朝廷的多次平叛战事，立下了不少战功。

大约在文宗开成年间（公元836—840年），朱邪执宜病故，其子朱邪赤心接任沙陀部首领，继续为唐朝效力。

这次朱邪赤心又主动请缨，带着三千骑兵跟随康承训一起来到徐州，讨伐庞勋。

在战斗中，沙陀骑兵多次担任前锋。

随父出征的朱邪赤心的长子朱邪克用（当时是否叫这个名字无法确定，只知道当时他姓朱邪，后来的名字叫李克用，这里暂且就叫他朱邪克用吧）此时只有十五岁——生活在现代的话估计才刚上初二，他虽然年少，却骁勇绝伦，每次作战都一马当先，迅捷如飞，人挡爆头，车挡爆胎，所到之处如收割机进稻田，一下子就能放倒一大片……

战场上的优异表现，为少年朱邪克用赢得了一个著名的外号：飞虎子。

正是靠着沙陀骑兵非凡的冲击力，康承训率部多次击败庞勋军，逐渐取得了战场上的主动权。

而庞勋的处境则越来越困难。

由于屡屡失利，人们对他越来越没有信心，投军的人越来越少，逃兵则越来越多。

为补充兵源，庞勋不得不分派部下到徐州周边乡村到处拉壮丁当兵，搞得百姓怨声载道。

更令百姓不满的是，庞勋不仅抢人，还抢钱、抢粮——由于徐州的府库早已枯竭，为解决部队的后勤供应问题，庞勋只能在辖区内拼命压榨百姓，征收财产，税率最高的时候，居然达到了百姓总资产的百分之八十！

这样的政策，当然会遭到民众的反抗。

为了震慑百姓，庞勋悍然下令，凡是有隐匿财产的，一律诛杀全家。

他说到做到，短时间内就族灭了数百家。

曾经深得民心的庞勋，就这样迅速走向了徐州百姓的对立面。

期望越高，失望越大。

当初百姓有多爱戴他，现在就有多痛恨他！

当初百姓视庞勋为带头人，现在却视庞勋为大仇人！

与此同时，朝廷发布的一道命令又进一步瓦解了庞勋军的军心。

命令规定，所有投诚或俘获的庞勋军士卒，只要是出身农民的，一律予以释放。

这样一来，庞勋军更加缺乏斗志，在与政府军交战时，往往是一触即溃、溃不成军、军败如山倒……

在接下来的数月时间里，唐军康承训部又先后在鹿塘寨（今河南永城东南）、柳子（今安徽宿县北）等地连破庞勋军大将王弘立、姚周等部。

新上任的徐州南面招讨使马举也击败了围攻泗州城的庞勋军，被围长达七个月的泗州城就此解围，随后马举又乘胜进军，连克招义（今安徽明光东北）、定远（今安徽定远）等地，进围被庞勋军占据的濠州……

面对越来越不利的局面，庞勋陷入了沉思。

在苦思冥想了很久后，他作出了一个英明的决定：既然没啥好法子，不如过把瘾再死！

公元 869 年四月，庞勋将之前囚禁的前徐泗观察使崔彦曾等人悉数诛杀，同时正式宣布建立政权，自封为天册将军、大会明王。

不过，虽然原先的想法是过把瘾再死，但真的过了把瘾后，庞勋却并不想死了。

砧板上的鱼还要再挣扎一下呢，他当然不愿意坐以待毙。

庞勋命许佶和他的父亲庞举直等人留守徐州，自己亲率主力出城，先是击败了正在围攻丰县（今江苏丰县）的一支唐军偏师，接着又调集了手下各支部队，总兵力达五六万人，气势汹汹扑向正驻屯于柳子的唐军主力康承训部。

一场大战就此展开。

庞勋军虽然人数不少，却士气低落，且大多为乌合之众，怎么可能是以沙陀骑兵为首的唐军的对手？

结果是毫无悬念的——庞勋军大败。

庞勋狼狈逃回老巢徐州，清点残部，居然只剩下了三千余人！

此后康承训又乘胜进军，先后收复临涣（今安徽濉溪）以及襄城、留武等军寨，进围宿州（今安徽宿州）；另一路唐军也在泰宁（治所今山东兖州）节度使曹翔的指挥下攻克了滕县（今山东滕州）以及徐州外围的沛县（今江苏沛县）、下邳（今江苏睢宁）等地。

庞勋坐困愁城，不知如何是好。

有人献计说：出路出路，出去才有路。如今官军主力尽在宿州城外，西面的宋州、亳州（今安徽亳州）必然空虚，不如出其不意西进。您试试看呢……

庞勋虽然不知道此人说的是否可行，但他知道留在徐州肯定不行，便当即拍板：试试就试试！

不过，上天似乎把他的话听成了"试试就逝世"，并很快就帮他达成了这个愿望。

具体过程是这样的：

庞勋再次让许佶等人留守徐州，自己率军出城，往宋州方向进发。

但此时他的部队早已军心动摇，哪还有多少战斗力？

在宋州，庞勋出师不利，只好本着"麻将打得不顺就换个方向"的原则转变进攻方向，又改向亳州进发。

没想到行至半路，后方居然出现了大队沙陀骑兵！

原来，就在庞勋离开徐州的这段时间里，康承训已经攻陷了宿州和庞勋的老巢徐州，在得知庞勋的去向后，立即以朱邪赤心的沙陀骑兵为先锋，自己亲率大军为后继，出兵追剿庞勋。

数日后，沙陀人就追上了庞勋军。

庞勋不敢应战，慌忙率部东走，企图逃回徐州，没想到刚走不远，又遇到了康承训的唐军大部队。

在朱邪赤心和康承训的夹击下，庞勋全军覆没，他本人也死在了乱军之中。

庞勋失败了，但在历史上的影响却非常大，后世甚至有"唐亡于黄巢，而祸基于桂林"（《新唐书》）的说法。

之所以这么说，是因为庞勋这次从起兵到失败，历时长达十四个月，其声势比九年前的浙东裘甫起义要大得多，且发生在地处漕运枢纽的徐州、泗州等地，极大地破坏了唐朝朝廷的财政根基——朝廷的财赋来源，主要靠的就是东南诸道的漕运，而雪上加霜的是，唐王朝为了扑灭庞勋，不得不出动大批军队，耗费了大量军费，这又进一步加剧了朝廷的财政危机。为了渡过危机，唐朝官府不得不对百姓加大盘剥的力度，结果导致民变四起，海啸暴发，最终埋葬了立国已近三百年的大唐王朝!

如果说黄巢是唐末民变的高潮,那么庞勋就是序幕!

如果说黄巢开了灭亡唐朝的关键一枪,那么庞勋开的就是第一枪!

如果把黄巢比作秦末的项羽、刘邦,那么庞勋就是陈胜、吴广!

裂枣配歪瓜

扯远了,接下来让我们继续把注意力对准平定庞勋后的唐朝朝廷。

战后论功行赏,唐军主帅康承训被提拔为河东节度使,加封同平章事;在战事中表现突出的朱邪赤心出任新成立的大同节度使,并赐名李国昌;而守卫泗州城有功的杜慆、辛谠则分别被任命为义成节度使和亳州刺史⋯⋯

这一切看起来都很合理。

但接下来发生的事,似乎就不大正常了。

公元 870 年初,也就是战事结束仅三个多月后,唐军主帅康承训就被贬了。

宰相路岩和翰林学士韦保衡两人在皇帝李漼面前弹劾康承训,说他在讨伐庞勋时动作迟缓,胜利之后,又没有把庞勋的余党全部剿灭,而且贪图战利品,未能及时上奏战报。

李漼闻言大怒,当即下诏将康承训贬为蜀王傅(蜀王李佶的师傅),不久再贬为恩州司马。

消息传出,满朝哗然。

谁能想到,康承训为国家立下如此大功,却落了这样一个结局!

这实在太让人寒心了。

今后,谁还愿意为了朝廷像康承训那样在战场上拼死搏杀?

那不是拼死,而是找死!

那不是搏杀,而是博傻!

有康承训的先例在,全国的文武官员都明白了一个道理:除寇务尽没好报,养寇自重是王道!

而正是这一点,在几年后导致了极其严重的后果!

当然,李漼是不可能意识到这些的。

他这人做事向来只凭一时好恶,从来不考虑后果,理性和他,就如路口同一方向亮起的红灯和绿灯——绝不可能同时出现!

所谓好鞍配好马,裂枣配歪瓜,李漼这样的糊涂皇帝,和他匹配的,当然不可能有什么好宰相。

他在位期间,曾先后任命过多达二十一位宰相,可这些宰相中,真正称职的却少之又少。

769

据《唐语林》中记载，咸通（咸通为李漼的年号）年间，长安城中曾经流行过这样一首童谣：确确无论事，钱财总被收。商人都不管，货赂（路）几时休？

童谣中共涉及了曹确、杨收、徐商、路岩四位当时在位的宰相，意思非常明显：曹确、徐商两人碌碌无为，尸位素餐；而杨收、路岩则是贪污受贿，爱财如命。

这几个人中，李漼最信任的是路岩，而吃相最难看、名声最差的也是这个路岩。

他不仅自己贪，就连身边的小吏边咸等人也都仗着他的势力大肆收受贿赂，盘剥百姓，百姓对路岩及其手下恨之入骨，称他们为"牛头阿旁"（佛教用语，意为地狱中长着牛头的鬼卒）。

有一次，皇帝李漼因故召见至德（今安徽东至）县令陈蟠叟。

陈蟠叟对皇帝说：只要没收边咸一家的财产，就足以供养全国的军队两年。

一听有钱搞，李漼顿时来了兴致。

他一边用力咽下涌出来的口水，一边好奇地问道：这个边咸是什么人？

陈蟠叟回答：路岩的亲信。

听完，李漼的脸色一下子就变了，路岩是朕最欣赏的宰相，你说路岩的坏话，岂不等于是在说朕所用非人，有眼无珠！

对这样的人，必须严肃处理。

明犯路岩者，虽小必贬！

他当场下令，将陈蟠叟流放爱州（今越南清化）。

这就是李漼的风格！

脑子像糨糊，性子像犟驴——不仅是非不分，而且容不下半点逆耳忠言！

类似的例子还有不少。

公元 870 年八月，李漼的女儿同昌公主突然得了重病，尽管李漼对此十分重视，前后派了二十多名御医为公主治病，却依旧回天乏力，没有保住公主的性命。

同昌公主是李漼最钟爱的女儿，上一年初才刚刚出嫁，驸马是出身于唐朝名门——京兆韦氏的右拾遗韦保衡。

两人的婚礼极尽奢华，李漼穷尽了宫中的珍宝给女儿当嫁妆，还在京城著名的富人区昌化坊赐给这对新人一座豪宅，宅中到处金碧辉煌，就连窗户都用珠宝装饰。

爱屋及乌，李漼对驸马韦保衡也极其宠信。

自从娶了公主后，韦保衡在官场上就坐上了火箭，一步三个台阶，先是从从八品的右拾遗晋升为正五品的谏议大夫，接着又被提拔为兵部侍郎，公元 870 年四月更是被直接任命为同平章事，成为宰相。

此时距他与公主成婚才过去了一年多！

由此可见，李漼对同昌公主和她的家人有多么照顾！

可身为皇帝的他给得了女儿钱财，给得了女儿地位，给得了女儿几乎一切最优渥的条件，却唯独给不了女儿健康——同昌公主竟然在花季般的年龄就香消玉殒了！

公主死后，李漼哀痛不已，接着又把悲伤转变成愤怒，为了泄愤，他竟然将那二十余名给同昌公主看过病的御医全部处死，随后又下令逮捕这些御医的亲属三百多人，关在狱中。

对此，所有的谏官都不敢发声。

有陈蟠叟的惨痛教训在前，没人敢逆李漼的龙鳞。

但再暗的夜里，总有微弱之光；再黑的世道，总有忠义之士。

一年前刚出任宰相的刘瞻和京兆尹温璋站了出来，向皇帝请求释放这些御医的亲属。

李漼对此当然不可能接受——要不，他就不是李漼了。

他暴跳如雷，当场将两人轰了出去，不久又把他们都贬出了朝廷——刘瞻先是被外放为荆南节度使，再贬康州（今广东德庆）刺史，最后又降为驩州司户；温璋则被贬为振州（今海南三亚）司马。

接到贬官的诏书后，温璋仰天长叹道：生不逢时，死何足惜！

当晚，他就服毒自杀。

他的死，李漼毫无疑问是有责任的。

按理说，他应该感到内疚。

然而李漼这个人似乎是特殊材料做成的，他的想法，与常人完全不同。正常人想到的是前门楼子，他想到的却是大马猴子……

对以死明志的温璋，他不仅没有丝毫同情，反而更加恼火，当即下诏：温璋若不是犯下大罪、心里有鬼，何至于此！可见此人恶贯满盈，死有余辜。将温璋的棺椁置于城外示众，待有恩宥之时，才准归葬。只有这样，才能让中外人心大快，奸邪知道畏惧！

皇帝如此昏庸，无数臣子为之折腰，拍马屁的，比比皆是；进忠言的，几乎没有。

在这种劣币驱逐良币的反向淘汰机制下，唐朝官员的平均素质一年比一年低。

到了李漼在位的后期，更是如此。

当时官场的风气坏到了什么程度呢？

我就这么给你说吧——已经没有任何下降空间了。

无论是朝堂上还是地方上，充斥着的，要么是无耻的，要么是无能的，要么是既无耻又无能的……

陕州观察使崔荛（ráo）就是这样的典型人物。

公元869年，陕州发生了严重的旱灾，百姓几乎颗粒无收，而崔荛却非但不考虑赈灾，反而依然严令各级下属继续催缴钱粮。

无奈，饥民们只好推举出几个代表，到观察使衙门请愿。

没想到崔荛却不屑一顾地指着门前的一棵树说：你看，这树上还有叶子呢，哪来的什么旱灾！

不仅如此，他还命人将那几个代表抓了起来，狠狠地打了一顿板子。

崔荛的暴行一下子激起了众怒。

饥民们忍无可忍，拿着钉耙锄头冲进了观察使衙门。

崔荛吓得魂飞魄散，仓皇逃命。

时值盛夏酷暑，崔荛在逃亡路上干渴难耐，只好到路边的一个农户家讨水喝。

得知来的是臭名昭著的观察使崔荛，这个农户气不打一处来，却并没有拒绝崔荛的要求。

崔荛早已口渴至极，接过农户递过来的容器，张口就喝，可进了嘴却感觉味道不对头：这是什么水，怎么一股臊味？而且似乎不太新鲜，像是放了三年的。

原来，农户给他的，是一泡尿！

窥一斑而知全豹，从崔荛的经历可知，当时的官民矛盾已经到了何等严重的程度！

明眼人都看得出来，李漼治下的这个大唐帝国已经病入膏肓，犹如一根到处都是裂痕的烂绳子——你也许无法确定它什么时候会完蛋，但你完全可以确定，这一天不会太久！

不知是当局者迷还是当局者蠢，李漼和他的宰相们似乎并没有意识到这一点，没有采取任何补救措施。

李漼依然醉生梦死，沉迷于享受中不能自拔；而宰相们则依然不干正事，沉迷于捞钱和钩心斗角中不能自拔。

这段时间，朝中最炙手可热的宰相是路岩和韦保衡。

刚开始的时候，他们俩关系还算不错，不说是穿一条裤子吧，至少也可以说是狼狈为奸。

韦保衡由于资历较浅，在翰林学士任上和刚担任宰相时曾依附于路岩，两人联手整倒过康承训、刘瞻等众多政敌。

不过一山毕竟不容二虎，后来随着地位的上升，韦保衡对路岩越来越不服，两人随之不可避免地发生了内斗。

内斗的结果是，韦保衡凭借着驸马的身份在这场较量中取得了胜利——最终路岩被排挤出了朝廷，外放为西川节度使。

路岩多少还是有些自知之明的，他知道自己极其不得人心，在百姓心目中的地位就跟过街老鼠差不多——人人喊打。

由于担心自己的安全——他怕在出城的时候会受到百姓的报复，便找到了此前他一手提拔的老部下——京兆尹薛能：我临行时，恐怕有人会用瓦砾来给我饯行……

毫无疑问，他的言下之意是让薛能派兵保护。

没想到薛能竟翻脸不认人，毫不客气地拒绝了他：老路啊，不是我不帮你。只是宰相外放，京兆府从来都没有派人护卫的先例，你就别为难我了啊……

路岩心中那个气啊，可是薛能的话说得那么冠冕堂皇，他也无法反驳，无奈只能悻悻而去。

这样的奇耻大辱，一向高高在上的路岩怎么忍受得了？

好在他也不需要忍太长的时间。

事实上，外放西川只是他倒霉的起点。

之后他又多次被贬，最终在流放的路上被赐死。

路岩的结局，正应了一句名言：出来混，迟早是要还的。

这句话，对他的对手韦保衡也适用。

在与路岩的 PK 中胜出后，韦保衡也没能笑多久。

因为他的保护伞，也是他的岳父李漼死了。

李漼是在公元 873 年七月过世的。

讽刺的是，就在当年三月底，一向笃信佛教的他为了给自己祈福，还专门举行了一次奉迎佛骨活动。

奉迎佛骨要举行盛大的仪式，耗费十分巨大，因此在得知皇帝的计划后，群臣纷纷劝谏，有人甚至还提到了当年宪宗李纯在迎请佛骨后不久就驾崩的事情。

但李漼根本不听。

他用不容置疑的口气说：朕只要在世时能见到佛骨，就是死也无憾！

君无戏言。

果然，李漼的话不久就应验了。

仅过了三个多月，四十一岁的李漼突发重病，很快就进入了弥留状态。

和他的父亲宣宗李忱一样，他之前也没有立太子。

确定储君的权力再一次落到了宦官的手里。

当时的宦官首领是神策军左、右中尉刘行深和韩文约，两人经过商量，选中了李漼的第五子、时年才十二岁的普王李俨。

公元 873 年七月十八日，刘行深、韩文约以皇帝的名义下诏，宣布立李俨为皇太子，并改名为李儇（xuān）。

次日，李漼在宫中驾崩，死后被追谥为睿文昭圣恭惠孝皇帝，庙号懿宗。

李漼这一生，亲小人，远贤臣，有功必罚，有过必赏，忠良必贬，奸人必拔，几乎就没做过什么正确的事。

不过，我个人感觉，他也许并不一定有啥坏心眼，而只是单纯的缺心眼。

在李漼的统治下，大唐帝国在各个方面都每况愈下。

他在位的这些年，对于几乎所有的唐朝百姓来说，每一年都是之前几十年中最差的一年，也是之后几十年中最好的一年！

大家不好，才是真的不好！

显然，李漼不是个合格的皇帝。

但正所谓愚者千虑，必有一得，有一件事我觉得他干得非常英明。

他死得非常及时！

因为，就在他死后一年多，席卷全国的王仙芝、黄巢起义就爆发了！

第五十章　冲天大将军

投资高手田令孜

扯远了，让我们回到现场。

李漼驾崩的当天，李儇在宫中正式登基，是为唐僖宗。

正所谓一朝天子一朝臣，李儇继位后，原本在朝中一手遮天的宰相韦保衡一下子就从宠儿变成了弃儿。

由于他在位时实在太不得人心、民愤实在太大、控告他的人实在太多，新皇帝一上台就将他贬为贺州（今广西贺州）刺史，不久再贬崖州澄迈（今海南澄迈）县令，旋即赐死。

在这个世界上，很多东西似乎都是相互对应的——有人买，自然就有人卖；有人失意，自然就有人得意。

得意的，是之前名不见经传的宦官田令孜。

田令孜，本姓陈，因认了一个姓田的宦官为义父而改姓田。他原本只是个在宫中马坊工作的小宦官，机缘巧合之下，认识了年幼的普王李儇，当时李儇只是个普通的皇子，没有任何突出的表现——排行不突出，长相不突出，智商不突出，腰椎间盘也不突出……而且，他还很不受父皇的宠爱……

但田令孜对李儇却非常好，照顾得无微不至，李儇想睡觉他送枕头，李儇想打架他伸拳头，李儇想恶作剧他找冤大头……

这一切，让李儇觉得无比受用。

他五岁丧母，爹不疼，妈不在，从小就缺爱，对他体贴入微的田令孜在他心目中自然成了比亲人还亲的存在。

如今李俨，不，现在应该叫他李儇了，当了皇帝，自然要报答田令孜。

一继位，他就将田令孜提拔为四贵之一的枢密使，还尊称其为"阿父"。

田令孜脑子活络，又读过一些书，在得势后很快就通过各种手段将曾拥立李儇的刘行深、韩文约排挤出了权力中心，并取代刘行深担任了左军中尉，相关事务处理得井井有条。

李儇年少贪玩，对处理政事既没有能力也没有兴趣，见田令孜如此能干，他当然乐得轻松，便干脆把政事都扔给了他最信得过的"阿父"，自己则全身心地投入了各种玩乐之中。

歌声，乐声，声声入耳；政事，国事，事事不关心……

田令孜就此成为大唐帝国最有权势的人。

他大肆卖官鬻爵，任用官吏从来都不通过天子，更不需要和宰相们商量。

公平地说，他这么敛财，似乎也并不完全是出于私心。

因为小皇帝实在是太会花钱了。

李儇每天都玩得昏天黑地，对陪他玩耍的那些乐工、艺人出手极为大方，赏赐起来动辄数以万计，而那时经过他那个败家父亲懿宗李漼的折腾，宫中的府库早已枯竭，根本就不够李儇花销的一个零头，所以田令孜才不得不想方设法开辟财源。

然而小皇帝花起钱来是无限的，可官位的数量却是有限的，为了解决小皇帝日益增长的各种支出，田令孜苦思冥想，总算找到了一条新的生财之道。

他命人到长安东、西两市清查商人的财物，只要发现有值钱的宝货就统统没收，送进内库。如果有人不服，他就让京兆府将其抓捕，活活打死。

这显然是杀鸡取卵之举。

但李儇此时还是个小屁孩，对此根本不懂。

他只知道没有钱，找老田，他只知道田令孜太有本事了，什么事都难不倒他，对田令孜越来越崇拜。

在李儇看来，有自己的"阿父"在，他就啥都不需要操心了。

懵懂的他哪里知道，此时的大唐帝国早已风雨飘摇，处在了崩溃的边缘！

那时整个国家的形势，可以用一个词来形容——内忧外患。

外患主要是南诏。

南诏国主世隆虽然在安南为唐军所败，但数年后就卷土重来，多次进犯西川，一度甚至攻到成都城下。

直到公元874年底，天平节度使高骈调任西川，局面才有了改观。

高骈不愧为南诏克星，他一到任，就马上派兵出击，大破正在围攻雅州（今四川雅安）的南诏军，之后又先后修复了邛崃关以及大渡河沿岸的诸要塞，分兵驻守，在南诏入蜀的必经之路上筑起了一道道难以逾越的铜墙铁壁。

如此一来，南诏再也不能轻易入侵，再也不敢轻易入侵。

南诏国主世隆对此恨得咬牙切齿，却始终无可奈何，最终急火攻心，一命呜呼。

由于他在位期间一直穷兵黩武，国力大损，南诏在他死后迅速衰落，此后再也无法对唐朝造成威胁。

不过，攘外虽然取得了阶段性的成效；但在安内上，李儇和他的大唐朝廷却始终一筹莫展。

形势不仅没有丝毫好转，反而愈演愈烈，转眼间就从星星之火蔓延成了熊熊大火，从不足挂齿演变到了不可收拾！

之所以会这样，当然是有原因的。

这些年来，由于连年用兵，国家财政日益吃紧，朝廷对各地的摊派一年比一年多，加之吏治败坏，贪腐横行，除了上面规定的赋税以外，官员们还要中饱私囊，更加重了百姓的负担。

雪上加霜的是，这段时间老天还特别给力——拉后腿拉得特别给力——整个潼关以东地区一直水旱灾害频仍，可州县官员却迫于上级的压力，依然不停地催收各种赋税。

对很多百姓来说，要完成官府的摊派，就会被饿死；要是完不成官府的摊派，又会被逼死。

在这种情况下，他们除了揭竿而起，难道还有别的出路吗？

事实上，自从咸通（咸通为唐懿宗李漼的年号）末年起，各地的民变就此起彼伏，几乎没有太平的时候。

在徐州附近的兖州、郓州、青州、齐州（今山东济南）一带，庞勋余党依然聚于乡野，时不时四出攻掠；

在光州、陕州等中原多地，百姓不堪忍受当地官员的暴政，纷纷奋起反抗，将官员驱逐……

李儇继位后，形势更加恶化。

原本还只能算是散发的各种民变，似乎出现了严重的人传人现象，不停地以几何级数迅速倍增，无论是范围还是规模都迅速扩大。

用《资治通鉴》中的话说就是：百姓流殍，无所控诉，相聚为盗，所在蜂起——百姓要么流亡，要么饿死，民不聊生，却又无处可以申诉，无奈只好聚集在一起成为盗贼，一时间盗贼如同蜂群四起，到处都是……

王仙芝和黄巢

在多如牛毛的造反者中，对后世影响最大的，当数王仙芝和黄巢。

王仙芝是濮州人，早年是个私盐贩子，为抗拒官府追缉，他不仅练就了一身武艺，还在走南闯北的过程中结交了一批江湖朋友。

公元 875 年五月，王仙芝与朋友尚君长等人聚众数千，在长垣（今河南长垣）起事。

因前任天平节度使高骈在不久前刚调任西川，带走了不少天平军精锐，故而天平镇所辖的郓、曹、濮三州兵力非常空虚，王仙芝趁机挥师东进，杀回老家，先后攻陷濮州、曹州。

王仙芝自称天补平均大将军兼海内诸豪都统，部众也迅速扩充到数万人，声势大振。

由于那一年关东大旱，接着又暴发蝗灾，山东、河南一带赤地千里，百姓生活异常艰难，见有人挑头造反，附近很多民众纷纷响应。

在众多响应者中，有一个人不得不提。

他就是中国历史上赫赫有名的造反领袖，堪称顶级的菊花发烧友——黄巢！

黄巢是曹州冤句（今属山东曹县）人，祖上世代都以贩卖私盐为业，积累了不少家财。

跟很多现代家庭一样，黄巢的父母在发家后也很注重孩子教育，而黄巢自幼非常聪明，读了不少书，还参加了多次科举考试。

没想到自视甚高的他竟屡次落榜，一怒之下，他写下了一首著名的诗《不第后赋菊》：待到秋来九月八，我花开后百花杀。冲天香阵透长安，满城尽带黄金甲！

据说黄巢对菊花情有独钟，除此以外，相传他还写过另一首有关菊花的诗《题菊花》：飒飒西风满院栽，蕊寒香冷蝶难来。他年我若为青帝，报与桃花一处开！

在最后一次科考失利后，黄巢对科举彻底死了心，从此开始继承家业，走上了贩私盐的职业道路。

也正是在这期间，他结识了同行王仙芝。

此次见老朋友率先扯起了造反大旗，一向不安分的他也按捺不住了，当即拉起了一支数千人的队伍，与王仙芝合兵一处，号称草军——这名字的确起得够潦草的，一起攻掠州县。

王仙芝、黄巢起事后，唐朝朝廷以平卢节度使宋威为诸道行营招讨草贼使，统一指挥淮南、天平、宣武、忠武、义成等五镇兵马前去镇压。

公元 876 年六月，宋威率军在沂州附近大破王仙芝。

此役获胜后，宋威没有认真检查，便仓促向朝廷报捷：叛乱已平，"贼首"王仙芝已被诛杀！

之后他又下令解散各镇军队，让他们各回各家。

应该说，宋威的粗心没有白费。

现实狠狠地打了他一记耳光——王仙芝很快又出现了！他根本就没有死！

这次王仙芝换了个进攻方向，他挥军西进，连克阳翟（今河南禹州）、汝州等地，接着又掉头向南，攻打蕲州。

蕲州刺史裴偓是宰相王铎的门生，之前被俘的汝州刺史王镣则是王铎的堂弟，在两人的劝说下，王仙芝决定接受朝廷的招安。

然而黄巢却坚决不同意，还挥拳打伤了王仙芝，其余部众也多站在黄巢一边。

众怒难犯，王仙芝不得不暂时打消了招安的念头。

而经此一事，他和黄巢也彻底闹掰了，本来一直并肩战斗的两人从此分兵行动。

公元 877 年底，朝廷招讨副使、监军宦官杨复光又遣人与王仙芝接洽招安事宜。

王仙芝再次心动了，马上派二把手尚君长前去商谈条件，不料尚君长中途竟然被招讨使宋威的部下截获。

喜欢邀功的宋威又一次谎报军情，称自己在战斗中擒获了尚君长，将尚君长送至长安斩首。

如此一来，招安自然是无法再进行下去了。

无奈，王仙芝只得率部与朝廷军继续战斗。

公元 878 年二月，王仙芝在黄梅（今湖北黄梅）战死，余部在尚君长之弟尚让的带领下投靠黄巢。

黄巢就此成为草军唯一的最高领导。

他给自己安了一个牛气冲天的新头衔：冲天大将军！

不过，头衔虽然响亮，但当时黄巢面临的形势却不太敞亮——那段时间，他在北方打得很不顺。

好在他从来都不是认死理的人。

对于打仗，他一向秉持两个基本原则：

战场险恶，不行就撤。

前途不明，绕道而行。

他决定转战江南。

临行之时，他故意放出风声，称自己愿意接受招安，然后趁官军放松警惕之际，突然率军西进，摆出一副进攻洛阳的态势。

唐朝朝廷大惊，连忙调集各道军队增援洛阳。

没想到黄巢只是虚晃一枪，见中原军队都被吸引到了洛阳附近，他突然改变方向，往南进军，随后渡过长江，杀向江南腹地，连克虔州（今江西赣州）、吉州、信州等地，接着又向东转战宣州（今安徽宣城），之后又在浙东山区凿开山路七百里，进入福建，攻陷福州（今福建福州）。

好在此时唐朝还有高骈这样的名将。

当时西川已经安定，朝廷将高骈调往江南，任命他为镇海节度使，要求他全力围剿黄巢。

高骈再次大显神威，屡次大破黄巢。

为躲避高骈的兵锋，黄巢只好率部离开福建，转趋岭南。

在岭南，黄巢又一次玩起了假投降的把戏。

他写信给唐朝岭南东道（今广东广州）节度使李迢，表示只要朝廷授予他天平节度使的职位，他就愿意接受招安。

朝廷不准。

接着黄巢又提出要当岭南东道节度使，没想到又被拒绝了。

这下黄巢大怒，随即猛攻广州，当天就将其攻克。

但黄巢并未在广州停留多久。

由于他的部下大都是北方人，在岭南水土不服，军中暴发了瘟疫，死者众多，部下劝黄巢北归中原，黄巢也意识到岭南非久留之地，决意北还。

公元879年十月底，黄巢大军离开广州，顺湘江而下，轻松拿下潭州、江陵，之后又进军襄阳。

负责襄阳防务的，是山南东道节度使刘巨容和前来助战的江西招讨使曹全晟（zhěng）。

两人在山林中设下伏兵，大败黄巢，并乘胜追击，一直追到江陵。

这一战，是黄巢起兵以来遭到的最大一次失败。

史载其部众损失高达百分之七八十，他只能与尚让带着残兵仓皇渡过长江，向江南狼狈逃窜。

一路上，他一直心惊胆战，生怕刘巨容追上来。

那样的话，他就凶多吉少了！

然而刘巨容并没有来。

不是他看不清形势，而是他看清了形势。

当时下属劝他继续穷追猛打，将黄巢一网打尽。

可刘巨容却对此嗤之以鼻：还记得康承训的教训吗？你难道不知道，现在的朝廷，在让功臣失望这件事上，从没让功臣失望过？一旦灭掉了黄巢，我们唯一的前途，肯定就是没有前途！

就这样，黄巢逃过了一劫。

之后他又率军攻掠鄂州、池州（今安徽池州）等江南十五州，声势复振，部众再次发展到了二十万人！

可惜好景不长，没过多久，到了公元 880 年初，他又遇到了自己的老对手——高骈。

高骈此时已经改任淮南节度使，他派手下大将张璘攻打黄巢，屡战屡胜，还逼降了黄巢麾下多员大将。

凭借骄人的战绩，加上宰相卢携的推荐，高骈被加封为诸道行营兵马都统。

他以此传檄天下，征召各地兵马，兵力更加雄厚。

黄巢被打得毫无还手之力，无奈只好再次使出老办法——诈降。

他给张璘送去大量黄金，并致信给高骈，表示自己愿意归降。

高骈打算将计就计，把黄巢诱到扬州活捉，便假意允诺，答应愿向朝廷保荐黄巢做节度使。

为诱使黄巢相信他的诚意，他还上奏朝廷，要求将本已赶到淮南的诸道援军全部遣散。

但这回高骈显然是失算了。

一直以来都顺风顺水的他实在是太轻敌了，太轻视黄巢这位自己的手下败将了。

他想要引诱黄巢上当，没想到反而上了黄巢的当！

趁唐军麻痹大意之际，黄巢突然发动进攻，大败唐军，斩杀之前曾多次击败他的唐军大将张璘。

形势就此发生逆转。

黄巢挟大胜之余威，率军北渡长江，进军淮南。

因手下主力在前一战中损失很大，高骈不敢出战，只是命所部严加戒备，同时又上表向朝廷告急。

皇帝李儇当时才十九岁，年轻气盛，看到高骈的表文后勃然大怒，你之前不是说胜券在握吗？还要求将援军悉数遣返，怎么现在又换了种截然相反的说法？

他当即下诏，将高骈骂了个狗血喷头。

这下高骈也火了，我为朝廷立下了这么多功劳，难得一次失误就这样对我？这样的朝廷，哪里值得托付忠心！

他毫不客气地怼了回去，随后称病不出，从此再也没有对黄巢发动过任何攻击。

高骈的消极怠工，让江淮一下子门户洞开。

黄巢趁机北上，一路势如破竹，在泗水（古淮河的支流）北岸击斩前来阻截的唐朝将领曹全晸。

此时的黄巢号称有部众十五万人，声势极为浩大。

皇帝李儇急令黄河以南各道调集军队，驻守溵水（今淮河支流沙河），以阻止黄巢西进。

没想到在这个节骨眼上，位于中原要地的忠武镇（今河南许昌）竟然又出了意外！

当时前来支援溵水防线的三千徐州军路过忠武治所许州，由于军纪不严引起当地百姓恐慌，忠武军大将周岌趁机发动兵变，袭杀所有徐州士兵以及节度使薛能，自立为留后。

此事一出，驻于溵水附近的各道军队生怕会和徐州军一样遭到忠武变军的袭击——谁知道这帮人会不会帮助黄巢呢，也全都一哄而散，各回各家。

溵水防线不战自溃，对黄巢来说无疑是天赐良机。

利用这个空档，他率部大踏步前进，没费什么力气就攻陷了东都洛阳。

唐军河南防线总指挥、泰宁节度使齐克让一边退保潼关，一边紧急向朝廷报告。

李儇闻讯大惊，慌忙调派神策军前往潼关增援。

然而当时的神策军虽然还叫神策军，却早已不是一百年前的那支神策军了。

现在名列军籍的，多为京城的权贵子弟，这些人平时领着丰厚的薪水在城中游手好闲，打牌打球打架打压百姓都挺像样子，但要让他们去打仗他们却只能尿裤子。

怎么办呢？

八仙过海，各显神通——这帮人家中大都有权有势有钱有手段，便想出各种办法出钱找人顶替，有找穷人的，有找老人的，有找残疾人的，甚至还有找精神病人的……

知道的说那是军队在出征，不知道的还以为是福利院在放风！

这样的乌合之众，怎么可能挡得住黄巢的兵锋？

只用了不到一天时间，黄巢就攻破了潼关，随后继续西进，直捣长安。

在田令孜等人的护卫下，李儇仓皇出逃，前往西川避难——此时的西川节度使是田令孜的哥哥陈敬瑄。

由于走得太过匆忙，随行的只有四位亲王和几个嫔妃，其余的王公贵族全都不知皇帝的去向。

冲天香阵透长安

公元 880 年十二月初五，黄巢正式进入长安城。

这是他一生的高光时刻。

他坐在黄金装饰的轿子上，身后是绵延数十里的大军，身前是夹道欢迎的唐朝官员和长安百姓。

黄巢派人向百姓宣谕：我黄王起兵，本来就是为了百姓，绝不会像李唐皇帝一样不爱惜你们，你们只管安居乐业，不要害怕！

百姓自然是一片欢呼。

可惜百姓高兴得太早了。

仅仅几天后，他的部下就争先恐后地冲进各个坊市，大肆烧杀抢掠。

长安城内尸横遍野，火光冲天。

对士兵们的暴行，黄巢唯一的反应，是没有任何反应。

因为他本人也是暴力的狂热发烧友，就如在他的诗句"我花开后百花杀"中所表现的那样，他最钟爱的一个字就是"杀"！

进城后不久，他就杀光了所有留在长安的李唐宗室，以及包括宰相豆卢瑑、崔沆在内的一大批不愿与他合作、藏匿在民间的唐朝官员！

十二月十三，黄巢在大明宫正式称帝，定国号为"大齐"。

不过，虽然国号中有个"大"字，黄巢建立的这个新政权真正能控制的范围却很小——只有长安及其附近的一小块地方！

而即使在长安，黄巢也没有得到民众的支持。

一天清晨，在尚书省大门上出现了一首讽刺新政权的诗。

由于那时没有监控，无法确认是谁干的。

黄巢的副手、时任太尉的尚让恼羞成怒，竟然以失职之名将当天在尚书省内值班的官员和门卫全部杀死，挖掉眼睛，倒挂在门前示众；同时又在全城搜捕所有会写诗的文人，一下子就杀了三千多人！

在此时的长安，"知识就是力量"这一说法是根本不存在的，存在的只有：知识就是死亡！

实际上，早在黄巢刚称帝的时候，时任唐朝凤翔节度使的前宰相郑畋就已传檄天下，号召各地军队前来勤王，反攻长安。

河中节度使王重荣、义武节度使王处存、泾原节度使程宗楚、前朔方节度使唐弘夫、夏绥（今陕西靖边）节度使拓跋思恭等人纷纷响应。

公元881年三月，诸镇联军在龙尾陂（今陕西岐山境内）击败黄巢军，甚至还曾攻入过长安，只是由于入城后缺乏统一指挥，号令混乱，才被黄巢杀了个回马枪，又赶了出去。

之后唐军与黄巢在长安附近相持不下，陷入了僵局。

随着时间的推移，黄巢军中有一员大将产生了异心。

此人名叫朱温，时任同州防御使。

眼看着越来越多的唐军从四面八方不断向长安周边集结，朱温捕捉到了一丝不安的气息。

公元 882 年九月，他杀掉黄巢派来的监军，献出同州，投降了唐朝河中节度使王重荣。

朱温的这次反正，获得了丰厚的回报。

他不仅被任命为同华节度使、河中行营招讨副使，还得到了皇帝亲自赐予的新名字——朱全忠。

从后来发生的事来看，朱温的这个决策是十分明智的。

他的时机拿捏得可谓恰到好处。

没有早一步，也没有晚一步——早了，形势还不明朗；晚了，等黄巢败局已定时再投诚，他就不可能如此受到重视了！

不过，朱温的改换门庭，对战局似乎并没有产生立竿见影的影响。

双方依然处在对峙状态。

作为唐军主帅之一，河中节度使王重荣对此一直忧心忡忡。

如何才能打开突破口呢？

行营监军杨复光向他推荐了一个人——二十七岁的沙陀人李克用。

这个李克用，就是十多年前在讨伐庞勋时勇冠三军的少年将军朱邪克用。

庞勋平定后，其父朱邪赤心因功被赐予国姓，并列入皇家宗谱，他也跟着姓了李。

不过，李克用这个人生性极不安分，一天不惹事，浑身不舒适；三天不冒险，就觉得丢脸。

四年多前，他悍然杀了自己的顶头上司——大同防御使段文楚，自立为留后，可那时他毕竟还羽翼未丰，这次起事很快就失败了，他不得不逃亡到了北方的鞑靼（唐代对蒙古草原各部族的统称）。

现在，由于杨复光的举荐，李克用又重新归顺了唐朝朝廷，率四万沙陀军南下，加入了围攻黄巢的行列。

当时长安附近的唐军虽然人数不少，但分属不同的藩镇，且都有保存实力的心思，没人愿意率先向黄巢发起攻击。

而以骁勇闻名的李克用则不一样，他敢打敢冲，一马当先，一到前线就立即投入了战斗，如一把尖刀一下子就撕开了黄巢军的防线。

应该说，黄巢的部队还是有一定战斗力的——面对以李克用和沙陀骑兵为首的唐朝诸镇联军的冲击，他们并没有打几次败仗。

只是每一次都败得很惨。

最终黄巢不得不放弃长安，仓皇出逃。

这一天，是公元 883 年四月初八，距离李克用出兵仅有不到四个月的时间！

长安至此光复。

战后论功行赏，李克用被任命为河东节度使，而朱温则出任宣武节度使。

黄巢的覆灭

再看黄巢。

逃出长安后，他一路翻山越岭，经蓝田、商州再次进入中原，先是在蔡州击败并逼降了唐蔡州刺史秦宗权，接着又进军陈州。

黄巢原以为打陈州只是小菜一碟，万万没想到在这里竟然崩了牙——他的部队在陈州城外遭到唐陈州刺史赵犨（chōu）的伏击，前锋大将孟楷被擒杀！

这下黄巢火了。

老子横行天下这么久，败在唐朝诸镇联军手下也就算了，连你个小小的陈州刺史居然也敢欺负我，这怎么能忍！

他当即下令，把陈州团团围住，拼命攻打。

然而赵犨早就作好了充分的准备，一次又一次地击退了黄巢的进攻。

黄巢的脾气也上来了。

他发誓，不拿下陈州，不活捉赵犨，他就决不罢休！

预想中的闪电战，就这样打成了持久战。

要打持久战，最重要的是要保证后勤供应。

中原一带久经战乱，民生凋敝，黄巢虽然派人四处抢掠，却依然无法找到足够的军粮。

黄巢在陈州城外，白白耗费了近十个月的时间！

这对他来说，显然是致命的失误。

就在他屯兵于陈州城下的时候，唐朝的河东节度使李克用、宣武节度使朱温、感化（今江苏徐州）节度使时溥、忠武节度使周岌等人在陈州附近会师，几乎对黄巢军完成了合围！

侦知此情报后，黄巢惊出了一身冷汗。

可他毕竟久经沙场，反应还是很快的——他立即率部向北转移，直扑宣武治所、朱温的大本营汴州。

朱温闻讯急忙回防，同时向李克用求救。

李克用二话不说，马上带着沙陀骑兵驰援汴州。

在汴河渡口，他遇到了渡河渡到一半的黄巢大军，随即突然发起攻击。

黄巢军猝不及防，被打得落花流水，连黄巢的副手尚让也投降了唐军。

黄巢本人侥幸逃脱，领着少数残部继续北逃。

李克用穷追不舍，一日一夜连追了两百多里。

此时黄巢的手下只剩下了一千余人，幸亏李克用也已筋疲力尽，不得不退回汴州休整，他这才暂时逃过了一劫。

可惜他逃得了初一，却逃不过十五。

公元884年六月，黄巢又遭到了感化节度使时溥派出的追兵的袭击，部众死伤殆尽。

在逃到狼虎谷（今山东莱芜西南）的时候，他被其外甥林言杀死。

第五十一章　无可奈何花落去

上源驿之变

而就在黄巢败亡的同时，汴州城内也发生了一件大事。

那天，李克用在追击黄巢未果后返回汴州，在城外扎营。

朱温热情邀请他入城做客，下榻于上源驿。

在上源驿，朱温大摆宴席，席间频频劝酒，好话连连。

直性子李克用哪里经得起这样劝，很快就烂醉如泥。

当天深夜，大雨如注，电闪雷鸣。

上源驿内一片安静。

李克用和他的随行人员都进入了梦乡。

上源驿外，是大批全副武装的汴州军。

为首的，是朱温的心腹杨彦洪。

他们先是用栅栏、车辆堵住驿站附近的所有出入口，接着摸进驿站，逢人就砍。

李克用喝多了，还在酣睡，对此竟浑然不觉。

好在他的亲兵薛志勤、史敬思等人非常给力。

他们一边与汴州军厮杀，一边死命大声叫喊，想把主帅叫醒。

然而李克用依然是泰山崩于前而睡不变。

侍卫郭景铢急了，对着李克用兜头就是一盆冷水。

他这才清醒过来。

之后，史敬思负责断后，薛志勤等人则护卫着李克用杀出重围，缒城而出。

发现李克用逃了，杨彦洪急忙骑马返回，向朱温报告。

但还没下马，他就被朱温抬手一箭射死。

据朱温事后回忆，这是误伤——由于当时雨太大，视线太差，他以为骑马过来的是沙陀人！

787

误伤?

你这是中元节烧报纸——糊弄鬼呢!

不过,杨彦洪死得并不孤独。

因为,那天所有入城的沙陀人中,除了李克用、薛志勤等少数几人幸免外,其余包括监军陈景思、猛将史敬思在内的三百余人全都殒命在了上源驿!

这一事件,就是史上著名的上源驿之变。

那么,朱温何以要对自己的恩人李克用痛下杀手呢?

有人说,是因为李克用性情太过粗豪,席间说话太过傲慢,惹恼了朱温;

也有人说,是因为野心勃勃的朱温知道李克用是他将来争夺天下的最大对手,想借机偷袭,以绝后患……

究竟哪种说法更符合事实,相信各位自有判断。

事后,朱温主动写信解释,说那都是杨彦洪背着他搞的,他对此毫不知情,现在杨彦洪已经伏法,希望李克用能谅解。

李克用当然不可能相信他。

两人就此结下了深仇大恨。

回到根据地太原后,李克用立即上表,要求朝廷为自己主持公道。

不过李儇对此并不在意,随便敷衍了几句了事。

现在的他,正沉浸在平定黄巢的兴奋中。

公元 885 年三月,在阔别四年多后,李儇终于回到了魂牵梦萦的京城长安。

但长安,已不是原来的长安。

由于经历了乱兵的多次洗劫,加上黄巢临出逃前放火烧毁了不少宫室,现在的长安城内已是一片荒凉。

街道基本是杳无人迹,方位基本是全靠回忆,宫殿基本是残垣断壁,仓库基本是只剩空气,寥寥无几的居民基本是有气无力……

今非昔比梦成空,故国不堪回首月明中。

李儇的心一下子就凉了。

更令他心凉的是,他发现,自己说话也越来越不好使了。

军阀遍地走,皇帝不如狗

战前,除了河朔三镇外,大多数藩镇都是忠于大唐朝廷的,而现在,朝廷号令所及,却仅有河西、剑南、山南(今陕西南部)、岭南等地的区区数十州而已!

其余的地方,则大都为镇压黄巢时所崛起的武人所占据,比如淮南的高骈、宣武的朱温、河东的李克用、感化的时溥、天平的朱瑄、河中的王重荣、浙东的刘汉宏、蔡州的秦宗权……

这些人不仅割据自雄，还互相攻打，根本不把朝廷放在眼里，更不用说上缴税赋了……

此时的局面，可以用一句话来形容：军阀遍地走，皇帝不如狗！

对此，掌控朝政大权的田令孜当然不能容忍。

他大力招兵买马，很快就重新组建了左右神策军，总兵力多达五万四千人。

但军队是需要发饷的，早已山穷水尽的朝廷财政哪里供养得起？

为解决这个难题，田令孜绞尽脑汁，终于找到了一个财源：河中的盐池。

在晚唐朝廷的财政收入中，很大的一块来自食盐专卖，而当时全国最大的两个盐池都位于河中境内，原本盐池的收入全部归朝廷所有，但自从长安沦陷后，河中节度使王重荣就私自占有了盐池，每年除了象征性地向朝廷上缴三千车食盐外，其余悉数装入了自己的腰包。

现在，田令孜打算将这两大盐池重新收归朝廷。

王重荣拒不从命。

田令孜大怒，干脆以皇帝的名义下诏，将王重荣调离河中，改任泰宁节度使。

没想到王重荣依然抗命。

这下田令孜更火了。

这是圣旨，不是手纸！

他决定用武力强迫王重荣就范，随即联络了邠宁节度使朱玫、凤翔节度使李昌符，准备出兵讨伐王重荣。

王重荣闻讯急忙向河东节度使李克用求救——他和李克用关系不错，其养子王珂还娶了李克用的女儿。

这段时间，李克用对朝廷也有很大的怨气——在他和朱温的问题上，明明错在朱温，可朝廷却没有主持公道！

如此黑白不分，他又何必忠贞！

现在亲家向他求援，他自然不会不答应。

而田令孜对此却一无所知。

公元885年底，他命朱玫、李昌符会同新组建的神策军正式出兵，攻打河中。

两军相持之际，李克用率军突然杀到。

朱玫等人猝不及防，被打得大败，只得带着残兵逃回本镇。

之后李克用继续进军，逼近长安，同时又上表要求诛杀田令孜。

田令孜吓坏了，慌忙裹挟着皇帝李儇再次出逃。

目的地，依然是西川。

朱玫和李昌符都是见风使舵的高手，在见识到李克用的厉害后，他们都背叛了田令孜，不停地派兵围追堵截。

因此，李儇、田令孜一行的这趟旅途可谓险象环生。

他们一路狂奔，好不容易逃到兴元，才算摆脱了追兵。

在兴元，尝尽颠沛流离之苦的李儇说什么也不愿再往前走了：他们要找的，是你田令孜的麻烦，又不是我！

田令孜无奈，只好将李儇留在兴元，自己单独逃往成都，投靠他的哥哥——西川节度使陈敬瑄。

接下来，让我们把镜头对准邠宁节度使朱玫。

见追不回皇帝，他产生了一个大胆的想法：东西坏了，可以再买一个；老婆走了，可以再找一个；皇帝跑了，为什么不能再立一个？

说干就干，公元886年十月，他拥立唐肃宗李亨的玄孙、襄王李煴称帝，自己则担任宰相控制朝政。

但这显然不可能服众。

毕竟，朱玫的实力和影响力，在藩镇中连二流都算不上。

这样的人也想挟天子以令诸侯？

鸡屁股上插个拖把，就想冒充凤凰？

一石激起千层浪。

不仅李克用、王重荣对此坚决反对，就连之前的盟友李昌符也背叛了他。

在左神策军中尉杨复恭的策划下，李儇也在兴元传檄天下，号召各地藩镇共讨逆贼朱玫。

这下朱玫傻眼了。

他本想做一番大事，没想到却作了一个大死！

可后悔已经来不及了。

很快，众叛亲离的他就被手下大将王行瑜砍掉了脑袋。

朱玫之乱平定后，李儇起驾回京，于公元887年三月抵达凤翔。

在那里，他又被凤翔节度使李昌符扣住，直到第二年的二月，才得以返回长安。

此时李儇已经得了重病，不久就去世了，享年二十七岁，死后他被追谥为惠圣恭定孝皇帝，庙号僖宗。

理想与现实之间的差距

由于李儇的儿子年纪尚小，宦官首领杨复恭、刘季述拥立其七弟——二十二岁的寿王李杰继位，同时改名李敏，次年又改为李晔，是为唐昭宗。

李晔和他浑浑噩噩的父兄完全不同。

他心比天高，一心想要恢复先祖的荣光。

但这谈何容易？

这几年，国内的发展可谓是日新月异，一日千里。

只不过，方向是往下的。

现在，国家几乎已经到了崩溃的边缘。

在河南，割据蔡州的黄巢余党秦宗权已悍然称帝，与宣武节度使朱温等人鏖战不休；

在江淮，原淮南节度使高骈为部将毕师铎所杀，之后庐州（今安徽合肥）刺史杨行密以及秦宗权部将孙儒等人也加入了战场，江淮一带烽火连天，民不聊生；

在河东，李克用与周边的云州、昭义、幽州等割据势力一直在互相攻伐；

在河北，魏博、幽州等地先后发生兵变，乱象频仍……

显然，如今的大唐虽然名为一国，但其实已名存实亡；李晔虽然名为皇帝，但其实只不过是个吉祥物！

雄心勃勃的李晔决心要改变这一切。

该从哪里下手呢？

他选择的，是田令孜藏身的西川。

在他看来，这是理所当然的。

于公，田令孜是僖宗李儇一朝的罪魁祸首，不严惩不足以平民愤；

于私，田令孜曾得罪过他——八年前黄巢杀进长安的时候，当时才十四岁的李晔跟随哥哥李儇一起逃往西川，由于走得慢了点，他被田令孜抽了一鞭子。

现在，他当了皇帝，当然要报这一鞭之仇。

公元 888 年六月，李晔下诏征西川节度使陈敬瑄回朝，出任龙武统军。

陈敬瑄、田令孜兄弟当然不会奉诏。

李晔随即任命宰相韦昭度为招讨使，会同山南西道节度使杨守亮、东川节度使顾彦朗、利州（今四川广元）刺史王建等人一起讨伐西川。

然而西川的地形毕竟易守难攻，加之陈敬瑄、田令孜为了保命拼死抵抗，这一战打得异常艰难——尽管代表朝廷的诸镇联军出动了多达十几万人的兵力，却始终无法取得最后的胜利。

但这似乎并没有影响到李晔的决心。

他不仅没有退缩，还主动挑起了另一场战事。

这次他矛头对准的，竟然是当时号称天下第一强藩的河东节度使李克用！

此议一出，舆论大哗。

皇帝是吃错药了吗？

当然没有。

他只是看错了人。

事实上，之所以李克用会成为李晔的打击目标，很大程度上是因为宰相张浚。

张浚这个人，简直是李晔异父异母的孪生兄弟。

两人一样的自视极高，一样的志向极大，一样的口气极狂，一样的黔之驴不怕虎。

两人三观相似，性情相仿，意气相投，相处得极为融洽。

为解决朝廷"内受制于宦官，外受制于藩镇"的被动局面，张浚建议皇帝大力扩军。

李晔依此而行，很快就组建了一支十万人的新军。

有了军队，自然要派上用场。

公元890年初，李克用在攻打云州时受挫，损失了不少兵马，实力大减。

本着"趁你病，要你命"的原则，宣武节度使朱温、云州防御使赫连铎、幽州节度使李匡威等几个李克用的死对头纷纷上表，要求皇帝讨伐李克用；而张浚由于之前和李克用有过节，也极力赞成出兵。

作为此时李晔最器重的臣子，张浚的意向就是李晔的方向。

主意就这样定了下来。

当年五月，李晔宣布削夺李克用所有官爵，任命张浚为招讨使，统十万新军东征，会同朱温、赫连铎、李匡威一起进兵，征讨李克用。

然而，朱温等人都是比枇杷核还要滑的滑头，只可能表面上听命，不可能实际上卖命；而张浚只是一个手无缚鸡之力的文臣，手下又都是毫无作战经验的新兵，怎么可能是久经沙场的李克用的对手？

两军稍一接触，朝廷军就一溃千里，张浚几乎是只身逃回黄河以南。

战后，为了给李克用一个说法，李晔把责任全都推到了张浚身上，将张浚贬为绣州（今广西桂平）司户，同时不仅恢复李克用全部官爵，还加封其为中书令。

此役的失败，极大地打击了李晔的自信心。

原本他以为自己是不世之杰，现在却发现自己只是不知深浅！

正是这种心态上的巨大变化，让他作出了一个让自己后悔终生的决定。

那时，西川之战已打了近三年，朝廷耗费了无数的人力物力，却依然没有拿下西川治所成都。

李晔决定放弃。

他下诏恢复陈敬瑄的全部官爵，同时命韦昭度、王建等人罢兵。

接到诏书后，韦昭度、杨守亮等人都遵命撤军了。

但利州刺史王建却不肯走。在他看来，当时的局势就好比水已经烧到了99摄氏度——只要再稍微坚持一下，就必然会大功告成！

一切果然如他所料。

仅仅几个月后，已经山穷水尽的陈敬瑄、田令孜坚持不住了，向王建投降。

王建随即自任留后，成为西川的新主人。

消息传到长安，李晔心里很不是滋味。

他万万没有想到，自己继位后发动的两次战事会是这样的结果！

对河东，以完败告终；对西川，功亏一篑，白白便宜了王建！

他费了那么大的力气，唯一收获的只有肚子里的一包气！

不过，这段时间李晔似乎也并非完全无所作为。

尽管在对付外部的藩镇方面连连受挫，但在对付内部的宦官上，他还算是有所成就的。

作为继田令孜之后的新一代权宦，左军中尉杨复恭现在的势力比当初的田令孜有过之而无不及——他收了很多养子，有的在京城掌控禁军；有的在地方担任节度使、刺史或监军。

仗着手中有兵权，他极为嚣张，眼睛总是朝着天，做事无法又无天，就连皇帝李晔的亲舅舅也被他暗害而死。

李晔对他恨之入骨。

为除掉杨复恭，他收买了杨复恭的养子、禁军重要将领杨守立，对其非常优待——不仅赐名李顺节，还不断提拔。

李顺节受宠若惊，对皇帝感恩戴德。

有了李顺节的效忠，李晔决定对杨复恭摊牌。

公元 891 年九月，他下诏贬杨复恭为凤翔监军。

杨复恭以生病为由拒不赴任。

这正中李晔的下怀——身体不好？那正好，退休吧。

他赐给杨复恭上将军的荣誉官衔，让他回家养病。

杨复恭对此自然不会接受，与养子杨守信日夜密谋对策。

李晔闻讯干脆以杨复恭图谋造反为由，命李顺节率禁军进攻杨复恭的府第。

杨复恭抵挡不住，只好与杨守信等人逃往兴元，投奔他的另一个养子、时任山南西道节度使的杨守亮。

事后，为了防止李顺节坐大，李晔又随便找了个理由将李顺节诛杀。

可怜李顺节刚为皇帝立下大功，得到的却不是任何好处，而是身首异处！

这让所有人都见识到了李晔的刻薄寡恩。

用完就丢，磨都没卸就杀驴，谁会愿意为这样的皇帝卖命？

当然，此时的李晔是不会考虑到这些的。

他正沉浸在驱逐杨复恭成功、重新夺回大权的喜悦里。

可惜，这份喜悦并没有持续多长时间。

不久，他又遇到了新的麻烦。

这次惹事的，是凤翔节度使李茂贞。

李茂贞原名宋文通，本是神策军的一名普通将领，僖宗李儇逃难时他护驾有功，被赐名李茂贞，后来原凤翔节度使李昌符图谋反叛，李茂贞率军将其平定，并因此接管了凤翔。

李茂贞胆子肥，野心大，做事狠，下手辣，是唐末著名的搅屎棍。

公元892年正月，他联络了静难（原邠宁，今陕西彬州）节度使王行瑜、镇国节度使韩建、同州节度使王行约（王行瑜之弟）、秦州节度使李茂庄（李茂贞之弟），五人联名上表，以山南西道节度使杨守亮窝藏叛臣杨复恭为由，要求讨伐杨守亮，并共推李茂贞为招讨使。

接着没等朝廷批准，李茂贞等人就出兵了。

当年八月，他们攻克山南西道治所兴元，杨复恭、杨守亮等人在逃往河东的路上被抓，后被送到长安斩首。

之后，李茂贞上疏皇帝，要求把山南西道授予他。

李晔爽快地答应了。

他随即任命李茂贞为山南西道节度使，同时又免去其凤翔节度使一职，由宰相徐彦若接替。

李茂贞一下子就炸了。

我出兵的目的，是要扩大自己的地盘，不是为了给朝廷做贡献！

好心给你留面子，你竟当我是孙子！

李晔啊李晔，你真是端着个讨饭盆当聚宝盆——太缺乏自知之明了！

一怒之下，他不仅拒不奉诏，还直言不讳地写信羞辱皇帝：你名为天子，却连自己的舅舅都保护不了；你号称至尊，却连杨复恭这个阉人都抓不住！……

从小养尊处优的李晔什么时候受过这样的气。

他桌子一拍，当场决定讨伐李茂贞，命宰相杜让能负责筹划。

杜让能苦苦劝谏：李茂贞所部的战斗力在全国是数一数二，而咱们手里这支新军中上过战场的人少得只能数一数二，差距实在太大，这仗不能打啊……

但李晔根本听不进去：朕不甘心做一个懦弱之主，绝不能坐视社稷沦亡！你身为宰相，怎能逃避责任？

皇帝把话说到了这个份上，杜让能还能说什么呢？

他只能从命。

公元893年九月，李晔以覃王李嗣周为主帅，率新招募的禁军三万西征凤翔。

李茂贞与静难节度使王行瑜两人合兵六万人，在盩厔迎战。

结果自然是毫无悬念的。

朝廷军一触即溃，李茂贞乘胜进军，直逼长安。

这下李晔慌了，连忙召见杜让能商议对策。

杜让能平静地说：臣早就预料到是这个结果，为今之计，唯有归罪于臣，方能保全陛下。

李晔泪如雨下：与爱卿永别了！

他随即下诏，宣称自己是受了奸臣杜让能的蒙蔽，贬杜让能为梧州（今广西梧州）刺史，次日再贬为雷州（今广东雷州）司户。

然而李茂贞依然不肯退兵。

无奈，李晔只好将杜让能赐死，观军容使西门君遂等三名宦官首领也被当作替罪羊诛杀。

之后，他又被迫加封李茂贞为中书令、凤翔及山南西道二镇节度使，王行瑜为太师、尚父。

两人这才满意地离开了。

这一事件让朝廷的威信丧失殆尽。

而李晔本人也颜面扫地。

人们都看清了他，也看轻了他。

李晔这个人志大才疏，眼高手低，做事容易冲动，临事又缺乏担当，指望这样一个人力挽狂澜、复兴大唐，就如同指望一个文盲考上状元——完全是不现实的！

后来发生的事，也证实了这一点。

经历这一打击后，李晔像换了个人一样——曾经的踌躇满志变成了现在的愁容满面，曾经的心雄万夫变成了现在的心灰意懒。

他对自己、对前途彻底失去了信心，不再想着建功立业，只想得过且过混日子，浑浑噩噩混到死。

悲剧天子

在这个世界上，有两种错觉是最危险的。

一种是认为自己无所不能；一种是认为自己啥都不能。

而李晔把这两点全占了——之前是前者；现在是后者。

他不悲剧，谁悲剧？

仅仅一年多后，他就遇到了另一场劫难！

公元895年初，河中节度使王重盈（王重荣的哥哥）病死，军中将士推举其侄王珂（王重荣的养子）为留后。

795

王重盈之子、时任保义（今河南三门峡）节度使的王珙对此不服，用重金贿赂凤翔节度使李茂贞、静难节度使王行瑜、镇国节度使韩建，让他们为自己说话。

李茂贞等人遂上表请求任命王珙为河中节度使。

但王珂也不是没有后台——他的岳父是河东节度使李克用。

女婿遇到了麻烦，李克用当然要帮忙。

他上疏皇帝，称王重荣有功于国，作为其继承人，王珂执掌河中名正言顺、无可厚非，要求朝廷授予王珂节钺。

这下李晔犯难了。

怎么办呢？

思来想去，他觉得还是李克用实力更强，更得罪不起，便以自己先答应李克用为由，婉拒了李茂贞等人。

李茂贞闻讯大怒，立即与王行瑜、韩建一起出兵，直接杀进长安。

三人在长安大开杀戒，杀掉了一大批与他们不对付的大臣和宦官，还打算废掉李晔，另立新君，可尚未来得及付诸实施，他们就听到了一个最不愿听到的消息——李克用从河东起兵，大举西征，声言要讨伐他们三个乱臣贼子！

他们这才放过了皇帝，匆匆返回本镇，只留下少数兵马继续控制朝廷。

当年七月，李克用大军抵达河中，随即继续往长安方向进军。

得知沙陀人要来，长安城内乱成一团。

李茂贞的养子李继鹏想劫持皇帝李晔作为人质去凤翔，而王行瑜的弟弟王行实则要抢皇帝到自己的老巢邠州。

两人互不相让，各自带着手下军队在宫中大打出手。

混战中，有支箭甚至差点射中李晔！

李晔吓得魂飞魄散，慌忙逃离长安，到秦岭山区的石门镇（今陕西蓝田西南）避难。

八月，李克用大军进驻长安城外的渭桥。

面对来势汹汹的李克用，李茂贞和王行瑜的选择完全不同。

王行瑜依然死不悔改，负隅顽抗，而李茂贞却变脸比洗脸还快，马上把责任全部推给李继鹏，并第一时间将其处死，上表请罪。

两人的命运也完全不同。

王行瑜很快就被李克用击败，在逃亡路上为部下所杀；而李茂贞却得到了皇帝的赦免。

李晔之所以会对李茂贞网开一面，除了因为李茂贞认罪态度好以外，主要是因为他认为一旦没有了李茂贞的牵制，李克用的势力就一家独大了。

对皇帝的用意，李克用当然清楚。

他忍不住感叹道：看来朝廷对我还是不放心啊。只是，李茂贞不除，关中绝不会太平！

后来的事，果然如李克用所料。

等李克用一走，李茂贞又不把朝廷放在眼里了。

公元 896 年七月，看到皇帝李晔又开始招兵买马，组建新军，还在长安以西的要地驻兵，李茂贞觉得有必要敲打敲打李晔，便再次出兵，进逼长安。

这距离他上一次来长安，只隔了短短一年——走亲戚都没这么勤的！

李晔对李茂贞已有了心理阴影，得知李茂贞要来，就如同小贩得知城管要来——脑海中唯一的念头就是逃跑。

他本打算前往河东，投靠李克用，没想到刚走到华州，就被镇国节度使韩建扣了下来。

他只能眼巴巴地盼望李克用能再次出手解救他。

然而，那段时间李克用本人也很不顺，麻烦缠身，根本无暇顾及勤王事宜，因此李晔望穿秋水，也没看到李克用的身影。

在华州，李晔一待就是近两年。

这段时间，他过得极其憋屈。

跋扈的韩建对他从头管到脚，从大管到小，他每天唯一能做的只有坐在院子里看鸟。

知道的，晓得李晔是天子；不知道的，还以为韩建是主子！

在此期间，韩建不仅逼迫李晔解散了所有新招募的亲军，还以谋反为由，悍然将覃王李嗣周、延王李戒丕等十一位宗室亲王全部杀害！

李晔就是再难受，又能怎么办呢？

叫天天不应，叫地地不灵，上天不会飞，入地没钻头……

最后还是宰相崔胤救了他。

公元 898 年，崔胤设法与宣武节度使朱温取得了联系，韩建这才有所收敛。

因为他知道，朱温是得罪不起的！

这十多年来，朱温坐镇中原，一步一个脚印四处扩张，先后讨平了蔡州的秦宗权、感化的时溥、天平的朱瑄、泰宁的朱瑾等多个藩镇，如今的朱温，无论是地盘还是实力，都已经是当之无愧的天下第一强藩！

相比之下，朱温的老对手李克用虽然仗也打了不少，还多次干预朝廷事务，可由于缺乏战略规划，东一榔头西一棒槌，真正得到的实惠却并不多，在与朱温的竞争中处在了明显的下风！

而正是由于害怕朱温的干预，韩建不得不于 898 年八月让皇帝李晔返回了京城长安。

回到长安后的李晔性情大变。

以往温文尔雅的他，现在却经常无缘无故对左右的宦官和宫人发火，轻则动怒，重则动粗，其行为包括但不限于：大发雷霆骂浑球儿，半夜发疯要出游，一言不合就动手，喝令推出砍人头……

李晔的这一转变，其实也是可以理解的。

因为他的内心实在是太痛苦了，只能靠发泄来排解自己心中的郁闷！

但这却给他身边的人造成了极大压力。

宦官们人人自危。

在他们看来，皇帝在外面尿得很，对他们这些宦官却非常狠——杨复恭、西门君遂等好几个宦官首领都死在了他的手下！

经过商议，两军中尉刘季述、王仲先与左右枢密使王彦范、薛齐偓四个宦官大佬决定，废掉李晔，改立太子李裕！

公元900年十一月，刘季述等人发动政变，将李晔软禁在少阳院（太子的居所），并拥立太子李裕继位。

刘季述等人显然是误判了形势。

现在已经不是宦官一手遮天的时代了！

真正能左右朝政的，只有朱温、李克用、李茂贞等强藩以及他们在朝中的代理人！

而宰相崔胤所倚靠的，正是朱温这棵大树。

出于对朱温的忌惮，刘季述等人并没敢动崔胤。

这就让崔胤找到了可乘之机。

在朱温心腹蒋玄晖等人的帮助下，崔胤暗中收买了禁军将领孙德昭、董彦弼、周承诲，于次年正月起事，一举诛杀了刘季述等四人，迎李晔复位。

不过，尽管重新把李晔扶上了皇位，但这场政变还是让崔胤心有余悸。

他向皇帝建议，收回宦官的兵权，改由宰相兼领神策军。

然而，要改变百余年来的传统，哪有这么容易？

因阻力太大，李晔最终还是将宦官韩全诲、张彦弘任命为神策军左、右中尉。

事虽然没有办成，可对崔胤来说，也并非没有收获。

他收获了韩全诲等宦官的敌意！

韩全诲、张彦弘两人都曾在凤翔当过监军，与李茂贞交情匪浅，如今为了抗衡崔胤，自然要引李茂贞为援。

对他们的所作所为，崔胤了然于心，但他并不担心。

和我的后台朱温相比，李茂贞算什么！

这两年，朱温正处在人生的巅峰时期，一直在从一个胜利走向另一个胜利。

在平定中原后，他进军河北，一路势如破竹，魏博、成德、义武、幽州等河北诸镇纷纷对他表示臣服——成德、义武原先都是李克用的势力范围。

公元 901 年初，朱温又大举出兵河中。

河中节度使王珂慌忙向岳父李克用求救，但由于朱温事先已派重兵占据了河东通往河中的要道，李克用无法赴援，只能眼睁睁看着王珂灭亡。

凭借对河北和河中的控制，朱温对河东的李克用集团已形成夹击之势。

这样的机会，他当然不会浪费。

数月后，他以大将氏叔琮为主帅，会同魏博、成德、义武等河北藩镇的军队大举进攻河东，企图一举消灭李克用。

李克用亲自登城守卫，好不容易才击退了汴军。

经此一役，李克用元气大伤，基本丧失了与朱温争夺天下的本钱。

但朱温依然没有打算放过他。

他计划回军休整一段时间后，再对李克用发动第二波更大规模的军事行动。

你挡得住我一波攻击，但你一定挡不住我一直攻击！

可计划往往没有变化快。

一个意外彻底改变了他的计划。

意外来自京城。

那时，宰相崔胤和以韩全海、张彦弘为首的宦官之间的斗争已经白热化，崔胤想要将宦官全部诛杀，韩全海等人则打算将皇帝劫持到凤翔，以寻求李茂贞的保护。

得知此事后，崔胤大惊，连忙写信给朱温，宣称自己有皇帝密诏，要他火速率军进京勤王。

是先去河东把李克用彻底打垮，还是先去长安挟天子以令天下？

朱温选择了后者。

他立即从汴州发兵，直趋长安。

可惜他还是晚了一步。

韩全海已经先动手了！

公元 901 年十一月初，韩全海率禁军逼宫，要求皇帝前往凤翔。

李晔当然不愿意。

李茂贞是什么货色，他是领教过的。

那是大唐无赖界一座不可逾越的高峰！

去凤翔？

除非他是受虐狂！

他躲进宫中的一座高楼，说什么也不肯出来——男子汉大丈夫说一不二，说不出来就不出来！

韩全诲冷笑一声，下令放火烧楼。

在烈火的威胁下，李晔只好改变了主意——男子汉大丈夫能屈能伸，好死不如赖活！

最终，他还是屈从于韩全诲的淫威，流着眼泪，一步三回头地踏上了西行的旅途。

无奈地我走了，正如我无奈的心。我哭一哭鼻子，作别祖先的基业……

几天后，朱温大军也来到了长安。

宰相崔胤率百官出迎，恳请朱温去凤翔接回天子。

朱温同意了。

在长安略做休整后，他立即率军杀向凤翔。

到了凤翔城下，朱温并没有急着发动进攻，而是先派兵扫除外围，在凤翔周边攻城略地，如入无人之境，很快就拿下了静难、保大（今陕西黄陵县）等关中藩镇。

凤翔就此成了一座孤城。

李茂贞一面死守，一面厚着脸皮向河东李克用、西川王建求援。

李克用出兵了。

可他刚受过重创的部队已不是朱温的对手，很快就被汴军击退，不仅如此，汴军还乘胜进军，再次攻到河东治所晋阳（今山西太原）城下，最终李克用经过苦战，又一次守住了晋阳，之后的几年，他只能自保，再也无力与朱温争锋。

王建也出兵了。

不过，他不是来帮李茂贞的，而是来坑李茂贞的。

趁着李茂贞被朱温困住这一千载难逢的机会，他果断发兵，攻占了原本李茂贞所据的山南西道。

李茂贞欲哭无泪。

现在，他只能单独面对朱温了。

在坚守了整整一年后，内无粮草、外无救兵的他终于再也撑不下去了。

公元903年正月，李茂贞将韩全诲、张彦弘等宦官首领杀死，表示愿意放回天子，向朱温求和。

此时恰好原本臣服于朱温的平卢节度使王师范起兵造反，得知后院起火的朱温也无意再战，便答应了李茂贞的请求。

在朱温的护送下，皇帝李晔终于再次返回了长安。

对初次见面的朱温，他印象很好，赞不绝口：朕和朕的宗族，全靠爱卿你才得以再生！有你在，朕就心安了！

但很快，他就发现自己错了。

朱温根本不会让他心安，只会让他心梗！

原本，他一直以为李茂贞是大唐无赖界不可逾越的高峰，现在他才知道，山外有山。

和朱温一比，李茂贞都显得那么慈眉善目！

王朝的背影

到长安仅仅一天，朱温就露出了他凶残的本性。

他亲自领兵入宫，将宫内所有成年宦官全部杀死，原本宦官控制的左右神策军改由宰相崔胤统领。

之后，朱温留侄子朱友伦、心腹蒋玄晖等人率步骑万人驻守长安，监视皇帝及文武大臣，自己则率主力东归，征讨王师范，并于当年九月将其平定。

稳固了后方，朱温更加踌躇满志。

天下英雄谁敌手？

没有。

尽管河东的李克用、淮南的杨行密、西川的王建等人尚没有归附自己，但在朱温看来，无论是实力还是地盘，这些人都无法与自己相抗衡。

接下来，他要做的，是取代那个已经有名无实的大唐朝廷，建立属于自己的王朝！

该从哪里着手呢？

当然是清除异己，彻底掌控朝廷。

出乎所有人预料的是，第一个被朱温清除的，竟然是他之前的盟友——宰相崔胤！

但这其实也并不难理解。

毕竟，之前朱温之所以与崔胤交好，是因为要让崔胤在朝中充当内应，而现在他已经在朝中派驻了自己的心腹和部队，崔胤已经没有任何利用价值了，更何况，崔胤虽然党附朱温，可他到底出身于世家大族——清河崔氏，父祖都是宰相级的高官，对唐朝有一定的感情，与朱温在政见上并不一致。

公元904年正月，朱温密奏天子，指控崔胤专权乱国，将崔胤及其党羽诛杀。

几天后，他再次上表，要求皇帝迁都洛阳。

到了这个地步，李晔还敢说不吗？

他只能照办。

当然，他虽然懦弱，却并不傻，对于自己到洛阳后的命运会是什么，他心知肚明。

猪被杀前还要挣扎几下呢，他怎么可能甘心乖乖就范？

一路上，他一面想尽办法拖延，一面偷偷派密使向李克用、杨行密、王建等几个强藩告急，请他们火速派兵勤王。

他这么做，有效果吗？

有。

效果主要体现在两个方面。

一是大大提高了王建等人的个人素质。

收到密诏后，这些本来一言不合就动手的军阀都变成了只动口不动手的君子——檄文发得不亦乐乎，真正动手的，却一个都没有。

二是大大增强了朱温对他的戒心。

朱温觉得，李晔似乎不太老实，且他在位已久，在天下有一定的号召力，留着他不放心，决定痛下杀手。

公元 904 年八月十一日深夜，朱温的心腹蒋玄晖、朱友恭、氏叔琮带着上百名全副武装的士兵闯进了皇帝寝宫。

几声惨叫划过了寂静夜空。

几具尸体倒在了血泊之中。

那是李晔及企图保护他的数名嫔妃。

这一年，李晔三十八岁。

死后他被追谥为圣穆景文孝皇帝，庙号昭宗。

次日，蒋玄晖等人对外宣称皇帝为嫔妃所弑——尽管所有人都知道这不是事实，朱温他们也知道所有人都知道这不是事实，但他们还是毫不掩饰地公布了这样的谎言。

这就是朱温的风格！

他从来不在乎别人信不信，只在乎别人服不服！

同一天，辉王李祚（李晔第九子）被立为太子，并改名李柷（chù）。

八月十五日，年仅十三岁的李柷正式继位，是为大唐王朝的最后一个皇帝——唐哀帝。

谁都看得出来，李柷这个皇帝存在的意义，其实和换胎时所用的千斤顶一样——只是临时过渡一下而已。

改朝换代，只是时间问题了。

公元 905 年二月，朱温邀请昭宗李晔的九个儿子赴宴，席间将他们全部缢死；

六月，朱温在白马驿（位于今河南滑县）把包括前宰相裴枢、崔远、陆扆在内的三十余名朝臣全部诛杀，尸体投入黄河，这就是史上著名的白马驿之祸；

公元 907 年三月二十七日，李柷宣布将帝位禅让给朱温。

四月十八日，朱温在汴州正式即皇帝位，定国号为"大梁"。

五代的第一个政权后梁就此建立。

不过，后梁帝国虽然宣称自己是承自唐朝的正统，但其真正的统治范围，却只限于中原一隅。

同一时期与其并存的割据势力还有河东的李克用、淮南的杨渥、西川的王建、幽州的刘守光、凤翔的李茂贞、两浙的钱镠、福建的王审知、湖南的马殷、岭南的刘隐……

接下来的几十年，他们和他们的后代将成为历史舞台上的主角。

这就是中国历史上著名的乱世——五代十国！

不知乱世中的人们会不会想起那个立国长达二百八十九年、创造了无数辉煌和荣耀的大唐王朝？那个曾经开放包容、繁荣富强的大唐王朝？那个饱经风霜、一次次跌倒却又一次次站起来的大唐王朝？

我想，应该会的。

可是，怀念又有什么用呢？

世间已无大唐。

世间再无大唐。